苏轼评传

修订珍藏版

王水照　朱刚◎著

长江出版传媒
长江文艺出版社

图书在版编目（CIP）数据

苏轼评传 / 王水照，朱刚著. -- 武汉 ：长江文艺
出版社，2025. 5. --（长江人文馆）. -- ISBN 978-7
-5702-3903-0

Ⅰ. K825.6

中国国家版本馆 CIP 数据核字第 2025HT6975 号

苏轼评传
SUSHI PINGZHUAN

责任编辑：张远林　　　　　　　责任校对：程华清
封面设计：璞茜设计　　　　　　责任印制：邱　莉　韩　燕

出版：长江出版传媒 ∣ 长江文艺出版社
地址：武汉市雄楚大街 268 号　　邮编：430070
发行：长江文艺出版社
http://www.cjlap.com
印刷：湖北新华印务有限公司

开本：640 毫米×960 毫米　　 1/16　　　印张：32.25　　插页：8 页
版次：2025 年 5 月第 1 版　　　　2025 年 5 月第 1 次印刷
字数：449 千字

定价：69.80 元

序

　　与导师王水照先生合著的《苏轼评传》初版于 2004 年，距今已过二十年。这二十年中，学界对苏轼的研究取得了显著的进步，我个人也以论文的方式发表过一些新的见解，比如有关"乌台诗案"的审判，有关苏轼在庐山的禅悟，就曾是我投入时间和精力甚多的专题研究，其结果也令自己比较满意，所以，本次修订再版，主要就增加或改写了这两方面的内容。尽管如此，面对苏轼这位历史上罕见的"全才"，作为研治者的体会，仍同于二十年前，未尝改变。

　　我曾不止一次谈及自己治苏的两点体会。一是苏轼决不辜负他的研究者。他的成就涉及的领域之广令人惊异，而且他喜欢思考、喜欢表达，所谓"不吐不快"，把心里想的都诉诸笔端。所以无论你想探究有关他的什么问题，大致都能在他的文字里找到自我表述。换句话说，除了惊人的创造力，他也把创造的内在秘密公之于众，只要认真阅读，读者必然有所得。二是"全才"的苏轼也给研究者带来许多困难。由于知识结构的限制，我们难以全方位地追踪他在诸多领域达到的境界。我自己的感受是，整个研究过程，就好像你始终跟在一个能力比自己强大得多的人后面跑，经常望洋兴叹。当然，乐观地看，这也说明苏轼研究永远不会到达山穷水尽、难以开拓的地步。

　　二十年来，跟在巨人后面跑的感受一直延续着，这当然也因为这本《苏轼评传》的写作，令我不得不开启"全方位追踪"的研究模式。并非我自不量力，而是此书体例如此。大约上世纪末，王水照先生接受稿约，为匡亚明先生主编的"中国思想家评传丛书"撰写《苏轼评传》，为了让刚获教职的我顺利走上学术研究的道路，王先生赐我合著的机会，由我执笔全稿，而将他的相关著作、论文全部供我学习使用，并随时予以指点。由于这一套丛书收录的"思想家"包括了各时代各领域的杰出人物，涵盖面比较宽广，所以把一般被视为文学家的杜甫、苏轼等人也纳入了计划，但反过来，评传的撰写方式，也就不同于文学家传记，对于传主思想所及的诸多方面，须尽量加以考索，力求呈现其全貌。因此，几乎一开始我们就商定了此书的章节，除了叙述生平外，理应包含哲学思想、史学思想、政论政见、文艺批评这几章，而按先生的治苏特点，最后还有人生思考一章。苏轼留下的丰富业绩，当然足够支撑这样的表述框架，但对我而言，便成为"全方位追踪"的起点。好在王先生之前积累的研究成果，令我有了起步的勇气，也使写作过程成为一个学习过程。自然，这个过程不会有终点。

犹记初稿甫成，王先生又曾提议，此书由我单独署名出版。那主要是考虑我的职称晋升之事，多此一种独立著作或能更为顺利。我思之不妥，因为全稿基本承袭先生的观点，有的部分还直接移录先生发表过的文章，如果独署，岂不成了抄袭？当时先生笑谓："学生使用导师的观点和文章，可以不算抄袭。"我退而思之，仍觉不妥，以为抄袭大概与偷盗同科，后辈偷了师长的财物，于法亦无不治之理。因此我坚持合署，先生也同意了。当然，此书文本上的不善之处，该由我负责修订。

应该说，"全方位追踪"的研究模式，起初虽始于不得已，但本身有其合理性。就我本人体会最深的一点来说："乌台诗案"原是北宋的一起诏狱重案，若在对于北宋司法制度毫无所知的情形下谈论之，从常识上讲，就是非常不妥的。可惜的是，这么简单的一个道理，我要到此书初版面世后十几年，读到明刊《重编东坡先生外集》中审刑院复核"乌台诗案"的文书，才忽然领悟；而当我决心挑战自己的知识结构，去了解此案审理的司法过程时，却发现美国学者蔡涵墨教授、日本学者近藤一成教授早就有此觉悟，作了相关探索，我能做的仅是利用《外集》所载文书，补证他们的结论而已。确实，研究者的知识结构经常会限制其对于苏轼的追踪能力，此事也促使我增长了对于教育的热情，希望更年轻的一代中能出现知识结构更合理、追踪能力更健全的学人。

　　此书初版时，冠以匡亚明先生所作序言，那是为整套"中国思想家评传丛书"而写的。现在单独再版，不合用此序，故略叙写作缘起和治苏的体会，置于卷首。希望读者不弃，多予指教。

朱　刚

2025 年 1 月

目　录

导言　产生巨人的时代

　　这是一本思想家苏轼的传记。虽然作为诗人、词人、古文家的苏轼更为现代的读者所熟知，但那些家喻户晓的名篇佳句，只是千年以前这个杰出的生命留给人世的业绩的一小部分。在他乘风归去以后，他留下的业绩沾溉了几乎所有领域。

　　思想史上有一些举足轻重的大人物，在普通人看来是单调乏味的。比如德国大哲康德，几无生平可言；中国大哲程颐，也以性格的固执、单调著称。他们的名字底下，是一套令人望而生畏的深奥、精密的学说，接近他们需要相当的勇气和学力。但也有另外一类思想家，如伏尔泰、苏轼那样的，生平多故，极富传奇色彩，兴趣广泛，性情开朗，为人们所乐于接近，不同文化层次的人都能从之获益。因此，他们所到之处，群众闻讯围观，妇人孺子皆晓其姓名，文人学士珍藏其签名、手迹，录传其逸闻趣事。他们的学说也经常以极为世俗化的方式，深入民间的生活之中。我们对那些不顾尘嚣、寂寞创作的思想家深怀敬意，他们的学说是民族文化的脊梁，学术史上的丰碑；不过，我们也许更应该注意深受民众喜爱的思想家，他们的精神遗产，对于一般社会生活，尤其是对于后世文化人的人格塑造，所起的影响更为巨大深远，那是民族文化的血肉，与学术史的大地。

　　那么，为什么说"更应该注意"呢？以苏轼为例，可以说明之。

　　苏轼确实是那种深受人们喜爱的思想家，甚至在他的生前，他的名字后面已经跟随着许多美丽的传说，千百年来，仅仅是这样的传说，已经反映出一部人心中的文化史。每一个中国人，若认真省视自己的精神世界，必会发现有不少甚为根本的东西是直接或间接地来自苏轼的（这里指的当然不仅仅是文学观念，而主要是就世界观、人生观而言），称他为中国人"灵魂的工程师"绝不过分。就此而言，历史上罕有人堪与相比。因此，苏轼的思想对于国人生命灵性的启沃，盖不在孟轲、庄周之下，而恐远在程颐、朱熹、王阳明等哲学巨匠之上。他对于中国思想史的实际影响，见于后人的著述文字者还属其次，更重要的是见于文人学士的心灵。宋以后中国文化人的心灵中，无不有一个苏东坡的形象在——这是历史在民族文化心理中的积淀，是人心中的历史。然而，文献中的历史却另具一副面目。元明以降，追慕苏轼精神境界的不乏其人，但一谈道德性命，辄很少有人会谈到苏轼。关于有宋一代学术的比较权威的著作，要数《宋元学案》，那其中本不乏与程朱理学相异的各派学说，一一列为"学案"，却偏将苏氏"蜀学"与王安石"新学"另列为附录，其意该是视为异端。"新学""蜀学"本来至少可与程氏"洛学"并峙，却因南宋人将北宋灭亡之故归罪于王安石，而讳言"新学"，又徒以朱熹尊程贬苏之故，而讳言"蜀学"，这无疑出于偏见。在五四以后，程朱理学的权威意识形态之地位已经推倒，可是，哲学史界对"蜀学"的研究却仍远逊于对"洛学"的研究①，遑论给予恰当的评价。这种情形，与苏轼对中国思想史的实际影响，是很不相称的。

当然，造成这个情形的原因，是多方面的。研究苏轼的思想确实比研究程颐这样单纯的哲学家要困难。程颐的固执、单调令一般人敬而远之，但其学说几乎集中在抽象的哲学思辨的领域，旁涉其他经济、文学、艺术、史学、医学等诸方面的很少，其辨析概念相当精深，体系比较严密，对于学者来说，倒易于追究。而苏轼则相反，虽被各式人等喜爱，所谓"大苏死去忙不彻，三教九流都扯拽"②，但真要全面把握他的思想，却实属不易。他对于抽象思辨的兴趣固然也很浓厚，其水平也并不在程颐之下，但他在各种具体的

----

① 近年开始出现研究"蜀学"的专著，如巴蜀书社 1997 年出版的《宋代蜀学研究》等，是可喜的现象。

② 褚人获《坚瓠九集》卷一引董退周语，《笔记小说大观》第二辑。

事物规律的寻求方面，在诸多文化领域内所体现的智慧，更值得重视。我们只要稍接触苏轼的文字，便不能不为其中涉及领域之广泛，和其思想的丰富性、复杂性所震撼。不仅是壮浪纵恣于儒、释、道三家之间，不仅是对"道""性"等形而上概念的探究和持续不断的人生思考，也不仅是在政治、经济、史学、文学、艺术等各大领域的丰富言论，而且在医卜星相、炼丹行气、美食养生，及农耕工艺技术、教育心理等，几乎凡我们想得到的话题上，他都曾发表见解，这博杂的程度是研究者极难追踪把握的。但这般天花乱坠的风貌，却印证着苏轼对于自然、社会、人生的真实解悟，其中要旨是我们应该探究的。

唯其影响虽大，而研究却薄弱，乐之者虽多，而把握却不易，所以，我们认为，目前更应该注意研究苏轼这样的思想家。他的影响是深入我们民族的文化心理，又广推到各种文化领域的，因此，苏学不是以严密的概念系统构建起一座丰碑，却是以坚定而又洞达的智慧求得人生安身立命的大地。研究苏轼和他的学说，对于了解中国人和中国文化，有着异乎寻常的意义。

与此相关的是，苏学比诸那些严密的哲学体系，更少闭门造车的成分。据说有一个德国教授为学生讲解柏拉图的学说，只说一句"从前有个叫作柏拉图的人"，接着就进入学说的剖析，了不涉其时代与生平。倘用此法研究苏学，则无疑是竹篮打水。苏轼不是把全部思力贯注于概念推导的哲学家，他的思想如水银泻地一般，贴近自然事物、现实人生和当代社会所提供的各式事业舞台。鉴于此，我们在剖析其学说之前，必须详述其生平，在述其生平之前，还要了解他所处的时代——产生文化巨人的时代。

一、宋代文化的鼎盛局面

在中国古典文化发展的历程中，唐宋之际是一个重要的分水岭，此前和此后的文化面貌呈现出很明显的差异。古今学人在论述唐宋时期的社会政治、学术思想及文学艺术时，心目中早就隐然有了一道分水岭。在社会政治方面，对门阀制度和科举制度的起盛衰亡作研究时，唐代就会被认作这两种选官制度更替的时期，而宋代则意味着这更替的完成；在学术思想方面，所有的论著都会把汉唐经学与宋明道学区分开来，并且对于这种区分，宋明道学的创造者们是非常自觉的；在文学艺术方面，情形更觉明显，我们所谓"国画"，是从宋代算起的，通俗文学是宋代开始全面兴盛的，即就雅文学而言，词是"宋词"不必说了，骈文与古文之间主导地位的交换，也在中唐至北宋期间完成，诗则有著名的"唐宋诗之辨"，"宗唐"与"崇宋"的争论一直持续到现在，以后也不会断绝。几乎在所有文化门类上，唐前与宋后都存在这样直观的区别。

客观存在的这道分水岭，引发着史家对于它的思考。文化是人创造的，虽然历史的发展中有许多人力不能回天的情形，但历史人物的自觉创造仍是主观方面的动因。以故，考察唐宋文化转型之现象的时候，史家的眼光会很自然地注视在中唐儒学复古运动、古文运动及其领导者韩愈的身上，陈寅恪先生说：

> 唐代之史可分前后两期，前期结束南北朝相承之旧局面，后期开启赵宋以降之新局面。关于社会政治经济者如此，关于文化学术者亦莫不如此。退之（按韩愈字退之）者，唐代文化学术史上承先启后、转旧为新关捩点之人物也。[1]

这是一段大文字，肯定赵宋以降是文化史的"新局面"，而以韩愈为开启者。北宋文化人对于韩愈的继述，是众所周知的事实，不烦细述，兹再引录陈寅恪的另一段文字：

> 欧阳永叔少学韩昌黎之文，晚撰《五代史记》，作《义儿》《冯道》诸传，贬斥势利，尊崇气节，遂一匡五代之浇漓，返之

---

① 陈寅恪《论韩愈》，《金明馆丛稿初编》，上海古籍出版社，1980年。

4

淳正。故天水一朝之文化，竟为我民族遗留之瑰宝。①

此段对宋代文化的"新局面"更加以推崇，除以韩愈为先驱外，更指欧阳修为基本奠定之人。两人之间相隔二百多年，几代文化人前仆后继的自觉创造，终于有了这样的一个局面，而欧阳修的继承人苏轼，正是将此局面推向高潮之人物。

那么，如何认识宋代文化的这个"新局面"呢？到目前为止，我们掌握四种可资参考的意见。

第一种意见是把宋代认作"近世"的开始。这是二十世纪初日本学者内藤湖南的创见，他断言：

> 唐代是中世的结束，而宋代则是近世的开始。②

所谓"中世"和"近世"，本是西方史学界流行的概念，他们把希腊罗马时期称为"古代"，把文艺复兴以后的资本主义时期称为"近世"（或"近代"），而其间由教会文化统治的时期就叫作"中世纪"。照内藤的说法，中国在宋代就开始了相当于欧洲文艺复兴以后的近代文化，他的学生宫崎市定就明确地表述了这个观点：

> 宋代实现了社会经济的跃进、都市的发达、知识的普及，与欧洲文艺复兴现象比较，应该理解为平行和等值的发展。③

欧洲文艺复兴以复兴希腊罗马时期的古典文化为口号，中国从中唐至北宋的儒学复古运动、古文运动也以复兴古代儒家文化为口号，而皆通过"复古"以创造新局面，从这一点上看，两者确有相似之

---

① 陈寅恪《赠蒋秉南序》，《寒柳堂集》，上海古籍出版社，1980 年。
② 内藤湖南《概括的唐宋时代观》，《日本学者研究中国史论著选译》第 1 卷，中华书局，1992 年。
③ 宫崎市定《东洋的近世》，《日本学者研究中国史论著选译》第 1 卷。

处。这个问题，在当代中国学界已深入为对于"资本主义萌芽"产生年代的探讨，论点更为纷纭，一般皆不同意遽认宋代为"近世"，但这个意见对于我们观察宋代的文化，是很有启示的。

第二种意见，是对中国古代文化发展的历史作通盘的把握，从而认为宋代是其发展的顶点。王国维说：

> 天水一朝人智之活动，与文化之多方面，前之汉唐、后之元明，皆所不逮也。①

陈寅恪先生说得更明了：

> 华夏民族之文化，历数千载之演进，造极于赵宋之世。②

他的学生，著名宋史专家邓广铭先生也秉承师说：

> 宋代是我国封建社会发展的最高阶段。两宋期内的物质文明和精神文明所达到的高度，在中国整个封建社会历史时期之内，可以说是空前绝后的。③

这几位学术大师对宋代文化的一致评价，很值得我们关注，而且宋人如朱熹也早自有"国朝文明之盛，前世莫及"④ 的赞语。虽然今天的行文习惯对于"造极""空前绝后"等绝对化的词不易首肯，

---

① 王国维《宋代之金石学》，《静庵文集续编》，《王国维遗书》第 5 册，上海书店，1983 年影印本。
② 陈寅恪《邓广铭〈宋史职官志考证〉序》，《金明馆丛稿二编》，上海古籍出版社，1980 年。
③ 邓广铭《谈谈有关宋史研究的几个问题》，《社会科学战线》1986 年第 2 期。
④ 朱熹《楚辞集注》附《后语》卷六《服胡麻赋》注，人民文学出版社，1953 年影印宋端平本。

但我们后辈学人其实很难达到他们这样的直觉表达中所蕴含的对表述对象的深层把握，因为那是以深厚的学力和文化的濡染为基础，在知识与感受的高度统一上得出的。对于这样的意见，我们不能仅仅在知识方面追问论据，而须对另一方面更加关注：为什么宋代文化会给予那些受传统文化熏染极深的学人以这样的感受？

第三种意见，是通过对唐、宋两代文化的比较研究，来概括宋代文化的特征，从而有"唐型文化"与"宋型文化"对举区界的说法。据我们有限的见闻，台湾学者傅乐成可能是此说的首倡者。他在1972年发表的《唐型文化和宋型文化》一文，从"中国本位文化建立"的角度，论证了唐宋文化的最大不同点是：

> 大体说来，唐代文化以接受外来文化为主，其文化精神及动态是复杂而进取的。
>
> 到宋，各派思想主流如佛、道、儒诸家，已趋融合，渐成一统之局，遂有民族本位文化的产生，其文化精神及动态亦转趋单纯与收敛。南宋时，道统的思想既立，民族本位文化益形强固，其排拒外来文化的成见，也日益加深。[1]

他提出从类型上来探究唐宋文化各自特质的命题，是颇为精警的，可以说是综合了前两种意见所提供的启示，而把研究引向具体、深入，因此获得了海峡两岸学者的纷纷回应。在他用"复杂而进取""单纯与收敛"来分别概括两种文化精神以后，不少学者进一步加以发挥，形成了一系列对于宋型文化的比较流行的看法，如谓"唐代士人勇于进取，宋代士人能收敛形迹，淡泊自甘……宋代文化是属于收敛的一型"[2]，或谓唐型文化"相对开放、相对外倾、色调热

---

[1] 傅乐成《唐型文化和宋型文化》，《"国立"编译馆馆刊》第1卷第4期。

[2] 罗联添《从两个观点试释唐宋文化精神差异》，《唐代文学论集》，学生书局，1980年。

烈"，而宋型文化"相对封闭、相对内倾、色调淡雅"① 等等。我们认为，这些看法都有道理，但若把宋代文化相对于唐代文化而显出的某些特征，认定为宋型文化本身的性质，在逻辑上就存在问题。如常见的以"单纯性""封闭性"来描述宋型文化，便很可商榷②。

综合以上三种意见，我们认为，宋型文化是中国传统文化发展历程中的一个新的质变点。对于前代来说是新型的，对于后世来说又具有近代化的指向；就其自身而言，则是一种高度成熟与发育定型的范式，给人以一种文化"造极"的感受。这三个方面，呈现出动态的统一，是一性而三相。

在说明了我们对于宋代文化的基本认识后，还有必要引述一下第四种意见，即宋人自己对于他们所创造的文化的体认。欧阳修《集古录跋尾》卷四《范文度模本兰亭序》：

> 圣宋兴，百余年间，雄文硕学之士相继不绝，文章之盛，遂追三代之隆。③

王十朋《策问》：

> 我国朝四叶文章最盛，议者皆归功于仁祖文德之治，与大宗伯欧阳公救弊之力，沉浸至今，文益粹美，远出于正（贞）元、元和之上，而进乎成周之郁郁矣。④

许尹《黄陈诗集注序》：

---

① 冯天瑜等《中国文化史》下编第 7 章，上海人民出版社，1990 年。
② 王水照主编《宋代文学通论·导言》，河南大学出版社，1997 年。
③ 《欧阳文忠公集》卷一百三十七，《四部丛刊》本。
④ 王十朋《梅溪文集·前集》卷十四，《四部丛刊》本。

> 宋兴二百年，文章之盛追还三代。①

这些都是把宋代文化与"三代"，尤其是"成周"相比拟。此种自我体认，似亦被后世的不少人认可，元代官方编《宋史·艺文志序》云：

> 宋有天下，先后三百余年……其时君汲汲于道艺，辅治之臣莫不以经术为先务，学士缙绅先生谈道德性命之学不绝于口，岂不彬彬乎进于周之文哉！②

明代方孝孺亦有诗云：

> 前宋文章配两周，盛时诗律亦无俦。③

都认为宋代文化可与周代相比。在中国古人的观念中，西周的礼乐文明即以周公"制礼作乐"的名义记载在经典里的社会蓝图，一直是儒家知识分子的精神家园，也是他们对于社会文化的最高理想。这样，说宋代几乎达到了"成周之郁郁"，也无异于说宋代是文化鼎盛之世，与我们对它的"高度成熟"的认识，只是表达上的不同。但继述和复兴两周之盛的文化，这一种表述，却正好与儒学复古运动、古文运动所要达到的理想相一致，等于是肯定了这理想的实现。在我们看来，这是文化发育定型的一种范式，在宋人的自我体认中，却正是他们召唤和践履周、孔之"道"的收效。这种认识上的错位，是并不奇怪的，在古代史上很多问题的研究中，我们都会碰到类似的情形。这当然是因为我们的思想已从以儒学为权威的传统意识形态中跳出的缘故，我们自无必要重新钻进去，迁就古人，但仍有必

---

① 任渊《山谷诗集注》卷首，《四部备要》本。
② 脱脱等《宋史》卷二百二，中华书局，1985年。
③ 方孝孺《谈诗五首》之二，《逊志斋集》卷二十四，《四部丛刊》本。

要了解古人的自我体认，那意味着，宋代文化的鼎盛局面，是宋代士人自觉创造的结果。

宋代政治体制的成熟、经济的发达、道学的勃兴和文艺的繁荣，自有历史发展的某种必然性，从客观方面可以探究和说明；但从历史人物自觉地召唤和创造盛世的主观方面来说，则韩愈以后至苏轼以前，儒学复古运动和古文运动确已呈现波澜壮阔的局面，儒者秉其文化理想积极干政的行为也已形成激励人心的风潮。尤其是在宋仁宗登基（1022 年）以后，社会的上层人士觉得形势极好，有了文化复兴的良机，如欧阳修在《本论》中所说：

> 天下积聚，可如文景之富；制礼作乐，可如成周之盛；奋发威烈以耀名誉，可如汉武帝、唐太宗之显赫；论道德，可兴尧舜之治。①

他对当时社会形势的认识可能是过于乐观的，但以欧阳修为代表的那一代知识分子，对前景的展望，对创造这样的文化盛世的急迫心情，却跃然纸上。

古往今来有很多有志之士，但并不是每个人都能躬逢盛世，所以，当面临的时代给予人希望的时候，有志者更应当努力去做。儒家知识分子大多是有拯世济民的热情的，虽然儒学对于统治者、执政者的配合倾向一般大于批判倾向，但真的要求一个社会能达到儒家的文化理想，亦谈何容易！因此，一个儒者只要守护着他的理想，不希世苟合，不背叛自己的道德原则，依自己的认识和见解去积极行事，那么，他总能对社会的进步、文化的发展作出一定的贡献。苏轼笔下的王禹偁便具有这样的精神：

> 方是时，朝廷清明，无大奸慝，然公犹不容于中，耿然如

---

① 《欧阳文忠公集》卷五十九。

秋霜夏日，不可狎玩，至于三黜以死。①

王禹偁不仅仅是欧阳修所领导的北宋诗文革新运动的先驱者，他的人格形象是具有整个文化史的意义的。苏轼笔下的欧阳修也是这样：

> 公之生于世，六十有六年，民有父母，国有蓍龟，斯文有传，学者有师。②
> 其学推韩愈、孟子以达于孔氏，著礼乐仁义之实，以合于大道……故天下翕然师尊之。③

我们在这里看到的，并不仅仅是一个文学家，而是一个时代的精神导师，一个身系着华夏传统文化之命脉的巨人。王禹偁和欧阳修以这样的形象出现在苏轼笔下，那不啻是告诉我们，苏轼在历史舞台上具有何种使命感。不妨重复说明一下，此种使命感与宋人对自己所创造的文化体认是一致的，而我们所认识的宋代文化的鼎盛局面，就是在这样的自觉动因下创造出来的。当然这里也就呈现了苏轼与他所处时代的密切关系。

二、从"祖宗家法"到"庆历新政"

文化盛世的总体风貌固然召唤、激励着文化巨人，但真正塑造着他的还是政治、经济、哲学、文艺等各具体领域内的具体的问题。这些具体问题，给人的印象不全是乐观的，有的还相当尖锐，令仁人志士为之流涕太息。这里先谈政治上的问题。

众所周知，宋朝的政治制度是君主独裁的中央集权政体的成熟形态。这一政体在世界历史上的发展，以其在中国的情形最为典型。

---

① 苏轼《王元之画像赞》，《苏轼文集》卷二十一，中华书局，1986 年。
② 苏轼《祭欧阳文忠公文》，《苏轼文集》卷六十三。
③ 苏轼《六一居士集叙》，同上，卷十。

以孔子为代表的先秦诸子，大都曾设计过围绕着君主来构画的社会蓝图，到汉武帝的时代，确立了儒学意识形态与君权的统一，奠定了中央集权政体的基本模式，史称"汉制"。"汉制"以后比较突出的有"唐制"。汉唐之间是这个集权政体发展的前期，其间包容了士族门阀制度产生、发展和瓦解的全过程。取代门阀制度的科举取士制度在唐代已甚有发展，以科举取士为来源的文官体系也渐趋形成。科举取士和文官体系是君主独裁的中央集权政体实施运转的成熟定型的方式。但它们的对立面，门阀制度的遗留和军阀割据势力的猖獗，致使"唐制"成为某种制衡的手段，一旦国力衰落，制衡便降为调停，再降为以中央的名义委屈承认现状，然后中央便进入苟存的状态，直到完全灭亡，任由军阀们混战取代，进士和文官成为可笑可鄙的东西。宋朝本身也是由军阀建立的，但为了不再被别的军阀取代，太祖赵匡胤和太宗赵光义采取了一系列加强中央集权的政策。他们相继剿灭了许多割据政权，统一天下后，便用"杯酒释兵权"的巧计解去了武臣的兵柄；用庞大的禁军来养兵，收罗了社会上容易啸聚"作乱"的无业游民，并充实中央的军事力量；派遣文臣带京官衔外出，取代军人掌握地方行政，并设置通判一职，来牵制和分掌地方官的权力；又任命发运使、转运使掌握各路的财政；在中央政府设参知政事为副相，以枢密使掌兵，三司使理财，分散宰相的权力；完善科举制度，大量增加进士科录取名额，用来培养文官体系；定下"不杀士大夫与上书言事者"的祖训，以鼓励士人来参与政治活动；还使文臣纂修《太平御览》等书，加强"尚文"的风气……这一系列措施，在宋代被称为"祖宗家法"，即太祖、太宗定下的老规矩。通过这个"祖宗家法"，政权、财权、兵权及意识形态都走向集中，君主独裁得以实现，使宋代成为中央集权政体完备成熟的时代。

君主独裁的实现，标志着专制统治的高峰时期，专制的对立面——民主的因素，便会在这个时候被孕育出来。因此，在欧洲，君主独裁的出现便预示着"近代"的到来，也正因此，内藤湖南把中国宋代集权政体的成熟认作"近世"的开端。但在中国，这个制度不像欧洲那样建立不久即走向崩溃，而是在宋代以后还维持了非常长久。那么，是什么原因使它维持得如此长久呢？只能说，宋代建立的这个专制政体的成熟模式有着制衡矛盾的张力，即把专制政体的成熟阶段必然产生的对立面——民主的因素，长久地妥善安置在体制的内部。所以，我们还试图研究"祖宗家法"如何能够在完善独裁政体的同时，统一着民主的因素于其内部。这民主的因素，尽管仍被统一在集权体制之内，没有能力突破它而真正走上"近代化"的道路，但毕竟是一种指向着"近代"的因素。

所谓民主，其实现的方式无非是参政权的开放、分权、政党诸端。在宋代的政治结构中，有一系列出于集权目的的制度，却奇妙地包含了指向这些方式的因素。

首先是源于科举取士的文官制度，用它来取代法定世袭的贵族特权制度[①]，本是为了把一切权力都集中到皇帝手上，但它却使社会等级中君与民之间的那些等级变得灵活，理论上不承认有与生俱来的特权阶层，这就基本上向全体士民开放了参政机会。虽然参政等于是为皇帝效劳，但原则上国家的利益高于皇帝个人，故文官制度所蕴含的政权开放的因素，值得充分估计。这里引证两个数字以资说明。一是科举取士的数目，据统计，北宋一代开科69次，共取正奏名进士19281人，诸科16331人，合计35612人，如算入特奏名及史料缺载的，则总数约为61000人，平均每年约360人。[②] 这不仅与唐代每次取士二三十人相差悬殊，而且也为元明清所不及，可谓空前绝后。并且，由于在考试制度上实施了糊名、誊录等杜绝作弊的办法，使科举取士尽可能地成为机会均等的公平竞争，让那些没有请托之路的孤寒之士凭才华和努力得以入仕。二是布衣入仕的人数比例，据统计，从《宋史》有传的1533人的材料来看，两宋以布

---

① 宋代虽然仍有荫子制度，但荫官级别很低，只享有照顾的待遇，不能继承权力，除非他自己有能耐爬上同父辈一样高的官位。不过，由于教育和社会关系等各方面的优越条件，宋代数世显宦的家庭还是不少的，但制度上没有给予世袭权。

② 张希清《北宋贡举登科人数考》，北京大学《国学研究》第2卷。

衣入仕者占 55.12%，比例相当高。①　若从臣僚中最高的宰辅大臣来看，唐代仅崔氏就有 23 人入相，占唐代宰相总数的 1/15，说明世族仍保持着相当的政治势力，而宋代宰辅中，除吕夷简、韩琦等少数家族多产相才者外，非名公巨卿子弟占了很大的比重，像赵普、寇准、范仲淹、王安石等名相，均出身寒素或低级品官之家，苏轼的家世也并不十分显赫，但他却是一位重要的大臣，其弟苏辙更进入了宰执的行列。

其次，宋代为了实现君主独裁，采取了限制和分割相权的制度，不但令中书主民、枢密院主兵、三司主财，各不相涉，而且就在中书内，亦采用唐代群相制的办法，任命几个官员为"同中书门下平章事"，即是俗称的"宰相"，轮流值日（独相的情形很少见），更换频繁，又设"参知政事"为副相以分掌事权。这当然不能完全取消相权对皇权的牵制，但确实令皇权得到了前所未有的提高。不过，国家机器的实际运转毕竟要由政府来操作，对相权的分割同时也造成了权力的分散，使得宋代的政府颇像一个由几位大臣轮流主持的内阁。另外，台谏和学士院都有议事权，起草诏制的中书舍人和颁布诏制的给事中也有封驳的权力，而宋代任这些职务的官员经常把这种权力运用来争取政治的民主化，甚至不惜得罪皇帝、宰相。这样，只要做皇帝的不是一意孤行的人，则分割相权颇有民主效果。与此相应的是，宋人的议论也经常借推尊皇权来争取政治民主，表面是在赞美独裁，实际的意图却在摧垮事权的集中，以保障各人的议事权，这是我们在阅读宋人的文字时应当时刻注意的。

第三，宋代文官体系的成熟，使得官员任用方面形成了一个不成文的制度，即以离朝外任的办法来处置持不同政见者。只要没有得"罪"，政见不同的官员得以原来的品衔出任地方官，并且不影响他在品衔上的晋升，因为考核其绩效的标准相对于朝廷一时的政策有着一定的独立性。这样，出朝的官员仍保留参政的资格，等待中

---

① 　陈义彦《从布衣入仕情形分析北宋布衣阶层的社会流动》，《思与言》第 9 卷第 4 期，1977 年 11 月。

央情势有变，他立即可以回朝施政。这个不成文的制度，促成了宋代政治中极为引人注目的"党争"现象，并且使"党"建立在一定的政见的基础上，使它颇具近代政党之萌芽的色彩。北宋"党争"中的各党领袖如吕夷简与范仲淹，王安石与司马光，各为政见相争，却并不影响私交。在理论上，他们有的公然亮明了"君子有党"的正当和必要①，这在中国政治史上具有某种开创性，也有启迪未来的意义。

如上所述，宋代政治中指向着政权开放、分权和政党的这些民主性因素，与绝对专制的力量相制衡，使得中央集权体制具有了长久维持自身的内在张力，这也是当时社会安定和文化繁荣的重要保障。不少史料表明，宋代朝堂之上或君臣谈论之际，颇有民主、自由的气氛。如吕惠卿曾自云"面折马光于讲筵，廷辩韩琦之奏疏"②，以为平生得意之举。陆游的高祖陆轸更举笏指着御榻对宋仁宗说："天下奸雄睥睨此座者多矣，陛下须好作，乃可长得。"而仁宗并不因此种放肆之举生气，次日还告诉别人："陆某淳直如此。"③这不能仅仅解释为仁宗个性的宽仁温雅，而是与当代的政治空气相关的。明白事理的皇帝当然知道：容纳这样的民主因素，对他的专制政权只有好处。宋代高度专制政体下这样热烈的民主气氛，似乎有点令人不可思议，但这正是历史上那些所谓"治世"的政治风貌，也许可以称为"开明专制"。

然而，我们也不难发现，这些民主因素是易被摧铄的。近代民主建立在公民的政治权利受法律保障的基础上，而"祖宗家法"所

---

① 参看欧阳修《朋党论》，《欧阳文忠公集》卷十七。
② 见陆游《老学庵笔记》卷八，中华书局，1979 年。按："马光"指司马光，两人于熙宁二年十一月给宋神宗讲经时发生争论，由神宗打圆场告终，详情见司马光《手录》"吕惠卿讲咸有一德录"条，《增广司马温公全集》卷一，日本汲古书院，1993 年。韩琦在熙宁三年二月上疏反对青苗法，后被"制置三司条例司"逐条批驳，颁之天下。其批驳，史或载王安石自为之，或云曾布所为，详见《续资治通鉴长编拾补》卷七，上海古籍出版社，1986 年。吕惠卿"廷辩"，当亦指此。
③ 事见陆游《家世旧闻》卷上，中华书局，1993 年。

给予的保障只有一条"不杀士大夫及上书言事者"的诺言，其政治上的民主因素全要靠士人不避斧锧，不计个人荣辱利害，"以道事君"的道德原则来维护。儒家思想提供了这样的道德原则，而儒学复古运动唤起了士人以"道"自持的精神。因此，宋代政治中的民主气氛根本是由"士气"来撑托的。在这个方面，范仲淹、欧阳修等人的政治人格对振作"士气"作用甚巨，他们倡导士人的"名节"，唤起士大夫在政治上自断、自主、自信的群体自觉，在人心、舆论的方面为政治民主寻找支撑点。欧阳修并且从儒家"复礼"的古训出发，提出了进一步建设政治制度的要求。欧阳修认为"礼"的真正含义就是政治制度①，批评当代"国家无法度，一切苟且而已"，甚至讲："宋之为宋，八十年矣……制度不足为万世法而日益丛杂，一切苟且，不异五代之时。"② 这样的说法，简直把"祖宗家法"对制度建设的功劳都埋没了，可以看出他的态度多么激烈。很显然，欧阳修认为"祖宗家法"还未能给政治的开明以制度上的保证。但是，他又把造成此种局面的原因归结到士风不振上："国家自数十年来，士君子务以恭谨静慎为贤，及其弊也，循默苟且，颓惰宽弛，习成风俗，不以为非，至于百职不修，纪纲废坏。"③ 他认为以前那些不肯努力的"士君子"要对此负全部的责任，而改变这局面，也就要靠现在的"士君子"来努力了。

这一代人的努力，最集中的体现就是宋仁宗时代的"庆历新政"。为了改变难以使唤的前代老臣把持朝政的局面，也为了培植起自己一代的大臣，宋仁宗上台以后，提拔了一批年轻的官员去担任品阶不高的台谏官，却赋予他们可与资深官僚争衡的言事权，以牵制那些老臣。这样一来，对相权起到有力阻抑作用的台谏制度得以发展起来。在北宋以前，作为纠察机关的御史台和作为宰相属官的谏官，职权并不太独立，而宋仁宗却使它独立起来，由自己除授人

---

① 欧阳修《新唐书·礼乐志序》，中华书局，1975 年。
② 欧阳修《本论》，《欧阳文忠公集》卷五十九。
③ 欧阳修《论包拯除三司使上书》，同上，卷一百十一。

员，其监督的对象从皇帝转向以宰执、百官为主，并直接向皇帝负责，职权范围扩大，还特许"风闻言事"，鼓励"异论相搅"，使台谏得与中书争衡，给了宋代的政治民主以一道非常亮丽的光彩。"庆历新政"中的许多风云人物，范仲淹、欧阳修等人，皆在谏净中崛起，虽然历遭困折，而不为所屈，终于使这个制度的效能充分发挥起来，"风采所系，不问尊卑，言及乘舆则天子改容，事关廊庙则宰相待罪，故仁宗之世，议者讥宰相但奉行台谏风旨而已"①。台谏制度的完善，可以算得主持"庆历新政"的那一代人留给宋代历史的最大成果。

"庆历新政"一般指范仲淹、富弼等人在宋仁宗庆历年间主持的那场政治改革，其时间相当短暂，结局也是失败的。但由于它以宋仁宗培养自己一代的大臣为政治背景，所以，除了范仲淹较早去世外，有关的人物都在几年以后迎来了政治生涯的极盛期，韩琦、富弼、欧阳修都成为仁宗后期、英宗时期和神宗初年的廊庙重器。因此，如果从范、韩、富、欧等人组成的一个政治集团在北宋政治舞台上活动的始末来看，则时间相当长久，结果也有成功的一面。虽然"庆历新政"的具体措施没有得到一一贯彻，但维护政治上的民主因素，倡导士人独立的政治人格的精神，却收到了社会舆论的热烈回应。在苏轼成长的时代里，正是这种精神在哺育着他。一方面，台谏制度在他的心目中几乎是神圣的："台谏固未必皆贤，所言亦未必皆是，然须养其锐气而借之重权者，岂徒然哉？将以折奸臣之萌，而救内重之弊也……朝廷纪纲，孰大于此！"② 对台谏制度的极力维护成为那个时代里颇具民主性的言论。另一方面，他对以欧阳修为代表的前辈文化人振作士气的业绩作了充分的肯定："宋兴七十余年，民不知兵，富而教之，至天圣、景祐极矣，而斯文终有愧于古。士亦因陋守旧，论卑气弱。自欧阳子出，天下争自濯磨，以通经学古为高，以救时行道为贤，以犯颜纳说为忠。长育成就，至嘉祐末，

---

① 苏轼《上神宗皇帝书》，《苏轼文集》卷二十五。

② 苏轼《上神宗皇帝书》，《苏轼文集》卷二十五。

号称多士,欧阳子之功为多。呜呼!此岂人力也哉?非天其孰能使之!"① 在他看来,这是一种时代精神,故以为"天"使之然。

在"庆历新政"的精神获得广泛的社会效应的同时,由于其具体措施未得一一贯彻,赵宋王朝在政治上的惰性也表现得越来越明显。虽然社会经济、文化在继续地走向繁荣,但政治、军事上暴露的弊端却越来越令人困扰,其中国家财政上的入不敷出与武备的废弛是最为突出的问题,一语以概括之,就是"积贫积弱"。按照王安石的说法,这些严重的问题已把宋朝带到了崩溃的边缘,他上书给宋仁宗说当时的形势是:

> 顾内则不能无以社稷为忧,外则不能无惧于夷狄,天下之财力日以困穷,而风俗日以衰坏。四方有志之士,諰諰然常恐天下之久不安。②

上书言事者为了耸动人主,总要把话说得激切,王安石"以仁庙为不治之朝"③,宋人一般是不接受的,但他提出的问题(财政、军事)却相当尖锐,不容回避。因为当时政府每年的总收支,已长期地出现赤字。而北方的辽、西北的西夏对北宋的军事威胁也十分难以应付,这两大问题确实令时人劳心焦虑。于是,宋神宗时有了旨在解决这两大问题的王安石变法。当苏轼秉承着"庆历新政"的精神走上政治舞台时,面对的就是这场变法的风潮。

三、北宋的财政问题

自从西汉桑弘羊与"贤良文学"在盐铁会议上进行了一系列关

---

① 苏轼《六一居士集叙》,《苏轼文集》卷十。

② 王安石《上皇帝万言书》,《王文公文集》卷一,上海人民出版社,1974年。

③ 见马永卿辑、王崇庆解《元城语录解》卷上第十五条,《丛书集成》本。

于经济问题的争论以后，士大夫在经济方面发表的言论甚少。一直到中唐以后，才重新多起来，至宋代仁宗以降，财政问题几乎成为士人必谈的题目，以致神宗时兴起了以财政改革为主体的王安石变法。但变法以后，问题仍未解决，南宋的叶适曾总结道：

> 财用，今之大事也……夫财之多少有无，非古人为国之所患……以财少为患之最大而不可整救，其说稍出于唐之中世，盛于本朝之承平，而极盛，乃至于今日。①

他考察历史，从舜禹，历西周、两汉直到唐的盛时，都不见其有财政收支方面的严重问题（只要时君不穷兵黩武，大量消耗），即便像三国、南北朝那样的乱世，其财用调度亦不见得太为窘迫。因此，在他看来，"财之多少有无不足为国家之患"②，只要政府把赋税收入适当地开支，财政问题是本不当有的。那么，为什么这问题到了宋朝却越来越严重呢？叶适和宋代一般的论者都只追究到冗兵、冗官、冗费，用度浸广上面，其应付的办法亦唯节俭一途。并且他认为，王安石为了抓收入而大兴聚敛之术，正是对社会经济的破坏，弄得财用匮乏；只要放弃不合理的征收，情况就会好转，回到从前那种"不闻其以财少为患"的状态。

说盛唐以前的各朝国家不存在财政问题，当然不见得太准确，但相比于宋代的情形，却有一定的道理。因为以前的社会经济结构比较简单，基本上是农耕自然经济，其他经济成分极少，政府的财政行为，大致是掌管地租的收缴和少数几种日用品的专卖，以此收入来运转国家机器，量入为出，保持平衡，如果收成好，还可积聚以备他用，包括支付军费及救荒等。自汉至隋，与国家争夺地租之

---

① 叶适《财总论一》，《水心集》卷四，《四部备要》本。按："本朝之承平"，当指仁宗时期，《财总论二》："夫当仁宗四十二年，号为本朝至平极盛之世，而财用始大乏，天下之论扰扰，皆以财为虑矣。"

② 叶适《财总论一》，《水心集》卷四，《四部备要》本。

利的，主要是豪强地主、士族门阀。唐代打击了这个势力，促使其消亡或失去经济实力，实现了中央财权的集中，政府建立了比较完善的财务行政和稽核系统。因此，盛唐时期出现了积储丰厚、国力强盛的局面。在那个时代，如无灾荒、兵燹，勤于劝农，节制浪费，则财政问题确实不会严重。但是，宋仁宗以降"以财少为患之最大而不可整救"的局面，并不是无端地产生的，王安石之所以不认为仅凭节俭就能解决问题，是因为他敏锐地意识到了社会经济结构已有了改变，需要建立新的经济管理体制来解决财政上的困难。他总结出当代经济格局中出现的与国家争利的新因素，而以"兼并"一词加以表达。

"兼并"，王安石的同时人也多曾说到，但一般指豪族、大贾对城市平民和农民的土地兼并及高利贷等形式的盘剥，故反对"兼并"也多指向突出的个别兼并事例。而王安石则指出，当国家没有完善的"理财"体系时，"兼并"因素是无所不在的：

> 有财而不理，则阡陌闾巷之贱人，皆能私取予之势，擅万物之利，以与人主争黔首而放其无穷之欲，非必贵、强、桀、大而后能。①

这表明，王安石所说的"兼并"是一个经济学概念，是指在社会经济的运行中，由于政府管理上的软弱，而令经济利益被某些人私取的现象。王安石认为，三代治世没有这种现象，它是"后世"才出现的：

> 三代子百姓，公私无异财。人主擅操柄，如天持斗魁。赋予皆自我，兼并乃奸回……后世始倒持，黔首遂难裁……利孔至百出，小人私阖开。②

---

① 王安石《度支副使厅壁题名记》，《王文公文集》卷三十四。
② 王安石《兼并》，同上，卷五十一。

三代政府占有和分配天下的一切财利，经济体制划一，故无有"利孔"，无有"兼并"；而现在则"利孔"百出，天下财利被"小人"操纵了一大部分，不归政府支配，乃有财政问题的产生。那么，何以社会上"利孔"竟至百出呢？这显然不是由于政治上的统治不够严厉，因为宋代的专制集权大强于前代。在财权高度集中的宋代，"利孔"之所以百出，操纵财利之权之所以自政府漏入"兼并"者之手，其根本原因则在社会经济结构的变化。

宋代的农耕自然经济当然仍是发达的，而且比前代大有进步。最能说明这一点的是，在国境比汉唐大为逼仄的情况下，由于大力鼓励垦荒，注重经营水利，而令垦地面积不少于前代。就在财政困难发生的仁宗时期，皇祐中田赋收入 5358 万①，比唐代初定两税时的"岁敛钱二千五十余万缗、米四百万斛以供外，钱九百五十余万缗、米千六百余万斛以供京师"②，总 5000 万，已有所增加。到英宗治平中，田赋更增至 6776 万多③，自此到北宋末，当然是有增无减。然而，皇祐中王尧臣奉命统计国家财务上的总收支数目，却在12625 万以上，到治平二年，收支数目是：入 11613 万余，出 12034万余④。然则仁、英时期，"两税正赋"不过是国家财政总收支的一半左右。另一半在哪儿呢？据庆历、嘉祐间两主邦计的张方平所提供的庆历五年的一些数据就知道了。此年商税 1975 万余贯，酒税1710 万余贯，盐税 715 万余贯⑤，这三项收入，总计已达 4400 万，再加上茶税和买䌷绢税之类，就差不多了。这些收入，是从少数日用品的专卖和其他商品的自由贸易中得到的税利，其总数与田赋相当。此时，国家的财经政策已是两条腿走路：农耕自然经济——田赋是一条腿，商品经济——税收是另一条腿。商品经济与农耕自然经济平分天下，社会经济结构的变化，是极其明显的。

---

① 《宋史·食货志上二》。

② 《新唐书·食货志二》。

③ 《宋史·食货志上二》。

④ 《宋史·食货志下一》。

⑤ 张方平《论国计事》，《乐全集》卷二十四，《四库全书》本。

其实，即使不借助统计数字，宋代史料中有关商品经济繁荣景象的感性描述，早已给宋史研究者一种抹不去的印象，如我们在《东京梦华录》里读到的、在《清明上河图》里看到的汴京，就几乎是个特大的超市、不夜的商城。那样的景况，即使在今天的中国，也只在上海、香港等商业最发达城市的中心地段才能见到。关于宋代坊廓户中工商从业人员的增多、商品数量和种类的繁多、城乡市场的发展（封闭性的坊市制被开放性的市场制所代替）和商业运行机制的完备，现在的各种经济史论著都已论及，不待赘言，此只提出几点。一是纸币的出现，这是研治中国经济史者津津乐道之事。究赵宋政府之所以发行纸币，并非财政理论指导下的主动行为，而完全是顺应实际事务的迫切需要而被动抛出的，这反映商品经济的运行机制本身已经产生了影响政府行为的足够力量。二是商税的数目，《宋史·食货志》载皇祐中岁课 786 万，治平中增 60 余万，时已超过 840 万①，但张方平提供的庆历五年的数额已达 1975 万余，不知后来何故锐减。若《宋史》无误，则想来是把张方平计入商税的某一大宗收入另行记账的缘故，即不过是自由贸易的税入与专卖收入在计算上的转换而已。然而，即便将榷酤（专卖）收入排除在外，仅从自由贸易中所得的商税，已足为国家财政的重要支柱之一。而且，若按照当时 2% 的"过税"率和 3% 的"住税"率的平均数 2.5% 来计算一下的话，800 万商税就意味着 3.2 亿的营业总额，为当时政府经手出入的财富总额之 3 倍，而 1975 万商税更意味着接近 8 亿这样庞大数目的营业总额，则国计民生对商品经济的依赖，一望可知了。这无疑是宣告着"公私无异财""赋予皆自我"的旧经济结构的破产②，所谓"利孔"百出的局面，也就在如此繁盛的商品经济的运行之中必然地出现了。三是富商大贾在宋代的较多产生。宋真宗时王旦曾云："国家承平岁久，兼并之民，徭役不及，坐取厚

---

① 《宋史·食货志下八》。

② 王安石对旧的经济结构的这种描述，当然也是过于夸张的，只是与宋代相比而言，由于"利"源较单纯，故"利孔"亦不多。

利，京城资产百万者至多，十万而上比比皆是。"① 须知资产百万相当于仁宗时国家财政总收入的百分之一！王旦认为富民的大批涌现，是通过"兼并"中饱私利的结果，这也是王安石所说财利被"小人私阖开"的意思，依他的理想，政府是应该把这"利"从"小人"手上收回的。四是与"利孔"百出的社会经济相应，崇本（农）抑末（商）的政策受到了社会风气的抵抗，夏竦描述说："民乐负贩，俗尚奢泰，十夫里居，游手太半……元元争欲采山煮海，执技列肆，以邀美利。"② 人们都去钻"利孔"了，这也就是王安石所谓"风俗日以衰坏"的原因，利之所在，谁不趋之？当然，自中唐以来，也就有了对于传统的"义利之辨"的重新思考与解说，而苏轼兄弟更有了为"富民"辩护的言论。

以上证明，商品经济的发展引起的社会经济结构的显著变化，是宋仁宗时代财政问题产生的经济背景。因此，旧时的办法如节俭之类，非根本解决的办法。王安石对此有清晰的认识，远过于同侪之上。其财政改革的思路，就是堵塞"利孔"，摧扼"兼并"，把"利"收归国有。反对者指责他"与民争利"，他坚持认为这是为天下"理财"，是对商品经济实行管理，而不是取消商品经济。因此，虽然在"新法"的推行上，他借助了国家权力，但"新法"各措施本身却都是经济手段，是从商品运行生"利"的现象中摸索出某些规律，由政府来依此规律主持运行，代替"兼并"者得"利"，以惠万民。——他当然认定，"兼并"者得"利"是害民的，而政府得"利"是惠民的。故王安石的财政政策，几乎是国家做东的商业行为。

以商业精神进行财政改革，自中唐时的刘晏就开始了。他在"安史之乱"后唐朝财政十分困难的情况下，主持财政约二十年，以一系列富于创造性的改革措施，支撑了大局，可以算得开了王安石变法的先河。其以官雇劳动力输送田赋的转运措施，以自由经营方式为主的盐法，与商业情报网络相配合的常平设施，都用符合商品

---

① 李焘《续资治通鉴长编》卷八十五，"真宗大中祥符八年十一月己巳"条。
② 夏竦《进策·议国用》，《文庄集》卷十三，《四库全书》本。

经济运行规律的经济手段，来代替强制征收苛敛的超经济剥削方式，从而增加了政府的收入。所以，经济史家胡寄窗先生评价刘晏：

> 他对封建财政收入有一个最基本的概念，那就是尽量运用商业经营原则而尽少借助于封建法权的威力以充实国家财政……在获取经济收入时也以一般商业经营方式为主要手段，而不采取专卖政策。①

这种具有商业精神的财政思想，当然是在唐代商品经济有了一定发展的社会基础上产生的。自那以来，许多士大夫开始不耻于谈"利"，到了王安石的时代，"利"的含义已经比较接近于经济学上的"经济效益"概念了。他对司马光、程颢等人的"兴利"之指责，充耳不闻，便是因为确信这"利"（经济效益）有着正当性。被朱熹所指责的苏洵、苏轼父子的"利者义之和"思想②，也是在这样的背景下产生的。这可以视为商品经济在国家经济格局中呈成长的趋势给予意识形态的重大影响。就政府对此作出的反应而言，王安石主持的财政改革是一次高潮。

王安石从国家立法的高度上，构拟了全面管理新经济格局的政府职能，并争取付诸实施。他说：

> 政事所以理财，理财乃所谓义也。一部《周礼》，理财居其半。③

王安石认为一个政府的首要职能就是"理财"，这是合于"义"的，

---

① 胡寄窗《中国经济思想史》中册，上海人民出版社，1963 年，396~397 页。

② 见苏洵《利者义之和论》，《嘉祐集笺注》卷九，上海古籍出版社，1993 年；苏轼《苏氏易传》卷一释《乾文言》"利者义之和"句，《丛书集成》本。朱熹的指责见《朱子语类》卷六十八，中华书局，1994 年。

③ 王安石《答曾公立书》，《王文公文集》卷八。

正当的，并拿出《周礼》做根据。《周礼·天官·太宰》里讲到"商贾阜通货贿"，又讲到国家"以九赋敛财贿"，读书细心的王安石挑出这里有"货贿"与"财贿"的区别。为什么对于商贾讲"货贿"而对于国家则讲"财贿"呢？他解释道：

> 才之以为利，谓之财；有之以为利，谓之贿。谓之财贿，则与言货贿异矣。货，言化之以为利，则商贾之事也。①

三个字都指"利"。"贿"是占有这"利"；"财"是通过处置得宜，使人尽其职、物尽其用而得到"利"；"货"则是在转手贸易中利用价格变化，贱买贵卖而得到"利"。这样一来，国家所得的"财"利，就是通过合理调度国民经济而得的，是理性的；而商贾所得的"货"利却是投机的、混乱的了。为国家理"财"就是：

> 任民以其职，然后民富，民富然后财贿可得而敛，敛则得民财矣。得而不能理，则非所以为义，均节财用，则所以为义也。②

何谓"理财"？就是由国家统一调度国民经济，指定天下万民各尽其职，各得其职分所限定之"利"（应有的报偿），如此"利"就均了，民就富了，"兼并"现象没有了，国家则获得最高的经济效益，并且使经济运行极具理性，不被商贾的投机行为所淆乱。——这是国家调控代替"小人私阖开"的结果。所以，当王安石摸索出了商品和资金运行生"利"的某些规律后，他就设计出由国家来主持这种运行的诸般方案，如均输、市易、青苗等法，一一付诸实施，俾

---

① 王安石《周官新义》卷一，《丛书集成》本。按：此处的阐释方法，就是著名的荆公"字说"。由于将形声字都作会意字解释，"字说"在文字学上颇受非议，其实，荆公"字说"不属文字学范畴，只是借文字学的方法来确定一系列概念的含义，以此构建其学说体系。博学如荆公，未必不知其所释非字之本义，他是把这些字当作儒家学说中的特定概念来解说的。

② 王安石《周官新义》卷一，《丛书集成》本。

从富商与高利贷者手上收回这"利"以归国有。然而，并不是以这种"聚敛"效果为终极目的，他的根本目的，在于一种体现了公平精神、节约原则和最高效能的合乎理性的经济运行机制的建立，在他看来，这毫无疑问地要由中央集权国家的政府来主持，并在国家立法的高度上确立之。对于这一点，当时群起指责"新法"为"聚敛之术""与民争利"的官员并没有充分的认识，故王安石也就蔑视这样的指责。

因此，王安石变法的措施和理论形态，是中国传统的"国有化"思想（联系着政府的家长制作风）针对当时新的经济格局（商品经济与农耕自然经济平分天下）所作的反应。苏轼与王安石面对同样的现实，他的政见和学说也是对此经济基础的反应，但与王安石有许多异论，并曾尖锐地对立。总之，商品经济的成长带来了国家的财政问题，也带来了中唐以降的财政改革新思路，和对"利"的新思考，到11世纪中叶，涌成一次高潮，即王安石变法以及围绕着变法而进行的大规模争论。在这争论中，苏轼要扮演重要的角色，他对"新法"的许多异议与"新法"一样，是那个时代的经济基础的产物，是对时代命题的回答。

四、哲学、文学的勃兴与"士"的崛起

北宋时代，随着社会经济的发展，哲学、自然科学、史学、文学、艺术等文化学术的各领域，都呈现了令人瞩目的繁荣景象。哲学方面产生了堪称中国哲学之高峰的道学；自然科学方面出现了《梦溪笔谈》这部"中国科学史上的坐标"；史学方面更有《资治通鉴》那样的皇皇巨著；文学、艺术亦是百花齐放：宋六家的古文，与唐诗媲美的宋诗，盛极一代的宋词，宋四家的书法，以及素受艺界推崇的北宋人物、山水、花鸟画成就，皆足以辉映千古。这些都宣示着那一代士人的旺盛的创造力，而与"士"独立精神的崛起关系最为密切的则是哲学和文学，承中唐儒学复古运动和古文运动而来，集中地体现着宋型文化的本质力量：理性精神。

宋代士人几乎开口闭口不离一个"道"字。"道"是那个时代里最高的哲学概念，文学创作的最高境界（"技进乎道"）和士人立身行事的最基本的原则。对"道"的内涵的不同认识，则形成许多各具特色的一家之学，明诸心智，发诸文章，见诸行事，而要以哲学认识最为根本。就中国哲学史的主导方面来说，两宋时期的哲学堪称古代史上的高峰。就这个高峰的创造过程来说，乃从中唐儒学复古运动发端，至南宋后期程朱理学被政府采纳为定型，而北宋正是上升时期，呈现百家争鸣的局面。仅举其影响较大，为世人所熟知的，就有周敦颐的濂溪学、张载的关学、司马光的涑水学、苏氏父子的蜀学、王安石的新学和程氏兄弟的洛学，至于胡瑗、石介、欧阳修、邵雍等《宋元学案》为之专列为某个"学案"的，则更多了。这当然建立在全社会的哲学空气十分浓厚的基础上。宋仁宗时，张载在京城"坐虎皮说《周易》，听从甚众"，二程兄弟去跟他讲论了一番，他就撤去了虎皮，对听众说："吾平日为诸公说者，皆乱道。有二程近到，深明《易》道，吾所弗及，汝辈可师之。"① 然而，就是这两个让张载撤虎皮的《易》学高手，宋英宗时到成都，却遇见了一个箍桶师傅，对卦爻的理解令二程折服。② 后来程颐作《易传》，在"未济"卦下就采用了箍桶师傅的一条解说，并注明："斯义也，闻之成都隐者。"③ 这"隐者"不是什么世外高人，而是一个很普通的手艺人。此事例可见当日社会哲学风气之一斑。

北宋哲学家的努力方向，是在唐代基本确定了儒家经典的注疏以后，汲取先秦诸子、魏晋玄学、道教哲学的精髓，尤其是在极盛于唐代的诸宗佛教哲学的启发下，为了完善地阐明韩愈等人所标榜的"道"，而建立起儒家哲学的本体论。因此，北宋各家哲学体系都具有兼融儒释道的特点。但这只是总结前代的思维成果，更重要的是把哲学思想建立在对于自然、社会、人生的认识的当代水平上，

① 事见程颢、程颐《二程集》，中华书局，1981 年，436 页。
② 事见《二程集》第 412 页，及《宋史·谯定传》，情节稍有不同。
③ 《易程传》卷六"未济"卦象辞注，《丛书集成》本。

如欧阳修所说：

> 儒者学乎圣人，圣人之道直以简，然至其曲而畅之，以通天下之理，以究阴阳天地人鬼事物之变化，君臣父子吉凶生死，凡人之大伦，则六经不能尽其说，而七十子与孟轲、荀、扬之徒，各极其辩而莫能殚焉。①

六经和先贤都未能穷尽天下之理，这正是现代人大有可为之处。在北宋道学兴盛之初，欧阳修倡导了一种健康的哲学精神：既启示人们应有崇高的心灵追求，而不是苟且浑噩地生活；但又未曾像元明以后那样流入理气心性之空谈，而保持着针对现实、研究和处理事物的实践理性态度。

　　道学流入理气心性之空谈，最为后人所诟病。详其来源，盖出自"内省"的修身方法。《论语·颜渊》："内省不疚，夫何忧何惧?"即通过反躬自问，以心中有否内疚来衡量生存的价值。于是，儒家学说要求人们在建功立业之先务必保证心术端正，这叫"内圣外王"。由于"外王"须依赖机遇，故更能见诸日常生活的倒是"内圣"，即以内省修身的学问。从而，宋代一些属于内省式的哲学体系，把这一修身方法发展为体验和存省人性天理的思辨方法，并倾向于认为：在内省之中可以穷尽天人之理，以臻于天人合一，即个人与自然、社会和谐融会之境界，这就完成了哲学思考的基本任务，甚至完成了人生的基本任务。周敦颐倡导的"圣贤气象"和程颐所研究的"颜子所好何学"之"学"，就是如此。从哲学思想的发展来说，这无疑是一种进步，因为它把道德自律提升为本体论上人的伦理主体性的建立，并论证其与宇宙法则的同一性。然而，把省察人心等同于穷尽天地自然之理，悟得了天人的终极，却是一种纯粹形而上学的主（人）、客（天）合一观，这种合一是思辨的、抽象的，也是虚假的，因为它与人类认识了自然、社会的具体、丰

---

① 欧阳修《韵总序》，《欧阳文忠公集》卷四十二。

28

富、复杂之规律后的真正自由境地差得很远，而必不可免地流入理气心性之空谈。张载云："见闻之知，乃物交而知，非德性所知；德性所知，不萌于见闻。"[1] 程颐也说过差不多同样的话："闻见之知非德性之知，物交物则知之，非内也，今之所谓博物多能者是也。德性之知不假见闻。"[2] 这是公开宣言取消实际知识，结果只能令其哲学患上严重的贫血症。我们知道，真正的知识并不是把一个抽象的人置于空阔的宇宙可以思辨而得的，它离不开社会实践。所以，道学流为空谈，濂、洛、关学不得辞其咎，而在当时，苏轼就严厉地批评过此种脱离实践的倾向（详见本书第二章）。

重内省、轻实践的思想明显地违背了欧阳修所倡导的健康的理性精神。必须声明的是，内省派哲学并非北宋哲学的主流，当时实际影响较大的其他各家学说，如"新学""涑水学""蜀学"等，都比较关注实践，其中三苏之学更以推阐实际事务的"理势"见长。直到南宋时，仍有声势颇盛的浙东事功学派，数与程学后裔朱熹交锋。如陈亮自述其学术宗旨云："穷天地造化之初，考古今沿革之变，以推极皇帝王伯之道，而得汉魏晋唐长短之由，天人之际，昭昭然可察而知也。"[3] 他所讲的"天人之际"就不是抽象的人性与空阔的宇宙之关系了，而立足于实际的社会内容，故当时人说："朱为程学，陈为苏学。"[4] 即谓陈亮和朱熹之间的对立正如苏轼与程颐的对立。虽然学术史上很难找寻苏学与浙东学派的传承关系[5]，但事功学派确实是发挥了欧阳修、苏轼以来的实践理性精神，并以此与程朱理学相抗衡。当然，内省思辨的深入也是宋学的一个发展趋势，

---

① 《张载集》，中华书局，1978年，24页。

② 《程氏遗书》卷二五，《二程集》317页。

③ 陈亮《上孝宗皇帝第一书》，《陈亮集》卷一，中华书局，1974年。

④ 《宋元学案》卷五十六，《龙川学案》附录引王淮语。

⑤ 刘埙《隐居通议》卷二云："闻之云卧吴先生曰，近时水心一家，欲合周程欧苏之裂。"（《丛书集成》本）按：水心是浙东学派的叶适，其学术态度固与朱熹的尊程贬苏迥异。

如苏轼相比于欧阳修，就对探讨"性命"的问题更感兴趣①。从宋学的总体来说，既有抽象思辨的深入，也有探讨实际事物的规律方面的进步，宋人的学术胸襟是相当开阔的。在广博的学习、思考与实践中，他们的自主的判断力得到了淬砺，表现出不唯经、不唯圣的独立自断的理性精神，如苏轼自述：

> 幽居默处而观万物之变，尽其自然之理而断之于中，其所不然者，虽古之所谓贤人之说，亦有所不取。②

这还只表明他踏上仕途之前求学阶段的理论勇气，在晚年所作《东坡书传》中，就用了毕生社会实践的丰富经验，对《尚书》的《胤征》等篇作了一反前人的新解，被人称为"讥《书》"而列入宋代疑古疑经的显例之中③。北宋庆历以降的疑经思潮，或疑经典文句有错乱，这是因为宋人要在字面深处寻得统一的逻辑；或则直斥经文不合事理，这是因为他们是以认识事物的真实规律从而措事致宜为理性原则的。总之，宋学的根本核心是一种理性精神。在培养人的"高贵的理性"上，宋代确实取得了与欧洲文艺复兴相"平行和等值的发展"。

这种理性精神也给了宋代文学鲜明的"主理"的特色。自中唐以来，儒学复兴与古文振起便密不可分，直至南宋道学界"语录"繁兴之前，道学与古文可谓孪生兄弟：道学借古文以表述，古文亦以发明道义为最高目标。故衡量文章高低之标准，亦从声韵藻绘转而以见解的独创性和论证的说服力为主。宋代奠定了古文在文言文中的正宗地位，又通过"以文为诗""以诗为词"等创作倾向，把

---

① 欧阳修喜欢把是非诉诸一般的人之常情，而不太愿意谈"性"。他曾跟刘敞说，不管人"性"是善是恶，"道"皆不可废，故不必谈"性"。这个说法受到了刘敞的反驳。详见《公是先生弟子记》，《四库全书》本。

② 苏轼《上曾丞相书》，《苏轼文集》卷四十八。

③ 详见本书第二章。

"主理"的特色带入诗、词的领域，令宋诗以此与唐诗相区别，也令词的体格得到提升。尽管对于这种"主理"的文学的评价，学术界有不同的意见，但宋代文学确实是在理性精神的促动下发展的，对此历史事实，论者似无异议。

《易·系辞上》曰："神而明之，存乎其人。"理性精神在宋代文学中的弘扬，是文学家自觉追求的结果。北宋一代，成就杰出的文学家，往往是兼为政治家、哲学家的文化巨人，如王禹偁、欧阳修、王安石、苏轼、苏辙等。他们发起和领导了北宋的诗文复古运动，把推动文学事业的发展，当作与阐明道义、实践政治理想一般严肃的人生使命来承担。这说明，他们在政治上百折不回的同时，也要在文学方面孜孜追求，藉文学以体现其人生的价值。这种行为深刻地影响了整个社会的价值判断，使文学的独立价值、文学审美标准的独立性在士大夫的心底扎根。一方面，政治上的对立不会给审美评价以恶劣的影响，如苏轼门下文人对王安石诗艺的推崇，几乎不下于他们对本师的推崇；另一方面，文学水平成为衡量一个人的重要标准，故文学家在宋代比较容易获得政治地位。在此基础上，他们把文学追求与政治理想融合在一起，通过对于社会生活各领域的热情参与来丰富其创作源泉，并铸造自己的文化人格。自立、自断、自信、自豪的人格力量，使他们的审美境界得到提升，而使文学追求更为自觉。于是，在理性精神的促动下，宋代实现了中国历史上的一次真正的文学自觉，即理性高度上的文学自觉。

文学史一般以魏晋时期为文学的自觉时代，但那时候的文学自觉，是在情感的层次上，即认为文学作品可以通过抒写人的情感来获得其存在的理由，而不依托于它对政教的帮助作用。这甚至还没有把文学论证为人类精神的崇高追求与社会文化的正当门类，远未真正建立独立的文学本体。后来刘勰作《文心雕龙》，于"征圣""宗经"之上更冠以"原道"，说明涵泳圣旨、羽翼六经是文学的功能层次，其本原更在于"道"。这就使文学不再从属于经典，而与经典同出于一个本原，在"道"上统一。这才向着文学本体的建立迈出了一大步。到了宋代，由于文学家多兼长哲学、历史，故而在对于天人之际的根本性思考上，在对于文学发展历史的总结上，在对于丰富的创作经验的提炼上，把文学的自觉提高到理性的高度。

首先是从"文""道"关系的角度来确立文学的本体。"道"对于宋人来说，既是天地自然与人文文化的统一本原，也是士人立身行事的不易准则，故"道"是彻上彻下，本末精粗一贯的，既是抽象的本质，也在各种具体事物和事件中体现出来，这叫"目击道存"。文学也是一样，既以"道"为终极的意义，又以人的各种具体的社会实践、人伦日用为内容。所以，那些主张在实践中讲求"道"的哲学家，便十分强调文学的淑世精神，在作品中反映重大的政治、社会题材，表达对国计民生的关怀和意见，其广度和深度为前人不及。他们的参政、议政素质和文学才能同时在实践中不断提高。而那些注重内省的哲学家，虽然有轻视创作实践的言论，以为作文太多会妨碍他们在反躬内省中实现天人合一的功夫，但他们所要达到的天人合一境界，根本上也是一种最高的审美境界，故他们实际上也建立了文学的审美本体。只是，他们似乎认为，不假创作实践，人也能够直观文学的极致之境，因为那就是"道"。我们明白，写作是要在实践中提高的，以思辨取代实践自不可取。大致说来，宋儒都能够把文学提升到"道"即天人关系的根本层次上，思考其作为人天对话的一种特殊形态的特质，即对其审美本体的自觉。有的是抽象地领会其极致之境，有的则能投入实践，意在穷尽其具体内容而达到对极致之境的把握。

其次是对言意关系的新思考。文学是一种语言艺术，语言是表意的，文学语言的表意程度的高低，反映出理性自觉的程度高低。宋代第一部诗话——欧阳修的《六一诗话》，就明确地反对"诗人贪求好句，而理有不通"[1] 的现象，他并且反对盛传已久的"言不尽意"说，认为"言不尽意之委曲而尽其理"[2]，提出了他的理性的言意观。对于宋代文学来说，这个思想无疑是影响深远的，各体文

---

[1] 《历代诗话》，中华书局，1981 年，269 页。

[2] 欧阳修《系辞说》，《欧阳文忠公集》卷一百三十。

学中普遍的散文化倾向，和诗话、笔记中大量的对语言表达技艺的探讨，都体现出以言尽意的努力。

复次，宋人也论述了文学的审美特性与现实生活的关系，即美与生活的关系问题，表现在他们对于"雅俗之辨"的多层次思考中。在这个论题上，宋人得出了忌俗尚雅、以俗为雅、即俗即雅、尽俗成雅等多种结论，反映出他们对文学创作中生活源泉的重视。最后，宋人还自觉地总结文学发展的历史，从而探索当代文学的新出路。他们的文学批评中有一个重要的思想，就是总结历史而得来的"集大成"思想，作为对唐代杜诗、韩文、颜书、吴画的评价。从而，这里便又引出盛极而变的思想，即宋人应在唐代文艺"集大成"以后再开新路。在此自觉思考的指引下，宋人实现了中国审美文化的一大历史转折，把文艺审美趣味发展为文人趣味，使文人画、学人诗成为宋代以降雅文艺的代表。由于"雅俗之辨"与"集大成"思想等，主要体现在苏轼和苏门文人的言论中，因此，我们在本书的有关章节中论述，这里不展开了。

理性精神在宋代文学创作与文学观念中的体现，还可以举出很多，但以上几点已足以证实历史上的一次新的文学自觉，即理性层次上的自觉。需要说明的是，苏轼在其中起了十分关键的作用。

理性精神既是宋代哲学和文学的内在灵魂，也是宋代士人立身行事的原则，根本上说，是一种士人精神，它的弘扬，是与那个时代"士"的崛起分不开的。在门阀士族消失以后，独立的"士"成为宋型文化的创造主体。与先秦处士不同的是，宋代的"士"以"儒士"为主体。按照《礼记·儒行》的记载，孔子曾对"儒"有过一系列严格的要求，如"儒有席上之珍以待聘，夙夜强学以待问，怀忠信以待举，力行以待取"，"不宝金玉，而忠信以为宝；不祈土地，立义以为土地；不祈多积，多文以为富"，"可亲而不可劫也，可近而不可迫也，可杀而不可辱也"，"身可危也，而志不可夺也，虽危起居，竟信其志，犹将不忘百姓之病也"，等等。这种"儒行"，是每一个"士"所应践履的，对激扬"士气"有着不可估量的作用。在中国历史上，文化昌明的盛世总与高昂的士气同时出现，互为因果。晚唐五代，是"士"变得最"贱"的时代，如王夫之所云：

> 夷考自唐僖、懿以后，迄于宋初，人士之以名谊自靖者，张道古、孟昭图而止；其辞荣引去，自爱其身者，韩偓、司空图而止；高蹈不出，终老岩穴者，郑遨、陈抟而止。若夫辱人贱行之尤者，背公死党，鬻贩宗社，则崔胤、张浚、李溪、张文蔚倡之于前，而冯道、赵凤、李昊、陶谷之流，视改面易主为固然，以成其风尚。其他如和凝、冯延巳、韩熙载之俦，沉酣倡俳之中，虽无巨愆，固宜以禽鱼畜玩而无庸深惜者也。士之贱，于此而极！①

这段话说得十分痛切，令我们联想到欧阳修所作《新五代史》中那几乎满篇的"鸣呼"，有许多就是针对"士之贱"而发，因为这正是他深恨的事。在范仲淹、欧阳修等贤人君子敢于身为天下先，积极淬砺名节，高扬人格力量之后，宋代士气开始振作，并达到极旺盛的程度。士人精神在高涨的士气中突现出来，以自己的理性建立是非的标准，并且敢于捍卫这个标准，某些时候不惜与君权抗衡。宋孝宗赞苏轼："负其豪气，志在行其所学。"② 就是这种士人精神的体现，那似乎表明皇帝也赞同这种精神。宋孝宗对于苏轼还有"王佐之才可大用，恨不同时；君子之道阐而彰，是以论世"③ 的赞叹，为了肯定苏轼，几乎暗斥了他自己的祖先。这自然是宋代士人精神高扬所起的影响。

宋代哲学、文艺的勃兴，政治中的民主空气，以及经济领域中产生的许多新思想，都是宋代士人的理性精神充分发扬的结果。这也就是宋型文化的本质力量、北宋中期的时代精神，它使得苏轼这样的文化巨人得以产生。

---

① 王夫之《宋论》卷一第四条，中华书局，1964年。

② 宋孝宗《御制文集序》，郎晔《经进东坡文集事略》卷首，《四部丛刊》本。

③ 宋孝宗《苏文忠公赠太师制》，同上。

第一章 "吾生如寄耳"：家世与生平

清代张道《苏亭诗话》云：

> 东坡诗有自袭句，略为记之。如……"吾生如寄耳"，见十六卷（《寄子由》），又见十卷（《过淮》），又见三十二卷（《送芝上人游庐山》），又见三十九卷（《郁孤台》），又见四十二卷（《和陶拟古》）。①

他发现苏轼诗中反复出现"吾生如寄耳"这一句，"略为记之"就有五处之多，实际上还不止此数。② "寄"，是寓居之意，即谓此世界对任何一个生命来说，皆非永恒停留之所，生命从别的地方来，还要归别的地方去，只是一段时间寄居于人世。然则，人世不是生命的归宿，而只是寓所。这就是苏轼反复咏叹的"吾生如寄"一语的含义，它揭示的当然是生命的实际情形，没有人能够否定的。

问题在于，该如何看待这一段寄居的生活？苏轼用了他的一生，来回答这个问题。他是在大起大落、屡起屡落的不平凡生涯中，寻找着对每一个平凡人都有所启示的答案，因为我们每个人都须面对这个问题。我们在这里，把苏轼的一生概括为"在朝——外任——贬居"的两次大循环，以此为主干来叙述他的生平。当然，先要从家世与幼年生长的环境说起。

---

① 转引自《苏轼资料汇编》，中华书局，1994 年，1995 页。
② 今计共有九处，倘加上字面略异而意思相近的，则更多。详见本书第六章。

1

一、长江上游的天府之国

苏轼的家乡是四川的眉山，离成都只有二百里许，离秀丽的峨眉山更近，长江上游的支流岷江纵贯过这个城市。在宋代，眉山与青神、丹棱、彭山三县同属眉州治下，眉山是州治所在地。眉州又称武阳或通义，这是汉、隋时代的旧名了。《华阳国志》"犍为郡武阳县"条下，记此地在晋时便"特多大姓，有七杨、五李、诸姓十二"①。中国的学术文化，两汉在太学，三国以下即转入贵族私门，故凡大姓较多之处，文化气息便相应地浓厚一些。可见苏轼的家乡在魏晋时已有不错的文化底子。到唐代，四川成为中央政权的大后方，中原有战乱，皇帝在长安坐不住，率作入蜀避地的打算，一些大家族也跟着进川，由于眉州距成都不远，故迁至此处的中原侨姓为数不少，他们多少带来些中原的新文化。入宋以后，眉州逐渐成为著名的文化之邦。宋初名臣田锡，就出自眉州。②

有宋三百年间，眉州为中国贡献了不少文化名人。清嘉庆时编《眉州属志·凡例》云："（宋）时天下以文名者六，而眉得其三；以史名者三，而眉得其一。"③ 这里说的"以文名者六"，指唐宋八大家中的宋六家：欧阳修、曾巩、王安石、苏洵、苏轼、苏辙，其中三苏是眉州眉山人；"以史名者三"，指《新唐书》《新五代史》作者欧阳修，《资治通鉴》主编司马光和《续资治通鉴长编》作者李焘，其中李焘是眉州丹棱人。留存至今的宋代重要文献中，出自眉州人之手的甚多，如王称《东都事略》、彭百川《太平治迹统类》、杨仲良《续资治通鉴长编纪事本末》、杜大珪《名臣碑传琬琰

---

① 刘琳《华阳国志校注》卷三，巴蜀书社，1984 年。

② 田锡，《宋史》本传称"嘉州洪雅人"，太平兴国三年（978 年）进士高等。按《元丰九域志》卷七"嘉州"下云："淳化四年（993 年）以眉州洪雅县隶州。"（《宋史·地理志五》同）所以，在田锡中进士以前和以后的十几年中，洪雅尚属眉州治下。田锡应是眉州在宋代的第一位进士。

③ 《眉州属志·凡例》，《中国地方志集成》本。

集》、蒲积中《古今岁时杂咏》、杨汝明《成都文类》、李壁《王荆文公诗注》、史容《山谷外集诗注》、史季温《山谷别集诗注》、唐庚《唐子西集》、苏过《斜川集》等。这些著作，与田锡、三苏、李焘的著述加在一起，分量是十分厚重的，其中多为研治宋代文学、历史、哲学的必读之书。以故，南宋的陆游曾称眉州为"郁然千载诗书城"①。

宋代眉州方志有家安国（苏轼好友）的《通义记》、孙汝听（曾为苏辙作《颖滨先生年表》）的《眉州古志》及张伯虞的《江乡志》，悉不存。王象之《舆地纪胜》卷一三九是记眉州的，但此卷亦佚。惟祝穆《方舆胜览》卷五十三保存了宋代眉州的一些地方史料，其引《通义志》（当即家安国书）云："吾邦之胜，似乎洛阳。眉之通衢平直广衍，夹以槐柳，绿荫蓊然。"又引他文云："其民以诗书为业，以故家文献为重，夜燃灯，诵声琅琅相闻。"② 我们从这几条材料，大约可以想象出宋代眉州的人文景观。

宋仁宗景祐三年（1036年），范仲淹被贬出朝，欧阳修亦被贬夷陵（今湖北宜昌），来到了长江三峡的东端。这一年将近年底时，苏轼诞生在眉山城内纱縠行的家宅，依旧历为十二月十九日卯时，依西历则已是 1037 年 1 月 8 日了。传统的算法，小孩子出生就是一岁，过了年又增一岁，所以，到 1037 年 1 月 19 日（旧历正月初一）以后，出生才十来天的苏轼已经两岁了。这样，我们在史籍上看到的苏轼年龄，比他实际生活的年岁要超出将近两年，比如他中进士时是二十二岁，实际才生活了二十年多一点。

苏轼字子瞻，他的弟弟苏辙字子由，比他小三岁（实际只晚生两年略多），他们的父亲苏洵字明允，父子三人被称为"三苏"。苏洵的《名二子说》③ 一文讲到他为两个儿子命名轼、辙的含义，前

---

① 陆游《眉州披风榭拜东坡先生遗像》，《陆放翁全集·剑南诗稿》卷九，中国书店，1986年。

② 祝穆《方舆胜览》卷五十三，上海古籍出版社，1991年影印宋本。

③ 苏洵著，今人曾枣庄、金成礼笺注《嘉祐集笺注》卷十五，上海古籍出版社，1993年。

人系其写作时间为庆历七年（1047年）①，那么，弟兄俩的名、字都是十来岁的时候才由父亲正式起的，其幼年的称呼当是含有排行之意的"和仲""同叔"，原有一个大哥苏景先，不幸夭折了。在苏轼之前，苏洵还生过三个女儿，长、次二女均未成人，幼女八娘自幼聪明，能诗能文，但遭遇很不幸，十八岁时嫁给舅舅程濬的儿子程之才为妻，程家持家不肃，八娘备受虐待，过门未两年即郁郁而死。为此苏洵写了一首《自尤》诗②，并与程家绝交了几十年。另据苏洵《题张仙画像》③一文的说法，他在天圣八年（1030年，欧阳修中进士的那一年）到成都的玉局观看到张仙的画像后，每晨都向张仙祷告，祈生子嗣，结果有了轼、辙二子。苏洵认为那是张仙所赐——这当然是姑妄言之。

关于苏轼的家世，在苏洵所作《苏氏族谱》和《族谱后录》④中有记载。说是汉代苏章的子孙始安家于赵郡（今河北赵县），故苏氏郡望为赵郡。苏轼为祖父所作行状，更详细地说"其先盖赵郡栾城人也"⑤，故苏辙的文集名为《栾城集》，而三苏也都自称"赵郡苏氏"。栾城的苏家在唐武则天时有宰相苏味道，后贬官为眉州刺史，卒于眉山。据说苏味道的一个儿子即在此定居，从此眉山有了苏姓。苏洵的父亲名序，祖父名杲，曾祖名祐，高祖名釿，元祖名泾，泾以上至苏味道之间的世次已不可考。在苏轼出生时，其祖父苏序还在世，他是个性情开朗且能写诗的老人，有三个儿子，长名澹，次名涣，季即苏洵。当苏轼幼时，他们家里的一个突出人物是

---

① 王文诰《苏文忠公诗编注集成总案》卷一"庆历七年"条下，巴蜀书社，1985年。按：此年苏洵之父苏序去世，洵还家服丧，从此结束游学四方的生活，居家著书教子，此年作《题张仙画像》，已称二子之名，则《名二子说》最可能的写作时间确为庆历七年。请参考《嘉祐集笺注》415～416页。又，苏辙《亡兄子瞻端明墓志铭》中记苏轼十岁时与母亲对话已自称"轼"，当属追叙之笔，难以为据。

② 《嘉祐集笺注》"佚诗"部分。

③ 《嘉祐集笺注》卷十五。

④ 《嘉祐集笺注》卷十四。

⑤ 苏轼《苏廷评行状》，《苏轼文集》卷十六，中华书局，1986年。

二伯父苏涣，天圣二年（1024年）就中了进士，曾经轰动乡里。苏轼后来曾追忆"天圣中，伯父解褐西归，乡人叹嗟，观者塞途"①的盛况；苏辙也说当时"乡人皆喜之，迓者百里不绝"②；苏轼的学生李廌著《师友谈记》，亦记载苏轼向他谈起苏涣荣归乡里之事。可见，这位进士伯父在两个侄儿的心中激起的波澜甚大。

不仅如此，在苏氏兄弟的笔下，苏涣的高中还颇有历史意义。苏轼《苏廷评（序）行状》云：

> 闻之，自五代崩乱，蜀之学者衰少，又皆怀慕亲戚乡党，不肯出仕。公始命其子涣就学，所以劝导成就者无所不至。及涣以进士得官西归，父老纵观以为荣，教其子孙者皆法苏氏。自是眉之学者日益，至千余人。③

其意盖谓苏涣开启了眉州乃至蜀地的学风和蜀人出仕之意。在苏辙的《伯父（涣）墓表》中，也有类似讲法，甚至曾巩受他们之托为苏序作的墓志铭，亦照录《行状》的这个意思。④ 不过，苏辙还提及一个更早的人物："天禧中，孙君堪始以进士举，未显而亡。"⑤这当然不影响他们对苏涣出仕的重大意义的标榜。

但是，我们检讨史料的结果，却可以证明，对苏涣的这种表彰有着很大的夸张性。这里要插叙一份至今还未被充分重视的史料，嘉庆《眉州属志》卷二：

> 雁塔碑，州学棂星门外，东西二塔，宋乾道（1165—1173

---

① 苏轼《谢范舍人书》，《苏轼文集》卷四十九。

② 苏辙《伯父墓表》，《苏辙集·栾城集》卷二十五，中华书局，1990年。

③ 苏轼《苏廷评行状》，《苏轼文集》卷十六，中华书局，1986年。

④ 曾巩《赠职方员外郎苏君墓志铭》，《曾巩集》卷四十三，中华书局，1984年。

⑤ 苏辙《伯父墓表》，《苏辙集·栾城集》卷二十五。

年）间建，士之登科第者题名于上。明景泰四年及康熙四十四年知州金一凤先后建亭覆之。

南宋时建立的这块题名碑，清代还存在，《眉州属志》内的《选举志》就依碑文认录宋代的进士及第名单和次序（见《选举志》该名单后的按语）。因为这份材料源自南宋，故我们认为它比较可信。此名单中，苏轼之前已有六十八位眉州人进士及第，苏涣之前也已有九位，他们是：

太平兴国：田锡。　淳化：朱台符，程察。
咸平：石待问。　大中祥符：朱公佐，朱昌符，常九思。
天禧：孙堪，谢行。

此九人中，除程察、常九思、谢行三人的事迹目前还未考出外，其他六位都有史料可以佐证。田锡，上文已提及。朱台符，《宋史》有传，淳化三年进士，朱公佐是其子，朱昌符是其弟，亦见《宋史·朱台符传》，谓大中祥符中廷试并得第五，据此则朱氏一门甚盛。石待问，见于吕陶《净德集》卷二十二《中大夫致仕石公（洵直）墓志铭》，说石洵直的叔父石待问中咸平进士第，又登贤良方正科。此文还述及石待问之父石昌龄，在五代乱后蜀中"俗未向儒"的情况下，"即其居构层台以储书，以经术教子弟，里人化之，弦诵日闻，号'书台石家'"。这"书台石家"颇出人才，石待问之兄石待举登天圣进士第，石洵直在景祐时及第，后来又有石扬休，宝元时及第。[1] 石扬休是苏洵的好友，其子石康伯亦与苏轼交往。[2] 至于孙堪，苏辙虽说他"未显而亡"，但至少已进士及第，此人天圣初还在

---

① 俱见《眉州属志·选举志》。吕陶云石洵直祖上有石藏用，迁家到眉山，至洵直已历七世。《琬琰集删存》卷二，范镇《石工部扬休墓志》，谓七代祖藏用徙家眉州。此可证二石同族。

② 苏洵《送石昌言使北引》，《嘉祐集笺注》卷十五；苏轼《石氏画苑记》，《苏轼文集》卷十一。

世，且已任"直讲"之官，见魏了翁《鹤山集》卷四十一《眉山孙氏书楼记》，谓唐代孙长孺建楼以储书，唐僖宗曾御书"书楼"二字赐之，毁于五代；其五世孙降衷曾识宋太祖，宋初授眉州别驾（通判），"市监书万卷以还"；降衷之孙辟，"入都传东壁西雍之副与官本、市书，捆载而归"，乃重建书楼，时在天圣初，"辟之从兄直讲君堪，尝为作记，钱内翰希白、宋景文子京皆赋诗"。按此孙家出过一个名臣孙抃，《宋史》本传称其家号"书楼孙氏"，而魏了翁之文述"书楼"事甚详。此族与"书台石家"一样，对眉山的文化建设大有贡献，其聚书兴学并出仕成名皆有早于苏涣者。

苏轼尝云，"吾州之俗，有近古者三"，第一就是"贵经术而重氏族"："大家显人，以门族相上，推次甲乙，皆有定品，谓之江乡。非此族也，虽贵且富，不通婚姻。"① 按此是六朝隋唐门阀世族之遗风，从北宋前期眉山登进士第者的家庭状况来看，苏轼所云符合事实。这大概是由于那些家族皆唐代避地之侨姓，而五代时蜀中相对安定，故仍能保持士族旧习，虽已不能拥有六朝门阀那样的政治特权，但文化上的优越感、经术传家之传统以及在民间的影响力，还没衰息。待至新朝建立，天下已定，则应科举而起家者，多出自这些家族。眉山的朱氏、石氏、孙氏皆属此类，苏轼的外家程氏，也是这样的大姓，而苏氏本族，虽不如他们豪富，但也相仿佛。南宋时曾在眉州任地方官的魏了翁，对此地的历史十分了解，其所述更合实情：

> 士知所以自贵，自谏议田公始以直谅闻，朱公、孙公、石公后先以儒学显，嘉祐、治平之间则有三苏父子出焉。自时厥后，世载其美。②

相比之下，苏轼兄弟对伯父苏涣中第之事的标榜，是过于夸张的。

---

① 苏轼《眉州远景楼记》，《苏轼文集》卷十一。
② 魏了翁《眉州威显庙记》，《鹤山集》卷四十一，《四库全书》本。

当然，我们不避烦琐地插叙上述内容，真正目的不在于指出二苏的夸张其事，而是要通过它来说明：眉山一地对于幼年苏轼的栽育，应从此地的文化进步之历程中考察，因为此地的学风、士风并非真由苏涣才开启的。若说到整个四川，则更是如此，吕陶在皇祐四年（1052 年）登进士第（早苏轼五年），据其自述，"成都同籍凡十一人"同科高中①。于此可见，在苏轼成长的年月里，西蜀的文化正处于不断升涨之中，而到苏轼之时则体现为高潮。

从历史上讲，蜀地的文化开发，一般推首功予汉景帝时的蜀郡太守文翁，他选派人才至京师受学，又建学校于成都，"由是大化，蜀地学于京师者比齐鲁焉"②，蜀人向儒之风已可跟儒学的家乡相比了。此后，大儒扬雄、大文学家司马相如即为蜀人。殆及唐代，成都发展为全国的一大经济中心，有"扬一益二"之称，即谓益州（成都）之繁华仅亚于东南的扬州。唐诗主调的奠基人陈子昂与盛唐之音的最高代表李白，都来自西蜀，川人在文学上几已执唐诗之牛耳。晚唐黄滔云："或谓鲁儒曰颜闵也，蜀儒曰扬马也，无不喜其词之美。"③ 可见时人心目中的儒生代表就是鲁儒与蜀儒。唐玄宗、僖宗两次避乱幸蜀，把中原地区的文化带入了四川，与本地的文化传统融合而更有发展，此可从绘画艺术一方面略窥其一斑，北宋画家文同曾总结说：

> 蜀自唐二帝西幸，当时随驾以画待诏者皆奇工，故成都诸
> 郡，寺宇所存诸佛、菩萨、罗汉等像之处，虽天下能号为古迹
> 多者，尽无如此地所有矣。后历二伪至国初，其渊源未甚远，

---

① 吕陶《秭归县令李君墓志铭》，《净德集》卷二十五，《丛书集成》本。
② 《汉书·文翁传》。据说苏轼从表兄文同，就是文翁的后代，见《苏轼文集》卷二十一《石室先生画竹赞》，及文同《丹渊集》（《四部丛刊》本）卷首载范百禄撰文同墓志。此未必可靠，但文翁所建学校旧址，一直保存于成都，称"文翁石室"，表示了川人对他的怀念。
③ 黄滔《嘻二篇》，《莆阳黄御史集》上峡，《丛书集成》本。

故称绘事之精者，犹斑斑可见。①

文同也是蜀人，他与苏轼皆北宋大画家，在其艺术造诣之中有着蜀中绘画艺术的深厚积淀，是毋庸置疑的。

依宋代蜀人之自述，五代前蜀、后蜀（所谓"二伪"）统治期间，蜀中人士率洁身自好，隐遁野处，不奉迎割据政权；而当《花间》词风盛于后蜀的宫廷内外，直至宋真宗时代西昆体诗文风行之时，蜀中野处的文士依然坚持着古老的传统，"通经学古，以西汉文词为宗师"②。这自是很可贵的风气。但公平地说，"二伪"的统治在历代政权中算不得太坏，其时的蜀中较中国其他地区相对安定、繁荣，且具较好的文化氛围③。四川沃野千里，向称"天府之国"，物产丰富，经济上的发展远较五代其他割据之国为高，故宋得西蜀后，如骤获宝藏，诛求甚急。文同云："剑南西川原野演沃，畎庶丰夥，金缯纨絮，天洒地发，装馈日报，舟浮辇走以给中府，以赡诸塞，号居大农所调之半。县官倚之，固以为宝薮珍藏云。"④ 仅西川就达中央政府总征求之半数，若综计当时所谓"三川"⑤ 言，不知凡几。所以，事实还有另一方面，即宋军下蜀虽甚易，但由于过急诛求损害了蜀中经济并挫伤了蜀人感情，故入宋后的西蜀长期未获安定，兵叛民反不息，直至太宗、真宗之际，犹是"起甲午（994年）距庚子（1000年），七年三乱，狂夫一呼，群应如响"⑥。我们

---

① 文同《彭州张氏画记》，《丹渊集》卷二十二。

② 苏轼《眉州远景楼记》，《苏轼文集》卷十一。

③ 宋代最早的纸币首见于蜀中，可以证明那里的商品经济领先于全国，此是承前、后蜀而来；文化上，《花间集》以外，后蜀时刻过一次石经，还雕版印刷儒家典籍，这在历史上是开风气的，宋人亦多予好评。

④ 文同《成都府运判厅燕思堂记》，《丹渊集》卷二十三。

⑤ 《资治通鉴》唐顺宗永贞元年，胡三省注："剑南东川、西川及山南西道，为三川。"

⑥ 吕陶《成都新建备武堂记》，《净德集》卷十四。"七年三乱"当指甲午（994年）李顺破成都称大蜀王，丙申（996年）王鸬鹚起事称邛南王，庚子（1000年）王均以戍兵叛。

经常把北宋的蜀中几次暴乱论述为农民起义，但当时的蜀中人士却多认为那反映出蜀人对中央政策的普遍性的不满情绪。他们要求中央改变这种一味诛求的政策。① 其后，政府对派往成都的地方官慎重选择，经张咏、蒋堂、田况、张方平等数位干练名臣的镇守，及大量录用蜀人治蜀以后②，西蜀在政治、文化上融入统一朝廷的过程，才算完成。即便如此，北宋人士中仍数蜀人的地方观念最为强烈，这在苏轼身上也看得出来。而自宋初以来，蜀人之起为北宋大臣者，多以文章气节名世，苏轼亦秉承着这一文化性格。

在苏轼兄弟走向汴京的时候，西蜀地区融入统一政权的过程已经基本上完成了，可在他们的父亲苏洵力学求仕的一生中，却因蜀人的文化性格与北宋朝廷取士标准之间的龃龉不合，而饱尝了痛苦。他自谓"洵幼而读书，固有意于从宦"③，却又对应科举考试而必须学习的句读、属对、声律之学深抱反感，他"少时自处不甚卑，以为遇时得位当不鲁莽"④，且自命为"固有才智奇绝而不能为章句名数声律之学者"⑤，故学此术"未成而废"⑥，索性弃学游荡。但到二十七岁那年，又感到如此虽然痛快却不免会一事无成，便忽对妻子程夫人说："吾自视今犹可学。"⑦ 重新发愤力学。这次力学的内容，当然就是少年时所厌弃的那套应试技巧，他勉强自己硬着头皮学。次年（1036年）生下苏轼，到宝元元年（1038年）开始走上求仕之路，即入京参加进士考试，但此后数年间，却遭受了连续落第的命运，原因仍是"唯其平生不能区区附和有司之尺度，是以至

① 文同、吕陶集中多有此种议论，苏轼《上知府王龙图书》中的论述更切中利害，见《苏轼文集》卷四十八。

② 据吕陶记，庆历六年"诏许蜀人初仕于乡"，见《夫人文氏墓志铭》，《净德集》卷二十七。

③ 苏洵《谢相府启》，《嘉祐集笺注》卷十五。

④ 苏洵《上韩丞相书》，同上，卷十三。

⑤ 苏洵《衡论·广士》，同上，卷四。

⑥ 苏洵《送石昌言使北引》，同上，卷十五。

⑦ 见司马光《苏主簿夫人墓志铭》引苏洵语，《温国文正司马公文集》卷七十六，《四部丛刊》本。

此穷困"。① ——这是苏洵后来在《与梅圣俞书》中自述的，因梅尧臣（字圣俞）也是个屡试不中的才杰之士，与苏洵的心气能够相通，故此书中还袒露了苏洵对科举制度摧折士人志气的激愤态度：

> 自思少年尝举茂才，中夜起坐，裹饭携饼，待晓东华门外，逐队而入，屈膝就席，俯首据案。其后每思至此，即为寒心。今齿日益老，尚安能使达官贵人复弄其文墨，以穷其所不知邪？②

士人应试程序固是如此，但苏洵却感觉被侮辱，因为他的心气高傲，自命不凡。他硬着头皮学了声律章句去应试，而仍不能中式，这就从反面刺激了他，使他勃然醒悟，再次认为"此不足为吾学也"③，回家烧掉了以前写过的文章。然而这次不再是废学游荡了，而是找到了正确的努力目标。他取来了《论语》《孟子》、韩集及其他古代圣贤之书，兀然端坐，整日苦读思考。这就是他自己说的："遂绝意于功名，而自托于学术，实亦有得而足恃。"④ 其研究的内容，则如欧阳修所述，"大究六经百家之说，以考质古今治乱成败，圣贤穷达出处之际，得其精粹，涵蓄充溢，抑而不发"⑤。严格地说，苏洵之为苏洵，是从这时开始的，他的一系列经史、政治、文学观点，也主要在此后的几年内形成。这几年里，苏轼正慢慢长大，

---

① 苏洵《与梅圣俞书》，《嘉祐集笺注》卷十三。
② 苏洵《与梅圣俞书》，《嘉祐集笺注》卷十三。
③ 见欧阳修《故霸州文安县主簿苏君墓志铭》，《欧阳文忠公集》卷三十四。
④ 苏洵《上韩丞相书》，《嘉祐集笺注》卷十三。
⑤ 欧阳修《故霸州文安县主簿苏君墓志铭》，《欧阳文忠公集》卷三十四。

到庆历三年（1043）已经 8 岁，开始跟天庆观道士张易简读书①，也开始知道了天下有韩琦、欧阳修、富弼、范仲淹等人，是当时的人杰②。

小孩子还只知道向慕人杰，而苏洵当然明白当前发生的大事，即所谓"庆历新政"。在范、欧等人的努力下，"以通经学古为高，以救时行道为贤，以犯颜纳说为忠"③ 的新风尚正在逐渐形成，而这恰恰是与苏洵的学识、文章、性气相符合的。于是，绝意功名已七八年的他再度入京应庆历六年（1046 年）的制策，不幸的是仍未中式。当他在京的时候，亲眼看到了"庆历新政"的主要领袖相继被贬出京，使他对于当前的政治有了更深的认识。下第以后，他南游庐山，又至虔州，还准备遍游楚越，但庆历七年苏序在家病逝，所以他急急回家服丧。

在苏洵出门的日子里，苏轼已从张道士学完童子业，回家由母亲程氏继续教导。母亲程氏是个深明大义的妇女，她认为人生应当有所作为，不该埋没不彰，故对苏洵一度游荡不学，曾深为不乐，而一旦苏洵发愤读书，她便主动承担所有家务，并卖掉妆奁以补家用，二子渐长，她更是"咻呴抚摩"，"教以学问，畏其无闻"④。苏辙曾记下一段母兄间的对话：

> 公（苏轼）生十岁，而先君宦学四方，太夫人亲授以书，闻古今成败，辄能语其要。太夫人尝读东汉史，至《范滂传》，慨然太息。公侍侧，曰："轼若为滂，夫人亦许之否乎？"太夫人曰："汝能为滂，吾顾不能为滂母耶？"公亦奋励有当世志，

---

① 苏轼《陈太初尸解》："吾八岁入小学，以道士张易简为师。"《苏轼文集》卷七十二。
② 苏轼《范文正公文集叙》，《苏轼文集》卷十。
③ 苏轼《六一居士集叙》，同上。
④ 苏洵《祭亡妻文》，《嘉祐集笺注》卷十五。

太夫人喜曰："吾有子矣。"①

这是一段千古美谈了，可惜的是程夫人似乎没有得到丈夫、儿子名震京师的消息，就去世了。

自庆历七年（1047 年）苏洵奔父丧回家后，苏轼兄弟就都跟从父亲读书了。当苏轼兄弟跟从父亲学习的时候，苏洵正在成为自成一家的学者，在接下来的近十年里，他不再出蜀远游，而是在家著书立说，陆续撰成《几策》《权书》《衡论》《六经论》《洪范论》《史论》等传世名著，与此同时，精心地培育二子成才。因为有这样一个父亲从小指导学习，故苏轼的学术起点相当高，加上他才华出众，悟性过人，又从苏洵那儿秉承了独立思考的习惯，便很快地成长为一个学识渊博、见解卓异、文采斐然并且果决自信的青年。唯一的缺憾是相与讲论的朋友不算多，所谓"我年二十无朋俦，当时四海一子由"②，只有他的弟弟能具备相当的学力才思，可与切磋。兄弟俩一道在宅内的南轩读书，此南轩又名来风轩，是个书堂，置有苏洵亲自校读过的藏书。据苏辙的回忆，兄弟俩当时在南轩所读的主要是历史书，所谓"闭门书史丛，开口治乱根"③。并且，两人都很自信，觉得考取进士并非难事④。

至和元年（1054 年），十九岁的苏轼娶王弗为妻。此年张方平来成都任地方长官，访求乡贤，听到了苏洵的名字。次年，苏洵即带苏轼前去拜谒，深获张方平的赏识。到嘉祐元年（1056 年），苏氏父子三人就带着张方平写给韩琦、欧阳修等朝廷大臣的推荐信，

---

① 苏辙《亡兄子瞻端明墓志铭》，《苏辙集·栾城后集》卷二十二。范滂为东汉名士，罹党祸被害，被捕前与母亲诀别，母曰："汝今得与李（膺）、杜（密）齐名，死亦何恨？"于是范滂"跪受教，再拜而辞"，从容就义。事见《后汉书·党锢列传》。

② 苏轼《送晁美叔发运右司年兄赴阙》，《苏轼诗集》卷三十五，中华书局，1982 年。

③ 苏辙《初发彭城有感寄子瞻》，《苏辙集·栾城集》卷七。

④ 苏洵《上张侍郎第一书》，《嘉祐集笺注》卷十二。

上京应试去了。

这一去，他们将名动京师，文传天下。大半生坎坷不遇的苏洵在他的最后几年里放出夺目的异彩，成为一时文章宗师；而苏轼则将一步跨进中国文化史，有一个很耀眼的亮相，这当然离不开蜀中文化的深厚积累对他的养育，而更是他的父亲精心教诲的结果。我们从前文的叙述中可以获悉，苏洵走上研究学术并学习古文的道路，固然离不开"庆历新政"的影响和欧阳修领导的"诗文革新运动"的感染，但也不能忽视他直接承传"以西汉文词为宗师"的蜀中古风的因素。这蜀中古风与宋朝中央政权的融合过程，以及因范、欧等人的登场而引起的宋朝士风变化，使苏洵的一生走过了一条曲折多变的求学之路，从而也使他能够给予苏轼一个很高的学术起点。

二、在家乡与京城之间

北宋建都汴京（今河南开封），自蜀中赴汴，有两条路：陆路北上出汉中，穿越秦岭的一些山谷，到达关中，然后东折；水路沿长江出三峡，至荆州一带即可换陆路北上。苏轼一生凡三次出川，两次返川，陆路和水路都走过。嘉祐元年（1056 年）随父携弟第一次出川，是走陆路。此年五月至汴京，住太平兴国寺浴室院①。

他们到京的时候，正碰上京城水灾。时仁宗皇帝年近半百，身体不佳，朝事的主行者是宰相富弼、文彦博，欧阳修任翰林学士，谏院的长官则是苏轼的四川同乡范镇。欧阳修以水灾为由奏罢了武将狄青的枢密使，结果让新任三司使的韩琦入掌枢密院，三司使由欧阳修代理。这样，庆历时一批赞同范仲淹的"朋党"，分掌政权、兵权、财权，走向其仕途的高峰阶段。范镇、司马光不断地向朝廷

① 王文诰《苏文忠公诗编注集成总案》卷一，"嘉祐元年五月"条，巴蜀书社，1985 年。又，寺名，诸种记载多省称"兴国寺"，唯《四部备要》本《山谷诗集注·目录》注文中，称"山谷有太平兴国寺浴室院题名"，故知寺名全称为"太平兴国寺"，当是宋太宗时以年号赐为寺名。

上奏疏，王安石则是欧阳修家里最受重视的客人，以后的新、旧二党领袖，已在此时崭露头角。可以想见，欧阳修是在百忙中接待苏洵的谒见的，但接见的效果却很令人兴奋。

依北宋科举制度，士人应试须先参加州府解试，以取得被举资格。苏轼兄弟因未参加眉州州试，便要在开封府通过举人考试，然后才允应礼部省试，最后还要经由皇帝亲自主持的殿试，全部合格，方得进士出身。此年八月，苏氏兄弟通过举人考试，双双获选。礼部省试要到次年初举行，他们还有几个月温习的时间。苏洵自觉年高，不堪忍受被王公贵人玩弄其答卷的屈辱感，所以不再应试。在这段时间里，他投书于欧、富、韩等名公，获得欧公十分强烈的反应，"大称叹，以为未始见夫人也，目为孙卿子"①，并云："予阅文士多矣，独喜尹师鲁、石守道，然意常有所未足。今见君之文，予意足矣。"② 尹（洙）、石（介）二人是欧公重振古文的同志，也是柳开、王禹偁以来，到三苏崛起以前，欧公本人以外最重要的古文家。欧认为苏洵的文章超过了他们，等于从文学史的高度上肯定了苏洵的地位，把他看成了天下文章的第一作者。韩、富等也给予苏洵很高的评价，韩琦还向苏洵问到了他的儿子苏轼。③

嘉祐二年（1057 年）正月，礼部省试正式举行，主考官就是欧阳修，梅尧臣参与阅卷工作。试题有一场为《刑赏忠厚之至论》，苏轼作六百余字一篇古文，明白晓畅，轻快通达，既无从前骈文的雕琢繁缛之病，也不似当时流行于太学中的奇怪僻涩之古文，表现了他驾驭散体文字得心应手的才能。与苏洵一样以不善作应试文章而屡试不中的梅尧臣，最能鉴识这样真正优秀的古文，一获此卷即大加推许，要求欧阳修录为第一。欧看了也十分惊喜叹赏，但由于试卷糊了名，深恐此文出于自己的门生曾巩之手，取为第一不免招来

---

① 张方平《文安先生墓表》，《乐全集》卷三十九，《四库全书》本。

② 苏辙《颍滨遗老传上》，《苏辙集·栾城后集》卷十二。又见邵博《邵氏闻见后录》卷十五，中华书局，1983 年。

③ 苏轼《上韩太尉书》："太尉与大人最厚，而又尝辱问其姓名。"《苏轼文集》卷四十八。

闲话，故决定委屈此文置于第二。梅尧臣仍感不平，但他没能打消欧阳修避嫌的心思，结果苏轼获得了省试该场的第二名。到三月份，经皇帝殿试，苏轼赐进士出身，苏辙也顺利通过考试，赐同进士出身。苏洵艰难一生也未取得的科名，这两兄弟轻易地一举而得。

嘉祐二年的这次试举，是北宋"得士"甚盛的一次，除苏氏兄弟并中外，曾巩、曾牟、曾布、曾阜兄弟四人加上妹夫王无咎、王彦深一门六人并中，极是热闹。这一榜中的文学之士有二苏、曾巩，以理学名世的有程颢、张载，后来成为王安石变法之得力助手的吕惠卿、曾布也在内，这些人对北宋政治、文学、哲学影响甚巨。欧阳修惊人的识鉴力，使他能够把这一批当年最杰出的人才收入门下，但在那么多杰出的门生中，他最欣赏的就是苏轼，曾对梅尧臣说道："读轼书，不觉汗出，快哉快哉！老夫当避路，放他出一头地也，可喜可喜！"① 欣赏之情溢于言表。

苏轼待在京城，进士登第以后才出门拜见欧阳修、梅尧臣等座师，又因欧的引见而得识韩琦、富弼。这几个"庆历新政"时的核心人物，"皆以国士待轼，曰：'恨子不识范文正公。'"② 他们在一起怀念范仲淹，也可见出几位前辈对苏轼的期许之深。自此以后，苏轼成了十分耀眼的新星，父子三人的名声大振。欧阳修这样描述他们此番汴京之行的情况：

> 当至和、嘉祐之间，（洵）与其二子轼、辙偕至京师，翰林学士欧阳修得其所著书二十二篇献诸朝。书既出，而公卿大夫争传之。其二子举进士皆在高等，亦以文学称于世。眉山在西南数千里外，一日父子隐然名动京师，而苏氏文章遂擅天下。③

苏轼可谓一举成名，更重要的是，他被文坛宗师欧阳修看作了下一

---

① 欧阳修《与梅圣俞》其三十一，《欧阳文忠公集》卷一百四十九。
② 苏轼《范文正公文集叙》，《苏轼文集》卷十。
③ 欧阳修《故霸州文安县主簿苏君墓志铭》。

代的文坛宗主，并预言"三十年后世上人更不道着我"①，意谓未来的文坛属于苏轼。

可就在这时候，苏轼母亲程夫人于四月初病逝的消息传来，父子三人仓皇离京，回乡奔丧。这位程夫人在人世的最大期望就是想看到丈夫、儿子成名，她的这个期望也确已成为现实，但她却来不及闻听喜讯，就离开了人世。当苏洵回顾自己坎坷的一生，又看着眼下二子高中的现实，其悲天悼妻之情是难于言表的。对于苏轼来说，无疑是在一举成名的喜乐得意之际，遽然听到丧钟的敲响，领略到生命的本然的悲剧底蕴。按当时礼制，儿子须为母亲服丧二十七个月，谓"守制"或"丁忧"。因此，苏轼便丁忧家居。老苏已五十岁，丧偶的悲痛令他思考生死的问题②，埋头钻研《周易》。直至嘉祐四年（1059 年）十月，三苏才带同轼妻王弗、辙妻史氏，第二次出川赴京。此时的苏轼已经有了"人生本无事，苦为世味诱""今予独何者，汲汲强奔走"③ 这种略显苍老的感慨。

这次走的是水路，他们舟经嘉、泸、渝、忠、夔等州，出三峡至江陵（今属湖北），已是岁末。这无疑是一次绝佳的旅行，一路上山川文物、名胜古迹甚多，激发起他们的才思，于是有了包含三个人一百多篇诗文的《南行前集》，编成于江陵的驿舍里。其中有苏轼诗四十余首，是现存苏轼诗的最早一批作品，可以看作其诗歌创作的起点。④ 苏轼还为此集作序一篇，⑤ 提出了他的自然为文的创作思想，并声明这是从他父亲那儿继承来的。这篇序由苏轼自己书写，

---

① 朱弁《风月堂诗话》卷上，又见其《曲洧旧闻》卷八，《宝颜堂秘笈》本。

② 苏洵《极乐院造六菩萨记》，《嘉祐集笺注》卷十五。

③ 苏轼《夜泊牛口》，《苏轼诗集》卷一。

④ 现存苏轼的最早两首诗，是作于丁忧居蜀时的《咏怪石》《送宋君用游夔下》，见《苏轼诗集》卷四十八。但一般的苏诗编年集子，都以《南行前集》中的作品为开篇，而把那两首放在补编。

⑤ 即《南行前集叙》，《苏轼文集》卷十。按：苏集中凡"序"皆作"叙"，避祖父苏序讳也。

其时他的书法水平已甚高，老苏时有一些应酬文字，也请他誊写。这一年，王弗生下了长子苏迈。

嘉祐五年（1060年）二月，三苏到达汴京。因了欧阳修等人的推荐，苏轼兄弟得以参加一次皇帝特别下诏举行的考试，叫"贤良方正能直言极谏科"的制举考试，简称"贤良科"，倘被录取优等，就可期望得到较快的升擢，故此俗称"大科"。按此科考试制度的要求，苏轼事先向朝廷献上他所作的策、论五十篇①，系统地表达了他对历史和现实的看法，及对今后施政的建议。制科考试在次年九月结束，苏轼的对策考入第三等。这是极高的成绩，因为按宋代"制科"评定对策成绩的惯例，一、二等皆为虚设，实际等级最高的就是第三等，其次是第三次等、第四等，最低是第四次等（第五等即未合格）。自北宋开制科以来，唯有一个吴育获得过第三次等②，余皆在四等以下，故苏轼这次的成绩是破天荒的。据苏辙所记，考评官有司马光、范镇、蔡襄、胡宿等人，司马光本想把苏辙的对策也录在第三等的，但胡宿认为苏辙指斥时弊过于激烈，涉于不逊，主张黜落，结果由皇帝打了个折中，取在四等③。他们的荐主欧阳修高兴至极，又在书信中写道："苏氏昆仲连名并中，自前未有，盛事盛事！"④ 兄弟二人再次给汴京带来了轰动。

时富弼因母亲去世罢相忧居，韩琦、曾公亮任宰相，欧阳修参

---

① 宋人举贤良，皆须先缴进策、论五十篇，谓"进卷"。苏轼之"进卷"，即七集本之《应诏集》，包括二十五篇策与二十五篇论。同样，苏辙的"进卷"也就是《栾城应诏集》。缴上"进卷"以后，应试人还要通过"秘阁试论"六篇，最后才能参加"御试对策"。《栾城应诏集》除"进卷"外，也将"秘阁试论"与"御试对策"编入，苏轼的《应诏集》则只有"进卷"，其试论与对策见七集本之《后集》卷十。

② 《宋会要辑稿·选举》一〇之二二，中华书局，1957年。吴育应试科目为"才识兼茂明于体用科"。

③ 事载苏辙《颍滨遗老传上》，《苏辙集·栾城后集》卷十二。苏辙事后作《谢制科启》，误入《苏轼文集》中（卷四十六《谢制科启二首》，第二首是苏辙的）。

④ 欧阳修《与焦殿丞（千之）》，《欧阳文忠公集》卷一百五十。

知政事，司马光同知谏院，王安石知制诰。在这一系列重要人物中，只有王安石对三苏不以为然：

> 东坡中制科，王荆公问吕申公（公著）："见苏轼制策否？"申公称之。荆公曰："全类战国文章，若安石为考官，必黜之。"故荆公后修《英宗实录》，谓苏明允有战国纵横之学云。①

故王安石没有担任御试对策的考评官，应该是苏氏的庆幸②。考完后，苏轼被任为大理评事、凤翔（今属陕西）府签判③，于嘉祐六年（1061年）近年底的时候，告别父弟单独赴任，正式开始了他的仕宦生涯。苏辙亦被任为商州推官，但任命状却迟迟下不来，原因是知制诰王安石"封还词头"④，拒绝起草，遂令此事被长期搁置，至次年秋天，才由另一位知制诰沈遘写作了制词⑤。因苏洵在京修礼书，苏辙索性以养亲为由辞去了这个官职，留在家里。我们熟知苏洵的《辨奸论》一文是王、苏交恶的标志，倘此文不伪，其写作时间也应晚至嘉祐八年⑥，所以，他们之间的不友好态度当起因甚早，而付诸偏执行为以引起恶劣后果的，却先在王的一方。《辨奸论》之作可谓事出有因。

---

① 邵博《邵氏闻见后录》卷十四。

② 据《宋会要辑稿·选举》一一之八，王安石担任了"秘阁试论"的考评官。但他未担任"御试对策"的考评官，《邵氏闻见后录》当是指"御试对策"而言。至于"秘阁试论"的评定，是看应试人能否答对论题的出处，其标准比较客观，考官的主观好恶不起决定作用。

③ 当时的官制，分官、职、差遣三种，前两种是名誉性、品级性的，差遣才是实际职务。此处"大理评事"是官，"签判"是差遣，"签书判官厅公事"之简称，知府的助理官。

④ 吕希哲《吕氏杂记》卷下，《四库全书》本。

⑤ 苏辙《颍滨遗老传上》，及苏轼《病中闻子由得告不赴商州三首》，《苏轼诗集》卷四。

⑥ 张方平《文安先生墓表》说苏洵作《辨奸论》是在王安石母亲逝世的时候，据曾巩《仁寿县太君吴氏墓志铭》（《曾巩集》卷四十五），知王安石母吴氏卒于嘉祐八年。

宋代官僚的差遣一般是三年一任，苏轼在凤翔任满三年还朝，已到了治平二年（1065年）正月。其间朝廷发生了大事，宋仁宗在嘉祐八年去世，由韩琦等人扶持着从宗室中过继来的太子赵曙继位，即为宋英宗，次年改元治平。苏轼还朝后，以殿中丞差判登闻院，又经过一次学士院的考试，授职直史馆。从当时仕途常况论，他的升迁可算顺利，宋英宗对他也比较重视。但此时他家里又接连发生变故，先是妻子王弗于治平二年五月病卒，然后是父亲苏洵于次年（1066年）四月逝世，享年五十八岁，留下的是刚编好的《太常因革礼》一百卷和未完成的《易传》。苏洵之死令朝野震动，朝廷给予了颇高的哀荣，由政府负责具舟送灵柩还乡。这样，苏轼兄弟扶柩上船，由京师出发，下汴河，经淮河，转长江，再逆水而上，途经几千里，送归故乡安葬。

苏洵的去世，标志着苏轼一生思想发展中第一个阶段即"以父为师"阶段的结束。苏洵一生赍志不伸，但他有着远大的政治抱负，对于经史有一套系统而独特的见解，作文"好为策谋，务一出己见，不肯蹑故迹"①。苏轼"治经独传于家学"②，此阶段内的政论主要见于其进策、对策，亦具有"策谋"的性质，不蹈袭陈言，自成一家。当然，他的各方面的思想，后来也有许多变化和发展。

苏轼兄弟居丧二十七月，到熙宁元年（1068年）的下半年服满。此后苏轼续娶王弗的堂妹王闰之为妻，到十二月与弟辙一起还朝。这次又走陆路，先至长安过了年，次年二月才达汴京。这是苏轼最后一次出川，此后再未还乡。他告别四川的时候年三十三岁，距初次出川已逾十年，其间两返三出，进士及第，制科高等，名震天下，仕途顺利；不幸的是父母双亡，前妻早逝；不幸中之幸是一直有个兄弟相伴，才华相埒，学力相当，在以后的政治风波中，将出处相同，荣辱与共。

---

① 曾巩《苏明允哀词》，《曾巩集》卷四十一。
② 苏轼《谢制科启二首》之一，《苏轼文集》卷四十六。

三、变法风潮中的汴京

当苏轼居蜀守孝之时，北宋朝廷正在更新换代。早在治平三年（1066年）苏轼离京之际，宰相韩琦、参政欧阳修已经为了"濮议"之事而与知谏院司马光、御史吕诲、范纯仁（范仲淹子）、吕大防以及侍读吕公著等发生了激烈的争论，结果除司马光外，吕诲以下全被贬逐。但不久，宋英宗崩，太子赵顼即位，就是以变法闻名的宋神宗。即位的当年（治平四年，1067年），韩琦、富弼、欧阳修分别解去宰相、枢密、参政之权，出任地方官。熙宁元年（1068年）翰林学士王安石被召见，力陈变法大计，甚得神宗之意。在王安石、司马光、吕公著等一批五十岁左右的入相呼声较高的官员中，宋神宗经一番筹划后选择了王安石作他的辅臣。翌年（1069年）二月，起用王安石为参知政事，接着，依其提议创设"制置三司条例司"的新机构，作为变法的主持机关，由王安石实际负责领导。历史上著名的王安石变法就此开始。恰恰在这个时候，苏轼兄弟到达汴京。

命运注定苏轼要卷入这场巨大的政治风波，自此起直到他离世，其政治、学术和文艺创作，都与王安石的"新法"及变法理论"新学"密切相关。在这中间，有学术思想的歧异、政见的对立、人生态度的不同，也有意气之争或党派倾轧的因素，情形十分复杂，本书以后各章节都要详论，这里只略叙苏轼经历，但也必须先概述一下王安石的变法措施。

王安石（1021—1086）是一位学有专长、矢志改革的学者型政治家。在执政以前，曾历任地方官，并在所辖地区创试了若干改革措施，有的效果良好，逐渐形成了一整套变法理论和方案，在嘉祐三年（1058年）所作的《上（仁宗）皇帝万言书》中即已有系统的表述①。宋神宗即位后，有志于富国强兵，故擢用王安石，更易

---

① 王安石《王文公文集》卷一，上海人民出版社，1974年。

法制以图富强，这就有了"新法"。其主要内容，可分为理财与整军两类。属于理财的有青苗法①、免役法②、均输法③、市易法④、方田均税法⑤、农田水利法⑥等；属于整军的有减兵并营⑦、将兵法⑧、

---

① 青苗法：在农民青黄不接时，政府发放"青苗钱"，每年两次，限期缴还，取息二分。此举有似于今天的农业贷款，可以抑制高利贷者，但当时政府行此，实际变成不顾农民需要与否，强制摊分的"抑配"行为。故此法在"新法"诸措施中，最为反对者所诟病。

② 免役法：由原来承担差役的人户出"免役钱"，原来不承担差役的人户出"助役钱"，政府以此钱雇人代役。此实为政府向人民征收役钱，以用于雇役。征收的钱总比实用的多，政府可增加一笔收入。各人户情况不同，出钱代役有受损者，也有得便者，不能一概而论。

③ 均输法：商品转销所生之"利"，一大部分源自地区差价，而为商贾所得，均输法是以国家专设发运官，掌握商业情报，来作"徙贵就贱，用近移远"的事，代替商贾得"利"，同时也起到平衡物价的作用。这个办法的发明者是汉代的桑弘羊，以官办商务来取代自由商业，利弊均有。

④ 市易法：设常平市易司，管理市场，控制物价，代替住商向行商提供贷款或赊售货物，取年息二分。

⑤ 方田均税法：全国统一丈量土地，重定税额。此举主要为揭发大地主的隐瞒田产，使入税籍。

⑥ 农田水利法：派遣使者到各方寻求可供开发的水利，奖励兴修。兴修时既可由国家贷款取息，兴修后农田增加，或旧田增产，又可使国家与农民分得其利。

⑦ 减兵并营：裁减五十岁以上的老弱兵士，进行全国军队的整编，以提高军队的战斗力。此举因军队骚乱而未能彻底实施，结果不得不"多支月粮，复收退卒"。因为国家养兵固为能战，人民当兵却是为了吃粮。但此举使军队人数减少，国家支出有所节省。

⑧ 将兵法：为防止将兵固结而使兵成为某将的家兵以滋长割据之习，宋初定"更戍法"，将兵须定时调易，为将者须按时调往另一支部队。这也造成"兵不识将，将不识兵"的局面，使战斗力减弱。将兵法是让将官能够专职于一支部队，以得练兵、指挥之效。此前范仲淹在西北已初步实施过此法。

保马法①、保甲法②等。为了培养适于推行"新法"的人才，又要改变科举制度，取消诗赋，改试经义、策论，并制定经义（儒家经典的阐释）的标准答案，用以统一思想。这是古代程试之文从唐代的诗赋为主转向明清之"八股文"的关捩。

理财是为了富国，整军是为了强兵，统一思想是为了崇尚道德，最终目的是为了社稷长远、国泰民康。然而，正如我们在导论中所指出，这次变法的实质是要在商品经济发展的新形势下，设法改变政府财政入不敷出之局面。王安石的一系列"新法"，是从商品经济的实际运行过程中看出了某些规律，而想以政府代替大地主、大商贾来做东，将"利"夺归政府。这就是司马光等人指责的"与民争利"。国家作为机构实体，需要经济收入来支撑，"争利"是必然的；但同时，它也要起到有效的管理作用，其"争利"也得通过某种政府干涉商品经济的有效手段，而不至于太背离经济规律，造成社会经济破产。从历史上看，"新法"开创了国家全面管理商品经济的先例，意义十分重大；但以国家行政措施来代替商业运行，统吃利润，则又表现出对商品经济的认识不足，用了以前管理自然经济的旧思路来管理之，结果必然受到经济规律的惩罚。开始是改革者主持立法，后来问题丛生，牵引着改革者失去初衷，随机补漏缝隙不暇。反对者群起相攻，所言未必不中其病，但不务配合解救，只图拆台。这就激成主持者强硬刚愎，形成党争。党争一旦分出胜负，政局便转为独裁。独裁又引来变法集团内部分裂相轧，王安石时而下野，时而复起，宋神宗殚精竭虑，英年早逝。变法事业随即崩溃，后果严重。所以，王安石的"新法"，其理论思想是深刻的，其实践

---

① 保马法：奖励民间代官府养马。诸种措施大抵是以政府包揽事务，唯有此法是将原来的政府事务卸予百姓。

② 保甲法：以十户为保，五十户为大保，十大保为都保，加强地方行政的控制，建立地主武装。一使"寇乱息而威势强"，即防盗除盗；二使人民"渐习其为兵"，必要时可让民兵代替军队的某些职能；三使"与募兵相参"，可以取代一部分正规军，以"省养兵财费"，用不花钱的民兵代替一部分花钱养的部队。——这些当然都只是良好的愿望而已。

却必然失败，失败的原因决不仅仅是用人不当或政敌蓄意破坏，而主要是"新法"本身的缺陷。与宋代商品经济的迅猛发展相比，政府管理商品经济的经验远远不够，"法"虽"新"，而思路仍旧。我们并不否定王安石变法，那种一仍旧章的主张显然是错误的，但也承认"新法""新学"有严重缺陷。从而，对于反对派的意见，也就要分析对待了。

在变法之初，宋神宗更新群僚，一为推行新政，同时也为了培植自己一朝的大臣。他起用了王安石，但对司马光也很重视，就其愿望而言，是想得到司马光的支持与配合的。他求治之心甚锐，初秉大政即勤于召见臣下，询以治道，凡上书或对答中有被赏识者，即予提拔，尤其是年轻的官员，他更急于用来襄赞变法。一时之间，颇如苏轼所云，造成了"求治太速，进人太锐，听言太广"①的局面。苏轼兄弟的同年如程颢、曾布、吕惠卿、章惇②等，皆在三十开外的壮年，除了苏轼外，或被引入"条例司"，或参与实施变法事宜，都受到神宗的重用，其中一些人后来成为王安石的得力助手和"新党"大僚。在当时看来，参与策划，实施变法，无疑是走向将来执政大臣的捷径。

苏轼却独未走上这条捷径。据苏辙说，时"王介甫用事，多所建立，公与介甫议论素异，既还朝，置之官告院"③，《宋史·苏轼传》据以谓："熙宁二年还朝，王安石执政，素恶其议论异己，以判官告院。"突出了王安石对苏轼的排挤。今按，苏辙偕兄还朝，上书言及财政④，即被神宗赏识，命为"条例司"属官，参与议法，而王安石不能以"议论异己"拒之。苏轼集中却未见此时有何上书，

---

① 苏轼《上神宗皇帝书》载其对神宗语，《苏轼文集》卷二十五。
② 章惇《宋史》本传云："进士登名，耻出侄衡下，委敕而出。再举甲科。"其侄章衡是嘉祐二年进士及第的第一名。可见章惇原亦于此年登科，被他自己放弃了。
③ 苏辙《亡兄子瞻端明墓志铭》。
④ 苏辙《上皇帝书》"今世之患莫急于无财"等语，《苏辙集·栾城集》卷二十一。

初返京城的他显得沉默，所以只得了个判官告院的差遣，未进入更重要的机构。这多少也因为他本人不太积极。不过，王安石排斥苏轼，却也是事实，《续资治通鉴长编拾补》卷四"熙宁二年五月"条云：

> 上欲用轼修中书条例，安石曰："轼与臣所学及议论皆异，别试其事可也。"

同书卷七"熙宁三年三月"条：

> 上数欲用轼，安石必沮毁之……上以轼所对策示王安石，安石曰："轼才亦高，但所学不正……如轼辈者，其才为世用甚少，为世患甚大，陛下不可不察也。"

又同书卷五"熙宁二年八月"条：

> 上阅辙状，问："辙与轼何如？观其学问颇相类。"王安石曰："臣已尝论奏，轼兄弟大抵以飞箝捭阖为事。"

可见王安石确实排摒苏轼，理由亦正如苏辙所说，议论素异。这是双方都认定的事实。学术不同，于政治上亦不愿相谋。苏轼还朝不积极上书议政，就出此因。他不想被王安石所用，宁可在官告院赋闲静观。

静观当然也不能太久。朝野上下议论纷纷，苏辙在"条例司"也已屡次与王安石、吕惠卿等意见不合，闹到了无法共事的地步。内中情形，苏轼想必是了解的。自熙宁二年二月到京，有三个月的时间，他对于司马光、苏辙那样激烈地反对的那些"理财"之法并没有正式发表意见，直到五月，他却在王安石和司马光都赞成的科举改革上，率先独立发表不同意见。此月，他应朝廷的要求，奏上一份《议学校贡举状》，彻底否定取消诗赋而代以经义策论的改革主张，认为诗赋优于策论。这是当时罕见的为文学辩护的议状，神宗皇帝见状后，即刻召见，颇加奖励。当然，由于王安石的坚持，苏轼的意见并未能阻止科举改革的进行。看来宋神宗未必很重视他的这个意见，只是想鼓励他参与的热情。

但五月份恰值反对"新法"的大潮涌起之际。御史台的长官吕诲弹劾王安石，除了非毁"新法"外，还大肆攻击其人品。神宗不以为然，把弹章退还吕诲。依宋廷的习惯，言事官若所言不被采纳，是会要求去职的，于是吕诲求去；被弹劾者此时亦须停职待罪，于是王安石也求去。双方坚执不屈，神宗被迫作出抉择，罢免吕诲，坚定了王安石变法的信心。然而如此一来，此前关于"新法"诸措施的不同意见的争辩，就正式上升为政治斗争了。八月，谏院长官范纯仁，刑部官员刘述，御史刘琦、钱颛等皆以反对王安石被罢免。此月苏辙因反对农田水利、免役、均输、青苗诸法，而自动离开"条例司"，获准外任为河南府推官。到熙宁三年，朝内外的老臣韩琦、欧阳修、文彦博都反对青苗法，亦被责罚。司马光一直在神宗面前力争"新法"之非，并拒绝接受枢密副使的委任，但神宗同意免去这委任时，掌管颁发诏命的范镇又再三封还诏旨，结果神宗只好把诏旨直接交与司马光，于是范镇自请解职。然后孙觉、吕公著以反对"新法"罢，宋敏求、苏颂、李大临以反对王安石提拔李定罢，程颢、张戬（载弟）、李常等亦纷纷斥罢。孔文仲应制科，原考为三等，以对策中反对"新法"被御批黜落，考官封还御批，范镇上疏力争，皆不听，于是范镇要求致仕（退休），却被批准。司马光亦被派往长安，但在地方上更不堪被迫执行"新法"之苦，至熙宁四年六月获准到洛阳闲居，"自是绝口不言事"[1]，这次反"新法"的风潮才渐渐退落，王安石得到专任。此后虽还有富弼因不肯行青苗法于其辖区而遭处分，刘挚、杨绘以指斥时政被贬，及郑侠上流民图坐编管等事，但已是余波了。

在这次反"新法"的政治风潮中，苏轼的政治态度逐渐地明朗

---

① 《宋史·司马光传》。

起来。熙宁二年八月任国子监考试官，所出考题已暗示神宗专信王安石为非①。安石可能意识到苏轼正在成长为他的一个有力的政敌，故于此年冬天让他权充开封府推官，"意以多事困之"，省得他来议政，不料苏轼"决断精敏，声问益远"②，且并不耽误议政，在十二月的严寒中，写出一封万言书给神宗③，系统地阐明他反对"新法"的政见，把"新法"诸措施逐条地批驳、责难，一概否定。这是苏轼第一次正式发表政见，却是当时反"新法"的奏议中最系统、完整的一封。翌年二月，由于对英宗、神宗登上宝座起过关键作用的"定策"元勋韩琦奏疏青苗法害民，迫使王安石称疾家居，离职近二十天，使新旧党争处于白热化的高潮。苏轼于此时再次上书④，藉韩琦奏疏引起的倒王之势推波助澜，迫促神宗驱逐"小人"王安石。但神宗又一次扶持了安石，一边同意司马光辞枢密副使，一边让"条例司"疏驳韩琦奏章，颁之天下。这是王安石的一个很大的胜利。但苏轼犹不服输。三月份进士殿试，"上议差先生为考官，安石言先生所学乖异，不可考策，乃以为编排官"⑤，苏轼趁参与其事的机会，作《拟进士对御试策》进呈，巧妙地将策问内容引向对王安石和"新法"的攻击⑥。

这样，苏轼与王安石之间，一个因"议论异己"而不断排挤对方，一个因反对"新法"而屡次攻击对方，就个人政见而论固各有是非，就宦场公德而论，则王安石排斥异己在先，为了让他的改革计划减少一个预想中的反对者，而企图堵塞苏轼的政治前途。对苏轼来说，无论其政见如何，击败王安石都是他谋求进一步发展的前

① 苏轼《国学秋试策文二首》之一，"勤而或乱或治，断而或兴或衰，信而或安或危"，《苏轼文集》卷七。
② 苏辙《亡兄子瞻端明墓志铭》。
③ 即苏轼《上神宗皇帝书》，《苏轼文集》卷二十五。
④ 即苏轼《再上皇帝书》，同上。
⑤ 施宿《东坡先生年谱》熙宁三年条，《宋人所撰三苏年谱汇刊》，上海古籍出版社，1989年。
⑥ 关于苏轼政见的详细分析，见本书第四章。

提，其奏疏措辞激烈，不能像司马光那样平心静气，是可以理解的。然到此为止，两人都未采取不正当的手段来互相陷害，故其性质为不同政见或党派间的政治斗争。但事态的发展到熙宁三年八月起了变化，从政治斗争突然堕落为官场倾轧。王安石的姻亲侍御史谢景温弹劾苏轼，说他扶苏洵灵柩回川及服除赴京时，往返挟带货物，沿途做生意，又冒称朝廷差遣，向地方官借用兵卒等。诏下八路按问，结果查无实据。据熟悉内情的苏轼同年林希称：

> 王安石恨怒苏轼，欲害之，未有以发……景温即劾轼……安石大喜，以三年八月五日奏上，六日事下八路按问，水行及陆行所历州县，令具所差借兵夫及柁工询问……卒无其实。①

史籍上皆明载此举为王安石指使谢景温诬告苏轼。这显然是他越来越感到苏轼的威胁，以至于不择手段了。然而这手段是不正当的。

平心静气的司马光也被激怒了，隔日面见神宗，便断然要求离开朝廷，"必不敢留"，因为："今近安石者，如苏轼辈，皆毁其素履，中以危法。臣不敢避削黜，但欲苟全素履。"② 所谓"素履"，就是一个人素来对于做人应具之道德规范的践履，故对于一个士大夫来说，"毁其素履"是极狠毒的行为，而其后果也是很严重的，神宗对司马光说："苏轼非佳士，卿误知之。"③ 皇帝对他的印象已坏。在此情势下，被弹劾的苏轼当然就不敢自辩，只好乞补外任，离开朝廷。熙宁四年六月，他被任命为杭州通判，离开了危机四伏的汴京。其离京时间约与司马光赴洛相近，这二人的离去标志着反对"新法"的政治活动归于失败。

苏轼走上政治舞台的第一幕，即扮演了失败者的角色，而且是被不正当的手段击败的。但这个失败者已经成长为具有影响力的政

---

① 李焘《续资治通鉴长编》卷二一三引林希《野史》。
② 《续资治通鉴长编》卷二一四，"熙宁三年八月乙丑"条。
③ 《续资治通鉴长编》卷二一四，"熙宁三年八月乙丑"条。

治家，为他以后成为元祐大臣打下了基础。不过他这次出京外任，并不能逃离政敌对他的迫害。

四、从二千石到阶下囚

在苏轼出京前，当年的川中长官张方平已调知陈州（今河南淮阳），他奏准朝廷请苏辙去任该州的州学教授。故苏轼熙宁四年（1071 年）赴杭时，先至陈州会晤兄弟，随后在苏辙陪同下到颍州（今安徽阜阳）同谒退居在那儿的恩师欧阳修。师生相谈甚欢，感慨良多。欧阳修于次年即与世长辞，后来到元祐六年（1091 年）苏轼知颍州，重来此地，追怀往迹，二十年前的情形犹历历在目：

> 契阔艰难，见公汝阴。多士方哗，而我独南。公曰"子来，实获我心。我所谓文，必与道俱。见利而迁，则非我徒"。又拜稽首，有死无易。公虽云亡，言如皎日。①

在这里，被欧公斥为"非我徒"的"多士"，显然就指苏轼的一些襄赞"新法"的同年，如吕惠卿、曾布等，而苏轼以反对"新法"南赴杭倅，在欧公看来是有"道"的表现。

告别了老师和弟弟后，苏轼继续南行，经扬州，于当年十一月到达杭州任上。从此时起直到元丰二年（1079 年），他担任地方官八年之久，相继在杭州、密州（治所在今山东诸城）、徐州、湖州四地任职，在杭任通判，在后三地则任知州，汉时所谓二千石之官。宋代官制重内轻外，京官中与宰执政见不同者，若不议罪贬窜，则以出任相应级别的地方官为最常见的"下野"方式。一位官员连续在地方上任职而不被调往京城，说明他仕途不顺，倘他是个不同政见者，很可能还不准进入京城，叫"有旨不许入国门"。苏轼熙宁十年（1077 年）密州任满赴京述职时，就遭此待遇，结果只好在京城

---

① 苏轼《祭欧阳文忠公夫人文（颍州）》，《苏轼文集》卷六十三。

附近的范镇家里暂住。

但苏轼在地方上却是颇有政绩的。他的天性中有自由放达的诗人气质，却并不妨碍其处理实际事务的才能。他是个关心民瘼的良吏，也是个果决任事的能吏。在杭州，他帮助知州修复钱塘六井①，还巡行属县，监督捕蝗，赈济灾荒，甚至在除夕之夜野宿城外②。在密州，他碰上严重蝗灾，处境艰难。他一面上奏朝廷要求蠲免秋税，一面带头节俭，还亲自沿城捡收弃婴，设法招人抚育，所活达千人③。在徐州任上的苏轼最为辛苦，时值熙宁十年，黄河决堤，水淹四十五个州县，三十万顷良田，徐州城下水高二丈八尺，上任未及三个月的苏轼全力组织抗灾。他劝导逃亡的人民返回城中，然后草履竹杖访当地驻军，召军队与人民一起筑堤护城，当暴雨如注，水势增高，城墙危在旦夕之日，"庐于城上，过家不入"，奋战两月，方得水退城安，复上报朝廷要求增筑旧城，以防河水复来④。另外，他还派人勘明附近的石炭产地，组织开发，以解决州人的御寒问题⑤。元丰二年他离任之时，州民拜于马前，献酒送行，以表示对这位父母官的感激⑥。

在政绩彰著的同时，苏轼的文艺活动亦有极大的开展，创作和交流都呈活跃的态势。杭州西湖的山水、钱江的潮汛为他提供了丰富的诗材，使他写出了一大批诗歌名作，并开始填词的创作⑦。至密州后，有意改革了词为"艳科"的旧习，创立了我国词史上的豪放派。在徐州，苏轼写作了一系列题画诗，结合绘画品评以发表其

---

① 事见苏轼《钱塘六井记》，《苏轼文集》卷十一。

② 苏轼《除夜野宿常州城外二首》，《苏轼诗集》卷十一。

③ 苏轼《与朱鄂州书》，《苏轼文集》卷四十九；《次韵刘贡父、李公择见寄二首》，《苏轼诗集》卷十三。

④ 徐州救灾事详见苏辙《亡兄子瞻端明墓志铭》。

⑤ 详见苏轼《石炭》，《苏轼诗集》卷十七。

⑥ 见苏轼《罢徐州往南京，马上走笔寄子由五首》之二，同上，卷十八。

⑦ 据朱孝臧《彊邨丛书》本《东坡乐府》，第一首编年词为《浪淘沙》（昨日出东城），作于熙宁五年，时在杭州。近有学者考证，苏轼在此前已有词作，但尚难论定。

艺术见解。元丰二年（1079年）初，新任湖州知州文同去世，半年后，继知湖州的苏轼写下《文与可画篔筜谷偃竹记》，以抒发悼念之情，并总结其绘画艺术的精粹，提出了"成竹在胸"的著名艺术命题。不断的创作使他声望日隆，不少文人学士纷纷向他求教，愿入苏氏门下。晁补之拜见苏轼于杭州，黄庭坚从北京大名府遥寄书信、诗作至徐州请益，赴京应举的高邮人秦观也专程至徐州谒苏轼执弟子礼，苏辙在陈州也已收张耒为徒，此四人即文学史上盛传的"苏门四学士"，此时"皆世未之知，而轼独先知之"①。继欧阳修之后，苏轼不负众望地担起了领导文坛的责任。

　　位势未显的苏轼隐然成为当代知识分子中的一个领袖人物，他并未忘怀国事，首先就要为捍卫自由的学风而进行斗争。此时朝廷设立经义局，由王安石与其子王雱带领一些新科进士，修订《诗经》《尚书》《周官》的标准注释文本，送国子监镂板颁行，作为以后科举经义的唯一正确的答案，以统一思想。史称"三经新义"，其学说称"荆公新学"。作为一家之说，它本不乏精辟的创见，不言而喻地具有学术史的意义；但借助于皇权而定于一尊，不准出入，则无疑是对思想界的钳制，对独立自由的学术精神的摧扼。此是王安石个性中固执独断一面的恶性发展，也是在"以通经学古为高"的时代风气下已经与王安石一样形成了独立学说的文化人所万不能接受的。苏轼不能不施用他的批判的权利，据邵博记载：

　　　　东坡倅钱塘日，《答刘道原书》云："道原要刻印七史，固善。方新学经解纷然，日夜摹刻不暇，何力及此！近见京师经义题：'国异政，家殊俗。'国何以言异，家何以言殊？又：'有其善，丧厥善。'其、厥不同，何也？又说《易》观卦本是老鹳，《诗》大小雅本是老鸦，似此类甚众，大可痛骇！"时熙

---

① 苏轼《答李昭玘书》，《苏轼文集》卷四十九。

宁初，王氏之学务为穿凿至此。①

京师的经义题要人回答"异"与"殊"、"其"与"厥"字的区别，又说"观"就是"鹳"，"雅"就是"鸦"，苏轼觉得"大可痛骇"。这些显然就是"荆公新学"中的"字说"，以这样奇特的"字说"来达成对经义的新解，是反对"新学"的文人们冷嘲热讽的话柄，而苏轼也就在宋人笔记中留下了一个对"新学""字说"嬉笑怒骂的形象：他将王安石的拆字会意之法运用到别的字上，以显其可笑。但其真正的目的，倒不在于戏弄"字说"，而是反对学术专断，声张一个人独立思考的权利。在杭州，他告诫赶赴进士试的考生不要为求得官，"视时上下而背其学"②；在徐州，他也写了著名的《日喻》一文送人进京应试，阐明"学"与"道"的关系，意谓"新学"提供给大家的放之四海而皆准的"道"，是不能代替每个人独立钻研、体会、实践之"学"的③。随着苏轼的学术文章越来越为人所推崇，他成为那个时代里反抗"新学"独断的一面旗帜。然而，这也就引来了一场文字狱。

政治斗争是不能失败的，一旦失败，便使战胜的一方拥有了既定的"真理"和政策，从前一切不同的意见都是荒谬和违反朝廷的，皆可按以罪责。苏轼对神宗、王安石的政策、理论，原本就持鲜明的反对态度，毫无隐讳地写在奏章上的，可是，事隔数年，他却因为诗文中隐含这样的反对，而被捕入狱。早在他通判杭州时，沈括到浙江来考察农田水利法的执行情况，就把他的近期诗作抄录了一通，指出其中有反对"新法"的隐语，封进给神宗皇帝。但其时反对"新法"还只是不同的政见，而不是什么"罪"，故而亦不曾追

---

① 邵博《邵氏闻见后录》卷二十。按：《答刘道原书》不载苏轼集中，孔凡礼先生辑入《苏轼佚文汇编》卷二，见《苏轼文集》附录。刘道原名恕，著名历史学者，《资治通鉴》的主要编撰人之一，对"新学"持极端厌恶的态度。

② 苏轼《送杭州进士诗叙》，《苏轼文集》卷十。

③ 苏轼《日喻》，《苏轼文集》卷六十四。

究，那位科学家的不良用心落了空。① 至元丰二年（1079 年），时移势迁，"新法"已成为不可争论的庙谟国是，司马光等也早已沉默，而苏轼还在发表反对的言论，虽然王安石本人已离职南下，但"新法"人士仍把苏轼视为眼中钉。王安石门生御史中丞李定、御史舒亶、何正臣和国子博士李宜等人，纷纷上章弹劾苏轼，指摘其诗文中的"讥讽文字"，认为是"愚弄朝廷"，"指斥乘舆"，"无君臣之义"，"虽万死不足以谢圣时"，应该"大明诛赏，以示天下"。② 神宗批示将苏轼下御史台审理，于是，台官皇甫遵从汴京火速赶往湖州，于七月二十八日逮捕了刚上任知州不久的苏轼，目击者云："顷刻之间，拉一太守，如驱犬鸡。"③ 八月十八日押到汴京，即拘在御史台审问，到十二月二十八日才结案出狱，史称"乌台诗案"。④ 苏轼从二千石之官顿时沦为阶下囚，凡一百三十天。

当时御史台作为主要"罪证"材料的《苏子瞻学士钱塘集》今已不存，从现存宋人朋九万《东坡乌台诗案》、周紫芝《诗谳》和清人张鉴《眉山诗案广证》等所录被指控为攻击朝廷的几十首诗文来看，大约有三种类型。一类与"新法"原无关涉，作为"罪证"原系穿凿构陷；二类确有反对"新法"之内容，但反映的"新法"之弊却是客观的事实；三类则或多或少带有归恶于"新法"的偏见。大致来说，若反"新法"固然有"罪"，则李定等还不全属诬告。不过，苏轼本来就是反对"新法"的，而且从未隐瞒自己的政见，在密州时曾明确拒绝推行免役法、手实法与方田均税法，毫不隐讳地写在他给当朝宰相韩绛的上书里⑤，他的弟弟苏辙于熙宁九年齐州掌书记任满回京，也曾上书反对现行的"新法"⑥，至于诗中缘事

---

① 事见施宿《东坡先生年谱》"元丰二年"条。

② 朋九万《东坡乌台诗案》所录李定等四人札子，《丛书集成》本。

③ 孔平仲《孔氏谈苑》卷一"东坡以吟诗下吏"条，《丛书集成》本。

④ 孔平仲《孔氏谈苑》卷一"东坡以吟诗下吏"条，《丛书集成》本。

⑤ 即苏轼《上韩丞相论灾伤、手实书》，《苏轼文集》卷四十八。参苏辙《亡兄子瞻端明墓志铭》有关记载。

⑥ 苏辙《自齐州回论事书》，《苏辙集·栾城集》卷三十五。

托讽以委曲表达，则原是秉承了《诗经》以来儒家的诗歌创作传统，从中刺取其意，反不如他从前的奏章来得彰著明白，若此而可诛，则反"新法"的大有人在，岂不要重兴"党锢"之祸？舒亶倒确有此意，他从苏轼的文字所及，追究出与苏轼有文字联系的几乎整个在野的"旧党"，谓："王诜辈公为朋比，如盛侨、周邠固不足论，若司马光、张方平、范镇、陈襄、刘挚，皆略能诵说先王之言，而所怀如此，可置而不诛乎？"① 他要一网打尽。当然他明知这绝不可能，故意把调子拔高，是给皇帝诛杀苏轼一人尚留些表示宽容的余地，用心可谓险恶。

时任签书应天府判官的苏辙闻讯上书："臣闻困急而呼天，疾痛而呼父母者，人之至情也。臣虽草芥之微，而有危迫之恳，惟天地父母哀而怜之。"② 他以这样呼天抢地的悲号，乞纳还在身官爵以赎兄"罪"。同时，元老大臣如张方平、范镇等纷纷上书营救，朝野一片哗然，连"新党"中坚之一的章惇也为苏轼说情，王安石的弟弟王安礼也对文字狱不以为然。此事还惊动了仁宗的妻子曹太后，出来给仁宗欣赏过的苏轼说话。然而，李定等犹严刑逼问，罗织苏轼的"罪"名。按照他们的说法，苏轼所犯的"指斥乘舆"，即公然辱骂皇帝之"罪"，属于十恶不赦的大罪，无疑要判死刑。所以，被拘狱中的苏轼是感到死亡之剑悬在头上的。

不过，宋朝的司法制度没有让御史们得逞。当时已实行"鞫谳分司"制度，即审讯和判决由不同官署负责，就"乌台诗案"来说，御史台只负责审讯，这审讯的结果上呈以后，判决的事要由大理寺来做。庆幸的是，大理寺的法官似乎早已没有定性判罪的习惯，他们依其专业化的立场，从当时被公布为有效的诸多法律文本中找出与苏轼所犯之"罪"相应的条文，来具体量刑，拟出判决。这死扣条文的结果，与御史台相去甚远，大理寺认为苏轼的"罪"只够判两年徒刑，而且这两年徒刑可以削黜苏轼的官品来抵换。这一判

---

① 《宋史·舒亶传》。
② 苏辙《为兄轼下狱上书》，《苏辙集·栾城集》卷三十五。

决令御史台恼羞成怒，一边上奏皇帝，主张法外严惩，一边继续扩大审讯范围，挖掘更多罪证。在御史台与大理寺意见分歧的情况下，案件被移至审刑院复核，而审刑院却又支持大理寺的判法，并且列举出自苏轼有"犯罪"事实以来，朝廷发布过的几次"赦令"，认为苏轼的"罪"可以被赦免，应该"原免释放"①。可想而知，这会令御史台更不满。

事情闹到这步田地，只好听皇帝的圣旨来了结了。最后的结果当然是苏轼既没有被处死，也没有"原免释放"完事，而是将他贬谪黄州。传世的史料中对这一结果有两种表述方式，一种是比照大理寺、审刑院的判决，将它表述为"特责"②，即本来应该释放，但由超越司法系统的皇帝特别施予一种惩罚；另一种是比照御史台的意见，表述为从轻发落，即本来应该处死，但因为皇帝宽容，所以饶他不死，只贬往黄州（今湖北黄冈）。与苏轼有文字交往的苏辙、司马光等，也受到程度不等的处罚，或贬谪、或罚款。

于是，苏轼这位宋代的大诗人，因为写诗而得"罪"，经御史台审讯，司法系统判决后，虽然这些"罪"依法应被赦免，但苏轼还是迎来了他一生中第一轮贬谪生涯。"黜置方州，以励风俗，往服宽典，勿忘自新。"③ 当时正式公布的文件，是以"宽典"即宽大处理的名义了结此案的。

五、谪居江岸的东坡居士

唐宋时代贬谪人臣的惯例，是以贬地离京城的远近来表示贬谪的重轻。像苏轼以后贬到岭南，便属"重谴"，贬到海南岛，那就无

---

① 明刊《重编东坡先生外集》（中国国家图书馆藏）卷八十六，为审刑院复核"乌台诗案"的文书，载入审刑院判词。

② 《重编东坡先生外集》卷八十六、《续资治通鉴长编》卷三〇一，都用了"特责"一词。

③ 苏轼贬黄州的"责词"，见吕陶《答任师中》诗原注，《净德集》卷三十。

可复加，唯欠一死了；这一次贬到黄州，还算是"宽典"。黄州隶宋淮南西路，淮南东、西两路是当时经济发达的繁华区域，"土壤膏沃，有茶、盐、丝、帛之利，人性轻扬，善商贾，廛里饶富，多高赀之家"①，而黄州南临长江，与荆湖北路的武昌军（宋鄂州，今湖北武汉）隔江相望，"当江路，过往不绝"②，是个交通要道。京城里的消息会很快传到这里，这里发生的事也易传到京里。神宗置苏轼于此地，既方便监督，也表示他还未被"弃绝"。苏轼的官衔是检校尚书水部员外郎、充黄州团练副使，本州安置。水部员外郎是水部（工部的第四司）的副长官，但检校则是寄衔之意，非正任官；团练副使是地方军事助理官，属闲职，再加本州安置，则表示不得参与公事，近于流放。与此同时，苏辙贬监筠州（今江西高安）盐酒税。苏轼以元丰三年（1080 年）正月出京，途中尝与弟辙相会，然后独带长子苏迈，于二月一日到达人地生疏的黄州。到了五月份，苏辙才送兄长的家眷至黄，留十日后别去赴筠州任。自此，苏轼居黄四年。

苏轼可谓与长江有缘，家乡眉山有长江上游支流岷江经过；当年沿长江出蜀，写下第一批诗歌；游宦于杭、密、徐、湖数州，亦曾横绝大江；这次谪居，则又在江岸。故他一到黄州，就感到重见长江的欣喜，写下"长江绕廓知鱼美"③ 的诗句，而且，初至贬所即"横江""破巨浪"，到对岸的武昌（今湖北鄂城）西山去游玩了一番④，兴致不浅。南宋人施宿编《东坡先生年谱》至此，不禁赞道："先生生长西蜀，名满天下，既仕中朝，历大藩，而一坐贬谪，所至辄狎渔樵，穷山水之胜，安其风土，若将终身焉，其视富贵何有哉！"⑤ 好山水把逐臣变作了一个完全的诗人，而诗人也把这好山

---

① 《宋史·地理志四》。

② 苏轼《与滕达道六十八首》之二十，《苏轼文集》卷五十一。

③ 苏轼《初到黄州》，《苏轼诗集》卷二十。

④ 苏轼《游武昌寒溪西山寺》，同上。

⑤ 施宿《东坡先生年谱上》"元丰三年"条，见《宋人所著三苏年谱汇刊》。

水带进了文化史，自苏轼来后，黄州一带遂多天下名胜，而为文化人所重。

然而，作为一个政治家，苏轼几乎已陷入绝境。他已经四十五岁，政敌王安石虽已退居金陵，但主行"新法"的宋神宗年方三十三岁，此时自不能预料神宗会英年早逝，则作为"旧党"要员、喉舌的苏轼，岂非终生再无出头之日？故照当日情势来看，苏轼怕已是误了平生，无可挽回地结束了政治生命。对于一个自少年时代即胸怀大志的人来说，这样毁灭性的打击，其痛苦不是易于解脱的。年过不惑的苏轼，必须重新思索自己的安身立命之计。

首先是心理上要有做一辈子老百姓的准备，并且还不是安居家乡的百姓，而是一个有罪之身，必须流落他乡，随遇而安。苏轼在赴黄州的路中，就跟弟弟说，生涯到了这步田地，"平时种种心，次第去莫留"，不再企望什么，此去"便为齐安民，何必归故丘"①，就在黄州（"齐安"是其旧称）做一辈子平民。这是把以后的日子做了最低的打算。到黄州后，他也曾想跟弟弟商量，"欲买柯氏林"②以安家立业。此计虽未果，但后来构雪堂，经营东坡等，都是"便为齐安民"的打算。

当"齐安民"亦并不太容易。团练副使虽然还算一个官，但苏轼却已领不到俸禄③，所以经济上的困窘甚难克服。初到黄州时，寄居于定惠院僧舍，倒还方便，但五月份家眷一来，景况便难了。全家迁居到临皋亭，大有饥寒之忧。是年冬天写信给秦观云：

> 痛自节俭，日用不得过百五十，每月朔，便取四千五百钱，断为三十块，挂屋梁上，平旦用画叉挑取一块，即藏去叉，仍以大竹筒别贮用不尽者，以待宾客。此贾耘老法也。度囊中尚

① 苏轼《子由自南都来陈三日而别》，《苏轼诗集》卷二十。
② 苏轼《晓至巴河口迎子由》，《苏轼诗集》卷二十。
③ 苏轼《与章子厚参政书二首》之一："禄廪相绝。"《答秦太虚七首》之四："廪入既绝。"《苏轼文集》卷四十九、五十二。

可支一岁有余，至时别作经画。水到渠成，不须预虑。以此胸中都无一事……展读至此，想见掀髯一笑也。①

他用这种办法来应付难关，以保持乐观的心情。第二年，穷书生马正卿替他向官府请得一块数十亩的荒地，他亲自耕种，植了些粳稻枣栗之类，以此收获来稍济困窘。这块荒地在州城旧营地的东面，因而取名"东坡"，他也由此自号"东坡居士"。后来，他又在东坡造了几间屋，称为"雪堂"。从此以后，黄州就有了一个东坡居士，时常往来于临皋亭与雪堂之间。在中国古代的文化史上，东坡居士这个形象的出现，是一件很有意义的事。"苏东坡"比"苏轼"更家喻户晓。

与经济上的困窘相比，黄州时期的苏轼在文学创作上却进入了丰收期。他的散文，从以前的着重于政论、史论、哲学论文，而转向以随笔、小传、题跋、书简等文学性的散文为主，笔法极其灵活，耐人寻味；他的诗歌，也从以前富赡流丽、丰满生动的笔调，经了人生中一番大起大落的洗礼后，走向以清旷的语句写出厚重的人生感慨，构思也更见细密；他的词作，也由于对人生感慨的抒写，而进一步发展了"诗化"的趋向，有的豪迈雄放，有的高旷洒脱，亦有的婉约清深，可谓出神入化。有一个关于他的词作的传说：他的《临江仙·夜归临皋》一词，在感叹了"长恨此身非我有"后，以"小舟从此逝，江海寄余生"②的遐想作结。不料此词传出后，次日便有谣传谓，苏东坡真的已"挂冠服江边，拏舟长啸去矣"。这就吓坏了要对放跑"罪人"负责的当地知州，急忙赶到苏轼住处，结果发现他正"鼻鼾如雷，犹未兴（起床）也"③。类似的传说还有不少，元丰七年苏轼上表云："疾病连年，人皆相传为已死；饥寒并

---

① 苏轼《答秦太虚七首》之四。
② 《东坡乐府》卷二。
③ 事载叶梦得《避暑录话》卷上，《四库全书》本。

日，臣亦自厌其余生。"① 这是因为"前此京师盛传轼已白日仙去，上（神宗）对左丞蒲宗孟嗟惜久之"②。这"白日仙去"与"挐舟长啸去矣"如出一辙，人们乐于传播这样的故事，是出于对苏轼的喜爱，和对于他的境遇的深感不平，故以他获幸于上天的传说，来作为其获谴于人间的补偿。但我们也未尝不可以把这些传说看作苏轼文学作品的艺术感染力的产物。

当然，苏轼在黄州的创作，最著名的是"三咏赤壁"。此赤壁在州城西北的江滨，是个游览胜地，虽与三国时赤壁大战的古战场并非一地，但唐以来的诗文已有意无意地把两个地方混一而言，故黄州赤壁也早成了"古迹"。苏轼有《念奴娇·赤壁怀古》一词，就是凭吊"古迹"之作。年近半百的他来到赤壁矶头，望着滚滚东去的江水，想起自己建功立业的抱负也已付之流水，不禁感慨万分，用了当年"雄姿英发"的周郎来反衬如今"早生华发，人间如梦"③的自身，真是心事茫茫，付诸樽酒明月。元丰五年（1082年）七月十六日，他乘舟游于赤壁之下的江面，听客人吹了一段悲凉的洞箫，谈起了人生的短长和悲喜的问题，写下《赤壁赋》，通过主客间的对话，以陶醉于江上清风、山间明月的美景，来解脱人生短暂的悲哀④。到十月十五日，他又偕客泛舟夜游赤壁，风月如故，而秋色已变为冬景。他弃舟登山，在漆黑的山间长啸一声，体会孤独的悲哀，然后回到舟中，"放乎中流，听其所止"。夜半时有一只孤鹤飞过，后来又梦见道士问他"赤壁之游乐乎"。苏轼认为那道士就是夜半飞过的孤鹤，就在《后赤壁赋》中渲染了这个迷离恍惚的道士化

---

① 苏轼《谢量移汝州表》，《苏轼文集》卷二十三。按《与蔡景繁十四首》之十二："或传已物故，故人皆有书惊问。"《苏轼文集》卷五十五。《避暑录话》卷上载范镇误听此信，"即举袂大恸"，并云此因苏轼患眼疾而传讹。苏轼确患眼疾，见《与蔡景繁十四首》之二，谓"几至失明"。
② 《续资治通鉴长编》卷三四二，"元丰七年正月辛酉"条。
③ 苏轼《念奴娇·赤壁怀古》，《东坡乐府》卷二。
④ 苏轼《赤壁赋》，《苏轼文集》卷一。

鹤的幻觉①。看来他的心态从超越人生的悲喜，又时而涉入世外缥缈之境了。在一种难以企及的艺术感知中，他的艰难的心路历程，穿过幽僻之径，而来到与天、神对话的地方，然后又从那不可捉摸之地重返人间，所谓"幽则为鬼神，而明则复为人"②。他的"三咏赤壁"，给我国文学艺术史的影响是无法估计的，后世的戏曲、绘画、雕塑中都有不少以此为题材的创作③，而黄州赤壁也因此而名满天下，被称为"东坡赤壁"，成了真的古迹。

人生思考和心理状态促成了苏轼的文学杰作，反过来，文学写作也有益于其心理调适。不过，他的心灵世界是以博杂著称的，非文艺一事所能尽。如他对养气修道的兴趣，在黄州时期就有显著的表现。初到黄时，即写信给秦观说："吾侪渐衰，不可复作少年调度，当速用道书方士之言，厚自养炼。谪居无事，颇窥其一二，已借得本州天庆观道堂三间，冬至后，当入此室，四十九日乃出……寝食之外，不治他事，但满此期，根本立矣。"④ 这是将修道养炼付诸实践了。同时又谓："闲居未免看书，惟佛经以遣日。"⑤ 借佛老之说"以自洗濯"⑥，也是修身养性之法。当他听说朋友杨绘遣出四妾时，认为"此最卫生之妙策"⑦，并接受滕元发的劝告，绝欲养身，"见教如元素（杨绘字）黜罢，薄有所悟，遂绝此事，仍不复念。方知此中有无量乐，回顾未绝，乃无量苦……晚景若不打叠此

---

① 《苏轼文集》卷一。

② 苏轼《潮州韩文公庙碑》，《苏轼文集》卷十七。

③ 戏曲如元代无名氏《苏子瞻醉写赤壁赋》杂剧，明代许潮《赤壁游》、沈采《苏子瞻赤壁记》传奇等；绘画有宋代李公麟、明代唐寅的作品；明代魏学洢《核舟记》一文载民间雕刻家王毅所刻"核舟"，以"大苏泛赤壁"为题材；《红楼梦》七十六回"凸碧堂品笛感凄清"，也受了《赤壁赋》艺术构思的影响。

④ 苏轼《答秦太虚七首》之四，《苏轼文集》卷五十二。

⑤ 苏轼《与章子厚参政书二首》之一，同上，卷四十九。

⑥ 苏轼《答毕仲举二首》之一，同上，卷五十六。

⑦ 苏轼《与滕达道六十八首》之二十九，同上，卷五十一。

事，则大错，虽二十四州铁打不就矣。"① 这也许就是他营构了雪堂后，仍把家眷安排在临皋亭住，而独自往来于两地之间的原因。不过，元丰六年（1083 年）九月，他与侍妾朝云仍生过一子苏遁（次年夭折），故亦未必真的"遂绝此事"。他在这段时间如此注重"卫生"问题，除了追求身体康健外，其实也是在顽强地争取自己的政治生命，因为他必须足够的长寿，才有希望看到"党争"局势的变化。从他在黄州给故交的不少书信看，他实际仍密切关注着朝局②。

这种等待看来是漫长的。古代圣贤在政途无望之日，往往借著书立说以自表见于后世，苏轼在重新思考安身立命之计时，在耕种自济、文学自适、养生自保的同时，当然更要著书以自见。所谓著书，自以注释经典为最高，加之王安石"三经新义"颁行后，学子为趋科举而不习古注的情况很令人担忧，苏氏与王氏所学不同，故要重注经典，自申其说，以与"新学"相抗。苏辙云：

> 先君（苏洵）晚岁读《易》……作《易传》，未完，疾革，命公（苏轼）述其志。公泣受命，卒以成书……复作《论语说》……最后居海岛，作《书传》。③

苏轼在黄州时与滕元发书云：

> 某闲废无所用心，专治经书，一二年间欲了却《论语》、《书》、《易》，舍弟已了却《春秋》、《诗》。④

又据苏辙自述：

———————

① 苏轼《与滕达道六十八首》之三十，同上，卷五十一。

② 苏轼《与滕达道六十八首》之二十，同上；《答李琮书》，同上，卷四十九；《与陈大夫八首》之四，同上，卷五十六等。

③ 苏辙《亡兄子瞻端明墓志铭》。

④ 苏轼《与滕达道六十八首》之二十一。

子瞻以诗得罪，辙从坐，谪监筠州酒税，五年不得调。平生好读《诗》、《春秋》……欲更为之传……功未及究，移知歙绩溪。①

居许六年，杜门复理旧学，于是《诗》、《春秋》传，《老子解》，《古史》四书皆成。②

由上可见，苏氏兄弟承父遗志，分注经典，苏轼承担《易》《书》，辙承担《诗》《春秋》，辙少时已作《孟子解》③，轼则作《论语说》。轼居黄州、辙居筠州时，他们已开展注释工作，辙书未完稿，至晚年方成，轼之三书，则《易传》《论语说》先成，《书传》亦到晚年方成于海南。

按苏轼甫至黄州，寓居定惠院僧舍时，已趁闲写作《易传》，当时诗有"寂寞闲窗《易》粗通"④之句；至此年（元丰三年）四月时，已著成《易传》九卷、《论语说》五卷，并把后者抄寄文彦博⑤，则此二书皆在定惠院中完稿，时家眷未至，其用功可以想见。二书在以后还有修订，但此时已大体草就。至于《尚书》，想必在草成前二书后即投入研究，但研治过程似甚为艰难，《邵氏闻见后录》卷二十七录其《谢滕达道书》云：

前日得观所藏诸书……恕先所训，尤为近古。某方治此书，得之颇有开益……辄立训传，尚未毕功，异日当为公出之。古学崩坏，言之伤心也。⑥

---

① 苏辙《颍滨遗老传上》，《苏辙集·栾城后集》卷十二。

② 苏辙《颍滨遗老传下》，同上，卷十三。

③ 苏辙《孟子解二十四章》题下自注："予少作此解……"同上，卷六。

④ 苏轼《次韵乐著作野步》，《苏轼诗集》卷二十。

⑤ 见苏轼《黄州上文潞公书》，《苏轼文集》卷四十八。书中有"承以元功，正位兵府"之语，当指文彦博拜太尉，在元丰三年。书中又有"孟夏渐热"之句，故施宿《东坡先生年谱》系此书于元丰三年四月，甚确。

⑥ 按：此书是苏轼佚文，孔凡礼已辑入《苏轼佚文汇编》卷三，见《苏轼文集》附。

按所谓"恕先所训",据《宋史·郭忠恕传》:"字恕先……所定古、今《尚书》并释文,并行于世。"① 苏轼当是从滕元发那儿获得郭氏所定《尚书》文本并释文,所谓"某方治此书"者,正指《尚书》也。苏轼能到滕家去看藏书,应在元丰七年离黄北上以后②,而写此信时,其《书传》尚未就。信中透露他著书的动机与"古学崩坏"有关,此正是"三经新义"定于一尊之后果。东坡《书传》大约主要撰成于晚年谪居海南时,与前二书之草就于黄州而定稿于晚年者不同。

那么,作为学者的苏轼,他在黄州的主要成果就是《易传》九卷、《论语说》五卷的草就,与《书传》的起动。这些成果标志着苏轼自成一家的学术思想的形成,因此,从苏洵逝世到黄州谪居,可以看作苏轼思想发展的第二个阶段。前文已讲过,第一个阶段是"以父为师"的阶段。在第二个阶段里,他经历了生平中第一轮"在朝——外任——谪居"的大起大落,而黄州时期的学术著作总结了其思想发展的成果。经过黄州谪居著书以后的苏轼,已跻身于北宋最重要的思想家之列,其学说与王安石"新学"对立而自成一家,被称为"苏氏蜀学"。

谪居江岸的东坡居士,因为离开了政治旋涡的中心,而获得了文艺、学术上的突飞猛进,但险恶的政治环境仍无时不危及他的生存。政敌控告他在徐州任上"不觉察百姓李铎、郭进等谋反事",欲行追究,幸而苏轼当日实曾有所处置,经申辩后,才被撤销追查。虽是一场虚惊,却也惊得苏轼在上表中自诉"无官可削,抚己知

---

① 按:此所谓"古、今《尚书》",俱指伪《古文尚书》,即伪孔本,原系隶古定字体,唐玄宗时卫包改写为楷字,即《新唐书·艺文志》著录之《今文尚书》十三卷。此后,唐石经与五代版刻皆据此,实不佳。宋人又另觅得隶古定字体之本子,以相参校,乃有古、今二种字体之伪《古文尚书》。苏轼作《书传》,似取伪《古文尚书》之古字本。

② 苏轼《次韵滕元发、许仲涂、秦少游》一诗的王文诰注,《苏轼诗集》卷二十四。

危"①，其处境之穷迫凶险，可想而知。其弟苏辙在筠州权充州学教授，所拟的三道策题，也被指控为"乖戾经旨"，不准再任这一差使②。其实所谓"乖戾经旨"，亦不过与"三经新义"相"乖戾"罢了。在对文人最为优待，学术思想自由成风的北宋时代，偏偏是苏轼兄弟，写诗也不是，拟策也不是，左一个危机，右一个陷阱，动辄得咎，此岂王安石所谓"一风俗"之效？"一风俗"的目的是要维护一种上行下效的统一政策，以求"变法"事业的顺利开展，这是可以理解的，但统一的政策与清一色的学术思想绝不等同，真正有利于改革事业的是思想的解放而不是专断，神宗、王安石见不及此，也是"变法"失败的一大原因。我们在苏轼居黄期间写给友人的书信中，屡次看到惧祸自晦的表示：

　　　　得罪以来，深自闭藏，扁舟草履放浪山水间，与渔樵杂处，往往为醉人所推骂，辄自喜渐不为人识。③

　　　　示谕武昌一策，不劳营为，坐减半费，此真上策也。然某所虑，又恐好事君子便加粉饰，云擅去安置所而居于别路，传闻京师，非细事也。④

　　　　黄当江路，过往不绝，语言之间，人情难测，不若称病不见为良计。二年不知出此，今始行之耳。⑤

　　　　某凡百如常，杜门谢客已旬日矣。承见教，益务闭藏而已。近得筠州舍弟书，教以省事，若能省之又省，使终日无一语一

　　① 苏轼《谢徐州失觉察妖贼放罪表》，《苏轼文集》卷二十三。
　　② 孙汝听《苏颖滨年表》"元丰六年七月"条，见《宋人所撰三苏年谱汇刊》。
　　③ 苏轼《答李端叔书》，《苏轼文集》卷四十九。
　　④ 苏轼《与陈季常十六首》之八，《苏轼文集》卷五十三。按：陈慥（季常）曾为他觅得武昌的一块田地，建议他往彼立业，他因以上的考虑而谢绝。武昌虽与黄州接壤，却属荆湖北路，与淮南西路的黄州已属"别路"。
　　⑤ 苏轼《与滕达道六十八首》之二十，同上，卷五十一。

事，则其中自有至乐，殆不可名。此法奇秘。①

他如此韬晦深藏，真是忧危至极，而居然说在此中悟出"至乐"，实是说不尽的"畏人默坐成痴钝"②之苦。从他初至黄州，即以"自笑平生为口忙"③暗喻由诗文得罪，到离开黄州后，还在做"凡刊行文字，皆先毁板"④的事，可见这样的"至乐"实在是求取生存的无奈之计。

综上所述，耕种自济、文学自适、养生自保、著书自见、韬晦自存是苏轼在黄州四年的生活内容。元丰七年（1084年）正月，宋神宗出手札说："苏轼黜居思咎，阅岁滋深，人材实难，不忍终弃，可移汝州团练副使，本州安置。"⑤于是苏轼得以离黄北上。回顾这一段谪居生活，东坡居士的总体感受是："只影自怜，命寄江湖之上；惊魂未定，梦游缧绁之中。"⑥

六、成为元祐大臣

汝州（今河南临汝）在宋时属京西北路，离北宋政治中心较近。从黄州移汝州，虽然仍是团练副使、本州安置，但那意思，似乎是将得罪贬窜转为赋闲待用了。这大概是宋神宗准备调和参用新、旧党人的一个表示，苏轼自也在他的考虑之内；而苏轼本人，当亦须将自己的心态、政见调整到与神宗之意相一致，以期重获政治生

---

① 苏轼《与滕达道六十八首》之二十二。

② 苏轼《侄安节远来夜坐三首》之二，《苏轼诗集》卷二十一。

③ 苏轼《初到黄州》，同上，卷二十。

④ 苏轼《与滕达道六十八首》之四十六。

⑤ 施宿《东坡先生年谱下》"元丰七年"条引。此手札又见《续资治通鉴长编》卷三四二，元丰七年正月辛酉条。其来源当是苏辙《亡兄子瞻端明墓志铭》。

⑥ 苏轼《谢移汝州表》，《苏轼文集》卷二十三。

命。① 从待用到复起，还有一段时间，故苏轼不必急着赶往汝州，他可以慢慢前去。从元丰七年（1084年）四月离开黄州，他即顺长江东行，此行程是要从长江入运河，转淮河，再转汴水，然后设法赴汝州。这条水路，如与陆路相比，显然是兜了个大圈子。但这一兜，却使他的活动有了丰富的内容。

舟至九江，他登岸去游庐山，然后又南赴筠州与苏辙会晤，留居十日而别，已经是五月了。回程再游庐山，尽情探访名胜，留下许多诗篇。时其长子苏迈已被任命为德兴（今属江西）尉，他送行到湖口（今属江西），夜游石钟山，写下著名的《石钟山记》②，事在六月。接着继续东行，于七月抵达金陵（今江苏南京）。在这里，苏轼拜见了罢相八年的王安石。

这一对政敌的相见，可以称得上是神秘的，宋人的笔记中对此事津津乐道，但关于两人相见的情形③与相谈的内容④，却是异闻纷呈，而苏辙的《亡兄子瞻端明墓志铭》则不著一言，令人莫测究竟。但可以肯定的是，在苏轼于八月离开金陵前，他们曾数次会面，相

---

① 关于宋神宗晚年心意，与苏轼在元丰七年、八年间的政治态度之变化，请阅本书第四章。

② 《苏轼文集》卷十一。

③ 朱弁《曲洧旧闻》卷五谓苏轼过金陵时，王安石"野服乘驴，谒于舟次"。但大多数笔记是说苏轼去谒见王安石的，如《邵氏闻见后录》卷二十一云东坡"舟过金陵，见荆公于钟山"，陈师道《后山谈丛》卷四亦云"过金陵见王荆公"，等。按：苏轼《与王荆公二首》之二："某近者经由，屡获请见。"则以后说近实。蔡上翔《王荆公年谱考略》卷二十三："时王益柔守江宁，子瞻与之同游蒋山，因得并谒荆公。"此则不知何据。

④ 《后山谈丛》卷四所载，二人在说笑话；《曲洧旧闻》卷五所载，二人在暗比诗才；《邵氏闻见后录》卷二十一所载，二人在谈重修《三国书》的事；惟《邵氏闻见录》卷十二，则载二人谈及政治，归罪于吕惠卿等，但蔡上翔《王荆公年谱考略》卷二十三认为这一段是捏造的。

谈甚欢，其结果是两人都有了结邻而住的意愿①。看来，不但是对以前的龃龉取得了谅解，也不但是在道德学问、诗歌唱和上相得，而且在政治态度上也有所默契了②。此时的王安石已步入暮年，苏轼赠诗中有"骑驴渺渺入荒陂，想见先生未病时"③ 之语，他亲眼看到了当年那个大刀阔斧主持改革的一代名相，如今成了喃喃自语的骑驴病叟，这是令他深深为之感慨的。一年多后，王安石在朝廷废除"新法"的紧锣密鼓中孤寂地离开人世，而苏轼却在一些场合成为神宗和王安石的辩护人，坚持着对"新法"持"校量利害，参用所长"④ 的主张。

苏轼离开金陵后，于年底到了泗州（治所在今江苏盱眙东北）。他在泗州上表，诉说了举家病重，一子丧亡，资用罄竭，难去汝州的困境，请求折回常州居住⑤。这并不违背赋闲待用之意，故朝廷马上就同意了。此年九月，苏辙也被重新起用为绩溪（今属安徽）县令。

但接下来，局势却发生遽变。元丰八年三月，宋神宗以心劳力瘁，英年早逝，十岁的太子赵煦继位，即宋哲宗。此时宋宫中最为尊贵的人，是神宗的母亲高氏，以太皇太后的身份垂帘听政。她对新党、"新法"从无好感，一执政柄，就废除了保马法，停止了正在进行的京城修建工程。司马光入京给神宗奔丧，受到京师民众的热情挽留，被高后迅即起用，任门下侍郎（副宰相），着手废罢"新法"，而旧党的人物也便连茹而起。

---

① 王安石劝苏轼在金陵买田立宅，见苏轼《次荆公韵四绝》之三。又苏轼《与王荆公二首》之二："某始欲买田金陵，庶几得陪杖履，老于钟山之下。既已不遂，今来仪真，又二十余日，日以求田为事，然成否未可知也。若幸而成，扁舟往来，见公不难也。"

② 详见本书第四章。

③ 苏轼《次荆公韵四绝》之三，《苏轼诗集》卷二十四。

④ 苏轼《辩试馆职策问札子二首》之二，《苏轼文集》卷二十七。

⑤ 苏轼《乞常州居住表》，《苏轼文集》卷二十三。丧亡的一子是苏遯，朝云所生，苏轼有《去岁九月二十七日在黄州生子遯，小名干儿，颀然颖异，至今年七月二十八日病亡于金陵，作二诗哭之》，《苏轼诗集》卷二十三。

京城里马上传扬出苏轼将被起用的消息，他的朋友王巩写信告诉了他①，接着，他就接到登州（今山东蓬莱）知州的任命，这等于恢复了他在"乌台诗案"以前的官阶。此年十一月，苏轼到达登州任上，才过五天，又匆匆奉调进京，十二月升为起居舍人（皇帝侍从官），次年即元祐元年（1086年）三月免试除中书舍人（撰拟诏旨的中央机要官员，一般要经过考试才能任命），掌"外制"（政府机关所撰拟的诏旨），九月升为翰林学士（皇帝的秘书官），掌"内制"（皇帝出面发出的文告，与"外制"合称"两制"）。至此，苏轼成了参与决策的政府要员和朝廷的喉舌。

在不到一年的时间内，从流落江湖之上遽变为赞谟魏阙之下，其升迁之速几乎令苏轼自己也反应不过来。这中间的原因，后来由新党的章惇道出："元祐初，司马光作相，用苏轼掌制，所以能鼓动四方，安得斯人而用之？"② 这话不错，司马光正是要仰仗于苏轼的大手笔，来起草"元祐更化"的重要文书，所以火急调之入京，委以重任，给予高官。同时，司马光也想起了当年力主录取苏辙"直言极谏"科对策的事，于元丰八年八月以校书郎召回苏辙，十月即委以右司谏之职，元祐元年二月到任，成了颇有权势的言官。这样，苏氏兄弟一以"文学"起，一以"言语"起，辅助司马光的"元祐更化"之政。在司马光主持下，"新法"一项项被废除，新党臣僚一个个被罢免、窜逐，其过程多由苏辙上书请求、论列、弹劾，经高后、司马光决定后，由苏轼起草文件，宣布执行。所以，这期间不但是苏轼的"掌制"能够"鼓动四方"，而且苏辙也成了锋芒毕露的显要人物，自回朝以后，一刻不停地奏请放民间积欠，罢蜀中榷茶，停青苗钱，救灾民，废盐池，还民田，安边境，又主张严惩新党大臣，连章弹劾蔡确、韩缜、章惇、吕惠卿、张璪、安焘等。检苏辙集内今存奏章一百五十余篇，而属元祐元年二月至九月任右司谏期间的，竟多达七十余篇，占总数之半，平均三四天就有一篇，

---

① 苏轼《与滕达道六十八首》之四十。
② 语载《宋史·林希传》。

故后人称"当时台谏论列，多子由章疏"①。到九月，苏辙除起居郎，为小皇帝讲书，十一月即召试除中书舍人，时苏轼由"外制"转"内制"不久，苏辙便接掌"外制"，兄弟二人真可谓青云直上，苏氏文章遂成一代谟诰。当然，他们也确为"元祐更化"立下了汗马功劳。

然而，苏轼的可贵处，在于他并没有在仕途的顺境中停止独立思考。他马上就意识到，依司马光的思路将局面"更化"到"新法"实施以前即宋仁宗时代的状态，则仁宗时代的财政、国防、吏治诸问题将重现，而那恰恰就是神宗、王安石想通过"新法"来解决的。"新法"固然产生了新弊，但罢废之而一切复旧，不过复招旧弊罢了。从神宗晚期起，已经有一部分有识之士（包括神宗本人）在思索着如何弥合二党，既革旧弊又免新弊，而使局面好转的一条出路，苏轼也逐渐形成了"校量利害，参用所长"的主张，在面见王安石时，他甚至还希望王安石能够重新对政局的改善起一些作用。但现在是由司马光主政，故情形就变成他与司马光之间的某些意见分歧。这种分歧在罢废"免役法"一事上公开了，并演为朝堂上的政争。

"免役法"是神宗、王安石制定的"新法"之一，苏轼以前也激烈地反对过，但经过长期的地方官实践，也可能经过与王安石谈论以后，苏轼已认为此法有其优点，在可以"参用所长"的范围之内。从登州初回汴京时，他就向司马光陈述过"惟役法一事未可轻议"的意见，主张保留此法（仅修正实施过程中的某些弊端)②。司马光没有被说服，但也许觉得他的实践经验毕竟可贵，所以元祐元年四月还委任他"同定役法"。这样一来，两人的分歧就从私下的议论上升为朝堂上的争执，因为司马光既态度固执，而苏轼身为人臣，也没有隐瞒政见、苟合求容的习惯。两人的争执一度异常激烈，甚

---

① 朱弁《曲洧旧闻》卷七，《丛书集成》本。
② 苏轼《辨试馆职策问札子二首》之二，《苏轼文集》卷二十七。

49

至于令苏轼愤激得呼对方为"司马牛"以形容其顽固态度①。当时与苏轼意见相同的人也不少，范纯仁、李常、苏辙等人都不同意遽复"差役"，但苏轼因为身任"同定役法"，所以直接与司马光相顶撞，成了维护"免役法"的代表。

司马光当然也没有一"牛"到底，后来看到尽复"差役"确有许多不便，也就让了一小步，在恢复"差役"的前提下也同意相机变通。但那结果，使得"役法"长期徘徊于"差""雇"两者之间，纷扰不定。苏轼要求罢免"同定役法"的差使，而司马光也于是年九月去世。据苏辙回忆，司马光当时对苏轼已生怒意，要把他赶出汴京②。不过，在司马光去世前，苏轼在上奏朝廷的一些请求罢免"同定役法"的札子中，都是以保留意见，自觉退出，甚至自认疏阔的姿态，来维护司马光的威信与朝廷之决策的③。这与他早年对待"新法"的态度已然不同。但即便如此，仍有人把他看作了第二个王安石④。实际上，苏轼也并不完全改而信从"新法"，如对"青苗法"就坚决反对。元祐元年八月，司马光病重家居，"范纯仁以国用不足，请再立常平钱谷给敛出息之法……台谏刘挚、上官均、王觌、苏辙交章论其非。光谓：'先朝散青苗，本为利民，并取情愿……今禁抑配，则无害也。'中书舍人苏轼录黄，奏曰：'熙宁之法未尝不禁抑配，而其为害至此……非良法也。'"⑤ 这次的情况跟争论役法时倒过来了，司马光认为"青苗法"可以经纠补后沿用，而苏氏兄弟坚持罢废此法。后来司马光被说服，不再散青苗钱。可见，苏轼对于"元祐更化"的基本倾向是不反对的，他在历史舞台上的基本

① 蔡絛《铁围山丛谈》卷四，中华书局，1983 年。

② 苏辙《亡兄子瞻端明墓志铭》："君实始怒，有逐公意矣，会其病卒，乃已。"

③ 苏轼《乞罢详定役法札子》、《申省乞罢详定役法状》、《再乞罢详定役法状》、《申省请不定夺役法议状》等文，《苏轼文集》卷二十七。

④ 监察御史孙升奏，若欲以苏轼为辅佐，"则愿陛下以王安石为戒"，《续资治通鉴长编》卷三八八引。

⑤ 《宋史纪事本末》卷四三，"元祐更化"，中华书局，1977 年。

角色还是一个"元祐大臣",这一点大概是不用怀疑的。

因"国用不足"而几乎复散青苗钱,实已暴露出元祐之政的根本缺陷。旧党视"新法"为聚敛之术,斥新党为刻剥之徒,概予废弃,但废弃之后,仁宗时代的财政危机便再次出现。当时毕仲游上书司马光,就提出这个尖锐的问题①,可旧党实在没有比王安石更好的办法。"更化"时代的国家财政,是靠神宗、王安石"聚敛"的积累支撑着的,史称"仁政""盛世",实是元祐大臣们将王安石的"刻剥"所得大方地散出而已,其实质也不过苟安,故亦决不能久长,新党的反扑是势在必行的。苏轼对此的认识还比较清醒,深虑数年之后,神宗"励精"的成果将消耗殆尽。随着思考的深入、视野的拓展,他将如何看待"新法"的问题,进一步发展为如何总结仁、神二朝之政以谋得当前最佳出路的问题,在元祐元年十二月为学士院所拟的策题中,提出了这一历史命题:

> 今朝廷欲师仁祖之忠厚,而患百官有司不举其职,或至于媮;欲法神考之励精,而恐监司守令不识其意,流入于刻。夫使忠厚而不媮,励精而不刻,亦必有道矣。②

我们认为,这是一个真正超越了新、旧党争的,真正深刻而具时代意义的命题。然而,当他起草这道试题的时候,司马光已经去世,旧党失去了权威的领袖,迅速分裂为几个党派。苏轼提出的命题没能引起朝臣们的广泛、认真的思考,他本人也又一次陷入党争,史称"洛蜀党争"。

苏轼兄弟是四川人,两人在元祐时升迁都很快。轼于二年任翰林学士兼侍读,做了小皇帝的老师,三年又差知贡举,为新进士的座师,后又任吏部尚书;辙于二年任户部侍郎,后迁翰林学士、权

---

① 毕仲游《上门下侍郎司马温公书》,《西台集》卷七,《丛书集成》本。
② 苏轼《试馆职策问三首》之一《师仁祖之忠厚,法神考之励精》,《苏轼文集》卷七。

吏部尚书、御史中丞等职，一直升到尚书右丞和门下侍郎，成为执政宰辅。他们的权势、影响日盛，围绕着他们就形成"蜀党"，其中吕陶任御史，有弹劾权，"苏门四学士"则皆处馆阁。此党自以苏轼为首。"洛党"之首是洛阳人程颐，著名的理学家，被司马光荐入朝廷，任崇政殿说书，给小皇帝讲课，官位比苏氏兄弟要低许多。但程颐的门人朱光庭、贾易等却长期担任谏官，有言事权。另外还有一个势力更大的"朔党"，与洛、蜀各有异同，牵掣交织，情形复杂。故党争呈此起彼伏之势，最终两败俱伤，各无大建树。

大致说来，从范仲淹倡导士人以学术风节自立以后，北宋士人中便多有才华杰出、个性执拗独断的大名流，学说上务求独标一帜，行事则严于律己，并以不近人情的行为标准强加于人，顺着一己的逻辑演绎下去，无通融余地，常以危言激行来惊世骇俗，高自标榜。其周围则总有一批崇拜者，愿执弟子礼，严守师弟之道，指斥"流俗"，执定门户私说为天下唯一正理，视他说皆为异端，一概鸣鼓攻之。自苏洵起，苏氏父子就很看不惯此种习气，认为这样的坏脾气是"奸"的表现①。但在苏轼的政治生涯中，偏总与具有此类执拗独断性格的人相遭遇，"拗相公"王安石如此，"司马牛"司马光亦如此，这会儿来了个程颐，竟又是如此。人们容忍坏脾气的人，是因为其或有偏长的缘故，但此等人物即便才华非凡，在三苏眼里自亦平常。所以，一般人最多觉得此等人物太过"迂阔"，但苏洵则指斥王安石为"奸"，无独有偶的是，苏轼亦指程颐为"奸"②。南宋的朱熹悬揣苏程矛盾的原因在于苏轼"见端人正士以礼自持，却恐他来点检，故恁诋訾"③，将苏轼的形象说得很不堪。实际上，在苏轼与王安石言和、对司马光忍让后，他的疾"奸"之情是毫不掩饰地发在了程颐身上，因为程颐的性格虽与王安石、司马光相类，却

---

① 苏洵《辨奸论》："凡事之不近人情者，鲜不为大奸慝。"《嘉祐集笺注》卷九。

② 苏轼《杭州召还乞郡状》："素疾程颐之奸，未尝假以色词。"《苏轼文集》卷三十二。

③ 《朱子语类》卷一三〇，中华书局，1994年。

没有他们的权位与政治才能，在苏轼看来行同鬼怪①，一无是处。与朱熹悬揣的相反，史籍上记载的苏程冲突之场面，实是程颐的形象不太美妙。司马光去世时，官员们按理要去吊唁，只因为他们刚参加完一次明堂庆典，程颐就以一日之内歌了又哭不合古礼为由，提议不去吊唁。古礼实际只说一日之内哭了不能再歌，符合人情在真正经历了悲伤后难以转悲为喜的常理，但反过来说歌了不能再哭，就不通。所以苏轼当即嘲笑挖苦："此乃枉死市叔孙通所制礼也。"（意谓并非真正的古礼）于是"众皆大笑，其结怨之端盖自此始"②。司马光的丧事成了苏程矛盾明朗化的起端，不知道"众皆大笑"中的程颐是何等尴尬，但苏轼这样做显然是意气用事。从前欧阳修对于古怪的石介，既能团结，又纠其偏，做得有理有节，苏轼却不能善处程颐，此点不如乃师。

洛党的贾易、朱光庭首先以政治攻击来报复苏轼对他们老师的嘲笑，抓住苏轼的上引策题，以"谤讪先朝"加以弹劾。苏轼上章自辩，两党便公开相争。朝臣各有左右，攻轼者"不止三人，交章累上不啻数十"③，而攻程颐的也颇不乏人。结果是程颐在元祐二年八月被赶回洛阳赋闲。此后苏轼忙于议论边关防务和处理贡举事宜，但曾与黄庭坚结怨的赵挺之，又伙同别人攻击苏轼，事在元祐三年。苏轼自觉不安于朝，于是接连上章请求外任，并于元祐四年三月获准出知杭州。

苏轼出守杭州，进入了他的人生中第二轮外任的阶段，但由于宰执大臣吕大防与刘挚之间的矛盾以及他们对洛、蜀二党人物的不同态度，致使洛蜀党争仍在继续。元祐五年，程颐因父丧家居，苏辙任御史中丞，贾易便请求解除御史之职，不肯在苏辙属下。等次年苏辙升尚书右丞后，贾易复任御史，继续纠集同僚弹劾苏轼，迫

---

① 程颐是当时舆论中的"五鬼"之一，名声不太好。见刘安世《论欧阳棐差除不当九首》之一、四、九，《尽言集》卷一，《丛书集成》本。

② 殿中侍御史吕陶奏议，《续资治通鉴长编》卷三九三引。

③ 苏轼《辩试馆职策问二首》之二。

使刚从杭州回朝的苏轼再次外任。元祐七年程颐释服，苏辙阻其入朝，授以闲职。此时元祐之政已近尾声，他们马上一起遭受来自新党方面的攻击、迫害。

苏轼于元祐四年三月得到杭州知州的任命，至四月才出京上路。离开朝廷以前，对于刚刚发生的"车盖亭诗案"发表了意见。新党的重要人物蔡确于元祐二年被贬到安州，因游安州的车盖亭，做了几首诗，被旧党揭发，认为其诗意在讥谤高太后，包藏祸心。事情发生后，旧党台谏诸臣纷纷上章，要求重处蔡确，一时酿成"诗案"。苏轼与蔡确也是政敌，但他认为不能用文字狱的手段来迫害对方，所以临行上奏，主张不予追究。此可见"乌台诗案"给他的深刻教训，使他不肯用此术反施于政敌，即便已不在其位，也要为此进言，因为"此事所系国体至重"①。在他看来，以文字罪人是根本不合"国体"的。这里实际也隐含了他对自己所遭受的"诗案"的真实态度，但尤其可贵的是，他在此时能出于维护"国体"的深远考虑，而为政敌说话。不幸的是，旧党"君子"多爱以抗直自逞，而习于攻讦、斗争，终于把蔡确远贬新州（今广东新兴），并且四年不调，令他卒于贬所，用文字狱将一个前朝大臣迫害致死。《宋史》列蔡确入《奸臣传》，认为死不足惜，但此事的后果极其严重，新党重新执政以后，屡次祭起为蔡确申冤的灵旗，对报复的手段不再有所忌讳，把旧党整得死去活来，而苏轼亦罹其害。这是后话了。

七、四任知州

从宋哲宗元祐四年（1089 年）七月苏轼抵达杭州，到绍圣元年（1094 年）四月，是苏轼第二次任地方官时期。这五年中，除了两度返朝任京官外，他历任杭州、颍州、扬州、定州（今河北定县）的知州。与在朝时陷身于无休止的党争相比，他在地方官任上则颇能展其所学，为民造福，有所建树，并且在文学创作上获得发展。

①　苏轼《论行遣蔡确札子》，《苏轼文集》卷二十九。

苏轼刚到杭州，就面对严重的灾情。从此年初以至翌年夏，水、旱、风灾相继，加上瘟疫流行，民不聊生。苏轼一面请求免去租税，一面又开仓赈济，以缓民困。复筹款创置"病坊"，以救病人，这是后世医院的雏形。为了更有效地应付灾情，他采用了唐代刘晏"以工代赈"的办法①，发动疏浚盐桥、茅山两河的工程，使许多灾民因被雇用而得以存活。此不但对后世讲求"荒政"有所启发，且也使沟通大运河与钱塘江的水道得以畅通。他组织人力深挖河道达八尺以上，令水流"深快"，又建造堰闸，随潮水涨落而或开或关，以防止"淤填"和"涸竭"②。这又为治理因海水挟泥沙倒灌所造成的河道淤塞，提供了成功的经验。

　　杭州知州苏轼留在这"东南第一州"的遗迹，自以治理西湖的业绩最为著名。他发觉西湖有被"葑合"③的趋势，便上奏朝廷，制定和论证了他的治湖规划④，获准动工。他率人开掘葑滩，疏浚湖底，并用葑泥堆建长堤于里湖、外湖之间，南起南屏山，北至栖霞岭等山，中开六桥以通水，这就是著名的"苏堤"。为防西湖湮塞，他又计议在湖上造小石塔三五处，禁止在石塔以内水域种植菱荷茭白之类。不久建成三座，就是今天的"三潭印月"。苏轼的这番作为，不仅有治湖之功，也使西湖的人文景观大大丰富。

　　"到处相逢是偶然，梦中相对各华颠。还来一醉西湖雨，不见跳珠十五年。"⑤ 苏轼到杭州任地方官已是第二次了，所以西湖的景致总会勾起他的人生感慨。他常常想到退隐林下的逍遥，却又无法忘怀现实中的各种矛盾、斗争，因为他既有诗人的胸襟，又有造福斯

---

　　① 《旧唐书·刘晏传》载刘晏《遗元载书》（又见《全唐文》卷三七〇），称其开通漕运，雇民运输，可以使沿途"饥人皆附"。这是设法令饥民获得经济收入，以取代单纯的财政赈济。

　　② 苏轼《申三省起请开湖六条状》，《苏轼文集》卷三十。

　　③ 被茭白等水中植物淤塞。

　　④ 苏轼《杭州乞度牒开西湖状》、《申三省起请开湖六条状》，《苏轼文集》卷三十。

　　⑤ 苏轼《与莫同年雨中饮湖上》，《苏轼诗集》卷三十一。

民的政治责任感，故其作品中不断出现这种矛盾心境的反映。但总的基调是清雄旷达的，那种人生如梦的感受，是以艺术的态度观照生活的结果，不是出于消极失望。

苏轼离朝后，苏辙马上接替了他的翰林学士职务，掌"内制"，继而出使北方的大辽。苏辙在辽时，到处有人向他打听"大苏"的消息，也看到不少人在诵读苏轼的文集①，说明苏轼在那里也久负盛名。苏辙归来后担任御史中丞的要职，在高太后支持下力主"分别邪正"，反对起用新党人物，招怨愈多。苏氏兄弟和"苏门"的某些行为较浪漫的"学士"不断遭受攻击，这使得杭州任满后回京的苏轼，担任翰林学士未数月②，又急急避嫌外任，于元祐六年（1091 年）闰八月到达颍州知州任上。

北宋社会号称富庶，其实富庶只属于上层社会，底层的民众依然穷苦。颍州的冬天久雪人饥，等待苏轼去做的又是赈济之事。好在此时他的官品已较高，以朝廷大臣出守方州，向朝廷有所请求较易获准，能够为地方上争取到一些利益。他发放了一些"义仓"积谷，又从别处调来一批炭薪，分发灾民以救饥寒。复征得朝廷允准，调来一万名修治黄河的河工，来颍州开发沟渠。颍州也有一个西湖，他发动大家引水、修闸，但不到工程完成，他就被调往扬州去了。

苏轼在颍州不到半年，但他对此地很有感情。这是因为他的恩师欧阳修终老于斯，二十年前出倅杭州时亦曾路过这里拜谒恩师。现在他到西湖边上，听到当地歌女犹在演唱欧词，想到这些年轻的女子可能并不及认识十九年前业已去世的欧公，五十六岁的苏轼不禁感慨万分："与予同是识翁人，惟有西湖波底月。"③ 他对老师的深情，正像映在水中的月亮那样永恒、纯洁。当然，他更想起老师

① 苏辙《奉使契丹二十八首·神水馆寄子瞻兄四绝》之三，《苏辙集·栾城集》卷十六。

② 苏轼于元祐六年正月以吏部尚书召回汴京，但二月苏辙任尚书右丞，为了避免兄弟二人在同一个机关供职，朝廷改任苏轼为翰林学士承旨，五月又兼侍读。此年苏轼于三月份离杭赴京，至六月方到任，八月即出知颍州。

③ 苏轼《木兰花令·次欧公西湖韵》，《东坡乐府》卷二。

当年重托，回顾欧公生时"民有父母，国有蓍龟，斯文有传，学者有师"①，而欧公逝世后"士无所归，散而自贤"，因此"我是用惧，日登师门……何以嗣之，使世不忘"②。他想以自己的行为来激励世俗，振起学术，故作《六一居士集叙》以表彰欧公学说，与当时流风未尽的"新学"相抗争③。他是用反对"新学"独断的行动，来表达对恩师的怀念。

元祐七年（1092年）春苏轼改知扬州。在赴任的途中，"每屏去吏卒，亲入村落，访问父老，皆有忧色"。原来，老百姓被"积欠"（历年所欠官税）所困，虽到麦收之期，仍怕官府催还"积欠"而不敢还乡收割。苏轼到扬州，发现此地"大姓富家"已"十无一二"，"其余自小民以上，大率皆有积欠"，人民"为积欠所压，如负千钧而行"，已无法开展正常的农业生产；而"民既乏竭，无以为生，虽加鞭挞，终无所得"，所谓的"积欠"对于国家财政收入亦不过是"虚名"而已。故他一再上书，呼吁放免"积欠"，让人民脱去千钧重担，有积极性投入生产；并说这样人民才能向朝廷贡献"实利"，可谓"捐虚名而收实利"，对朝廷也大有好处④。由于他的论证颇具说服力，朝廷终于同意放免了扬州人民的"积欠"。可见为民请命也须申明利害，才能达到目的，这反映苏轼作为一个政治家已相当成熟。

颍、扬任上的苏轼，都曾相遇文学水平较高的同僚，如颍州签判赵令畤、扬州通判晁补之等，所以他们在公务之余，也常有文学活动。但苏轼在二州都不过半年时间，于元祐七年九月又被召回汴京，参与了郊祀大典，进官端明殿学士、翰林侍读学士、礼部尚书，这是他一生中最高的官位。时苏辙以太中大夫守门下侍郎（执政之

---

① 苏轼《祭欧阳文忠公文》，《苏轼文集》卷六十三。
② 苏轼《祭欧阳文忠公夫人文》，《苏轼文集》卷六十三。
③ 《苏轼文集》卷十。
④ 苏轼《论积欠六事并乞检会应诏所论四事一处行下状》，《苏轼文集》卷三十四。

一），兄弟皆身居高职。这一次苏轼留在京城差不多有一年光景，御史们不断地在弹劾他，使他不安于朝，连连请求外任，终于在元祐八年（1093年）六月获知定州。尚未启行，他的第二个妻子王闰之于八月一日病故。此时元祐之政已经日薄西山，太皇太后高氏于九月弃世，宋哲宗亲政。当高后垂帘主政之日，臣僚奏事当然要对着高后说话，这就令哲宗常被晾在一边，"只见臀背"①，随其年齿渐长，对他的祖母及元祐大臣的不满越来越甚，无奈一直隐忍，高后一死，亲掌大权的哲宗便要发泄他的积愤。他既不满于元祐大臣，便打算起用新党，名义上当然是说要继承父志，励精图治。苏轼在九月二十七日赴定州之前，以边帅身份要求上殿面辞，被哲宗拒绝，他只好在临行前夕上表，苦劝哲宗："陛下之有为，惟忧太早，不患稍迟。"② 他已敏锐地觉察国事将要大变了。

定州任上的苏轼依然尽心尽力。此地与辽交界，防务十分重要。他一边整顿了将骄兵惰、训练不良的官军，严惩贪污的将领，禁止赌博酗酒，亲自检阅操练；一边又恢复起原先行之有效的"弓箭社"，计划整编一支三万人的民兵武装，利用边人的战斗经验以加强防辽的实力。但在他这样做时，心情却是忐忑不安的。他预感到一场政治风暴将要向他袭来，因而在文学作品中一再为自己身陷政争而感叹，甚至写出"何至以身为子娱"③ 的句子，感到自己快变成说不清、道不明的政争的玩物，无法急流勇退。

这一年的朝廷上，真是山雨欲来风满楼。宰执大臣虽还是范纯仁、吕大防、苏辙几个旧党，但范已年老，吕忙着安葬去世的高后，苏辙也已被哲宗敌视。以继承神宗遗志，恢复王安石"新法"为口实的"绍述"之议，已经涌动起来。次年（1094年）二月，新党李清臣、邓润甫被提拔为执政，李清臣立即在三月份策试进士的试题

① 蔡絛《铁围山丛谈》卷一："上（哲宗）所以衔诸大臣者，匪独坐变更，后数数与臣僚论昔垂帘事，曰：'朕只见臀背。'鲁公（蔡京）顷为愚道之。"中华书局，1983年。
② 苏轼《朝辞赴定州论事状》，《苏轼文集》卷三十六。
③ 苏轼《鹤叹》，《苏轼诗集》卷三十七。

中力黜元祐之政，倡"绍述"之意。苏辙当即上疏谏阻，举了几个汉朝皇帝的例子劝哲宗勿轻易变政，结果惹得哲宗大怒："安得以汉武比先帝！"① 竟以这个罪名罢了苏辙的执政，出知汝州。随即，四月份改元"绍圣"，起用章惇为相，给蔡确平反，大张旗鼓开始"绍述"之政。就在这一月，御史们袭用"乌台诗案"的故技，纠弹苏轼以前起草的文件中有讥斥神宗之语，结果，苏轼落两职（取消端明殿学士、翰林侍读学士的称号）、追一官（罢定州知州任），以左朝奉郎（正六品上散官）责知英州（治所在今广东英德）。

贬谪的命运又一次降临到苏轼的身上。前此，吕大防、苏辙罢相后尚能以原先的品衔出任地方官，苏轼却成了元祐大臣中第一个被褫官、夺职、降阶远谪僻远小州者。新党重掌朝政，不图修明王安石改革的精神和措施，唯以恢复"新法"诸名目，打击报复"元祐党人"为事，而苏轼首当其冲，厄运来得最早，程度也最甚，大概是被当作"元凶"看待。他曾从一个被废弃的"罪人"骤然入朝掌制，这次又从一个封疆大吏骤然远贬岭南。但这次贬窜，将给中国历史留下一个思想和文学都进入炉火纯青境界的文化巨人。

八、流放到海角天涯

元丰末、元祐初苏轼被起用时，曾在短期内连续破格升级；绍圣元年（1094年）贬窜途中的苏轼，则要连续地遭受"三改谪命"② 的迫害：四月以左朝奉郎责知英州的诏命刚下，迅即再降为"充左承议郎"（正六品下散官）仍知英州，闰四月复又下诏"合叙复日，未得与叙复"③。但接下来还有更甚的，六月苏轼赴贬所途经当涂（今属安徽）时，又被贬为建昌军（今江西南城）司马、惠州（治所在今广东惠阳东）安置。苏轼只好把家小安顿在阳羡（今江

---

① 《宋史纪事本末》卷四十六"绍述"。

② 苏轼《赴英州乞舟行状》，《苏轼文集》卷三十七。

③ 《续资治通鉴长编拾补》卷十，"绍圣元年闰四月丙戌"条。

苏宜兴）①，独与侍妾朝云、幼子苏过南下。当途经庐陵（今江西吉安）时，又改贬为宁远军（今湖南宁远）节度副使、仍惠州安置。这样，实已五改谪命。

此年的六七月间，朝廷第一次大规模贬窜"元祐党人"。死去了的司马光、吕公著被迫夺赠官、谥号，磨毁墓碑；活着的均被流放远州，苏辙在连续遭贬后，结果又到他元丰时的谪居地筠州居住，竟像做了一场大梦一般。"苏门四学士"也不能幸免，这一批富有才华的文学家，适才并列于史馆，此年皆相继贬逐，进入了他们困顿坎坷的后半生，尤其是黄庭坚、秦观二人，被谪至黔州（今四川彭水）、处州（今浙江丽水），境遇甚恶。苏轼对于自己的不幸颇能处之不惊，当他一路上受到吏民的接待和劝慰时，便发出"争劝加餐食，实无负吏民"②的自我肯定之声，巍然壁立千仞；但他对于这些门生因受他连累而遭遇平生大故，则甚怀不安。令人感动的是，他马上收到了黄庭坚寄来的问候书信③，并得到张耒派去的两个兵丁的护送④——这就是时人眼里"浮诞轻佻"的东坡门下对待老师的真实情形。

"实无负吏民"的苏轼，确实是在来自民间的各种帮助下，顶着来自官方的迫害，于十月二日安全到达惠州的。"吏民惊怪坐何事，父老相携迎此翁"⑤，这个远谪蛮荒的"罪人"竟得到了惠州人民的欢迎。如果说，他在第一次贬谪时，对于神宗皇帝的赏识还抱着一线希望的话，那么，这一次，所有支持着他的生存的力量，都是来自普天之下敬仰其人格、喜爱其才华的一般士民。相应地，他的生

---

① 此时苏轼经济困乏，其家小得以安顿于宜兴，是靠苏辙"分俸七千"的接济，见《与参寥子二十一首》之十三，《苏轼文集》卷六十一。

② 苏轼《过汤阴市得豌豆大麦粥示三儿子》，《苏轼诗集》卷三十七。

③ 苏轼《答黄鲁直五首》之四："方惠州遣人致所惠书，承中途相见。"《苏轼文集》卷五十二。

④ 苏轼《答张文潜四首》之四："来兵王告者，极忠厚，方某流离道路时，告奉事无少懈……当时与同来者顾成，亦极小心。"同上。

⑤ 苏轼《十月二日初到惠州》，《苏轼诗集》卷三十八。

存的意义也大有改变，此前基本是为了对皇帝负责，从现在起，他是为了这些人而生活了，这些人是一如既往地尊敬他的故吏、门生；不避嫌疑、不远万里赶来求教、相伴的文人学士；给他以真正的人间温暖的邻里百姓；当然还有某些正直善良的地方官，以及不少方外之交——与翻脸不认人的昔日同僚相比，这些和尚、道士给了他真正的友谊。岭海时期的东坡居士，无论就其身份与生活状况，或就其精神依托、思想倾向与情感认同来说，都已从庙堂走向民间。他舍弃了端笏立朝的大臣形象，而在一般士民当中找到属于自己的位置。然后，苏东坡真正实践了他关于"水"的一种比喻："水之在地中，无所往而不在也。"① 他已是如此地亲近着大地，在十月孟冬之际，顿感"岭南万户皆春色"②，继而肯定"南来万里真良图"③ 了。

东坡初到惠州，知州詹范照顾他住到三司使行衙皇华馆的合江楼里。也许这待遇对一个逐臣来说太高了，故十几天后即迁居到偏僻的嘉祐寺。第二年，他的表兄程之才以广东提刑的身份巡行至此。苏、程两家已绝交几十年，但此时两人皆年逾花甲，便相与释憾，重叙亲情。程的到来令东坡的境遇大为改善，所谓"人言得汉吏，天遣活楚囚"④，言之伤心。绍圣二年三月，东坡遂得重新住入合江楼。但到三年四月，又不得不再次迁到嘉祐寺，这是因为程已离任了。这件事可以令我们想象出他的处境，即便有提刑和知州的照顾，也仍受着无所不在的压力。

东坡之为东坡，给予后人最深的印象，莫过于他的善处逆境。他在惠州的条件委实艰苦，除了从朝廷一直延伸到地方的无所不在的压力外，年老多病、物质生活的困乏、岭南地区相对落后的人文环境以及流行的瘴疠等，都在威胁着他的生存。自程之才离任后，

---

① 苏轼《潮州韩文公庙碑》，《苏轼文集》卷十七。
② 苏轼《十月二日初到惠州》，《苏轼诗集》卷三十八。
③ 苏轼《四月十一日初食荔枝》，同上，卷三十九。
④ 苏轼《闻正辅表兄将至以诗迎之》，同上。

朝云又因病去世，对他的打击是很严重的。但他以顽强的自我肯定，与种种理生的智慧，来对付这一切。他"借王参军地种菜，不及半亩"①，吃着自己种的菜，认为其味胜过梁肉。他又在这菜园里种上人参、地黄、枸杞、甘菊、薏苡等药物②，不但用作自我调理，还常施与别人治病。他在酿酒方面已能自创酿法，名为"真一酒"③。在精神上，他也保持着多方面的追求，除了儒家知识分子"穷则独善其身"的总体原则外，比较突出的有两方面。一是对佛老思想有了更深入的理解，以佛教关于生命空虚的学说来自脱于痛苦，保持理智的清醒，而令人生具有诗意；又以道教的长生久视之术来佐助养生，并返视生命的本源，自觉守护高贵、纯洁的人格。二是"和陶诗"的大量写作，据其自述："始余在广陵和渊明《饮酒二十首》，今复为此，要当尽和其诗乃已耳。"④ 表明"和陶诗"的写作始于知扬州时，到惠州后便打算"尽和其诗"，后来在儋州时编成一集，有一百多首。为什么要用"和陶"的形式来写作呢？显然是为了追企陶渊明的人生和诗歌境界。《和陶止酒》云："（苏辙）劝我师渊明，力薄且为己。"⑤"为己"也就是"穷则独善其身"的意思。黄庭坚曾形容此时的东坡："饱吃惠州饭，细和渊明诗。"⑥ 这"饱"字烘托出身处艰危而泰然自适的风度，"细"字又刻画出"和陶"的用功之深。陶诗"外枯而中膏，似淡而实美"⑦ 的艺术价值，经了东坡的品味后，在诗歌史上获得重新发现，"和陶诗"正是要再造这种艺术的极致之境。

不过，东坡在惠州也并不完全是"独善其身"。南宋人费衮曾综述东坡在惠"勇于为义"之事云：

---

① 苏轼《撷菜》诗"引"，《苏轼诗集》卷四十。
② 苏轼《小圃五咏》，同上，卷三十九。
③ 苏轼《真一酒并引》，同上。
④ 苏轼《和陶归园田居六首》诗"引"，同上。
⑤ 苏轼《和陶止酒》，同上，卷四十一。
⑥ 黄庭坚《跋子瞻和陶诗》，《豫章黄先生文集》卷七，《四部丛刊》本。
⑦ 苏轼《评韩柳诗》，《苏轼文集》卷六十七。

　　　　程正辅为广中提刑，东坡与之中外，凡惠州官事，悉以告之。诸军阙营房，散居市井，窘急作过，坡欲令作营屋三百间；又荐都监王约、指使蓝生同干；惠州纳秋米六万三千余石，漕符乃令五万以上折纳现钱，坡以为岭南钱荒，乞令人户纳钱与米并从其便；博罗大火，坡以为林令在式假，不当坐罪，又有心力可委，欲专牒令修复公宇仓库，仍约束本州科配；惠州造桥，坡以为吏屏而胥横，必四六分了钱，造成一座河楼桥，乞选一健干吏来了此事。又与广帅王敏仲书，荐道士邓守安，令引蒲涧水入城，免一城人饮咸苦水、春夏疾疫之患。凡此等事，多涉官政，亦易指以为恩怨，而坡奋然行之不疑，其勇于为义如此。①

这里提到的惠州博罗县之"林令"，名林抃，东坡还通过他做了另几件济世利民的义举，如利用当地香积寺的湍急水力作碓磨以舂米麦②，及推广他在武昌见到的新式农具"秧马"③ 等。"广帅王敏仲"名王古，东坡旧友王巩之侄，曾向东坡"访及物之事"④，故献引水入城之计，后来还建议他在广州"擘划一病院"⑤ 以利民，此自是东坡知杭州时的经验。凡此虽皆属因人成事，但实施的效果大致不错。这说明东坡在官确属能员，而在谪居时仍忧患民生，"勇于为义"，则更令人敬佩。

　　"三年瘴海上，越峤真我家。"⑥ 善处逆境的东坡，终于为自己

　　① 费衮《梁溪漫志》卷四，"东坡谪居中勇于为义"条，上海古籍出版社，1985 年。
　　② 苏轼《游博罗香积寺》诗"引"，《苏轼诗集》卷三十九。
　　③ 苏轼《题秧马歌后四首》之一，《苏轼文集》卷六十八。这"秧马"乃拔秧苗时可坐的简易木凳，不久即在惠州广为施用，苏轼又复制作图样，托人带往江浙去推行。
　　④ 苏轼《与王敏仲十八首》之十一，同上，卷五十六。
　　⑤ 苏轼《与王敏仲十八首》之九，同上。
　　⑥ 苏轼《丙子重九二首》之一，《苏轼诗集》卷四十。

创造出一个生存、活动的环境，他已感到"安"于惠州了。于是，他用了几乎所有的积蓄，在惠州白鹤峰下筑屋，准备终老于此。绍圣四年（1097年）二月建宅完工，他便自嘉祐寺搬入新居，原先寄住在宜兴的家人也由长子苏迈带领着前来与他团聚。这使六十二岁的他感到"老朽忧患之余，不能无欣然"①。然而，他马上就会知道，这造房安家以图终老惠州的打算，分明是"虑患不周"②。

绍圣四年二月，朝廷又一次大规模追贬"元祐党人"，苏辙责授化州别驾、雷州（今广东海康）安置，张耒被贬到黄州去监酒税，秦观移送横州（今广西横县）编管，连在家服母丧的晁补之也被夺职，一同被追贬的达三十余人，但其中却无苏轼，只是在发布的制书中被提及了一下，误说他是苏辙的弟弟③。不过，到闰二月，追贬苏轼的诏令就下来了，将他责授琼州（今海南琼山）别驾、昌化军（今海南儋县）安置。于是他只好留家属于惠，独与苏过渡海赴贬所。临行感"垂老投荒，无复生还之望"，故"与长子迈诀，已处置后事矣"④。那景况是相当凄凉的了。

所幸，这一次再贬，倒也给了东坡兄弟会面的机会。当东坡行至梧州（今属广西）时，听当地父老说，"白须红颊如君长"⑤ 的苏辙刚路过，还在藤州（今广西藤县），且夕可以追及。五月十一日，他终于在藤州赶上了苏辙⑥，"时道旁有鬻汤饼者，共买食之，粗恶不可食。黄门（苏辙）置箸而叹，东坡已尽之矣……大笑而起"⑦。于是两人同行到达雷州，东坡正为痔疮所苦，苏辙劝他戒酒。至六

---

① 苏轼《和陶时运四首》诗"引"，《苏轼诗集》卷四十。

② 苏轼《与王敏仲十八首》之八，《苏轼文集》卷五十六。

③ 《续资治通鉴长编拾补》卷十四，哲宗绍圣四年二月庚辰诏制："苏辙……始与弟轼肆为抵巇。"

④ 苏轼《与王敏仲十八首》之十六，《苏轼文集》卷五十六。

⑤ 苏轼《吾谪海南，子由雷州，被命即行，了不相知，至梧乃闻其尚在藤也，旦夕当追及，作此诗示之》，《苏轼诗集》卷四十一。

⑥ 苏轼《和陶止酒》诗"引"，同上。

⑦ 陆游《老学庵笔记》卷一，中华书局，1979年。

月十一日便相与告别，东坡渡海赴海南岛①，于七月二日抵达贬所②。这一次兄弟会聚正好一个月，此后竟无再次见面的机会。

依宋代不杀士大夫的祖训，为人臣者得"罪"至大，亦不过远贬，而到了海南岛，则远无可远，无以复加，"所欠唯一死"了。在"元祐大臣"中，苏轼是受处罚最重的一个。但他在惠州渐趋平淡闲远的心情和诗风，却也因此事的刺激，而变得天骨迥出、气节凛然起来。一路上，他体会到自己被命走向蛮荒的海岛，乃是"天其以我为箕子"③。昔周武王封箕子于朝鲜，箕子就把中华的礼乐文明带到了那儿，使其地得到开化。苏轼说自己也要成为海岛上的箕子了，不过，此行不是受了什么圣君的赋命，也非由政敌遣发而来，而是受命于天。"天人巧相胜，不独数子工"④。昔鲁平公欲见孟子，被小人臧仓所阻，孟子曰："吾之不遇鲁侯，天也，臧氏之子焉能使余不遇哉！"⑤ 苏轼说他此去海岛，自是天教为箕子，"数子"虽工于迫害，亦何预于斯！

海南的生活当然比惠州更其艰苦，东坡给友人的信中说："此间食无肉，病无药，居无室，出无友，冬无炭，夏无寒泉，然亦未易悉数，大率皆无耳。"⑥ 他到儋州（昌化军）后，先住在官舍里，但次年（元符元年，1098 年）朝廷派人按察岭外，将他逐出了官舍。之前，苏辙也因在雷州被地方官礼遇，而被移至循州（今广东惠州东）安置。这样，兄弟隔海通问的交往也被剥夺，对于苏轼的打击之大是不言而喻的。

但是，苏轼已不再是一个仰仗于朝廷的官，而是一个依托于大地的人了，他的生命力由此而更顽强。他马上就在海南的黎族人民

---

① 苏轼《和陶止酒》诗"引"，《苏轼诗集》卷四十一。

② 苏轼《到昌化军谢表》，《苏轼文集》卷二十四。

③ 苏轼《吾谪海南，子由雷州，被命即行，了不相知，至梧乃闻其尚在藤也，旦夕当追及，作此诗示之》，《苏轼诗集》卷四十一。

④ 苏轼《次前韵寄子由》，同上。

⑤ 《孟子·梁惠王下》。

⑥ 苏轼《与程秀才三首》之一，《苏轼文集》卷五十五。

中间找到了家的感觉，"坎坷识天意，淹留见人情"①，只有与普通的人民真正融为一体，才能体会到淳朴的乡人间流淌着的深厚情味。黎族学生帮他在城南的桄榔林下筑起土房，而他自己也戴了黎族的藤帽，著上花缦，赤着双脚渡水穿林，"不愁故人惊绝倒，但使俚俗相恬安"②，觉得自己本来就是一个黎民。他吃着苏过用山芋做的"玉糁羹"③，听着邻家孩子的诵书声④，体会着"日起理发""午窗坐睡""夜卧濯足"的"谪居三适"⑤。虽曾答应过苏辙的戒酒劝告，但不久他又喝起来了，并且自酿"天门冬"酒，漉酒的时候竟因忍不住品尝味道而大醉一场⑥。他不太精通棋艺，却爱坐在一旁观看别人下棋，"竟日不以为厌"⑦。苏辙虽离开了雷州，但天意凑巧，却把东坡最为关心的秦观再贬到了雷州，得以复通音信⑧。这也算得不幸中之大幸了。更令人感怀的是，当时还有一些读书人像葛延之那样，"自江阴担簦万里，绝海往见"⑨，向他请教并留伴一月。东坡遂教以文法、书法⑩。还有吴复古，"于绍圣丙子至惠州，同轼游罗浮，又过循州见辙，及轼安置儋州，复古又从之游"⑪。东坡的眉山老乡巢谷，以七十三岁高龄，徒步自眉山远访苏氏兄弟，先见苏辙于循州，又欲访苏轼于海南，不幸病死于半途⑫。这些都是令

---

① 苏轼《和陶九日闲居》，《苏轼诗集》卷四十一。

② 苏轼《欧阳晦夫遗接䍦琴枕，戏作此诗谢之》，同上，卷四十三。

③ 苏轼《过子忽出新意，以山芋作玉糁羹……》，同上，卷四十二。

④ 苏轼《迁居之夕，闻邻舍儿诵书，欣然而作》，同上。

⑤ 苏轼《谪居三适三首》，同上，卷四十一。

⑥ 苏轼《庚辰岁正月十二日，天门冬酒熟，予自漉之，且漉且尝，遂以大醉，二首》，《苏轼诗集》卷四十三。

⑦ 苏轼《观棋》诗"引"，同上，卷四十二。

⑧ 见《重编淮海先生年谱节要》"元符二年"条，《淮海集》卷首，《四部备要》本。

⑨ 葛立方《韵语阳秋》卷三，《历代诗话》，中华书局，1981年，509页。

⑩ 费衮《梁溪漫志》卷四，"东坡教人作文写字"条。按：《韵语阳秋》卷三只提到"作文之法"，未云书法。

⑪ 陆心源《宋史翼》卷三六《吴复古传》，中华书局，1991年。

⑫ 苏辙《巢谷传》，《苏辙集·栾城后集》卷二十四。

东坡深为感动的。

东坡既以箕子自任，便自觉担负起了促进海南文化的责任。他看到当地多荒田，人们不重视农业，不得温饱，故作诗鼓励黎人从事农耕①；又看到海南人信巫，杀牛作药，便作文告喻乡人重惜耕牛②；当地风俗每让男人守门户而让女性出门劳作，他又写文章批评这"坐男使女"的风俗，希望能够改变③。至于海南人文文化的落后，则令他最感忧虑。他曾到儋州城东的学舍去访问，却发现那里寂寥无声，学生星散，先生忍饥独坐，便为自己没能起到教化斯民的作用而深感惭愧④。他的"罪人"身份不允许他直接干预地方政府的教育事业，只能以自己的身体力行，以个人的感召力，通过纯粹民间的方式起到影响作用。他为邻家小孩的诵书声感到欣慰，又经常与一些学生、秀才往来，营造文化的氛围。"莫作天涯万里意，溪边自有舞雩风"⑤，他以海南的孔子自况了⑥。琼州的一个文士姜唐佐，跟从东坡学习，东坡便赠他两句诗曰："沧海何曾断地脉，白袍端合破天荒。"⑦ 此两句构思雄奇，骨力高健而意味深远，表达了他对于开发海南文化的信心，和对于海南文化人的殷切期望。"沧海何曾断地脉"，那不仅是指自然的"地脉"，更是指祖国文化的一体性，和各地人士斗"破天荒"，建设文化的精神。这是文化学意义上的"大地"，而为东坡所栖身其上者。从这里我们也能略窥东坡"过海后诗"的精义入神之境界，那是与杜甫的"夔州以后诗"并称的艺术极品。

---

① 苏轼《和陶劝农六首》，《苏轼诗集》卷四十一。

② 苏轼《书柳子厚〈牛赋〉后》，《苏轼文集》卷六十六。

③ 苏轼《书杜子美诗后》，同上，卷六十七。

④ 苏轼《和陶示周掾祖谢》，《苏轼诗集》卷四十一。

⑤ 苏轼《被酒独行，遍至子云、威、徽、先觉四黎之舍三首》之二，同上，卷四十二。"舞雩"事见《论语·先进》。

⑥ 以孔子自况的诗句还有"空余鲁叟乘桴意"（《六月二十日夜渡海》，同上，卷四十三），又有词曰："吾已矣，乘桴且恁浮于海"（《千秋岁·次韵少游》，见《能改斋漫录》卷十七）。"乘桴"事见《论语·公冶长》。

⑦ 苏辙《补子瞻赠姜唐佐秀才》诗"引"，《苏辙集·栾城后集》卷三。

东坡在海南岛贬居整整三年。这三年里，他除了写作诗歌和不少小品题跋外，还对自己一生的学术思想作了总结，既修订了他在黄州所作的《易传》《论语说》，又以主要的精力完成《书传》，并因深感"近来史学凋废"①，而打算写作一部史学批评专著《志林》，却未能全部完成②。他能在海南进行著述，颇得力于广东的朋友郑嘉会（字靖老）借给他的千余卷书籍，通过海舶运到儋州③。至于他著书的目的，则自云"稍欲惩荆舒"④。这"荆舒"二字出自《诗经·閟宫》，原指蛮夷之邦，但由于王安石初封舒国公，后改封荆国公，所以前人一般认为苏轼此语乃针对王安石而发。不过，这样理解还未确切。绍圣以后，新党树王安石为偶像，以"新学"为儒学的标准解释，来钳制天下的学术，也使"新学"本身成为教条。在此环境下，东坡奋力著述以"惩荆舒"，其用心更确切地说是要反对绍圣诸臣借"新学"独断学术，以捍卫学术思想的自由、独立原则。如就王安石的学说本身而言，他是并不一概排斥的，早在元祐时就说过"王氏之文未必不善，而患在好使人同己"⑤，黄庭坚也曾称赞"荆公六艺学，妙处端不朽"⑥，他们反对的是学术独断，而不否定荆公"新学"自身的价值。同样，东坡对自己的学说也极为珍视，"大道久分裂，破碎日愈离。我如终不言，谁悟角与羁？"⑦ 他相信自己是在探索真理、宣扬真理。

这样，我们可以把苏轼从元丰末离开黄州，至去世，看作他一生思想发展的第三个阶段，也是其思想最后成熟的阶段，而在海南期间他的学术著作中得到较系统的总结。宋代的士人，凡在政治上

---

① 苏轼《与千之侄二首》之二，《苏轼文集》卷六十。

② 苏轼《与郑靖老四首》之三，同上，卷五十六。参见本书第三章。

③ 苏轼《和陶赠羊长史并引》（《苏轼诗集》卷四十一）及《与郑靖老四首》。

④ 苏轼《和陶赠羊长史并引》。

⑤ 苏轼《答张文潜县丞书》，《苏轼文集》卷四十九。

⑥ 黄庭坚《奉和文潜赠无咎，篇末多见及，以"既见君子，云胡不喜"为韵》之七，《山谷诗集注》卷四，《四部备要》本。

⑦ 苏轼《和陶杂诗十一首》之十，《苏轼诗集》卷四十一。

投入精力甚巨，从而也卷入政争甚深者，例于谪居期间集中进行文艺创作与学术著述，这可以称为一种"谪居文化"。海南岛自古有"海角天涯"之称，是宋代贬谪士人的极限，而在这里"食芋饮水，著书以为乐"① 的苏轼，则为此种"谪居文化"创造了一个最高的典范。这种典范的意义，也许可用一句话来概括，曰：亲近大地。

九、走向人生旅途的终点

死亡是人类每一个个体无法逃脱的必然归宿，但从未有人拥有过死亡的经验，死亡问题是历来哲人们苦苦追索的难题。"未知生，焉知死"②，孔子认为"知死"比"知生"为难，对子路"敢问"死亡的问题，拒绝作出答复。然而，一个人如何对待死亡，最直接地反映了他人生思想的核心内涵与特点。苏轼对此早有思考，如在熙宁五年（1072 年）所作的《墨妙亭记》中就认识到"人之有生必有死"是个无法逃避的自然规律，"而君子之养身也，凡可以久生而缓死者无不用"，所有养生救死之法都用尽了，"至于不可奈何而后已，此之谓知命"。他提出要"知命"，又要"必尽人事"，"然后理足而无憾"，这是苏轼应对死亡的一种思路。比之"死生有命，富贵在天"③ 来，多了一分人的主观能动作用。而到了他生命的最后一年，也就是死亡日益逼近的特定时刻，他对生死问题的思考，则达到了一个更高、更深刻的层次。

正当苏轼准备终老海南之际，元符三年（1100 年）正月，宋哲宗去世，在神宗妻向太后的主持下，哲宗异母弟赵佶继位，是为徽宗。由于新党宰相章惇在皇位继承问题上曾与向太后异议，故被排斥。为了打击章惇所领导的政治力量，被章惇迫害的元祐旧党便渐获起用，政局于是又一次发生逆转。此年五月，苏轼内迁廉州（今

---

① 苏辙《亡兄子瞻端明墓志铭》。
② 《论语·先进》，《十三经注疏》本。
③ 《论语·颜渊》。

广西合浦）的任命下达，他于六月初离开居住三年的儋州，并于六月二十日夜晚渡过琼州海峡北返。他写道："参横斗转欲三更，苦雨终风也解晴。云散月明谁点缀，天容海色本澄清。空余鲁叟乘桴意，初识轩辕奏乐声。九死南荒吾不恨，兹游奇绝冠平生。"[①] 这是他政治上"自我平反"的宣言书。政敌们的种种诬陷污蔑，像久下不止的雨，像终日不停的风，像浮云阴霾，统统一扫而光，终于还我一身清白：他收拾起乘桴浮海的打算，对自己的政治前途又充满了信心和憧憬。

苏轼的兴奋之情是很自然的，然而，从此起直到最后逝世的一年时间里，命运还将给他以各种磨炼和考验，使他继续咀嚼生活的全部苦涩及其中奥秘。只是现在的苏轼，已是历经大起大落、几起几落的成熟睿智的坡翁，未来的种种生活曲折促使他更成熟，使他更稳健地走向生命之旅的终点。

这最后的一年，他的足迹贯穿了南中国。渡海后，先是盘桓于雷州半岛；八月又奉告命，迁舒州团练副使，永州（今属湖南）居住，于是由廉州前往永州，途经藤州（今广西藤县）、梧州（今属广西），因家眷尚在广州，遂东向赴广，然后折北而行；至英州（今广东英德），又得旨复朝奉郎提举成都府玉局观，在外州军任便居住，于是他在建中靖国元年（1101 年）越大庾岭，经今江西境内的虔州（今赣州）、庐陵（今吉安），从赣水过鄱阳湖入长江，再东行至当涂、金陵（今南京）、仪真（今仪征）、金山等地，直至终焉之地的常州。在这奔波道途、不遑起居的一年里，他对迎面而来的种种坎坷曲折的遭遇，又经历了由亢奋而悲慨而超旷的心路历程。

一是与至亲好友的生死离别。苏轼将离海南前，曾致书当时编管雷州（今海康）的秦观，相约于徐闻县见面，"若得及见少游，即大幸也"[②]。及至相会，同行至雷州握别，秦观竟以《自作挽词》一篇相赠，真是不祥的兆头。果然，秦观北行至藤州，即逝世了。

---

① 苏轼《六月二十日夜渡海》，《苏轼诗集》卷四十三。
② 苏轼《答秦太虚七首》之六，《苏轼文集》卷五十二。

秦观是"苏门四学士"中与苏轼思想最为相投、情感最为深厚之人，撒手于久困而初露光亮之际，这对苏轼不能不是一个巨大的打击。他连声说："哀哉痛哉，何复可言！当今文人第一流，岂可复得！"①

对秦观可说是撕肝裂肺、呼天抢地的"死别"，而对于他的弟弟苏辙，则是最终未能谋面的"生离"了。苏辙先时贬居循州（今广东龙川），但已在二月先于苏轼被命量移永州，继又移岳州（今湖南岳阳），后又复太中大夫、提举凤翔府上清太平宫、外军州任便居住。他就选择了颖昌府（今河南许昌）作为居住地。及至苏轼渡海北至广州等地时，他早已启程离去了。此时此刻，兄弟俩原有多少情愫要当面倾诉，然而参商暌违，徒呼奈何！直到苏轼在常州临终之时，苏辙因事未能前来，他只好作书相嘱："即死，葬我嵩山下，子为我铭。"后来"辙执书哭曰：'小子忍铭吾兄！'"②。苏轼不得已把后事托给另一友人钱世雄，钱氏尝有文记苏轼临终语："万里生还，乃以后事相托也。惟吾子由，自再贬及归，不复一见而诀，此痛难堪。余无言者。"③ 如果他心头涌起二十五年前"人有悲欢离合，月有阴晴圆缺，此事古难全"的句子，其抱恨之深重，真可谓无法言说了。苏轼似被注定要尝遍各种人生苦况与生存煎熬以后，才能由此获得精神的升华。

二是政治前途的阴晴交替。建中靖国元年正旦刚过，他北返到达大庾岭。在宋代一般官员们的心里，这座山岭具有特殊的含义，他们若一旦贬官岭表，就意味着政治生命的消歇，少有北返的希望。当时有所谓"春、循、梅、新，与死为邻；高、窦、雷、化，说着也怕"④ 的民谣，环境的凶险恶劣，对任何人的心灵都是一种威胁

---

① 苏轼《与欧阳元老一首》，《苏轼文集》卷五十八。又见《游宦纪闻》卷十。

② 苏辙《亡兄子瞻端明墓志铭》，《苏辙集·栾城后集》卷二十二。

③ 何薳《春渚纪闻》卷六"坡仙之终"条引。

④ 见朱熹《三朝名臣言行录》卷十二引《道护录》，《四部丛刊》本。八州皆在今广东境内：春州，今阳春；循州，今龙川；梅州，今梅县；新州，今新兴；高州，今高州；窦州，今信宜；雷州，今海康；化州，今化州。

与震撼。苏轼在绍圣元年（1094 年）九月经此岭赴惠州，度过了长达七年的岭海贬谪生活。如今居然登岭北归，不禁感慨万千。岭上一位老者得知他是苏轼后，"乃前揖坡曰：'我闻人害公者百端，今日北归，是天祐善人也。'"① 苏轼于是题诗作谢道："问翁大庾岭上住，曾见南迁几个回？"② 这个不用回答的问句显示出苏轼屡贬不屈的傲岸，也透露出否极泰来的欣喜之情。"建中靖国"这个年号，表示其时朝廷施政大计在于调停新旧两党，自章惇被罢后，新党立场鲜明的蔡京、蔡卞也相继离京，而由新党的曾布与旧党的韩忠彦共同主政，元祐党人纷纷起复。苏轼在下岭时又题诗云："下岭独徐行，艰险未敢忘。遥知叔孙子，已致鲁诸生。"③ 按照陆游的解释，末两句是借西汉叔孙通为汉高祖征召鲁地儒生的典故，说明元祐诸臣俱已大用，"惟东坡兄弟犹领宫祠。此二句盖寓所谓'不能致者二人'，意深语缓，尤未易窥测"④，则含有苏轼盼被重用的政治期待。果然，他"初复中原日，人争拜马蹄"⑤，引起人们极大的关注。当他舟行至毗陵（今常州）时，"病暑，著小冠，披半臂，坐船中。夹运河岸，千万人随观之。东坡顾坐客曰：'莫看杀轼否？'其为人爱慕如此"⑥。其情景，其气派，宛如元祐初司马光之进京为相。苏轼将登廊庙的传闻，绝非无根浮言，而是言之凿实的政治信息。其时章惇之子章援致函苏轼云："迩来闻诸道路之言，士大夫日夜望尚书（苏轼）进陪国论……尚书固圣时之著龟，窃将就执事者，穆卜而听命焉。"反映出当时政界舆论已较普遍地看好苏轼。章援甚至说："旬数之间，尚书奉尺一，还朝廷，登廊庙，地亲责重。"⑦ 仿

---

① 曾敏行《独醒杂志》卷二。

② 苏轼《赠岭上老人》，《苏轼诗集》卷四十五。

③ 苏轼《余昔过岭而南，题诗龙泉钟上，今复过而北，次前韵》，同上。

④ 陆游《施司谏注东坡诗序》，《陆游集·渭南文集》卷十五。按《史记·刘敬、叔孙通列传》："于是叔孙通使征鲁诸生三十余人，鲁有两生不肯行。"

⑤ 道潜《东坡先生挽词》，《参寥子诗集》卷十一，《四部丛刊》本。

⑥ 邵博《邵氏闻见后录》卷二十。

⑦ 章援书见赵彦卫《云麓漫钞》卷九。

佛苏轼之被重用，"进陪国论"，已是指日可待之事了。尽管岁月的沧桑已给此时的苏轼染上满头白发，额上也镌刻下条条皱纹，然而在他心中无疑又鼓起了"奋励当世"的许国热忱。

但是，当苏轼越来越向北宋的皇城走近时，他应该也不难获知"建中靖国"的另一层含义，"建中"毕竟不是"更化"，在新旧两党人物被兼收并蓄的同时，两党中的"极端"人物也要被压制，新党立场鲜明的蔡京、蔡卞兄弟被放离京城，而苏轼、苏辙兄弟便被认作旧党立场最为鲜明的"极端"人物，并不在收用之列。早在元符三年（1100 年）正月，最初召归元祐党人时，曾布就已向蔡卞保证："公但安心，苏轼、辙辈未必便归也，其他则未可知耳。"① 这说明"建中靖国"的局面本是以蔡氏兄弟与苏氏兄弟同时出局为代价的，所谓"左不可用轼、辙，右不可用京、卞"②。苏轼走向京城的步伐注定要停留在途中的某一处，所以，越往北走，他的步伐就越由轻快变得滞重。他逐渐确定此行的终点在颍昌府，以便与胞弟苏辙朝夕相处，一面践偿兄弟俩早年"夜雨对床"的夙愿，一面也便于获取京中的信息。

时局的变化说明定居颍昌还是奢望。向太后跟当初的高太后是很不相同的，她并不能全部地掌握也无意于长久地拥有进退士大夫的权力，而且她本人的政治倾向也并不是向旧党一面倒的，虽然不满于章惇，却颇眷顾于蔡京；至于徽宗皇帝，则更有意于继述父兄，在韩忠彦与曾布之间，他显然更亲近曾布。在此情势下，韩忠彦的地位岌岌可危，而曾布、赵挺之等人则紧锣密鼓地酝酿起"绍述之议"，以迎合徽宗，召回蔡京，以投太后所好，使政局再度转向不利于旧党的方向。当苏轼获取了这些信息后，便只好放弃定居颍昌的打算，致书乃弟云："兄近已决计从弟之言，同居颍昌，行有日矣。适值程德孺过金山，往会之，并一二亲故皆在座。颇闻北方事，有决不可往颍昌近地居者（自注：事皆可信，人所报，大抵相忌安排

① 《续资治通鉴长编》卷五百二十，"元符三年正月乙未"条。
② 《续资治通鉴长编拾补》卷十七，"建中靖国元年七月壬戌"条。

攻击者众，北行渐近，决不静耳）。今已决计居常州，借得一孙家宅，极佳。……恨不得老境兄弟相聚，此天也，吾其如天何！然亦不知天果于兄弟终不相聚乎？"① 此所说"北方事"，即指朝廷政局的变化。苏轼最后说："兄万一有稍起之命，便具所苦疾状力辞之，与迨、过闭户治田养性而已。"② 仕进之志已绝，苏轼被迫下了最后的决心。对于一生徘徊、依违于出处进退仕隐之间的苏轼，他画这个句号纯系出于无奈，但却推进了他对人生问题的思考，深化和丰富了他的人生思想的内涵。

三是病痛的反复煎熬。苏轼说的"所苦疾状"，确是实情。六十六岁的年龄，在当时已算高寿；又从瘴疠之地的岭南返回，已身染瘴毒；一年来行走道途，以舟楫为家，生活极不安定；时值盛暑，河道熏污，秽气侵入——他终于病倒了。

自建中靖国元年六月一日因饮冷过度，中夜暴下（痢疾）起，至七月二十八日去世，苏轼在这五十多天中的病情变化、用药情况，今尚留下颇为详细的材料，完全可以恢复和重建他的病历档案。大致来说，从六月一日夜"病暑暴下"以后，曾进黄蓍粥，"觉稍适"。但几天后到仪真，"瘴毒大作"，腹泻不止。从此又胃部阂胀，不思饮食，也不能平卧，只能"端坐饱蚊子尔"。此时"河水污浊不流，熏蒸成病"，病情增重。以后病况时增时减，于十二日渡江至润州（今江苏镇江），闻苏颂病亡，伤悼不已，面对苏颂后人只能"侧卧泣下不能起"了。到了六月十五日舟赴常州，赁居于孙氏馆（即今常州市内延陵西路的"藤花旧馆"遗址）。转眼至七月，天虽大旱，但苏轼的病势却在立秋日（十二日）和十三日递减，实非吉象，而是回光返照。果然至十五日病势转重，他在给友人的信中详述云："某一夜发热不可言，齿间出血如蚯蚓者无数，迨晓乃止，困惫之甚。细察疾状，专是热毒，根源不浅，当专用清凉药。已令用人参、茯苓、麦门冬三味煮浓汁，渴即少啜之，余药皆罢也。庄生

---

① 苏轼《与子由弟十首》之八，《苏轼文集》卷六十。
② 同上。迨、过，即苏轼子苏迨、苏过。

云：在宥天下，未闻治天下也。如此不愈则天也，非吾过矣。"① 但药物勿灵，气浸上逆，无法平卧。晋陵县令陆元光送来"懒版"，此物"纵横三尺，偃植以受背"②，类似于今日的躺椅。七月二十八日，一代文宗最终就在这"懒版"上溘然长逝。

就苏轼的病况来看，兼有瘴毒、肠胃、心肺、血液之类的多种疾病。苏轼具有医药知识，存世的《苏沈良方》传是他与沈括所搜集的经验方。他自病自诊，却有失误。"专用清凉药"，本是对症下药之举，但除"麦门冬"系清凉药外，"人参""茯苓"却是温药，可能为了补气而一并服用。其实应先治"热毒"，再作补气。清代林昌彝《射鹰楼诗话》卷七也提出苏轼用药有误，他认为此时苏轼受病之因乃是"阳气为阴所包"，应以服"大顺散"为主，"而公乃服黄蓍粥，致邪气内郁，岂不误哉?""后乃牙龈出血，系前失调达之剂，暑邪内干胃腑，法宜甘露饮、犀角地黄汤主之，乃又服麦门冬饮子，及人参、茯苓、麦冬三味，药不对病，已至伤生，窃为坡公惜之"③。其说亦可备参考。总之，苏轼用药有误恐是加速死亡之一因。

与病魔的艰苦搏斗，以及亲情友情的苦恋无著、许国宏愿的最终幻灭，这一切似乎证明着苏轼是为了尝尽人生苦难而降生人间的，他注定要走过一条曲折坎坷、荆棘丛生的生活道路；然而，苏轼的死，他在这个特定时刻即临终弥留之际所表达的对于人生的最后关怀，却又证明着精神力量可以超越生存环境的恶劣，而达到自适自由之境，这又是他的不幸之幸。

苏轼在临终前的言行，为他多难多彩的人生作了最深刻的总结。

相传李公麟在镇江金山画有一幅苏轼像，苏轼此次过之，自题一首六言绝句云：

---

① 苏轼《与钱济明十六首》之十六，《苏轼文集》卷五十三。
② 费衮《梁溪漫志》卷四"东坡懒版"条。
③ 林昌彝《射鹰楼诗话》卷七，上海古籍出版社，1988 年。

心似已灰之木，身如不系之舟。问汝平生功业，黄州、惠州、儋州。①

按"心似"句典出《庄子·齐物论》："形固可使如槁木，而心固可使如死灰乎？"乃是颜成子游问南郭子綦之语。郭象注云："死灰槁木，取其寂寞无情耳。夫任自然而忘其是非者，其体中独任天真而已，又何所有哉！"此句形容离形去智、身心俱遣而达物我两忘、随顺"自然"、"天真"的人生境界。"身如"句也出《庄子·列御寇》："巧者劳而智者忧，无能者无所求，饱食而遨游。泛若不系之舟，虚而遨游者也。"意指弃智屏巧、一任自然的生存态度，犹如虚舟漂行，无所系绊，自由自适。苏轼一生漂泊无常，对"不系舟"之喻当别有一番体会，前不久经江西时，他就吟诵过"用舍俱无碍，飘然不系舟"②的诗句。对一般人来说，心之所怀、身之所处，其实现与否、安适与否，本是决定人生苦乐的，如此则苦乐全由外部世界决定；但在智者看来，灰心与漂泊之苦，与顺运任真之乐，只在转念之间，取决于自己对于人生的一种态度。因此，我们对"问汝"两句可作两层理解：对于兴邦治国的"功业"来说，这是一句自嘲的反话，而对于建树多方面的文学业绩，尤其是对于人生思考的收获来说，这又是自豪的总结。黄州、惠州、儋州的十多年贬居生活，不仅是他文学事业的辉煌时期，也是他人生思想范型发展、成熟乃至最后完成的最关键时期，可以说，没有这一段生存挫折的磨炼与玉成，也就没有今人所津津乐道的苏东坡。

要深入理解这首六言绝句的丰富含蕴，还可以参悟他的另一次

---

① 苏轼《自题金山画像》，《苏轼诗集》卷四十八。周必大《文忠集》卷一百七十《乾道庚寅奏事录》记他于乾道六年（1170年）亲至镇江金山，"登妙高烹茶，壁间有坡公画像。初，公族侄成都中和院僧表祥画公像，求赞，公题云：'目若新生之犊，心如不系之舟。要问平生功业，黄州、惠州、儋州。'集中不载，蜀人传之。今见于此。"两处题诗文字少异。

② 苏轼《次韵阳行先》，《苏轼诗集》卷四十五。

谈话。七月二十三日，苏轼的方外友径山维琳来访，两人于夜凉时对榻倾谈。

早在三十年前，苏轼任杭州通判时，就聘请维琳主持径山寺法席。径山古刹由唐代宗时牛头宗法钦禅师正式开山，但维琳却是云门宗法嗣。苏轼先后两次任职杭州时，与僧道交游频繁，是他接受佛教思想影响的最重要时期。他三上径山，写作诗文近二十首，其中如"有生共处覆载内，扰扰膏火同烹煎。近来愈觉世路隘，每逢宽处差安便。嗟余老矣百事废，却寻旧学心茫然"[1]，"嗟我昏顽晚闻道，与世龃龉空多学。灵水先除眼界花，清诗为洗心源浊"[2] 等，都表现出超脱外部世界的争斗与烦扰，寻求清心禅悦的意趣。而今苏轼是劫后余生，病入膏肓，维琳远道专程探疾，话题自然集中到生死问题上。

七月二十五日，苏轼手书一纸给维琳云："某岭海万里不死，而归宿田里，遂有不起之忧，岂非命也夫！然死生亦细故尔，无足道者。"[3] 已觉大限将至，而心态平和。二十六日他与维琳以偈语应对，他答云：

> 与君皆丙子，各已三万日。一日一千偈，电往那容诘。大患缘有身，无身则无疾。平生笑罗什，神咒真浪出。[4]

五六两句是他四年前所作《思无邪铭》[5] 中的成句，仅改"病"为"疾"以赴韵，说明直至病危之时，苏轼仍神志清明，记忆一如往常。在这篇《铭》的《叙》中，他说："夫有思皆邪也，无思则土木也，吾何自得道？其惟有思而无所思乎？""思"是生命本身的内容，"所思"则是对象，是外物，"有思而无所思"，就是放弃对外

---

① 苏轼《游径山》，《苏轼诗集》卷七。
② 苏轼《再游径山》，同上，卷十。
③ 苏轼《与径山维琳二首》之二，《苏轼文集》卷六十一。
④ 《答径山琳长老》，《苏轼诗集》卷四十五。
⑤ 《苏轼文集》卷十九。

物的执著，而回归生命自身。同样，"大患缘有身，无身则无疾"，意谓外物所满足的是身欲，人之所以受外物控制而忧喜随之、疾病困之者，为其心念系于身欲之故，若明了身世暂寓的真相，则可回归生命的本真。结尾"平生知罗什"两句，维琳亦难索解，询问之后，苏轼索笔一挥而就："昔鸠摩罗什病亟，出西域神咒，三番令弟子诵以免难，不及事而终。"则明确表示对佛教迷信虚妄的摒弃。直至二十八日苏轼弥留之际，他已失去听觉、视觉，维琳"叩耳大声云：'端明宜勿忘（西方）！'"苏轼喃喃回应道："西方不无，但个里着（力）不得。"在旁的钱世雄说："固先生平时践履至此，更须着力！"苏轼又答道："着力即差。"① 据惠洪所记："东坡没时，钱济明侍其傍，白曰：'端明平生学佛，此日如何？'坡曰：'此语亦不受。'遂化。"② 两者具体记述稍异，但对所谓"西方"极乐世界的信仰之怀疑，则是一致的。清代潘永因《宋稗类钞》卷六《伤逝》引李秃翁语云："'西方不无'，此便是疑信之间。若真实信有西方，正好着力，如何说着力不得也。"苏轼浸润佛学颇深，但他毕竟不会把自己生命的最后依托交付给虚幻缥缈的佛教西方世界，他总是力求把握住真实的自我存在，追求人生价值的完成。对此，他始终保持着清醒和自信。

苏辙的《亡兄子瞻端明墓志铭》中这样记录其兄的临终情形："未终旬日，独以诸子侍侧，曰：'吾生无恶，死必不坠，慎无哭泣以怛化。'问以后事，不答，湛然而逝。实七月丁亥也。"面对死亡，他平静地回顾自己的一生，光明磊落，无怨无悔，自信必能升入自由、自主的精神"天国"。"慎无哭泣以怛化"，典出《庄子·大宗师》，叮嘱家人且勿哭泣以惊动垂死之人。苏轼早年曾描写过释迦牟尼涅槃时众人"悲恸殒绝"的情景："道成一旦就空灭，奔会四海

---

① 以上引文均见傅藻《东坡纪年录》，《宋人所撰三苏年谱汇刊》，上海古籍出版社，1989年，449页。

② 惠洪《跋李豸吊东坡文》，《石门文字禅》卷二十七，《四库全书》本。

78

悲人天。翔禽哀响动林谷，兽鬼踯躅泪迸泉。"① 而苏轼自己却从庄不从佛，只愿以最平淡安详的方式无牵无挂地告别人世。黄庭坚《与王庠周彦书》② 也述说了他当时听到常州来人相告："东坡病亟时，索沐浴，改朝衣，谈笑而化，其胸中固无憾矣。"他对生命意义的透辟理解，他对人类自身终极关怀的深刻领悟，消融了濒死的痛苦和对死亡的恐惧。"湛然而逝""谈笑而化"，他的确毫无遗憾地走向自己人生旅途的终点。他有个最好的完成。

苏轼死讯传出后，"吴越之民，相与哭于市，其君子相与吊于家；讣闻四方，无贤愚皆咨嗟出涕；太学之士数百人，相率饭僧慧林佛舍"③，形成了群众性、自发性的吊唁活动。亲朋好友、门生故旧的哀悼之文，更是无法一一列举。这里仅录李廌的祭文片断：

　　道大不容，才高为累。皇天后土，鉴平生忠义之心；名山大川，还千古英灵之气。识与不识，谁不尽伤；闻所未闻，吾将安放！④

　　① 苏轼《记所见开元寺吴道子画佛灭度，以答子由题画文殊普贤》，《苏轼诗集》卷四。
　　② 《豫章黄先生文集》卷十九。
　　③ 苏辙《亡兄子瞻端明墓志铭》。
　　④ 朱弁《曲洧旧闻》卷五。

第二章　究天人之际：苏轼的哲学

北宋中期以后，凡著名的文化人，几乎人人自有一家之学，以之施于政事，发于文章。宋孝宗称赞苏轼："负其豪气，志在行其所学。"① 实是当时风气如此。今欲知其志，论其行，自当先研究其"学"。苏轼之学，上承其父苏洵，又复自列为欧阳修的门生，友于同辈学人刘攽、孙觉、司马光、范祖禹等，尤与苏辙几可作一体观，而与王安石"新学"对立，亦与程颐"洛学"异趣；下为黄庭坚、秦观、晁补之、张耒等苏门学士之师。总体上说，他的学问是自成一家的，当时称为"蜀学"，是"元祐学术"的代表之一。而在其学问的体系当中，哲学思想又无疑是首要的部分。但今人所著的哲学史一般并不讲到苏轼，所以，我们先要论述苏轼哲学思想在宋代哲学史上的地位，然后再解析它的具体内容。

一、哲学史上的苏轼

"蜀学"一名，含义有多种。吕陶《府学经史阁落成记》云："蜀学之盈，冠天下而垂无穷者，其具有三：一曰文翁之石室，二曰周公之礼殿，三曰石壁之九经。"② 此"蜀学"盖指蜀地之学校。黄宗羲《宋元学案》的全祖望补本，有《苏氏蜀学略》，以三苏为主干，附以学友、门生多人，大致相当于现代说的"学派"。以"蜀学"为名，是因为三苏乃蜀人的缘故。不过，其所录如家安国兄弟，

---

① 宋孝宗《御制文集序》，见郎晔《经进东坡文集事略》卷首，《四部丛刊》本。

② 吕陶《府学经史阁落成记》，《净德集》卷十四，《丛书集成》本。

只是苏轼少年时的同学，交情虽厚，至于学术观点如何，则难以考知。故《苏氏蜀学略》虽然大致相当于一个学术流派的梗概，但与其他许多"学案"一样，重于人物交往关系，而忽于学术观点之甄别，与其说是学术流派，倒不如说是学人团体，而且其中许多师弟关系，只是名义上的，未必皆有学术观点的授受，或者即使有所授受，而主旨仍不相同。此种"蜀学"概念，所指盖为以三苏为中心的学人团体。从哲学史上讲"蜀学"，则当与"新学""洛学""关学"等并列，指一种哲学理论体系，它的成熟的表现形式，就是苏轼哲学。在这个意义上，所谓"蜀学"也可称为"苏学"，亦即苏轼的哲学理论体系。它既与"新学"等并列，说明它是与王安石、程颐、张载等人的学说有所异趣、自具特色的一家之学。

1. 疑经、辨孟、非韩思潮中的一家之学

自中唐韩愈、柳宗元领导儒学复古运动，并以"古文"写作哲学论文（"文以载道"）以后，尤其是这个运动的宣言书——韩愈的《原道》一文发表以来，中国历史上的儒学的形态，由汉唐经学向着宋明道学转折，"道"成为最高的哲学概念。到了宋代，有的哲学家从宇宙的原始物质"气"的运行中探索"道"（如张载哲学），有的从人类社会的实际运作中追求"道"（如浙东事功学派），有的以世界的终极"理"体为"道"（如程朱理学），有的则以人"心"的本真状态为"道"（如陆氏心学），形成了道学的几个流派。但在这几个宗旨明确的流派形成之前或同时，还有许多儒家学者各自形成和发表了他们的道学学说（如《宋元学案》中所列的许多"学案"即是），其理论形态或者不如以上几个流派那样纯粹、明确、成熟，不同程度上显出"杂"的特点。然而，这种"杂"也未必是缺点，一方面，它可作"先驱"看待，另一方面，由于"杂"而或者更具博大、兼容，更贴近社会实际与现实人生之优点，对于有宋一朝的当代历史所起的实际影响更为巨大、深刻（如范仲淹、欧阳修、司马光、王安石、苏轼及李纲、楼钥、文天祥等人的学说）。可是，我们讲宋代道学的历史，却经常将之忽略，不能不令人感到遗憾。

宋代哲学界的学派林立，人自为说，虽给人一种吵闹不休的印象，但对学术争鸣极为有益。粗看起来，似是儒学独行，比唐代三教并重显得单调，细察之下，其内容实在丰富得多，比先秦时代的"百家争鸣"，所争尤为深细。这种学术争鸣，大抵在庆历以前，尚嫌寥落，似乎只有柳开、王禹偁几人孤军奋起，官方的馆阁、学校中坐拥皋比的学者，仍沿袭汉唐经学的旧辙。至庆历以后，则风气大开，士人探讨哲学问题的热情空前地高涨起来，学者多摒弃传统的经学，循韩愈所倡导的儒学复古运动的治学途径，而更有发展，力图自成一家之学。今概括北宋中期的学术思潮，有疑经、辨孟、非韩三端。

疑经的思潮，盖始于中唐时期啖助《春秋》学的"舍传求经"，即破除汉儒传经之家法，不信三《传》对《春秋》之解释，而从《春秋》经文的本身去探求大义。这种治经方法，在儒学复古运动中得到肯定，从《春秋》学延伸到整个经学领域，就是不守章句注疏，而以己意说经。但据吴曾云："庆历以前，学者尚文辞，多守章句注疏之学。"[1] 可见唐末五代宋初的经生没有能够继承儒学复古运动的治经方法，故当此运动在北宋重新开展起来时，就要复活这一方法。叶适说："以经为正，而不汩于章读笺诂，此欧阳氏读书法也。"[2] 欧阳修的这个"读书法"具有普遍性，章句训诂之学被认为是埋没经文真精神的徒劳无功之学。这样，脱去传注的依傍后，对经文的解释就显得自由多了。但以什么为是非的标准呢？据说关键在于领会一部经的中心思想（"务通大义"），然后就可以按理论本身的逻辑性来推论是非，谓之"义理"。可问题在于，"义理"之学与训诂、传注不同自不必说，有很多时候也会跟经文的字面意思明显不合，当此之时，即便"舍传求经"亦仍不免曲求其解，于是，进一步的发展就是怀疑经文本身了。

---

① 吴曾《能改斋漫录》卷二，中华书局，1960 年。
② 叶适《习学记言序目》卷四十七，中华书局，1977 年。

皮锡瑞《经学历史》八《经学变古时代》云：

> 经学自汉至宋初未尝大变，至庆历始一大变也……陆游曰："唐及国初，学者不敢议孔安国、郑康成，况圣人乎？自庆历后，诸儒发明经旨，非前人所及；然排《系辞》，毁《周礼》，疑《孟子》，讥《书》之《胤征》《顾命》，黜《诗》之序，不难于议经，况传注乎！"案宋儒拨弃传注，遂不难于议经。排《系辞》谓欧阳修，毁《周礼》谓修与苏轼、苏辙，疑《孟子》谓李觏、司马光，讥《书》谓苏轼，黜《诗》序谓晁说之。此皆庆历及庆历稍后人，可见其时风气实然。①

这种对于经典的大胆怀疑甚至否定的态度，实在是颇见其理论勇气的，在当时形成了风气，而苏轼亦参与这风气的倡导。不过事情也要反过来看，理论勇气固然可贵，为了"义理"的逻辑一贯性而怀疑经典的文字，也无可非议，但以"疑经"为风尚、时髦，争相毁弃原典，则不成其为学术研究了。大抵学术贵在真诚严肃，一种学术态度一旦成为时尚，便必有浅学、好事、喜新、博名之徒肆意鼓弄之，遂使之堕落。司马光曾经讨伐这种时尚：

> 新进后生，未知臧否，口传耳剽，翕然成风。至有读《易》未识卦爻，已谓《十翼》非孔子之言；读《礼》未知篇数，已谓《周官》为战国之书；读《诗》未尽《周南》《召南》，已谓毛郑为章句之学；读《春秋》未知十二公，已谓三《传》可束之高阁……②

---

① 皮锡瑞《经学历史》周予同注本，中华书局，1959 年，220 页。按：毁《周礼》的还有司马光，疑《孟子》的还有苏轼，黜《诗》序的还有苏辙，王安石则斥《春秋》。

② 司马光《论风俗札子》，《温国文正司马公文集》卷四十五，《四部丛刊》本。

我们知道，司马光本人也是"疑经"的，不但非议《孟子》，兼且怀疑《周官》，但他却反对"疑经"的风尚。自己疑了，又不让别人疑，潜台词是："我学问深厚，才能疑所当疑，你们读书还不多，不可乱疑，要尊重原典。"今且不管司马光自己疑得对不对，他要求一般学者务必先对原典抱尊重的态度，这个意见倒是正确的。所以，疑经的风尚与尊重原典的呼声，原是并存的，看似矛盾，但这样才能保证学术的端正。

尊重原典的态度与疑经的勇气，在宋代真正卓越的学者身上，往往是统一的。苏轼也是如此。他非议《周礼》，一面是继承欧阳修之说，一面也是出于反对王安石的目的（因为王安石极尊重《周礼》，引以为其"理财"之法的根据），动机可能比较复杂；但晚年作《书传》，对《尚书》的某些篇目提出怀疑，则是深思熟虑后所发的。《东坡书传》卷六云：

> 《书》固有非圣人之所取而犹存者也……予于《书》，见圣人所不取而犹存者二：《胤征》之挟天子令诸侯，与《康王之诰》释斩衰而服衮冕也。①

他认为，《胤征》篇中胤讨伐羲和之事，发生在夏代太康失国之后，其时的夏王仲康是傀儡，由羿执政，故讨伐羲和是羿"挟天子令诸侯"。这样，《胤征》篇只是《尚书》所保存的历史资料，不属于圣帝贤王之政迹，应该反过来看作权臣文织忠臣罪名的记录。这可以视为"以史疑经"。《康王之诰》篇讲到周成王死后，康王穿着吉服与群臣朝会，朝会散后再换上丧服。苏轼认为这是失礼的行为，应该一直穿丧服的。这是以义理纠经了。由于《康王之诰》篇在今文《尚书》中与《顾命》篇合在一起，所以陆游言"讥《书》之《胤征》、《顾命》"，确指东坡。后来蔡沈作《书经集传》，于《胤征》

---

① 苏轼《东坡书传》卷六，《四库全书》本。

篇否定苏说，于《康王之诰》篇却取其说①。今再举一例，《尚书·禹贡》曰："（雍州）厥贡惟球琳琅玕。浮于积石，至于龙门西河，会于渭汭。织皮昆仑、析枝、渠搜，西戎即叙……"《东坡书传》卷五曰：

> 《禹贡》之所篚，皆在贡后立文，而青、徐、扬三州皆莱夷、淮夷、岛夷所篚，此云"织皮：昆仑、析枝、渠搜。西戎即叙"，大意与上三州无异，盖言因西戎即叙，而后昆仑、析枝、渠搜三国皆篚织皮。但古语有颠倒详略尔，其文当在"厥贡惟球琳琅玕"之下，其"浮于积石，至于龙门西河，会于渭汭"三句，当在"西戎即叙"之下，以记入河水道，结雍州之末。简编脱误，不可不正也。②

"篚"是装在竹筐里进贡于天子之意，与"贡"相类。《禹贡》之文，历叙九州地形、人物与贡、篚之物，并以大禹治河的进程为次序。东坡据其文理，判断此处有错简，后来蔡沈《书经集传》亦引其说，并云"恐苏氏之说为然"③，予以首肯。

故东坡之"讥《书》"，是以史事、义理、文理为根据的，辨析清楚，而语气也颇为自信，反映出他的理性精神，其勇气自不待言。但反过来，这并不影响他对古代典籍的尊重态度。也举一个例子。如对于古书记载的礼祥、谶纬之类，宋代有不少人以为诬妄不可凭信，欧阳修还曾要求朝廷正式下令，删去唐代所修诸经《正义》

---

① 见蔡沈《书经集传》卷二《胤征》篇题下注，卷六《康王之诰》篇末句下注，上海古籍出版社1987年影印本。蔡沈师从朱熹，朱子于《康王之诰》，亦讥其"于礼为非"，于《胤征》篇虽不从东坡说，但承认"古书之不可考，皆此类也"，不否认其可疑，见《朱子语类》卷七十九，中华书局，1994年。

② 苏轼《东坡书传》卷五。

③ 蔡沈《书经集传》卷二《禹贡》篇"西戎即叙"句下注。

中所引的谶纬之语①，但苏轼却另有看法，他说：

> 帝王之兴，其受命之祥，卓然见于《书》《诗》者多矣，《河图》《洛书》《玄鸟》《生民》之诗，岂可谓诬也哉？恨学者推之太详，流入谶纬，而后之君子亦矫枉过正，举从而废之……②

苏轼本人大概不至于迷信谶纬，他自己注经书，是从人情事理上推求解释，而不引谶纬为说的。但他认为，既然经典上明确地记载着这样的内容，便不容一概废弃。这里可见他对经典文字的尊重态度，即使一时难以理喻，也不主张贸然删去。从我们现在的认识水平上来看，经典及其早期注释中这些不大"雅驯"的内容，保留着不少先民的神话，和某种巫性思维中的认识表象，若当时真被删弃，也是一种不小的损失。故在难以通解的时候，采取尊重原典的态度，信以传信，疑以传疑，以俟后世，是明智的做法。

辨孟的思潮，也从中唐发端，而以北宋为盛，一直绵延至南宋。汉唐经学家之视孟子，不过为儒家一子，但宋以后占统治地位的程朱理学，则尊孟子为亚圣。因此，唐宋儒学复古运动被认为是一个"孟子升格运动"。今论宋代道学之全体，实不止程朱一系，故在"孟子升格"的同时，儒学复古运动中还贯穿着怀疑、非议孟子的思想，与"孟子升格"的思想构成矛盾，形为辨孟思潮，促进运动之发展。

柳宗元《与吕道州温论〈非国语〉书》云：

> 往时致用作《孟子评》，有韦词者告余曰："吾以致用书示路子，路子曰：'善则善矣，然昔人为书者，岂若是掫前人耶？'"韦子贤斯言也。余曰："致用之志以明道也，非以掫孟

---

① 欧阳修《论删去九经正义中谶纬札子》，《欧阳文忠公集》卷一一二，《四部丛刊》本。
② 苏轼《东坡书传》卷二。

子，盖求诸中而表乎世焉尔。"①

据世彩堂本《柳河东集》注，"致用"为李景俭字②。《旧唐书·李景俭传》曰："性俊朗，博闻强记，颇阅前史，详其成败……贞元末，韦执谊、王叔文东宫用事，尤重之，待之以管、葛之才。叔文窃政，属景俭居母丧，故不及从坐。"③ 可见此人是柳宗元的同党，只是因为适逢母丧，才未卷入永贞政变的。他作的《孟子评》今虽不传，但由上引文，可知其内容必为非议孟子的。柳宗元认为，非议孟子正是为了"明道"。柳宗元自己所作的《天爵论》一文，也是不以孟子所说为然的④。这与韩愈之称扬孟子为"醇乎醇者也"⑤，实属异趣。

至北宋时，则非议孟子蔚为风气，邵博《邵氏闻见后录》卷十一至十三专以三卷的篇幅具列其说。他所提到的有何涉《删孟》、司马光《疑孟》、苏轼《论语说》、李觏《常语》、陈次公《述常语》、傅野《述常语》、刘敞《明舜》、张俞《论韩愈称孟子功不在禹下》、刘恕《资治通鉴外纪》和晁说之《奏审皇太子读孟子》。除了何涉《删孟》"文繁不录"外，其余全摘录其疑孟、非孟之文⑥。这些人物当中，何涉、李觏、张俞较早，司马光、刘敞、刘恕、苏轼较晚，而晁说之则已入南宋。何涉《宋史》有传，是蜀人，当过苏轼家乡

① 柳宗元《与吕道州温论〈非国语〉书》，《柳河东集》卷三十一，上海人民出版社，1974年。其版本所据为南宋世彩堂本。

② 新、旧《唐书》的李景俭传，都说他字宽中。但柳宗元《亡友故秘书省校书郎独孤君墓碣》（《柳河东集》卷十一）云："李景俭致用，陇西人。"世彩堂本的注，当据此。李景俭或有改字之举。

③ 《旧唐书》卷一七一《李景俭传》，中华书局，1975年。

④ 孟子以"仁义忠信"为"天爵"，柳宗元认为"未之尽也"，更推本于"明"与"志"，见《天爵论》，《柳河东集》卷三。

⑤ 韩愈《读荀》，《朱文公校昌黎先生文集》卷十一，《四部丛刊》本。

⑥ 邵博《邵氏闻见后录》卷十一至十三，中华书局，1983年。南宋人余允文著《尊孟辨、续辨》，专门攻驳司马光、苏轼等人的非孟言论，其中还有郑厚叔《艺圃折衷》，为邵博所未提及。余书有《丛书集成》本。

眉州的通判①；张俞，《宋史》作张愈，亦有传，蜀人，曾与苏洵交友②。这二人对苏轼思想的形成或许有些影响。至于司马光、刘敞、刘恕，则与苏轼交友甚密，其议论当互有影响。他们对于《孟子》的怀疑、否定态度，当然也与王安石的崇拜孟子有些关系，犹如双方在《周官》问题上也曾有相反的态度那样，但亦不可谓之专欲反王安石而牵连及于《孟子》，因为疑孟的思想，本来自有渊源。

苏轼辨孟之语，见其《论语说》，共有八条。《论语说》今已佚，但这八条文字却保存了下来，一见于邵博《邵氏闻见后录》卷十一至十二，再见于余允文《尊孟续辨》卷下。苏轼自云：

> 吾为《论语说》，与孟子辨者八。吾非好辨也，以孟子为近于孔子也。世衰道微，老庄杨墨之徒，皆同出于孔子，而乖离之极，至于胡越。今与老庄杨墨辨，虽胜之，去孔子尚远也。故必与孟子辨，辨而胜，则达于孔子矣。③

他认为老子、庄子、杨朱、墨子与孟子一样，都对孔子有所继承，但以孟子之学最近于孔子，所以必须仔细分辨，以期"达于孔子"。分辨的方法，则是将《论语》与《孟子》对比，以抉其异同，八条都是如此。邵博仅录其说，存而不论；余允文则一一反驳，极力维护孟子，非要把孟子说成与孔子一样不可。在我们看来，孔、孟之间允有不同，抉发同异是必要的（当然我们不是为了"达于孔子"而抉发），至于苏轼抉发得对不对，则可具体分析。

这里要说明的是，在苏轼的时代，孟子还没有被当作"亚圣"，尊崇孟子的程朱理学也还在胚胎之中，即便是理学的先驱人物如周

---

① 《宋史》卷四三二《何涉传》，中华书局，1985年。

② 《宋史》卷四五八《张愈传》。苏轼《题张白云诗后》："张俞少愚，西蜀隐君子也，与予先君游……"《苏轼文集》卷六十八。

③ 余允文《尊孟续辨》卷下引苏轼《论语说》第八条末，《丛书集成》本。

敦颐等，也不大提孟子，而主要谈的是"孔、颜乐处"的课题，胡瑗在太学里给诸生出的考题，也是"颜子所好何学"之类，程颐还因为答得好，受到胡瑗的表扬。① 那时候的学者心目之中，走向"达于孔子"的途径是领会颜子的一套人生态度。苏轼却认为，孟子之学最切近于孔子，以"必与孟子辨"为"达于孔子"之途径，这已经是对于孟子的极高的评价了。所以苏轼之辨孟，实际上也同时是尊孟。据晁补之记载，苏轼"尝自谓学出于孟子"②，可见其辨孟与尊孟实相统一，因为尊他，才去辨他。那目的，则如柳宗元早就讲过的，为了"明道"。大概唐宋时代学者的疑孟、非孟言论，本意都是要将孟子的学说更向前发展一步，因而以否定的方式来继承。故辨孟思潮实际上促进了"孟子升格运动"。至于后来的理学家，尊孟子为"亚圣"，倒反而抹杀了孟子对孔子学说的发展，似升而实降了。把孟子当作一个与孔子有所同异的思想家来研究，与把孟子当作孔子的一个影子来吹捧，孰是孰非，是很明白的。

非韩的思潮，与辨孟极为相似，也是以否定的方式来继承。北宋第一个高举韩愈这面旗帜的思想家，大概是曾经自名为"肩愈"的柳开；但就是这个柳开，不久后即不以"肩愈"为满足，而"欲达于孔子"③，故"所著文章与韩渐异，取六经以为式"④ 了。可见宋人一开始推崇韩愈，就有了超越韩愈的要求。这种要求，在北宋中期成为群体性的鼓倡，如吕南公所描述的：

今之学士，抑又鼓倡争言韩柳未及知道，不足以与明。⑤

① 程颐《颜子所好何学论》题下注，《二程集》，中华书局，1981 年，577 页。
② 晁补之《再见苏公书》，《济北晁先生鸡肋集》卷五十一，《四部丛刊》本。
③ 柳开《补亡先生传》，《河东先生集》卷二，《四部丛刊》本。
④ 柳开《东郊野夫传》，同上。
⑤ 吕南公《与汪秘校论文书》，《灌园集》卷十一，《四库全书》本。

其中最有名的"非韩"人物，自非王安石莫属，其《韩子》诗云：

> 纷纷易尽百年身，举世何人识道真。力去陈言夸末俗，可怜无补费精神。①

意谓韩愈的文章只能去向"末俗"夸耀一下，并不曾阐述出"道真"即道的真实含义。这里说得很明白，他之所以要非韩，就是要把韩愈所标举的那个"道"进一步探究明白。

宋人论王安石，每谓其是非谬于常人，非韩之举，大概也算是一个例证。不过，若夷考王安石同时人的著作，则非韩之论实在很普遍。司马光作过《颜乐亭颂》《善恶混辨》②，其中都曾批评韩愈，《答陈充秘校书》更否定了韩愈式的"道统论"，认为王通、韩愈不能与孔子并称，他要求陈充"求道之真"③，这恰与王安石的看法一致。苏轼兄弟也不例外，苏辙《诗病五事》直斥韩愈"不闻道"④，苏轼作《韩愈论》，谓"韩愈之于圣人之道，盖亦知好其名矣，而未能乐其实"⑤，分明也是指责韩愈不识"道真"。王安石、司马光、苏轼，这三个人在非韩的问题上奇妙地达成了共识，显示出一致的理论追求。

可是，众所周知北宋诸家的学说，都是继承韩愈而来的，他们要求超越韩愈的"道统论"而进一步探求"道真"，这本身就是儒学复古运动的发展。如苏轼虽有非韩的言论，但多为承韩立说，而且他在对于韩愈的评价问题上，有着互相矛盾的说法。《潮州韩文公

---

① 王安石《韩子》，《王文公文集》卷七十三，上海人民出版社，1974年。
② 司马光《温国文正司马公文集》卷六十八、七十二。
③ 司马光《答陈充秘校书》，《温国文正司马公文集》卷五十九。
④ 苏辙《诗病五事》之四，《苏辙集·栾城三集》卷八。
⑤ 苏轼《韩愈论》，《苏轼文集》卷四。

庙碑》① 称韩愈"匹夫而为百世师，一言而为天下法"，这是圣人才担当得起的赞誉；又所谓"文起八代之衰，而道济天下之溺，忠犯人主之怒，而勇夺三军之帅"，此数语已成为对韩愈的定评了；他说，自从韩愈崛起后，"天下靡然从公，复归于正，盖三百年于此矣"，这分明也承认包括他自己在内的当代学风，是出于韩愈所倡导。故他对于一向尊敬的恩师欧阳修，也一再地评价为当代的韩愈。可见，他心目中的韩愈实在是很伟大的。《潮州韩文公庙碑》写得气势磅礴，感情充沛，与他的那些非韩的言论，显然相矛盾。这种自相矛盾，在其他宋人涉及韩愈的文字中也或多或少地存在，归根到底是由于：非韩与承韩原是统一的。

综上所述，疑经与尊重原典，辨孟与尊孟，非韩与承韩，是北宋中期学术思潮中的三对矛盾，其实质在于追求"义理"的逻辑性，在于"明道"，在于探索"道真"，一句话，是要建立一套道学理论。在此风潮当中，各家都建立起了自具特色的理论体系，而苏轼哲学就是其中重要的一家。

2. 苏轼哲学的历史地位

我们在一般的哲学史著作中看不到苏轼，如冯友兰先生《中国哲学史新编》第五册，北宋部分的篇幅全付与了周敦颐、邵雍、二程与张载这五个人，也就是理学家讲的"北宋五子"。此五人果能代表北宋哲学么？这样叙述哲学史，果真反映了北宋学术界的真实情形么？

且看南宋人陈善对于"本朝文章"的表述：

> 本朝文章亦三变矣，荆公以经术，东坡以议论，程氏以性理。②

---

① 《苏轼文集》卷十七。
② 陈善《扪虱新话》卷三，《丛书集成》本。

这里的"文章"应广指文化学术，而且以学术思想为主体，否则，论文章当举王禹偁、杨亿、欧阳修，论诗歌当举梅尧臣、黄庭坚等，不会举王安石、苏轼、程颐为"三变"以构成一个系列。这三个人物构成系列，只能在学术思想上。可以想见，如果由南宋人陈善来写北宋的哲学史，是要先写"新学"，次以"蜀学"，然后才叙述"洛学"的了。——这才是跟北宋哲学界的真实情形比较贴近的表述。金人李纯甫作《鸣道集说序》亦云：

> 自李翱始，至于近代，王介甫父子倡之于前，苏子瞻兄弟和之于后，《大易》《诗》《书》《论》《孟》《老》《庄》皆有所解。濂溪、涑水、横渠、伊川之学，踵而兴焉，上蔡、龟山、元城、横浦之徒，又从而翼之，东莱、南轩、晦庵之书曼衍四出，其言遂大。①

这是纯从哲学思想发展的角度来表述的了。其以"新学"——"蜀学"——"洛学"为先后次序，正与陈善契合无异。那么，如何看待"濂溪、涑水、横渠、伊川之学，踵而兴焉"这句话呢？"踵而兴焉"，意谓跟在王安石、苏轼的后面兴起来。可是，濂溪（周敦颐）、涑水（司马光）、横渠（张载）的年纪都比王安石大，伊川（程颐）虽小于王安石十几岁，也比苏轼要年长，怎么能反"踵"于其后？是不是金人李纯甫对这些北宋人的年代先后已搞不清了？这大概是不至于如此的。我们认为这句看来甚有漏洞的话，恰很足以说明一个问题，即此数家学说流行的时间晚于"新学""蜀学"。陈善和李纯甫都是依学说流行的先后次序来述说的，虽然周敦颐、司马光、程颐等人学说的形成都不会晚于苏轼，但在李纯甫的印象中，则显得后起了。

大致说来，北宋中期的思想界，从欧阳修去世后，形成了"士

---

① 李纯甫《鸣道集说序》，见张金吾辑《金文最》卷二十一，光绪乙未九月江苏书局重刻本。

无所归，散而自贤"①，各自立说的局面，但由于政治上的原因，王安石的"新学"马上成为举世崇尚的官学，在北宋中后期尽领风骚。虽然在新、旧党争中，"熙丰之学"与"元祐之学"曾交相明灭，但大致仍以"新学"占优势。若要举出一个北宋哲学史的代表人物，毫无疑问应该是王安石，"北宋五子"在当时的影响，是根本无法望其项背的。即便从"新学"的对立面来讲，涑水之学与蜀学的影响也远远大于"北宋五子"。

"新学"领尽风骚的情势，一直要到南渡之后，才起了比较彻底的变化。新、旧党家原都各有些学问甚好的人物，但大抵在朝之党易于变异，日渐沮于势利，仅以学问来装点门面；而在野之党则反能在穷迫之中硬撑起学问人的风骨，故南渡之后，中原文献转赖旧党的门生、后裔来传了。北宋时代用以安置旧党人物的南方地区，现在成了南宋仅存的领土；而被指责为必须对中原之沦陷负责的人物，又多属新党。种种原因，使得"新学"的声誉日下（当然，士子为应科举考试而仍习其说，又是另一回事），"元祐之学"大受崇尚。

"元祐之学"的内容当然也十分丰富，司马光的涑水学、苏氏兄弟的蜀学，与二程的洛学，是其中荦荦大者。这些学说相互之间的差异并不小，只是因为全都反对"新学""新法"，才合为一党的。不过，在元祐时代，因司马光去世甚早，程颐又禄位不显，故学术思想上不能不让苏氏兄弟执牛耳。陈师道《赠二苏公》云："探囊一试黄昏汤，一洗十年新学肠。"② 即以苏氏之学为反对"新学"的主要力量。兄弟二人相继执掌内、外制，苏轼又曾差知贡举，苏门学士皆在文化机构，黄庭坚还参与修撰当代史，这些不仅使苏学成为一时显学，还使得苏学成为"新学"的最显著的对立面。新党重新执政后，蜀党所受迫害最重，苏学被斥为"曲学"③，但并不能完

---

① 苏轼《祭欧阳文忠公夫人文》，《苏轼文集》卷六十三。
② 陈师道《赠二苏公》，《后山诗注补笺》卷一，中华书局，1995 年。
③ 见陆游《家世旧闻》卷下，第 29 条，中华书局，1993 年。

全禁绝苏学的传播。因为新党用"新学"来独断学术，无非借科举为手段，当时科举要考"经义"，只需将"新学"之义树为"经义"的标准，不取它说，则凡想从科举出身的士子，自然都得去习"新学"了；然而，且不说那些鄙视科举的高士，即便在京师的太学里苦习"新学"的学生，也仍有不少是暗地里兼习苏学的。所以，当靖康元年（1127年）新党和"新学"的统治动摇之时，太学学生就分裂为拥护"苏氏之学"的一派与拥护"王氏之学"的一派，两派打起架来，反把传承洛学的太学祭酒杨时轰走了。① 南渡之后，朝野改崇"元祐学术"，爆发力最强的自然也是这潜伏已久的苏学，至于洛学的好处，人们还不能马上体会到。故宋孝宗尝谓，当时"人传元祐之学，家有眉山之书"②，足见当时所谓"元祐之学"，几乎就指苏氏之学。直到乾道八年（1172年）余允文作《尊孟续辨》攻击苏轼《论语说》时，犹惴惴不安地说："世之学者尊信东坡，学其文而酷好其议论。予辄与之辨，其能免嗤诮乎？今虽不我知，异时必有知我者也。"③ 按《尊孟辨》《续辨》所驳难的有司马光、李觏、苏轼等大名人，而独于苏轼有此不安。很显然，这个时候攻驳苏学，是要受舆论的压力的，倒是攻驳司马光却不大要紧。此亦可见"元祐之学"的权威是苏轼，而不是旧党的领袖司马光。

至于苏轼本人，虽以诗文为后世所乐道，但在当时实以议论名家，又颇自重其学术。他曾写信给朋友说："平生欲著一书，少自表见于后世。"④ 他在海南完成了三部经学著作时，也曾抚之而叹曰："今世要未能信，后有君子当信我矣。"⑤ 我们在上一章中说过，苏

① 见靖康元年五月四日御史中丞陈过庭奏章，《续资治通鉴长编拾补》卷五十四录。
② 宋孝宗《苏文忠公赠太师制》，见郎晔《经进东坡文集事略》卷首，《四部丛刊》本。
③ 余允文《尊孟续辨》卷下之末。
④ 苏轼《与王定国四十一首》之二十八，《苏轼文集》卷五十二。此书有"今得汝阴"之语，知时在颍州，则所谓"欲著一书"者，盖指《书传》。
⑤ 苏辙《亡兄子瞻端明墓志铭》，《苏辙集·栾城后集》卷二十二。

轼表彰欧阳修而以继承人自居，是与他反对"新学"相联系的，也是他自重其学的一个表现，以承欧反王来确立自己的学术定位。不过，据我们检讨王安石、苏轼二家之说，并与程朱理学对照的结果来看，苏轼之反王，主要在史学批评及政治观点方面①，而在哲学上，如对"道""性"这两个主要概念的阐释，王、苏却颇多一致，亦以此同被程朱所斥（说见后）。我们认为，苏轼哲学与程朱理学有大异，与王安石的哲学却大同小异。关于"大同"的详细说明见于后文，此请先揭其"小异"之一要点。王安石以"字说"解释"天"，谓"天"字从一从大，并与同样从一从大的"夫"字相比，曰"天大而无上，故一在大上；夫虽一而大，然不如天之无上，故一不得在大上"②，这样，所谓的"天"，就有"一"与"大"两个本性，并且"一"尤为重要。"天"是一个仅仅稍低于"道"的哲学概念，很多时候可以与"道"通用，王安石《老子注》亦曾云："道者，天也。"③ 其《洪范传》又云："天者，固人君之所当法象也。"④ 如此，则"道"就是"天"的本性："一"与"大"。"一"指世界的同一性，入于抽象；"大"指自然的无所不包性，向着具体的多样性开放。"道"就是包笼一切具体性而经抽象为同一性的世界本体。这个思想，与苏轼对"道"的阐释，取径不同而结论实为一致（苏说详后文）。但两人对"大"与"一"的态度不同。王尤重"一"，作《致一论》，欲法"天"之"一"而令人心专一于道德自律，认为"以小善为无益，以小恶为无伤，凡此皆非所以安身崇德

----

① 至于人们最为乐道的苏轼对荆公"字说"之嘲笑，却实属无关宏旨的末节。王安石所立的许多"字说"，其实际的价值本不在文字学上，而在于为其学说中的一系列概念下定义。苏轼所取笑的那些，却无一是这类专用作特殊概念的字，故只算得谈资。

② 王安石《周官新义》卷一，《丛书集成》本。

③ 王安石《老子注》已佚，此条见容肇祖《王安石老子注辑本》，中华书局，1979 年，45 页。

④ 王安石《洪范传》，《王文公文集》卷二十五。

也"①，只有"致一"，才能达到"一道德以同天下之俗"② 的目标。苏轼尤重"大"（说见后），对于"一"则不主张坚执。他认为："天下之理未尝不一，而一不可执。知其未尝不一而莫之执，则几矣。"③ 这就是说，世界确实可以被概括为"一"，但不能执定某人所认识的"一"来纠治世界。他释《易》之"无妄"卦，以为"无妄者，天下相从于正也"，即相当于"一道德"之谓，但他又接着说："大正之世而未免于小不正也。天下之有小不正，是养其大正也，乌可药哉？以无妄为药，是以至正而毒天下，天下其谁安之？"④ 在他看来，"一"只是对多样性的共同存在的概括，其义相当于"大"（包容性），并非"大"外别有"一"，可树为"至正"的标准以"毒天下"的。然则，"道"为"大"为"一"，是王、苏二人哲学之大同，执"一"与不执"一"则是两家的小异。但哲学上的这点小异，延伸至社会政治领域，却成为大异了，苏、王二家之"道"的最严重的分歧也就在这里。两人都知道他们各自在什么地方分歧，所以，王安石指责苏轼学术不正，是持论不一贯的纵横家⑤，而苏轼则一再地反对王安石的独断作风。虽然在本体论上，他们之间的这点差异远比他们与程朱理学的差异为小，但本体论上的稍有小异，会造成具体的社会、人生观上的极大差别，故彼此都不肯放过。坚持"一风俗"的王学本不允求同存异，而苏轼的主观上也偏要立异以自明，加上各种非学术的原因，使这两家本体论上大同小异的学说，尖锐地对立起来。

以上证明，无论就苏轼本人的主观努力来说，还是就南、北宋之交学术界的客观情形来看，苏学都应被看作与"新学"对立的

---

① 王安石《致一论》，《王文公文集》卷二十九。
② 王安石《答王深甫书》，《王文公文集》卷七。
③ 苏轼《苏氏易传》卷七。
④ 苏轼《苏氏易传》卷三。
⑤ 邵博《邵氏闻见后录》卷十四："东坡中制科，王荆公问吕申公：'见苏轼制策否？'申公称之。荆公曰：'全类战国文章，若安石为考官，必黜之。'故荆公后修《英宗实录》，谓苏明允有战国纵横之学云。"按吕申公即吕公著。

"元祐之学"的主力，也就是说，在我们民族哲学发展的历史上，曾有过一个以苏学为宗主的时代，继"新学"时代之后出现。当苏学取代"新学"的宗主地位时，二程的后学"道南学派"也由潜伏而渐呈振起之势，故南渡文宗汪藻曾云："又数年以来，伊川之学行。"① 其间影响最大的莫过于著《三经义辨》攻驳王安石《三经新义》的杨时，于靖康时出任太学祭酒，本想毁"新学"以行其洛学，不料引起了太学里的"新学""苏学"之争，被迫下台。可见，在两宋之交，洛学还远不如苏学那样较普遍地为学人所接纳。原因颇多：第一，二程之哲学观点，原有相异之处（程颢的某些观点与王安石、苏轼相近，与程颐异，说见后），而其后学亦不能加以统一，反而分门裂户，各执师说之一端以为得其真传（即后来朱熹、陆九渊、吕祖谦各家，亦各自谓出于程子，而相争不下），在其内部还未出现权威之前，不足以与别的流派竞争；第二，"言之不文"妨碍了其学说深入人心的进程，王安石虽也有轻视文学的言论，但自著诗文之高不在二苏之下，新党中吕惠卿亦善文章，即便是大家都鄙薄的蔡京，也多才多艺，至于程颐，却指责"作文害道"，甚至以杜甫之诗为不足学，违拗了宋代"尚文"的大气候；第三，非但"言之不文"，且异其衣冠，"幅巾大袖，高视阔步"②，习尚怪诞，致使士论褒贬不一，故南宋初朝廷褒赠程颐之制词，实乃半褒半贬，

---

① 汪藻《答吴知录书》，《浮溪集》卷二十一，《丛书集成》本。按此信的主旨，在反对王安石及二程之学皆不尚文章，致斯文"夷陵"，"无一字可喜者"。

② 李心传《道命录》卷三《陈公辅论伊川之学惑乱天下乞屏绝》。按：《老学庵笔记》卷九："绍兴初，程氏之学始盛，言者排之，至讥其幅巾大袖。胡康侯（安国）力辨其不然，曰伊川衣冠未尝与人异也。然张文潜（耒）元祐初赠赵景平主簿诗曰：'明道（按指程颢）新坟草已春，遗风犹得见门人。定知鲁国衣冠异，尽戴林宗折角巾。'则是自元祐初为程学者幅巾已与人异矣。衣冠近古，正儒者事，讥者固非，辨者亦未然也。"一般来说，学者衣冠以简朴大方为雅，固不必入时，但务求"近古"而自鸣得意，当然就要被人指为怪僻了。张耒诗见《张耒集》卷二十八《赠赵簿景平二首》之一，中华书局，1990年。

既称为"高明自得之学",又云"天下闻其风而疾之"①,若与《苏文忠公赠太师制》之全篇尊崇敬仰,欲"揭为儒者之宗"以使"君子之道暗而彰"②相比,差距是极明显的,那当然也反映出当时舆论的情状;第四,南宋初期的中央政府内,对程学的评价就不大一致,有好几位谏官主张屏绝其学,朝廷亦为此而发布禁黜"专门之学"的诏令,实是禁黜程学,至秦桧当政后,"程学为世大禁者凡十有二年"③,这种政治上的打击虽然不能真正毁坏其学说的声誉,但多少阻过它的流行。总之,南宋前期举世崇尚"元祐学术"之时,程学独因毁誉不一而不获伸展,那就不得不推苏轼为"儒者之宗"了。

后来,程学后裔中出了朱熹这样的大家,学问深博,文章也好,使得程学勃兴。他做了大量的尊程贬苏的文字,经过了一番努力,才把北宋"道学"的历史改写为他那派哲学的源流史,不但王安石不见了,连苏轼也被清洗,仿佛真成了所谓"北宋五子"的天下。不过,就在他作《杂学辨》攻击"新学"与苏学的时候,也还有人给他写信,为苏学辩护,反对他把苏学"与王氏同贬"④。并且,在朱熹生前,其学说被禁为"伪学",只能私门授受。要到十三世纪中叶以后,程朱理学才被政府采用为官方学说,后世遂以朱子为"道学"的"集大成"者,于是,他笔下的哲学史的面貌,遂相承而至今日。《四库全书总目·〈东坡书传〉提要》云:"洛闽诸儒以程子之故,与苏氏如水火。"哲学史上那一段属于苏学的时代,被所谓"集大成"者抹去了。真实的历史应该是:欧阳修以后,流行"新学",其对立面为"元祐之学",南渡以后压过了"新学";而在"元祐之学"中,先是以苏学为主,经一个世纪有余,才转变到以程朱理学为正统。

---

① 《道命录》卷三《绍兴褒赠伊川先生制词》。

② 宋孝宗《苏文忠公赠太师制》,郎晔《经进东坡文集事略》卷首。

③ 《道命录》卷四。

④ 汪应辰《与朱元晦》,《文定集》卷十五,《四库全书》本。

应当补充的是，"新学""理学"的统治地位，都是由政府出面钦定的，这二家学说的本身，也确有自命为唯一真理，要来"定天下学术"的倾向。在这两种钦定的唯一正确之学说进行交替的过程当中，官方的权威意识形态暂时显得模糊，而由苏轼哲学盛行为舆论的主导。苏学没有经政府钦定为官学，它本身也没有强人同己的倾向，它的盛行是放开了学术禁锢后自然的结果，本身没有成为新的禁锢，只是在新的禁锢形成之前，像两座大山之间冒出的清泉那样，为人们畅饮。因此，苏学永远跟一种自由的学术精神相关联，明代焦竑把苏氏兄弟的经学著作编成《两苏经解》付刻时，就在序言中表达了对于时人专门奉行"一先生之说"的不满①——他指的当然就是程朱理学。苏学又一次被举为反对学术专制的旗帜，而所反对的，又正是苏轼早就不以为然的程颐之学。

综上所述，我们对于苏轼哲学，应有这样的评价：它是在比较自由的学术思潮中产生的一家之学，并曾在学术禁锢松弛的一段历史时期内主导过学术界，在后世亦被举为反对学术专制的旗帜；它继承欧阳修，与"新学"对立，与二程理学同属"元祐之学"，足以与之分庭抗礼，并实盛行在前。在韩愈以后兴起的唐宋诸家"道学"之林中，苏学占有很重要的一席。苏轼哲学应该被补写入我国的哲学史。

二、研究苏轼哲学的基本资料

传统中国哲学家发表哲学见解的方式，主要有下列四种。第一是注解经典。大抵唐以前的这类著作，重在训释字义，串讲经文，间或发明凡例；宋以后则转为阐发义理，甚至借题发挥。用不太严格的说法，可以分别称为"经注"与"经解"。除了儒家经典外，一些重要的哲学著作如《老子》《庄子》《法言》等，也常被后世注

---

① 焦竑《刻两苏经解序》，见《两苏经解》卷首，明万历刻本。此序又见焦竑《澹园续集》卷一，《金陵丛书》本。

解。第二是不傍古籍，独立撰写一部子书。从现在的观点看，这是最好的方式了，但中国历代的子书，其价值和重要性几乎是随着时代递减的。第三是用"载道"的古文来阐述哲学见解。这是古文运动兴起以来最常见的方式之一，作者往往具有较好的文学功底，故其文比较耐读。而且，这样的哲学论文往往成组地出现在文集里，如韩愈的"五《原》"，《王文公文集》中的几卷"杂著"，及《温国文正司马公文集》中的《迂书》等，如果抽出来单行，就同子书相仿。另外，书信、随笔之类，也多有谈及哲学问题的。第四种方式比较奇特，就是哲学家自己光说不写，而有意无意地让弟子来编"语录"。这虽然可以远溯到《论语》，但其风气的渐开，却实是受了禅师们的启发，其流行则自洛学之徒始。弟子各记所闻，汇集起来，数量可以很大，但全是条条段段。后来讲性理的先生嫌弟子记得不够精彩，也常自己提笔写几段。其文体既破碎鄙俚，而数量又多，内容则大半是空洞的老生常谈。理学令人生厌，亦大半由此。

我们今天研究哲学史，主要就靠这四类资料。从现存资料的情况看，经注固甚苦于繁冗，但经解到了南宋以后，也渐成喋喋不休的高头讲章，只有北宋的经解，确实比较精彩；对于宋代哲学史的研究来说，别集中的"载道"之文是相当重要的资料，几与子书相当；至于"语录"，则是洛闽学派最爱做的事，其他的学派不大有的。今专从北宋诸家留存的资料来看，二程只解过一部《周易》，文集也颇单薄，转以"语录"较富；王安石的解经著作较多些，虽然散佚情况比较严重，但现有四库馆臣辑《永乐大典》本《周官新义》，与邱汉生辑《诗义钩沉》，他的《老子注》也有容肇祖的辑本，其文集的分量也比二程大得多；司马光的文集，哲学方面的内容亦相当丰富，对于《周易》《孝经》《法言》《太玄》《老子》也都有解释的著作；至于苏氏，非但文集最为庞大，若将苏氏兄弟的解经著作加在一起，则除三《礼》外，五经、《语》《孟》《老子》皆有所解，再算上苏洵的《六经论》《太玄论》《洪范论》等几组系列论文，内容就更加丰富了。所以，我们若研究北宋哲学，要推苏学的资料最为丰富，而且其解经著作，有着北宋经解的优点而无南宋以下高头讲章的繁冗，很能代表经解的黄金时代，其哲学论文则更体现出历史上古文的最高水准。从这个角度来说，苏轼可以推为北宋哲学家在著述方面的杰出代表。

苏轼的经解著作，有《易传》《书传》《论语说》三部。

苏籀《栾城遗言》云：

> 先曾祖（苏洵）晚岁读《易》，玩其爻象，得其刚柔远近喜怒逆顺之情，以观其词，皆迎刃而解，作《易传》，未完，疾革，命二公（苏轼、苏辙）述其志。东坡受命，卒以成书……公（苏辙）乃送所解予坡，今"蒙"卦犹是公解。①

按此说，《易传》是三苏合力而成。苏洵集中有《利者义之和论》，释"乾"卦"文言"的一句，其说颇详；又有《仲兄字文甫说》，其中有几句话释及"涣"卦六四爻辞。今《苏氏易传》卷一于"利者义之和"句解说得非常简约，意思与老苏的说法一致；卷六释"涣"卦则颇多发挥，与老苏的说法却不完全一致。② 至于"蒙"卦取苏辙之说，详细情形今难以考核。据我们的看法，《易传》虽是三苏合力，但全书究出苏轼一人之手，父、弟之说大概只供参考而已，故于老苏曾详说的，书中说得简约，于老苏说得简约的，书中则加

---

① 苏籀《栾城遗言》，《丛书集成》本。
② "涣"卦六四爻辞"涣其群"，苏洵认为："群者，圣人所欲涣以混一天下者也……圣人之所欲解散涤荡者。"（《仲兄字文甫说》，《嘉祐集笺注》卷十五）把"群"当作私自结合的朋党，要予以解散。《苏氏易传》卷六释此句："涣而至于群，天下始有可收之渐，其德大者其所群也大，其德小者其所群也小，小者合于大，大者合于一，是谓涣其群。"这是说天下由涣散，通过结群，而走向混一的自然趋势，对于"群"是肯定的，与老苏不同。《朱子语类》卷七十三既称老苏之说"虽程《传》有所不及"，又称"东坡说这一爻最好"，盖未察其父子之说有散群为一与合群为一之不同也。东坡对于"群"的肯定，可能来自欧阳修对朋党的见解。

以详说，而书成之后，苏辙也还有不赞同的地方①。鉴于此，《易传》可视为苏轼的个人著作，是他的哲学思想体系的集中表述。

《易传》九卷，如上章所述，苏轼于元丰三年至黄州后不久，即大致完成，其资以参考的前人《易》学著作，盖由陈慥提供②。当年给陈慥的信中，又有"《易》义须更半年功夫练之，乃可出"③之语，表明该书草成后，还在不断地修改。这修改的过程，要到谪居海南时才结束。其书以"推阐理势""多切人事"④见长，反映了三苏之学的特点。而朱熹对于此书，则关注"《易》说性命阴阳"⑤的内容，即"乾"卦"彖辞"注言"性命"的一条，与《系辞传上》注言"阴阳"的一条，这两条确实是对道学最高命题的集中论述。朱熹著《杂学辨》，以此书为首，加以攻驳，其中虽有朱熹误解苏轼意思之处，但他的攻驳仍是蜀学与洛闽之学相异点的最好体现。明代焦竑编《两苏经解》，收入此书，为今存的最早刻本，通行的则有《丛书集成初编》据《津逮秘书》本排印的《苏氏易传》，以及《四库全书》收入的《东坡易传》。

《书传》，如上章所述，是苏轼经长期准备后，在海南时期撰成。它既是苏轼思想完全成熟后的著作，也是现存的宋人解说《尚书》全经的最早一部。南宋时，朱熹与门生讲论《尚书》，据《朱子语类》卷七十八所记的看来，他们可以参考的前人著作，除注疏以外，有胡瑗、王安石、苏轼、程颐、林之奇等人的注解。胡瑗书今有

---

① 苏籀《栾城遗言》载，苏辙不赞同苏轼对《系辞上》"一阴一阳之为道"句的解说。

② 苏轼《与陈季常十六首》之六："欲借《易》家文字……"《苏轼文集》卷五十三。

③ 同上之七。书中还有"数日前，率然与道源过江，游寒溪西山"等语，事在元丰三年五月，参苏轼《游武昌寒溪西山寺》诗，《苏轼诗集》卷二十。

④ 《四库全书总目·〈东坡易传〉提要》。

⑤ 朱熹《答汪尚书》，《晦庵先生朱文公文集》卷三十，《四部丛刊》本。

《洪范口义》二卷（《四库全书》本），非全经的解说①；王安石主持修订的《三经新义》中原有《尚书新义》，今佚；程颐的解说，今见于《程氏经说》（《四库全书》本）中，关于《尚书》的只有一卷，"本出一时杂论，非专著之书"②；林之奇等人皆在苏轼之后，至于苏轼之前如胡旦所作的《尚书演圣通论》之类，似乎朱熹亦未曾寓目，今天当然更无从考见了。所以，苏轼的《书传》，在中国古代研治《尚书》的历史上，有着突出的地位。

不仅如此，《朱子语类》卷七十八还有许多赞赏苏轼《书传》的话，如谓"东坡《书》解却好，他看得文势好"，"东坡《书》解文义得处较多"等，又有一条：

> 或问："《书》解谁者最好？莫是东坡书为上否？"曰："然。"

由此可见，即便在"洛闽诸儒以程子之故，与苏氏如水火"的情形下，朱熹及其门下也不得不于胡、王、程、苏、林诸解中独推苏轼的《书传》为最优长。如此，则此书还是北宋一代治《书》最高成就的体现。

此书的特色，一是《郡斋读书志》所指出的："熙宁以后专用王（安石）氏之说进退多士，此书驳异其说为多。"③ 二是四库馆臣总结的："轼究心经世之学，明于时势，又长于议论，于治乱兴亡披抉明畅，较他经独为擅长。"④ 三是如朱子所云，对"文势""文义"理会得深切，所以能够对《尚书》文句的句读作出贡献，并据文势判断其中的错简现象。四是敢于独出新解，即宋人所谓"讥《书》

---

① 《朱子语类》卷七十八："胡安定《书解》未必是安定所注，《行实》之类不载，但《言行录》上有少许，不多，不见有全部。专破古说，似不是胡平日意，又间引东坡说，东坡不及见安定，必是伪书。"此似南宋时曾流行一部伪的胡瑗《书解》。

② 《四库全书总目·〈程氏经说〉提要》。

③ 晁公武《昭德先生郡斋读书志》卷一上，《四部丛刊》本。

④ 《四库全书总目·〈东坡书传〉提要》。

之《胤征》《顾命》"。五是此书在哲学上有一个很特殊的意义，就是朱熹看中的"《书》之人心道心"①一段，即指苏轼对于《尚书·大禹谟》"人心惟危，道心惟微，惟精惟一，允执厥中"数句的解释和宋学式的阐发，这几句后来被称为道学家的"十六字心法"，而首发其义的则是苏轼。在元明以来成为国家学说的朱熹那套体系中，除了从程颐的观点发展而来的以外，有许多重要的思想其实来自苏轼，对"十六字心法"的阐发只是其中之一。朱熹倒也不讳言这一点，但他往往又说，这些"正确"的思想并不是苏轼真正领会的，而是因他善于作文，而瞎打误中、歪打正着的。此类揣度之言，对于不盲目崇拜朱子的人来说，大概不会有任何说服力的。

此书有焦竑刻《两苏经解》本，二十卷；通行的有《四库全书》本《东坡书传》，《提要》称十三卷，并云二十卷者误，实际上库本也是二十卷，《提要》错得很奇怪；《学津讨源》本《苏氏书传》，原拟收入《丛书集成初编》的，但此册未出，后来台湾文海出版社印行《丛书集成新编》，乃补入。

《论语说》，苏轼于黄州时撰成五卷本，并钞呈文彦博。后在海南改定。宋人书目如《郡斋读书志》《直斋书录解题》所著录的都是十卷本，《宋史·艺文志》作四卷，误。此书在南宋时曾流行，但后来失传了。焦竑哀刻《两苏经解》，独遗此书，并谓"子瞻《论语解》卒轶不传"②，是焦竑即未得传本。今检明代徐㷆《红雨楼书目》有"东坡论语解"，未注卷数，叶盛《箓竹堂书目》与钱溥《秘阁书目》皆有"论语东坡解"，注明二册，盖是钞本。可见明代公私藏书中还是有这部书的，到清代才亡佚。董其昌《玄赏斋书目》有"苏辙《论语拾遗》、苏辙《论语经解》"，这后一个"辙"显为"轼"之误，那么，这书直到明末还在人间，其亡佚当在明清易代之际。

清季张佩纶曾做过苏轼《论语说》的辑佚工作，见于他的日记：

---

① 朱熹《答汪尚书》，《晦庵先生朱文公文集》卷三十。
② 焦竑《刻两苏经解序》，《澹园续集》卷一。

《东坡先生说论语》已佚，今从《栾城集·论语拾遗》辑三条，朱子《集注》辑九条，宋余允文《尊孟续辨》中有辨坡《论语说》八条，益以文集所载如《刚说》《思堂记》之类，略见一斑矣。①

今按，《尊孟续辨》所辨八条，即上文已谈及的《邵氏闻见后录》所引"非孟"的八条②，《论语说》一书终明之世犹有存者，又值明人好苏之风甚盛，而未有付之剖劂者，很可能就是因为这八条非议孟子的缘故；朱熹的《论语集注》是元明以来士人必读的书籍，八股文命题的渊薮和经义的准裁，而其中就有取自苏轼的，张佩纶辑得九条，今复核，实有十二条。另外，我们又从朱熹《论语或问》中辑得近三十条，蔡节《论语集说》中辑得八条，王若虚《滹南遗老集》卷三至七《论语辨惑》中辑得二十三条，沈作喆《寓简》中辑得一条。综合起来，去其重复，目前可得《论语说》之佚文约七十条。应当承认，从哲学史研究的角度说，除了"非孟"的八条外，其余的都不见有太高的价值。原因也很简单，那一半是朱熹为我们保存的，而朱熹的理论又与苏轼对立，他所取的只是阐释《论语》的文义方面较为优长的条目；蔡节所引几乎全与朱子重复；王若虚也是从求得《论语》文本原义的目的出发的，他反对宋儒对《论语》求之太深、阐之过高，但我们所需要的却正是被他排摈的那些求之太深、阐之过高的言论。因此，《论语说》的亡佚，对于哲学史研究来说实在是一件很遗憾的事，这种遗憾恐怕还不是辑佚所能弥

---

① 张佩纶《涧于日记》，张氏涧于草堂石印本。

② 《邵氏闻见后录》卷十一至十二所引实有九条，其第二条不是批驳孟子的，而是以孟子之说印证《论语》，可能因为与孟子有关，而被邵博连类列出。其余八条与《尊孟续辨》同。

补。当然，如果从经学的角度看，辑佚是有意义的①。对于经文，汉学能明训诂，宋儒善审辞气，而苏轼在审辞气上是特具天赋的。

除了注释儒家经典以外，苏轼还曾作过一部《广成子解》，原曾单行，现收入《苏轼文集》卷六。这是对《庄子·在宥》中黄帝问道于广成子一段的注释，虽然很简短，但反映出苏轼对道家思想的理解。他曾说过："吾昔有见于中，口未能言，今见《庄子》，得吾心矣。"② 可见庄子对形而上者的表述，与苏轼的思想有着深层的契合。

作为哲学史研究的资料，无论是儒经的注释还是道经的注释，重要的是注释者借此以表达的新见，故为我们所取的往往是一些借题发挥的段落，而不是那些考究文义的内容。只不过经典中多有哲学命题，注释者必然会就此发论，故此类注释例有较高的研究价值。然而，直接阐述其哲学观点的论文、随笔等，有着同样重要的价值。宋代士人一般在出仕应世之前，就抱有一套初成体段的学说，以此去游说人主，所以，他们的别集中大抵都有一系列以基本哲学命题、基本典籍或重要历史人物为题的论文，如《正统论》《易论》《扬雄论》之类，其写作的时间往往在作者年轻的时代。苏轼也是如此，他的文集中保存着大量的"论"，有许多就作于成名之前。按照惯例，他要把这些论文呈送给当代的大人物，同时便有几封书启，叙述自己的学术态度和基本观点，《苏轼文集》卷四十八就有他给富弼、曾公亮、韩琦等人的上书。但是苏轼比于一般人，还有一个特点。一般人在走上仕途后，论文就越来越少，写作的多是应付实际需要的"记""碑""墓志铭"之类；而东坡则不然，他是喜欢写作的，除了少作谀墓之文外，集中各体文章都有相当数量，写作的时间也是贯穿一生的。而且，宋人喜欢把各体文章都写成议论文，即便是纯粹记叙的文字，也多带上议论的成分，苏轼可以算得这方面

① 此书的辑佚工作，自张佩纶以来，当代又有卿三祥、马德富、舒大刚三位学者做过，以舒作《苏轼〈论语说〉辑补》后出较详，载《四川大学学报》2001 年 3 期。

② 苏辙《亡兄子瞻端明墓志铭》引苏轼语。

的代表人物。因此，假如他没有上述的四部专著，仅凭其文集中包含的哲学思想，他的哲学成就也已经在唐代的韩愈、柳宗元和宋代的许多人之上了。在他的晚年，写得较多的是那种短小的随笔，涉及的内容当然非常广泛，但其中也就有一些哲理方面的感悟。甚至他的诗词，由于喜欢议论，也就在具有文学价值的同时，兼有哲学价值。

另外，苏轼父弟及门人的文字，也是应该关注的。苏轼以父为师，而苏洵本人也是个不囿于传统观点的具有独见的人物，前人多认为他的文章立说偏颇而文笔甚健，也就是说他擅于"强词夺理"，今人看来，也许正是他的思想深刻之处。我们若理解了苏洵，也就基本掌握了苏轼思想的基础部分。苏辙是与其兄分注经典的，他的《诗集传》《春秋集解》对于《诗》大、小序的剖分和对《左传》的推崇，在经学史上都占有一席之地。但更有价值的也许是他的《道德经解》，即对《老子》的注释。那时候的许多重要的思想家如王安石、王雱父子，及司马光、吕惠卿等人，都注过《老子》（现在也都有传本或辑本），说明《老子》对于宋人的形而上学影响甚巨。在宋学建立的过程中，有一段时期，哲学家是通过注释《老子》来表达他们的本体论思想的，苏辙也是如此。在他的少年时代，还作过《孟子解》二十四章。由于苏氏兄弟的学说基本相同，而苏辙的表述往往比乃兄更显得平实，易于把握，所以必须参考。苏辙在晚年也曾对苏轼的某些观点提出纠补，如《论语拾遗》二十七章即是觉得《论语说》有"未安"处而作的"拾遗"①，类似的情况还反

---

① 苏辙《论语拾遗·引》："子瞻之说，意有所未安，时为籀等言，凡二十有七章……恨不得质之子瞻也。"《四库全书总目》此书提要指出其中显驳轼说的只有三条。今按，《拾遗》第二章与《论语或问》卷六引《学而》第十五章东坡说相异，《拾遗》第三、第八、第十六章，与王若虚所引对《论语》有关章节的东坡解说相异，《拾遗》第廿七章与《论语集注》引《子张》第六章东坡说也相异，推此而论，盖二十七章全是纠补轼说的，只因《论语说》全本不存，故无法一一校核。又，《苏辙集·栾城三集》卷七《论语拾遗》，中华书局，1990年版分章有误，所分只有二十六章，盖其第十四章自"武王曰"以下当另为一章。有几处标点也错误，似是未与《论语》仔细核对，故引文的标点有出入不准之处。

映在苏籀《栾城遗言》的少量条文中。如果我们研究"蜀学"，这些内容是很值得关注的。至于苏轼门人如黄庭坚、秦观等，其立说虽不一定全同于苏轼，但他们关涉苏轼的许多文字，则往往体现出他们对其师的较深理解，而概括、复述师说之时，准确度也自然过于他人，故对于我们的研究颇有提示的作用。

需要附带提及的是，明代焦竑对苏轼哲学的研究所作的贡献。盖后人论及苏轼的文字固极纷纭繁富，但多是关于生平逸事与文艺评说的，于"苏学"似少有关注者。焦竑则不然，他不但对于苏轼别集的收辑、编印做了许多很有益的工作，而且独具只眼地编集刻印了《两苏经解》，两次刊版，两次作序申明苏氏经说自成一家的意义，为我们研究苏轼哲学著作提供了最有价值的版本，厥功甚伟。焦竑在明清时期为纠理学、心学的空疏之弊而兴起的"实学"思潮中，有一定的地位，寻本溯源，我们似可探索一下苏学对他的影响，那必是个饶有兴味的课题。

三、苏轼哲学概述

宋代哲学的核心问题，见诸世人常说的一句话，曰"天地良心"，即天道观与人性论。宋人的天道观，虽都以"道"为最高概念，但在"道学"的名目下，他们实际探讨的问题是颇有差别的：从"元气"或"气"的方面来讲"道"的，旨在探讨宇宙的原初物质及"流行"成万物的统一质料；从"心"的方面来讲"道"的，则是探讨"道"体之所以能够住世的原因，即使"道"的存在成为对人的存在；从"理"的方面来讲"道"的，情形又可分为两种，一是探讨宇宙形成的法则、万物构成的原理与变化的规律，一是探讨事物的"所以然之理"，即事物之所以"是"（存在）的原因，其求得的是事物的形而上的本性，存在的根据，而不是其生成、发展的原理、规律。严格地说，只有第四种问题才近于西方哲学传统中的"本体论"（实当译为"是论"）问题，即柏拉图所提出过的真正的形而上学问题。第二种是带点现代意味的"人与宇宙的关系"

问题。至于第一、三两种，大概相当于西方的"自然哲学"，是居于"本体论"以下的问题。然则，王安石的"元气"论、张载的"气"论、邵雍演绎宇宙构成法则的象数体系，甚至程颢揭示万物总原则的"理"学，等等，都无关于"本体论"。终北宋一世，只有程颐的"所以然之理"才获得了柏拉图用"理念"一词及其"日喻"来表达过的哲学含义。因此，冯友兰先生认定这才是探讨真正的哲学的核心问题，他就以程子为"道学"的真正创立者。这样的看法是深刻的，但也未免片面。因为"道学"是个中国哲学史上的概念，应该根据中国哲学史的实际情形来判断它要探讨的是什么样的问题，故我们认为，"道学"应包括对上面四种问题的探讨（或许还有其他的问题），凡对这些问题中的任何一个发表的见解，都可归入"道学"的范围。而且，这四种问题之间，也并非绝不相容，北宋人的"道"论也经常出此入彼，不甚确定于某一问题，只是各有偏向，各自坚执自己在某一问题上的心得罢了。把这四种问题用"理一分殊"的思路摄入一个完整的体系，要待南宋的朱熹，北宋哲学家的情形各有其复杂性，以"博杂"著称的苏轼尤其然。

人性论与天道论实是一致的，探讨事物的所然、所以然，目的仍在于规定做人的所当然。这里的问题是要给人的向"善"的行为提供人性方面的根据，于是"性"与"善"的关系成为必须探讨的课题，从而就有通过"性""情"对立或"心""性"对待来处理善恶问题的各种理论模式。在朱熹以体用关系建立"心统性情"论（心之体为性，心之用为情，性为情之体，情为性之用）与"天命气质"论（天命之性是体，气质之性是用，善出于天命，恶来自气禀之偏）以前，北宋人对"性""善"关系的见解是颇为纷纭的，他们用这两个概念时，含义也不全一致。至于天道与人性之间的关系，大概要到朱熹才用"理一分殊"的思路来加以论证，北宋人则大致是把人性直接等同于天道，只说"性即道""道在人为性""性即理"等语，而并不加以论证的。苏轼也是如此。

所以，这里要阐述的是苏轼的"道"论与"性"论，至于"道""性"间的联系，则是直接等同，无多可述。为了阐述得清楚，我们须将苏轼的观点与其他哲学家尤其是王安石、二程相比勘，也要联系到朱熹对苏轼的批评。下面分五节来阐述，其中前二节关于"道"论，后三节关于"性"论。

1. 苏轼论"道"：自然全体的总名

《易·系辞》曰："一阴一阳之谓道。"宋人对"道"的认识，往往体现为对这句话的解释。世界万物是"气"化成的，"气"有阴、阳两种，而"道"就是"一阴一阳"的意思。那么什么是"一阴一阳"呢？王安石认为，这是元气（本原质料）与冲气（表现在运动中的质料之诸形态）的统一，故"道"以元气为体，冲气为用。张载说，"一阴一阳"是"阴阳之动"，"道"就指"气"的运动。程颢指出，这是讲阴阳的自然原理，"道"就是"天理"，即一切事物统体呈现的总条理，"平铺放着"。程颐则把"一阴一阳"理解为"所以阴阳者"，即阴阳之所以是阴阳的根据，"道"就是这个根据，由于阴阳是对一切形而下之物的存在的概括，所以还是一种"用"，而"道"才是其形而上的"体"，即"本体"，他也用"理"或"天理"来表述这个含义，但与程颢所说不是一回事。[1]

苏轼有他的独特看法。他认为"一阴一阳之谓道"这句话，不是给"道"下定义，而是在用巧妙的说法形容出"道"。《苏氏易传》卷七：

> 圣人知道之难言也，故借阴阳以言之，曰一阴一阳之谓道。一阴一阳者，阴阳未交而物未生之谓也，喻道之似，莫密于此矣……阴阳之未交，廓然无一物，而不可谓之无有，此真道之似也。阴阳交而生物，道与物接而生善。

这是说，阴阳还没有相交（万物未生）之前的那个本然"状态"，

---

① 关于二程子的"理"概念之间的区别，请参看冯友兰《中国哲学史新编》第五十二章第三节，人民出版社，1988年。

是对"道"的最好形容（喻道之似）。这当然不等于说阴阳未交就是"道"。可能苏辙没有看清乃兄的这段话，故《栾城遗言》有这样一条：

> 《易》曰："一阴一阳之谓道。"坡公以为阴阳未交。公以坡公所说为未允。公曰："阴阳未交，元气也，非道也。正如云一龙一蛇之谓道也，谓之龙亦可，谓之蛇亦可。"

苏辙讲阴阳未交是元气，倘说这就是"道"，那倒跟王安石的观点相近了，苏辙不以为然。实际上苏轼也不是说元气即"道"，而只是"喻道之似"。元气（阴阳未交）的"状态"是不存在的，存在的只是阴阳相交的各种具体状态（冲气），但人们对这些具体状态可以有个总名，为这个总名寻找某一相应的实际事物，是找不到的，只能说什么都是，"谓之龙亦可，谓之蛇亦可"。正如说水果，是找不到一个特定的东西叫水果的，只好说苹果也是，梨也是，等等。这是概念的外延，同时总要说说它的内涵。外延越小，内涵越易说，外延若至于无所不包，则内涵"廓然无一物"，但又"不可谓之无有"，怎么办呢？苏轼说，让我们来想象一下阴阳未交，一切具体状态还没有出现之前的"状态"，它没有任何确定性，只抽象地保存与我们所用的总名相对应者，故此"状态"可以形容这总名。正如说水果概念具体化为苹果、为梨等，那么设想其没有具体化之前的"状态"，似可形容水果之内涵。

阴阳相交，形成各种具体事物，这叫"生生"，其进程无始无终，其中有规则，曰"易"。《易·系辞》"生生之谓易"，《苏氏易传》释：

> 相因而有，谓之生生。夫苟不生，则无得无丧，无吉无凶。方是之时，易存乎其中而人莫见，故谓之道，而不谓之易。有生有物，物转相生，而吉凶得丧之变备矣，方是之时，道行乎其间而人不知，故谓之易，而不谓之道。

这是说，作为事物变化规律及其对于人的意义（吉凶得丧）的"易"，是"道"的显现，而"道"本身是不著染于现象与意义的，只是抽象地保存着"易"的全部可能性。这样，倘若我们假设一个万物未曾化生的时刻（"苟不生"），那么此时的"道"无从显现为"易"，正可谓之"道"。关于宇宙生成过程的这种假设，是抽象思维把握世界之过程的逆推，离开了具体的"易"，是无从见"道"的，但抽象地谈一下"道"亦无不可。正如离开五音、五色无从见音、色，但也可以抽象地谈谈音、色。

苏轼有一个很好的比喻来说明这个道理，就是《赤壁赋》中对"月"的议论："盈虚者如彼，而卒莫消长也。"我们不可把这句话理解成："人们看到的月亮总有盈虚的变化，而月球本身不曾变。"这里不该有"月球"的概念，这里所谓"卒莫消长"的是指"月"这个抽象的总名。月亮总处在盈虚变化之中，它的变化有一定的规律，这叫"易"；但人们对这个依规律变化着的月亮，概括为一个名称"月"，此"月"是不存在什么变化的。事实上只有处于盈虚变化之某状态的月亮，不存在一个不涉变化的"月"，但这个"月"概念也是需要的。我们不会认为在月亮进入盈虚变化之前先有一个不曾变化的"月"存在，但若假设有个变化开始的时刻，则开始以前的状态，正可与"月"的抽象总名相合，这样的假设说明的是"月"概念的非时间性。所以，苏轼在"易"之上设立一个"道"的概念，正如这"月"概念之于"盈虚者"那样，是指自然（及自然规律）全体的总名：所有"盈虚者"名之为"月"，所有"易"者（阴阳）名之为"道"，它比阴阳其实不多也不少，故曰"一阴一阳"。这是对阴阳的最抽象之概括（阴阳未交之"状态"），而一旦涉及具体（阴阳交而生物的种种状态），便只见"易"而不见"道"了。如此，张载所谓的"道"，实际是苏轼所谓的"易"，苏轼讲的"道"是不涉具体的物态变化的，但也必然要显现为"易"，一旦显现，对人就有了意义，故曰"道与物接而生善"。

可能是苏轼"道与物接而生善"这样的表述有些不妥之处，故朱熹在《杂学辨》里大加攻驳，追问"道果何物"，而能"与物接"？他说："道外无物，物外无道，今曰'道与物接'，则是道与物为二，截然各居一方，至是而始相接，则不亦谬乎！"①

如果苏轼真的认定有个"阴阳未交"的时刻，一个"道"孤独地存在，那么，朱熹的攻驳是有理由的。但现在看来，这个攻驳并不成立，它建立在误解苏轼原意的基础上。按苏轼原意是说"道"须体现在物上，才能显示对于人的意义（"善"）。"道与物接"的讲法固然有些不妥，但读者也当切戒以辞害意。任何一个抽象概念，都不会是孤立的存在物，但这并不妨碍我们把这样的概念作为探讨的对象。苏轼把自然的全体概括为一个总名曰"道"，它包含了各种形态、变化，但作为一个抽象概念，本身却是恒定的，不落具体变化之筌蹄的。就像我们把盈虚变化着的月亮概括为"月"一样，世间不可能有这样的"月"孤独地存在，但若笼括时间的全体而言，则永恒长存的只能是这样不变的"月"，因为其具体的变化形态只能存在一瞬。苏轼的"道"，正是自然全体的总名。

这样的"道"，与"易"的差别在于它超越时间，与"物"的差别在于它超越空间，它实际上是一切存在的整体性，苏轼用了《庄子》的"大全"② 一语来说明之，《苏氏易传》卷八：

> 夫道之大全也，未始有名，而易实开之，赋之以名。以名为不足，而取诸物以寓其意，以物为不足，而正言之。

这是说，"道"本身是一种"大全"③，本无特定之名称，我们

---

① 朱熹《杂学辨》，《晦庵先生朱文公文集》卷七十二。
② 《庄子·田子方》："吾不知天地之大全也。"
③ 苏轼其他文章中亦有用"大全"一词者，如《九成台铭》论"韶"乐，认为"韶则亡矣，而有不亡者存……江山之吞吐，草木之俯仰，鸟兽之鸣号，众窍之呼吸，往来唱和，非有度数而均节自成者，非韶之大全乎"！（《苏轼文集》卷十九）这里的"度数"是声乐方面的"易"，"非有度数而均节自成者"是自然之声的"大全"，即"道"，一切自然之声整体性地归一于美。

在具体事物的变化中概乎见之，但具体的变化、具体的事物不足以说明之，故立一个名称来"正言之"。然而，"正言之"其实是很困难的，作为自然之"大全"的"道"，其内涵"廓然无一物"，却"不可谓之无有"，这其实是一个极抽象的"有"，虽具一切"有"的可能性，其本身却近于虚无，难以进一步训明之。但寻求这不易训明者，实是为一切存在的整体性寻求根据——在这里，苏轼的思想正向形而上的领域挺进。不过，他的"道"论没有在这条路上继续走下去。至于苏辙，则以当时习见习闻的佛教大乘"中观"说来处理之，说"道非有、无"①，即非有非无。这样简单的处理，未免淡化了苏轼为存在的整体性寻求根据的思想闪光。对于力求确立一个本身具有"实理"内涵甚至伦理意义的"道"学本体的朱熹来说，苏轼这个内涵接近虚无的"道"，是个似是而非的东西，所以他经常批评苏轼论"道"仿佛无朕，不明"实理"。这是击中了要害的，因为苏轼的"道"大体上仅是概括一切存在，而没有太着力阐明这一切存在的根据。

以故，苏轼的"道"概念，其主要的意义不在形而上方面，而在它作为一切事物及规律的总名方面。在他看来，人们之所以需要抽象概念，并不是因为这概念本身值得玩味，而在于借助这概念而达成的人们对于事物的全面把握，和这全面把握在人们的具体的认识活动中所起的作用。于是，他的"道"概念在形而上方面的欠缺，倒促成它向着实践的领域全面地开放，使它实际上成为一切事理的总和。

在苏轼的时代，儒家学者早已不满足于韩愈那种诉诸列圣相承之权威性的"道统"论，而要求把"道"建立在实际事理之真的基础上，他们相信世间的所有事物都是有个道理可以追究的，而且也应当依此道理来处置事物，如果一切都处置得当，那也就是依"道"行事了。这种观念，是欧阳修以他健康的理性所奠定了的，而在三

---

① 苏辙《道德经解》，《四库全书》本。

苏手上得到了较大的发展。苏洵坚持"事有必至，理有固然"①，一切事物都有它自然的规律，苏轼说，当"理固有是，而物未必然"时，"君子以理推之，故知其有必然者矣"②，强调自然规律的客观性。推阐自然的理势，正是三苏之学的特长，苏轼在他的《策略一》的开篇，就说"臣闻天下治乱，皆有常势"，苏洵所著的《几策》《权书》《衡论》等，就是研究治乱之常势的。苏辙在《老聃论上》中有个比方，讲一个人与别人发生了争论，却以"吾父以为不然"来作理由，这是不具有说服力的。这个比方意在说明"道统"论的不可靠，他说："夫圣人之所为尊于天下，为其知夫理之所在也。"③归根到底要以自然之理为准裁。

苏轼的"道"概念就建立在来自认识实践的事物自然之理的广泛基础上。需要特别指出的是，"道"还不是某一条或一些自然规律，而是包罗了自然之理的全部。他说，"幽居默处而观万物之变，尽其自然之理，而断之于中"，"通万物之理"④，才是"道"。苏辙的表述更其明确，谓"事物之变，纷纭错出，若不可知，而有至理存焉"⑤，根据《易·系辞（上）》"观其会通"的说法，他认为万物的"会通"才是"至理"所在之处。这"至理"就指终极的"道"，而须从"会通"即存在的整体性上得出。苏轼在《策略四》里又说，"尽万物之理而不过"，就是"中庸""皇极"的含义，这些词在宋人笔下多可与"道"相替代。总之，说苏轼的"道"指自然规律（目前学术界多持此说），还不够确切，应进一步指出，它是指自然的全体。在以下的论述中，我们还将知道，强调"全"是苏轼"道"论的一个关键点，他通过这"全"而要求人们认识世界、处置事物的全面性，从而得出他的"善"概念，也通过"全"而在

① 苏洵《辨奸论》，《嘉祐集笺注》卷九。
② 苏轼《书义·惟圣罔念作狂惟狂克念作圣》，《苏轼文集》卷六。
③ 苏辙《老聃论（上）》，《苏辙集·栾城应诏集》卷三。
④ 苏轼《上曾丞相书》，《苏轼文集》卷四十八。
⑤ 苏辙《观会通以行典礼论》，《苏辙集·栾城三集》卷六。

世界的整体性上迈向形而上的领域，这在他的"性"论中将有更突出的表现。

2. 从"道"到"善"：自然与名教的逻辑联系

哲学作为一种社会意识形态，除了体现哲学家的智慧与良心外，还担负着一项重要的任务，就是要把当代所崇奉或钦定的行为规范、道德标准等论证为哲学学说的合乎逻辑的结果，这就不免要把社会发展的某一阶段中许多暂时的、人为的东西论证为永恒的与自然的，而且，这样的论证还要建立在当代思维和认识发展所认可的"合理性"水准上，否则不成其说。故而，在尊崇儒家礼教的中国社会里，哲学的进步就会体现为对于"自然"与"名教"之联系的一次次重新论证。从孔子到董仲舒，再到魏晋玄学，都是这样做，经过了佛教、道教哲学的冲击后，作为儒学之新形态的宋代道学也要解决这个问题。对于此种重要之任务，宋初继承韩愈而来的"道统"论是担当不起的。欧阳修的贡献，在于为这个问题的解决开辟了新路，即把他的论证建立在思维和认识发展的当代水平上，"其言简而明，信而通，引物连类，折之于至理，以服人心，故天下翕然师尊之"①。在他的努力下，古老的儒家规范显得合情合理了。当然，使礼教"合情合理"化的做法是不可能彻底的，因为把伦理性的规范嫁植在宇宙自然之理与人情之上，无论如何巧妙细密，总会隐含矛盾。但是，当矛盾显露时，进一步解决它，便体现出哲学理论的进展、深入。苏轼在建立了他作为自然全体之总名的"道"概念后，便要把"道"与礼教贯通起来。

首先，礼教是必需的。苏轼对庄子的"道"论是很欣赏的，但仍指出其"不可以为法"②。自然之"道"倘不与礼教相统一，则与

---

① 苏轼《六一居士集叙》，《苏轼文集》卷十。按：此段为欧公学术的定评，《宋史·欧阳修传》全用之，唯在"故天下翕然师尊之"前加入"超然独骛，众莫能及"二语，使整段语意略有改变，且文气阻塞，颇为蛇足。

② 苏轼《庄子祠堂记》，《苏轼文集》卷十一。

老庄同流了，但苏氏之学却不是这样。从苏洵起，就对礼教十分重视，并且，苏洵论"礼"在宋人当中很有特色，宋人一般是从"性善"论正面引出"礼"来，苏洵的《六经论》则处处强调"礼"的绳纠人类恶欲的功能，故欧阳修尝称《六经论》似荀子之文①。按三苏论"性"与其自然之"道"相应，是非善非恶的自然之性，可以为善，亦可以为恶的，并非荀子式的"性恶"论，此将在下文详述。正因为率性而发可以为善，故苏氏兄弟应试文《礼以养人为本论》皆以为"礼"是因人情而为之节文的；但也正因为率性而行亦可以为恶，故苏轼《秦始皇帝论》也称引《礼记·礼器》之文，谓"礼之近于人情者，非其至也"，礼不仅顺人之善，还要防人之恶，否则"凡可以得生者无所不为"，结局将不可收拾。这样，自然之"道"、非善非恶之"性"，既是礼教之所从出，却也要礼教把它引向善的方面，而限制其向恶的方面的发展。苏轼《韩非论》："仁义之道，起于夫妇父子兄弟相爱之间；而礼法刑政之原，出于君臣上下相忌之际。相爱则有所不忍，相忌则有所不敢，不敢与不忍之心合，而后圣人之道得存乎其中。"这一段比较全面地表达了他的意思，表明"道"须与"礼法刑政"相合。那么两者之间是什么关系呢？苏辙说，"圣人之所以御服者三，道一也，礼二也，刑三也……君子由礼以达其道"，他反对"蔑弃礼法而以道自命"的态度②，近乎玄学所谓"自然为体，名教为用"的主张。他并且明确地引入佛老来论述这个问题："老佛之道与吾道同，而欲绝之，老佛之教与吾教异，而欲行之，皆失之焉。"因为"老佛之道非一人之私说也，自有天地而有是道矣"，乃是自然之"道"，但"舍礼乐政刑而欲行道于世"则"其弊必有不可胜言者"③，故自然之"道"必与礼教合一。

这样的理论形态，我们通常称之为"儒道互补"或"外儒内

---

① 苏洵《上欧阳内翰第二书》，《嘉祐集笺注》卷十二。
② 苏辙《历代论·王衍》，《苏辙集·栾城后集》卷九。
③ 苏辙《历代论·梁武帝》，同上，卷十。

道"，它确实是苏学的一个明显特征。不过，"互补"的两者之间还需要逻辑上的贯通，不能将两个东西生硬地合在一起。朱熹就认为，从三苏那种自然的非善非恶之"性"，到恪守礼教的"善"之间，是无法一致的，所以他要把"性"论证为本来就是"善"的。他在《杂学辨》里批评苏轼，认定这是苏轼学说中的一个逻辑断点。在他看来，唯有"性本善"，那么自"性"至"善"才是顺畅的，才是真诚的；如"性"可恶可善，则为善便是勉强的，"伪"的，由此推下来，整个礼教都建立在起初根本的"伪"上，"如此，则是人生无故有此大伪之本，圣人又为之计度隐讳，伪立名字以弥缝之，此何理哉！"① 这番辩驳看上去是言之成理的，也体现出朱子辨析概念的精审。但可惜他排苏的主观意识太强，不肯去体贴苏氏立说的逻辑过程，便以己意加以攻斥。实际上，从自然到礼教，苏学是提供了某种逻辑联系的，并非逻辑断点，只是苏轼将两者统一起来的方式与程朱不同而已。程朱把"善"一直送到"道"（天理）和"性"里面去，让它们"本善"，于是无往而非善，他们认定这是唯一合乎逻辑的方式，别无他法了。但这样一来，其所谓的"善"，究竟是"体"还是"用"，就界定不清。如果在"道"与"性"的高度上讲先验的"善"，则此"善"是"体"，是一个纯粹的概念，只能体现为一切善的事物，其本身则一点也不善，就好像"大"的概念体现在一切大的事物上，其本身则一点也不大，我们只能说大的东西比小的东西大，不能说"大"的概念比"小"的概念要大。然而，如果"性本善"的"善"是一个本身一点也不善的纯粹概念，则达不到程朱提出此命题的目的。当他们讲"性本善"的时候，他们心目中的"善"的内涵其实是很具体明确的，这就未免涉于"用"而不是纯粹的"体"了。以为用一个"善"字彻上彻下就可以使逻辑贯通，只能更明显地暴露逻辑断点：在并无具体内涵的抽象"善"概念与礼教所规定的具有特定的历史局限性的"善"之间。精于辨析"体""用"的朱熹本来完全有能力觉察这个断点，

---

① 朱熹《杂学辨》，《晦庵先生朱文公文集》卷七十二。

但他好像不肯承认具体的"善"是有历史性的。

苏轼则不然，他明确指出，"善"的内涵不是由先验性的概念演绎来确定的，而是从社会实践中产生的，《扬雄论》云：

> 夫太古之初，本非有善恶之论，唯天下之所同安者，圣人指以为善，而一人之所独乐者，则名以为恶。天下之人，固将即其所乐而行之，孰知夫圣人唯其一人之独乐不能胜天下之所同安，是以有善恶之论。

这段话也有狡狯之处，就是把礼教所谓的"善"，以圣人的名义，指为"天下之所同安"，乃是以世人之所不敢议者为立论的基础，足以压当代而不能欺后世。但如此论"善"，毕竟已将"善"看作后天的与社会性的，它并无先验性，产生于人类的社会实践，可由形而下的具体的标准来检验的。唯其是社会性的，所以不能为自然之"道"、自然之"性"所固有，不能说"道"与"性"本善；但由于"道"是包括人类社会及其文化在内的一切存在的总名，所以从"道"生"善"也有着必然性，今天的人们都知道，这种必然性是要从社会历史方面加以说明，而不是概念演绎可以证明的。

那么，苏轼如何从自然之"道"中引出社会性的"善"呢？我们知道，苏轼的"道"是自然全体的总名，关键就在这"全体"二字。要使"全体"得遂，便必须"观其会通"，"尽万物之理"，不能有所偏废，如苏轼所说："君子之于事物也，原其始不要其终，知其一不知其二，见其偏不见其全，则利害相夺，华实相乱，乌能得事之真、见物之情哉？"① 只有通观其"全"，才是真正穷理尽性，才能"得事之真，见物之情，以之事天则天成，以之事地则地平，以之治人则人安"② ——这就得到了"天下之所同安"的"善"！原来，"道"与"善"之间的逻辑联系就是这"全"，人类遵循自然之

---

① 苏轼《书义·乃言底可绩》，《苏轼文集》卷六。
② 苏轼《书义·乃言底可绩》，《苏轼文集》卷六。

理，全而不偏，使自然之全体无损，天下事物各得其所，尽遂其自然之理，则"善"莫大焉。"圣王之治天下，使天下之事各当其处而不相乱，天下之人各安其分而不相躐。"① 在时人的意识形态中，礼教不就是如此吗？

这里没有什么费解之处，事实上也没有必要牵入佛老来帮衬，但苏氏兄弟时涉内典，喜读道书，当发现其中有可与印证、相参的思想时，不肯故没其说，且复引为佐证，所以他们的文章就壮浪纵恣于三教之间，而对于自己的观点与佛老思想的某些相合处，非但略不忌讳，兼觉有朋之乐。然而，只就道理来看，则措置得当而使万物各得其宜，恐是当时儒者中很普遍的观念，由苏氏从哲学上给予了说明。同时我们也应看到，王安石学说的理想亦不外乎此。王、苏的差异在于：王认为万物各得其宜是遵循着某一个统一的理性原则，故倡言"致一""一风俗"以合于"道"；苏则认为，为了顾全自然万理的全部，便不能用一家私见所概括的统一原则来强暴自然，而必须"无私""无心"才能做好。如果要有"一"，那就是"无心而一"，如《苏氏易传》卷七所说：

夫无心而一，一而信，则物莫不能尽其天理，以生以死。故生者不德，死者不怨，则圣人者岂不备位于其中哉！吾一有心于其间，则物有侥幸天枉不尽其理者矣。

天下之理未尝不一，而一不可执。

如此看来，王安石的"一"是条贯万理的统一性，而苏轼的"一"只是"全"的代称，指的是自然的整体性。故苏学实际是为存在的多元化辩护，而不承认有那种唯一正确的普遍原则的。

因了人的"无私""无心"而使万物各遂其自然之理，使自然全体皆得其宜，这叫做"顺"，《苏氏易传》卷九：

---

① 苏轼《策略三》，《苏轼文集》卷八。

120

> 循万物之理，无往而不自得，谓之顺。

这也就是"仁"的基础，卷七：

> 使物各安其所，然后厚之以仁。不然，虽欲爱之，不能也。

顺于物理才是真正的仁爱，否则便成了拔苗助长。苏辙也说："譬如农夫垦田以植草木，小大长短，甘辛咸苦，皆其性也，吾无加损焉，能养而不伤耳。"[1] 这样，才能达到"万物并育而不相害，道并行而不相悖"[2] 的理想，无疑，这理想就是"善"的实现。

　　然则，这一理想境界，不就是程颢一生都在努力体会的吗？天理自然流行，不费人工，仁者勿忘勿助，浑然与物同体，万物各遂其生意——这一些，不都是程颢时常说的吗？他的著名的《定性书》中就有这样一段话：

> 夫天地之常，以其心普万物而无心；圣人之常，以其情顺万事而无情。故君子之学，莫若廓然而大公，物来而顺应。[3]

对照苏轼的上述观点，几乎没有什么不同。实际上，苏轼既说"道"的全体完美无损地实现出来就是"善"，则像程颢那样认为"道"中原含有此"善"之理，似亦无不可。倘若如此，苏轼与程颢二人的哲学就是一致的。但苏轼"善"的概念固守着它的社会性，所以不承认"道"本是"善"的，以此而与程颢的观点有了分歧。这种分歧，仅仅出于对"善"概念的不同使用，便令一系列貌似相背的命题产生出来。若就二人哲学思考的实际成果来说，则他们之间原

---

① 苏辙《藏书室记》，《苏辙集·栾城三集》卷十。
② 苏辙《历代论·梁武帝》，《苏辙集·栾城后集》卷十。按：此语原出《礼记·中庸》。
③ 程颢《答横渠张子厚先生书》（即《定性书》），《二程集》，460页。

有着颇为根本的一致性。由于他们都是从"理"上讲"道",而王安石、张载则从质料（元气、气）上讲"道",故虽差异纷出而实亦可以相整合。只有程颐讲的凡事凡物的存在之所以然的"理",才与此全不相谋。从哲学上说,程颐确实是探讨了一个更为深刻的问题,即撇开事物的现象方面的联系,而追问其存在的形而上根据。故他的"理"与柏拉图的"理念"有着近似的哲学含义,也使他的理论近于真正的"本体论"。他这样做的效果是优劣互见的,一方面,他引导"道学"去探讨更为纯粹的哲学问题,另一方面,也使"道学"脱弃了对实践中获取的知识进行总结的思想方法,而进入纯粹抽象的思辨领域。于是,他眼中的事物,不再是人们的实践活动要处理的对象,而是抽象之"理"的显现,"皆因物以讲德,指意不在物也"①,这就是后来被叶适所抨击的"以玩物为道",不过是"山人隐士所以自乐"②,非是儒者的事业了。

相比之下,苏轼坚持在人类社会实践的领域内论"善",指出"道"与"善"的逻辑联系,却不承认自然之"道"本"善"的理论,虽然令"善"概念缺了形而上的一种含义,而使其体系也有可议之处（论证"道"与"善"的所谓逻辑联系而不真正阐明两者的历史联系,也是缺陷）,但却确保了"道学"对于实践和知识的切身关怀。因此,南宋事功学派的陈傅良评价苏轼说:

> 公之文,宜作宋一经,以传无穷。③

这可能是来自儒学家方面的对于苏轼的最高评价。

3. 对"性善"论的驳斥

《中庸》的开篇说:"天命之谓性,率性之谓道。"在这里,"天

---

① 叶适《习学记言序目》卷四十七,中华书局,1977年,706页。
② 叶适《习学记言序目》卷四十七,中华书局,1977年,706页。
③ 陈傅良《跋东坡桂酒颂》,《止斋先生文集》卷四十二,《四部丛刊》本。

命"也就是天道，天道本自然而行，无所谓"命"，但因人也在天道之中，故它体现在人的身上，则对人来说仿佛有所授命，而此授命于人的就是所谓"性"，"性"的实现也就是"道"的体现。从宇宙论方面说，不仅仅是人，凡存在的一切事物，都在天道中，都是禀有"天命"之"性"的；但道学最终要解决的是关于人的问题，所以自韩愈以来，道学家所讨论的"性"概念，主要是指人"性"而言。由于"性"本来就是指天道之所赋予人者，所以说"性"的内容及其实现就是"道"，是不需要论证的，"道在人为性"，是北宋人普遍接受的一个观念。如果认为"道"是"善"的，那么"性"也就是"善"的；如果说"道"是不涉善恶的自然之"道"，那么，"性"也就是非善非恶的自然之"性"。

然而，若谓解决了"道"的问题也就解决了人"性"的问题，却大谬不然。因为关于"道""性"之间的这种循环论证，远未真正涉及人的问题。人是一个复杂的存在，一旦从人的现实的生存状态来考察人"性"，问题就不再那么简单了。把人所受命于天道者称为"性"，只是一步纯抽象的演绎。人的身上不可能有这样的"性"孤独地存在，存在的是各种具体的生命表现：理智、情感、欲望等，所谓"情"。既然把人的天然禀赋叫做"性"，那么，就可以预设：一个人把他的"情"绝对真率无忌地发露出来，不受任何限制纠绊，就是"性"的实现、"道"的流行了。然而，人"情"的绝对真率无忌的自然发露，这该是一幅什么样的图景？要在此中体会什么"率性之谓道"，那就只好苦笑了。

所以，要对"天命"与"性"的内容加以限制，如《孟子·尽心下》所说：

> 口之于味也，目之于色也，耳之于声也，鼻之于臭也，四肢之于安佚也，性也，有命焉，君子不谓性也；仁之于父子也，义之于君臣也，礼之于宾主也，智之于贤者也，圣人之于天道也，命也，有性焉，君子不谓命也。

详其语意，似是承认"性"有着自然本能的一面，但我们讲"性"时却只要取其道德自觉的一面；承认"命"的实际内容是一种外来的制约，但我们讲"命"时要关注它与道德自觉之"性"的统一性。这样一来，把"性命"作为礼教之根据的理论目标是达到了，但人为地限制"命"与"性"的内容，于道理上不无纰漏，故苏轼提出反驳：

> 君子之教人，将以其实，何"谓"、"不谓"之有？夫以食色为性，则是可以求得也，而君子禁之；以仁义为命，则是不可求得也，而君子强之。禁其可求者，强其不可求者，天下其孰能从之？①

他说孟子的话在道理上是不通的，对人们也没有说服力。按上引的孟子一段文字，大概只有等程朱理学区分"天命之性"与"气质之性"后，才解释得通，即将食色等本能的来源归诸"气质"，而令"天命"得以为纯粹的"善"之理。究其立说之要，无非要把人的自然禀赋中不合于礼教的东西论证为非本质的，从而确立"性本善"的论点。但在苏轼看来，仁义和食色皆从"性"出，"君子之教人，将以其实"，而"其实"就是如此。其为善为恶，是由社会性的标准来判断的，并非"性"本身的自然属性，故不能说"性"本身是善的或恶的。他并不反对从人"性"的深处为仁义寻求根据，但同时承认食色亦出于人"性"之必然。这样，他关于"性"的学说就与"性善"论对立起来。

"性善"论的首倡者是孟子，苏轼《论语说》"与孟子辨者八"，亦主要是驳斥"性善"论。苏辙少年时代所作《孟子解》，对此有更集中的论述：

> 孟子道性善，曰无恻隐之心非人也，无羞恶之心非人也，

---

① 余允文《尊孟续辨》卷下引苏轼《论语说》，《丛书集成》本。

无辞让之心非人也，无是非之心非人也；恻隐之心仁之端也，羞恶之心义之端也，辞让之心礼之端也，是非之心智之端也。人信有是四端矣。然而有恻隐之心而已乎？盖亦有忍人之心矣。有羞恶之心而已乎？盖亦有无耻之心矣。有辞让之心而已乎？盖亦有争夺之心矣。有是非之心而已乎？盖亦有蔽惑之心矣。忍人之心，不仁之端也；无耻之心，不义之端也；争夺之心，不礼之端也；蔽惑之心，不智之端也。是八者未知其孰为主也，均出于性而已。非性也，性之所有事也。今孟子则别之曰，此四者性也，彼四者非性也。以告于人，而欲其信之，难矣！……譬如水火，能下者水也，能上者亦水也，能熟物者火也，能焚物者亦火也。天下之人，好其能下而恶其能上，利其能熟而害其能焚也，而以能下能熟者谓之水火，能上能焚者为非水火，可乎？夫是四者非水火也，水火之所有事也，奈何或以为是，或以为非哉！①

我们研究苏轼这样一个思维敏捷、文字又极富跳跃性的思想家，得有苏辙的文字以备印证，真是一件很幸运的事，因为他的表述是那样平淡造理，解读上最无困难，不致误会其意。这里正面反驳孟子"性善"论的最核心的论据，即"四端"之说，而指出人心也固有相反的"四端"，既如此，则"性"本不可以善恶论的。水、火之喻也很能说明问题，善是一种价值，对于人而言的，并非自然属性。可见，否定"性善"的根据，是出于对"善"的先验性的否定。

4. 与自然之"道"相应的自然之"性"

《苏氏易传》卷七：

---

① 苏辙《孟子解二十四章》第十二章，《苏辙集·栾城后集》卷六。按：此题二十四章，而此本实录二十一章，与它本相校，内容全同，而分章多有歧异。我们认为，《四库全书》本《孟子解》分章最为合理，上引一段，《四库》本在第十三章。

125

敢问性与道之辨。曰："难言也，可言其似。道之似则声也，性之似则闻也，有声而后有闻耶，有闻而后有声耶？是二者果一乎，果二乎？"孔子曰："人能弘道，非道弘人。"又曰："神而明之，存乎其人。"性者其所以为人者也，非是无以成道矣。

这是在解释《系辞上》的"成之者性也"一句，"之"指的是"道"。以声与闻（听觉）的关系来模拟"道"与"性"的关系，显然是受了佛教哲学中"六尘"与"六根"之关系的启发，意谓两者实是二而一的，互相使对方得以成立。如果说，自然现象之一的声音，其存在要诉诸人的听觉能力，那么作为自然之全体的"道"，其存在也要诉诸人的根本觉悟。这种根本觉悟，就是人之"所以为人者"的"性"，《易传》卷七又称为"真存"：

性，所以成道而存存也。尧舜不能加，桀纣不能亡，此真存也。存是，则道义所从出也。

苏轼把人"性"或"真存"的内涵，解释为"尧舜不能加，桀纣不能亡"者，这在《易传》的卷一有更明晰的表述：

君子日修其善，以消其不善，不善者日消，有不可得而消者焉；小人日修其不善，以消其善，善者日消，亦有不可得而消者焉。夫不可得而消者，尧舜不能加焉，桀纣不能亡焉，是岂非性也哉？

这段话意想不到地受到了朱熹的赏识，大概他觉得这与程子讲的"不为尧存，不为桀亡，人得之者"相似，故认为此"不可得而消者"正是"本然之至善""良心之萌蘖"①。实际上，苏轼讲的不是

① 朱熹《杂学辨》，《晦庵先生朱文公文集》卷七十二。

"本然之至善"，而是最好的好人与最坏的坏人所共具的人类普遍之"性"，"圣人之所与小人共之，而皆不能逃焉，是真所谓性也"①。由于经典和古史都曾记载尧、舜家里有许多恶人，故古人不能怀疑天下有绝非恶习所能污染的天生好人与绝非善意所能教化的天生坏人，但"性"又必是他们所共同的，所以一个极为自然的结论是："性"与善恶有着同等的关系，可以发而为善，也可以发而为恶，它的本身则不可以善恶论。

与"道"为自然之全体的抽象总名相应，苏轼也把"性"视为人情之全部的抽象总名，《苏氏易传》卷一：

> 情者性之动也。溯而上至于命，沿而下至于情，无非性者。性之于情，非有善恶之别也，方其散而有为，则谓之情耳……其于《易》也，卦以言其性，爻以言其情……《易》曰："大哉乾乎！刚健中正，纯粹精也。"夫刚健中正，纯粹而精者，此乾之大全也，卦也。及其散而有为，分裂四出而各有得焉，则爻也，故曰："六爻发挥，旁通情也。"以爻为情，则卦之为性也明矣。

在这里，"情"是指具体的人情，喜怒哀惧爱恶欲之类，一切生命表现皆是；"性"则一方面是"命"（天命，道）的演绎，一方面又是对所有"情"的总概括，即其整体性的抽象总名。"性""情"关系犹卦爻关系，"性"是卦，是大全，是精，"情"是爻，是散出、旁通的"性"，即"性"的具体表现。

卦爻关系很能说明问题：六爻总名曰卦，离开爻，并无卦的独立存在，但六爻的具体意义并不能代替一卦的整体意义，故爻辞以外还有卦辞可资探求；六爻表示具体的变化，所有变化都离不开一卦的整体意义，这个整体意义相对于六爻的变化来说，是静止的，恒定的，苏轼称之为"贞"，"性"就是人的"贞"；然而，并不是

---

① 苏轼《扬雄论》，《苏轼文集》卷四。

在进入这些具体变化之前，真的先有一个"贞"孤立地存在，因为
爻爻相继出现之前，并未先有一个卦在，它只是对六爻的整体性的
命名。——这个卦爻之辨，与我们上文分析过的"道""易"之辨，
盈亏之月与卒莫消长之"月"的关系，是一样的道理。具体的人情
犹如爻、"易"、盈亏之月，人"性"则如卦、"道"、卒莫消长之
"月"。比如，饥食渴饮是人情，但"饥渴之所从出，岂不有未尝饥
渴者存乎？于是性可得而见也"①。这也并不是说人在进入饥食渴饮
之生存状态以前，真的先有一个不饥不渴的"状态"，而是把饥渴认
作人性的具体表现，把这具体表现全部概括起来的抽象概念"性"，
是无所谓饥渴的。——运用同样的思维方法，我们已经可以替苏轼
得出"性"无所谓善恶的结论，不过，"性""善"问题的讨论是有
长期的历史的，苏轼还要联系学术史来作正面的回答。

在苏轼之前，有四种基本的观点：孟子的性善说，荀子的性恶
说，扬雄的善恶混说，与韩愈的性三品说。苏轼反对孟子的说法，
已见上节；他对荀子的性恶说，也曾明确斥为"疏谬"②。扬雄的说
法，实是孟、荀的折中，韩愈之说又是对前三说的综合，认为世人
的"性"有善、善恶混、恶三等，其根据是《论语·阳货》"唯上
知与下愚不移"一句，既然最上等的与最下等的都"不移"，则必
有可"移"的中等之"性"了，三品之说从此而出。然而，《阳货》
又有"性相近也，习相远也"一句，这便否定了三品说。儒者议论
皆须折中于夫子，而夫子的这两句话却被作了互相矛盾的引申。其
实，孔子本未自相矛盾，上知下愚不移是讲智愚，性近习远是讲善
恶，智愚与善恶原不是一回事，聪明人与笨伯都可能是好人或坏人，
未必智者即善，愚者即恶。所以，苏轼在《扬雄论》里，认为上智
下愚不移说的是"才"，性近习远才是说"性"，但孔子在这里并未
判定"性"为善为恶。苏轼认为，孟、荀、扬、韩四说都在论
"才"，而未尝及"性"，《扬雄论》云：

---

① 《苏氏易传》卷七。
② 苏轼《荀子疏谬》，《苏轼文集》卷六十五。

128

嗟乎！是未知乎所谓性者，而以夫才者言之。夫性与才相近而不同，其别不啻若白黑之异也。

因此，他对四说都不同意。

在他看来，"性"是全部"情"的概括总名，离开了"情"是无从见"性"的，故不是弃绝了"情"而得到"性"，而是认识了"情"的全部，才能得到"性"。那么，"性"善"情"恶的观点当然不能成立，无论善恶，皆从"情"上表现出来，而"情"之为善为恶，都从"性"出。至于"性"之本身，则无善恶可论。其说亦见《扬雄论》：

人生而莫不有饥寒之患、牝牡之欲，今告乎人曰："饥而食，渴而饮，男女之欲，不出于人之性也。"可乎？是天下知其不可也。圣人无是，无由以为圣，而小人无是，无由以为恶。圣人以其喜怒哀惧爱恶欲七者御之，而之乎善；小人以是七者御之，而之乎恶。由此观之，则夫善恶者，性之所能之，而非性之所能有也。

人之本性，无论圣人小人，莫不相同，而为善为恶，有天壤之别。可见，"性"可以为善，也可以为恶，善恶都是"性"能之之境，那么，就不能说"性"是本善的或本恶的，而是非善非恶的，"性"本身不涉善恶。自然之"道"赋予人的，只能是自然之"性"，它能够为善或为恶，但本身并无善恶，正像"月"的概念一样，可显为满月或缺月，但本身并无盈亏。

然则"善"处在什么地位？《易·系辞》："一阴一阳之谓道，继之者善也，成之者性也。"还是围绕这句话来展开讨论。"道"与"性"实为一致，而"善"则是其"继之者"。何谓"继之者"？《苏氏易传》卷七作了解说，谓"道与物接而生善"，自然之"道"体现于万物的变化上，才有"善"不"善"可言，故"善立而道不见矣"。他说：

> 仁者见道而谓之仁，智者见道而谓之智。夫仁智，圣人之
> 所谓善也。善者道之继，而指以为道则不可。今不识其人而识
> 其子，因之以见其人则可，以为其人则不可。故曰：继之者
> 善也。

由此，他认为孟子的"性善"论是只见到了"性"的"继之者"，
而未见"性"。"善"只是"性之效"，不是"性"本身。在《尊孟
续辨》所引《论语说》第八条中，他更详细地论证了"人性为善，
而善非性也""性其不可以善恶命之"的道理，此处文繁不录。

这个说法，当然引来朱熹的反对。《杂学辨》云："继之者善，
云道之所出无非善也。"这是持"性善"论的立场，对苏轼的解释
加以否定。我们若仔细分析，就会发现他们的对立是怎样产生的。
朱熹严"理""气"之分，将世界的形式因与质料因分开，而以形
式因的终极为"道""性"，故以之为纯粹的"善"，将"恶"的来
源归诸质料的方面。在苏轼的哲学里，对一切的存在进行理论把握
时，是不区分形式与质料的，两者既统一于各个个别的特定的事物
上，也应统一于一切存在的整体性上，他的"道"和"性"就是对
这种整体性的指称。当他论述"道"和"性"概念之本身时，他摒
落了任何形式与质料方面的内容，将之约简为接近虚无的抽象之
"有"，故"不可以善恶命之"；当此"道"与"性"一旦体现于具
体事物与人情上时，则形式与质料便同时出现，故可用社会性的标
准来定其善恶，而此标准又须符合万物各当其理，"天下（人情）
之所同安"的理想。如果说合乎此理想就是"善"，那么，这理想
的形式正是被朱熹归结为世界的形式因，而指为"道"与"性"之
"实理"的。因此，两家学说几乎是同一副积木的不同搭法，但在每
两块积木的组接形态上，都显得差互，使他们在许多哲学命题上对
立起来。

虽然如此，我们也不能忽视这种对立的意义。"性善"论摒落质

料而以形式因为最高本体，其优点在于这种本体具有"实理"内涵，可以直接成为儒家礼教的根据，从而与佛、老哲学中那些仿佛无朕的本体相区别；其缺点在于，对"实理"的认识必然受历史的局限，此局限性被固定在世界本体上头，便益形顽固，甚而至于"存天理，灭人欲"，最为后世所诟病。比较而言，苏轼将形式、质料一齐摒落而谈"道""性"，更接近于玄学的思维方式，也易与佛老相混，而被朱熹指责；但另一方面，作为存在的整体性的"道""性"概念，毕竟不是王弼式的"无"，而是一种抽象的"有"，其内涵接近虚无，却又向着来自自然科学与社会实践的全部知识开放，对知识的进步投以真正的关注，其优点也是显而易见的。在讨论人"性"的时候，苏轼没有将人的自然本能与道德理想相对立，这也使他的哲学具有现代色彩，不会像程朱理学那样向着不近人情的极端化方向发展。

再从北宋中后期哲学界的一般情形来看，"性善"论其实并不占主导地位。司马光批驳孟子曰：

> 孟子以为仁义礼智皆出乎性者也，是岂可谓之不然乎？然不知暴慢贪惑亦出乎性也，是知稻粱之生于田，而不知藜莠之亦生于田也。①

他在"性"论上，赞同扬雄的"善恶混"之说②。比较而言，离苏轼的"非善非恶"论为近，而离程朱理学的"性善"论为远。至于王安石，则谓：

> 太极生五行，然后利害生焉，而太极不可以利害言也；性生乎情，有情然后善恶形焉，而性不可以善恶论也。③

---

① 司马光《善恶混辨》，《温国文正司马公文集》卷七十二。
② 司马光《善恶混辨》，《温国文正司马公文集》卷七十二。
③ 王安石《原性》，《王文公文集》卷二十七。

其"性"论与苏轼相当一致。甚至程颢的说法，很多时候也与朱不同，如谓：

> "人生而静"，以上不容说，才说性时，便已不是性也。凡人说性，只是"继之者善也"，孟子言人性善是也。①

详其语意，是把"性"看得比"善"更高，虽未显驳孟子，而实有似于苏轼的"性"论。他的《定性书》，以"性"为虚静应物之具，并未论其善恶。我们若由此推出苏轼的那个结论：应物以后善恶分，虚静本体不可以善恶论——这似乎也不违背程颢的意思。所以，朱子对于《定性书》不大赶之："《定性书》说得也诧异，此性字是个心字意。"② 这真是一语揭破了谜底，原来苏轼、程颢所说的"性"，就是朱子所谓"心统性情"的"心"。依朱子的解释，"心"是"虚灵不昧"，统一着纯粹主善之"性"与或善或恶之"情"的，这岂不就是苏轼那个不可以善恶论的"性"概念？

所以，从关于"性"的哲学命题上说，苏轼的"性非善恶"论比"性善"论更能代表北宋中后期哲学的主导见解；而从苏轼思考"性"概念而得的哲学内涵来说，则它实际上被包含在朱子学说的"心"概念中，一直未曾失落。值得注意的是，"心统性情"说正是朱子在人"性"论上的一个重要成果，也是他的体系比程颐更有发展的一个显例。可以说，苏学对于朱子的启悟作用，实不在二程之下，朱子学对苏学采取了一种曲折的继承方式。而更须提到的是，当宋明理学发展到王阳明的"心学"时，"性善"论终于被抛弃，阳明学对"性"概念的理解，终于采用了苏轼的"不可以善恶论"之说，这只要一翻《传习录》，就可了然。

---

① 《二程集》，10 页。
② 《朱子语类》卷九十五。

5. "性命自得"的逻辑结构

道学探讨"道""性"与"善"的关系问题，除了为儒家礼教规范提供其合理性的根据外，也关注于人的精神境界的提升。精神的最高境界是自由，在苏门学士秦观看来，这是苏轼身上最值得人钦羡的东西，他说：

> 苏氏之道，最深于性命自得之际；其次则器足以任重，识足以致远；至于议论文章，乃其与世周旋，至粗者也。①

一般人只看到苏轼的文章妙于天下，而秦观指出，最根本的是苏轼那种"性命自得"的自由精神境界。

怎样理解"性命自得"呢？我们先来看苏轼对于"命"的解释，《苏氏易传》卷一：

> 器之用于手，不如手之自用，莫知其所以然而然也。性之于是，则谓之命。命，令也，君之令曰命，性之至者亦曰命。性之至者非命也，无以名之而寄之命也。死生祸福莫非命者，虽有圣智，莫知其所以然而然。君子之于道，至于一而不二，如手之自用，则亦莫知其所以然而然矣，此所以寄之命也。

这是根据《易·说卦》"穷理尽性以至于命"的说法，认为尽"性"就是知"命"。"命"的含义是命令，但实际上并没有命令，只是人们穷理尽性到了完全自由的境界，这个境界不可言说，故假称为"命"。这样说来，所谓"性命自得"，只是顺"性"而行了。但问题在于，被假称为"命"的这种自由境界，必然是对儒家礼教的自觉践履，所以"性命自得"的实际内涵是顺"性"而行，又与礼教

---

① 秦观《答傅彬老简》，徐培均《淮海集笺注》卷三十，上海古籍出版社，2000 年。

无丝毫隔阂。如苏轼笔下的范仲淹那样：

> 其于仁义礼乐、忠信孝弟，盖如饥渴之于饮食，欲须臾忘而不可得，如火之热，如水之湿，盖其天性有不得不然者，虽弄翰戏语，率然而作，必归于是，故天下信其诚，争师尊之。①

以名教规范为天性之必然，"欲须臾忘而不可得"，这便是达到了"至于一而不二"的自由境界，故范仲淹乃是尽"性"知"命"的一个例子。达此境界，便会"天下信其诚"。"诚"是《中庸》里的概念，曰"诚者，不勉而中，不思而得，从容中道，圣人也"，苏轼《中庸论上》释"诚"为"乐之之谓"，这"乐之"一词出自《论语·雍也》"知之者不如好之者，好之者不如乐之者"，都是指履道的自由境界。

由此出发，苏轼反对程颐的"主敬"。朱熹认为"敬"是程子所发明的一个理论要义，极为推崇，而苏轼则极斥之②。在他看来，"主敬"是不"诚"的表现，因为"敬"在本原上出于疑忌，《苏氏易传》卷二："夫敬以求免，犹有疑也。物之不相疑也，亦不以敬相摄也。"又谓："不拒不援，是以得其诚同。"这"诚同"是毫无隔阂的本然之同一，而不是出于"敬"的勉强认同。"主敬"是伪的，矫揉造作的，甚至是欺骗天下的"奸"术。"诚"才是真正的君子本色，《苏氏易传》卷一又说："尧舜之所不能加，桀纣之所不能亡，是谓诚。"我们知道，这原是苏轼对"性"的定义，可见他是把"性"与"诚"视为同一个概念的。

然而，这样的论述中间包含着一个矛盾："性"既是非善非恶的，则与"性"一致的"诚"又怎能以"善"（礼教规范）为天性之所必然呢？又怎能达到"性命自得"的自由境界呢？在朱熹看来，

---

① 苏轼《范文正公文集叙》，《苏轼文集》卷十。
② 王水照《"苏门"的性质和特征（一）》，《苏轼论稿》，台湾万卷楼图书有限公司，1994 年。

这是苏轼无论如何说不通的：一头是非善非恶的自然之"性"，一头是与礼教无丝毫隔阂的"命"，靠着两间置一个"诚"，又怎能解决这个矛盾？依朱熹的思路，除非"性本善"，否则永不能使逻辑顺畅。

平心而论，这确实是苏轼哲学中的一个困难。为了克服这个困难，晚年的苏辙几乎滑入了"性善"论，如《论语拾遗》第八章云："性之必仁，如水之必清，火之必明。"又其所作《古史原叙》云：

> 古之帝王……其于为善，如水之必寒，如火之必热；其于不为不善，如骐骥之不杀，如窃脂之不谷，不学而成，不勉而得。①

这样的说法，与"性善"论的界线甚为模糊，因为非善非恶之"性"理当与善、恶具有同等的关系，若谓其"必仁"，则与说"性善"已无多大区别了。所以，朱熹对《古史原叙》这段话极为欣赏，称赞"此语最好"②。实际上，在上引苏轼称颂范仲淹的那段话中，也差不多有了相似的意思。这个情况说明，在礼教的权威性不可怀疑的时代里，一个儒家学者要坚持自然之"道"、自然之"性"的观点，是很不容易的事。

不过，在《苏氏易传》中，苏轼还是对非善非恶的自然之"性"与"善"之间的关系，作出了具有苏学特色的论证，而揭示了从自然之"性"到"善"的逻辑联系。今大致勾画如下。

"性"是全部人情的抽象总名，它是对种种变化的统一概括，其本身则是静止恒定的。这种恒定性，苏轼称之为"贞"。《苏氏易传》卷一："其于《易》也，卦以言其性，爻以言其情，情以为利，性以为贞。""各正性命为贞。"在这里，"贞"与"利"对举，

---

① 苏辙《古史》卷首，《四库全书》本。
② 《朱子语类》卷一百二十二。

"利"是具体的得失，"贞"则是超越了具体得失的某种内在的合理性，也称为"正"，如苏辙《孟子解》云："孟子曰：'莫非命者，顺受其正。'何谓也？天之所以受（授）我者，尽于是矣。君子修其在我，以全其在天，人与天不相害焉，而得之，是故谓之正。"[1]其意以为，顺自然之理，得天性之全，而不被斫伤，就是得"正"。这"正"或"贞"亦不仅仅对人性而言，万物都有其必然的至理，即都各有其"贞"。《苏氏易传》卷三："乾之健，艮之止，其德天也，犹金之能割，火之能热也。物之相服者必以其天，鱼不畏网而畏鹈鹕，畏其天也。"物物皆有其自然的天性，守其本性而不失，即是"贞"。《易传》卷二说，"贞"是"可恃"的，其释"随"卦，以为"世容有不随者也"，因为"责天下以人人随己而咎其贞者，此天下之所不说（悦）也"。丧失自己的"贞"而去"随"人所谓的"善"，谓之"苟随"，这是违反本性的，不是真正的"善"。他说，有很多时候，"以不苟随为贞"。万物各守其"贞"，各得其宜，各尽其天理，才是真正的"善"。同时，由于"善"不但是利于一物而已，而是要全万物之天理，所谓"保合大和，乃利贞"（《易·乾》），故人们必须胸怀大局，不能片面作"过正"之行，执定一家之"善"而勇往直前，那只会暴殄天物，使物失其"贞"。

如此，则人们必须保持人性之"贞"，即其静止的恒定性。《易传》卷二：

> 据静以观物者，见物之正（贞）；乘动以逐物者，见物之似。

苏轼认定，非善非恶的"性"，其"贞"是"静"的。守持这"静"的"贞"，来静观万物，才能得物之"贞"，然后才能因物制宜，合于"善"。他说：

---

[1] 苏辙《孟子解二十四章》第十七章，《苏辙集·栾城后集》卷六。按：依《四库全书》本《孟子解》，当为第十九章。

> 虚而一，直而正，万物之生芸芸，此独漠然而自定，吾其命之曰静。泛而出，渺而藏，万物之逝滔滔，此独且然而不忘，吾其命之曰常。①

这是说，守定自性的"静"，但又不忘怀万物（此与老庄忘世不同）。他又说：

> 君子循理而动，理尽而止，应物而作，物去而复。②

据"静"以观物，得物之"贞"，即其自然的规定性，才能依此规律而有所措置，又不过其度，然后回复到"静"。在这里，守"静"与"应物"是互相联系的，是自然之"性"的"贞"的两个方面。守"静"才能准确地"应物"，循理而动，"尽万物之理而不过焉"。因此，《苏氏易传》卷八以"穷理尽性以至于命"为"将以致用"，比如说，穷尽水的沉浮之理，便能善游和操舟，即之乎"善"。

这样，非善非恶之"性"便与"善"之间有了必然的联系，其推论过程为："性"——守"性"为"贞"——"贞"有"静"与"应物而动"两个方面——据"静"以知万物之理，"应物而动"便是循理而行——循理而行的结果使万物各得其宜，即是"善"。可见，并不是只有从"性本善"出发，才能达到"性命自得"的。

现在的问题是，所谓万物各得其宜的"善"，是否就是礼教所规定的"善"？在苏轼的时代里，这大概是不需要论证的。当然，即便我们承认礼教的内容原有其"因物制宜"的方面，用这样的说法来为礼教辩护，也仍然忽略了礼教为君主独裁提供根据的意识形态方面。但是，若对礼教提出这样的要求，倒是一种积极的态度，实际上，正是因为每个时代都应其需要而使礼教更多地包含"因物制宜"

---

① 苏轼《静常斋记》，《苏轼文集》卷十一。
② 苏轼《遗爱亭记》，《苏轼文集》卷十二。

的内容，这礼教才会长期地延续下来。

还有一个问题，就是人性之"贞"的两个方面：守"静"与"应物"之间，应当互相联系，统一起来，否则从"性"到"静"，从"应物"到"善"，就被断为两截。但要论证这种联系，也颇不易。

人的"性"既无先验的善恶，而善恶又是指是否适宜于物理而言，故人之行善，不是依于先天的道德感，而是依于其认识物理的能力，即"知"或"明"。知之未尝不行，明之而能循理，循理也就是"顺"或"诚"。这就符合了《中庸》的"明""诚"统一的说法。所以，自然之"性"守"静"而能"应物"循理而动，其间的关联之点就在"明"，"静"则能"明"，"明"则即能循理。《苏氏易传》卷八说："其心至静而清明。"这"静"与"明"的关系是不难理解的。但"明"与循理而动之间，从认识到实践，逻辑上还缺少一个动力因。照苏轼的说法，人心只要"明"了，则虽所遇有难易，而"未尝不志于行"，这叫"刚中"（《易传》卷三）。"刚中"就是意志坚强，这里又引出一个"志"的概念。依孟子之说，人有"志"有"气"，苏轼在《易传》卷七云：

> 众人之志，不出于饮食男女之间，与凡养生之资，其资厚者其气强，其资约者其气微，故气胜志而为魄。圣贤则不然，以志一气，清明在躬，志气如神，虽禄之以天下，穷至于匹夫，无所损益也，故志胜气而为魂。

此段是对"志"的强调。一切向"善"的行为，均出于这"志"，"志"来自"明"，"明"来自"静"，"静"依于"性"之"贞"。"贞""静""明""志"，都是从"性"通向"善"的桥梁。苏轼搭起这四座桥的意图是很明显的，他要使非善非恶的自然之"性"自然地通向"善"，以达到自然与名教的合一。

然而，说"明"则"志于行"，仍未解决动力因的问题。心明如镜，固能鉴物，安得其"志于行"？"志"如何产生？我们可以承认"静"则"明","明"则有循理而动的能力，但把这能力付诸行动，还缺少一个推动力。

看来，没有这样的推动力。苏轼的"性"概念里，确实缺少康德体系中的道德理性，因为他把"志"视作"明"以下的范畴了。按照中国哲学的传统，如果这动力不是来自先天的"善"意志（像程朱理学那样），那么，就只能来自人的生命活动本身，推而言之，在于宇宙的生生不息的运动。这运动的主词应该是"气"。但苏轼哲学没有提供关于"气"的讨论。我们若为他作大胆的补充，应该是："气"的存在方式就是运动，在"明"的鉴照下，运动有了目的性，合理性，就是"志"。这样，"明"则"未尝不志于行"的命题才能成立。当苏轼主张"以志一气"的时候，我们可以猜想到这些隐含的内容。不过他毕竟没有表达出来，也许在他看来，人活着总要有所"行"，是不必讨论的前提，要讨论的是如何"行"的问题。于是，他主张一切顺物理而"行"，以此为"志"，并根究到"性"与"道"，做到"穷理尽性以至于命"，这就是"性命自得"的内涵。由此看来，"性"虽被阐述为人所本有的天赋，实则却是人的自我反省的结果，因此，"人"是首要的，是人来认识这一切道理，自觉地"静"下来去体认"性"，体认"道"，而不是由"道"自己出发演进到人的具体行为。总而言之，他的一整套理论，都仍以人、人的生命活动为前提，在此基础上才谈得到如何以天赋的人性去认识物理，循理而行，这叫作"存性"，说见苏轼《江子静字序》：

> 丧其所存，尚安明在己之是非，与夫在物之真伪哉？故君子学以辨道，道以求性，正（贞）则静，静则定，定则虚，虚则明。物之来也，吾无所增，物之去也，吾无所亏，岂复为之欣喜爱恶而累其真欤？君齿少才锐，方且出而应物，所谓静以存性，不可不念也。能得吾性不失其在己，则何往而不适哉！①

---

① 苏轼《江子静字序》，《苏轼文集》卷十。

这一段可以看作苏轼"性"论的纲要。"静以存性"一句,显然有个省略的主语"人"。因此,"苏氏之道最深于性命自得之际",其实是自我修养的结果,"苏氏之道"根本上是一种人生哲学。它论证了世界万物皆有自然之理("道"),也论证了人有认识此理并循理而行的天赋("性"),但没有讨论那推动人去率"性"行"道"的动力源,它只是要求人主动去这样做,去"存性",去"穷理尽性以至于命",达到"性命自得"的自由境界。

到此为止,我们对苏轼的"性"论可以有个总体的评价了。"性"指人的天赋,讨论天赋的目的,是要为人类的认识和实践活动提供根据,因此,人的知识能力与道德能力都必须在天赋中有它的源头,这就是康德体系中的纯粹理性与道德理性,中国古代与之相应的概念是"明"与"志"。一般来说,宋代哲学家讨论人性问题时,对这两个方面都曾加以关注,但各有偏重。在程朱理学的体系里,道德理性占了最为根本的地位,智能之"明"本质上只是"明善"。在苏轼的"性"论中恰恰相反,向善的"志"被视作"明"以下的范畴,人性归根到底是一种据静观物的认知能力。相比之下,从哲学为当代社会规范提供根据的意识形态本性来说,程朱理学是更见完备的;但从哲学反映人类知识的进步来说,苏学就显得较为优秀。

尤其值得表彰的是,苏轼没有把"性"看作独立于现实人情之外的与人情对立的东西,而是把"性"看作人情的总名。《东坡书传》论《大禹谟》中的"人心""道心",讲的就是"情"与"性"的关系:"夫心岂有二哉?不精故也,精则一矣……道心即人心也,人心即道心也,放之则二,精之则一。桀纣非无道心也,放之而已;尧舜非无人心也,精之而已。"此是"十六字心法"的苏学解。联系他把"性"归结为人类认知能力的观点,这里就正确地揭示了"道心""性"、认知能力、知识与"人心""情"、人的现实生存状态、社会实践之间的关系。如此,苏轼的"性命自得"的自由境界,就具有现实性,而不是那种离世远举、空花禅悦或抽象"内圣"式的了。也就因了这现实性,所以,他虽在理论上视"志"为"明"

以下的范畴，却并不忽略"志"的重要性，他的人生境界中绝不缺乏伟大的道德感。"以志一气，清明在躬，志气如神"，这是何等迈往的气象！王十朋称苏轼："万里南迁，而气不衰。"① 分明是"以志一气"的结果。

四、苏轼哲学的特色

以上从"道"论和"性"论两个方面概述了苏轼的哲学。他的哲学思想当然还有其他的内容，但论"道"论"性"是比较纯一地谈哲学，其他内容则要在具体的政治、经济、文艺等问题上体现出来，只好放到以后的章节中介绍了。这里谈一谈苏轼哲学思想的几个特色。需要说明的是，此处的"特色"是从其哲学思想的概貌上讲的，至于具体观点上的特色，则从他的观点与宋代各家哲学（尤其是程朱理学）的异同上可以看出，上节已随文分析了。

从苏轼哲学的概貌上看它的特色，约有四端。

第一是它呈现出整合儒释道三教的博大气度，和在此基础上直探本原的理论勇气。

笼统而言，宋明道学的全部内容，都是整合三教而来的。只是有的哲学家公开承认，有的则讳言之，而苏轼兄弟不但公开承认，而且还有不少明确倡导整合三教的文字。这样明确、公开的态度，其意义不仅仅是比遮遮掩掩的态度更显得胸怀磊落，而有更重要的一层：既然倡言整合三家，则三家的理论、主张都成为有待批判吸收的历史遗产，那么，就不能以引述权威论点的方式进行论断，而必须从研究现实的事物中直接得出合理的结论。思想不是从圣贤那里承袭而来，必须面对事物本身，直探其本原，也只有这样，道学才能从儒家经学中脱胎，成长为真正的哲学。在苏轼以前，欧阳修已经对正在形成中的道学提出这样的要求。他反对割裂经文以曲成

---

① 王十朋《国朝名臣赞·苏东坡》，《梅溪前集》卷十一，《四部丛刊》本。

一说，努力把他的理论建立在自然的常理和人之常情上面。仅此而言，欧阳修对道学的贡献就远在"宋初三先生"以上，因为他摆脱了对经典、权威的依傍，而令宋学的主导精神——理性精神凸现出来。苏轼整合三教，直探本原，正是对此理性精神的发扬。他为宋学奠定了一种典型的议论风范：引发经旨，贯通释道，擘画事理，据理自断。宋人都承认苏学长于"议论"，就是这个道理。虽然南宋人多把这"议论"引向了撰作儒家经典的讲义方面，但以苏轼为代表的"议论"风范毕竟最能体现宋学的理性精神，比它在程朱理学中的曲折表现更见纯正。清人黄体芳序叶适《习学记言序目》云："水心之书，其说经不同于汉人，而其于宋亦苏子瞻之流。"[1] 这同宋人王淮说"陈（亮）是苏学"[2] 一样，看到了浙东事功学派继承苏轼"议论"的底蕴。明人吕坤《注阴符经题辞》曰："余注此经，无所依著，不儒，不道，不禅，亦儒，亦道，亦禅，而总归之浅，非有意于浅，言浅即说深也。"[3] 他所谓"总归之浅"，就是不求依著三教，而求直断事理。可见苏学的"议论"精神在后世仍有继续。虽然官方哲学崇奉着程朱，但真正进步的思想却是瓣香着东坡的。

当然，直断事理并不意味着对三教哲学遗产的放弃，而恰恰是批判地继承。宋明道学虽皆整合三教，但细察之，则各家学说于三教中所取舍者各有不同。苏轼哲学的情况如何呢？我们认为，他在天道观、人性论上，取自道家、道教哲学的较多。他自称对佛理不算精通，而于《庄子》却大有会心，他用的一些概念如"大全""静""虚"等，就来自《庄子》。实际上，他的关于"自然"方面的思想，即认为"道""性"是"自然的"的思想，几乎可以说是道家的，因为他虽然通过研究《周易》来论述"道"，但却抛弃了《周易》赋予天道的某种精神性，如"天尊地卑"等（而"尊乾卑坤"正是朱子《周易本义》的重要论点之一），这就更接近于道家

---

① 叶适《习学记言序目》附录《黄体芳序》，中华书局，1977年。
② 《宋元学案》卷五十六《龙川学案》附录，中华书局，1987年。
③ 吕坤注《黄帝阴符经》卷首，《吕新吾全集》本。

的天道观了。从历史上看，在中唐儒学复古运动兴起的同时，思想界也存在着另一个思潮：李筌注的《阴符经》及不知何人伪托的《关尹子》出现了①，《玄真子》《无能子》亦相继问世，直到五代时，还有南唐谭峭的《化书》，后蜀彭晓的《周易参同契通真义》，而终南山上的陈抟也留下了几张神秘的图书。这分明是道家、道教哲学伏于中唐以来的思想界中的潜流，到陈抟以后还深刻地影响了宋代的道学。这个潜流中有两个方面很值得关注：一是与激烈的社会批判相结合的，毁弃虚伪的礼教，而提倡自然天道，研究自然科学与理势法术；二是道教的修炼术从"外丹"转向"内丹"，这到北宋张伯端的《悟真篇》就更显得清晰了。宋代道学虽自谓儒家哲学，却最终认了陈抟做祖师，就是因为宋儒不能局限在"道统"论中谈"道"的权威性，而要把礼教论证为与自然天道相统一，"道"必须是"自然的"。所以，通过陈抟的影响而汇入宋代道学的这股道家、道教哲学之潜流，实际上成为道学在天道观方面的重要内容，即"自然之道"的思想。苏轼的天道观显然是接受了这一思想而加以发展的。

在"性"论的方面，道教的观念对他的影响也是深刻的。道教认为世间各种元素如金、木、水、火等都各有一神主持着，人也具有这些元素，所以人体内也住着神，吞符就是用神的语文与人体内的神对话。人体内的神是很多的，主要是"五藏神"，其中又以"心"为最尊。由于体内五藏神与体外五行神是相通的，所以经过内省式的修持，"念心思神"，可以与神合一。在这个基础上，"内丹"理论所训的"性"概念，是五藏神或更多的体内神的综合性，虽然可以认为"心"是其核心，但这个"心"也不纯指思维，而是包含着物质性的（也许可以称为一种"生命元素"，兼具物质性与思维内涵），用理学的话来说，是"理""气"不分的。把"心""性"

---

① 柳宗元集中有《辩文子》《辩亢仓子》《辩鹖冠子》，韩愈集中也有《读鹖冠子》，白居易《策林十六》也引述《文子》，这些道家子书，如果不是在此时出现的（伪托的），也是在此时开始被关注的。

理解为万理之总汇的纯粹"理体"，是佛教哲学的观念，道教所修持的不是这"理体"，而是生命（一个婴儿）。这样看来，程朱理学的"性理"接近佛教观念，而苏轼的"性"接近道教观念。说苏轼是一个道家、道教色彩很浓厚的思想家，大致是不错的，相对来说，佛教对他的哲学的影响，要弱得多，虽然总体上他是三教兼取的。

苏轼哲学的第二个特色，是与上述第一个特色相关的。既然他在"道""性"概念上基本采用了道家、道教哲学的说法，那么如何把它们与礼教相联系，就是他的理论的关键部分了。在这样的论证中，他的理论就显出思维方式上的一个特色：对"全"的抽象把握。

在很大程度上，抓住了"全"，也就抓住了苏轼思想的精粹。他的"道"概念是自然的"全"，他的"性"概念是一切生命形态（人情）的"全"，这是他对道家、道教哲学讲的自然之"道"、生命之"性"的进一步发展。而且，这"全"也是联结"道""性"与礼教、"善"的关键，这在上一节中已分析过，不必再赘述了。因为"全"才是"善"，所谓"万物并育而不相害，道并行而不相悖"①，他就有充足的理由为多元化进行辩护，而明确地反对任何形式（激进或保守）的独裁、独断倾向，成为他的思想中最积极的因素，也是整部宋代哲学史留给我们的思想遗产中最光彩夺目的亮点。同时，我们也应看到，虽然他反对"道"与"性""本善"的观点，而把"善"看作"道"的"继之者"，但他并不忽视"善"，从某种意义上说，他对"善"有着更为深刻的思考，即"善"不但是一种价值，还必须具有"完美"（"全"）的意义。当他说"道"的"全"就是"善"时，考虑到"道"本身就是对自然之"全"的概括，那么也可以说"道"对于人的当然的意义就是"善"，从而，人们履"道"的行为必然是"善"的。所以，在"全"上面，实际

---

① 此语出《礼记·中庸》，苏辙《历代论·梁武帝》曾引用之，苏轼《东坡书传》卷七释《咸有一德》篇"始终惟一时乃日新"句时也引用之，可见他们很欣赏这句话，因为与他们的主张相合。

寓含了"真""善""美"一体的观念。

通过"全"而把"真"（自然之"道"）导向"善"，使苏轼哲学有了它的第三个特色，即实践精神，也就是前人说的"推阐理势""多切人事"①。

在宋代，有些人认为三苏是纵横家、《战国策》派，除了指他们的文风有似于《战国策》外，也指他们的议论看似不主一理，正说反说都振振有词，比如苏轼《策断一》对唐太宗征高丽之事加以肯定，而《代张方平谏用兵书》则否定之，苏洵《几策·审敌》称扬晁错"为一身谋则愚，而为天下谋则智"，苏轼《晁错论》却严责其"务为自全之计"，等等。宋人的原则性很强，他们在认定王安石的主张全属谬误的同时，对他能把这"谬误"坚持到底却都深表赞赏，觉得这样才有"名节"，而对于三苏的"自相矛盾"的议论，就诋为纵横家。实际上，从道德伦理的角度否定纵横家，是指其趋利背义，为了利益而不择手段的一面，若论其剖析事理，体察情势，一切从实际出发而不主教条，则即便对儒家来说，也原有可取处。苏轼"立朝大节极可观"②，不能说他趋利背义，而所谓"自相矛盾"的议论，无非是针对不同的事势，从不同角度而言的结果。因为他认为"道"的"全"即万物各当其理、天下之所同安才是"善"，所以他不同意从一家的原则、教条出发去药毒天下，而主张胸无成见（"无心"）地顺应万物本身的理势，顺应人情民心、公论士望（王安石所谓"流俗"）而行事。这就保证了他的论事每能从实际出发，论史也能针对当前的时弊，因时因地因人因事而立说。当然，也就难免会有"自相矛盾"、前后不一之处。大致说来，宋代那些学者型的政治家，在居家读书与出而应世的前后，多会有某些不一致的言论，只是苏轼善于"议论"，每立一说都要辩白得坚不可破，所以其矛盾处给人的印象特别深刻罢了。然而，若谓其"议论"

---

① 《四库全书总目·苏轼〈东坡易传〉提要》。

② 马永卿《元城语录》卷上述刘安世语，《丛书集成》收王崇庆《元城语录解》本。

有纵横家之优长则可，若说他是一个纵横家，则不然，因为从大处讲，他并无趋利背义之病。故黄庭坚为他辩护云："至近世，俗子亦多谤东坡师纵横说，而不考其行事，果与纵横合耶？其亦异也！"①在苏轼门人中，黄庭坚最有自成一家的独立意识，也最不惮于批评苏轼，但他也是最深刻地理解了苏轼的人生和思想的。

由于苏轼的理论具有实践精神，就使他在研究实际事物方面获得不少卓见。这里举一个例子。元祐六年，翰林学士任上的苏轼曾向朝廷建议疏浚吴淞江，并提出具体办法："水道松江，宜加迅驶，然后官私出力以浚海口。海口既浚，而江水有力，则泥沙不复积，水患可以少衰。"②这是他研究了水道、水力与淤塞原因的关系，并参考吴中人士的意见后，得出的正确结论。后来归有光编《三吴水利录》，就采入苏轼的议论，归氏自己的见解也与此相同："水全则势壮，故水驶而常流；力分则势弱，故水缓而易淤。"③隆庆时海瑞疏浚吴淞江，便是根据"若内水急流，则足以冲荡潮泥，免于淤塞"④的构想，进行工程设计，结果大奏功效，时人以为"万世功被他成了"⑤。可见，苏轼的见解给了后人的实践以科学的指导，并获得了显著的成效。

对于"道"之"全"的强调，也给苏轼哲学带来第四个特色，即把道学带向审美的方面。

由于"道"本身是一个概括了自然之"全"的概念，那么，从知性上说，除非穷尽了一切，否则不能认识到"道"。但穷尽一切是不可能的，所以苏轼在他著名的《日喻》⑥一文中，提出了"道可

---

① 黄庭坚《跋刘敞侍读帖》，《山谷题跋》卷八，《丛书集成》本。
② 苏轼《进单锷吴中水利书状》，《苏轼文集》卷三十二。
③ 归有光《奉熊分司水利集并论今年水灾事宜书》，见《三吴水利录·续增》，《四库全书》本。
④ 海瑞《处补练兵银疏》，《备忘集》卷一，《四库全书》本。
⑤ 梁云龙《明故资善大夫南京都察院右都御史赠太子少保谥忠介刚峰海公行状》，见《备忘集》卷十附录。
⑥ 苏轼《日喻》，《苏轼文集》卷四十六。

致而不可求"的命题。什么叫作"致"？苏轼说："莫之求而自至，斯以为致也与？"他举例说："南方多没人，日与水居也，七岁而能涉，十岁而能浮，十五而能浮没矣。夫没者，岂苟然哉？必将有得于水之道者。日与水居，则十五而得其道。生不识水，则虽壮，见舟而畏之。故北方之勇者，问于没人，而求其所以没，以其言试之河，未有不溺者也。"这是说，无论如何了解沉浮的原理、游泳的要领，也并不能真正学会游泳，而"日与水居"的人则自然而然会有很好的水性。那说明了什么呢？一方面，只有在切身的实践中，才能真正"得于水之道"，仅仅"求其所以没"之理是不够的；另一方面，得水之"道"是一个人的身心自然地契合于水的境界，而不是从认知的角度可以求得的。确实，这种自然契合的境界有着不可言传之处，不能由一个人教会另一个人，而只能让另一个人在不断的实践中一朝豁然体会到。就是说，有关于"道"的知识虽可"求"得，但真正获得"道"之"全"，最后一步是"莫之求而自至"的。这里有一个从有限到无限（"全""道"）的超越，是知性不能负担的，要以全部身心去体"道"，才能跃入自由的境界。这样，根本地说，体"道"之"全"是一种审美活动。

然则，人将如何体"道"之"全"（即"致道"）呢？如果知性的努力不能通向"道"，那似乎就要靠直觉的提升了。苏轼确实有一些近乎直觉论的讲法，如谓"求物之妙，如系风捕影，能使是物了然于心者，盖千万人而不一遇也"[1]。他又以学佛为例来说明："学者以成佛为难乎？累土画沙，童子戏也，皆足以成佛，以为易乎？受记得道，如菩萨、大弟子，皆不任问疾。是义安在？方其迷乱颠倒流浪苦海之中，一念正真，万法皆具；及其勤苦功用，为山九仞之后，毫厘差失，千劫不复。呜呼，道固如是也，岂独佛乎！"[2] 这是说关键在于一念顿悟，便可直觉"物之妙"而"了然于心"，"万法皆具"，得"道"之"全"。这是直觉论。不过，凡文艺

---

[1] 苏轼《与谢民师推官书》，《苏轼文集》卷四十九。
[2] 苏轼《南华长老题名记》，《苏轼文集》卷十二。

水平高的人多会有一些近乎直觉论的讲法，似亦不足以便断其为直觉论者。在关于人如何"致道"的问题上，苏轼还有近于庄子"心斋"的讲法。庄子论"道"是苏轼最感默契的，故其"致道"之法也为苏轼所吸取。《庄子·人间世》云："唯道集虚，虚者，心斋也。"意思是说，虚静之心，是"道"之所集，即谓心处虚静才能体"道"。苏轼有诗云："至人悟一言，道集由中虚。心闲反自照，皎皎若芙蕖。"① 这是把顿悟直觉与"心斋"之法结合了起来。但我们应该记得，保持心灵的虚静，原是苏轼"存性"之说的内容，虚静是由"性"之"贞"产生的，它也将产生"明"，去辨别物之真伪、事之是非，俾能正确地应物而动。故"心斋"之法，不仅是为了直觉，也是为了知识的积累。在《送参寥师》诗中，苏轼说："静故了群动，空故纳万境。阅世走人间，观身卧云岭。咸酸杂众好，中有至味永。"② 这就把"心斋"与认识实践、人生体验相结合了。同时，苏轼是不离开事物的具体规律来言"道"的。比如谈写作，他认为领会了"道"，"了然于心"了还不够，还要"了然于口与手"③，这就不能忽视技艺方面的修炼，"有道有艺，有道而不艺，则物虽形于心，不形于手"④，故他的主张是"技、道两进"⑤。可见"致道"之法必须伴随着技艺的提高，即不能脱离对事物的具体规律的掌握。举例来说："婴儿生而导之言，稍长而教之书，口必至于忘声而后能言，手必至于忘笔而后能书……及其相忘之至也，则形容心术，酬酢万物之变，忽然而不自知也……以是为技则技疑神，以是为道则道疑圣。"⑥ 此是"技、道两进"而至于自由境界了。综合以上直觉的解悟、知识的积累与技艺的提高诸方面来看，我们认为，苏轼在"致道"的方法论上，应是一种体验论。体验只能来自

---

① 苏轼《读道藏》，《苏轼诗集》卷四。
② 《苏轼诗集》卷十七。
③ 苏轼《与谢民师推官书》，《苏轼文集》卷四十九。
④ 苏轼《书李伯时山庄图后》，《苏轼文集》卷七十。
⑤ 苏轼《跋秦少游书》，《苏轼文集》卷六十九。
⑥ 苏轼《虔州崇庆禅院新经藏记》，《苏轼文集》卷十二。

亲身的实践，在体验中包含着直觉的提升、知识的增长与技艺的进步，最后是全身心地与"道"融合，"相忘之至"的自由境界。"咸酸杂众好，中有至味永"，体验的根本要旨在于审美感受的提炼。

如果我们对于苏轼"致道"的内涵及其方法的理解是不错的，那么，苏轼确是把道学带向审美的领域了。这是为韩柳以来的道学思想开辟了一个新天地，其意义是十分重大的。在中国古代文化史上，苏轼留下了很可能是唯一的一家具有完整理论形态的哲学美学，故我们将另辟章节探讨他的美学思想，这里只是说他的"道"论具有通向审美方面的特色。

哲学的根本任务是"究天人之际"，以"道"论和"性"论为核心的苏轼哲学，确实是在"究天人之际"之中，建立起来的自具特色的一家之学。从哲学史的研究来说，阐明它的特色，也就揭示了它的价值。我们这里概括的四端，也不过是浅略的尝试。

五、苏轼与禅宗

上文将苏轼哲学思想的基本面貌，概括为贯通儒、释、道"三教"而自成一家，这与宋代中国的整体思想环境获得了相当高度的一致性。不过从苏轼的生平来看，这种面貌的形成有个过程，比较早的表述见于苏辙的笔下：

> 公之于文，得之于天，少与辙皆师先君。初好贾谊、陆贽书，论古今治乱，不为空言。既而读《庄子》，喟然叹息曰："吾昔有见于中，口未能言，今见《庄子》，得吾心矣。"……后读释氏书，深悟实相，参之孔、老，博辩无碍，浩然不见其涯也。[1]

那个时代一般的读书人都以儒家经史为基础教养，苏轼也不例外；

---

① 苏辙《亡兄子瞻端明墓志铭》，《苏辙集·栾城后集》卷二十二。

后来不免要接触佛、道，则情形各异，有的人严厉拒斥"异教"，有的人却完全看破，皈依了佛、道，有的人暗受其影响而不肯明言，也有的像苏轼那样，明确主张贯通三教。按苏辙的回忆，苏轼接触道家较早，受《庄子》影响甚深，然后再"读释氏书"，获得三教融会。

实际上，任何一个传统读书人，一旦有了"读释氏书"的经历，都会马上意识到这是一个比儒家、道家远为丰富的哲学思想资源。不过，在他们熟悉、掌握足够多的佛学概念，有能力使用佛学概念对一些重要的思想问题表述其见解时，往往在此前已经使用儒、道的概念完成了对这些见解的表述。一般情况下他们不会再使用佛学概念重新加以完整的表述，而只是零碎地发表一些印证性的体会。苏轼的情况也大致如此，他留下的关于天道、人性等基本哲学问题的论述性文字中，很少能看到佛学的影响，使用的概念多数来自儒、道之书。比如《东坡易传》无疑是我们了解其哲学思想的主要依据，此书注解儒学经典，而使用了"大全""无心""静""虚"等来自《庄子》的许多概念，可谓儒道结合，却很少能看到佛学的因素。但实际上，几乎是在写作《易传》的同时，苏轼在《赤壁赋》中已使用"声""色""无尽藏"等佛教哲学的名词去跟赋中的"客"（杨道士）对话。所以，我们若按照编年的顺序去读他的诗词、散文，则不难发现佛教的影响呈越来越明显的趋势。

苏轼比较大量地"读释氏书"，可能比较晚，但宋代最具影响的佛教宗派——禅宗，其实并不在指导士人研读佛经上下功夫，禅师们主要通过人际交往，包含了世俗化的谈论，乃至诗歌唱和等容易为士人所接受的日常交流的办法，去影响士人。而苏轼接触禅师，其实也并不太晚，就我们目前能够掌握的资料来看，其最初结识的著名禅师可能是大觉怀琏。怀琏字器之，是云门宗的著名禅僧，《苏轼诗集》卷二《次韵水官诗》引云："净因大觉琏师，以阎立本画水官遗编礼公，公既报之以诗，谓轼汝亦作，轼顿首再拜次韵，仍录二诗为一卷献之。"此事应在嘉祐六年（1061年），"编礼公"就是苏洵，"大觉"是怀琏的赐号。可见怀琏是苏洵的老朋友。苏轼继承了父亲的社会关系而结识怀琏，可能是一件比较重要的事，因为后来跟他关系最为密切的禅僧，如径山维琳、参寥子道潜，就是怀琏的嗣法弟子，他们之间的交往应发轫于怀琏的介绍。云门宗禅僧中还有一位跟苏轼交往密切的佛印了元，早年曾继承怀琏在庐山圆通寺的书记职位，很可能也是因怀琏的介绍而跟苏轼相识。

禅宗有所谓"一花开五叶"之说，唐后期已出现沩仰宗、临济宗、曹洞宗，五代时期产生了云门宗和法眼宗。到了北宋，沩仰、法眼二宗逐渐消失，曹洞宗作风内敛，声势不大，跟士大夫交往甚多的主要是云门、临济二宗的僧人。苏轼跟禅门的接触，因为是从怀琏开始，逐渐扩大的，所以交往最多的就是云门宗僧人。但在禅宗的灯录如《嘉泰普灯录》《五灯会元》《续传灯录》等书所排列的传法谱系中，苏轼却并不属于云门宗，而是被归在东林常总的弟子之列，属于临济宗黄龙派。不仅如此，《五灯会元》把苏辙也归在此派，列为上蓝顺禅师的唯一传人①，而这位顺禅师与东林常总一样，都是黄龙派的开山祖师黄龙慧南的弟子。所以二苏不但是在俗的亲兄弟，在禅门中，苏轼也是苏辙的"雪堂师兄"。慧南当然还有许多弟子，值得注意的是黄龙祖心和建隆昭庆，在灯录中也是黄庭坚和秦观的嗣法之师。看来，几乎整个"苏门"都成了慧南的法孙。接下来，黄庭坚门下的"江西诗派"，从人缘关系看，也差不多跟禅门的"黄龙派"相融合。因此，这不仅仅是常总与苏轼的关系问题，而不妨说是整个黄龙派禅僧与"苏门"士大夫的关系问题。

可是，苏轼与东林常总实际上只见过一次面，就在元丰七年（1084 年）苏轼离开黄州后游览庐山之时。由这一面之缘来确定"嗣法"关系，体现了禅门的基本立场：因为禅家讲究"顿悟"，所以他们确定"嗣法"关系的时候，主要不看交往密切与否，甚至有关佛学知识的传授也不予考虑，他们只关注当事人的某一次具有决定意义的恍然大"悟"之经验，如果这一次经验是由某位禅师启发

---

① 《五灯会元》卷十八，"上蓝顺禅师法嗣，参政苏辙居士"章，中华书局，1984 年。

而致，或者当事人的某种表达获得禅师之印可，则他便成为该禅师的"法嗣"，其间不必存在其他的关系，乃至拒绝考虑其他的关系。苏轼的这次大"悟"经验，被认为是在常总禅师的启发下，发生于庐山东林寺，由此便可确定苏轼的"嗣法"之师是临济宗的东林常总。从这个角度说，苏轼在庐山怎样发"悟"，他"悟"到了什么，这才是我们探寻其思想中的禅宗乃至佛学因素时最须重视的内容。

元丰七年苏轼游览庐山之前，是在筠州访弟苏辙，而在苏轼到达筠州稍前，苏辙正好已接待了上蓝顺（又称景福顺）禅师的来访，呈诗云：

> 中年闻道觉前非，邂逅仍逢老顺师。搐鼻径参真面目，掉头不受别钳锤。枯藤破衲公何事，白酒青盐我是谁？惭愧东轩残月上，一杯甘露滑如饴。①

《五灯会元》卷十八将此诗记作苏辙悟道的因缘，也是他嗣法于顺禅师的根据。我们应该注意的是，苏辙自谓参得了"真面目"，又表示不必再接受别的禅师"钳锤"教导，确实是自认为顺老的传人了。那么，苏辙的悟道看来还早于苏轼，而且对苏轼是有促动的，因为筠州访弟，苏轼获知苏辙已经参得了"真面目"，然后接下来他上庐山去访禅，才会为自己"不识庐山真面目"② 而感到焦虑，最后走入了东林寺常总禅师的门下，经常总点拨而悟道。

"不识庐山真面目，只缘身在此山中"，是苏轼哲理诗的名句。通常，我们哲理性地阐说此句，句中的"庐山"是可以被置换的，换成别的山乃至其他事物，都不影响所说的道理。但是，元丰七年苏轼写作此诗的时候，他面对的却是真实的庐山，这"庐山"实际上也有其不可替代的一面，因为苏轼在庐山所作的全部诗歌，整体上显示了一个思想脉络。对此，他本人曾有一段自述：

---

① 苏辙《景福顺老夜坐道古人搐鼻语》，《苏辙集·栾城集》卷十三。
② 苏轼《题西林壁》，《苏轼诗集》卷二十三。

仆初入庐山，山谷奇秀，平生所未见，殆应接不暇，遂发意不欲作诗。已而山中僧俗皆言"苏子瞻来矣"，不觉作一绝云："芒鞋青竹杖，自挂百钱游。可怪深山里，人人识故侯。"既自哂前言之谬，复作两绝句云："青山若无素，偃蹇不相亲。要识庐山面，他年是故人。"又云："自昔怀清赏，神游杳霭间。而今不是梦，真个在庐山。"是日有以陈令举《庐山记》见寄者，且行且读，见其中有云徐凝、李白之诗，不觉失笑。旋入开元寺，主僧求诗，因为作一绝云："帝遣银河一派垂，古来惟有谪仙词。飞流溅沫知多少，不与徐凝洗恶诗。"往来山南北十余日，以为胜绝，不可胜谈，择其尤者，莫如漱玉亭、三峡桥，故作二诗。最后与总老同游西林，又作一绝云："横看成岭侧成峰，远近高低各不同。不识庐山真面目，只缘身在此山中。"仆庐山之诗，尽于此矣。①

我们若将这段自述中提到的诗歌作品与《苏轼诗集》卷二十三相比照，可知所谓"仆庐山之诗，尽于此矣"并未完全合乎事实，实际上还有一些作品未收入，但它可以帮助我们确认两点：第一，与常总禅师会面，被表述成苏轼庐山之行的终点，而最后的一绝就是著名的《题西林壁》；第二，最初的三首五言绝句在《苏轼诗集》卷二十三被题为《初入庐山三首》，且"青山若无素"被改置第一首，而此首恰恰提到"要识庐山面"的问题，与最后《题西林壁》的"不识庐山真面目"宛成呼应，若再考虑到"真面目"一语更早地见于苏辙不久前所作的悟道之诗，则前后贯穿来看，对"庐山面"或"庐山真面目"的思考，确实伴随了苏轼此行的始终。"庐山"在这里确是特指，不可被置换。

　　如果相信苏轼的自述，"芒鞋青竹杖"乃是第一首。此首的大意

---

　　① 胡仔《苕溪渔隐丛话》前集卷三十九引苏轼语，人民文学出版社，1962年。

是：我现在并无值得尊仰的身份，自费来游庐山，为什么山中的人都知道我？这当然显露了作者因自己的名声而自鸣得意之情，所以马上"自哂前言之谬"。接下来的两首中，"自昔怀清赏"一首表达了他对庐山的长久向往之意，好像起到了纠正"前言之谬"的作用。不过现在看来，诗人之向往名山，与名山之有待于诗人，也正好互相呼应。"真个在庐山"表明了他们的相遇。

然而，这一次相遇的情形并不令人满意，诗人与名山之间，或者具体地说苏轼与庐山之间，并非一见如故。"青山若无素，偃蹇不相亲"，苏轼觉得庐山跟他没有交情，不相亲近。"偃蹇"是倨傲不随之意，同样的词语曾出现在苏轼以前的诗句中。熙宁六年（1073年）担任杭州通判的他为宝严院垂云亭题诗云：

江山虽有余，亭榭苦难稳。登临不得要，万象各偃蹇。①

大意是说，自然景象虽然丰富多彩，但若筑亭不得其处，那么登上这个亭子去看风景的人，便无法获得适当的观赏视角，各种景象便不会显示出符合审美期待的秩序，"美"就无法实现。作为诗人和画家的苏轼，显然不愿无条件地接受自然山水的任何形态，他希望对象随从自己的审美习惯。从理论上说，每个观赏者都是如此，在审美方面总有一些主观的期待，符合这个期待的，他才会认为是美的。但问题在于，自然山水不会因观赏者的期待而主动修改自己的形态，这就存在一个主客观如何逐步交融的问题。"偃蹇不相亲"之语表明，苏轼初见庐山时，对象所呈现的面貌并不符合他的心愿。——这才是他初入庐山时，在审美方面的第一感受。此种感受想必令他苦恼，因为庐山之"美"几乎是个不可怀疑的前提，那么，问题便在观赏者这一边，或者说，还是一个观赏视角的问题。我们在《题西林壁》诗中可以看到苏轼在获取适当的视角方面付出的努力：他横看竖看，远看近看。但是，结果显然并不理想。

---

① 苏轼《僧清顺新作垂云亭》，《苏轼诗集》卷九。

庐山突破了苏轼所习惯的审美秩序，在他面前显出倨傲的形态，不肯随从他的期待。换句话说，苏轼看不出庐山美在哪里，这个意思被他表述成对"庐山面"或"庐山真面目"的"不识"。大概这才是他在庐山不想作诗的原因。如果你看不出对象的美，怎么为它作诗呢？当然，这也没有妨碍苏轼在庐山探胜的兴致，而且事实上他还是写了几首诗。不过我们关心的是，苏轼此行既然一开始就陷入了"不识""庐山面"或"庐山真面目"的困境，那么他将如何摆脱这个困境？换句话说，怎样才能使庐山在自己眼里呈现为美的风景？从诗语来看，苏轼似乎设想了两条出路。

第一条诉诸时间。"要识庐山面，他年是故人"，如果以后能多次造访，那就会跟老朋友重逢一般亲切了吧。第二条诉诸空间。"不识庐山真面目，只缘身在此山中"，由于在山中横看竖看、远看近看都没有理想的效果，那自然就会归因于视界的局限性，设想跳出这一空间，从更大的视野去看。毫无疑问，人们对任何事物的认识，都不能缺乏适当的时间和空间条件，所以，联系《初入庐山》绝句来解读《题西林壁》，不但并不损害后者的象征意义，反而使这种意义丰满起来。更为重要的是，这些作品所具有的思想脉络，显示了与苏轼庐山之行始终伴随的一种思考，即对于"庐山真面目"的追问，以及由此引发的疑虑。他带着这样的疑虑，走到了此行的终点，步入了东林常总的门庭。

对于苏轼参见常总而悟道的因缘，较早的记载是在《嘉泰普灯录》卷二十三，此后《五灯会元》卷十七所载略同：

　　　内翰苏轼居士，字子瞻，号东坡。宿东林日，与照觉常总禅师论无情话，有省，黎明献偈曰："溪声便是广长舌，山色岂非清净身。夜来八万四千偈，他日如何举似人。"

这里的"内翰"是用了苏轼后来的官称，即翰林学士。"照觉"是常总的号，他这年正好六十岁，却已当了五十年的和尚，自熙宁二年（1069 年）黄龙慧南圆寂后，他已被公认为黄龙派乃至临济宗禅僧的代表。后面的一偈在《苏轼诗集》卷二十三题为《赠东林总长老》，作为东坡的悟道之偈，其真实性从未遭受质疑，但上引的苏轼自述中却没有提到。

灯录已经提示了解读苏轼悟道偈的背景资料，就是他与常总禅师谈论的"无情话"。佛教将人类和动物称为"有情"，植物和无生物归入"无情"，所谓"无情话"即唐代南阳慧忠国师的"无情说法"公案。《五灯会元》卷二将慧忠编在六祖慧能的法嗣，但对这个公案记载简略，倒是洞山良价的语录中有详尽的转述：

> 师参沩山，问曰："顷闻南阳忠国师有无情说法话，某甲未究其微。"沩曰："阇黎莫记得么？"师曰："记得。"沩曰："子试举一遍看。"师遂举，僧问："如何是古佛心？"国师曰："墙壁瓦砾是。"僧云："墙壁瓦砾岂不是无情？"国师曰："是。"僧云："还解说法否？"国师曰："常说炽然，说无间歇。"僧云："某甲为甚么不闻？"国师曰："汝自不闻，不可妨他闻者也。"僧云："未审甚么人得闻？"国师曰："诸圣得闻。"僧云："和尚还闻否？"国师曰："我不闻。"僧云："和尚既不闻，争知无情解说法。"国师曰："赖我不闻，我若闻，即齐于诸圣，汝即不闻我说法也。"僧云："恁么则众生无分去也。"国师曰："我为众生说，不为诸圣说。"僧云："众生闻后如何？"国师曰："即非众生。"僧云："无情说法据何典教？"国师曰："灼然，言不该典，非君子之所谈。汝岂不见《华严经》云：刹说，众生说，三世一切说。"师举了，沩山曰："我这里亦有，只是罕遇其人。"师曰："某甲未明，乞师指示。"沩山竖起拂子曰："会么？"师曰："不会，请和尚说。"沩曰："父母所生口，终不为子说。"①

洞山良价是曹洞宗的创始人，早年游方时，曾向沩仰宗创始人沩山

---

① 《筠州洞山悟本禅师语录》，《大正新修大藏经》本。

灵祐请教"无情说法话"的含义，在沩山的要求下，他完整地转述了慧忠国师与某僧的问答内容。慧忠认为，像墙壁瓦砾之类的"无情"之物，都跟古佛一样，演说着根本大法，而且从不间歇，一直在说，只是一般人听不到而已。与慧忠对话的某僧以及早年的洞山并未由此得悟，但看起来沩山了解慧忠的意思，他不肯为洞山解说，只是竖起拂子，想让洞山自悟，可惜洞山的机缘并不在此。一般情况下，禅师不肯明说而以它物指代的，都是彼岸性的东西，"父母所生口"即此岸性的言语机能是决不能承担其解说任务的。慧忠的话也清晰地区划了两个世界：听到"无情说法"的是诸圣，听不到的是众生。不过，慧忠和沩山似乎可以往来于两个世界之间。

《五灯会元》卷十七记载了东林常总的一段说法，与"无情话"意思相通：

> 上堂："乾坤大地，常演圆音；日月星辰，每谈实相。翻忆先黄龙道：'秋雨淋漓，连宵彻曙。点点无私，不落别处。'复云：'滴穿汝眼睛，浸烂汝鼻孔。'东林则不然，终归大海作波涛。"击禅床，下座。

在这里，"圆音"和"实相"指彼岸性的真理，"乾坤大地"和"日月星辰"概指一切存在物，故此语的意思无异于"无情说法"。黄龙慧南话里的"秋雨"当然也是如此"说法"的"无情"物之一，它如此辛苦地说着，却没人去倾听，只好施展毒手，"滴穿汝眼睛，浸烂汝鼻孔"，无非是要逼人去听。看来慧南把自己也当成了"秋雨"，施展毒手倒体现出他的老婆婆心肠。常总却不愿如此费事，"终归大海作波涛"，自己流向大海便罢。

再来看苏轼的悟道偈，"溪声""山色"自是"无情"，"广长舌"和"清净身"都是对佛的形容，指代最高真理，无疑也是"无情说法"的意思。这样，贯穿慧忠、慧南、常总和苏轼的有关言论，我们大致可以推测，这是对体现于一切存在物的最高普遍性的领悟，其哲学含义倒也并不复杂，与所谓"目击道存""一物一太极"等道家、儒家的说法相似，只是用了一种生动的说法来表述而已。不过，禅宗讲究的不是对理论的知解，而是与参禅者个体密切相关的体验，之所以要用生动的说法来暗示，或者指东道西不肯明言，就是为了避免抽象的理论话语，引导人用全身心去拥抱这样的体验，而不是仅仅在知识层面加以认识。当然，个人体验的事，被认为"如人饮水，冷暖自知"，不可言说，我们这里只能指出其哲学含义而已。

重要的是，通过对"无情话"的参悟，苏轼和常总找到了思想上的契合点。而且，苏轼领会了个人体验的重要性，他表示自己听到了"无情说法"，一夜之间，"八万四千偈"向他涌来。按慧忠的设定，听到了"无情说法"的人即"齐于诸圣"，领会了根本大义，换句话说就是"悟"了。禅宗的灯录将苏轼收入常总法嗣之中，等于认可了他的"悟"。夜宿东林以后的苏轼，看到"山色岂非清净身"，那么"庐山真面目"是什么，对他来说应该不再是疑问了。当然，如禅宗一般的立场，这个"真面目"只能自己心里有数，没有办法"举似人"，不能用理论性的话语转述给别人去听。

从禅宗方面来说，把声名卓著的苏轼纳入宗派，当然有助于扩大其世俗影响。不过宗教事务也有其严肃性，不能随意将"悟道"的声誉赠送给达官名流。对于苏轼的禅学造诣，宋代的佛教界实际上也有不同的看法，南宋临济宗的杨岐派禅僧，就曾发出质疑，见于禅籍的记载：

> 临安府上竺圆智证悟法师……乃谒护国此庵元禅师，夜语次，师举东坡宿东林偈，且曰："也不易到此田地。"庵曰："尚未见路径，何言到耶？"曰："只如他道：'溪声便是广长舌，山色岂非清净身。'若不到此田地，如何有这个消息？"庵曰："是门外汉耳。"曰："和尚不吝，可为说破。"庵曰："却只从这里，猛著精彩觑捕看，若觑捕得他破，则亦知本命元辰落着处。"师通夕不寐，及晓钟鸣，去其秘畜，以前偈别曰："东坡居士太饶舌，声色关中欲透身。溪若是声山是色，无山无

158

水好愁人。"特以告此庵，庵曰："向汝道是门外汉。"师礼谢。①

程待制智道、曾侍郎天游，寓三衢最久，而与乌巨行禅师为方外友。曾尝于坐间，举东坡宿东林闻溪声呈照觉总公之偈："溪声便是广长舌，山色岂非清净身。夜来八万四千偈，他日如何举似人。"程问行曰："此老见处如何？"行曰："可惜双脚踏在烂泥里。"曾曰："师能为料理否？"行即对曰："溪声广长舌，山色清净身。八万四千偈，明明举似人。"二公相顾叹服。②

前一条中的圆智法师是杭州上天竺寺的天台宗僧人，偶尔参禅，所参的"此庵元禅师"则是禅宗的护国景元。第二条的"程待制智道"当是"致道"之讹，即《北山集》的作者程俱，"曾侍郎天游"是曾开，著名诗人曾几之兄，而"乌巨行禅师"则是乌巨道行。景元和道行都是两宋之际的临济宗杨岐派禅僧，他们对苏轼的悟道偈都不满意。

护国景元指责苏轼是"门外汉"，但未说明理由。在他的启示下，圆智法师写了一偈来斥破苏轼，似乎得到了景元的首肯。偈中说苏轼的毛病在于"声色关中欲透身"，即企图借"无情说法"的话头，欲从"溪声""山色"等此岸性的"声色"向彼岸性超越。后面两句的意思大概是：如果对真理的领悟要从"声色"出发，那么没有"声色"怎么办？这个质疑比较费解，因为只要人有耳目，"声色"总是无所不在的，怎么会"无山无水"呢？

相对来说，乌巨道行对苏轼偈的改写，意图更清楚一些。苏轼的四句偈，始终隐含了主语"我"，前两句有判断词"便是""岂非"，自是由"我"来判断的，后面两句也是指"我"如何将夜来听到的八万四千偈转告他人。道行禅师的改写，就是把前两句的判

---

① 《五灯会元》卷六。
② 释晓莹《罗湖野录》卷四，《续藏经》本。

断词删去，把后两句的隐含主语变成了真理本身，总体上扫除了"我"这个主体。由此返观上面的"无山无水"之说，恰可与此对照，意在扫除客体。那么，杨岐派对苏轼的质疑，似可归结为一点：就是苏轼的偈语显示出他还停留在主客体对立的境界，而只有消除这种对立，才能"悟"到禅的根本。换句话说，只要还有主客体对立的意识在，便无法达到真正的超越，所谓"双脚踏在烂泥里"，该是此意。

我们确实应该感谢禅师的批评，目光如炬的他们以寸铁杀人的方式指明了苏轼之"悟"与他们所认为的真正禅"悟"的差异。当然，禅宗不同的派别有不同的宗风，其接人的态度也宽严不等，苏轼既被载入灯录，表明他的悟道偈也获得一部分禅师或一定程度的认可，故杨岐派禅师对其"悟"境的质疑，应理解为"悟"有不同的层次。其实苏轼本人也并非不了解禅宗的基本立场，他在熙宁年间就写过《杭州请圆照禅师疏》云："大道无为，入之必假闻见；一毫顿悟，得之乃离聪明。"[①] 这里说"闻见"，与说"声色"无异，因为"声色"就是"闻见"的对象，"闻见"的根器是耳目，而"聪明"就形容这根器之佳，这些说法的前提都是主客体的对立。所以，苏轼的意思很清楚，他知道禅宗的"顿悟"是要"离聪明"，即消除主体对立的，但他认为，"入之必假闻见"，不靠见闻声色，就没有入门的途径。这等于明确宣称禅"悟"有不同的层次。

更重要的是，从禅宗立场出发要求消除主客体的对立，对苏轼来说根本就是不切实际的。苏轼虽称"居士"，也参得黄龙禅，却终究不是禅僧，我们无法想象一个对于"声色"毫无感知的诗人。事实上，就在登览庐山之前不久，苏轼在黄州时期的名作《赤壁赋》中，已明确表达了他对"声色"的看法：

> 天地之间，物各有主，苟非吾之所有，虽一毫而莫取。惟江上之清风，与山间之明月，耳得之而为声，目遇之而成色，

---

① 苏轼《杭州请圆照禅师疏》，《苏轼文集》卷六十二。

> 取之无禁，用之不竭，是造物者之无尽藏也，而吾与子之所
> 共食。①

在他看来，"声色"乃是造物（自然）对具备感知力的人类的恩赐，像用不完的宝藏那样，源源不断地供我们无偿享用，这种享用并非现实意义上的占有，与功利无关，完全属于审美的领域。可见，他习惯于在审美表象的意义上使用"声""色"二字，这当然已经包含了一种超越性。换句话说，他确实是"声色关中欲透身"，因为享用这样的"声色"，意味着不计世间得失祸福而真诚拥抱自然的人生态度。同样在黄州时期，他在写给朋友的信中说道："江山风月，本无常主，闲者便是主人。"② 这样的"主人"无疑也是审美主体。总而言之，他所追求的乃是一种审美的超越。

我们若是在苏轼黄州时期这些思想的延长线上考察他的庐山之行，就能进一步了解，他初入庐山时因青山"偃蹇不相亲"而所感的苦恼，完全是一种审美的苦恼：他准备好了"闲者"的心境，却不能马上成为庐山的"主人"！由此萌生的如何把握"庐山真面目"的问题，虽是从参禅的语境而来，但在苏轼的思考中，其性质实已转变为审美主体与审美对象的关系问题。他首先想到了时间方面的因素，"要识庐山面，他年是故人"，继而又想到空间方面的因素，"只缘身在此山中"。但是最后，在禅宗"无情话"的启发下，他获得了主体与对象完全契合的心境，圆满解决了令他苦恼的问题。确实，按苏轼的追求审美超越的思路，以类似"自然之美无所不在"的意思去理解"无情话"，也是完全可能的。这才有了他的悟道偈，表示"庐山真面目"已显现在他的眼前，而且有了浃肌彻骨的真实体会，不必时间的积累，不必空间的腾挪，一旦全身心地拥抱自然，便在顷刻之间恍然大悟。于是，在借宿东林的那个不眠之夜，无数表达着真理的自然的偈语向苏轼涌来，他已经与自然的大道完全同

---

① 苏轼《赤壁赋》，《苏轼文集》卷一。
② 苏轼《与范子丰八首》之八，《苏轼文集》卷五十。

化了。这样看上去带一点宗教神秘感的天人合一之境，其实是诗人审美感知力的充分张扬，弥漫了天地。虽然禅宗灯录把苏轼当作常总禅师的法嗣，但有关记载其实并未明确交待常总对此偈的态度如何。后来杨岐派禅师指责此偈表现出作者尚有主客体对立之意识，固然也不错，但在我们看来，不泯灭此种对立的意识而在审美超越的意义上"悟道"，当然更适合于作为诗人的苏轼。

第三章　通古今之变：苏轼的史学

　　前论苏氏之学有重视实际、切于人事之特色，而议论人事之得失，必要引古以鉴今，故苏轼对于史学极其重视，他的《书传》，虽是一部经解，但其中考史事以求经义，至于据史疑经，实也可以视为史学著作。其集中论史之文亦极多，《苏轼文集》卷三、卷四、卷五与卷六十五，大抵皆是史论、史评，它文亦多诵说古今，以辨明事理。我们说苏轼长于"议论"，除了指他不主教条、善于研究实际事理外，也与他引古鉴今、较量汉唐、针砭当代的"议论"方式密不可分。苏辙说他"初好贾谊、陆贽书，论古今治乱，不为空言"①，他自己也说："轼少时好议论古人，既老，涉世更变，往往悔其言之过。"② 但他晚年撰《志林》，仍是论史，并云："儒者之病，多空文而少实用，贾谊、陆贽之学，殆不传于世。老病且死，独欲以此教子弟。"③ 则是在"涉世更变"之后，欲以此学传家了。

　　因史事以发为议论，实际上也可算得老苏的家学。欧阳修为苏洵作墓志，称其"大究六经百家之说，以考质古今治乱成败、圣贤穷达出处之际，得其精粹"④，他向宋仁宗推荐苏洵，也称赞其所著文字"辞辩闳伟，博于古而宜于今"⑤；张方平所作苏洵墓表，说他

---

① 苏辙《亡兄子瞻端明墓志铭》，《苏辙集·栾城后集》卷二十二。

② 苏轼《与王庠书》，《苏轼文集》卷四十九。

③ 苏轼《与王庠书》，《苏轼文集》卷四十九。

④ 欧阳修《故霸州文安县主簿苏君墓志铭》，《欧阳文忠公集》卷三十四。按：《宋史·苏洵传》谓其"遂通六经百家之说，下笔顷刻数千言"，两句节自欧公此文，而独遗弃其间的这一段，剪裁不当，使老苏学术的主要特点不能表见，史笔可谓甚劣。

⑤ 欧阳修《荐布衣苏洵状》，《欧阳文忠公集》卷一百一十。

"贯穿古今，由是著述根柢深矣"①；曾巩在《苏明允哀词》中对苏洵文章作了高度评价，亦谓其"于古之治乱兴坏、是非可否之际，意有所择，亦必发之于此"②；而苏洵所撰《史论》三篇，也被雷简夫称为"真良史才也"③。这些同代人对老苏的赞扬，如出一口，可见他们所述的确是老苏学问文章的主要特点。苏轼兄弟以父为师，自然就承袭了这样的家学。不但如此，司马光给苏洵妻子程夫人写的墓志铭也说"夫人喜读书，皆识其大义，轼、辙之幼也，夫人亲教之……每称引古人名节以励之"④，可见程夫人也重视以史学教子。以故，苏轼尝自述："自七八岁知读书，及壮大，不能晓习时事，独好观前世盛衰之迹，与其一时风俗之变，自三代以来，颇能论著。"⑤ 毫无疑问，这是父母教育的结果。与苏轼以史评著作《志林》为他一生中最后的著述一样，苏辙晚年卜居颍川，也著《历代论》五卷（四十五篇），并回忆说："予少而力学。先君，予师也；亡兄子瞻，予师友也。父兄之学，皆以古今成败得失为议论之要。"⑥ 可见苏氏兄弟是很自觉地继承老苏史学的。在他们生活的时代里，王安石以"经术"主导着学界，正在兴起的濂洛之学虽然还未显赫，但已有了高谈性命而忽视具体知识、学问的倾向，所以，苏轼每欲以史学研究来纠正这个向空疏的弊病发展的倾向，他说：

　　今吾学者之病亦然。天文、地理、音乐、律历、宫庙、服器、冠昏、丧祭之法，《春秋》之所去取，礼之所可，刑之所禁，历代之所以废兴，与其人之贤不肖，此学者之所宜尽力也。曰："是皆不足学，学其不可载于书而传于口者。"子夏曰："日知其所亡，月无忘其所能，可谓好学也已。"古之学者，其

---

① 张方平《文安先生墓表》，《乐全集》卷三十九，《四库全书》本。
② 曾巩《苏明允哀词》，《曾巩集》卷四十一，中华书局，1984年。
③ 《邵氏闻见后录》卷十五，引雷简夫上张方平书。
④ 司马光《苏主簿夫人墓志铭》，《温国文正司马公文集》卷七十六。
⑤ 苏轼《上韩太尉书》，《苏轼文集》卷四十八。
⑥ 苏辙《历代论·引》，《苏辙集·栾城后集》卷七。

所亡与其所能，皆可以一二数而日月见也。如今世之学，其所亡者果何物，而所能者果何事欤？孔子曰："吾尝终日不食，终夜不寝，以思，无益，不如学也。"由是观之，废学而徒思者，孔子之所禁，而今世之所尚也。①

这是以他的所长来针砭当代的学风，其中恐怕就包括濂洛之学在内。苏辙总结其兄的学术，不过谓其所说多"古人所未喻""先儒所未达"②，意谓比前人大有进步，而程颐称道其兄则不然，曰"周公没，圣人之道不行；孟轲死，圣人之学不传。道不行，百世无善治；学不传，千载无真儒"，而遂谓程颢"生千四百年之后，得不传之学于遗经"③。两相比较，程颐可谓毫无历史感。千四百年间，天生人物无数，"江山如画，一时多少豪杰"④，那许多令苏轼激动万分的历史往事，在程子眼里等于空白："百世无善治""千载无真儒"。这种极端的历史虚无主义，是濂洛关闽之学的最深痼疾，其来由正如苏轼所谓："近日士大夫皆有僭侈无涯之心，动辄欲人以周、孔誉己。"⑤ 北宋中期兴起的这种学风，当然有它积极的一面，即我们所称道的那种不惟圣、不惟贤、自断自信的宋学主导精神，但它也的确容易滑入历史虚无主义，过于自信而否定历史。苏轼在坚持自立自断精神的同时，仍具有历史感，不能不说是卓越的。从他一生的学术立场来看，他所针砭的可能主要是王安石的"新学"，晁说之云："王荆公著书立言，必以尧舜三代为则，而东坡所言，但较量汉唐而已。"⑥ 看似不过以不同的历史时代为借鉴，实际上，"以尧舜三代为则"并非借鉴历史，而是根据"经术"，"较量汉唐"才是真正具有历史意识的。苏轼曾告诫后辈："近来史学凋废，去岁作试

---

① 苏轼《盐官大悲阁记》，《苏轼文集》卷十二。
② 苏辙《亡兄子瞻端明墓志铭》。
③ 程颐《明道先生墓表》，《二程集》，640 页。
④ 苏轼《念奴娇·赤壁怀古》，《东坡乐府》卷二，《彊邨丛书》本。
⑤ 苏轼《答李方叔书》，《苏轼文集》卷四十九。
⑥ 晁说之《晁氏客语》，《丛书集成》本。

官，问史传中事，无一两人详者。可读史书，为益不少也。"① "侄孙近来为学何如？想不免趋时。然亦须多读史……侄孙宜熟看前后汉史及韩柳文。"② 在他看来，"新学"的流行使史学凋废，故"趋时"即是废学，而他要求自己的后辈能够坚持读史，以承家学。他曾表扬儿子苏迨"论古今事废兴成败，稍有可观"③，可见他确是以老苏家学训导子弟的。

从两宋学术的总体成就来讲，虽然"宋学"主要是指哲学，但史学方面的成就也甚为可观。相比于重视史料整理、史实考证的清代史学来说，宋代史学在史识、史论、史评方面更为优长，这正得益于宋代浓厚的哲学风气。今人所作的史学史，往往多关注《新唐书》《新五代史》《资治通鉴》《续资治通鉴长编》等历史编纂方面的伟大业绩，而对于史论、史评等最能体现宋代史学之优长的方面有所忽略，如三苏在当时本以史学传家，时人也都承认这是他们的擅长，但今天的史学史却不大提及，令人遗憾。倒是明末的黄道周，对此曾颇加关注，他说："古今论史之言几数百家，其最著者柳子厚、吕东莱、苏子瞻、胡明仲。"④ 我们若据此将苏轼、吕祖谦二人看作北宋与南宋史论的代表人物，大约也不算过分，因为就宋代的地区性史学学派来讲，"蜀中史学"与"浙东史学"原本最为著名，吕祖谦自是浙东学派的领袖，而苏轼当然是蜀学的代表。谈及"蜀中史学"，若只表彰南宋李焘的历史编纂学，而遗弃李焘的乡先辈苏轼的史论，也是不全面的。

如果说宋代史学的优长在于史识、史论、史评的方面，则苏轼的史学恰能体现这种优长。而之所以有这种优长，当然是因为有哲学思想渗透到史学中的缘故，从学术研究的方法来说，则是经、史

---

① 苏轼《与千之侄二首》之二，《苏轼文集》卷六十。

② 苏轼《与侄孙元老四首》之二，同上。

③ 胡应麟《诗薮》杂编卷五引"甲秀堂坡一帖"，上海古籍出版社，1979年。

④ 黄道周《纪南书史勺序》，《黄石斋先生集》卷十一，《乾坤正气集》本。

结合。最典型地体现出经史结合之研究方法的，当然是《春秋》学，因为《春秋》本身既是经又是史。宋代《春秋》学的发达是众所周知的，而宋人论史、编史，也都力求继述《春秋》的义法，苏轼当然也不例外。故本章试述苏轼的史学，须先述其《春秋》学及相关的史论，如"正统"论等，再检讨他的史评，即对具体的历史事件、人物的评价。

一、《春秋》学与相关史论

这里所谓的"《春秋》学"，是古代"经学"的一个部门，与我们将《春秋》作为先秦史料来研究，有所不同。大致地说，它首先确认《春秋》是孔子手定的经典，从而也就确认它是有"书法"的，即不是简单地记事，而是根据着某种社会理想，在文字间体现了儒家的历史批评之原则的，所以能够作为史学的指导，从中引发出一些史论方面的课题，甚或论史的标准。这一些，在我们研究《春秋》时，都可加以实事求是的考辨，但论《春秋》学，则必须认为不疑的前提。因为，这里要讨论的并不是宋人对《春秋》一书的看法正确与否，而是他们以《春秋》学的方式所表述的史学观点。如果认为《春秋》对相类史事的不同"书法"全属偶然，无有作意，那也就没有《春秋》学了。我们探讨苏轼的史学观点，是在不怀疑《春秋》之作意的前提下，绅绎他对此作意的理解和他的发挥引申。

1. 苏氏《春秋》学

苏轼没有《春秋》学的专著，但苏氏兄弟分注经典，是本着一致的学术观点，故苏辙的《春秋集解》也能代表他的观点。张大亨《春秋通训后叙》云："予少闻《春秋》于赵郡和仲先生。"[①] 赵郡

---

① 张大亨《春秋通训》卷末，《四库全书》本。按：张大亨，字嘉父，《苏轼文集》卷五十三有《与张嘉父七首》尺牍。

和仲就是苏轼，可见他曾以《春秋》学授人，而《春秋通训》今存，也可作为重要的参考。刘敞《春秋传》的卷首，有一篇《春秋传原序》，是后世刊刻此书的人所作，其中引石林叶氏（按即叶梦得）云："今学者治经不精，而苏、孙之学近而易明，故皆信之，而刘以难入，或诋以为用意太过，出于穿凿。"① 这里讲的"苏、孙之学"指的是苏辙《春秋集解》与孙觉《春秋经解》，在南宋前期为学者"皆信之"，此时不但刘敞之书被目为穿凿，而且已经问世的以洛学解《春秋》的代表作——胡安国的《春秋传》也未被提及，可见其影响远不如苏辙之作。我们说苏氏之学在南宋前期的影响大于程学，这里又提供了一个例证。叶梦得此语还道出了苏氏《春秋》学的特点"近而易明"，与"用意太过，出于穿凿"相对立。此外，《苏轼文集》卷三自《论郑伯克段于鄢》至《宋襄公论》十一篇，卷六《三传义》十篇，都是直接论述《春秋》的。苏辙有一篇《春秋论》，见于其手编《栾城应诏集》卷四，此文被误收入《苏轼文集》卷二。《宋史·苏辙传》后附族孙苏元老传，谓其"幼孤力学，长于《春秋》"，但我们目前没有找到苏元老论述《春秋》的文字，只好付之阙如。研究苏氏《春秋》学的资料大致如此。

讲《春秋》必然离不开三《传》，一般地说，《公羊》《穀梁》注重"微言大义"，《左传》则注重史实，两者本可结合，但经学家喜立门户，便相互排斥。《春秋》书人名、地名、日月四时、国号字爵等，其文每有不足，治《公》《穀》者认定其中寓含褒贬，治《左传》者则以为孔子因鲁史而修《春秋》，除了对关键性的词语加以刊正外，其余皆因其旧，故不足之文多因旧史偶有"阙文"罢了。平心而论，若认为不足之文皆隐含褒贬，则难以贯通全经为说，只能随处立义，然后治经殆如射覆；但若认为全属"阙文"，则"阙文"如此之多，《春秋》便真成"断烂朝报"了。两相比较，《公》《穀》更近经学，《左传》更近史学。问题在于，《公羊》所发经义有"新王"之说，即把周认作即将过去的朝代，贬黜衰周，才能为

———————————

① 刘敞《春秋传》卷首，《四库全书》本。

将来的"新王"作法。此种经义，只能在新朝法制初创之时期，才能适应形势，以黜旧朝立新制来附会之，故西汉前期《公羊》之学大盛。到了法制已经确立，需要以维护既定法制为意识形态时，此种经义便显得"非常异义可怪"了，故汉代官学渐轻《公羊》而转重《穀梁》，因为《穀梁》只讲"定名分""寓褒贬"之"大义"，而不讲"新王"之"微言"，较能适合形势。同时，注重史实之《左传》亦渐为学者所喜，东汉儒者多以为《左传》优于《公》《穀》。晋代杜预治《左传》，发明"凡例"，用《左传》文中称"凡"之"正例"，与称"书""不书""故书"等"变例"，来解释《春秋》"书法"，并认为"凡例"的根本宗旨是维护周公旧制。这样，《春秋》经义从启示"新王"转为维护旧制，此与六朝隋唐世族门阀之意识形态相合，故中古时期《左传》独盛，《公》《穀》几废。至中唐啖助、陆淳"弃传求经"，乃复开新局面，引导了宋代的《春秋》学。啖助以三代损益改制之说讲《春秋》，认为《春秋》经义是改革周朝的繁文缛礼，转尚夏代的质朴的"忠"道，以挽救东周的衰势。[1] 此无非略变"新王"之说，以新制救旧王而已，故名为掊击三《传》，实则阴主《公羊》，所体现的实为庶族知识分子攻击士族旧礼，另立中央集权政治之新理想的愿望。所以，啖助之学乃是韩柳倡导的新儒学的先导，而柳宗元也确为啖氏的再传弟子。不过，虽然柳宗元将啖助之学发展为对礼教的激烈批判，但影响更大的韩愈却将新儒学引向旧制、"新王"二义相统一的方向，所谓"温故而知新"，本旧制之文化理想而为当代立新制，变旧制、"新王"之对立为"古之道"与"新法"的统一。[2] 依据这个精神，固守家法、各执一义的《春秋》汉学，便向通贯经传、发明义理的《春秋》宋学转化。

那么，如何建立一义，足以统一旧制、"新王"呢？韩愈只提供了思路，而未有具体的说法。建立此义的人，需具博通旧说的学力，

---

① 陆淳《春秋集传纂例》卷一《春秋宗指议》，《丛书集成》本。

② 韩愈、李翱《论语笔解》卷上释"温故而知新"条，《四库全书》本。

创发新义的精思，与适应时代形势的识度。此人就是"宋初三先生"之一的孙复，所著《春秋尊王发微》，所建为"尊王"一义。本此"尊王"之义以取舍三《传》，在《春秋》的研究史上，确可许为一个卓越的构思。一则"尊王"确为三《传》所同，无论旧制、"新王"，都是要"尊王"的，据此可以综合三《传》之旧说；二则以此义笔削《春秋》的孔子形象，合乎宋代道学的旨趣；三则此义能够与北宋建立的君主独裁的中央集权体制相配合，比旧制、"新王"之说更见优越。作为对三《传》义理的高度综合、高度抽象，"尊王"一义实为两宋《春秋》学的核心意义。南宋初肇，胡安国依洛学传《春秋》，其书几乎被后来的理学家奉为三《传》之后的第四《传》，考其义，也不过在"尊王"之后再加"攘夷"，以适应南宋政治之需要而已。论一代学术范式之建立，在《春秋》学领域，厥功不得不首推孙复的《春秋尊王发微》。

但孙复的学术范式有很明显的缺陷。在《春秋》经文中抽取一义，反复证成之，其实并不算太难的事，真正的困难在于将此义返回经文中，通释全经。一旦通释全经，便必不免于穿凿了。《公》《穀》刺探一字褒贬，以日月山川皆有含义，固同射覆，但《左传》家的"凡例"又岂能贯通全经？孙复于是不信三《传》，字字句句皆以"尊王"之义深求之、自断之，结果一样是绳纠《春秋》，苛细迁曲。并且，在具体释义时，总不能不参考三《传》，既已先立一义为纲，借《春秋》字句以发其微，则《左传》之史实便无大用，势必多取《公》《穀》之说。故《四库全书总目·春秋类序》云：

> 诸儒之论，中唐以前则《左氏》胜，啖助、赵匡以逮北宋则《公羊》《穀梁》胜。孙复、刘敞之流，名为弃传从经，所弃者特《左氏》事迹，《公羊》《穀梁》月日例耳，其推阐讥贬，少可多否，实阴本《公羊》《穀梁》法。[1]

---

① 《四库全书总目·春秋类序》，中华书局，1965年。

四库馆臣讥以为"无案而断"①，就是说，缺乏事实根据，一意孤断。这个缺陷，苏辙在当时已经指出了：

> 予少而治《春秋》，时人多师孙明复，谓孔子作《春秋》，略尽一时之事，不复信史，故尽弃三《传》，无所复取。予以为左丘明鲁史也，孔子本所据依以作《春秋》，故事必以丘明为本……至于孔子之所予夺，则丘明容不明尽，故当参以公穀啖赵诸人。②

他要求在《左传》事实的基础上，再综合三《传》、诸家之说，然后"循理而言，言无所系，理之所至，如水之流，东西曲直，势不可常，要之于通而已"③。这不但为孙复的范式补充了史实根据，还提出了讲"通"一部《春秋》的要求，使这个范式走向成熟了。

同时，重视《左传》也是对王安石"新学"的批评：

> 近岁王介甫以宰相解经，行之于世，至《春秋》漫不能通，则诋以为断烂朝报，使天下士不得复学。④

按"断烂朝报"之诋，也是一个历史公案。孙觉《春秋经解》周麟之跋语，亦云王安石有此诋。周麟之是南宋人，清代的李绂、蔡上翔认定周麟之是一个"妄人"，力辩王安石无此诋⑤。他们没有看到王安石的同时人苏辙写下的这段话，所以其"辩诬"之词概可作废，安石当实有此诋。其实，所谓"断烂朝报"，也不过是说"阙文"太多，而"阙文"之说正出自《左传》家。王安石的学生陆佃《答

---

① 《四库全书总目·春秋类序》，中华书局，1965年。
② 苏辙《春秋集解引》，《春秋集解》卷首，《四库全书》本。
③ 苏辙《春秋集解引》，《春秋集解》卷首，《四库全书》本。
④ 苏辙《春秋集解引》，《春秋集解》卷首，《四库全书》本。
⑤ 蔡上翔《王荆公年谱考略》卷十一录李绂《书周麟之孙氏春秋传后序》，及其自作《荆公不信春秋辨》，上海人民出版社，1959年。

崔子方秀才书》云:"至于三《传》得失,《公羊》于经为精,《穀梁》次之。"① 故知"新学"一派,盖宗《公》《穀》而贬《左传》,则"断烂朝报"之诋实是对《左传》家的反讽,意谓如《左传》家之以"阙文"解经,则《春秋》真成"断烂朝报"矣。所以,我们认为王安石此语不是他对《春秋》经的评价,而是反映了"新学"尊《公》《穀》贬《左传》的经学立场。苏辙尊重《左传》,恰与"新学"立场相悖。在《春秋》学的历史上,从西汉之尊《公羊》,转为六朝隋唐之尊《左传》,"舍传求经"之后,又从啖助以来"阴主《公羊》"转向以《左传》史实为基础综合三《传》,这后一次转向正是苏氏《春秋》学的历史意义。

张大亨《春秋通训后叙》云:

> 予少闻《春秋》于赵郡和仲先生……先生曰:"此书自有妙用,学者罕能领会,多求之绳约中。乃近法家者流,苛细缴绕,竟亦何用?惟丘明识其用,然不肯尽谈,微见端兆,欲使学者自得之,未可轻论也。"② 他日予复于先生曰:"丘明凡例,与《公》、《穀》无殊,用以考经,率多不合,而独谓之识此经之用,亦信矣乎?"先生曰:"丘明因事发凡,不专为经,是以或合或否,其书盖依经以比事,即事以显义,不专为例,是以或言或不言。夫惟如是,故能备先王之志,为经世之法,以训天下后世,又曷常拘于绳约中哉!"③

这里记了苏轼对张氏的两次教言。第一次讲的是研习《春秋》应以《左传》为根本;第二次是说如何看待《左传》。杜预所发的《左传》"凡例",与《公》《穀》之义一样,并不能贯通全经,故苏轼

---

① 陆佃《陶山集》卷十二,《丛书集成》本。

② 按:苏轼此语亦见其尺牍《与张嘉父七首》之七,《苏轼文集》卷五十三。

③ 张大亨《春秋通训后叙》,《春秋通训》卷末,《四库全书》本。

认为应当放弃"凡例",抓住《左传》提供的史实来寻求意义。这里实际指出了研习《春秋》的方法。张大亨说:

> 诸儒之见,谓《公》《榖》传经密于《左氏》,《左氏》凡例不通众说,而啖助、赵、陆之书,皆以例为主,至其不合,则依仿迁就以通之,或一事析为数科,或众科束为一例,而经之大旨芜没不彰……不知去例以求经,略微文而视大体之为要且易也。①

他批评了以"凡例"治经的方法,要求"去例以求经,略微文而视大体",这正是苏氏《春秋》学的方法论。苏轼曾明确地指出"凡例""微文"之不足凭,认为"以例而求《春秋》者,乃愚儒之事也"②。那么,弃凡例、略微文之后,复何从探寻《春秋》"书法"之"大体"呢?

苏辙的《春秋论》一文,专门阐述了他对于《春秋》"书法"的见解。他认为,一般人说话、写文章,总是情见乎辞,圣人也是人,所以,"求诸其言之喜怒之间",可以知"其是非之际"。"今夫人之于事,有喜而言之者,有怒而言之者,有怨而言之者。喜而言之则其言和而无伤,怒而言之则其言厉而不温,怨而言之则其言深而不泄,此其大凡也。"根据这个道理,我们可以审察经文辞气之或"和"或"厉"或"深",来推知圣人对所载之事的好恶喜怒之情,从而判断其事之是非。故读《春秋》之法,要在"观其辞气之所向而已矣"③。苏轼也说:"夫善观《春秋》者,观其意之所向而得之,故虽夫子之复生,而无以易之也。"④ 他比苏辙讲得更自信。他们这个方法,首先确认圣人作经与凡人作文的情形一致,然后把经文当

---

① 张大亨《春秋通训后叙》,《春秋通训》卷末,《四库全书》本。
② 苏轼《论春秋变周之文》,《苏轼文集》卷三。
③ 苏辙《春秋论》,《苏辙集·栾城应诏集》卷四。
④ 苏轼《论郑伯以璧假许田》,《苏轼文集》卷三。

173

作文学文本，用孟子所谓"以意逆志"的方法来研究，实是以《诗》学通乎《春秋》学，比从前的《春秋》学更近乎人情了。本人情以解经，是欧阳修所倡导的方法，被苏氏兄弟发挥了。

　　本人情、审辞气、观大体以解《春秋》，若与探微言、求凡例的旧法相较，不但纠正了其迂僻牵强之处，也拓宽了说经的路数。我们看苏轼论述《春秋》的文章，不难发现他是兼采三《传》之长、兼驳三《传》之非的。如《论郑伯以璧假许田》驳斥《公》《穀》，而《论取鄑》《论会于澶渊宋灾故》《问供养三德为善》等篇皆取《左传》，而《论闰月不告朔犹朝于庙》《论用郊》二篇则驳杜预。不过，总体上说，他是倾向《左传》、杜预的，认为"学者观夫左氏之书，而正之以杜氏之说，庶乎其可也"①，这当然是因为《左传》是以史实为据说理的。倘无史实，则苏轼之"审辞气"也就没了着落。"审辞气"有个典型的例子，就是对《春秋》书"犹"的解说，见于他的《论闰月不告朔犹朝于庙》《问鲁犹三望》二篇。他认为书"犹"有两种意思：一是，连甲事都不做，犹作乙事，这表示做乙事没有什么意义；二是，甲事虽不做，犹能做乙事，这表示对做乙事的肯定，是"幸之之辞"。从这个道理出发，他说《春秋》书"犹"有时是肯定的，有时是否定的，要根据史实来判断。根据史实断义，也有一个典型的例子，见于他的《问大夫无遂事》篇。凡臣子不受君命，自行其是，《春秋》都书"遂"。苏轼认为，"遂"有好有坏，当"遂"而不"遂"是"固"，不当"遂"而"遂"是"专"，"固"与"专"都不对，"遂"事之是非，决定于其事是否有利于国家，是否出于紧急情况。这样，"《春秋》之书'遂'一也，而有善恶存焉，君子观其当时之实而已矣"。这里实际上已没有什么"辞气"可审了，完全是根据史实自断其义。

　　苏轼这样研治《春秋》，其结论是："凡《春秋》之所褒者，礼之所与也；其所贬者，礼之所否也。《记》曰：'礼者，所以别嫌、明疑、定犹豫也。'而《春秋》一取断焉。故凡天下之邪正，君子

---

　　① 苏轼《问供养三德为善》，《苏轼文集》卷六。

之所疑而不能决者，皆至于《春秋》而定。非定于《春秋》，定于礼也。"① 这个结论与杜预接近，不过他所讲的"礼"是万物各当其理、人情各得其所的意思，而不胶固于"周制"。他认为"夫子皆有取于三代，而周居多焉"②，以此反驳《公羊》的"黜周"说，但综合三代论"礼"，却也受了《公羊》的启发，比胶固于"周制"要开通些。尤其是，他对张大亨说的"此书自有妙用"一语值得注意，这句话说明他研究《春秋》一书的目的是在"用"，不在解释经书而已。如何"用"呢？他说："《春秋》者，后世所以学为臣之法也。"③ 说穿了，无非是孙复发明的"尊王"之义。他在史论上有一个著名的观点，就是"武王非圣人"，认为周武王发动兵变，夺取商纣的政权，是丧失臣子之道的④。这个观点曾引起一些纠纷，实则不过是"尊王"说的极端化的表现形式。故车若水评得甚为得当："'武王非圣人'自是怪说，而观过知仁，见得此老忠义之气，峻极可畏，虽武王亦不顾，皆是浩气。"⑤ 这样极端的"尊王"之义，是宋代《春秋》学的基本宗旨，苏氏《春秋》学也不例外，所谓"定于礼"，围绕的核心也是"尊王"。

那么，苏氏《春秋》学对于其史学有些什么意义呢？综上所述，大约有三：一是在史籍的阅读上，遵循本人情、审辞气、存大体的原则；二是在历史研究中，坚持尊重史实的基本态度；三是在历史批评中体现出"尊王"的精神。在给其子侄的诗里，苏轼写道："《春秋》古史乃家法。"⑥《春秋》虽是经，但苏氏《春秋》学的实质却是史学。

---

① 苏轼《学士院试春秋定天下之邪正论》，《苏轼文集》卷二。
② 苏轼《论春秋变周之文》，《苏轼文集》卷三。
③ 苏轼《问大夫无遂事》，同上，卷六。
④ 苏轼《论武王》，同上，卷五。
⑤ 车若水《脚气集》，《四库全书》本。
⑥ 苏轼《过于海舶得迈寄书、酒，作诗，远和之，皆粲然可观。子由有诗相庆也，因用其韵赋一篇，并寄诸子侄》，《苏轼诗集》卷四十二。

2. "正统论"与名实之辨

两宋期间，与《春秋》学直接相关的史学问题，以"正统论"最为重要，其讨论甚为热烈，而苏轼亦参与其中。宋人严夷夏之辨，尊道德原则，故其论史首先关心历代政权是否秉承华夏文化之正脉，是否合乎建国的道德原则，这是他们据以判断"正"与否的标准；由于宋的统治区域只是汉唐时所谓"中国"的一部分，虽结束了五代割据之局面，但也仅可算局部地统一了中国，唯其为有缺陷的统一，故意识形态中对于统一极为强调，这就是"统"的内涵。以上两方面综合起来，即"正统"论。与此同时，宋人论道学则有"道统"论，论文学则有"文统"论，与"正统"论相与呼应，合奏为"尚统"的社会思潮①。

饶宗颐先生曾著《中国史学上之正统论》一书，对于"正统论"的源流剖析甚明。据他所论，"正统论"首先与编年史相关，因为编年史以事系年，系年须先定正朔，即以何政权之年号历法为准，这样就产生了"正统论"，其事盖昉于《春秋》。他又把中国历史上的正统论大致区分为汉代以来的旧说与宋人的新说二种。旧说据邹衍的五德终始运转之义以解释朝代的更替，计其年次以定正闰，虽隐含道德判断，而颇具神秘色彩；新说则标举《春秋》"大一统"之义，依据史实和道德原则，进行理性的史学批评，其讨论的重点在于皇位（政权）的合法与否之问题。弃五德终始说而以王道论统绪，始于晋习凿齿的《晋承汉统论》；在判断朝代正闰方面，揭出《春秋》"大一统"之义的，首为唐皇甫湜的《东晋元魏正闰论》；但真正创立起新说的，则为欧阳修，他建立了"居正""一统"二义以断"正统"，为此后的"正统论"定下了基本的规模②。故此先述欧阳修的理论。

---

① 王水照《北宋的文学结盟与尚"统"的社会思潮》，《国际宋代文化研讨会论文集》，四川大学出版社，1991年。

② 饶宗颐《中国史学上之正统论》，上海远东出版社，1996年。

欧阳修的"正统论",有前后两说。载于他手定的《居士集》卷十六的,为《正统论三首》,即《序论》《正统论上》与《正统论下》,外加《或问》一篇,这是他的改定之说。其前说为《正统论七首》(《原正统论》《明正统论》《秦论》《魏论》《东晋论》《后魏论》《梁论》),载于周必大编辑的《居士外集》卷九,此卷中还有《正统辨》上、下二首,则已从前说转为后说。《原正统论》说:

> 《传》曰:"君子大居正。"又曰:"王者大一统。"正者,所以正天下之不正也;统者,所以合天下之不一也。由不正与不一,然后正统之论作。

这是从"居正""一统"二义来理解"正统"一词的含义,也就是说,必须合乎道德原则,而又能统一天下的,才叫作"正统"。那么,判断历史上各皇朝是否得"正统",即据此两条标准。在后来删定的《正统论上》中,欧阳修仍保留了以上这段话。这说明,他对"正统"之含义的解释,是前后一致的。宋代诸家论述这个问题时,也采用他的解释。所以,欧阳修的"正统"论乃古今一大文字,具有开启史学史上新时代的意义。按照他定的两条标准来观察历代的皇朝,能称为"正统"的其实并不太多。比如秦朝虽是一统的,但史家多认为它不"正";东晋倒是西晋的延续,可说是"正"的,但又并未统一中国。像这样的朝代都不是"正统"。然而,我们知道,"正统论"与编年史定正朔密切相关,因此,凡未为严格的"正统"但不得不据其名号来系年的政权,也勉强可以称为"正统"。以故,欧阳修的前说所排的"正统"次序是:尧舜夏商周秦汉魏晋隋唐梁后唐晋汉周。在这里,秦、曹魏、五代虽或不"正"或不"统",但被勉强"进"为"正统",其《秦论》《魏论》《梁论》即为此而作;只有东晋南北朝时期,任何政权都不"统",而论"正"则东晋南朝继西晋,北朝又开隋唐,不能确定谁为"正",所以,《东晋论》与《后魏论》两篇阐明这个时代没有"正统"。没有"正统"可不可以?欧阳修认为是可以的,这就是他提出的"正统有时而绝"① 的主张。按照这个主张，便没有必要在天下不"统"的时候勉强定出一个不严格的"正统"之政权，所以，欧阳修又有了他的后说，《正统论下》云："正统之序，上自尧舜，历夏商周秦汉而绝，晋得之而又绝，隋唐得之而又绝。自尧舜以来，三绝而三续。"在这里，曹魏、五代被摒出"正统"序列，唯秦被保留。相对于前说，这是比较严格的"正统"论了。不过，后说是他手编《居士集》时改定的，是晚年定论。在当时发生实际影响，引起学术界争论的，却是他的前说，章望之的《明统论》与苏轼的《后正统论》② 即针对前说而发。

章望之文今已不存，郎晔《经进东坡文集事略》卷十一《后正统论》的注文中摘引了一些片断，大意是：只有尧舜夏商周汉唐宋可称为"正统"，秦晋隋"统"而不"正"，可称为"霸统"，曹魏、五代须被摒出，欧公"进"之非是。他的说法是批评欧阳修的前说而来的，但比欧的后说也更为严格。欧对章甚为推重③，他从前说转为后说，也可能是部分地接受了章的批评的结果。但苏轼却认为"霸统"之说不通，为欧阳修的前说进行辩护。

较欧、章二说，都据《春秋》"居正""一统"之义以定"正统"，但有宽严之别。欧阳修后来接受了在"统"的方面严格处理的意见，把曹魏、五代摒除了；但没有接受在"正"的方面严格处理的意见，仍保留秦晋隋。实际上，排斥秦晋隋甚为无理。汤、武革命，唐篡隋，与秦晋统一、隋篡北周，在我们看来差别本不大，"正"与"不正"之别是出于宋人的道德观念。欧、章的矛盾实质，是尊重史实与尊重道德批评的矛盾。若一味尊重道德批评，则不至"武王非圣人"而不止；若坚持尊重史实，则曹魏、五代前接汉唐，后开晋宋，"进"之为"正统"亦无不可。编年史家尊重史实，故

---

① 欧阳修《明正统论》（前说）、《正统论下》（后说）。

② 《苏轼文集》卷四标题为《正统论三首》，据七集本及郎晔《经进东坡文集事略》卷十一，当作《后正统论》。

③ 《欧阳文忠公集》卷一百十二有《举章望之曾巩王回充馆职状》，卷四十一有《章望之字序》。

司马光《资治通鉴》不但依欧的前说所列"正统"来系年，而且还取了东晋南朝来系年，使之不"绝"；但理学家则尊重道德批评，故朱熹别撰《通鉴纲目》以"正"《通鉴》的正朔，其中最为引人注目的，就是贬低曹魏，而推崇刘备的蜀汉政权为正宗，"讲学家以为申明大义，上继《春秋》"①，在我们看来，不免曲解历史。道德批评是必要的，否则纯以成败势利论史事，成了市侩的史学。但批评是一回事，依史实修史又是一回事，若不承认三国时代有中央政权则罢，若必要举出一个在那时候的世界上能够代表"中国"的政权，则终究以曹魏为妥。对曹魏政权施予道德批评是可以的，不承认它的这个地位却不行，用蜀汉来替代它，更是曲笔，损害了对史实的尊重。何况，道德批评的标准深受时代的局限，不如依史实叙述，对于后人研习历史较为有益。但问题在于，按《春秋》"史笔"的传统，古人修史是把叙述与批评结合一体的，这就难免产生纠葛。解开纠葛的办法原也简单，就是把叙述与批评分开。苏洵作《史论》三篇，就主张"后之人其务希（司马）迁、（班）固实录可也"②，不要妄学《春秋》。苏轼作历史批评时，标准极为严格，"武王非圣人"就是严格的表现；但他在"正统"论上，却支持欧阳修的前说，意在不没史实。所以，他是秉承了苏洵将叙述与批评分开的主张，并用这一办法来解"正统"论问题上的纠葛。

苏轼《后正统论》分《总论一》《辩论二》《辩论三》三篇，在《总论一》的开头，他就提出了他考察"正统"问题的方法，即"名实"之辨：

> 正统者何耶？名耶？实耶？正统之说曰："正者，所以正天下之不正也；统者，所以合天下之不一也。"不幸有天子之实而无其位，有天子之名而无其德，是二人者立于天下，天下何正何一，而正统之论决矣。正统之为言，犹曰有天下云尔。人之

---

①　《四库全书总目·刘恕〈通鉴问疑〉提要》。
②　苏洵《史论上》，《嘉祐集笺注》卷九。

得此名而又有此实也，夫何议？天下固有无其实而得其名者，圣人于此不得已焉，而不以实伤名，而名卒不能伤实，故名轻而实重。……正统者，名之所在焉而已。

这就是他用"名实"之辨来考察"正统"论的结果。"名实"之辨盖源于先秦之名家，盛于魏晋诸家之"校练名实"，前者是讲哲学，后者是讲政治，而用于史论，则似自苏轼始。从他的"有天子之实而无其位，有天子之名而无其德"一语来看，"名"是指"位"，"实"是指"德"。那么，"名"指史实，"实"指道德批评的结果。《总论一》中还有一段话可以证明之：

天下有不肖而曰吾贤者矣，未有贱而曰吾贵者也。天下之争，自贤不肖始，圣人忧焉，不敢以乱贵贱，故天下知贤之不能夺贵。天下之贵者，圣人莫不贵之，恃有贤不肖存焉。轻以与人贵，而重以与人贤，天下然后知贵之不如贤。知贤之不能夺贵，故不争；知贵之不如贤，故趋于实。

很明确，他是以贤不肖为"实"，而以贵贱为"名"，故"实"是道德批评的结果，"名"指史实（历史人物当时所得的名位，历史事件当时借以发动的名义等），可无疑焉。"名""实"的所指既经确定，则他的主张便不难理解。"实"是有争议的，"名"却是确定的，对待当前的政治固应要求"名""实"相符，贤者贵之，不肖者贱之，但书写过去的历史，却应该"名""实"分开，因为"名"决定于当时，"实"是今人批评的结果，不能用今人批评的结果去改变过去的史实，这叫"不以实伤名"。过去曾经"贵"（得"名"）的，不论其"贤"与否，历史书上仍要如实承认其"贵"，不能因为今人视之为"不肖"而夺其"贵"（像某些人理解的《春秋》"书法"那样，把历史人物的实际官爵降低）。这本是很简单的道理，但宋人每因对《春秋》"书法"的尊重，而使这么简单的道理被搞混了。苏轼既已弃凡例、略微文以治《春秋》，证明《春秋》是尊重史实的，圣人是不以贤不肖乱贵贱的，那么，他就可以顺理成章地在"正统"论问题上提出"不以实伤名"的主张。在他看来，这也并不妨碍历史学劝善惩恶的大义，因为贵贱外还有贤不肖在，"名"外还有"实"在，实录外还有批评在。唯"不以实伤名"，而"名卒不能伤实，故名轻而实重"。

那么，"正统"是"名"还是"实"呢？苏轼认为"正统"是"名之所在焉而已"。什么"名"呢？"犹曰有天下云尔。"在历史上，凡曾拥有过中国的中央政权之地位、称号的，就是"正统"。然而，"正统"不是必须既"正"且"统"的吗？苏轼说，这是"正统"的"实"。历史上的政权，凡既具中央政权之地位、称号，又合乎"正"与"统"，那是名实相符了，如尧舜三代，其为"正统"盖无可议；但历史上"固有无其实而得其名者"，如秦被批评为不"正"，曹魏、五代又不"统"，是无"正统"之"实"，可它们名义上仍是中央政权，那就不妨承认它们有"正统"的名义。《辩论二》云："正统者，恶夫天下之无君而作也。"对没有"正统"之实的政权许以"正统"之名，就是为了表明中央政权的存在，至于道德批评，那是可以另作的。

依"名"来认"正统"，那就不必要再弄出一个"霸统"来了，《辩论三》云："欧阳子以名言而纯乎名，章子以实言而不尽乎实……莫若纯乎名。"用"霸统"一词来指"统"而不"正"的朝代，确实并不妥当，因为若据道德之"实"而言，如晋、隋之篡夺而得天下，是连"霸"字也谈不上的。许其有"正统"之"名"，不妨碍对它的不道德的批评，若许其有"霸统"之"实"，则是既"以实伤名"又"以名伤实"了。故苏轼说："莫若纯乎名。"他这样替欧阳修的前说辩护，其基本要点，是将名实分开，叙述与批评分开。

据《续资治通鉴长编拾补》卷六载，王安石斥苏轼为"邪佞之人"，所举劣迹之一是："欲附丽欧阳修，修作《正统论》，章望之非之，乃作论罢章望之，其论都无理。"① 我们相信王安石说"无理"应有他的理由，但这里并没有提供。至于说"附丽欧阳修"，则是为了引起神宗对苏轼的恶感，因为座主——门生——同年的关系，是士大夫结为"朋党"的主要纽带，此等于说苏轼为结"朋党"而作"无理"之论，考虑到人主嫉恶"朋党"的一般心理，这样的攻击并不是细事，其用心是有点险恶的。有意思的是，苏轼的文集中，每篇文章的标题下一般并不标明写作的时间，独有这《后正统论》，题下却标明"至和二年作"。然则，作此论时，苏轼尚未登朝为官，谈不上"朋党"的问题，且素未出川，连欧阳修的面也没见过，"附丽"之说何从谈起？实际上，《后正统论》也并不完全赞同欧阳修的意见，《辩论二》有云：

> 虽然，欧阳子之论犹有异乎吾说者。欧阳子之所与者，吾之所与也；欧阳子之所以与之者，非吾之所以与之也。欧阳子重与之，而吾轻与之。

这里客观地承认了他与欧阳修的区别。欧阳修讲"正统"，是秉《春秋》大义批评历史，把"正统"看得很重的，凡许之为"正统"的政权，便有崇高尊严的味道。而苏轼只把"正统"看作一个名义，"轻与之"而不加尊重，"使夫尧舜三代之所以为贤于后世之君者，皆不在乎正统，故后世之君不以其道而得之者，亦无以为尧舜三代之比"（《总论一》）。按苏轼之说，得"正统"之名不能掩其不道德之"实"，得"正统"为无益（见《辩论二》），善者不待之彰其善，恶者只因之更彰其恶而已。这样，苏轼的"正统"论实已越出当时所谓"正统"论的一般范畴，在某种意义上可以说他取消了"正统"论，因为他所许的"正统"并不值得尊尚，不反映史家的道德评判，只是叙录历史上曾有中央政权之名义的政权而已。

苏轼以"名实"之辨考察"正统"论问题，从而解构了原具浓

---

① 《续资治通鉴长编拾补》卷六，神宗熙宁二年十一月已巳条。

厚的道德批评之色彩的"正统"论,对于宋代史学中褒贬批评与叙述实录之纠葛的澄清,是极有贡献的。在《春秋》"书法"与迁、固"实录"之后,他进一步指出严格的历史批评与历史记录各有独立的价值,应使其互不妨碍。在深受《春秋》"书法"影响的中国古代史学中,他力求拨开主观批评的迷雾而拯救出客观的史实,这种努力是值得肯定的,表现了他在史学领域中高度的理性精神和尊重史实的态度。我们并不贬低在历史叙述中反映史家批评意识的著作,但史家的批评标准受着时代的局限,故对于后人研究历史来说,如实记录史事更为有益,如批评意识太强,难免会影响记录史实的客观性、全面性。批评当然自有价值,把批评与叙述分开,不失为一个良好的建议。

《后正统论》的主要意思是这样。然而,世上不可能有毫无主观色彩的客观叙述,苏轼也没有提出这样绝对的要求,在他的"正统"序列中也并未一概消尽道德批评的痕迹。毋宁说,他对道德批评有更深刻的理解,就是:施诸历史的道德批评,与施诸人身的道德批评,其标准容有不同。他说:

> 章子之所谓正者,何也?以一身之正为正耶,以天下有君为正耶?一身之正,是天下之私正也;天下有君,是天下之公正也。吾无取乎私正也。天下无君,篡君出而制天下,汤武既没,吾安所取正哉?故篡君者,亦当时之正而已。(《辩论二》)

他在这里指出了用于人身的道德批评之标准与用于历史的不同,即"私正"与"公正"有别。"私正"可以讲仁义礼智信、温良恭俭让等行为规范,但"公正"则要拥护中央政权。这个政权,很可能是由不合"私正"的君主以不道德的手段建立的,但若它代表中国的中央政权,则为"天下有君",则合乎当时的"公正",可许为"正统"。看来,他所谓的"轻与之"也不绝对地"轻",他的"正统"序列是中国历代中央政权的序列。大概也只有这样的"正统"序列,还能为今天的历史学界所接受。不过，把"正统"定为"名之所在焉而已"，本来是为了不掩其不"正"不"统"之实，现在却又指出其虽不合"私正"却得"公正"，表述上未免有点矛盾。对于不道德的中央政权，是不是也要无条件地拥护，亦不无可议。如果说，在历史批评中比较地肯定中央政权，那大概是可以成立的。完全地将私人的行为规范标准用作对历史的道德批评，是后来理学家的做法，苏轼指出两者之间应有不同，强调历史批评中要以肯定中央政权一义为道德批评的主要根据，是一种更为深刻的见解。自然，那是与"尊王"的意识相关的。虽然在《后正统论》中，这是一个次要的论点，且与全文大旨有些许不合，但可想而知，在具体的史评中，这个"公正"会成为一个重要的衡量尺度，因为是否拥护中央政权，在一般情况下总是意味着是否拥护祖国的统一。

3. 历史编纂学与历史批评

从苏轼的"正统"论中，我们已经看到了他将如实叙述史事与依道德原则批评史事分开的主张，但论叙述必离不开历史编纂学的传统形式，而批评所依的原则也并不仅仅出于道德一途，所以还有必要就这两方面再作些探讨。

关于历史编纂的形式问题的探讨，早从唐代就已经热烈起来。本来，《春秋》是史中之经，其编年体的形式，便于将"书法"体现在简要的叙述当中，但也正因为简要，所以使叙述不能完整、生动，加上"书法"的影响，使叙述的全面性、真实性受到一定的损伤，倘无《左传》，恐怕很难获知《春秋》记叙的人事。汉代司马迁创造了纪传体的形式，用本纪、表、书（志）、列传相配合，使叙述的功能大大提高，而只在简短的论赞中写出史家的批评意见。这个形式后来被历代的正史所采用。与《春秋》相较，"褒贬"减弱了，"实录"增强了，从经转为史，故被确认为史书的正体。但唐代古文运动的先驱萧颖士却对纪传体大加批评，主张恢复编年体。他说《春秋》"托辞以示褒贬，全身远害之道博，惩恶劝善之功大"，而司马迁、班固变革旧章，"纪传平分、表志区别，其文复而杂，其体漫而疏。事同举措，言殊卷帙，首末不足以振纲维，支条适足以助繁乱。于是圣明之笔削、褒贬之文废矣"。鉴于此，他打算自己著一部编年体的《历代通典》，"标一字以举凡，扶孔左而中兴，黜迁固为放命"①。这个打算，可能要到《资治通鉴》的编成，才算实现。萧颖士的目标，大约是要在史学领域恢复《春秋》"褒贬"的古法。韩愈弟子皇甫湜作了一篇《编年纪传论》，为纪传体辩护，认为"编年纪事束于次第，牵于混并，必举其大纲，而简于序事，是以多阙载，多逸文"，而纪传体则"首尾具叙述，表里相发明，庶为得中"，因此，他要求当代的史家应"遵纪传之体制，同《春秋》之是非"②，即将"褒贬"的精神融入纪传的体制之中。其实，纪传体史书本非全无"褒贬"，但也确实不能像《春秋》那样专注于"书法"，其优点是叙述功能的增强。皇甫湜为纪传体辩护，说明他重视的是史实。

努力地在纪传体中融入批评的精神，大概要数欧阳修的《新五代史》最为典型，其办法是：行文中充满激情，议论的成分大大增加，并用了很可能是出于欧阳修己手的"徐无党注"，来对正文作进一步的阐发、说明。赵翼称此书"不惟文笔洁净，直追《史记》，而以《春秋》书法，寓褒贬于纪传之中，则虽《史记》亦不及也"③，评价很高。纪传体的"褒贬"功能，获得了提高。同时，宋代的编年体史书，也不再像《春秋》那样简要得难以揣摩其意，而是大幅度扩充叙述的容量，使史实尽可能完备地得到呈现。如《资治通鉴》的篇帙就颇为巨大，后来又创"长编"一体，依日叙录，使史料更见繁富，与此相配的"纪事本末"体，则完全是为了将分散于年月日之下的史事叙述得首尾完整而作的。可见，无论是依纪传体还是依编年体编纂史书，宋代史家都力求将叙述与批评提升到新的水准，真伪见而是非明，是他们共同的理想。当然，这样一来，

① 萧颖士《赠韦司业书》，《萧茂挺文集》，《四库全书》本。
② 皇甫湜《编年纪传论》，《皇甫持正文集》卷二，《四部丛刊》本。
③ 《廿二史札记》卷二十一"欧史书法谨严"条。

《新五代史》对于我们了解五代的史实来讲就显得不够，而《资治通鉴》实际上也就无法"通鉴"浏览（"长编"更不用说），所以会引起朱熹编辑"纲目"的想法。叙述与批评合在一起，总有相互牵掣损伤之处。

三苏对于历史编纂学的见解，在老苏的有关论文中已表述得很清楚。《春秋论》一篇讨论"书法"的问题。他说《春秋》"书法"有"赏人之功，赦人之罪，去人之族，绝人之国，贬人之爵"等"赏罚"的内容，而按理，写史的人只能有"是非"，不能有"赏罚"的，因为"是非"可依作者的见解而定，"赏罚"却是当代君主的事，无权无位的作者去"赏罚"历史上的人物，岂不是一件可笑的事？然则《春秋》"书法"实有"赏罚"又如何解释呢？他说孔子作《春秋》不是以自己个人的名义作的，而是为鲁国作史，故可以鲁国的名义行"赏罚"。但即便如此，也只能行"赏罚"于鲁国的人事，又怎能行于天下呢？苏洵说，这是"假天子之权"，当初周公曾经摄天子之位行"赏罚"于天下，现在周公的后代鲁国国君也可如此作。且不管苏洵的解释是否言之成理，这里要引出的结论是：《春秋》"书法"并不是一般的史家可以效仿的。此文末段云：

> 后之效作《春秋》者，吾惑焉。《春秋》有天子之权，天下有君，则《春秋》不当作，天下无君，则天下之权吾不知其谁与？天下之人，乌有如周公之后之可与者？与之而不得其人则乱，不与人而自与则僭，不与人不自与而无所与则散。呜呼！后之《春秋》，乱邪，僭邪，散邪？①

这样，他从理论上根本否定了效仿《春秋》编史的正当性。对于隋唐时代王通的《元经》、陆长源的《唐春秋》，他都依此理论否定之，判为"嚣嚣然冗且僭"②，"冗"是不够简要之意，"僭"即如

---

① 苏洵《春秋论》，《嘉祐集笺注》卷六。
② 苏洵《史论上》，同上，卷九。

上引以天子之权"自与"之谓。若按此论，则凡编年体的史著，都逃不脱"冗""僭"之讥的。《汉书·司马迁传》云："其文直，其事核，不虚美，不隐恶，故谓之实录。"在苏洵看来，追求"实录"的纪传体才是史书的正体。

苏洵《史论》三篇，是专门讨论历史编纂学的。他以《春秋》为经，以纪传体史书为史，《史论上》阐明经与史的关系，认为"其义一，其体二"："史与经皆忧小人而作，其义一也"；"经以道、法胜，史以事、词胜"，故体不相同。"经不得史无以证其褒贬，史不得经无以酌其轻重"，这是它们的联系；"经非一代之实录，史非万世之常法"，这是它们的区别。所以，既名为"史"，就是以"实录"为目的，不求立"常法"的，"后之人其务希迁、固实录可也"，这是作者对史书体裁研讨的结论。当然，通过"实录"也可隐微地见出他对史事的"是非"，《史论中》就是讨论这个问题的。《史论下》则是指摘《史记》《汉书》的一些缺点。要之，在历史编纂方面，苏洵是主张纪传体的，目的是追求"实录"。

苏洵的主张影响了他的两个儿子。苏辙著有《古史》一书，即采用纪传体。宋人很关心上古史，《皇王大纪》《路史》是专述上古史的，司马光《稽古录》《经世纪年》《古今纪要》《资治通鉴前编》等书都将上限推前到荒古之初，苏辙《古史》亦然。须注意的是，这些著作中唯有苏辙一书采用纪传体，其他都是编年体。可见苏辙接受了他父亲的主张。苏轼不曾编史书，但他曾提出过一个研读史书的方法，即著名的"八面受敌"法：

> 每次作一意求之。如欲求古人兴亡治乱、圣贤作用，但作此意求之，勿生余念。又别作一次求事迹故实、典章文物之类，亦如之。他皆仿此。此虽迂钝，而他日学成，八面受敌。①

若将这个读史方法用于编史，则必是分门别类地比次史料，相当于

---

① 苏轼《与王庠五首》之五，《苏轼文集》卷六十。

纪传体史书中的"志"或会要、十通之类的编法。那么，我们大约可以推想，苏轼心目中的良史之体，当非编年体，如果不是纪传体，也必是《通典》一类的了。不管怎样，三苏在史书编纂方面，重视对史实的准确记述，而反对模仿《春秋》"书法"，是无疑的。

这当然不是废弃历史批评，相反，三苏的史学，其主要内容在批评方面，强调史实是为批评建立可靠的基石。苏辙《古史》每一传后都有论赞，比于《史记》《汉书》，他的论赞写得较长，并且不是随感而发，而是有系统地加以批评。《古史》的价值，实际并不在于记叙上，而是体现在这些论赞当中。至于苏轼的史学成绩，则完全在史论、史评方面。

三苏的历史批评之原则，亦有可论。宋人承《春秋》之义以论史，往往关注于对历史人物、历史事件的道德评判，其历史批评所依之原则，也多是道德原则，故其批评实为道德批评。道德批评当然是必要的，但宋人易把此批评原则当作古今治乱兴亡之理，即历史的规律，这便大有问题。一方面，"看史必观治乱之由"[1]，是研究历史的根本任务；另一方面，评论历史则依据道德原则，亦不为过；但若从道德原则去求"治乱之由"，就会发生程颐这样的情况：

> 先生每读史到一半时，便掩卷思量，料其成败。然后却有不合处，又更精思。其间多有幸而成，不幸而败。今人只见成者便以为是，败者便以为非，不知成者煞有不是，败者煞有是底。[2]

这位理学家读史书到一半时，用他的道德原则当作历史规律来料其成败，结果不合。为了捍卫道德原则，他说历史上成者未必是，败者未必不是，这当然也不错。然而，说不道德而成者是"幸而成"，反之是"不幸而败"，这算得"治乱之由"么？很明显，他实际上

---

① 《程氏遗书》卷二十四，《二程集》，313 页。
② 《程氏遗书》卷十九，同上，258 页。

取消了对历史规律的探索。而且，可想而知，这样的史学并没有多少现实意义。人们在维护道德原则的同时，之所以还需要研究历史，是为了了解"幸而成""不幸而败"的真正原因是什么，这样才能真正总结出历史的经验与教训，为当代提供借鉴，也才能真正提高人们的道德水平。仅仅归为"幸"与"不幸"是不够的，那既无历史感，也无现实感。

相比之下，三苏的史学是更具历史感和现实感的。他们当然也不放弃道德批评的原则，而且肯定道德对于历史人物、历史事件即在整个历史过程中具有深刻的作用与意义，但并不认为道德原则等同于历史规律，因为决定兴衰成败的有许多现实性的因素，以及针对现实而实施的各种手段，即具体的历史行为。以用兵为例，苏洵就曾指出："人有言曰：'儒者不言兵，仁义之兵无术而自胜。'使仁义之兵无术而自胜也，则武王何用乎太公？"① 这就驳斥了道德决定论。他认为："圣人之道有经，有权，有机……后世见三代取天下以仁义，而守之以礼乐也，则曰圣人无机。夫取天下与守天下，无机不能。……君子有机以成其善，小人有机以成其恶。有机也，虽恶亦或济；无机也，虽善亦不克。"② 他所谓的"机"是指只有"腹心之臣"才能共知的密谋策划，把握这个"机"是成功的关键，比于动机之为善为恶有着更强的决定作用。理学家经常批评苏洵，说是若依其说，则圣人皆以权术欺天下；他们也经常批评苏轼是杂陈利害的纵横家，苏辙是城府很深的阴谋家，等等。这便是因为，三苏论史论事，在道德原则外也强调行为的实际效果。苏轼曰：

> 西汉之士多智谋，薄于名义；东京之士尚风节，短于权略。

---

① 苏洵《权书叙》，《嘉祐集笺注》卷二。
② 苏洵《衡论·远虑》，同上，卷四。

兼之者，三国名臣也，而孔明巍然三代王者之佐。①

他所赞美的历史人物，是兼具崇高的道德感和高超的谋略，如诸葛亮那样的，《隐居通议》称"坡翁此论甚伟"②。苏辙曾指责司马光"忠信有余而才智不足"③，与其兄的衡人标准相同。三苏强调"术""机"，强调"智谋""权略""才智"，与一般"醇儒"颇为异趣，但在苏轼看来，这正是"贾谊、陆贽之学"，是人们研习历史时应当关注的，真正值得学习的有用的东西，因为历代的成败废兴与此有切实的关系。

在我们看来，强调智谋权略未必就足以解释历史现象，但相比于纯粹的道德决定论，毕竟更切近历史的真实，因为谋略是针对现实、解决实际矛盾的有效手段，研究谋略的得失也就更能切入对于历史斗争中各实力阶层、集团的分析，从而找出成败兴衰的社会性原因。同时，我们应该明白，苏轼研究史事，是为当代的"治术"寻取借鉴的，所以他关心历史上各种措置的利弊得失，他的历史批评，也就多以历史人物及其具体行为作论题，除了道德评判外，更注重从实际效果来求得经验与教训。出于这样的写作目的，他多少会夸大某个人物、某一策略的历史作用，但并不说明他的历史观是英雄史观。

由于不局限于单纯的道德评判，而研究历史上各种人事的实际得失，来阐明成败废兴的真正原因，这就使苏轼的历史批评能够进入到历史上各种矛盾的深层，常能切中肯綮；又能广及社会历史的诸多领域，如兵制、官制、人口、赋税、兵农关系、中央与地方关系、君主与大臣关系、法制与人治关系，以及文化教育、人心风俗

---

① 苏轼《三国名臣》，《苏轼文集》卷六十五。按：苏轼对诸葛亮的评价，早年所作《诸葛亮论》谓其"仁义诈力杂用以取天下"，是否定的；但后来改变了，将"仁义诈力杂用"改为兼具智谋、风节，如这里所引的一段，另如《乐全先生文集叙》《张文定公墓志铭》等文中，对诸葛亮也有高度赞扬。

② 刘埙《隐居通议》卷二十五，《四库全书》本。

③ 苏辙《亡兄子瞻端明墓志铭》。

等，探讨许多切实有益的问题。同时，这样的探讨也必然具有现实意义，与当代政治息息相关，故其史论往往也就是政论。也只有这样，才能认识到道德在人类历史中深刻的含义，从历史中谈道德，而不是据抽象的道德标准来看历史。

二、苏轼的史评

史评，是宋人借以表达其史学思想的一种最轻便、灵活的形式，也可能是宋人著述当中最具有生气的文体之一。它的写作，不需要像史书那样讲求"史笔"，也不需要像正规的史学著作（如唐刘知几《史通》）或史学论文（如《正统论》）那样严谨，常常是以某个历史人物或具体的历史事件为评论的对象，亦不必面面俱到，全面评价，只需说出一得之见即可。内中或作考证，或生感慨，或正面发论，或借为针砭，并无一定的限格。正像哲理随笔之于哲学论文，文艺批评之于文艺理论一样，史评之于史论，也是类似的关系。宋人的别集中大都收有不少史评，有些标为"史论"的，实是评论而非理论，应归入史评。另外，笔记、题跋当中，也有很多是史评。从历代著述的情况来看，史评大放光彩的时期，也正在宋代。对于我们研究宋人的史学思想，这是一宗极为可观的资料，而且还有相当程度的文学价值。

苏轼的史评著作，主要是《志林》一书。他在海南岛时给人写信说道："儿子到此，抄得《唐书》一部，又借得《前汉》欲抄。若了此二书，便是穷儿暴富也，呵呵。老拙亦欲为此，而目昏心疲，不能自苦……"①由于年迈，他不能和儿子（苏过）一起抄写汉唐史书，但在课子抄史的同时，他准备写一部专门的史评著作，曰《志林》，不过没有能够完成。《邵氏闻见后录》载：

苏叔党为叶少蕴言，东坡先生初欲作《志林》百篇，才就

---

① 苏轼《与程秀才三首》之三，《苏轼文集》卷五十五。

十三篇而先生病。惜哉！先生胸中，尚有伟于"武王非圣人"之论者乎？①

按七集本《东坡集》的《后集》卷十一，为"《志林》十三首"，都是论史之作，其中第一篇即是讲"武王非圣人"的；今存宋本《百川学海》所收《志林》一卷，也是这十三篇；郎晔《经进东坡文集事略》卷十二总题"论"下注云："自此以下十六篇，谓之《志林》，亦谓之《海外论》。"篇数稍有不同；现在通行的五卷本《东坡志林》，其第五卷为此十三篇，标为"论古"。据这些情况来看，十三篇确是苏轼未成的《志林》一书中业已作成的部分，而且也只有这十三篇。《苏轼文集》卷五就是这十三篇的内容，但分成了十四篇，其中《论范蠡》《论伍子胥》原当合为一篇的。

但宋人书籍如朱子《五朝名臣言行录》、张淏《云谷杂记》、袁文《甕牖闲评》及洪迈《容斋随笔》等，都曾引及《志林》，而多在十三篇之外。陈振孙《直斋书录解题》著录《东坡手泽》三卷，注曰："今俗本《大全集》中所谓《志林》者也。"所谓"手泽"，就是写在纸上的零星简短之文字，在宋代就已被编集起来，却移"志林"之名冠此，宋人引《志林》文在十三篇外者，当由此故。这样的《志林》，大概在宋世就有多种版本，或包括十三篇在内，或竟至没有了十三篇，只有许多"手泽"。今存的五卷本（明万历赵开美刊本、《学津讨原》本等）把十三篇收在卷五，前四卷都是短小的"手泽"，不但与卷五的文字体式不同（十三篇皆先略叙史事，再以"苏子曰"领起发论，篇幅明显较长），编在一起甚为不类，而且其内容广及"记游""修养""异事""技术"等方面，是为杂说，非专评史事了。今存的十二卷本（《稗海》本）所收与五卷本的前四卷相似，数量多一些，但唯独不收十三篇，真是鸠占鹊巢了。

---

① 邵博《邵氏闻见后录》卷十四。苏轼《与郑靖老四首》之三亦云："《志林》竟未成。"（《苏轼文集》卷五十六）可证此说不误。苏叔党即苏过，是跟随东坡过海的，对于东坡晚年情况应最为了解。

钱谦益有《跋东坡志林》一篇，考辨得甚为清楚，录于下：

　　马氏《经籍考》："《东坡手泽》三卷，陈氏以为即俗本
《大全》所谓《志林》也。"今《志林十三篇》载《东坡后集》
者，皆辨论史传大事。世所传《志林》皆琐言小录，杂取公集
外记事跋尾之类，捃拾成书，而诸伪者亦阑入焉。公北归，《与
郑靖老书》云："《志林》竟未成，但草得《书传》十三卷。"
则知十三篇者盖公未成之书，而世所传《志林》者谬也……皆
丛杂不足存也。①

此段对《志林》的来龙去脉已经勘明，指出它原是一部未成的史评
著作，并非丛残杂记，可无疑义。但今天通行的《志林》中的杂说
部分，虽然"丛杂"，亦不至于"不足存"。因为这些杂说中仍有不
少是涉及史评的（有些也可能是苏轼为撰写《志林》准备的素材），
属于我们这里要探讨的对象。不过，现在的《苏轼文集》卷六十五
已把内容与此相关的杂说搜罗在一起，标为"史评"一类，利用起
来更为方便。

　　《志林》行世以后，宋人即广为征引，对明清士人也甚有影响，
不但其中的观点引起探讨，其著作形式也被承袭。明初王祎有《续
志林》十八篇②，王世贞的《书乐毅传后》《书苏子范增论后》二
文③及张自烈《与苏子瞻论封建郡县书》④ 则是对《志林》中的论
点提出异议，清代毛先舒作《匡林》二卷⑤，意在匡正《志林》之

---

　　① 钱谦益《跋东坡志林》，《牧斋初学集》卷八十五，上海古籍出版社，
1985 年。
　　② 王祎《王忠文公集》卷十四，《丛书集成》本。
　　③ 王世贞《读书后》卷一，《四库全书》本。
　　④ 张自烈《芑山文集》卷一，《豫章丛书》本。
　　⑤ 毛先舒《匡林》有《四库全书》本。

说，尤侗《读东坡志林》①亦多纠其"失"。我们在这里不拟一一罗列苏轼对史事、人物的评论及后人的异议，而是想在苏轼的许多史评中绅绎出他对历史问题进行观察、认识、把握、批评的几个理论要点，从中探索他的史学思想。鉴于今存《志林》内容混杂，这里所用的苏轼史评方面的材料，主要是《苏轼文集》卷五的十四篇（即五卷本《志林》卷五的十三篇。按当以作十三篇为是，但此处姑从《文集》的分篇与标题），和卷六十五"史评"类中的文字，这两部分已经全部地包含了《志林》中有关史评的内容②。

除了《志林》外，苏轼早年作过一系列以历史人物为题的论文，收在七集本《应诏集》的卷七至卷十，从《秦始皇帝论》至《韩愈论》，共二十篇，见于今《苏轼文集》的卷三至卷四，依原次序排列。但《苏轼文集》在《秦始皇帝论》前又有一篇《宋襄公论》，中间又比《应诏集》多出《士燮论》一篇，共二十二篇。这多出的两篇是被郎晔认作《志林》内容的，郎晔书中所收的《志林》有十六篇，比上面说的多出三篇，除了这两篇外，还有一篇是将十三篇中的《论范蠡伍子胥大夫种》拆作了两篇造成的。今《苏轼文集》也依郎本拆做两篇，所以卷五有了十四篇。郎本另多的两篇则被插入卷三到卷四的一系列历史人物专论中，所以这一系列又比《应诏集》多出两篇。这两篇既不属《志林》，也不属早年的著作，依类编排时，附在这一系列后是可以的，像《宋襄公论》那样列在前面也可以，但如《士燮论》那样插在当中，却并不妥当。这一系列，在写作方式上与《志林》不同，是很正规的论文，宋人的文集中多有这样的历史人物专论，习惯上都看作"史论"的；但按其内容来说，也应属我们这里讲的"史评"，即历史批评而非关于史学理论之探讨。所以，这个系列也在我们这里引述的范围。另外，如《苏轼文集》卷七的《迩英进读》八篇，是给宋哲宗讲汉唐历史的，其内

---

① 尤侗《西堂杂俎一集》卷八，《西堂全集·西堂文集》，清康熙中刊本。又有单行的《读东坡志林》一卷，收入《昭代丛书》（道光本）。

② 明钞本《艺海汇函》收有《东坡先生史评》一卷，未见。

容亦是史评。至于其他文章如书信、策论、记序之中，关涉史评的文字，必要时也予以引述。

关于材料的说明如上，以下从苏轼史评中绎述几个要点。

1. 道德

若将苏轼的历史观与程朱理学家相比，其明显的特点为敢于肯定汉唐间一些杰出人物的作为，敢于探讨一些具体措置、谋略的得失，而不以虚托于三代治世的抽象道德标准来一概地否定之。这表明，他具有更强的历史感、现实感。但那也并不是说，苏轼是杂陈利害，专以飞箝辟阖之术为能事的纵横家。只要略读他的史评文字，我们就会发现：他实际上也很重视道德教化，并认为道德毕竟是高于一切智术的。他的论证方式是：以智术应天下之变，即便再巧于谋划，也难免顾此失彼，因为"以其区区之才，与天下争能"①，最终总要捉襟见肘，所以不如道德。

苏轼并非道德决定论者，却仍把道德放在最高的理论层次，这个情形看来是矛盾的，但并不难于解释。因为以道德治天下的历史，几乎是不曾有过的，被许多假想涂抹起来的三代治世，勉强可以当之，然而那又是无法讨论其详情的。"三代之亡，天下以诈力相并，其道术政教无以相过，而能者得之"②，三代以下可资探讨的历史实情如此，则如说其兴盛全是侥幸，说其衰亡全由于无道，等于无说。道德既无可长短，则历代兴衰成败之渐或遽的缘由，自当更从其具体的治术之得失上求之，故苏轼论汉唐史，不持道德决定论。既然是"能者得之"，后人可以鉴取的当然是"能"的内容了。但那样一来，岂不是说道德为无用之虚器，而经传所云三代治具皆是迂阔无实效的虚文么？苏轼又力图证明：道德貌似迂远，而实有深刻的意义，以智术欺天下的"能"毕竟不如树立道德为根基固厚。故圣人论道德，每不见一时急效，实则神用无方，而世人不能识知，他

---

① 苏轼《霍光论》，《苏轼文集》卷四。
② 苏轼《魏武帝论》，《苏轼文集》卷三。

认为是可以太息的。虽然汉唐史难以道德较长短，但若论圣人的治道，则毕竟本于道德。

这里可以举出一个例子。苏轼曾论秦亡之由，谓蒙毅、李斯、赵高、胡亥随秦始皇出巡，始皇中道病，遣蒙毅还祷山川，毅未还而始皇崩，由于蒙毅不在，故赵高、李斯得以成其奸谋，矫诏立胡亥，秦卒以亡。他认为，此时蒙恬、扶苏掌大军于外，蒙毅侍帷幄于内，秦本无亡象，祸因在于蒙毅离开了病中的始皇，给赵、李提供了机会。所以，"始皇之遣毅，毅见始皇病，太子未立，而去左右，皆不可以言智"①。这一段关于人事的分析，已经比贾谊那篇洋洋洒洒的《过秦论》更为切中情实。虽然把希望寄诸蒙毅一身不无可议，但在某个关键时刻，一个关键人物以一身系天下之重轻，深折奸谋，扶持大局的历史实例，也是有的。苏轼显然认识到，在那个决定秦朝命运的时刻，一种摧破奸谋的力量（苏轼将它系于蒙毅）的缺席，致使历史丧失了向另一种可能性发展的机运，所以，秦始皇与蒙毅的"智"不及此，是一个足可吸取的历史教训。这样的史评，是发人深省，于人有益的。但苏轼在指出"智"的不足以后，却又更进一层说："然天之亡人国，其祸败必出于智所不及。圣人为天下，不恃智以防乱，恃吾无致乱之道耳。"② 这就进入了更根本的一层，"无致乱之道"，就是不恃智术，以道德治国。苏轼接着前面的话题说，拥重兵在外的蒙恬、扶苏，本有力量与赵高之流抗衡，却又为何轻易接受假传的诏命，自杀身亡呢？他说，这是秦法历来重酷，"令行禁止"已成风俗的缘故，致使二人的意识中已无有别的选择。而究秦法重酷的缘由，又在于商鞅变法，一味建立君主独断的威势，积重至斯。所以又讲到商鞅法治的问题，"方其法之行也，求无不获，禁无不止，鞅自以为轶尧舜而驾汤武矣"③，但其结果，也使蒙恬、扶苏接到伪命后，束身就死而无其他的意识（如停旨不

---

① 苏轼《论始皇汉宣李斯》，《苏轼文集》卷五。
② 苏轼《论始皇汉宣李斯》，《苏轼文集》卷五。
③ 苏轼《论始皇汉宣李斯》，《苏轼文集》卷五。

死，再请申诉，很可能就真相大白了），致使赵高等完全得逞。然则商鞅之法使秦强，也使秦亡。苏轼说，圣人之治不如此，那是要讲忠恕平易的，"夫以忠恕为心，而以平易为政，则上易知而下易达，虽有卖国之奸，无所投其隙，仓卒之变无自发焉。然其令行禁止，盖有不及商鞅者矣。而圣人终不以彼易此"①。这里指出，以道德治国虽无商鞅的法治那样有令行禁止的速效，但其维护根本，能令变故无由而生，亦即"无致乱之道"，这才是最可依恃的。苏轼最终还是崇尚道德的，虽然他不以之为汉唐间历史兴亡的决定力量。他想通过以上的例子来论证，谈道德不是迂阔的，而有圣人之深意存焉，从根本上说是深刻的。

　　三代是讲道德的，汉唐是讲智术的，讲道德能扶持根本而似乎迂远，讲智术能收获急效而必有智虑所不及的恶果。然则，宋代该学习哪一种呢？当然是该学习前者。但历史发展有延续性，居唐五代之后的宋代，必要处理唐五代留下来的局面，其治术必要有所因承，才能正常运转，所以难免于智术之后更讲智术，无法改从道德。非不知道德为美，奈其无急效何！比如说，"忠厚"自是好的，但居今之世，又不能一概赦免罪犯，否则后果也会不堪设想。那么，难道就只好在智术上永远恶性循环下去了？——宋儒的脑中充满了这样的问题。他们研究历史，根本上是要解决这类问题的。三百年间，这类问题激励着一代又一代可敬的学者去思索。依程朱理学一派的主张，非彻底否定汉唐史，从而拨乱反正、完全改辙不可。实际上，王安石也是这个态度。虽然他的"新法"完全是针对宋代商品经济的新局面而设想的新智术，但在他的主观上，这是在实施《周礼》的太平治道。当宋神宗希望有人指点他如何才能成为唐太宗时，王安石给他一个当头棒喝：你要学尧舜，不要学唐太宗！当旧党感叹着"上与介甫如一人，此乃天也"② 而无可奈何时，王安石分明是越来越意识到，宋神宗的那个唐太宗之梦，把他的出于道德理想的

① 苏轼《论始皇汉宣李斯》，《苏轼文集》卷五。
② 《宋史·曾公亮传》。

改革拉向了另一个方向。本想富国强兵，健全社会，整饬风俗，崇兴道德，后来却是急急乎聚财养兵，对外作战。被认为三代以来得君莫过的王安石，事实上默默地忍受了君相间这种深刻的歧异所带来的痛苦，而且这种痛苦还只能深藏不露，默默至死。此是儒学复古运动兴起以来，道德理想的一次悲壮的碰壁。与王安石、程朱的否定汉唐异趣，南宋的陈亮则反对坐谈道德，而崇尚一种发自"英雄之心"的大智术、大气力。他说："天下，大物也，须是自家气力可以斡得动，挟得转，则天下之智力无非吾之智力。"① 由此，他积极肯定汉唐，为汉唐辩护："谓三代以道治天下，汉唐以智力把持天下，其说已不能使人心服。而近世诸儒，遂谓三代专以天理行，汉唐专以人欲行，其间有与天理暗合者，是以亦能久长。信是言也，千五百年之间，天地亦是架漏过时，而人心亦是牵补度日。万物何以阜蕃？而道何以常存乎？"② 这是对北宋以来较普遍的历史观的反驳，与他的王霸义利兼行的主张相合。在他之前，北宋的苏轼虽然还未走到这一步，但已略有同调。苏轼也认为，处在智术的恶性循环之中，必须有大人物的大智力，才能扭转轨辙，复返道德。历史不能一时绝流而使更弦易辙，要有一种既能开物成务，又默运以三代道德之心的大智术来驾驭历史，通向道德理想。而这种大智术，正可从总结汉唐史的经验教训中获得。他考察了汉唐间的历史，看到了一些以道德之心默运智力的先例，最显著的就是他所表彰为"巍然三代王者之佐"的诸葛亮。

中国历史上的"王佐"形象约有两类：一类是导师型的，以伊（尹）、周（公）为代表；一类是能吏型的，以萧（何）、曹（参）为代表。诸葛亮则既有导师风范，又有能吏才智，所以杜甫称他

---

① 陈亮《壬寅答朱元晦秘书》，《又甲辰秋书》，《陈亮集》卷二十八，中华书局，1987年（增订本）。

② 陈亮《壬寅答朱元晦秘书》，《又甲辰秋书》，《陈亮集》卷二十八，中华书局，1987年（增订本）。

"伯仲之间见伊吕，指挥若定失萧曹"①，这正是苏轼所理想的大人物的大智力。那是以道德之心运智术，所以能表现为风节名义与智谋权略的统一，伊周与萧曹的统一。苏轼对于伊尹是极度赞美的，见于他的《伊尹论》一文，但那是三代的事了；处三代以下，则要以诸葛亮这样的人物最有借鉴的价值。"诸葛孔明不以文章自名，而开物成务之姿，综练名实之意，自见于言语。至《出师表》简而尽，直而不肆，大哉言乎！与《伊训》《说命》相表里，非秦汉以来以事君为悦者所能至也。"② 他将《出师表》与《尚书》中的《伊训》《说命》等量齐观，可见他把诸葛亮放在与伊尹、傅说相当的地位，也说明伊尹的道德仍可寓于大智术中，默行于后世，只是必须有诸葛亮这样的人物来驾驭之。在《伊尹论》的末尾，苏轼写道："以为古今之变，时有所不可者，亦已过矣。"③ 意思是：谁说三代道德再也不能复见于后世了呢？苏轼较量汉唐，探讨权谋得失，最终仍拳拳于道德。他与杜甫对诸葛亮的共同评价，也一直为后世所接受。在无数利害争斗、权术角逐交汇而成的历史进程中，用了大智慧掌握时势，其才干足以胜奸谋权术，不被所囿，而心术自正，推信于民，让世人还能看到一点道德之光彩的，确也就是诸葛亮一类的政治家。上古三代的光明，也许是儒者虚饰以寄托其道德理想的；但三代以下诸葛亮一类的形象，却是道德崛起在真实历史中的一道脊梁。苏轼的史评，有一项重要的内容，是在历史中发掘出这道脊梁，他为我们寻找了一系列这样的人物。

一个是荀彧。"汉末大乱，豪杰并起。荀文若，圣人之徒也，以为非曹操莫与定海内，故起而佐之，所以与操谋者，皆王者之事也。文若岂教操反者哉！以仁义救天下，天下既平，神器自至，将不得已而受之，不至，不取也。此文王之道，文若之心也。及操谋九锡，

---

① 杜甫《咏怀古迹五首》之五，《杜诗详注》卷十七。此处的"伊吕"，与一般讲"伊周"的意思是一样的，但"吕"字合平仄律，"周"字不合。

② 苏轼《乐全先生文集叙》，《苏轼文集》卷十。

③ 苏轼《伊尹论》，《苏轼文集》卷三。

则文若死之。故吾尝以文若为圣人之徒者，以其才似张子房，而道似伯夷也。"① 他认为荀彧是想教曹操以周文王之道，结果曹操急于功利，违背大义，所以荀彧忧愤而死。荀彧为曹操谋划了不少的策略，故谓其才智似张良；而他又本着以"道"取天下，"以仁义救天下"之心，当此心被背叛时，不惜以身死之，故谓其道德似伯夷。兼具张良的才智与伯夷的道德，那岂不也是诸葛亮式的形象？

　　另一个是孔融。苏轼对三国史研究得较深，大概在这方面有些名声，所以王安石曾建议他重修三国史②。他对三国史事所持的态度，大致是贬斥曹操，而对反曹、抗曹的人物如诸葛亮、周瑜、孔融等多加赞赏③。其论孔融云："文举以英伟冠世之资，师表海内，意所予夺，天下从之，此人中龙也。而曹操阴贼险狠，特鬼蜮之雄者耳。其势决不两立，非公诛操，则操害公，此理之常。而前史乃谓公负其高气，志在靖难，而才疏意广，迄无成功。此盖当时奴婢小人论公之语。公之无成，天也，使天未欲亡汉，公诛操如杀狐兔，何足道哉！……世以成败论人物，故操得在英雄之列，而公见谓才疏意广，岂不悲哉？操平生畏刘备，而备以公知天下有己为喜。天若祚汉，公使备，备诛操无难也。"④ 又曰："吾谓北海以忠义气节冠天下，其势足与曹操相轩轾，绝非两立者。北海以一死捍汉室，岂所谓轻于鸿毛者？"⑤ 他为孔融辩护，认为孔融有忠义之心，而并不"才疏"。以前的史书说孔融"才疏"，那只是"奴婢小人"之

　　① 苏轼《论武王》，《苏轼文集》卷五。
　　② 邵博《邵氏闻见后录》卷二十一。
　　③ 对诸葛亮的赞美已见上文，赞孔融见下文，赞周瑜见《周瑜雅量》，《苏轼文集》卷六十五。同卷又有《管幼安贤于荀孔》一文，谓"管幼安怀宝遁世，就闲海表，其视曹操父子，直穿窬斗筲而已"。卷六十四《拟孙权答曹操书》，则借孙权之口历数曹操之恶。《东坡志林》（中华书局，1981 年）卷一"途巷小儿听说三国语"条，谓小儿听说三国，闻刘备败则悲，闻曹操败则喜，"是以知君子小人之泽，百世不斩"。在以《三国演义》为代表的中国通俗文学"尊刘抑曹"倾向之形成的历史过程中，苏轼恐怕起了不小的作用。
　　④ 苏轼《孔北海赞并序》，《苏轼文集》卷二十一。
　　⑤ 苏轼《张安道比孔北海》，《苏轼文集》卷七十二。

论，是以成败论人物。孔融的不成其功，"天也"，而其一死，志在"捍汉室"。这样，苏轼心目中的孔融，也是诸葛亮式的人物。

唐代的陆贽，亦被苏轼极度推崇。他曾与同僚编校了陆贽的奏议，进呈宋哲宗阅读，并写札子云："唐宰相陆贽，才本王佐，学为帝师，论深切于事情，言不离于道德，智如子房而文则过，辩如贾谊而术不疏，上以格君心之非，下以通天下之志，三代已还，一人而已。"在苏轼的笔下，陆贽是以道德运智术的典范，考陆贽生平，其所述也符合事实。

至于北宋的人物，有两个人得到苏轼的这种评价。一个是张方平，苏轼在《乐全先生文集叙》中把他比作诸葛亮、孔融，张方平表示不敢当，退还了这篇《叙》，但张方平去世后，苏轼作《张文定公墓志铭》又重申此论。另一个得到这种评价的，不是别人，正是王安石！当他去世之时，苏轼与司马光等人主张给予褒赠以励风俗，苏轼代宋哲宗草制书：

> 朕式观古初，灼见天意，将有非常之大事，必生希世之异人，使其名高一时，学贯千载，智足以达其道，辩足以行其言，瑰玮之文足以藻饰万物，卓绝之行足以风动四方，用能于期岁之间，靡然变天下之俗……网罗六艺之遗文，断以己意；糠秕百家之陈迹，作新斯人。

只要对照一下苏轼的《伊尹论》及上引诸文，就可以知道，这种评价原是苏轼给予伊尹、诸葛亮、陆贽一类"巍然三代王者之佐"式的人物的，也就是说，他是用自己心目中那种以道德运作大智术来改变历史之恶性循环的大人物形象，来赞美王安石的，即肯定了王安石就是他理想中的这种人物。因此，对照苏轼史评的精神，这篇制书所云绝非空洞的虚饰赞美之词，在苏轼为历史勾画的一道道德的脊梁中，分明也有王安石的位置。

如上所云，诸葛亮、荀彧、孔融、陆贽、张方平和王安石，在苏轼的史评中得到了相同的评价，他们都是道德、智术兼具的，而根本在于道德，以道德运作智术谋略，要把三代以下"天下以诈力相并"的历史重新带回以道德为治的正轨上去。当然，这些历史人物形象都有悲剧的色彩，他们的事业都归于失败，但苏轼却旨在发煌他们的"道心"，即人心中一种不灭的道德理想。由于他所表彰的这一系列历史人物的存在，道德理想就不曾在历史中湮灭，即便在"天下以诈力相并"的恶性循环中，也能看到一线光明。同时，这一考察历史的成果，也充实了道德理想的内涵，使之不再空洞无物，不再是只能附托于对三代治世的虚饰了，因为它已拥有着这一系列历史巨人的丰富实践。通过对他们的表彰，苏轼无疑强调了，道德毕竟高于智术。

2. 风俗

苏轼以道德为历史的最高理想，已如上述。在这一层上，他与理学家是相通的，体现了宋人的史学思想中普遍的观念。但苏轼表述这种观念的方式与理学家不同：理学家一般是高歌唐虞三代，贬斥汉唐，要求复古；苏轼则不然，他对三代圣君如周武王敢于否定，而对汉唐直至当代的具有"道心"的人物则加以积极的肯定，勾画出道德理想在实践中的历史，向往着秉承和发扬这一人文精神，扭转历史的"诈力相并"的恶性循环，推动它向道德的良性循环运行。这种重视实践，尊重历史，寓道德于事功的思想，开了南宋浙东学派的先河。在很大的程度上，可以说浙东史学是苏轼史学思想的体系化，这在下文还将继续提及。

因为苏轼的道德观念具有历史实践的内涵，所以，他用来批评历史的并不是一种抽象的道德律令，也不认为这抽象的道德律令决定了历史的盛衰，而是深刻地观察了道德的社会作用，从这一精神性的因素通过其社会作用而转化成的物质力量上，来论述它与历史盛衰的关系，这就是苏轼史评中一再强调的"风俗"一义。

苏轼早年给韩琦上书，曾自述其治学的主要内容和旨趣，说："轼生二十有二年矣。自七八岁知读书，及壮大，不能晓习时事，独好观前世盛衰之迹，与其一时风俗之变。自三代以来，颇能论著。"① 这里将历史的盛衰与"风俗"的变化并提，说明他研究历史的盛衰时，是以考察"风俗"为主体内容的。那么，什么是"风俗"呢？下文云：

> 以为西汉之衰，其大臣守寻常，不务大略；东汉之末，士大夫多奇节，而不循正道……昔者太公治齐，举贤而尚功，周公曰："后世必有篡弑之臣。"周公治鲁，亲亲而尊尊，太公曰："后世浸微矣。"汉之事迹，诚大类此，岂其当时士大夫之行，与其风俗之刚柔，各有以致之邪？②

他将西汉、东汉的盛衰之迹与《淮南子》《史记》所载鲁、齐之政相比拟，以为其盛衰是由"风俗"所致，而从他描述的"风俗"来看，指的是社会风气。苏轼认为，社会风气是决定盛衰兴亡的关键因素，所以，他论史关注"风俗"。

两汉的兴亡，是宋代史家关注的一个重要论题，而苏轼则从"风俗"来探讨其兴亡之由。他从史料中观察到西汉的"风俗"深锢于"谄媚"的习气，加以批判：

> 西汉风俗谄媚。不为流俗所移，惟汲长孺（按指汲黯）耳。司马迁至伉简，然作《卫青传》，不名"青"，但谓之"大将军"；贾谊何等人也，而云"爱幸于河南太守吴公"！此等语甚可鄙，而迁不知，习俗使然也。本朝太宗时，士大夫亦有此风，至今未衰。吾尝发策学士院，问两汉所以亡者难易相反，意在此也。然答者不能尽，吾亦尝于上前论之。③

---

① 苏轼《上韩太尉书》，《苏轼文集》卷四十八。
② 苏轼《上韩太尉书》，《苏轼文集》卷四十八。
③ 苏轼《西汉风俗谄媚》，《苏轼文集》卷六十五。

这是一篇很优秀的史评，深刻地洞察了西汉"风俗"的痼弊。司马迁要算正直的人了，但从他的用语遣词之中，犹不自觉地感染着"风俗"的"谄媚"，可见这种恶俗对于社会的浸润到了何种程度！苏轼由此联想到本朝太宗以来的同性质的习气，深为忧患，因为这习气侵蚀着整个社会的肌体，使之溃烂，不可不忧①。他认为，西汉的灭亡是要归罪于这"谄媚"之"风俗"的，他在学士院所发的策问，就是启发应试者从"风俗"的角度去探讨两汉兴亡的教训：

> 问。古之君子，见礼而知俗，闻乐而知政，于以论兴亡之先后。考古以证今，盖学士大夫之职，而人主与群臣之所欲闻也。请借汉而论之。西汉十二世，而有道之君六，虽成、哀失德，祸不及民，宜其立国之势强固不拔，而王莽以斗筲穿窬之才，谈笑而取之。东汉自安、顺以降，日趋于衰乱，而桓、灵之虐，甚于三季，其势宜易动，而董、吕、二袁（按指董卓、吕布、袁绍、袁术）皆以绝人之姿，欲取而不敢，曹操功盖天下，其才百倍王莽，尽其智力，终身莫能得。夫治乱相绝，而安危之效相反如此。愿考其政，察其俗，悉陈其所以然者。②

此篇策问作于元祐年间，大意是：西汉之君比东汉之君做得好，社会更为安定，而对手的才智也弱得多，却为何西汉亡得容易，东汉倒能在混乱中维持得较久？策问中已提示应试者从"风俗"的角度去思考这个问题。故后来追记："吾尝发策学士院，问两汉所以亡者难易相反，意在此也。"但据苏轼的追记，当时的应试者没有能够尽达此意，所以他便将此意"于上前论之"，用以警诫皇帝。苏轼的"此意"，就是说，西汉"风俗"的"谄媚"是其易亡的原因，即便

---

① 与此相应的是，苏轼经常通过史评来强调"大臣以道事君"的重要性，如《苏轼文集》卷五《论管仲》，卷七《迩英进读》之《叔孙通不能致二生》、《张九龄不肯用张守珪牛仙客》二条，卷六十五《管仲分君谤》《赵充国用心可重》《梁统议法》《裴颜之谄》《李靖李勣为唐腹心之病》等。

② 苏轼《试馆职策问三首》之二《两汉之政治》，《苏轼文集》卷七。

没有暴君，社会安定，此种"风俗"亦会导致灭亡；而东汉的"风俗"却正好相反，是崇尚节操的，所以虽有暴君，日趋衰乱，加之以雄才大略的觊觎者，而仍不易亡，能维持较久。这是他对比两汉"风俗"与兴亡难易的不同，而得出的结论，从中强调了"风俗"的关键意义。

当然，反过来也可以说，东汉的"风俗"也要对东汉的灭亡负责。所以，苏轼对东汉的那种崇尚节操的"风俗"也持批评态度，认为"东汉之士多名节，知名节而不能节之以礼，遂至于苦节"①，这种"苦节"也是被他否定的，因为那近于"好名"而"不情"，即不合情理，"不情者，君子之所甚恶也"②。苏轼对东汉"风俗"的批评，在历代史家中是颇为独特的，我们在史料上经常看到的是史家对于东汉崇名节、尚清流、尊儒行之士风的褒赞，认为在江河日下的衰世里，坚持这样的士风，颇有"风雨如晦，鸡鸣不已"的味道。这种士风里有很重要的一项，就是"让爵让产"，把官爵、财产让给兄弟。那之所以会被当作崇高品质的一个表现，多少是因为前代圣贤对伯夷、叔齐的表彰。到了东汉，此类美事确实是史不绝书。然而，苏轼偏对"让爵"进行指责，认为是图自己的高名，而陷兄弟于非义。在《刘恺丁鸿孰贤论》中，他提出了自己的意见："东汉刘恺让其弟封，而诏听之；丁鸿亦以阳狂让其弟，而其友人鲍骏责之以义，鸿乃就封。"③ 这是两个不同的事例，苏轼肯定了丁鸿，否定了刘恺。他认为，伯夷让位给叔齐，并不是以"让"为高，只是出于对父亲遗志的尊重而已，不是要用这"让"来显出自己的品德。"及后世徇其名而昧其致，于是诡激之行兴矣。若刘恺之徒让其弟，使弟受非服，而己受其名，不已过乎？……非独使弟受非服之为过也，将以坏先王防乱之法，轻其先祖之国，而独为是非常之行，考之以礼，绳之以法，而恺之罪大矣！然汉世士大夫多以此为

---

① 苏轼《历代世变》，《苏轼文集》卷六十五。
② 苏轼《直不疑买金偿亡》，同上。
③ 苏轼《刘恺丁鸿孰贤论》，《苏轼文集》卷二。

名者，安、顺、桓、灵之世，士皆反道矫情，以盗一时之名。盖其弊始于西汉之世，韦玄成以侯让其兄，而为世主所贤，天下高之，故渐以成俗，履常而蹈易者，世以为无能而摈之。"① 苏轼在这里讲了几层意思，一是以"让爵"为高不合伯夷本意，也就是说，不是圣贤教世之法；二是"让爵"不合礼义，反而是毁坏礼法，非但无德亦且有罪；三是东汉之世以此为士风，其弊源自西汉，至东汉已不可救药。那结果，正如他在另一篇文章中所说："于是天下之士，嚣然皆有无用之虚名，而不适于实效。故其亡也，如人之病狂，不知堂宇宫室之为安，而号呼奔走，以自颠仆。"② 这个比喻很生动，同时也说明，苏轼认为东汉的"风俗"导致了东汉的灭亡。

把东汉名士的行为，一言以贬之为"盗名"，当然是偏颇的。但苏轼这样说可能具有针对性，应该联想到苏洵的《辨奸论》等文，可以看出他们对于庆历以后宋代士人刻意追求名节高行以至于流入险怪之风的极度不满。考虑到《刘恺丁鸿孰贤论》是苏轼应考时的试题，那么不难想见，出试题的政府官员也关注到了这种风气，提出了问题，要听听应试者的意见。而苏轼所答的意思，与苏洵的态度及他本人一贯的见解，是一致的。在本书下一章中，我们将证明，这一态度与欧阳修当日的意见也颇为一致，而被他们加以批评的刻厉之行，也很容易让人联想到石介、王安石、程颐等人，尤其是王安石③。所以，苏轼的这番史评，实际上兼含着政论的。

正因为以"风俗"论历史之兴衰，也就会以"风俗"论当代之政治。苏轼曾上书于大臣云：

> 轼闻治事不若治人，治人不若治法，治法不若治时。时者，国之所以存亡，天下之所最重也。周之衰也，时人莫不苟媮而

① 苏轼《刘恺丁鸿孰贤论》，《苏轼文集》卷二。
② 苏轼《上韩太尉书》，《苏轼文集》卷四十八。
③ 参见本书第四章第一节。苏辙的《刘恺丁鸿孰贤论》云："嗟夫世之邪僻之人，盗天下之大名，以冒天下之大利，自以为人莫吾察，而不知君子之论有以见之。"（《苏辙集·栾城应诏集》卷十一）此与《辨奸论》语意无异。

不立，周虽欲其立，而不可得也，故周亡。秦之衰也，时人莫不贪利而不仁，秦虽欲其仁，而不可得也，故秦亡。西汉之衰也，时人莫不柔懦而谨畏，故君臣相蒙，而至于危。东汉之衰也，时人莫不矫激而奋厉，故贤不肖不相容，以至于乱。夫时者，岂其所自为邪？王公大人实为之。轼将论其时之病，而以为其权在诸公。诸公之所好，天下莫不好；诸公之所恶，天下莫不恶。故轼敢以今之所患二者，告于下执事……①

这里是从历史讲到现实，关键在于一个"时"，那是存亡的根本。自苏轼文中看，他所谓的"时"主要就是指"风俗"而言，体现了他看待历史与现实政治时同样的关注点。但此段中还有一个重要的思想，就是"时"是可以人为地改良的，只要有社会影响力的大臣们表率作用起得好，"风俗"是能够改善的。而且，作为大臣，根本的职责也就在这方面："治时"。至于治法、治人，还是等而次之的。这也就是说，存亡决于"风俗"，"风俗"在于人为，而人为，当然就本为为者的道德了。一个政治家的最根本的责任，就是做好道德教化，改善"风俗"，国家的安危实系于此。

这样，自然而然就能推出苏轼对宋神宗讲的下述这段名言，虽是针对"新法"而发，但合乎他的一贯思想：

夫国家之所以存亡者，在道德之浅深，不在乎强与弱；历数之所以长短者，在风俗之厚薄，不在乎富与贫。②

这是从理论根基上对"新法"追求的"富国强兵"之目的加以否定，博得了明清之际思想巨匠顾炎武的击节赞赏："当时论'新法'

① 苏轼《应制举上两制书》，《苏轼文集》卷四十八。
② 苏轼《上神宗皇帝书》，《苏轼文集》卷二十五。

者多矣，未有若此之深切者。根本之言，人主所宜独观而三复也！"① 当然，夷考其实，王安石亦非不关怀"风俗"，且道德风俗与富强之效亦不至于完全对立。双方所争的是以何者为根本的问题，而且不是在认识上谈何者为根本，而是从实践上来看。只要是儒家的学者，一般都不否定道德风俗重于富强之效，但事有缓急，改善"风俗"要靠长久的努力，而富强之效可以期年得，故政治家的政绩却见于后一方面，从而，在实践上，容易忽略前者，追求当时的急效。如果苏轼站在王安石这边，他多少能考虑到王安石执政时期必然有限，改革之事又急不容缓，倘不及时全盘推出，后来者未必能继续下去，故应更多地予以同情。但他站在了王安石的对立面，当然也就更多地予以指责了，而这种指责又是切中实情的，按照儒家的观点，那也是无可反驳的，故顾炎武会对之表示激赏。

那么，无论论史评议政，皆以"风俗"为本，可以确定是苏轼的一个基本思想了。我们据此可以确定苏轼的历史观符合儒家的传统，比理学家以抽象道德律为根据的天理、人欲斗争史的历史观，更为传统，后者在苏轼看来已是不切实际的新奇之说，而他自己的观点则出于"贾谊、陆贽之学"，是儒学的本来面目。从儒学的发展史来看，确乎如此。苏轼对历史的了解，使他不难从更为传统的学术基点上，来批评当代的其他宋学流派，而他的不少言论也确实属于这种情况。我们若跳出他们争论的话题，从较远的视点看去，则其历史观都是以道德理想为衡量标准的，只是有的更抽象些，苏轼的"风俗"概念则更为具体些，更能落到实处。

如果仅仅是这样，则"风俗"仍是一个以精神性的内涵为主的概念，虽然带有社会性的含义，但指的是社会群体的精神面貌、道德水准或文化程度，并未及于社会生产力与物质生活水平。当"风俗"一词与"道德"并提，而与贫富、强弱相对立时，其精神性尤为明显。而且，以一种精神的存亡来考察历史，与"道统论"的历

---

① 顾炎武《日知录》卷十三，"宋世风俗"条，岳麓书社，1994 年，《日知录集释》本。

史观相去无几，对传统儒学亦少有发展。鉴于苏轼论"道"，是遵循万物的自然理势，其关于治世的理想，不仅为礼乐的复兴，而且推本于"万物各得其所"，那么，他据以论史的"风俗"概念，内涵当不止于此。它理应具有人们掌握自然规律用于社会实践的水平方面的内容，也就是"万物各得其所"的理想在历史上被实现的程度如何。要是这样，他理应关心到生产力和人们生活状况发展的历史。"自生民以来，天下未尝一日而不趋于文也。文之为言，犹曰万物各得其理云尔。"① 苏辙的这个思想，是本应有着更为开阔的理论前途的。然而，他们兄弟对此阐述得并不多。当然，即便不多，也是可贵的。苏轼有一段话：

> 夫道何常之有，应物而已矣，物隆则与之偕升，物污则与之偕降；夫政何常之有，因俗而已矣，俗善则养之以宽，俗顽则齐之以猛。②

此谓"道"应"物"，而"政"因"俗"，即顺"物"的自然理势行"道"，而因"风俗"以施"政"。在这个话语结构里，"道""政"与"物""俗"的对应性非常明显，倘说"政"的最高理想是"道"，则"俗"的至善之境就是"万物各得其理云尔"。但此意是要读者委曲深求而得了。

苏辙有一段探讨殷、周二代之"风俗"的文字，在学术史上是有些影响的：

> 周公之治天下，务以文章繁缛之礼，和柔驯揉刚强之民，故其道本于尊尊而亲亲，贵老而慈幼，使民之父子相爱，兄弟相悦，以无犯上难制之气，行其至柔之道，以揉天下之庚心而去其刚毅果敢之志。故其享天下至久，而诸侯内侵，京师不振，

---

① 苏辙《古史》卷五《周本纪论赞》，《四库全书》本。
② 苏轼《道有升降政有俗革》，《苏轼文集》卷六。

卒于废为至弱之国，何者？优柔和易可以为久而不可以为强也。若夫商人之所以为天下者，不可复见矣，尝试求之《诗》、《书》。《诗》之宽缓而和柔，《书》之委曲而繁重者，皆周也；而商人之《诗》骏发而严厉，其《书》简洁而明肃，以为商人之风俗，盖在乎此矣。夫惟天下有刚强不屈之俗也，故其后世有以自振于衰微，然至其败也，一散而不可复止。盖物之强者易以折，而柔忍者可以久存。……呜呼，圣人之为天下，亦有所就而已，不能使之无弊也。①

这里对比殷、周二代的"风俗"，来探讨其兴衰的道理，结论是：没有绝对无弊的政治，即便圣人之施政，亦是"因俗"兴革而已。在苏辙笔下，殷周二代政教已不再是道德理想的完美体现，而是与汉唐历史一样作为探讨、批评对象的。并且，对殷、周灭亡负责的，并不仅仅是末代昏主的反常行为，决定其兴衰的因素，已包含在二代文化的奠基者所训导的"风俗"之中。同时，苏辙否定了永远无弊的"风俗"存在的可能性，圣人只能救弊，而不能使自己所训导的某种"风俗"超越起盛衰亡的必然规律。这样，他的"风俗"概念已不再仅仅是对群体道德水准的概括，而接近于现在我们常用的"文化"一词的含义，即一代物质文明与精神文明所显现的总体特征。可以说，这是现代"文化"史观的可喜的萌芽。它对传统儒学历史观的重大突破，在于不再以周公所倡导的礼乐文明为良美"风俗"的标准典范，而把周的"风俗"与殷对比，指出它们各自的特点和利弊，各有其所长和所短，从而归结到"物之强者易以折，而柔忍者可以久存"的自然理势上。这样的历史观念，才达到了苏氏哲学思想所达到的那种高度。

那么，如果以周代礼乐文明为道德理想实现的最高代表，其所

---

① 苏辙《古史》卷四《殷本纪论赞》。其中从《诗》《书》概括商代的"风俗"，对今人理解殷商文化很有启发，清代学者阎若璩曾把苏辙的结论引作考辨《尚书》真伪的依据之一。

训导的"风俗"却不是绝对无弊的，只是比较他种"风俗"有其优点而已，之所以有这样的优点，根本上也不因为合乎道德理想，而是因为自然的理势如此。论道德风俗而更推本于理势，是苏学在传统儒学基础上的一大开拓，这一开拓使境界顿时开阔了许多，从道德史观向着探索文化史的发展规律，迈出了决定性的一大步。当苏轼提出"应物"行"道"、"因俗"施"政"时，他的遵循万物自然之理势为"道"的哲学思想，可以推动着他据"风俗"以论史的史学思想，迈出这一步。比道德、"风俗"更为根本的"理势"，出现在他的史评中。虽然在他的笔下，"理势"并不高于"道德"，而且谈论"理势"本身就是为了证明"道德"的深刻的优越性，但用"理势"来论史毕竟是一个更有前途的批评角度。

3. 理势

如果"风俗"不仅仅指道德实现的程度，那么，这个词就超越了纯粹精神性的范畴，具有一代文化总体风貌的含义。在这个含义上，苏氏兄弟讲的"风俗"非常接近于浙东学派吕祖谦所谓的"统体"：

> 读史先看统体。合一代纲纪风俗消长治乱观之，如秦之暴虐、汉之宽大，皆其统体也。①

依上一节的叙述，可见苏轼的史评显然已实践着这样的思想方法。然而，判断一代之"风俗""统体"如何，在很大程度上是依靠着读史者的直觉的，很难列出几条标准，据以检视。如吕祖谦所说："统体盖谓大纲，如一代之统体在宽，虽有一、两君稍严，不害其为

---

① 吕祖谦《读书杂记三·读史纲目》，《东莱集·别集》卷十四，《四库全书》本。

宽……读史自以意会之可也。"① 他要大家来"意会"之，即凭直
觉。当苏轼说哪一代的"风俗"如何如何时，他也是凭自己读史所
得的印象或接受前人的说法，并不通过科学的归纳方法。虽然史家
对以前各个朝代之"风俗"的印象似乎颇为一致，但他们用来形容
各代"风俗"的，都是意义比较笼统的几个形容词，如"宽""严"
"骏发""浇漓""厚""薄"之类。这样，通过史家的直觉印象，给
予我们的"风俗"状况是一个浑灏的整体图像，用此来对历史上的
因果关系进行说明，显然过于笼统。所以，就这浑灏的整体图像，
仍有加以透视、分析的必要，俾其筋骨脉络得以呈现出来，那就要
切中肯綮地探析一下"理势"了。历史批评只有深入到"理势"一
层，才能对历史上的各种矛盾、因果关系有比较切实的论述。

首先，道德、"风俗"、智术、权谋等在历史上所起的作用和所
造成的后果，其本身都可以从"理势"上加以认识的，如苏轼元丰
三年在黄州"闭门思过"时，就对商鞅的功罪有这样的认识：

> 商君之法，使民务本力农，勇于公战，怯于私斗，食足兵
> 强，以成帝业。然其民见刑而不见德，知利而不知义，卒以此
> 亡。故帝秦者商君也，亡秦者亦商君也。其生有南面之福，既
> 足以报其帝秦之功矣；而死有车裂之祸，盖仅足以偿其亡秦之
> 罚。理势自然，无足怪者。②

苏轼一生议及商鞅的文字不少，这当然含有借古讽今的意图，针对
着王安石及其"新法"而发，即便在贬谪黄州之日，依然如此。但
反过来说，这倒也不纯是"影射史学"，因为关于商鞅变法与秦之兴
亡的关系，也确属一个值得探讨的史学课题，而且从西汉以来，"过
秦"的问题已经是一个具有学术传统的课题了。传统的见解有这样

---

① 吕祖谦《读书杂记三·读史纲目》，《东莱集·别集》卷十四，《四库
全书》本。

② 苏轼《商君功罪》，《苏轼文集》卷六十五。

一些：秦国的兴盛、强大得益于商鞅变法；商鞅本人的惨遭极刑，与他自己订立的严酷刑律相关，即所谓"作法自毙"；秦的灭亡由于"仁义不施"（贾谊《过秦论》），等等。苏轼把商鞅的评价与"过秦"的问题联系了起来，肯定商鞅变法是秦国强盛的原因，但同时指出商鞅还要对秦朝的灭亡负责，因为秦亡的原因"仁义不施"正是商鞅造成的。所以，商鞅既有大功，也有大罪，他本人的生平祸福，也与其功罪相当。即便我们未必都同意前人"过秦"的结论，更未必同意苏轼把"过秦"推阐为"罪商"，但平心而论，他这样的说法，是有学术传统作依据的，并不是为了"影射"而故意歪曲历史。他承认商鞅的法治曾经收到了仁义道德所不能及的功效，但更要尖锐地指出这功效中埋藏着覆亡的种子，并将这种矛盾消长的过程归结为"理势自然"。在这里，除了说商鞅的生平祸福与其功罪有点佛家"报应"论的色彩以外，他从历史的矛盾运动中推阐的"理势"，是足可成为一家之说的，即使我们未必赞同其说。其实，那至少能启发当代人对此课题作些更为深入的思考，从"过秦"到"罪商"，无疑也是一种深化认识的途径。

但更重要的是这里说的"理势自然"一语。"理势"指的是事物、社会、历史发展运行的规律，"自然"是说它具有必然性。法术之不足取，不是因为它不合乎道德就不足取，而是因为它必然带来恶果；道德之可崇尚，也并不因为它是道德就可崇尚，而是因为它虽无急效却无恶果，首先要保证没有恶果，然后可以缓收其效。这些都被归结到"理势"上加以说明，而不是在先验的善恶观上立论。苏轼与程朱理学的差别也正在此。程朱理学显然不会同意把道德也当作一种功利，来与其他形式的功利比较高下，而要强调道德绝对地、天然地高于功利，所以不必比较结果，仅仅从动机上就可以判明是非。后来在朱熹与陈亮的反复争执当中，这也是一个重要的焦点，而苏轼在这里早已与洛学分途了。

需要提及的是，苏轼对上述问题的论述，到晚年更有深化。上引的一文中，苏轼还承认商鞅之法有"帝秦"之功，但后来却进一步把商鞅之法与"帝秦"结果离析开来，不再认为这两者是真正的因果关系：

> 秦固天下之强国，而孝公亦有志之君也，修其政刑十年，不为声色畋游之所败，虽微商鞅，有不富强乎？秦之所以富强者，孝公敦本力穑之效，非鞅流血刻骨之功也。而秦之所以见疾于民，如豺虎毒药，一夫作难而子孙无遗种，则鞅实使之。①

依此说，亡秦的原因仍出于商鞅之法，而帝秦的原因则另有所在，商鞅有罪无功了②。这表明苏轼在研究"理势"即历史现象中内在的因果关系上，有了更深一层、更为精审的体察。

当然，这样论"理势"，仍嫌笼统。具体来讲，"理"和"势"的含义还有一些差异。论"理"的如：

> 齐高帝云："吾当使金土同价。"意则善矣，然物岂有此理哉？③

这一条，是从一般的事理上来判断历史行为的正确与否。不合事理的行为，必然不能成功；合于事理的，则不但能成功于当时，且可以成为"万世法"，如他论秦废封建设郡县一事云：

> 圣人不能为时，亦不失时。时非圣人之所能为也，能不失

---

① 苏轼《论商鞅》，《苏轼文集》卷五。
② 苏轼这段文字作于元祐旧党下台以后，语意仍有现实的针对性。《续资治通鉴长编拾补》卷十八载曾布语："神宗理财，虽累岁用兵，而所至府库充积。元祐非理耗散，又有出无入，故仓库为之一空。"事在建中靖国元年八月，但可以想见，元祐之政必已长期蒙受这种指责，而且那也是实情，旧党在财政上确实没有多少业绩，肯定不比熙、丰时好。这就等于说"新法"有富国强兵之效，故苏轼必须反驳。他这段话的弦外之音是：熙、丰之富强，不是王安石"新法"之功，而是神宗勤政劝农之效。肯定神宗而否定新党，正是元祐旧党的几乎统一的口径。
③ 苏轼《齐高帝欲等金土之价》，《苏轼文集》卷六十五。

214

饮雪前小閣中坐
長喜玉簫後披胸
勿多壽興君謹侶
首自读翮闹龍君
多鹊翮红移一朱
握还作武後人
缕技壕只禾為海
嗷有塢可趁者一
人黃書
辛酉有壽躡

少梅陳雲彰

陈少梅《东坡居士像》

苏文忠公笠屐圖

[清] 余集《苏文忠公笠屐图》

紹聖元年三月作 東坡居士

［宋］苏轼《墨竹图》

万頃之茫然浩浩乎如憑虛

御風而不知其所止飄飄乎

如遺世獨立羽化而登僊

於是飲酒樂甚扣舷而

歌之歌曰桂櫂兮蘭槳

擊空明兮泝流光渺渺兮

余懷望美人兮天一方客有

吹洞簫者倚歌而和之其

聲嗚嗚然如怨如慕如

泣如訴餘音嫋嫋不絕如

縷舞幽壑之潛蛟泣孤

舟之嫠婦蘇子愀然正

少　誦　舉
焉　窈　酒
月　窕　屬
出　之　客
於　章
東
山
之
上
徘
徊

誦明月之詩

徐来水波不興

客泛舟游于赤壁之下清風

壬戌之秋七月既望蘇子与

赤壁賦

右繫文待詔補三十六字

［宋］苏轼《赤壁赋》（局部）

水雲裏空庖煮寒菜

破竈燒濕葦那

知是寒食但見烏

銜紙君門深
九重墳墓在万里也擬

哭塗窮死灰吹不

起

自我来黄州已過三寒
食年年欲惜春春去不
容惜今年又苦雨两月秋
萧瑟卧闻海棠花泥污
燕支雪闇中偷负
去夜半真有力何殊少
年病起须已白
春江欲入户雨势来

［宋］苏轼《黄州寒食帖》（局部）

［清］石涛《西园雅集图卷》（局部）

池人亦英莫識靜者與飲至醉符蓋饌矣獨老符秀才在用一瓢酒尋諸生皆出雨以巳上家余攜海南人不作寒食落剝桐開日木綿花取城南上巳本不來記王式當年投老終歸去公同管寧鹿門山下穗中太白過栽蒼耳林嶺山安在飛灰萬里老鴉銜肉紙

華燈陥舞歡歲於月
挂空府三吳重
時節九陌自歌
舞云從月幾
望遊至一百五
嘉辰何屈指
樂事相繼武令宵
掃雲陣極目靜
天宇嬉遊各忘歸
閭咽項未覩
飛毬互剛減激
水相盃吐老
去久兒童歸
乖尚鏡鼓
新年晴消燈雪
舊歲添絲
縷何時九江
城相對兩漁父
東坡次韻劉景
文路分二元

［清］石涛《东坡时序诗意图册》（局部）

故人適千里臨別
尚遲遲人行猶可
復歲行那可追
問歲安所之遠在
天一涯已逐東流
水赴海歸無時
東鄰酒初熟西舍
豕亦肥且為一日
歡慰此窮年悲多
嗟舊歲別我行與
新歲辭吾勿同顧
還者老與衰
別歲 東坡

歲內素冊在案風雪
中總用東坡時序
諸作愧不能畫詩之
妙今借以莊吾之筆
每一歌一韻則神氣自生
大滌子濟

［清］石涛《东坡时序诗意图册》（局部）

［清］梁亯《观榜图》（局部）

［清］朱耷《东坡朝云图》

时而已。三代之兴，诸侯无罪，不可夺削，因而君之，虽欲罢侯置守，可得乎？此所谓不能为时者也。周衰，诸侯相并，齐、晋、秦、楚皆千余里，其势足以封建树屏，至于七国，皆称王行天子之事，然终不封诸侯，不立强家世卿者，以鲁三桓、晋六卿、齐田氏为戒也。久矣，世之畏诸侯之祸也，非独李斯、始皇知之。始皇既并天下，分郡邑，置守宰，理固当然，如冬裘夏葛，时之所宜，非人之私智独见也，所谓不失时者。而学士大夫多非之。汉高又欲立六国后，张子房以为不可，世未有非之者。李斯之论与子房何异？世特以成败为是非耳。高帝闻子房之言，吐哺骂郦生，知诸侯之不可复明矣，然卒王韩、彭、英、卢。岂独高帝，子房亦与焉。故柳宗元曰："封建非圣人意也，势也。"……宗元之论出，而诸子之论废矣，虽圣人复起，不能易也。……故吾以李斯、始皇之言，柳宗元之论，当为万世法也。①

这段议论，层次比较复杂，但总的意思是：废封建立郡县是"理固当然"，即使圣人复起，也不能改变的，应当成为"万世法"。此是说"理"，但文中又提到了"时"与"势"。苏轼在《应制举上两制书》中也讲过"时"（上文已引述），那是指"风俗"而言，这里的"时"是指时势。他分析了三代与东周的不同时势，认为废封建立郡县是适合时势的。在这里，"时之所宜"是"理固当然"的一个内容，可见"理"的意思是比时势更普泛些的。苏轼又说，汉朝已认识到郡县制是合"理"的，但又不得不仍有所封建，这是因为一时的具体形势所迫，所以他赞同柳宗元的看法："封建非圣人意也，势也。"就是说，封建制度是不合"理"的，它只是历史运行过程中的"势"造成的，故终究要废除。当然，考虑废除的措施时则要因"势"设法，不能像晁错那样鲁莽"削藩"。他说：

---

① 苏轼《论封建》，《苏轼文集》卷五。

吾尝谓晁错能容忍七国，待事发而发，固上策。若不能忍，决欲发者，自可召（吴）王濞入朝，仍发大兵随之。吴若不朝，便可进讨，则疾雷不及掩耳。吴破，则诸侯服矣，又当独罪状吴而不及余国，如李文饶辅车之诏。或分遣使者发其兵，诸国难疑，亦不能一旦合从俱反也。错知吴必反，不先未削为反备，既反而后调兵食，又一旦而削七国，以合诸侯之交，此妄庸人也。①

苏轼并不反对"削藩"，但他对晁错的鲁莽行为很不以为然。封建制虽然不合"理"，但此现状的产生自有其"势"的原因，不能逆"势"而行。他提出的两个办法，都是因"势"而设计的：一是利用君臣名分，召吴王刘濞入朝，夺其实权，若吴王不入朝，便可名正言顺地讨伐他；二是分遣使者到各诸侯国，要他们出兵共伐吴，即便他们不发兵，也会因出于疑惧而不至于助吴同反，导致严重的后果。我们知道，在历史上，真正解决侯国问题的是后来的"推恩令"，即允许侯国之君再分封给他的子孙，使侯国内部分剖，中央便容易控制各个势力弱小的单位，易为郡县。这也是因"势"设法的。可见，反"理"而行固然最终要失败，但合"理"的计划要获得成功的保证，亦必须深察形势，因"势"设策，否则也难免招来祸患，付出重大代价。"理"与"势"在这里似乎对立了起来，因为"理"更具普遍意义，是一种关于完善的理想，而"势"则具体地表现于历史的动态运行中，表现于各种矛盾的力量消长之中，从而更具现实性。所以，"理"与"势"之间既有理想与现实的对立方面，又有普遍与具体的统一方面。有效的行为，须是导"势"以入"理"的。——这是"理"与"势"的关系。不言而喻，在具体剖析历史事件时，"势"更值得关注。

　　"势"是一个很古老的术语，战国诸子如孟子、荀子、韩非子都爱用这个字。汉人的训诂学中，"势"多训为"力"，如：《易·坤

----

① 苏轼《庚亮不从孔坦陶回言》，《苏轼文集》卷六十五。

卦》"地势坤"，虞翻注"势，力也"①；《淮南子·修务训》"各有其自然之势"，高诱训"势，力也"，等等。把"势"训为"力"，应该是不错的，但这两条语例都仅指自然形成的"力"，《说文解字》释"势"为"盛权力也"，则已引申为社会性的权力，至如马王堆帛书中大量的有关房中术的术语"势"，则指男性的性能力，但这个义项只在一定的专业文献上被承用。所以"势，力也"应包括自然的、社会的或生理上的"力"，而以前两项为主。"势"的这种"力"，可以体现于主观上，如某种情状的许多次反复后给人的心理造成某个定势，予人的行为以影响力；但一般讲"势"，是体现于具体事物的关系中的客观的"力"，它不能孤独地存在，而必须依托于事物，故常称"体势""形势"等，其使用的领域也广及自然科学、社会学、军事学、历史学及书法、绘画、文学等，成为各领域共通的批评术语。苏轼有《形势不如德论》一文，概括"形势之说有二"，曰"有以人为形势者"，"有以地为形势者"，他分别举了一个例子，前者如三代之分封诸侯以合成"君臣之势"，后者如秦汉之建都关中，以形成内固外临之"势"②。当然，这二者都不能救其亡，故"形势"终不如"道德"之为根本，但"形势"亦不可忽视。

在关于"形势"的问题上，苏轼有一篇名文，即《志林》十三篇中的《论周东迁》一文。周平王东迁于洛，西周结束，东周开始，从此进入春秋、战国之乱世。苏轼认为，这一乱而不可复收，是迁都之故："自平王至于亡，非有大无道者也。髭王之神圣，诸侯服享，然终以不振，则东迁之故也。"他说，假如平王"定不迁之计，收丰镐之遗民，而修文、武、成、康之政，以形势临东诸侯，齐、晋虽强，未敢贰也，而秦何自霸哉"，而一旦迁都，则"形势"尽失，虽没有"大无道"之君，也不能复振。所以，"周之失计，未有如东迁之缪者也"。在这里，所谓"形势"乃综合地利、人和而言，在一般讲"有道则兴，无道则亡"的儒生常谈之外，苏轼突出

---

① 李鼎祚《周易集解》卷一引，中国书店，1984年影印本。

② 苏轼《形势不如德论》，《苏轼文集》卷二。

了"形势"之得失为成败攸关之大事，而迁都与否则直接导致"形势"之得失。他打了一个比方来说明之：

> 今夫富民之家，所以遗其子孙者，田宅而已，不幸而有败，至于乞假以生可也，然终不敢议田宅。今平王举文、武、成、康之业而大弃之，此一败而鬻田宅者也。夏、商之王，皆五六百年，其先王之德无以过周，而后王之败亦不减周幽、厉，然至于桀、纣而后亡，其未亡也，天下宗之，不如东周之名存而实亡也。是何也？则不鬻田宅之效也。

他又举其他的史例说：

> 魏惠王畏秦，迁于大梁；楚昭王畏吴，迁于郤；顷襄王畏秦，迁于陈；考烈王畏秦，迁于寿春，皆不复振，有亡征焉。东汉之末，董卓劫帝迁于长安，汉遂以亡。近世李景迁于豫章，亦亡。

由此可以证明苏轼的论点："避寇而迁都，未有不亡；虽不即亡，未有能复振者也。"[1]

明代茅坤评此文云："分明是宋南渡一断案。"[2] 此语不知是泛论，抑有所依据而发？靖康元年（1126 年）十一月，金兵渡过黄河，逼近汴京之时，就宋钦宗或走或守之问题，曾引起争论，《宋史·唐恪传》载：

> （宰相唐恪）密言于帝曰："唐自天宝而后，屡失而复兴者，以天子在外，可以号召四方也。今宜举景德故事，留太子

---

① 苏轼《论周东迁》，《苏轼文集》卷五。
② 茅坤编《唐宋八大家文钞·苏文忠公文钞》卷十二《平王论》（按：即《论周东迁》文）评语。

居守而西幸洛，连据秦、雍，领天下亲征，以图兴复。"帝将从其议，而开封尹何㮚入见，引苏轼所论，谓"周之失计未有如东迁之甚者"，帝幡然而改，以足顿地曰："今当以死守社稷。"擢㮚门下侍郎，恪计不用。

按此事亦见《宋史纪事本末·金人入寇》，文字略同。《三朝北盟会编》卷六十五"少宰唐恪罢尚书右仆射"条云：

> 先是，唐恪建言金人今冬必来，力劝上为避狄之计……上以为然。而开封府何㮚奏事，上以恪之言问。㮚曰："虽周室东迁，不如是之甚。譬如不肖子尽挈父祖田宅而鬻之。"……上激怒曰："朕当死守社稷!"

按《会编》所记何㮚之语，即出苏轼《论周东迁》一文，亦即《宋史》所谓"引苏轼所论"云云。然则，靖康元年十一月之定计守汴不迁，乃缘何㮚力主，而引苏轼此论为据，以感动宋钦宗。此后守城之事委于何㮚，而㮚未能成功，结果城破，君臣被掳北去。鉴于此，明代朱鹤龄批评云：

> 靖康初，斡离不入寇，李纲力主固守京师，钦宗从之。幸而金人旋退，京师无虞，纲亦罢去矣。至冬，复入寇，何㮚又力主纲议，且引苏轼所论"周之失计未有如东迁之甚者"，帝以足顿地，誓死社稷。未几，举族北辕，身死沙漠。呜呼！徽、钦岂死社稷之人哉？然则平王东迁，苏轼何以云失计？曰：骊山之难，西周已亡矣，非至平王而始衰也。西戎交侵，携王奸令，平王不迁，将覆亡之不暇，奚止于衰而已乎！平王之失，在于迁洛之后，不能自强，而以岐雍之地拱手授于嬴秦。谓周之因迁而衰者，此目论也。轼本轻于发论，而何㮚遂援之以误

徽、钦，后之君子不可以不鉴也。①

他指斥苏轼之论为"目论"，将北宋之亡归罪于李纲、何㮚，而终归因于苏轼的"轻于发论"。那么计将安出？不过逃走罢了。他说逃走之后，可再"自强"。然而苏轼早就指出："避寇而迁都，未有不亡；虽不即亡，未有能复振者也。"因为随着迁都而来的便是苟安，无"自强"可言。要论"自强"与否，已决于战守与逃亡之际，若选择逃亡于前，而望其"自强"于"形势"尽失之后，岂非空论？言迁都之失，不是就迁都之事本身而言，而是因迁都与否关系到"形势"之得失而言的，其实质是一个进取、抵抗与弃退、逃跑的问题，也就是"自强"与否的抉择。南宋人士大都能认识到，汴京被破，正是朝廷斗志不坚，心怀犹豫、侥幸之故，而南渡以后不能复振，也正因放弃汴京、迁都东南之故。《续宋编年资治通鉴》卷一引《中兴大事记》云，宋高宗即位以后，"李纲请幸荥阳，宗泽请幸京城（按即汴京），汪（伯彦）、黄（潜善）请幸东南。三者不同，然京城之策为上……失此一机，中原绝望矣。周之失计，未有如东迁之甚也"②。《中兴大事记》的作者是吕中，考其学术源流，盖出于

---

　①　朱鹤龄《李纲论》，《愚庵小集》卷十一，《四库全书》本。

　②　刘时举《续宋编年资治通鉴》卷一，《四库全书》本。所引《中兴大事记》，《爱日精庐藏书志》卷二十著录钞本四卷，《宋史艺文志补》则曰六卷，作者吕中，为淳祐七年（1247 年）进士。此书今佚。复旦大学图书馆藏清钞本吕中《类编皇朝大事记讲义》二十三卷，即《四库全书》所收《宋大事记讲义》，但书后附有《中兴讲义》一卷，为四库本所无。检刘时举所引录《中兴大事记》文，有见于《中兴讲义》者，推测《中兴大事记》乃就《中兴讲义》而扩大。又，北京图书馆藏元本《续宋编年资治通鉴》，署名李焘，专讲北宋事（刘时举书与之同名，而讲南宋事，正相接），亦引及吕中语。考李焘为南宋前期人，不及见吕中，故知此书必是伪托焘名。清钞本《类编皇朝大事记讲义》卷前有目录（四库本无），中云："吕府教旧游序，惯熟国史，因作监本资治通鉴，摘其切于大纲者目，分为门类，集为讲易。场屋中用之，如庖丁解牛，不劳余刃。"此所谓"监本资治通鉴"，或即与署名李焘之书相似。

浙东学派①，他对于南宋偏安的遗恨，证明了苏轼之论的正确，故直接引用苏轼之语以批评宋高宗弃汴京而苟安东南之举。这大概也可看作浙东学派继承苏学的一例。②

至于唐恪所谓"今宜举景德故事，留太子居守而西幸洛，连据秦、雍，领天下亲征，以图兴复"者，乃是实为逃避之计而文饰以美言。"景德故事"指寇准挟宋真宗亲征澶渊之事，那是北上迎敌，而"留太子居守而西幸洛"则是效仿宋徽宗临危内禅、脱责退避之举，不可同日而语。当真宗景德之役，亦有主张迁都西蜀或东南者，若无寇准力主亲征，恐怕早就成了"南宋"。苏轼对景德亲征是积极肯定的，他引用东汉光武帝故事，云：

> 王郎反河北，独钜鹿、信都为世祖坚守。世祖既得二郡，议者以谓可因二郡兵自送，还长安。惟邳肜不可，以为若行此策，"岂徒空失河北，必更惊动三辅。公若无复征战之意，则虽信都之兵犹难会也。何者？公既西，则邯郸之兵不肯捐父母、背城主而千里送公，其离散逃亡可必也。"世祖感其言而止。苏子曰：此东汉兴亡之决，邳肜可谓汉之元臣也。景德契丹之役，群臣皆欲避狄江南、西蜀，莱公不可，武臣中独高琼与莱公意同耳。公既争之力，上曰："卿文臣，岂能尽用兵之利？"莱公曰："请召高琼。"琼至，乃言避狄为便。公大惊，以琼为悔也。已而徐言："避狄固为安全，但恐扈驾之士中路逃亡，无与俱

---

① 清钞本、四库本《大事记讲义》卷首有刘实甫《序》，称此书为"止斋、水心之徒，以其师讲贯之素，发明我朝圣君贤相之心……"盖谓吕中曾师事陈傅良、叶适。然《四库提要》误读此语，不考年辈，反谓吕中是叶适之师，颇为荒唐，余嘉锡《辨证》已讥其非。清王梓材、冯云濠《宋元学案补遗》（《四明丛书》本）卷五十一，将吕中列入"东莱续传"中，东莱指吕祖谦，但此则不知何据也。

② 《中兴讲义》"复科举"条曰："自政事言之，则文章为无用，自文章言之，则诗赋为无用……"此亦袭用苏轼《议学校贡举状》中语。吕中此类书，盖为场屋射策之用。南宋场屋中，固有截取苏轼文字为论资的习气，所谓"苏文熟，吃羊肉"。

西、南者耳。"上乃大惊，始决意北征。琼之言，大略似邴彤，皆一代之雄杰也。①

在"兴亡之决"的关键时刻，图身家性命安全而为逃避之计，令扶驾的兵众置父母家乡而不保，此必然俱失地利人和之"形势"，一溃不可收拾。当此之时，即不能进取，亦当固守，迁都逃跑无异于自取灭亡。靖康元年正月，金人第一次兵临汴京时，宰相白时中主张逃跑，李纲力主坚守，钦宗犹豫再三，《宋史·李纲传上》载：

> 未几，复决意南狩。纲趋朝，则禁卫擐甲，乘舆已驾矣。纲急呼禁卫曰："尔等愿守宗社乎，愿从幸乎?"皆曰："愿死守!"纲入见曰："陛下已许臣留，复戒行，何也? 今六军父母妻子皆在都城，愿以死守，万一中道散归，陛下孰与为卫? 敌兵已逼，知乘舆未远，以健马疾追，何以御之?"上感悟，遂命辍行。纲传旨语左右曰："敢复有言去者斩!"禁卫皆拜伏呼万岁，六军闻之，无不感泣流涕。

按此亦北宋"兴亡之决"也，观李纲之所以感悟宋钦宗者，与邴彤、高琼之言无异，苏轼所谓"皆一代之雄杰也"。其所谓"雄杰"，盖不仅就其勇气言，而更就其深察"形势"，紧握"势"之强弱的转捩点而言。朱鹤龄乃以为李纲是幸而成功，何焯则是以苏轼之论误徽、钦，可谓不察"形势"。徽、钦即非"守社稷之人"，此时亦当以国家存亡之"形势"为重，虽然何焯未能守住汴京，但"二帝北狩"给予赵宋士民的耻辱感后来成为宋高宗"中兴"的力量凭借，"误徽、钦"换来的是国家"形势"不全失，这才谈得上"自强"以图恢复。如果钦宗南逃，恐怕金兵轻易得汴，急追南下，连南宋也没有了。朱鹤龄云："后世君子不可以不鉴也。"正当反其意而鉴之。

---

① 苏轼《邴彤汉之元臣》，《苏轼文集》卷六十五。

把苏轼论景德之役与其论周之东迁联系起来看，就可以明白他反对迁都的深意在于把握"形势"，而不是单纯地讲迁都的问题。他认为，在关键时刻，某个行为是得"形势"抑或失"形势"（包括地利、人和两方面），会成为"兴亡之决"。这是他对历史上的具体变故所处之场景深入体察后得出的结论，也是他观察史事的眼光犀利之处。在这里，与一般意义上的"理"相比，"势"是更须深察的，因为它关系到"兴亡之决"。

自然，到"兴亡之决"的时分来谈"势"之得失，已是危乎殆哉。必须在变故发生之前先察其渐，才能有效地控制其"势"，这就需要更细微的观察了。苏轼云：

> 夫天下将兴，其积必有源；天下将亡，其发必有门。圣人者唯知其门而塞之。古之亡天下者四，而天子无道不与焉。盖有以诸侯强逼而至于亡者，周、唐是也；有以匹夫横行而至于亡者，秦是也；有以大臣执权而至于亡者，汉、魏是也；有以蛮夷内侵而至于亡者，二晋是也（司马氏、石氏）。使此七代之君，皆能逆知其所由亡之门而塞之，则至于今可以不废。惟其讳亡而不为之备，或备之而不得其门，故祸发而不救。夫天子之势，蟠于天下而结于民心者甚厚，故其亡也，必有大隙焉，而日溃之……是故圣人必于其全安甚盛之时，而塞其所由亡之门。①

他说，天子之"势"本是很厚的，"必有大隙焉，而日溃之"，才会使此"势"逐渐瓦解。当然，天子是万民的主宰，收天下之赋税以养官养兵，用以治理、自卫，这是整个社会结构如此，此结构一旦建立，其"势"自不易夺。但历朝历代都不免于亡灭，则此"势"必有积弱日溃之"门"。隋吉藏《净名玄论》："称门凡有五义……

---

① 苏轼《策断一》，《苏轼文集》卷九。

二曰简别余法，门户各异。"① "门"在这里以其比喻义而作为一个分析性的术语。苏轼谓，使天子之"势"日溃而至于亡者，其"门"有四，"而天子无道不与焉"。他撇开天子无道则亡的常理不谈，纯从"势"的方面考察，总结了四种导致灭亡的情形。这四种情形，虽然最终都表现为一次突发性事故，但其实质却是"势"的日渐溃散造成的，也就是"天子之势"溃散的四个"门"。如能"逆知其所由亡之门而塞之"，则不至于亡。故须于"其全安甚盛之时"深察此"门"之所在，乃兴亡之所系。苏轼将"势"的变化分析为几个"门"，在理论形态上似是演绎分析，其内容实是对历代兴亡原因的归纳总结。依此思路，他从历史中总结的教训越多，则对其"理势"论的分析阐述就会越丰富深入。凡一种理论是为切实的而非玄虚的，固应如此。

"势"的变化之"门"，颇似后来吕祖谦所谓的"机栝"。吕氏论史，谓先看"统体"，"既识统体，须看机栝。国之所以兴所以衰，事之所以成所以败，人之所以邪所以正，于几微萌芽时，察其所以然，是谓机栝。"② 苏轼从"兴亡之决"进而考察"所由亡之门"，无疑就是在努力获取这种"机栝"。而且，他对"理势"的这种分析，不但是总结历史经验，也是切中北宋社会的现实，力求为当代提供借鉴的。所以，分析"理势"（尤其是"势"）的目的，是为了探求对付的办法，即所谓"逆知其所由亡之门而塞之"。怎么"塞"？其智术亦当从历史经验中总结而更讲究之。当然，就总体而言，"道德"是根本，"圣人为天下，不恃智以防乱，恃吾无致乱之道耳"③，"道德"才是根本上足"恃"的，智术再高，亦必有百虑不及之处。然而，世衰道降，针对现实问题的智术亦不能不讲究，关键在于智术要通向"道德"，为恢复"道德"而讲智术。实际上，这既是从"道德"的高度批判智术，又是从现实的需要总结历史上

---

① 吉藏《净名玄论》卷一，《大正新修大藏经》第三十八册。
② 吕祖谦《读书杂记三·读史纲目》，《东莱集·别集》卷十四。
③ 苏轼《论始皇汉宣李斯》，《苏轼文集》卷五。

的智术。合而论之，固以前者为重要，分而探析之，则后者在苏轼的史评中亦占较多的分量，有丰富的内容。

4. 智术

三苏之学，就其理论体系本身而言，亦根柢六经，归本于道德仁义；但他们在当时却是以贯通诸史、深察人事理势、提供济时之智术而闻名的，因为他们不讳谈智术，所以被许多人视为战国纵横家之流。苏洵著《几策》《权书》《衡论》，都是剖析理势、探讨智术的，他明确提出"圣人之道有经、有权、有机"①，而且把圣人制礼作乐、删诗编书、明易作春秋，都解释为互相配套的统治术②。如果说，在别的方面讲智术容易引起一般儒者之诧异的话，在军事方面是最不必讳言智术的，故三苏父子始皆以论兵著称。苏洵云：

> 人君御臣，相易而将难。将有二：有贤将，有才将。而御才将尤难。御相以礼，御将以术，御贤将之术以信，御才将之术以智。不以礼，不以信，是不为也；不以术，不以智，是不能也。③

礼与信都是纲常，是长久的、恒定的、一般的，遵循这样的纲常本非难事，如孟子所说："是不为也，非不能也。"④ 有所不能的是智术，对于君主来说，那在"御将"的时候，尤其是"御才将"的时候，也是必须讲究的。君主只要能够克己循礼，"不为"是可以克服的，但"不能"却难以克服，必须学习、探求、借鉴、博取，才能进步。这等于说，道德修养只是一方面，另一方面还有纯技术的内容，不可不掌握。"御将"如此，至于行军打仗，则用兵原是"诡

---

① 苏洵《衡论·远虑》，《嘉祐集笺注》卷四。
② 详苏洵《六经论》，同上，卷六。朱子曰："看老苏《六经论》，则是圣人全是以术欺天下也。"见《朱子语类》卷一百三十。
③ 苏洵《衡论·御将》，《嘉祐集笺注》卷四。
④ 《孟子·梁惠王上》，《十三经注疏》本。

道"，岂可以抛弃智术？所以，如果局限在军事领域讲智术，一般还不会与传统儒家的观念形成尖锐的抵触。但苏轼却并不将智术局限于军事领域。

《春秋》始于鲁隐公元年。鲁隐公是鲁惠公的继室之子，他的弟弟即后来的鲁桓公，也是另一个继室之子，但桓公的母亲生而有文在手，曰"为鲁夫人"，所以桓公好像更有理由继承君位。依传统的说法，鲁隐公只是暂时替桓公"摄"位的，因为惠公卒时桓公还太年幼，据说隐公原无意于久占君位，等桓公长大，原准备授还给他的。但后来有个公子翚，请隐公把桓公杀了，可以长据君位，隐公就向他表明了让位的心迹。这样公子翚倒害怕起来，就串通了桓公将隐公杀害，桓公得以继位。这件事，分明是鲁隐公好心不得好报，所以论者大都给予同情。然而，苏轼却批评他不"智"：

> 苏子曰：盗以兵拟人，人必杀之。夫岂独其所拟，途之人皆捕击之矣。途之人与盗非仇也，以为不击则盗且并杀己也。隐公之智，曾不若途之人，哀哉。隐公，惠公继室之子也，其为非嫡，与桓均耳，而长于桓。隐公追先君之志，而授国焉，可不谓仁乎？惜乎其不敏于智也。使隐公诛翚而让桓，虽夷、齐何以尚兹？①

苏轼认为鲁隐公倒也称得上"仁"了，只可惜他的"智"太低劣，连路人也比不上，路人看到有行凶之意的强盗，会捕击之以免受害，鲁隐公却不能及时解决那个有行凶之意的公子翚，自贻后患。所以，倘"不敏于智"，徒有"仁"心是没用的。"君子之为仁义也，非计于利害；然君子之所为，义利常兼。"②君子做事固然是从仁义出发而不是从利害出发的，但也要深明利害，那行为才有卓效。以故，深明利害之智术，必不可少。苏轼认为，大圣人孔夫子就是榜样：

---

① 苏轼《论鲁隐公里克李斯郑小同王允之》，《苏轼文集》卷五。
② 苏轼《论鲁隐公里克李斯郑小同王允之》，《苏轼文集》卷五。

孔子为鲁司寇，七日而诛少正卯。或以为太速。此叟盖自知其头方命薄，必不得久在相位，故汲汲及其未去发之。使更迟疑两三日，已为少正卯所图矣。①

孔子诛少正卯的事，未必是史实，但古今论者就此事所发的议论中，苏轼这一段要算最独特的，内中蕴含着他对政界险恶情势的深刻领略，是有感而发的。相对于鲁隐公的迟钝，孔子可谓"敏于智"而果断行事以绝后患了。

　　不过，以诛少正卯为例说孔子之智，差不多是凿空发论。苏轼还得另举一例。《论语·宪问》载，鲁哀公时，齐简公被其大夫陈恒（田常）所弑，"孔子沐浴而朝，告于哀公曰：'陈恒弑其君，请讨之。'公曰：'告夫三子。'孔子曰：'以吾从大夫之后，不敢不告也，君曰告夫三子者。'之三子告，不可。孔子曰：'吾从大夫之后，不敢不告也。'"②。这里的"三子"指季孙、叔孙、孟孙氏，所谓"三桓"，操纵着鲁国的实权，鲁哀公不得自专。邻国发生了弑君之事，孔子既然身为大夫，就有责任告以礼义，"请讨之"。从《论语》的文义来看，孔子似明知哀公、三桓不会答应，只为了要尽责而不得不告以礼义，才郑重其事空走了两趟。但苏轼却认定孔子还有另一层更深的用心，他说：

　　三桓不臣，则鲁无可治之理。孔子之用于世，其政无急于此者矣。……或曰："孔子知哀公与三子之必不从，而以礼告也欤？"曰：否。孔子实欲伐齐。孔子既告公，公曰："鲁为齐弱久矣，子之伐之，将若之何？"对曰："陈恒弑其君，民之不与者半。以鲁之众，加齐之半，可克也。"③ 此岂礼告而已哉！哀

------

① 苏轼《孔子诛少正卯》，《苏轼文集》卷六十五。
② 《论语·宪问》，《十三经注疏》本。
③ 按：此段问答见《左传》哀公十四年。

公患三桓之逼，尝欲以越伐鲁而去之。① 夫以蛮夷伐国，民不与也，皋如、出公之事②，断可见矣。岂若从孔子而伐齐乎？若从孔子而伐齐，则凡所以胜齐之道，孔子任之有余矣。既克田氏，则鲁之公室自张，三桓不治而自服矣。此孔子之志也。③

苏轼把孔子欲伐齐的话解释成一个大谋略，以证成圣人行事“义利常兼”，于智术不疏。④

一个政治家要做到富于智术，谈何容易。那既要对时势有深刻的洞察，也要对历代典章制度及各方面的处理技术有相当的了解，才能应付裕如。然则，论史者若要理解历史上的智术，也同样须有这样的素质。苏轼的《管仲论》一篇，研究了历代军旅制度的变革⑤；《士燮论》则研究军事与政治的关系，以为“兵之胜负不足以为国之强弱，而足以为治乱之兆，盖有战胜而亡，有败而兴者”⑥；

---

① 按：此说见《左传》哀公二十七年，《史记·鲁周公世家》。鲁哀公确有此志，后来也确实出奔于越。苏轼且以此解释《论语·季氏》中孔子所谓“萧墙”之忧的含义，见朱子《四书或问》卷二十一《论语·季氏第十六》首章引东坡说。

② 按：事见《左传》哀公二十六年，越国的皋如率军队送卫出公回卫国，卫人以为“君以蛮夷伐国”，不纳，出公不敢入。

③ 苏轼《论孔子》，《苏轼文集》卷五。按：苏轼的《论语说》，对《宪问》孔子请伐齐那一条，也是如此解释的，见苏辙《论语拾遗》引子瞻说，《苏辙集·栾城三集》卷七。苏辙且曾就此事拟成一条策问，见其《策问十五首》之十，《苏辙集·栾城三集》卷六。

④ 苏辙《论语拾遗》反对苏轼之说，谓：“孔子为鲁大夫，邻国有弑君之祸，而恬不以为言，则是许之也。哀公、三桓之不足与有立也，孔子既知之矣。知而犹告，以为虽无益于今日，而君臣之义犹有徼于后世也。”是持苏轼所否定的“以礼告”之说。对于苏轼的解释，他说：“予以为不然。古之君子，将有立于世，必先择其君。齐桓虽中主，然其所以信任管仲者，世无有也，然后九合之功可得而成。今哀公之妄，非可以望桓公也，使孔子诚克田氏而返，将谁与保其功？然则孔子之忧，顾在克齐之后。此则孔子之所不为也。”这也许反映出苏辙更深的政治经验。

⑤ 《苏轼文集》卷三。

⑥ 苏轼《士燮论》，《苏轼文集》卷三。

《志林》中的《论鲁隐公》则是探索古代的一种"摄主"制度，据此以反对母后摄政的做法①；在他的《上神宗皇帝书》中，也涉及对历史上赋税、徭役、台谏、用人等各项制度的追述②。只有通过这样认真、具体的研究，才能判断哪个行为是卓具智术，"义利常兼"的。

实际上，这是在探讨各方面的具体规律。所谓智术，一般地说，就是运用规律以获取成功。但在苏轼看来，这还只是一般的智术，他还要探讨一种"大智"：

> 世之所谓智者，知天下之利害，而审乎计之得失，如斯而已矣。此其为智犹有所穷。唯见天下之利而为之，唯其害而不为，则是有时而穷焉，亦不能尽天下之利。古之所谓大智者，知天下利害得失之计，而权之以人。是故有所犯天下之至危，而卒以成大功者，此以其人权之。……天下未尝有百全之利也，举事而待其百全，则必有所格。是故知吾之所以胜人，而人不知其所以胜我者，天下莫能敌之。③

这里的意思是：一般的"智"只是察见利害、趋利避害而已，这就不能充分地发挥出人的主观作用来；而"大智"则是"权之以人"，以心术的较量取胜，虽有危险，也大胆地获取成功，不必等待"百全之利"。苏轼批评曹操之"智"是"长于料事而不长于料人"，因为孙权勇而有谋，"不可以声势恐喝取也"，而曹操却违反兵法，想以大兵压境的声势来恐吓取之，结果招来赤壁之败；刘备刚进蜀中，立脚未稳，可以急取，而曹操却又忌于兵法，坐待其成④。这两者皆用非所宜，其故不在兵法如何，而在于未能"权之以人"，即对敌

---

① 《苏轼文集》卷五。
② 《苏轼文集》卷二十五。
③ 苏轼《魏武帝论》，《苏轼文集》卷三。
④ 苏轼《魏武帝论》，《苏轼文集》卷三。

人的心理不够了解，或未关注这个方面，没有在心术上称量敌我双方的高下强弱。

确实，谈智术之高低，审时度势、就利避害是一方面，而较量心术也是重要的方面。传统儒家多讳言这种较量利害长短以争夺胜负的心术，他们要求心术一贯地"正"，正心诚意，本于道德，不计利害，不争效果。但苏轼从效果方面考虑，认为心术是在所必计的。他举例说，君主要驾驭将帅，必须懂得为将者的心理，"敌国愈强，而寇贼愈坚，则将帅之权愈重。将帅之权愈重，则爵赏不得不加。夫如此，则是盗贼为君之患，而将帅利之；敌国为君之仇，而将帅幸之"①。将帅是用来作战的，若无作战对象，则其爵赏不得加，所以将帅的心术，是要养寇以自利的。但这样一来，国家就受害了。苏轼以为，"安史之乱"后的唐朝之所以不能复振，就是因为"将帅之臣养寇以自封"②，不肯全力效命。那么君主如何驾驭将帅呢？他说唐宪宗曾有一个好办法：

　　宪宗将讨刘辟，以为非高崇文则莫可用，而刘澭者，崇文之所忌也，故告之曰："辟之不克，将澭实汝代。"是以崇文决战，不旋踵擒刘辟。此天子御将之法也。③

这完全是心术上的驾驭之法了。

御将既如此，推而言之，对于一切有才能的人，都要有个适当的区处，使其才能为吾所用而不为吾害。这就谈到君主如何统治人这个大智术了，苏轼从战国的养士之风说起。战国公卿争相养士，信陵君、吕不韦等皆有食客三千，其他虽或养士较少一些，但其时食客的总数必相当可观，"当倍官吏而半农夫也"，然则"民何以支，国何以堪"？苏轼说："此先王之所不能免也……吾考之世变，

---

① 苏轼《孙武论下》，《苏轼文集》卷三。
② 苏轼《孙武论下》，《苏轼文集》卷三。
③ 苏轼《孙武论下》，《苏轼文集》卷三。

知六国之所以久存，而秦之所以速亡者，盖出于此，不可以不察也。夫智、勇、辩、力，此四者皆天民之秀杰也，类不能恶衣食以养人，皆役人以自养者也。故先王分天下之富贵，与此四者共之。此四者不失职，则民靖矣……六国之君虐用其民，不减始皇、二世，然当是时百姓无一人叛者，以凡民之秀杰者多以客养之，不失职也。"①这是以才能的优劣来区分"役人以自养者"与"恶衣食以养人"者，即统治阶层与被统治阶层。但在那个社会，统治者确实必须考虑如何巩固和优化统治阶层，即必须把有才能的人吸收到这个阶层中来。古代经世大计中所谓的"收豪杰"就是此意。怎么"收"呢？要打开一条出路，让大家竞争，录用其杰出者。这样使天下的怀才者都有了奔头，不会另怀异志，所谓"先王因俗设法，使出于一"，从历史上来看：

> 三代以上，出于学；战国至秦，出于客；汉以后，出于郡县吏；魏晋以来，出于九品中正；隋唐至今，出于科举。虽不尽然，取其多者论之。②

此实是对历代人才制度的考察。依苏轼的见解，若不收取人才，使天下豪杰尽入吾彀中，则统治当局必岌岌可危。比如秦统一以后，以食客为无用，"于是任法而不任人，谓民可以恃法而治，谓吏不必才取，能守吾法而已。故堕名城，杀豪杰，民之秀异者散而归田亩。向之食于四公子、吕不韦之徒者，皆安归哉？不知其能槁项黄馘而老死于布褐乎？抑将辍耕叹惜以俟时也？……纵百万虎狼于山林而饥渴之，不知其将噬人，世以始皇为智，吾不信也"③。他说秦始皇的不"智"，在于不能收取人才，把天下豪杰都推向了自己的对立面，所以秦朝会灭亡得那样快。这个见解对后世的治国者颇有警诫

　　① 苏轼《论养士》，《苏轼文集》卷五。
　　② 苏轼《论养士》，《苏轼文集》卷五。
　　③ 苏轼《论养士》，《苏轼文集》卷五。

的意义。

　　如此总结历史上的帝王智术，当然是为了给当代帝王谋划智术，可同时也把统治者的天机泄露了。他说周武王克纣后又给纣子武庚加封，是"不得已"而"慰之"①，并非出于圣德；说曹操杀孔融是因为孔融说过天子应有千里大的领地②，而不是因为他菲薄汤武周孔；说唐太宗急于拥父起兵，是想借隋吏之手杀害在外任职的哥哥李建成③，而不是急于解民倒悬；甚至说圣人定下选贤任能的制度，其意在于"以位为械，以天下为牢"④，等等。这些未免都令以"醇儒"自封的人们感到尴尬，从讲"经义"的王安石，到讲"性理"的朱熹，都指责三苏之学来路不正。然而，三苏自有他们的道理。他们认为三代以下的历史本来就是智术争斗的历史，故智术亦"不得已"。老苏著《权书》，即已声明："我以此书为不得已而言之之书也……权者，为仁义之穷而作也。"⑤ 苏轼甚至说，有的时候，"区区之仁义，不足以易吾之大计也"⑥。

　　这种议论自有深刻之处，但也明显地与他在别的文章中所讲的，道德虽似迂缓而实为根本，法术虽有急效而必致大患等说法相矛盾。原苏轼的本意，盖是想将道德仁义与理势智术相统一，但由于他为文的笔势放纵，故当一文各立一义时，每不能将其文势自圆于这个统一体内，而必要尽发其蕴，露颖于外，这就造成论旨的游移不定，甚至有自攻其说之处了。我们若本着揭短的用心，比勘他文字中的矛盾，则所在多有；但越过这些枝节的纠葛，他的总体态度还是可见的。他乐意守护儒家的"道德"理想，坚持用"风俗"论世，并试图用他的理性思考所总结的"理势"来说明之、透析之，而他的现实感、历史感又迫使他看到"智术"的高低往往是成败的关键。

----

　　①　苏轼《论武王》，《苏轼文集》卷五。
　　②　苏轼《论孔子》，同上。
　　③　苏轼《唐太宗借隋吏以杀兄弟》，《苏轼文集》卷六十五。
　　④　苏轼《巢由不可废》，同上。
　　⑤　苏洵《权书叙》，《嘉祐集笺注》卷二。
　　⑥　苏轼《乐毅论》，《苏轼文集》卷四。

所以，除了他的一些过于纵恣的发挥外，其总旨仍在于，希望有一种足以胜过邪恶小智的大智术，来把历史引向"道德"的复兴。这也就是苏轼一再赞美诸葛亮的原因。

我们在苏轼的诗词中，更能看到历史上这类符合他的理想的英雄人物如何令他激动万分。《念奴娇·赤壁怀古》中勇于抗曹且能谈笑败曹的周郎，是我们很熟悉的了，早在他嘉祐四年随父出三峡时所作的《白帝庙》诗中，就已表达了这样的情怀：

　　　　荆邯真壮士，吴柱本经师。失计虽无及，图王固已奇。①

按荆邯、吴柱事，见《后汉书·公孙述传》。西汉末王莽篡位，天下群雄纷起，刘秀在中原征战时，隗嚣亦占有关陇，而公孙述则雄踞蜀中，三人皆有"图王"之势。然隗嚣以西伯（周文王）自处②，坐失时机，结果只能依徊于刘秀、公孙述之间。公孙述手下的荆邯，"见东方渐平，兵且西向，说述曰：'……宜及天下之望未绝，豪杰尚可招诱，急以此时发国内精兵，令田戎据江陵，临江南之会，倚巫山之固，筑垒坚守，传檄吴楚，长沙以南必随风而靡；令延岑出汉中，定三辅，天水、陇西拱手自服。如此海内震摇，冀有大利。'述以问群臣，博士吴柱曰：'昔武王伐殷，先观兵孟津，八百诸侯不期同至，然犹还师以待天命。未闻无左右之助，而欲出师千里之外，以广封疆者也。'邯曰：'今东帝（按指刘秀）无尺土之柄，驱乌合之众，跨马陷敌，所向辄平。不亟乘时与之分功，而坐谈武王之说，是效隗嚣欲为西伯也。'述然邯言……终疑不听"③。这千年以前发生在蜀中的往事，无疑是令苏轼激动的。他积极地肯定了荆邯的主张，贬斥吴柱是误事的经生。我们观荆邯所陈之大计，分明是一个

---

① 苏轼《白帝庙》，《苏轼诗集》卷一。
② 王先谦《后汉书集解》卷十三《隗嚣传论》及《公孙述传》引荆邯语。
③ 《后汉书集解》卷十三《公孙述传》。

《隆中对》，荆邯的策划与百余年后的诸葛亮一模一样，谁能说这不是英雄所见略同呢？在苏轼看来，这才真叫"图王"，不满足于割据一隅，而志在靖天下。像吴柱那样不识大计，坐谈周武王的王道，不过是经生罢了，结果只是"失计""无及"。从这首诗里，可以领略年轻苏轼的志趣所在。

这样的志趣意味着以天下为己任，而论史时也能从大处着眼，其关注的智术亦为颇具宏观的规模，与一代之兴亡关系甚巨者。如苏轼论汉唐时的内外轻重之势云：

> 轼以谓古者贤君用人，无内外轻重之异。故虽杜延年名卿，不免出为边吏。治效不进，则诘责之；既进，则褒赏之。所以历试人才、考核事功盖如此。孝宣之治优于孝文者以此也；马周谏唐太宗，亦以为言。治天下者，不可不知也。①

> 轼以谓古者任人，无内外轻重之异，故虽汉室之急贤，萧望之得君，犹更出治民，然后大用。非独以历试人才，亦所以维持四方，均内外之势也。唐开元、天宝间，重内轻外，当时公卿名臣，非以罪责不出守郡，虽藩镇帅守，自以为不如寺监之僚佐，故郡县多不得人。禄山之乱，河北二十四郡一朝降贼，独有一颜真卿，而明皇初不识也。此重内轻外之弊，不可不为鉴。②

这两条皆讲帝皇用人之术，而结合统治体制的内外轻重之大势以言之。内指中央，外指地方，轻重指权势声望而言。宋代的集权政治，明显有内重外轻之弊，北宋之亡多少也归因于此，所以南宋时颇有加重方镇之权以纠此弊的呼声。当然，如果内轻外重，也会重蹈晚唐五代的方镇割据之祸。当北宋时，大家都为集权体制结束了五代割据的弊病而高兴，苏洵却看到这种政府集权的"强"势也造成了

---

① 苏轼《迩英进读·汉宣帝诘责杜延年治郡不进》，《苏轼文集》卷七。
② 苏轼《迩英进读·颜真卿守平原以抗安禄山》，同上。

天下的"弱"病，主张利用政权集中的"强"势来尚"威"用"刑"，以振起天下的"弱"病①。但苏轼经历了王安石、吕惠卿的强硬政策后，对这样的做法深为反感。他试图纠正内重外轻的形势，提出通过人事调度（重臣出守地方）的办法来维持内外平衡。早在王安石变法之时，他就向宋神宗指出，用以监督宰相的台谏制度可以缓冲本朝的内重（过于集权）之势，不可任从宰相之意撤换台谏官员②。凡此皆是从宏观大势着眼来考察用人之术，其史评与政见相当一致。

出于以天下为己任之心，苏轼所谈的智术，在其最高的意义上，与道德融为一体。《志林》中《论管仲》一篇谈到了历史上七个人的"盛德"：

> 太公之治齐也，举贤而尚功。周公曰："后世必有篡弑之臣。"天下诵之，齐其知之矣。田敬仲之始生也，周史筮之，其奔齐也，齐懿氏卜之，皆知其当有齐国。篡弑之疑，盖萃于敬仲矣。然桓公、管仲不以是废之，乃欲以为卿，非盛德能如此乎？故吾以谓楚成王知晋之必霸而不杀重耳，汉高祖知东南之必乱而不杀吴王濞，晋武帝闻齐王攸之言而不杀刘元海，苻坚信王猛而不杀慕容垂，唐明皇用张九龄而不杀安禄山，皆盛德之事也。而世之论者，则以谓此七人者，皆失于不杀以启乱，吾以谓不然……且夫自今而言之，则元海、禄山死有余罪；自当时言之，则不免为杀无罪。岂有天子杀无罪而不得罪于天下者？上失其道，途之人皆敌国也，天下豪杰其可胜既乎？③

按照他以鲁隐公不杀公子翚为不"智"，以孔子杀少正卯为然的思路，似乎应主张及早除患，但这里却转而赞美齐桓公等七人容人不

① 苏洵《几策·审势》，《嘉祐集笺注》卷一。
② 苏轼《上神宗皇帝书》，《苏轼文集》卷二十五。
③ 苏轼《论管仲》，《苏轼文集》卷五。

杀的"盛德"。此一处议论的关键在于"上失其道，途之人皆敌国也"一句，即谓以猜防之心为智术，则疑敌满地，不可胜杀，而国亦将不可保。看来，"盛德"才是真正的大智。为什么呢？这要从君民关系的根本大势说起：

> 臣闻天子者，以其一身寄之乎巍巍之上，以其一心运之乎茫茫之中，安而为泰山，危而为累卵，其间不容毫厘。①
>
> 人主所恃者谁欤？……天下莫危于人主也。聚则为君民，散则为仇雠，聚散之间，不容毫厘。②

这是对君民关系的根本理解，也是对统治者的安危及其统治之能否延续的根本"理势"的研究。鉴于此根本"理势"，则为君者之根本智术，在于深结民心，如苏轼所云：

> 莫若深结天下之心……古之圣人，不恃其有可畏之资，而恃其有可爱之实；不恃其有不可拔之势，而恃其有不忍叛之心。③
>
> 天下归往谓之王，人各有心谓之独夫。由此观之，人主之所恃者，人心而已。人心之于人主也，如木之有根，如灯之有膏，如鱼之有水……人主失人心则亡。此必然之理，不可逭之灾也。④

他又举历史上的例子来说明之：

> 孰敢肆其胸臆，轻犯人心？昔子产焚载书以弭众言，略伯

---

① 苏轼《策略五》，《苏轼文集》卷八。
② 苏轼《上神宗皇帝书》，《苏轼文集》卷二十五。
③ 苏轼《策略五》，《苏轼文集》卷八。
④ 苏轼《上神宗皇帝书》，《苏轼文集》卷二十五。

石以安巨室，以为众怨难犯，专欲难成……谢安之用诸桓未必是，而众之所乐，则国以乂安；庾亮之召苏峻未必非，而势有不可，则反为危辱。①

此皆证明君主临御天下的根本大计在于深结民心。所以，齐桓公等七人容人不杀的"盛德"可尚，因为这"盛德"本身就是君主的根本大智术，用以结民心的。这叫"君术"。苏辙有一段论述"君术"的话：

　　　　臣闻善治天下者，必明于天下之情，而后得御天下之术。术者，所谓道也。得其道，而以智加焉，是故谓之术。②

他明言智术就是"道"。通过对于天下根本"理势"的探讨，智术终于提升到"道"的高度。智术与道德合而为一。

苏轼评史论政，最后的归结在此。

以上从道德、风俗、理势、智术四个方面，绎述苏轼史评中所反映出的批评原则。我们试图通过这样的绎述，来比较全面、综合地呈现出他的历史观的整体面貌及内在构架。并试图判断：苏氏史学与程朱理学的历史观异趣，而为南宋浙东史学的先驱。如果说，苏氏史学与程朱理学一样具有很强的道德伦理色彩，那么，程朱于伦理判断上更强调动机，而苏轼则更强调效果、事功，其间有动机伦理与效果伦理之别。尤其是，出于对事功的强调，苏轼的史学思想时而能越出伦理的范畴，而向客观的"理势"即规律的领域挺进，且其所论及的内容已相当丰富，对今天的人们也不无启示。

附带略论苏轼史学对南宋的影响，亦不限于浙东学派，而是普及于所有读书人的。当时读书人的进身之途必由科举，科举必试策论，策论则无非是对历史上或当代的政事发表见解。苏轼本长于策

---

① 苏轼《上神宗皇帝书》，《苏轼文集》卷二十五。
② 苏辙《进策五道·君术·第一道》，《苏辙集·栾城应诏集》卷六。

论，南宋又崇尚苏文，故苏轼评骘史事的议论文字，是场屋中温课射策者必读的。当时有大量的场屋"参考"用书，胪列古代、北宋以至"中兴以来"的大事，系以年月，类似于通鉴、纲目，以便于记诵。为了更能起到备试的作用，事目底下又常有一段"讲义"，以提示某事可从某义上发论。在这一类"讲义"当中，苏轼的史论、史评文字及观点便层见叠出，因为其议论既新颖可喜，又合于时尚，据此发挥便易于中科。所以，苏轼的这类文字是风行于场屋乃至天下的，其观点也必影响广泛。当然，出于射策之用，是为了发论而发论，丧失了历史批评的本意了，但那也对苏氏史学的普及化起到了很大的推动作用。据我们对南宋场屋用书的考察，大致宋理宗以前，此类书中所引及的本朝人议论，苏轼占最大的比例；在宋理宗以后，朱熹的议论大量地出现于这类书籍中，不过很少看到二程、张载等人的文字，而苏轼的文字却是不曾消亡的。理学大师如真德秀、魏了翁等，虽尊信朱子，但出于应试射策之需，也就不再排斥苏学了。《云麓漫钞》卷八云："淳熙中尚苏氏，文多宏放；绍熙尚程氏，曰洛学。"实则至南宋晚期，又有汇合洛、蜀的趋向。朱子之学被尊为正统之后，苏学之所以不能全被排挤，则南宋士子应试的需求起了很大的作用。入元以后，情况还是这样。要到八股文一统天下，应试者不必再参考苏轼的史论、史评时，场屋中才不再流行苏氏议论文字，读苏文的人只关注其写作技巧了。这个历史过程，其详情需要另撰一书以细述之，这里只略说如上。

第四章　立朝大节：苏轼的政治态度

对于研治中国文史的人来说，苏轼的政治态度可能是最具诱惑力的课题之一。我们在前文中评述他的哲学、史学观点时，也已经触及他对政治的看法，但那毕竟还隔着一层。鉴于他的一生都深深陷在政治旋涡之中（某些超越政治的言论和表现，实际上是一种特殊的政治态度），而其有关观点的表述又是如此复杂多变，我们不得不对他留下来的论及政治的文章作出细致的、不避烦琐的分析，以寻绎其思路，再参稽当时政界的情形，努力进入具体的历史场景，来把握他的真实态度，并从其学术思想、生平交游等各个方面来作综合的解释。不管怎么说，政治生活对于苏轼，很多时候是比学术著作、文艺创作更重要的；离开了政治，我们并不能真正了解苏轼。

宋人的政治态度，例可划分为两个时期："政论"期与"政见"期。这是因为宋代政治家多为学者型，他们在家居读书的少年时代，往往已形成一套对于政治的总体论述，以此应举求售；而当他出仕以后，面对具体的问题、复杂的政局，其政见便不得不有所调整，贤者变得深沉，不肖者则变得投机，多少都会稍变初说。大体而言，前期的政治态度，往往以一系列较具系统的政论来表述，理论程度较高，理想色彩也较浓厚，依据的纯为其"学术"；后期的政治态度，则形于他的具体的政见之中，现实性、针对性必然加强，而促成这政见的因素也便复杂得多。对于一个有理想又有作为的政治家来说，其情形似不得不如此，苏轼亦然。那种认为苏轼政治态度一成不变的观点，是很难被了解史实的人接受的，因为其前后变化可谓显而易见。不过，这里有政客和政治家的判然区分，同样是变化，在政客是投机迎合，在政治家则是在实践中改进发展他的认识。这就要看他有没有那种不惜超越政治、不计个人祸福而敢于真实地直陈己见的人格力量，有了这力量，他才能在不得不扮演的政治角色的掩盖下顽强地凸现出他的政治人格。我们认为，苏轼是具有此种人格力量的政治家，在勇敢地承当了角色的使命后，人格最终脱颖而出——这才是令后人敬仰的。

以故，本章分政论、政见、政治人格三节，来评介苏轼的政治态度。

一、政论

我们这里讲的苏轼"政论"，是指他实际面对王安石变法这一政治事件以前，所发表过的政治主张。主要的内容是嘉祐六年（1061年）应制科前完成的《进策》和嘉祐八年在凤翔任上所作的《思治论》①。写下这些政论时，苏轼才二十几岁，但由于苏洵给了他别人难以比拟的教养，或者也因为他特别颖悟，故而这些政论已体现出很高的水平，不可轻视。在即将到来的关于"新法"的争论中，比王安石、司马光年轻了二十来岁的他，其议论已能厕于二公之间，不必依人门户。即便是对他颇曾诋抑的王安石，也承认苏轼有自己的"学术"（只是"不正"或与他"素异"罢了），并不是附和着司马光学舌帮腔而已，他甚至还认为苏轼是司马光的谋主，所以尤要认真对付，极力阻止其升迁，而且不择手段迫其离京。从苏轼在王安石心目中的分量，也可以想见苏轼早年的议论已有相当的力度了。

积学深，见理明，议事切，规模远，才会有力度。除了苏洵的影响外，苏轼早年的政论当然也是时代思潮激荡下的产物。仁宗的四十二年"太平"，不但在王安石看来是"积贫积弱"的过程，其吏治的媮懒、财政的濒临破产、禁军的庞大而无用等诸多严重问题，是有目共睹的。与王安石同时，关注着这些问题并思考着改革办法

---

① 《苏轼文集》卷八、卷九、卷四。

的人并不少，因为自范仲淹、欧阳修振起士风后，一代士人都能感受迫切的忧患和改造政治的责任了。这种忧患感和责任感，在那些后来反对"新法"的官员如司马光的身上，曾经表现得与王安石一样地深切。刘安世回忆说：

> 天下之法，未有无弊者。祖宗以来，以忠厚仁慈治天下，至于嘉祐末年，天下之事似乎舒缓，萎靡不振。当时士大夫亦自厌之，多有文字论列。①

这个回忆大致道出了实情，但出于旧党的立场，说得有点轻描淡写的味道。实际上，士大夫中间要求革新政治、洗刷弊端的呼声，自范仲淹以来是弥漫在朝野上下的。到仁宗末、神宗初，可说是群情激昂，王安石和司马光无疑都处在这样的时代性的激昂之中，甚至他们关于"新法"的争论，也是这激昂的产物。苏轼虽比他们年轻得多，但也面对着同样的社会问题，受着时代思潮的激荡，在政治责任感的驱迫下写出他的政论。

《进策》是一组很系统地阐述苏轼的治国之策的政论文，包括《策略》五篇、《策别》十七篇、《策断》三篇，共二十五篇。

《策略》五篇具有总论的性质。第一篇开宗明义，云"天下治乱，皆有常势"，政治运行有规律可循，治天下有术，救弊有方，可以讲求。然后指出方今天下"有治平之名而无治平之实，有可忧之势而无可忧之形"，其所谓"可忧"者，大致是民生不安、财用不足、上下不通、边患不息四端。最后揭出论旨："方今之势，苟不能涤荡振刷，而卓然有所立，未见其可也……故臣特以人主自断而欲有所立为先。"这里表明了他的基本的政治态度，是要求振刷，有所树立，虽未明确要求"变法"，但已寓更新之意，与王安石的见解相去不甚远。第二篇是讲如何对付外患，认为不须君主与整个朝廷来

---

① 马永卿《元城语录》卷上记刘安世语，见王崇庆《元城语录解》，《丛书集成》本。

为之忧虑，主张专任一个方面大员就可以了。这个主张是不会被宋帝接受的，因为它与"祖宗家法"的集权意旨相背，但苏轼本人则一直认为"内重外轻"过甚也是莫大的弊端。外患既讲过，此后三篇便针对内政而发。第三篇最值得关注，通论内政之弊有二，曰立法之弊与任人之失，而苏轼认定当今之病"失在于任人，而非法制之罪"，故他主张，法不须大变，要有所树立的话，应该在"用人"上讲求。这就跟王安石的变法主张产生了明显的分歧。第四、第五篇接着讲"用人"之术，主张"开功名之门"，来激励天下士气，使天下常处于运作之中，然后可以通达上下之情，深结天下人士之心，以使社会根本牢固。这里又强调了运作、行动的必要性，与因循守旧、苟且拖延异趣，但从"用人"入手，不自"变法"入手。"用人"当然也要求振刷更新，更新而不"变法"，不免有点难解。"用人"而更新旧法，与"变法"而作新斯人，两者之间，可能仅仅成为表述上的差异，也可能成为决然对立的主张，苏、王二人的同异、得失，于此可觇。

《策别》十七篇，是针对《策略一》中指出的民生不安、财用不足、上下不通、边患不息这四大弊端，而开列的救治措施，即《课百官》六篇、《安万民》六篇、《厚货财》二篇与《训兵旅》三篇。很明显，《课百官》是针对着上下不通之弊，《安万民》针对着民生不安之弊，《厚货财》与《训兵旅》则针对着财用不足、边患不息之弊。我们知道，王安石的变法思想，关注的主要是财与兵两项，而苏轼则将吏治、民生问题放在主要地位，将财与兵放在后面，篇幅上亦比前两项少得多。不过，《进策》的第三部分《策断》三篇是专讲用兵问题的，三苏本擅长言兵，而言兵当包括训练军队与对外（辽、西夏）作战两方面，《训兵旅》只讲前一个方面，属于内政的，故包含在《策别》里，后一方面是对外患而发，故另作《策断》以论之。这样，虽然他在概括当时大患时也醒目地把"财之不丰"列在"兵之不强、吏之不择"之前，但总体来看，论财方面特显单薄。仅有的《厚货财》二篇，一篇讲"省费用"，一篇讲"定军制"，而"省费用"主要是削减冗官冗费，"定军制"的内容包括：反对禁军聚集坐食，取消征戍徒费，用土兵渐代禁军。如此，前一篇可归属于吏治问题，后一篇又实是对军队而言，真正探索经济规律的却几近空白。当然，治吏治军都不失为节省财政开支的重要途径。但《进策》确实缺乏对当代经济运行的新颖论述，仍值得注意，因为后来围绕王安石"新法"展开争论时，却主要围绕着财经问题。当苏轼反对"新法"时，他对于"新法"的经济学内涵的了解达到什么程度，是否真正具有批评能力，似有可疑之处。不过，与苏轼一起参加制科考试，同时提供了《进策》的苏辙，却在他的《进策》中提出了不少财政方面的建议。也许兄弟二人写作《进策》时，论题方面有所分工吧？如果是这样，那我们不妨认为，苏辙在这方面显示出的能力，苏轼也是具备的，但苏轼《进策》的内容重点，确不在此。

《课百官》六篇是讲吏治问题。宋代集权政治是靠一套官僚体系来实现的，因为要贯彻集权的目的，便要使官僚体系内部互相牵掣，令任何一个主管部门不得擅权，这样就造成设官复沓、吏员冗杂的局面。然后，官员们又养成照章办事的习性，但求无过，不敢有所作为。于是，庞大的官僚机构在耗费巨额俸禄之余，又愈益显出腐败、拖拉的弊端，几无效率可言。而北宋中期兴起的改革思潮，也首先要求整顿吏治。范仲淹主持的"庆历新政"，其政纲见于《答手诏条陈十事》①，前四事为"明黜陟""抑侥幸""精贡举""择官长"，皆针对吏治而发。苏轼将《课百官》列在《策别》之首，显然也是继承了前辈的改革思想。他对于吏治问题，提出了六点主张：厉法禁、抑侥幸、决壅蔽、专任使、无责难、无沮善。这里以"厉法禁"为首，可见他也并不太忽视法制，虽然他认为"用人"比法制更为根本，但在"用人"之术上，则首先强调"用法"，并且要求"用法始于贵戚大臣"②，故他后来对"新法"中"裁减皇族恩

---

① 《范文正公集·政府奏议》卷上，《四部丛刊》本。
② 苏轼《策别·课百官一》，《苏轼文集》卷八。

例、刊定任子条式"等限制贵戚大臣之特权的措施,是深表赞同的①。从以法治吏的思想出发,他力图建设一支在皇权领导下事有所主、上下交通、反馈快速、富有效率的官僚队伍,故以"抑侥幸"来裁汰冗官,以"决壅蔽"来排除障碍,以"专任使"来提高办事效率,以"无责难""无沮善"来鼓励官员有所作为的积极性。按照他的理想,行政体系犹如人身,皇帝和官员之间,应如心与手足的关系,自然协调,这才是有"道"。

民为邦本,故《课百官》后继以《安万民》,其术亦有六点,曰敦教化、劝亲睦、均户口、较赋役、教战守、去奸民。这里以"敦教化"为首,与他观察历代治乱时重点关注于"风俗",是同样的思想方法。为此,他认为朝廷财政方面应当有所放松,"可取之利当有所不取,以教民信而示之义",反对"求利太广而用法太密",因为那会使"民日趋于贪",教化不行,风俗大坏,"臣恐其失之多于得也"②。后来苏轼批判"新法"时,也依此立说。值得关注的还有"均户口"一点,苏轼认为人民在各地分布不均,也是地力不尽、财用匮乏的一个原因,所以主张移民于荆、襄、唐、邓、许、汝、陈、蔡等人口稀少的地区,以加强该地区的开发,而士大夫应当带头迁徙。这个主张似未被朝廷采纳,但后来的事实证明了他深远的战略眼光。他所提到的地区,在今河南、湖北两省,是北宋疆域的腹地,后为南宋北防的腰部,其战略意义本十分重要,而此地区的空虚,使赵宋政府的对金战局,在北方失败后即无所凭依,只好远窜东南,宋高宗不敢应宗泽的请求回驾汴京,就是因为对这一地区支撑汴京的力量缺乏信心,在建炎、绍兴之际,此地也确实是民生凋敝,"群盗出没于其间"③之区,待岳飞控制了荆襄局势后,朝廷又加以摧残,自坏长城,故蒙古兵终以攻破襄阳而令赵宋政权一溃

① 苏轼《上神宗皇帝书》,《苏轼文集》卷二十五。
② 苏轼《策别·安万民一》,《苏轼文集》卷八。
③ 陈亮《上孝宗皇帝第一书》,《陈亮集》卷一,中华书局,1987年(增订本)。

不可收拾。我们读陈亮《上孝宗皇帝第一书》，其陈述天下大计，亦关注于荆襄地区，认为此地的强弱关系到赵宋的兴亡，与苏轼可谓英雄之见略同①。然则，苏轼在北宋时提出此议，而未获施行，实令人扼腕叹息。

《策别》的最后部分《训兵旅》三篇，与《进策》的最后部分《策断》三篇，都是讲军事方面的，前者讲治军之法，后者讲对外作战。不过，苏轼在军事方面最值得关注的见解，却在《策别·厚货财》的第二篇，即"定军制"的主张。"定军制"本为了省费用，但同时也针对着最令北宋人士头疼的禁军问题，那庞大的禁军（最多时达一百四十万人）聚集坐食、轮番更戍，不但耗费巨亿，并且越来越显得养痈自患，起不到应有的作用，因为禁军已几无战斗力可言。用巨资养着没有战斗力的军队，则此巨资成为徒费。故"定军制"不仅为节省开支，也为了建设真正有用的军队。苏轼的办法是："臣愚以为郡县之土兵，可以渐训而阴夺其（按指禁军）权，则禁兵可以渐省而无用。"这里的"土兵"，当指河北的义勇、陕西的弓箭手之类的地方武装，他们是在宋与契丹、党项的战争中成长起来的，具有实际的战斗经验与真正的战斗实力，远优于坐拥轻肥、不堪一战的禁军。熙宁二年（1069 年）苏辙《上皇帝书》也指出："今世之强兵莫如沿边之土人，而今世之惰兵莫如内郡之禁旅。"②所以，苏氏兄弟主张培训"土兵"，俾其渐趋正规化，以取代无用的禁军。一直到元祐末苏轼赴定州出任边帅时，还把大量的精力花在弓箭社的建设上③，可以说，还在实践着他青年时代的主张。当年，韩琦办完了皇位承接的大事后，出镇河北，也就把组建"义勇"土兵部队作为他后半生的要务，而司马光在边关防守的问题上，也对"义勇"、弓箭社等寄予厚望，为了"义勇"的身上该否刺印一事，

① 苏辙《御试制策》（即应贤良方正直言极谏科所对策）中也谈到相同的问题，见《苏辙集·栾城应诏集》卷十二。

② 苏辙《上皇帝书》，《苏辙集·栾城集》卷二十一。

③ 苏轼在定州所上奏议《乞增修弓箭社条约状二首》，《苏轼文集》卷三十六。

还与韩琦激烈争论。可见，以土兵取代禁军这一主张的提出，是有相当现实基础的。一般认为韩琦晚年趋于一切守成的看法，并不正确，他坚持在"义勇"身上刺印，目的当在于使之成为新的职业兵，他如此苦心经营土兵部队，是在用他的切合实际的方法解决禁军问题。他的丰富的政治、军事经验，使他能够采取这种不与"祖宗家法"明显冲突的方式，来渐渐地消解"祖宗家法"养成的一大弊病，以具有战斗力的新军队逐步取代无用的禁军。苏轼可能明白韩琦的意图，他把这个意图表述成了文字。相比之下，同样旨在取代禁军的王安石的保甲法，就显得迂远而无效，因为以保甲取代禁军，乃是用民兵取代职业兵，不管王安石如何陈述保甲的作用，宋神宗依然无法相信他的国家可以在没有正规军的情况下保持安全，结果禁军仍须存在，而保甲徒扰乡村。韩琦、苏轼的办法，是在现有土兵的基础上，建设新的能战的正规军来逐渐替代禁军，很可能是当时切实可行的最佳方案。在韩琦的权力范围内，这个方案也正在实施之中，把它打断的，当然就是王安石的"新法"。韩琦绝非保守无为的庸臣，而是范仲淹以后北宋政坛上最杰出的干才。熙丰变法在排除反对派的障碍时，也把老一辈改革家的经验中有益的因素抛弃了，没有认真思考，别择继承。这是王安石的一个弱点，而比较注意吸取韩琦、欧阳修等前辈的思想遗产，恰恰是苏轼的优点。

以上通过分析《进策》，探讨了苏轼早年政论中的各种主张。总括起来，约有如下四个特色：第一，诸种议论皆针对当时社会的弊病而发，但详于吏治、民生、军制，而略于财政问题，以为此问题可由前三项的适当处理而自然解决（整顿吏治以省冗官冗费，移民以尽地力，定军制以省兵费），不须特设巧取之法。第二，注意汲取前辈的遗产。如"课百官"，是继承范仲淹的主张；以土兵渐代禁军，是继承韩琦的手段。第三，眼光深远，气魄宏大。如主张专任官员，是有意校正宋代政制"内重外轻"的整体偏向；注意民生先于财、兵，是比专注于财政收入更为根本的政治见解；提出移民于腹地，体现了宏远的战略眼光；而以土兵渐代禁军，实是一种看不见的腾挪转换，气魄非凡。第四，总体的政治倾向是革新的，有为的，而不是安守现状。但在革新的方法上，主张渐变而非遽变。如以"安万民"来顺势解决财政困难，而不是设法多开取利之途；"安万民"又以"敦教化"这样长远的事业为先，而"敦教化"又宜"先其实而后其名，择其近于人情者而先之"①，以为"圣人之兴作也，必因人之情，故易为功，必因时之势，故易为力"②，等等。必须说明的是，渐变之"渐"，是时间问题，不是程度问题，如以土兵渐代禁军，就是一种典型的渐变手段，它需要较长的时间，却不影响变革的彻底程度，反过来，遽变不一定就是彻底的。当然，渐变究竟不如遽变来得勇决，且易退为不变，故在"变"的态度上，是不够鲜明的。除了革新方式之"渐"外，其革新依于"用人"而不依于"变法制"，也可关注。不过，在"用人"的具体措施上，他也强调"用法"。

这四个特色，如与王安石的改革思想相比，差异也是明显的。苏轼略于论财，而王安石更专注于财政收入；苏轼乐意继述前辈，而王安石更乐意自用；苏轼着眼远图，而王安石还要追求近效，其入相后的态度则更显急迫；苏轼虽主张革新，但其方式是"渐""用人"，王安石则力主遽变法制。因了这些差异，我们认为苏轼反对变法具有一定的思想基础，但无论如何，仅仅这些还决不至于使苏轼与王安石完全、尖锐地对立起来，因为差异虽然存在，却还不是毫不相容的情况。使他们尖锐地对立的，自然还有"学术素异"以外的原因，如党争之形势的驱迫与性格、私交之类。不过，我们应该充分探讨的，是可以诉诸"学术"的方面，其中关于渐变、遽变的问题，还要再深入分析。

认为司马光、苏轼、王安石分别代表着不变、渐变、遽变三种政治主张，是比较表面化的。其实，如果对照各人理想中的政治蓝图，现实与理想的差距都是显然的。应该承认，他们都致力于谋求

---

① 《策别·安万民一》，《苏轼文集》卷八。
② 《策别·安万民三》，同上。

更为良好的政治局面，那本是当时普遍的思潮，三个人都在此思潮中，初无二致。但要改善当前的政治局面，自然就有个"因"与"革"的问题，"渐"与"遽"的问题，这也是三个人都理应考虑的。所以，严格地说，用"不变"或"保守"来概括司马光的政治主张，并不确切；而"渐"与"遽"的矛盾，也不在"变"的彻底程度上，而在"变"的方式上。问题在于，这种方式上的矛盾，会影响到对于变法的赞同与否的具体政治态度。在"新法"出台以后，所采取的或是赞同之姿态，或是反对之姿态，持"渐变"主张者或进而为同志，或退而为反对派，其"立朝大节"必须明确，则"渐变"一义便不能存立。抽象地讲"变"，是可以有"渐"的；但对于具体的变法措置，则或赞同或否定，即或"变"或"不变"，无"渐"可言。所以，对于"新法"形式的"变"，反对者只能取"不变"的政治态度，尽管其政治主张中原也有"变"的因素。

然则苏轼何以持"渐变"之主张？这与他所理想着的政治蓝图，及他关于"因"与"革"的思考有关。

苏轼心目中有这样一个"治世"的景象：君主守静不动，居中无为，而群臣积极效命，各行其职，万民各事其事，使万物各当其所。这样，整个社会是生气勃勃的，人心是振发有为的，事物是被积极开发的；但此整体运行着的"动"最终围绕着一个"静"的核心，以"静"制"动"，故"动"而有序，富于理性。这样的政治蓝图，在《进策》中已有表述：

> 非至逸无以待天下之劳，非至静无以制天下之动。是故古之圣人，虽有大兵役、大兴作，百官奔走，各执其职，而中书之务不至于纷纭。①
>
> 臣闻圣王之治天下，使天下之事各当其处而不相乱，天下之人各安其分而不相躐，然后天子得优游无为而制其上。②

---

① 苏轼《策略二》，《苏轼文集》卷八。
② 苏轼《策略三》，同上。

这样的表述，与《策略一》讲的"特以人主自断而欲有所立为先"，是不免有点矛盾的。但若对照本书第二章所述苏轼关于"道"和"性"的阐说，则可知此种政治理想乃是合乎他的哲学思想的。因此，在苏轼看来，君主大体上应是"静"的，"欲有所立"可能只是一种"术"，目的在于使天下"动"起来，而自己仍可守"静"，坐收其功：

> 圣人则不然，当其久安于逸乐也，则以术起之，使天下之心翘翘然常喜于为善，是故能安而不衰。且夫人君之所恃以为天下者，天下皆为而己不为。夫使天下皆为而己不为者，开其利害之端，而辨其荣辱之等，使之踊跃奔走，皆为我役而不辞，夫以是坐而收其功也。①

照此说法，凡欲有所改革，君主只以"术"略开其端，而令天下自"动"，因人成事，"静"收其功。虽说士大夫以天下为己任，但那个时代里的政治主张，例不能离开为君主守其天下而着想这一基点，故苏轼依着他的理想的政治图景，为君主出了以"静"制"动"的主意。如此，则"动"乃是百官吏民之事，皇帝及其行政核心（中书）须以"静"为本，是不宜大肆兴作，变法立制，代百官吏民行事的。那么，政治革新的途径在于"用人"而不在于"变法"，也就可以理解了。

考虑到以"静"制"动"是以一"静"制万"动"，故其事自是宜"渐"不宜"遽"的。在苏轼看来，天下之大，难以一个人的意志遽变旧辙，必须有所"因"而"革"，方能收效。"因"于什么呢？他认为必须"因人之情"，才能"易为功""易为力"，故提出"择其近于人情者而先之"的施政手段。这就使"渐变"之"渐"有了具体的内容。如果说"择其近于人情者而先之"还只是一种

---

① 苏轼《策略四》，《苏轼文集》卷八。

"渐变"之策略的话,那么,在此策略的底下还隐含着一层更为根本性的含义:即一切政治行为都必须合乎"人情"。当我们检讨王、苏交恶的缘由时,便会发现"人情"问题是至关重要的。

王安石的"不近人情",几乎是宋人众口一词的,传为苏洵所作的《辨奸论》,就是从其"不合人情"而推断其为"奸"。《辨奸论》的真伪,即便不能从考据上断案,我们仍可从苏洵别的文字中推见他以"不合人情"为"奸"的思想。《送吴侯职方赴阙引》云:

> 夫不忍而谓之仁,忍而谓之义。见蹈水者不忍而拯其手,而仁存焉;见井中之人,度不能出,忍而不从,而义存焉。无伤其身而活一人,人心有之;不肯杀其身以济必不能生之人,人心有之。有人焉,以为人心之所自有,而不足以惊人也,乃曰:"杀吾身虽不能生人,吾为之。"此人心之所自有邪?强之也。强不能以及远……然则异世惊众之行,亦无有以加之也。吴侯职方有名于当时,其胸中泊然无崖岸限隔,又无翘然跃然务出奇怪之操,以震撼世俗之志。是诚使刻厉险薄之人见之,将不识其所以与常人异者;然使之退而思其平生大方,则淳淳浑浑不可遽测。此所谓能充其心之所自有,而天下之君子也。①

在苏洵看来,君子的仁义之行,应是充人心之所自有者而自然为之,并非强作异世惊众之行,强出奇怪之操。也就是说,应合乎人情。这里虽不明斥"不合人情"者为"奸",但文中所谓"刻厉险薄之人",也就指欣赏"奇怪之操"的人。所以,不管苏洵是否实撰《辨奸论》,他具有可能写作《辨奸论》的思想基础,也就是说,《辨奸论》很符合苏洵的思想。

为什么苏洵如此强调"人情"?这是出于对庆历以来的社会风气的反思。自范仲淹倡导士大夫以名节自立,固然令一时士风振作,

---

① 《嘉祐集笺注》卷十五。

但矫枉过正，也使很多人务为诡怪之行，奇特之操，以自异于流俗，其弊又在于不近"人情"。我们读苏轼早年应举、应制科时期所作的一些干谒之书，几乎无一不谈到这个问题：

> 《上富丞相书》："昔者夫子廉洁而不为异众之行，勇敢而不为过物之操……异时士大夫皆喜为卓越之行，而世亦贵狡悍之才……昔范公收天下之士，不考其素，苟可用者莫不咸在，虽其狂狷无行之徒，亦自效于下风，而范公亦躬为诡特之操以震之。夫范公之取人者是也，其自为者非也。"
>
> 《上曾丞相书》："世之奇特之士，其处也莫不为异众之行，而其出也莫不为怪诡之词。"
>
> 《上韩太尉书》："东汉之末，士大夫多奇节，而不循正道……相与力为险怪惊世之行……于是天下之士嚣然皆有无用之虚名，而不适于实效。故其亡也，如人之病狂，不知堂宇宫室之为安，而号呼奔走以自颠仆。"
>
> 《应制举上两制书》："东汉之衰也，时人莫不矫激而奋厉，故贤不肖不相容，以至于乱……轼敢以今之所患二者，告于下执事，其一曰用法太密而不求情，其二曰好名太高而不适实。"①

不难看出，苏轼继承了他父亲强调行为合乎"人情"的思想，而以"不合人情"的奇特诡激风气为当世之大病，甚至不惜批评他一向尊敬的范仲淹，也不惜一反历史上对于东汉名士的传统好评。后来他作《易传》，也于"无妄"卦的释义中继续发挥这样的见解。

无独有偶的是，曾经参与鼓动庆历以来之士风的欧阳修，于嘉祐初也有同样的反思："夫人之材行，若不因临事而见，则守常循理，无异众人。苟欲异众，则必为迂僻奇怪，以取德行之名，而高

---

① 《苏轼文集》卷四十八。

谈虚论以求材识之誉。前日庆历之学，其弊是也。"① 他亲身反思"前日庆历之学"的弊端，结论与苏氏父子不谋而合。欧阳修之所以对三苏一见中意，这一点所见略同可能是很重要的原因。持论近于人情，确是欧苏学术的特色之一，与"是非谬于常人"的王安石形成了鲜明的对照。

宋代史料中关于王、苏交恶情形的记载，无非二端：一是王氏诋苏氏父子为纵横学，二是苏氏父子诋王氏"不近人情"（甚至"奸"）。可见，两家在"人情"问题上的不同态度，是很值得关注的。而且，那还不仅与王、苏交恶相关，也与苏轼后来反对"新学"的独断倾向相关，而这里尤需指出的是，"人情"问题直接与苏轼的"渐变"主张相为表里。

苏轼早年的政论，还有凤翔任上所作《思治论》一篇。此篇基本上重述了《进策》所包含的思想。开篇曰："方今天下何病哉？其始不立，其卒不成。"故其宗旨在于有所"立"。后面具体讨论的是"财之不丰、兵之不强、吏之不择"三个问题，但未详述救治之法，只是鼓励君主果断从事，"发之以勇，守之以专，达之以强"。与《进策》相较，奋发有为的色彩更显浓厚，对于振刷革新的要求更显强烈。上面已经提到，苏轼在政治问题上的"动""静"观有些矛盾，照他理想中的治世景象，君主应该是"静"的，但针对救弊的政治课题时，又以为君主应有"术"起"动"。这起"动"的"术"，本身"动"到什么程度，那就很难说得清楚，而要随时随机采取不同的说法了。比如后来反对变法时，就比较强调"静"，但从《进策》到《思治论》，却是对"动"的强调增加了。应该说，苏轼的政治态度，在此期间是在向着积极的方向发展，向着趋"变"的方向发展。但他的"动""静"矛盾的学术观点，也使学术以外的因素容易侵蚀他的政治态度，使他可能从强调"动"转而强调"静"，使他的"渐变"主张退而表现为反对变法

---

① 欧阳修《议学状》，题下小字注："嘉祐元年。"《欧阳文忠公集》卷一百十二。

的政治态度。当然，我们并不抹杀"渐变"论中的某些合理因素，但苏轼在熙、丰时代的许多言论，即便对于"渐变"论而言，也是更为保守的。

二、政见

苏轼的"政见"，指的是他参与朝廷的实际事务时所发表的见解，形于他的许多奏折之中。这些奏折，始于熙宁二年（1069年）五月的《议学校贡举状》，终于绍圣元年（1094年）的《赴英州乞舟行状》①，自始至终皆与新、旧党争相关，而引起这党争的，自然就是王安石变法。所以，就苏轼正式提供给朝廷的政见来说，围绕的核心问题，就是对"新法"的态度。

从南宋直至清代，史家对苏轼政见的认识和评价没有多少异议。苏轼被认定为旧党要员，其政见为反对"新法"，由于王安石长期被否定甚至唾骂，故反"新法"的苏轼政见是被肯定的。但后来，王安石的问题被翻了案，人们对他越来越不吝予以赞美，这就使旧党人物相应地被否定。如果苏轼只是个政治家，他很可能被不加分辨地随旧党一笔抹杀。所幸他又是大文艺家，受文艺史家的钟爱，所以，他与"顽固派"代表司马光之间的差异被发现，因为只要与司马光不一样，苏轼就有被拯救的可能。这番良好的用心结出了果实：我们发现了苏轼政治态度中倾向于改革的某些因素。同时，那也增大了研究的难度，因为他的政见显得复杂了。这是研究深入的表现，倘不曾借力于"新法"评价上的翻案与文艺史家钟爱苏轼之间的矛盾，人们可能不会把他的政治态度作为需要剖分的矛盾体来研究。不过，也有负面的影响，就是苏轼又有可能被视为"投机派""两面派"。依传统的政治道德来说，那比索性做个"顽固派"更为不堪，"顽固"还算得一种独立的政见，"投机"则不值一提了。于是，且不论其政见为进步或保守，其是否有独立政见，也成了问题。

---

① 《苏轼文集》卷二十五—三十七，"奏议"类。

苏轼关涉政治的言论，确有许多前后矛盾之处，这是客观存在的事实，不必为他讳饰。如果说这些矛盾言论的底下仍有前后一贯的政见，那就必须委曲解释；但到目前为止，我们没有看到足以令人信服的解释。所以，我们承认他的政治态度存在着种种显著的矛盾。那么，是不是"两面派"呢？也就是说，这些矛盾是因"投机"而产生的吗？答案也是否定的。理由很简单，凡"投机"，总是向矛盾的偏于能获利的一方"投"去，而苏轼却每一次都"投"到了相反的方向，于熙宁时、元祐间与元祐末三次被迫离京。所以，我们认为苏轼政治态度中的矛盾不是"投机"造成的，而是政见的变化造成的。

把上面的意思总括起来，就是说：苏轼是个政治家，他有独立的政见，但他的政见又有前后变化。

基于这样的认识，我们把苏轼的政治经历分为四个阶段，便于考察和评论。第一个阶段即上节所说的"政论"期；第二个阶段自熙宁二年（1069 年）至元丰七年（1084 年），这是王安石倡立"新法"，新党执政的时期，苏轼的基本政见是反对"新法"；第三个阶段从元丰八年（1085 年）至元祐八年（1093 年），这是"元祐更化"的时期，旧党当政，苏轼的基本态度是赞成"更化"的，但他的引人注目的政见却在于维护某些他认为可以保留的"新法"；最后一个阶段从绍圣元年（1094 年）至苏轼去世的建中靖国元年（1101年），这是新党重新执政的"绍述"时期，苏轼承受了一个"元祐大臣"的历史命运，其基本的态度是不向当权者屈服，坚持独立的节操。我们现在从苏轼的奏议来探求他的政见，所述为第二、第三两个阶段。但从早年的主张革新，变为熙丰阶段的反对变法，又从反对变法，变为元祐阶段的维护某些"新法"，是两次明显的变化。为了突出这两次政见变化，我们又专设"熙宁二年"与"元丰七年、八年"两节，俾尽其说。

1. 熙宁二年

在君主专制的时代，一个有政治理想的人要想有所作为，一般都得有君主的信赖为前提；若要想完全以自己的那一套来施政，那就非得成为当代君主的心腹重臣不可。所以，"结君心"是为人臣者首要的事。然而，无论怎样"开诚布公"的皇帝，他的心腹重臣总是有限的，而且君臣之间的遇合也不全是理性抉择的结果。"一朝天子一朝臣"，局面已定之后，新进的臣子要"结君心"是困难的。当苏轼在仁宗晚年入仕时，皇帝与重臣皆其父辈，他就面临着如何"结君心"的难题。

唐代的柳宗元、刘禹锡就面临过同样的难题，在他们进士及第时，年老的唐德宗不能给他们以希望，因此，他们就走另一条路，即努力接近太子，把希望寄托于不久的将来。这是"结君心"的变通，叫作"结新君"。不但是年轻人爱走这条路，凡无希望在旧君手上被重用的臣子，都想"结新君"。比如，王安石在仁宗时代是无比谦逊的，到神宗一即位，他就积极了；朱熹在宋高宗时中进士，只当了一任地方官，就辞疾回家，但孝宗一即位，他就一反恬退之态，上书大论天下事，还要谋求"入对"，与新皇帝见面。此类例子不胜枚举，而其收效也是明显的：范仲淹能被仁宗重视，就是因为他在刘太后当政的时候敢于要求"还政天子"；英宗时的王陶，凭他是英宗做太子时的旧交，就能够迫使定策元勋韩琦离开朝廷。这些事件都是很具有说服力的。相反，汉文帝时代的贾谊，却是一个失败的典范，尽管他的政见很合乎时宜，却无缘取代灌婴、周勃等旧臣而成为汉文帝的心腹重臣，结果成了一个"怀才不遇"的标本。对于后世的年轻臣子来说，这个教训是深刻的。

年轻的苏轼当然明白此中奥妙。但他却独特不走"结新君"这条路。那么，岂不重蹈贾谊的覆辙？不，他批评贾谊虽有才而"不能自用其才"，且看他给贾谊设计的走出困境之法：

> 夫绛侯（周勃）亲握天子玺而授之文帝，灌婴连兵数十万以决刘、吕之雌雄，又皆高帝之旧将。此其君臣相得之分，岂特父子骨肉手足哉！贾生洛阳之少年，欲使其一朝之间，尽弃其旧而谋其新，亦已难矣。为贾生者，上得其君，下得其大臣

255

如绛、灌之属，优游浸渍而深交之，使天子不疑，大臣不忌，然后举天下而唯吾之所欲为，不过十年，可以得志。安有立谈之间，而遽为人痛哭哉？①

他说贾谊的失败，在于这位洛阳少年过于急躁而至于与权臣对立，倘能与皇帝及在位众臣渐渐结交，"优游浸渍"，则不过十年就可以得志的。我们不难看出，这正是苏轼自己的办法。眉山少年一反洛阳少年所为，与宋仁宗信任的大臣如韩琦、富弼、欧阳修等人"优游浸渍而深交之"，想着十年以后的得志。苏轼的这种办法收到了良好的效果，他获得了几乎整整一代前辈的赏识。初年的仕途十分顺利，甚至那位没有儿子的宋仁宗，也已经把苏氏兄弟看作他留给子孙的两位宰相了。——苏轼在北宋政治舞台上一出现，就给中国的政治文化增添了一种丰富性，当他以独特的方式走上这个舞台时，几乎已经获得台上的一致许诺：他将以顺利移交的方式获得权力。

与这种进身的方式相应的是，年轻的苏轼表现出有一点落后于时代的贵族世家子弟的"名士"风度。他歆慕于保存在蜀中的唐代世族古风②，喜欢自称"赵郡苏氏"，一再地表明自己与欧阳修的师生关系，且与京城的名门望族晁氏交谊甚厚。最明显的是他与真宗故相王旦的子孙王素、王巩一家的密切交情。王旦任宰相十八年，门生故吏满朝，子孙清贵者甚多，王素在宋仁宗时已居显职，王巩是故相张士逊的外孙，又是苏轼恩公张方平的女婿，与元祐时的宰相刘挚也有亲戚关系。苏轼于嘉祐时守母丧居蜀期间，就拜见过王素③，熙宁时居京城，也常去看望王素，与王巩更是一生的密友。他为王家写过《三槐堂铭》，称扬其世德④，为王素写过《王仲仪真

① 苏轼《贾谊论》，《苏轼文集》卷四。
② 苏轼《眉州远景楼记》，《苏轼文集》卷十一。
③ 此时王素知益州成都府，苏轼有《上知府王龙图书》，见《苏轼文集》卷四十八。
④ 苏轼《三槐堂铭并叙》，《苏轼文集》卷十九。此文把王家与唐代李栖筠、李吉甫、李德裕三代相比。

赞》云：

> 孟子曰："所谓故国者，非谓有乔木之谓也，有世臣之谓也。"……盖功烈已著于时，德望已信于人，譬之乔木，封殖爱养，自拱把以至于合抱者，非一日之故也。平居无事，商功利，课殿最，诚不如新进之士；至于缓急之际，决大策，安大众，呼之则来，挥之则散者，惟世臣、巨室为能。①

这里透露出一种六朝隋唐士族门阀的意识，毋庸说是落后于时代的。但苏轼与世家子弟王巩的诗酒之交，也不仅仅局限于文艺活动，而且从中获取了很多政坛的信息。虽然王巩本人也被苏轼的"乌台诗案"连累，但王巩的侄子王震却在宋神宗的身边，与闻机要②，所以即使在新党执政的时候，他们也能及时知道神宗皇帝的思想动态。而这对苏轼政治态度的变化，所起的作用是显而易见的。

除了世家子弟外，当代的名人司马光也是其结交的对象。司马光与王安石声望相埒，在苏氏兄弟应制科时，苏辙对策之语过于激烈，险被黜落，而司马光极力主张录为优等③，可想而知，他们对司马光的仗义执言是很感激的。与此相反的是，王安石对苏辙的对策持否定态度，拒绝起草苏辙的任命状④，虽然此事的起因未必可从私交来窥测，但它本身却确是王、苏交恶的一个重要事例。在苏氏与王安石交恶的同时，他们与司马光的关系却越来越密切。苏洵去世时，司马光前往吊唁，二苏便请他写作了母亲程夫人的墓志⑤。

----

① 苏轼《王仲仪真赞并叙》，《苏轼文集》卷二十一。
② 王震《宋史》有传，元丰时任中书检正官，曾执笔入记神宗语。王巩《闻见近录》（《四库全书》本）称他为"六任"。此人也就是《南丰类稿》序言的作者，署"三槐王震"，"三槐"之义见苏轼《三槐堂铭并叙》。另外，苏轼晚年在南方颇得广州知州王古的照顾，王古是王巩的另一个侄子，见《宋史·王素传》附。
③ 司马光《论制策等第状》，《温国文正司马公文集》卷二十。
④ 苏辙《颍滨遗老传上》，《苏辙集·栾城后集》卷十二。
⑤ 司马光《苏主簿夫人墓志铭》，《温国文正司马公文集》卷七十六。

后来，苏轼还谋求与司马光结亲①。

"优游浸渍"于旧君老臣之间，而不结新君；广交世家名宦，以建立社会关系：这就是苏轼政治生命的开始。考虑到他的家世和早年经历，我们可以说这个情形是自然形成的；但从《贾谊论》和他的某种士族式的意识来看，这个情形又是苏轼自觉地造成的。这给苏轼带来了初入仕途的顺利，也有助于他的声名鹊起、远播，在后来的忧患生涯中，他从中确也得到许多帮助；然而，这也注定了他要经受人生的大起大落，因为他势必遭到来自政界另一翼的打击，即与旧君、老臣、世家、名宦相对立的新皇帝、新执政、新进、"小人"的疑忌与排斥。他所向往的"不过十年，可以得志"的权力平缓移交，在实行改革的年代里不能实现。如果局势一边倒，他可能被淘汰，或者改变政治态度；如果局势有反复，形成党争，则他可能成长为某个党派的领袖，而其政见便愈趋复杂化。——这些，从他走上政治舞台的独特方式上，已大致可以预见了。

没有一个皇帝愿意被旧君留下的老臣所束缚，在声望并起的司马光、王安石、吕公著等一代名宦当中，宋神宗选择了王安石作为他的辅臣，实行变法。这就使熙宁二年守完父丧回朝的苏轼，面临着一个几乎全新的朝廷：那些赏识他的旧臣已风流云散，早年经营的良好氛围已然失去，他必须面对励精图治的新皇帝、"学术素异"且曾交恶的新执政，以及一个名唤"制置三司条例司"的新权力核心和它推出的"新法"。他对往日氛围的追寻，表现在回京路上拜见韩琦于陕西，回京之后自然会去找王素、王巩、司马光以及四川同乡范镇等旧交，他的心中还牵挂着许多有待处理的家事，其中一项

---

① 苏轼曾想把堂兄的女儿嫁与司马康（光兄子，光养为己子），见《与堂兄三首》，《苏轼文集》附《苏轼佚文汇编》卷四。

就是托范镇去向司马光攀亲①。种种迹象表明，苏轼的政治道路，从嘉祐年间苏洵带他出川开始，几乎是必然地走向熙丰时的"旧党"一边。

当然，作为嘉祐二年的进士之一，苏轼也并非绝无参与新的政治核心集团的可能。实际上，"制置三司条例司"中的干将如吕惠卿、章惇等，多是他的同年或朋友。像苏氏兄弟这样年轻而有声望的官员，也正是立志革新的新皇帝宋神宗所要培植、起用的，而苏辙进入"条例司"工作，便完全出于神宗的亲自委任。但要获得这种起用，有一个前提，即必须有热情于神宗、王安石正在策划的财政改革。苏辙就是因上书论财政问题而被委任此职的。我们怀疑此时的宋神宗是否有能力辨别王、苏二家说法的差异，他可能只是觉得两人都讲得头头是道，便想当然地认为苏辙可以任为王安石的助手。按照当时大多数人的看法，所谓的"条例司"无非是想方设法巧取财利的新机构，尽管从中可能产生一个新的政治核心集团，但对于有着传统的义利观的儒家知识分子来说，它即便不是必须被反对，至少也应该洁身远之的。从苏轼早年的政论来看，他并不认为有必要专门设立一个巧取财利的机构来对付财政困难，他关心的是吏治、民生、兵制，这些方面如得到适当的处置，财政问题就会不理自解。所以，苏轼即便不像传统儒者那样耻于言利，他这时候也并不理解王安石的"理财"学说，他很可能把"条例司"的兴作看成一场闹剧。这个机构里边都是些"新进小生"，有着世族名士意识

①　《苏轼佚文汇编》卷四收录他熙宁二年至四年在京期间的家书较多，如《与子明九首》的前六首，及许多题为《与堂兄》的尺牍。内中述及家事，似颇为纷繁。而提到的一些故交朋友，则皆属当时的"旧党"。这种社会关系，是在苏轼面对"新法"之前就已形成了的，如果他要支持"新法"，势必自脱于此交游圈外，甚至可能众叛亲离。故宋神宗欲用苏轼修中书条例时，王安石说："轼非肯违众以济此事者也。"（见《续资治通鉴长编拾补》卷四，熙宁二年五月）他估计苏轼深处"流俗"之中，必不肯违众自拔。苏轼确实愿意在旧臣、故家交友中"优游浸渍"，不愿效法别的"新进小生"。他在《贾谊论》中为自己设计的政治道路，决定了他的这个态度。

的苏轼自然是不愿与之为伍的。而且，从苏轼还京伊始，王安石就没有丝毫争取他支持的意思，相反地，将他抑置于官告院闲职。这对于有着制科三等的光荣履历，并已当过一任地方官的苏轼来说，至少是不够优待的，因为凭他的资格和声望，完全可以像司马光向神宗皇帝推荐的那样，出任谏官，参与议论朝政①。但王安石似乎认定苏轼一旦大用即会妨碍变法，所以屡次打消神宗起用苏轼的意思。从现在所存的史料来看，熙宁二年的王、苏矛盾，敌意先发自王的一方。可以说，王安石为了变法的顺利进行，有意地抑制着苏轼在政治上的发展。即便我们愿意认为王安石这样做不是出于私利与个人好恶，却也得承认这种待遇对苏轼来说极不公平，倒是司马光在努力地为苏轼争回这份公道，相形之下，其秉性的公正显然更值得信赖。王安石的一切计虑，都要有利于变法，这当然可以理解，但宋代成熟的文官制度要求宰相、执政进退士大夫符合一般的公正原则，如果为了有利于当前政策的实施而违反了一般的公正原则，便显出其行政技巧不够高明。司马光荐苏轼未必出于拉拢之目的，王安石抑苏轼却确是在为自己制造政敌。处在这种情形下的苏轼，要是成为"新党"的成员，那才是一件怪事。

虽然如此，熙宁二年的苏轼，也并不是回京伊始就反对变法的，他早年的政治态度毕竟是倾向于革新的，故虽不愿也不容参与变法事业，亦未必就要反对，而也可以冷眼旁观，默不作声。确实，在日新月异的熙宁二年，苏轼自二月份至京后，沉默了整整三个月。不过，苏辙在"条例司"与王安石、吕惠卿讨论的情形，他应该是了解的。此时有一封家信反映出他的心情：

> 轼二月中授官告院，颇甚优闲，便于拙懒。却是子由在制
> 置司，颇似重难。主上求治至切，患财利之法弊坏，故创此司。

---

① 司马光荐苏轼为谏官，在熙宁二年十月，见司马光《手录》卷二"奏札并举苏轼等录"，《司马光日记校注》113 页，中国社会科学出版社，1994 年。其荐举状即《再举谏官札子》，《温国文正司马公文集》卷四十一。

诸事措置，虽在王（安石）、陈（升之）二公，然检详官不可不协力讲求也。常晨出暮归，颇羡弊局之清简。①

这是给堂兄苏不疑（字子明，苏涣子）写的信，苏轼与他关系密切，即便有书不尽言的可能，但应该不必向他隐瞒自己的真实态度，故此中所言当非虚与客套之语。从这里看，由于苏辙的参与，苏轼对于"条例司"的事虽不热情，却也未持否定的态度。有着革新的主张，而不能参与眼前的变法事业的苏轼，抱着既不热情也不否定的态度，从而采取沉默的姿态，是完全可以理解的。

　　苏轼的沉默没有保持得太久。这年四月，朝廷拟改革科举制度，神宗要求"两府、两省、待制以上、御史台、三司、三馆臣僚，各限一月，具议状闻奏"②，苏轼当时的职衔是"直史馆"，亦属"三馆臣僚"，所以也必须在一个月内发表见解，这就有了五月份所上的《议学校贡举状》。这是苏轼回京后第一次正式发言，从以上情况来看，是他的职分内事，不能说他是寻机反对"新党"。但既然被要求发言，则完全有理由阐述他自己的见解。当时改革科举制度的设想，其远期的目标是废除科举，以学校代替它选拔人才的职能；近期的措施则是在科举考试中取消诗赋，以策论取士。这个设想当然出自王安石，但我们看司马光的意见，也是主张取消诗赋的③。苏轼却独为诗赋辩护，根本反对这个设想，认为是多事。大概在时人所上的议状中，持此见解的较少④，故马上引起神宗的关注。这样看来，《议学校贡举状》并非党同司马光来反对王安石变法，而完全是苏轼自己独立见解的发表。然则，是不是"故为异论"呢？也不是。欧阳修在嘉祐元年（1056年）上过一封《议学状》，对于以学校取代科举的建议，陈述了六个"不可"的理由，而对于以文学取士，也

---

① 苏轼《与子明九首》之一，《苏轼文集》附《苏轼佚文汇编》卷四。
② 司马光《议学校贡举状》，《温国文正司马公文集》卷三十九。
③ 司马光《议学校贡举状》，《温国文正司马公文集》卷三十九。
④ 据我们所知，当时大概只有刘攽持论与苏轼略同，见《宋史·刘攽传》。

并不认为必须废除①。将苏轼《议学校贡举状》与欧阳修《议学状》对照，其间的继承性是很明显的②。所以，苏轼此番"异论"，其动机既非附和司马光，其观点也自有师门渊源，未必是故意与王安石为难。

然而，五月份的这次发言，却将苏轼卷入了政局，他马上得到了神宗皇帝的召见，并被明确要求"为朕深思治乱，指陈得失，无有所隐"③，甚至说："方今政令得失安在，虽朕过失，指陈可也。"④ 看来，神宗好像早就在等待苏轼的热情参与，因为他确实需要这样年轻的人才。而且，神宗寄予苏轼的希望，大概与他寄予苏辙的不同。他把苏辙安排在"条例司"，是要苏辙做王安石的助手，参与设计"新法"；而他要交给苏轼的任务，却不是参与设计"新法"，而是"指陈得失"，做一个当前政策的善意的批评者，专门针砭新政，以为改革者的药石。对于"贤良方正能直言极谏"科三等出身的苏轼来说，这样的任务当然是很乐意担任的。一个正直的"以犯颜纳说为忠"⑤ 的谏诤官，原是欧阳修年轻时候的人生理想，这理想也是苏轼自幼年起即为之激动的。据苏轼后来的反思，这正是"制科人习气"：

> 轼少年时，读书作文，专为应举而已。既及进士第，贪得不已，又举制策。其实何所有？而其科号为直言极谏，故每纷然诵说古今，考论是非，以应其名耳。人苦不自知，既以此得，

---

① 欧阳修《议学状》，《欧阳文忠公集》卷一百十二。

② 如欧文云："既以文学取士，又欲以德行官人，且速取之欤？则真伪之情未辨。是朝廷本欲以学劝人修德行，反以利诱人为矫伪。"苏文云："夫欲兴德行，在于人君……若欲设科立名以取之，则是教天下相率而为伪也。上以孝取人，则勇者割股，怯者庐墓；上以廉取人，则弊车羸马，恶衣菲食。凡可以中上意，无所不至矣。德行之弊，一至于此乎！"可见苏轼是本于师说而尽发其蕴。

③ 苏轼《谏买浙灯状》，《苏轼文集》卷二十五。

④ 苏轼《上神宗皇帝书》，同上。

⑤ 苏轼《六一居士集叙》，《苏轼文集》卷十。

因以为实能之，故诙诡至今，坐此得罪几死……妄论利害，搀说得失，此正制科人习气，譬之候虫时鸟，自鸣自已，何足为损益？轼每怪时人待轼过重……①

这一段自述，除了他表示谦虚的成分外，所言"制科人习气"是符合实情的。应该说，这个科目本来就是为选拔谏净人才而设的，所以，司马光荐苏轼可任谏官，原自有理。而苏轼一旦准备负起谏净的责任，就天然地站在了当前政局的批评者的位置上。他给宋神宗留下了三句话："求治太速，进人太锐，听言太广。"② 这三句话反映出求稳求缓、尚世家而反新进的保守意识，但神宗皇帝对此并不反感，倒表示接受意见。大概当年的行政上确有此弊。虽然这是一种对"新党"不利的意见，或许也暗含了对"新法"的不满，但它仍属"渐变"论的论调，不是"不变"论，所以还未与其早年政论相悖。

关键在于，苏轼开始参与议政的五月份，正是吕诲弹劾王安石，关于"新法"之可行性的讨论从此转化为两派人物之政治斗争的那个动荡的月份。在御史中丞与参知政事尖锐对立的局面下，矛盾的焦点不再是关于哪条法规、哪种措置的不同意见的争论，而已集中到是不是支持"新法"这样一个简捷明朗的问题了。或者是"新法"不行，王安石下台，或者是继行"新法"，吕诲及他领导的御史台被清洗。两种结果都会相当严酷，故议政的官员们不能含糊，依其对于"新法"的支持与否，而区分为"新党"和"旧党"两个党派，"新党"推行"新法"，"旧党"则反对之。王安石自是"新党"的领袖，"旧党"的领袖却不知是谁何人，一般认为是司马光。但司马光是在事后哀叹"先见不如吕诲"的，此时并未意识到自己是"旧党"的领袖，却是想做王安石的净友的。他一直在树立自己公平正直的人格，以和粹的颜色讨论变法的利害，并无领导众人作

---

① 苏轼《答李端叔书》，《苏轼文集》卷四十九。
② 苏轼《上神宗皇帝书》，《苏轼文集》卷二十五。

党派斗争的意思，也绝无驱逐王安石的目的。倒是被神宗赋予批评当前政局之责任的苏轼，令王安石感到威胁，他怀疑苏轼在给司马光出主意，故一如既往地排斥苏轼，予以压制。施宿《东坡先生年谱》此年载：

> 五月，以论贡举法不当轻改，召对，又为安石所不乐。未几，上欲用先生修中书条例，安石沮之。秋，为国子监考试官，以发策为安石所怒。冬，上欲用先生修《起居注》，安石又言不可，且诬先生遭丧贩苏木入川事，遂罢不用。安石欲以吏事困先生，使权开封府判官，先生决断精敏，声问益振。①

这些记载，参照其他史料，可以证明是合实的②。神宗确实有意奖用苏轼，但无论他想让苏轼参与新政（修中书条例），还是想让苏轼更接近自己（修《起居注》），都被王安石阻挠，自然，司马光想给予苏轼的批评权力（任谏官）亦无结果。苏轼的进用之路全被堵塞，最后被困于吏事达一年之久③，且又被诬败私德。如果说王安石起初不用苏轼，是因为"所学不同"，不愿相谋，那么，发展到这样蓄意的压制，无论如何是不能再用"学术素异"来解释的了，这只能解释为党派斗争。且不管苏轼的"所学"与王安石有何同异，他有足够的聪明去了解一个事实：除非王安石下台，否则他苏轼不能谋求发展。由于王安石是"新党"领袖，与王安石为敌的苏轼便成为"旧党"的成员，作为"旧党"成员，他的政治立场便必须是

---

① 《宋人所撰三苏年谱汇刊》37—38 页，上海古籍出版社，1989 年。
② 王水照《评久佚重见的施宿〈东坡先生年谱〉》对以上记载有逐条考证，《中华文史论丛》1983 年第 3 辑。
③ 苏轼于熙宁二年冬权开封府推官，考证见上注所揭文；次年十一月给堂兄写信，曰"府幕已有正官陈忱，更月余到，且可脱去"，年底又有一信，曰"忽又岁尽……已罢府幕，依旧官告院"（见《与子明九首》之四、五，《苏轼佚文汇编》卷四）。可见他任此职整整一年（他是权任，正官陈忱是他的故人陈希亮的儿子）。司马光《议学校贡举状》中讲道："开封府狱讼之繁，知府者自旦至暮，耳不暇听，目不暇视。"

反对"新法"。

苏轼从一个当前政局的批评者，转化为反对"新法"的"旧党"成员，其情形是显而易见的。如果说，他在八月份所作的两条《国学秋试策问》已含有对王安石专断朝政和"新法"刻意求财的反对，那么，十二月的《谏买浙灯状》是有意试探神宗对他的态度了。当神宗接受了他的批评并立即改正买灯之举后，他就觉得很受鼓舞，故在腊月的严寒中写出了《上神宗皇帝书》，逐条批驳"新法"的措置。为了给反对"新法"提供充足的理由，他的议论走向了反对革新、维护旧章的极端，从而违背了他早年的主张革新的政论，而完全站在"旧党"的立场上，表达了"旧党"的政见，使这篇名文成为熙丰时期反"新法"的代表作。苏轼生平中政治态度的第一次变化，至此完成。

综上所述，促成这次变化的因素有如下几端：一是他与旧君老臣"优游浸渍"以走上政治舞台的独特方式，造成了他与新君、新相的隔阂；二是蜀中古风培植起来的其士族意识和名士风度，决定了他与世家、名宦的交游，从而既定地与"新进小生"组成的"新党"不相容，同于王安石所谓"流俗"。以上两端使他在二月至四月中对"新法"保持沉默的态度。三是欧苏相承的为文学辩护的学风，使他对科举改革发表异议；四是"制科人习气"与皇帝的要求，使他成为当前政局的批评者；五是由于吕诲的偏执和王安石的强硬，使政局发展到党争，所有持批评态度的人都不得不成为反对"新法"的"旧党"；六是王安石出于种种原因，对苏轼多方压制，甚至诬陷，使苏轼从异议与批评发展到彻底对立的斗争，从而决定了他反"新法"的政治立场，在当时的形势下，反王安石、反"新法"也就不能不是反对变革图新了。当然，与此相反的是，司马光的公心虑国、荐人唯才的高尚品格，对苏轼归属"旧党"，也有不小的吸引力。

2. 熙、丰阶段

从熙宁二年至元丰七年（1084 年），是苏轼作为旧党成员发表反对"新法"之政见的阶段。他写作于此阶段的奏议,共有七封,即《议学校贡举状》《谏买浙灯状》《上神宗皇帝书》《再上皇帝书》《论河北京东盗贼状》《徐州上皇帝书》与《乞医疗病囚状》①。其中,前四封作于京师,第一封已在上文讲过,第二封是试探神宗有否纳谏之意的,第三、四封则是明确反对"新法"的。后三封作于地方官任上,仍含有对"新法"施行的不满,但亦如苏辙所言,有"因法以便民"② 之成分。

凡政见,所论有是非,有利害。就"新法"的可行性与否而展开争论,本应局限于较量利害之范围,不必牵涉是非问题,因为宋人一般是从道德标准来判断是非,而兹事未必含有多少道德方面的内容。然而,事实是新、旧二党都把其议论提升到了是非的高度。这样,我们在这里首先要阐述北宋党争留在中国政治思想史上的一个重要概念,即所谓"国是"。

"国是"之说,出于刘向《新序》:

> 楚庄王问于孙叔敖曰:"寡人未得所以为国是也。"孙叔敖曰:"国之有是,众非之所恶也。臣恐王之不能定也。"王曰:"不定独在君乎?亦在臣乎?"孙叔敖曰:"国君骄士,曰士非我无由贵富;士骄君,曰国非士无由安强。人君或至失国而不悟,士或至饥寒而不进!君臣不合,国是无由定矣。夏桀、殷纣,不定国是,而以合其所取舍者为是,以为不合其取舍者为非,故致亡而不知。"庄王曰:"善哉!愿相国与诸侯士大夫共定国是,寡人岂敢以褊国骄士民哉?"③

历史上是否真有过这番对话,今亦不能考定,姑信其说出于先秦。此处所言"国是",指对君臣都具有约束力的、以国家名义作出的最

---

① 《苏轼文集》卷二十五—卷二十六。
② 苏辙《亡兄子瞻端明墓志铭》。
③ 刘向《新序》卷二《杂事》,《万有文库》本。

高准则，它一旦确定，则任谁都必须服从，即便君主亦不可违背。这大概属于先秦法家将"国家"观念实体化，以保证其权威性的一种思想。这种"国是"，如果制度化、条文化，则有类似于宪法的功能；如果观念化、理论化，则成为国家的权威意识形态。由于汉代以后儒家学说实际上起了权威意识形态的作用，故"国是"之说久已被人遗忘。但儒家的伦理规范是着眼于个人修养的，而且越来越抽象化、普泛化，其解释的多元性甚至不足以绳检个人行为，更缺乏为政府行为提供准绳的功能。用今天的话说，依抽象的道德标准是不足以制定国家之"总路线"的。如此，则只要个人不背离三纲五常，那么，关于朝政的讨论便无是非可衡，唯较利害而已。到了北宋，学者们越来越发现以个人行为作为规范对象的伦理标准不甚切合于批评政府的行为，所以，他们中有的人开始探索以"国家"观念为基点的是非标准。苏轼论"正统"时，曾提出过"私正"与"公正"的区别，就是说，国家的是非与个人的是非有别，不过他关于"公正"的论述只有一句"天下有君是天下之公正也"①。确实，三纲五常的旧说中也唯有君臣一纲可以直接取用为"公正"的内容，故"尊王"思想在宋代的盛行，实是宋人重建"国是"论的第一个成果。到熙宁二年，神宗、王安石初行"新法"，因众臣的反对而感到举步维艰，为了统一思想、克制异论，遂正式重提"国是"概念。神宗曾教训司马光："今天下汹汹者，孙叔敖所谓'国之有是，众之所恶'也。"② 这显然是以"新法"为"国是"。"新法"一旦被定为"国是"，就成了由国家法权保证其实施的基本路线，反对者容易被指为反对朝廷。这个问题很严重，故"国是"之说从此甚嚣尘上。

南宋人吕中对北宋的"国是"说，持有严厉的批评态度：

> 国论之无所主，非也；国论之有所主，亦非也。国无定论固不可以为国，然使其主于一说，则人情视此以为向背，人才

① 参见本书第三章第一节。
② 《宋史·司马光传》。

视此以为去就，人言视此以为是非，上之政令，下之议论，皆迁就而趋之。甚矣"国是"一言之误国也！夫国以为是，即人心之所同是也，又安有众之所非而自以为是，使人皆不得于国是之外者！此特孙叔敖之妄论，唐虞三代之时，孔孟之明训，初无是也。秦汉至五代，其言未尝用也。本朝自建隆以来，此其说未尝有也。自熙宁王安石始有是论，而绍圣之蔡卞、崇宁之蔡京，皆祖述其说而用之。熙宁以通变为国是，则君子为流俗矣；绍圣以绍述为国是，则岭海间皆逐臣矣；蔡京之国是，又曰"丰亨豫大"之说而已，则立党籍，刻党碑，凡所托以害君子者，皆以国是藉口，曰此神宗之意、安石之说也。缙绅之祸，多历年所，岂非一言可以丧邦乎！①

他指责"国是"之说"一言可以丧邦"。在我们看来，北宋时期关于"国是"的思想，在政治思想史上是很有意义的，但在那个时代讲"国是"，确实有根本的缺陷。吕中所云"国以为是，即人心之所同是也"，理论上是正确的，但没有健全的民主体制，又焉得"人心之所同"而定"国是"？不经民主程序而规定的"国是"，确是古代史上所谓"国是"的根本缺陷。

了解了北宋"国是"之说的兴起这样一个背景，我们就可以明白，新、旧二党关于"新法"的本应就其利害所作的争论，为什么必然地提到是非的高度了。正因为"新法"不是一般的行政措施，而是要作"国是"的，所以问题就相当严重，争论才如此激烈；正因为"新法"后来果然成了"国是"，所以苏轼在熙宁二年三年公然攻击"新法"不被治罪，而在熙宁后期用诗歌暗讽"新法"就要被捕；正因为"新法"具有"国是"之地位，所以司马光必须打出"以母改子"的名号才能废除"新法"；也正因为"新法"在元祐间

---

① 《类编皇朝大事记讲义》卷二十一"小人妄主国是"条，复旦大学藏清文珍楼钞本。此即《四库全书》中《宋大事记讲义》一书。两本的文字互有舛讹，此引据文义略作参校。

已不是"国是",所以苏轼可以对"新法"持"校量利害，参用所长"①的主张，力图拯救其中他认为有利的成分，而在熙宁时，却要"诵说是非"，根本上否定"新法"可为"国是"，从而对于其各项措施并不分别对待，而是逐条地一概予以否定，《上神宗皇帝书》就是这样一篇体大思精的文字。

在此文中，苏轼指出：君主之安危系于人心，国家之兴衰在于风俗，朝廷之治乱赖于纪纲，故政府的行为应当顺应人心、有利风俗、维护纪纲。所以，他在文首即揭明总纲："臣之所欲言者三，愿陛下结人心，厚风俗，存纪纲而已。"然后，他逐步证明，"新法"无不违背这三个原则。

他讲，"人心"是"国本"，"君子未论行事之是非，先观众心之向背"，而"新法"则引起"人心之不悦"，岂非危道？有哪些内容引起"人心之不悦"呢？第一，"制置三司条例司"的设置，使中书与三司的权限相混，令人情民心甚为不安。要安人心，就必须废罢之。这是要一举摧毁变法的核心机构，所据的理由无非是"中书主民，三司主财"的祖宗成法。

第二，分遣提举官四十余人行于诸路，专门监督"新法"之执行，也是扰乱原有秩序的，容易引起骚乱。推行朝廷政令，本是各路监司、州守、县令之本职，虑其不力行"新法"，又不好全部撤换，故另遣专使。但这等于明示不信任原有的监司，所遣之人为了交差也就不能不邀功生事，"臣恐陛下赤子，自此无宁岁矣"。故苏轼谓"遣使纵横，本非令典"，亟应招回。此说似不为无理，然不遣专使又怎能推行"新法"呢？

第三，农田水利法，在苏轼看来，是于"天下久平，民物滋息，四方遗利盖略尽矣"的情况下又"凿空访寻水利"，"岂惟徒劳，必大烦扰"。如朝廷勉加奖励，"则妄庸轻剽，浮浪奸人，自此争言水利矣"。苏轼的这个预计后来也真应验了，宋代的笔记里留下了一些"凿空访寻水利"的笑话。但应该说，发生一些贪功妄谈的现象，也

---

① 苏轼《辩试馆职策问札子二首》之二，《苏轼文集》卷二十七。

属正常，开发水利总体上毕竟有益于农业，根本否定此法是不对的。只是此事确亦不能鲁莽急行，因为还要考虑到水质、水道与农田的配合、居民的用水以及生态环境等诸问题。且如苏轼所说，一听何处有水利可开发，即为勘访，需要"追集老少，相视可否，吏卒所过，鸡犬一空"，而倘非灼然难行，则在此形势下都将勉为兴役，一兴役，则不但要召集人手，还涉及施工地面为官地抑或民户私地的问题，随即动摇人心，多起诉讼……牵连着许多没完没了的问题，"朝廷本无一事，何苦而行此哉"。这里考虑的诸多困难，确是应预先想到的，但当然也不能因为这些困难就否定农田水利法。如果苏轼只较利害，不断是非，对此法的改进倒是有益的；但他此时要从动摇"民心"的角度，把某些不利因素提到有损君主安危的高度来断其为非。

第四，以雇役代替差役，也被认为是"民所不悦，俗所不安"。他说："自古役人，必用乡户，犹食之必用五谷，衣之必用丝麻，济川之必用舟楫，行地之必用牛马。"把差役法说成了天经地义。这种说法，他后来自己就否定了，因为他认识到了，乡户出钱雇役，与农民出粟养兵，是同样的社会分工的道理，是合理可行的①。其实这一认识，他此时也已有了："雇人为役，与厢军何异？"说明他已懂得这个道理。但此时的他偏又有反对的理由。他说，所有法令中最严的要数军法，而军法又严禁逃兵，抓获了"大率处死"，然而即便如此，"逃军常半天下"。那么，倘受钱代役的人逃跑了，又有何法令可以罪之？"其势必轻于逃军，则其逃必甚于今日，为其官长，不亦难乎？"这倒也指出了一大困难，但不知苏轼后来主张雇役时，又有了什么办法对付这个困难？反正熙宁时的他即使有办法，也不肯说的。相反，他还要从制度演变的历史来否定这"免役法"。按此法，人民要缴纳"免役钱""免役宽剩钱"，俾官府得以此钱募役。这等于在两税正赋之外又加收庸钱。历史上，中唐杨炎创两税法时，已经把先前的租、庸、调的总数都折算在两税钱里面了，故两税钱

---

① 详见后文，"元祐阶段"节。

本已包括庸钱，怎么可以再收庸钱呢？苏轼这笔账算得实在有理，用了他的历史知识为人民说话。不过，在当时的形势下，这话等于没说。要是提起两税已包含庸钱的旧账，那么，缴纳了两税钱的农民根本已不该再服"役"，遑论"差役"抑或"雇役"了。然则所谓"免役"，当是无条件地放免，这岂是政府能够做到的？凭苏轼的聪明，该不会想不到这一层。所以他觉得，要是照旧差役，还可以掩盖两税与差役之间的重复；若收取庸钱，则是此钱的"科名"既出，两税与庸钱之间的重复便很明显了。以故，他坚决反对"免役钱"成为赋税的一科，因为这在赋税制度上来讲是错误的。他担心后世会出现"庸钱不除，差役仍旧"的情况，这就等于第三次"役"了，如此重复下去，生民何其不幸！苏轼的担心后来确乎成了现实。为了反对"免役法"，他揭露了古代农民被不合理的赋税制度反复盘剥的历史，这不能不说是他的敏锐的洞见，这种洞见几乎超越了他的时代。即便我们不同意他对"免役法"的全盘否定，也有责任在他的文字中拯救出这一类真知灼见。

第五，青苗法亦令"天下恨之"。以青苗钱代替高利贷向农民发放，自是好意，但发放的目的又在于收取利息，则若贷与贫民，往往有去无回，为了收取利息，不得不抑配给原未需要贷款的富户，实际上等于无端向人要利息。当然，朝廷规定不许抑配。但苏轼指出两点：（一）朝廷的"约束难恃"，向来靠不住，他举了一些从前的例子，推知"青苗不许抑配之说，亦是空文"；（二）即便真的没有抑配，则有钱的人自然不愿来贷，愿贷的皆"孤贫不济之人"，很可能连本都还不出来，遑论利息，然后鞭挞加之，"鞭挞已急，则继之逃亡，逃亡之余，则均之邻保"，此是"势有必至，理有固然"（按：此用其父《辨奸论》中语），然后民怨遍天下矣。

第六，均输法是袭用汉代桑弘羊旧说，"与商贾争利"。苏轼指出，商品交易需用灵活手段，才能获得利息，现在"设官置吏"来经商，"非良不售，非贿不行。是以官买之价，比民必贵，及其卖也，弊复如前。商贾之利，何缘而得？"他说用官僚机构经商，怕会亏本。纵使略有所获，却同时也损失了原来在自由商业经济中所得的商税。自由商业被抑制，既无利于国，也招怨于民。在这里，苏轼对官僚机构经营商业之能力的怀疑，也值得我们推为卓识。

以上六端，几已包含"新法"的主要内容，都被苏轼一一否定，认为这些都将失去"人心"。"人心"一失，君主就成了"独夫"，天下不保。所以，这些都是根本错误的。

接下来，苏轼又根据国家之兴衰、历数之长短系于"风俗"的原则，来否定"新法"的宗旨，即追求富国强兵。他说，要使一个皇朝的统治能够长久，必须使"风俗"淳厚，即社会风气健康，这才是统治者最应当关心的事，至于富强与否，那是次要的。所以，重视"风俗"才是"务本"，而"新法"却以追求富强为宗旨，实属大错。这个论点，是从他的史学观推演出来的，深受顾炎武的赞赏。但王安石又何尝不关心"风俗"？且安石与神宗的歧异，正在神宗急于富强之效，建立唐太宗威服夷狄之功，而安石志在以"新法""新学"训至三代道德风俗之美。故苏轼此番批评，若针对神宗，不为无理，若针对安石，则至少是不够理解的。

最后，从维护纪纲的观点出发，苏轼又否定了神宗、王安石推行"新法"的行政手段。由于"新法"不断地遭受台谏的攻击，施政者只好不断地撤换台谏官员。但台谏官的本职，就是要与宰执持异议，这是宋代政制的"纪纲"所在，也是当时政治的开明度与一定的民主氛围的保证。为了定"国是"而破坏台谏制度，无论如何是一个太大的代价，使宋代集权统治内部所容纳着的民主性失去制度上的保障，易被摧灭，从而也将危及这种集权统治本身。当然，苏轼要求维护"纪纲"，目的在于反对"新法"的实施，我们尽可以说，他不过为阻挠"新法"找到了一个极佳的理由，但平心而论，苏轼对皇帝提出保护台谏的要求，也不为无理，因为宰相自有权力行其所学，力图摆脱台谏的困扰，皇帝却原有责任保护台谏，维持台谏与执政之间的平衡。宋神宗凭他的地位应该可以做到这一点，但由于年轻而缺乏驾驭的能力，致以万乘之尊而被争议双方的臣子胁迫得身处窘境，不得不选择一方而打击另一方，却又对被打击的一方中司马光、苏轼等人恋恋不舍，举措为难。苏轼要求他"存纪

272

纲"，实在是此时的宋神宗没有能力做到的。

如上所述，在《上神宗皇帝书》中，苏轼从"结人心、厚风俗、存纪纲"三个原则出发，对"新法"的内容、宗旨与其实施手段，进行了系统的彻底的否定。那个时代的一切政见，天然地都以有利于赵宋皇朝的长久统治为最高目的，自此出发，谁也不能说"结人心、厚风俗、存纪纲"是错的，那么，如果不能抉发其论证过程中逻辑上的矛盾，便只好得出"新法"错误的结论。问题在于，苏轼在每一个推论的环节上，都有一定的事实依据、历史先例或精密的理势推阐，他揭示的不利因素、预计的困难与"新法"所付出的负面代价，都有相当程度的客观性，且内含许多超越常人的卓识，有些甚至亦为王安石等"新党"人物所不及。故而，此文显得相当雄辩，确是精心结撰之作。如若"新党"要认真反驳，显然还必须做大量的考察与细致的辨析工作，也显然还要对"新法"本身及其实施方案进行不小的改善。但完全可以想见，即使这样做，也只能消解此文中的一部分反对意见，它的总旨是无法撼动的：即从政治理论上讲，"新法"不可以作为"国是"，否则，确将有害于"人心""风俗""纪纲"。这样，苏轼在当时虽算不上"旧党"的核心重臣，人微言轻，但他却令"旧党"反对"新法"的政见得到了最好的表达。此书一上，苏轼显然已明确了自己作为"旧党"发言人的政治角色。他已经不仅仅是由于"制科人习气"而对当前政局持建设性的批评态度，而是完全反对"新法"，甚至反对革新，力图论证"新法"为错误政策，阻挠其实施了。

不过，通观全文，也不难看出，此文虽有片面性，基本上还是摆事实说道理的，至少还没有对执政者施以人身攻讦。若相比于王安石在神宗面前对他的毫无顾忌的诋抑，苏轼还显得有节制得多。可是，到了熙宁三年的《再上皇帝书》，情况就不一样了。这一年初，由于定策元勋韩琦反对青苗法，迫使王安石家居不出，而令司马光在此局面中稍占主动权，苏轼上书中的言辞就更显大胆、激烈了。他明确指责"陛下自去岁以来所行新政，皆不与治同道"，严厉地攻讦"今日之政"，谓"小用则小败，大用则大败，若力行而不已，则乱亡随之"，不可谓不危言耸听。然后，他又说"新党"皆是"希合苟容之徒"，说王安石是"小人""自古惟小人为难去"，要求神宗将此"小人"逐离朝廷。这封奏状，实在是配合韩琦，目的在于迫使王安石罢相，其政治用心是有点险恶的。他要趁此机会一举击溃"新党"，而不惜对执政者施以人身攻讦。

这攻讦还不止是对王安石和当时一致视为"小人"的吕惠卿等人，还针对王子韶、程颢、李常。原来，韩琦奏疏一到，王安石即称疾不出，"御史王子韶、程颢，谏官李常，皆称有急奏，乞登殿，言不当听安石去位，意甚惧。及安石复视事，子韶等乃私相贺"。①苏轼攻击他们说："台谏二三人者，本其（按：指王安石）所与缔交唱和表里之人也。"他更举出一桩史例：

> 昔贾充用事，天下忧恐，而庾纯、任恺，戮力排之，及充出镇秦凉，忠臣义士莫不相庆，屈指数日以望维新之化。而冯统之徒，更相告语曰："贾公远放，吾等失势矣。"于是相与献谋而充复留，则晋氏之乱，成于此矣。自古惟小人为难去，何则，去一人而其党莫不破坏，是以为之计谋游说者众也。

显然，苏轼是把王安石比作贾充，把程颢等人比作冯统之徒。在他看来，这本是一党"小人"。可见苏轼对程氏从来就没有好感。必须指出的是，司马光在此时也持挽留王安石，促其复出理事的态度，他并没有趁机驱逐王安石的用心，还没有"党争"的自觉。这证明他确属公忠发言、道德高尚的书生型政治家，当然也可以看出他在政治斗争上颇为迟钝。苏轼则以驱逐王安石为政治目的，把挽留王安石的人视为王的同恶，其"旧党"意识和姿态比司马光更鲜明得

---

① 《续资治通鉴长编拾补》卷七，"熙宁三年二月壬午"条。

多，绝非王安石与司马光之间的中间派①。

除了两封上皇帝书外，苏轼在此年作的《拟进士对御试策》②也值得一提。此文继续攻击王安石，说他"不知人"，没有知人之明，不配辅佐"非常之功"，应迫使其"安分守法而已"。这已是在韩琦奏疏被驳斥，新党大获胜利之后了，而苏轼还不甘心失败。此文的最后唱出了守旧的高调："必畏天，必从众，必法祖宗。"这显然是针对王安石的"天命不足畏，众言不足从，祖宗之法不足用"而言的。为了反对王安石，苏轼已不惜使自己走向守旧的极端，这也是势在必然。在熙宁年间的新、旧党争中，他是继吕诲之后，先于司马光而站到与王安石彻底对立之立场的，假如他有弹劾权，他一定就是第二个吕诲。苏轼与王安石之间，此时可谓水火不容，这不是仅凭"学术素异"一端可以解释的。

撇开政见的是非不谈，他这样做是需要极大勇气的，因为对方毕竟是深受皇帝信任的当朝宰相，而他本人不过一个疏远小臣。此时的苏轼家书中，屡有"大忤权贵"③"颇为当柄者所愤，孤远恐不自全，日虞罪戾"④"不能降意委曲随世，其为齑粉必矣"⑤之类的话，他对自己言行的后果是有所预见的。不过，他也得到了舆论的吹捧，"被士大夫交口誉之"⑥。此在王安石眼里是可恶的"流俗"，

---

① 令人尊敬的司马光，一直在平心静气地辨析"新法"的是非利弊，而不对王安石进行政治攻击。他立诚以待人，想做王安石的诤友。直到熙宁三年九月出知永兴军之时，才明确与王安石为敌，而自叹"臣之不才，最出群臣之下，先见不如吕诲……敢言不如苏轼"（《邵氏闻见后录》卷二十三）。这位被认为旧党领袖的人物，实是旧党著名人物中对"党争"自觉最晚的一个。

② 《苏轼文集》卷九。

③ 苏轼《与子明九首》之三，《苏轼文集》附《苏轼佚文汇编》卷四。

④ 苏轼《与子明九首》之四，《苏轼文集》附《苏轼佚文汇编》卷四。

⑤ 苏轼《与子明九首》之二。

⑥ 苏轼《与子明九首》之五。

为了对付苏轼，他"令南床①掁撼弹劾，寻下诸路体量"②，欲治之以刑律，结果是苏轼被迫离京外任。这就又给了苏轼某种以得罪权贵而被诬陷不成的正义感，觉得自己颇为忼直，被迫离京倒是光荣，而不自省其守旧言论已与早年的政论大相违背。

苏轼在地方官任上所写的三封奏议，即熙宁七年（1074年）在密州时的《论河北京东盗贼状》，元丰元年（1078年）在徐州的《徐州上皇帝书》及次年的《乞医疗病囚状》。其内容本皆就具体的地方事务而发，但他的批评的词锋，常指向着"新法"。如谓"陛下即位以来，北方之民流移相属，天灾谴告亦甚于四方""近年以来，公私匮乏，民不堪命"，所以人民都成了盗贼。他究其原因，说："上不尽利，则民有以为生，苟有以为生，亦何苦而为盗?"③意谓河北、京东的遍地盗贼，皆"新法""尽利"之后果。又谓："自陛下置将官，修军政，士皆精锐而不免于逃。"④ 这等于说"将兵法"没有多少效果。又谓："昔者以诗赋取士，今陛下以经术用人，名虽不同，然皆以文词进耳。考其所得，多吴楚闽蜀之人，至于京东、西、河北、河东、陕西五路……得人常少。"⑤ 这就是说科举制度的改革本无必要。凡此皆寓含对"新法"的不满。而他向朝廷请求实行的，又多与"新党"的政策针锋相对："近日臣僚上章"要求榷盐，他却请求放开盐禁，以给饥民留活路⑥；王安石定刑律有"按问减等"一条，他则请求"并不为按问减等"，说近来的盗

---

① 按：指其姻亲谢景温，谢当时所任职务为侍御史知杂事，据《通典》卷二四《职官六》"侍御史"条："侍御史之职有四，谓推、弹、公廨、杂事。……食坐之南设横榻，谓之南床。"

② 苏轼《与子明九首》之三。

③ 苏轼《论河北京东盗贼状》，《苏轼文集》卷二十六。

④ 苏轼《徐州上皇帝书》，同上。

⑤ 苏轼《徐州上皇帝书》。

⑥ 《论河北京东盗贼状》。"榷盐"指将盐官卖，不许私贩，目的为增加朝廷收入。苏轼说贩盐之利是"天以养活小民"，要求准许私贩，并说自由经商"收税必多"，效果会比官卖更好。

贼大半是"按问减等"出来的①；熙宁四年（1071年）"中书札子"规定"狱囚病死"不追究狱官之罪，他则要求官府派人"专掌医疗病囚"②，等等。比起在京城的时候来，地方官任上的他有了更多的实例来指陈"新政"的弊端，以申明自己的见解是民情所需的。应该说，他揭示的河北、山东一带在"新法"施行期间"流离饥馑""民不堪命"的现状，并不是捏造的。他说："寻常逃移，犹有逐熟去处，今数千里无麦，去将安住？但恐良民举为盗矣。且天上无雨，地下无麦，有眼者共见，有耳者共闻，决非欺罔朝廷，岂可坐视不放（租税）？"③ 这无疑是正直的为民请命的呼声。如果说，"新法"的本意在于摧破兼并的富户以惠济贫民，则苏轼又分明指出其实际效果是"贫者未蒙其利，富者先被其灾"④，贫、富俱不得利，只是官府里"宽剩役钱与坊场钱，所在山积"⑤ 而已。然则"新法"确实成了苛剥征利之具，令朝廷收入大增的同时，却令百姓破家流亡，举而为盗。此是苏轼亲眼所见，岂有不实？或者尽可以说，那是"新法"施行不当所致，但苏轼径指为"新法"之弊，亦无大错，因为他有理由指责实际施行过程中的"新法"，而没有责任去体量那存在于王安石"本意"中的"新法"。这是很简单的逻辑关系。

苏轼的牢骚无疑是很大的，他在京城已为"物价腾跃"⑥ 所苦，到了当时富甲天下的杭州，依然是"物极贵，似京师"⑦，令他这个

---

① "按问减等"指罪犯被审问时首先坦白者可获从宽处治。此条刑律的起因是登州妇人阿云杀夫一案，当时司马光等多人议与王安石异，卒从安石议定，参《宋史·刑法志三》。

② 苏轼《乞医疗病囚状》，《苏轼文集》卷二十六。

③ 苏轼《论河北京东盗贼状》，同上。

④ 苏轼《论河北京东盗贼状》，同上。

⑤ 苏轼《乞医疗病囚状》。

⑥ 苏轼《上神宗皇帝书》。

⑦ 苏轼《与堂兄一首》，《苏轼佚文汇编》卷四。此书中有"一味好个西湖也"语，又云"四月四日添一男，颇易养，名似叔"，此指苏过，可见作于熙宁五年杭州通判任上。

知州级别的官僚也不免患贫，则小民可想而知。这当然是"新法"引起的：官府包办经营商业，使商贾不行，流通受到阻碍，物价必然高涨。据王安石说，"均输法"是为了平抑物价，但苏轼看到的明明是物价飞涨，此又岂是造谣？"役法、盐法皆创新，盗贼纵横，上下督迫，吏民胁息，立火燋上耳。"①——这是家书中的话，不似在奏议中须打官腔，而仍把他批评"新法"的理由说成是忧虑民生，可见他主观上确不是为了党派利益而非毁"新法"。正因为他委实同情受害的百姓，而又有足够的根据证明害源起于"新法"，所以才有了"乌台诗案"中被纠举的诗文。必须指出的是，在后来"元祐更化"以后，苏轼于元祐三年五月依然指斥时弊："方今天下多事，饥馑盗贼，四夷之变，民劳官冗，将骄卒惰，财用匮乏之弊，不可胜数……今者即位已四年矣，官冗之病有增而无损，财用之乏有损而无增，数年之后，当有不胜其弊者。"② 一样直言不讳，其严厉的程度丝毫不亚于他批评"新法"的时候。然则，又怎可说他批评"新法"全出于"旧党"之偏见呢？我们认为，若真正站在百姓的立场上，则无论批评"新法"，批评"更化"，都没有错。而且，也只有从百姓的利益出发来考虑问题，才能公正地看待"新法"，也才能使"新法"的施行效果得到改善。地方官任上的苏轼，实际上已尽量地克制自己对"新法"的反感情绪，将"新法"的施行引向利民的方向，这就是苏辙说的"因法以便民"。

在实践中，苏轼似乎已认识到，同样是"新法"，行之不当固是扰民，行之得当也能利民。比如，他考虑到徐州东北利国监（冶铁之所）的冶户常受盗贼侵害，而官军又保护乏术，便请求将冶户中有勇力的人组织起来，授以兵器，加以训练，俾以自保③。这实是将"保甲法"行于冶户。又比如，他主张将北方五路的"不能从事

① 苏轼《与堂兄一首》，《苏轼佚文汇编》卷四。"立火燋"，原作"口口火口"，据《西楼帖》补。
② 苏轼《转对条上三事状》，《苏轼文集》卷二十九。
③ 苏轼《徐州上皇帝书》。

于科举者"加以选拔，"禄之以今之庸钱，而课之镇税、场务、督捕盗贼之类"①，又主张以"免役宽剩钱或坊场钱"来雇用医生专掌治疗病囚②，这又是将"免役法"推广施行了。这方面最突出的例子，莫过于他在密州所行的"给田募役法"，据他后来回忆说："臣伏见熙宁中尝行给田募役法。其法亦系官田，及用宽剩钱买民田，以募役人，大略如边郡弓箭手。臣知密州，亲行其法，先募弓手，民甚便。曾未半年，此法复罢。臣闻之道路，本出先帝（按指神宗）圣意，而左右大臣意在速成，且利宽剩钱以为它用，故更相驳难，遂不果行。臣谓此法行之，盖有五利……"③ 按此法是将"免役法"稍加变化，收取役钱后，不直接以役钱雇役，而将役钱用来买田，然后以给田来募役。今检《续资治通鉴长编》，其始末盖如此：熙宁七年五月诏行此法，建议者就是"免役法"的设计者之一李承之，主行者当即苏轼所憎恶的吕惠卿；次年二月又诏，田价高的地区不行此法；至四月，则停罢此法，主张停罢的正是刚刚复相的王安石，力陈此法有"十害"④。但据苏轼在密州施行的效果，却说很好，成了他"因法以便民"的显例，而且从此以后，他对"免役法"即持维护、改进的态度了。

然则，地方官任上的苏轼，虽仍继续着他在京城时的反对"新法"之言论，并因此而遭遇困厄，但他"因法以便民"的一面也不可轻视，因为这与他的政见后来转变为维护某些"新法"相关。我们可以说，这是实践教育了他，但首先是因为他有着一颗真正关怀民瘼的心灵，才能接受教育。其实，只要是真正凭良心为人民说话，则无论批评"新法"还是维护"新法"，都是我们应该肯定的；如果是为了党派的利益而混淆是非，那就不可取了。

---

① 苏轼《徐州上皇帝书》。
② 苏轼《乞医疗病囚状》。
③ 苏轼《论给田募役状》，《苏轼文集》卷二十六。
④ 《续资治通鉴长编》卷二五三，"熙宁七年五月辛酉"条；卷二六〇，"熙宁八年二月甲申"条；卷二六二，"熙宁八年四月癸酉"条；卷二六三，"熙宁八年闰四月癸丑"条。

3. 元丰七年、八年

苏轼在"乌台诗案"后，于元丰三年（1080年）至黄州，谪居了几年后，于元丰七年（1084年）量移汝州，七月抵金陵见王安石。次年（1085年）宋神宗去世，高后听政，苏轼被起用，于年底进京，参与"元祐更化"。他是因为作诗讥刺"新法"而遭贬，勒令"悔过"的，但到了重新被起用时，其政见却已转变为维护某些"新法"。然则，元丰七年、八年既是他的仕途生涯的转折，也是他的政治态度的转折。当然，我们不是说全部转折的过程都在这两年内（如他在熙丰阶段"因法以便民"的实践就是此转折之渐），但他在这两年中的活动确实是转变实现的标志。

要说谪居期间的苏轼真的在全心"悔过"，显然于说未安，因为他的许多文字都可证明他并不认为自己真的有罪。但要说他装出"悔过"的假样欺骗神宗，说出"悔过"的话头搪塞朋友，那也不符合苏轼的实情。这个时候的苏轼，心情相当复杂，无论如何，他要考虑自己的政治前途，要保护自己的政治生命，这从他的行动中可以看出。他既与旧党的故交如滕元发、王巩等不断通信，打听朝廷的信息，也与新党人物章惇、李琮等保持着一定的交往，他作《代滕甫论西夏书》言边事①，又有《答李琮书》为朝廷对西南夷用兵而设谋划策②，且作《代李琮论京东盗贼状》等③，表明他依然关心政事。只是，作为一个旧党"罪人"，在比他年轻十几岁的宋神宗主持着"新法"的形势下，看来是没有多少希望的。他当然不能预

---

① 《苏轼文集》卷三十七。滕甫即滕元发。此书讲到西夏主秉常被母族夺权事，在宋元丰四年。神宗对西夏用兵，始胜终败，是元丰三年至六年中事，谪居中的苏轼尝有诗涉及，颇为关心。

② 《苏轼文集》卷四十九。书中谓"轼其可以罪废不当言而止乎"，可见是谪居中作。按北宋政府用兵征讨西南泸州夷，事在元丰三年、四年。书又谓神宗"已降手诏械（韩）存宝狱中"，按韩存宝于元丰四年七月伏诛，见《宋史·神宗纪三》，则苏轼此书盖作于此年。

③ 《苏轼文集》卷三十七。状中述及徐州妖贼郭进被捉事，苏轼在《与章子厚参政书二首》之二中亦详论，作于谪居之初。

料神宗会早死，却也不能改投新党，失去"节操"，则确乎处于困境，很难找到出路。所幸的是神宗对他似乎还有颇为欣赏的一面，这一点，他完全可以通过王巩了解到。

王巩是故相王旦的孙子，亲旧满朝，消息灵通。他本人虽被苏轼的"诗案"所连累，远贬南方，但他的侄子王震却在神宗身边与闻机要，了解神宗的思想动态。王巩《闻见近录》云：

> 六侄震尝谓予曰：神宗一日召执政诣天章阁，而吴雍与震预召，时为中书检正官也。及对，乃议官制除目……及某官除某乙，则俾雍、震互书之……至著作郎，则曰："此非苏轼不可。"……既毕，即曰："朕与高遵裕期，某日当下灵武，候其告捷，当大庆赉，至是官制可行，除目可下。"……其后灵武失律，官制隔岁乃下，比之初拟，十改五六矣。①

按宋军五路攻西夏，丧师于灵州，事在元丰四年，神宗改革官制，则自三年起酝酿，至五年行下。则拟苏轼任著作郎，当在四年。史载神宗拟改官制，除了要"正名"外，还有借此机会弥合新旧两党，参互用之的意思，故欲起任司马光为御史大夫，引起宰相王珪的害怕，欲设法阻挠。② 王巩又记：

> 苏子瞻既贬黄州，神宗每怜之，一日语执政曰："国史大事，朕意欲俾苏轼成之。"执政有难色……复有旨起苏轼以本官知江州，中书蔡持正、张粹明受命，（王）震当词头。明日改承议郎江州太平观，又明日命格不下，曰皆王禹玉力也。……王禹玉辄曰："轼尝有'此心惟有蛰龙知'之句，陛下龙飞在天而不敬，乃反欲求蛰龙乎？"③

---

① 王巩《闻见近录》，《四库全书》本。
② 详《宋史纪事本末》卷三九"元丰官制"。
③ 王巩《闻见近录》。

由此可见，王珪（字禹玉）袭用李定、舒亶之流的故技，屡次阻止神宗起用苏轼。王珪是个几乎谈不上有什么政见的人，他阻止司马光、苏轼入朝，未必因为他赞同新党的主张，只是为了保住禄位，不欲局面有所变动罢了。但他的这分心思，被新党的蔡确看穿，加以利用，诱哄他去劝导神宗用兵西夏，如此战事一起，神宗调和两党的计划必被延搁，则王珪的相位可保①。在王珪等人的安排下，宋神宗要效法唐太宗威震四夷的梦想，便被付诸实施，两次集合军队大举进攻西夏，结果有了元丰四年的灵州大溃，与元丰五年的永乐城大败，丧师几十万，损失不可胜数。神宗的唐太宗之梦破产，痛哭流涕，不得不与西夏讲和。史称从此以后，神宗便悔悟往事，欲起司马光、吕公著辅佐太子，未及而崩②。若照此说法，则神宗要是活得长久，是会自行"更化"的了。

不过，宋人留给我们的史料，本身也受着秉笔者政见的严重影响，出于旧党之手的史料与出于新党之手的乃至于完全相反。宋神宗死后，这位"神考"是一面新旧两党都要争夺的旗帜，新党的"绍述"固以继承神宗遗志为言，旧党的许多人物也力图证明"更化"是神宗的本意。关于神宗晚年追悔往事的记载，大多出于旧党之手，如苏辙记他亲耳听到高后说："先帝追悔往事，至于涕下。当时大臣数人，其间极有不善，不肯谏止。"③ 我们当然不能怀疑高后是否真说过此语，但神宗之"追悔"，当是悔用兵丧师，未必像苏辙说的那样悔行"新法"。他想起用司马光、吕公著，应该也不假，但未必是想让司马光来"更化"。事实上，永乐城之败以后，神宗还活了两年多，而且躬亲政事，即便身体不好，也非王珪、蔡确等所能挟制，却一直未有"更化"之举。当西夏要求归还侵地时，他的态

① 《宋史纪事本末》卷三九"元丰官制"。又见苏辙《龙川略志·别志》卷下，《四库全书》本。

② 《宋史·吕公著传》。

③ 苏辙《龙川略志》卷九"董敦逸黄庆基言事不实并出知军州"条，《四库全书》本。

度也依然强硬。即便他欣赏旧党的几个人物，也不至于肯为此而否定自己变法易制以图富强的大计，不至于否定十几年辛苦造就的"圣政"，也不至于完全放弃了他要做唐太宗的梦想。熙宁二年初行"新法"遭到反对时，他对司马光说过："今天下汹汹者，孙叔敖所谓'国之有是，众之所恶'也。"① 元丰后期，他想起用司马光，蔡确曰："国是方定，愿少迟之。"② 司马光也就不得起用。可见，以"新法"为"国是"，这一点是不动摇的。从理论上讲，"国是"一定，对皇帝本人也起着制约作用，皇帝是不能以个人意愿违反"国是"的，而经过王安石的"经术"训导的神宗③，主观上是愿意接受这制约的。所以，要说神宗晚年有自行"更化"之意，恐言过其实。当然，"新法"施行效果并不理想，且有变质的趋势，弊端丛生也是事实，神宗不会对此无所认识，其晚年心事，或者可以说，是在基本肯定"新法"的同时，参用新旧党人，做补偏救弊的工作，在维护"国是"的前提下，略示调和之意以谋取局面好转。这样说，可能较合情理。

至于他对苏轼的态度，王巩的记载自然不会全属捏造，但也有相反的记载。如熙宁三年他对司马光说："苏轼非佳士，卿误知之。"④ 熙宁八年又曾对王安石说："如苏轼辈为朝廷所废，皆深知其欺，然奉使者回辄称荐。"⑤ 此处所谓"欺"是指"欺罔"君主，不是细事。但后来，高后却对苏轼说："久待要学士知，此（指提拔苏轼事）是神宗皇帝之意，当其饮食而停箸看文字，则内人必曰：'此苏轼文字也。'神宗每时称曰：'奇才！奇才！'但未及用学士而

---

① 《宋史·司马光传》。
② 《宋史·司马光传》。
③ 《续资治通鉴长编》所载神宗与王安石商议政务的对话，常背诵《诗》《书》中语。大概他们确实相信"经术"是行政指南。
④ 《续资治通鉴长编》卷二一四，"熙宁三年八月乙未"条。
⑤ 《续资治通鉴长编》卷二六三，"熙宁八年闰四月己亥"条。

上仙耳。"① 从苏轼元丰七年被量移汝州一事来看，高后的话应当也非他人凿空编来。然则，神宗对于苏轼的态度，是既怀恼怒，又颇赏识的了。作为一个皇帝，他未尝没有克制恼怒而用其才学的怀抱，且也不难明白，苏轼那些令他恼怒的举动，不过是反对"新法"，并非对朝廷存有二心。因此，在碍于"国是"还不能起用司马光时，苏轼却在元丰七年得到量移汝州的待遇，从负罪谪居转为赋闲待用，并在手诏中明言"人材实难，不忍终弃"之意，这是神宗准备录用旧党人士的明确表示。他明白旧党也是一个人才资源，弃之不用本是浪费，只要自己坚持"国是"不变，旧党的人才也是可以用来为其"圣政"效力的。

神宗的这种思想动态，苏轼是不难获悉的，除了王震、王巩这条途径外，他的信息来源并不少，甚至正在执政的章惇也是他的朋友。这样，政途上几已走入绝境的苏轼，如果希望复出，是应当把自己的心态和政见调整到与神宗相一致的。而且，这样的调整完全是他可以接受的，因为由此而获起用，并不需以改变"节操"投入新党怀抱为前提，而不改变"新法"这个"国是"，也不妨碍他"因法以便民"的实践。就当时情势来说，只有通过这样的调整，他才能重新获得政治生命。当然，那就要对以前的言行有所"悔过"，把以前反对"新法"的政见改变为：基本上不反对，而施以纠补。对于苏轼来说，这既是不得不然，也是其思想的发展可以走到的一步。所以，我们认为，苏轼在谪居期间的"悔过"，亦不全是假的。问题在于，"基本上不反对'新法'而施以纠补"这样的政见，苏轼不曾说出，后来形势大变，他只好换成另一种表述：基本上赞成"更化"而维护某些"新法"。他最多说到"校量利害，参用所长"，或者"师仁祖之忠厚，法神考之励精"这样两不偏的综合的程度。但揆于情理，谪居"悔过"而仍思重出的苏轼，是应当努力使自己的政见向晚年的神宗靠近的。即便照他后来的说法，也已与熙丰阶

---

① 《续资治通鉴长编》卷四〇九，"元祐三年四月辛巳"条。按：此条记载的来源是王巩《随手杂录》（《四库全书》本），曰"子瞻亲语余如此"。

段的政见不一样，变化是确实存在的。

只要不去碰"国是"，神宗完全能够接纳苏轼，而苏轼也只有这样才能被接纳。可以说，元丰七年苏轼得以离开黄州，表示着君臣之间这一种默契的达成。接下来的重要事情，就是苏轼前去金陵与"国是"之父王安石和解。

据南宋人周紫芝《诗谳》记载，王安石可能为"诗案"中的苏轼说过话："旧传元丰间朝廷以群言论公（苏轼），独神庙惜其才，不忍杀。大丞相王文公曰：'岂有圣世而杀才士者乎？'当时谳议以公一言而决。"① 此种"旧传"是否可靠，今实难以考见。但王安石的弟弟王安礼确实曾向神宗进言，营救苏轼②。史载王氏兄弟的政见并不很一致，但无论如何，毕竟是兄弟，王安礼此举至少可以缓解两家之间的矛盾。元丰四年，谪居中的苏轼收到新党李琮的信，告诉他王安石曾夸奖他的文章，苏轼回信云：

> 知荆公见称《经藏》文，是未离妄语也，便蒙印可，何哉？……秦太虚维扬胜士，固知公喜之，无乃亦可令荆公一见之欤？③

按此所谓"《经藏》文"，当指苏轼于元丰三年所作的《胜相院经藏记》④，是一篇偈语式的谈佛文章。借助于谈佛，王安石通过李琮向苏轼表达了善意，苏轼随即拟委秦观去与王安石接触，要李琮引见。但李琮看来没能完成这个中介任务。元丰七年苏轼离黄州东行，经当涂时拜会了王安石的诗友郭祥正，并趁着醉兴在郭家壁上画竹石一幅，两人还互赠诗歌⑤。这样，谈佛以外，写诗也可能是苏轼通

---

① 周紫芝《诗谳》卷末，《丛书集成》本。
② 《宋史·王安礼传》。
③ 苏轼《答李琮书》，《苏轼文集》卷四十九。
④ 《苏轼文集》卷十二。
⑤ 苏轼《郭祥正家醉画竹石壁上，郭作诗为谢，且遗二古铜剑》，《苏轼诗集》卷二十三。

过郭祥正走向王安石的途径。到了金陵，苏、王二人就直接会谈了。会谈的内容，宋人的笔记中众说纷纭，据苏轼写给其旧党密友滕元发的书信云：

> 某到此，时见荆公，甚喜，时诵诗说佛也。①

诵诗，说佛，本来就是双方沟通的媒介。但仅此便就"甚喜"了么？下文云：

> 公莫略往一见和甫否？余非面莫能尽。②

按和甫即王安礼，苏轼刚会见乃兄，又请滕元发去见乃弟，其意当不止于"诵诗说佛"而已，否则何以"非面莫能尽"呢？再看他写给王安石本人的信：

> 某游门下久矣，然未尝得如此行，朝夕闻所未闻，慰幸之极。③

这里的"慰幸之极"，就是对滕元发说的"甚喜"，其原因是"闻所未闻"，那内容，也不会仅是"诵诗说佛"，而是与滕"非面莫能尽"的东西。除了政治，还会是什么呢？实在难以想象二人的数次会谈是不及政治的。之后，二人都表达了结邻而住的愿望，是真是假且不管，那至少表明二人之间已成功地取得了协调。此协调的内容，我们自不得而知，但它的下一步，似乎就是滕元发与王安礼会见，则苏轼岂是教滕也去与王安礼"诵诗说佛"？还有一点值得注意的是，苏轼说自己"游门下久矣"，虽然还没直说自己是王安石的

---

① 苏轼《与滕达道六十八首》之三十八，《苏轼文集》卷五十一。
② 苏轼《与滕达道六十八首》之三十八，《苏轼文集》卷五十一。
③ 苏轼《与王荆公二首》之一，《苏轼文集》卷五十。

"门下"，但也只差一点了。"门下"就是学生，不是通常的客套话，内含着愿为所用的意思。与此可相印证的是苏轼赠王安石诗所云："从公已觉十年迟。"① 就是说，他们的合作来得太晚了，反过来也便是，现在的自己愿与对方合作了。

"从公已觉十年迟"是颇堪玩味的。距此十年前，正在熙宁七八年，王安石罢相与第二次入相的时候。对于这段往事，苏轼后来有这样的说法："天下病矣……虽安石亦自悔恨，其去而复用也，欲稍自改，而（吕）惠卿之流恐法变身危，持之不肯改。"② 这话写在"元祐更化"的主持人司马光的行状中，在举世歌颂其"更化"而咒骂王安石立"新法"的形势下，于如此重要的文件中却为王安石开脱，说他去而复用时也有"稍自改"之意，此亦绝不可以轻视。虽然我们不易论定王安石是否真有"稍自改"之意，但苏轼若非实有所据，又何必于举朝唾骂之际捏造故事妄为王氏开脱？又何必写入司马光的行状，嫌损其"更化"之功？然则，"稍自改"恐是苏轼与王安石金陵会谈时，对十年前王安石"去而复用"之举取得的理解，那么，"从公已觉十年迟"，当是"从公""稍自改"了。这也等于说，他们可以有一种建立于"稍自改"上的合作。"稍自改"当然并不是"更化"，而正是宋神宗晚年所希望造就的局面："国是"不变，参用新旧党人，补偏救弊以图好转。苏轼自居于王安石"门下"，乃表示承认王所确立的"国是"；自己见了王安石，又请滕元发去见王安礼，乃欲谋求二党的和衷共济；"从公""稍自改"，则为补偏救弊以图局面好转。如此，则既是宋神宗、王安石、苏轼达成一致，也是当时的有识之士能够设想的最好前景。再看苏轼赠诗的另二句，"骑驴渺渺入荒陂，想见先生未病时"，未病的王安石是怎样一个大手腕的人物！此中深意，莫非是希望王安石再次对政局发生作用？若由王氏亲自主持扭转政局，岂不是最好的事？

以上，我们锻炼文字，提出一个关于王、苏金陵协调内容的假

---

① 苏轼《次荆公韵四绝》之三，《苏轼诗集》卷二十四。
② 苏轼《司马温公行状》，《苏轼文集》卷十七。

说，虽未能坐实，亦不为无据，可供学界参考。如果此说能够成立，则苏轼曾有过基本服从"国是"而襄赞"新法"的政治态度，但紧接着的局势变化，马上使它成为一种历史的遗憾。元丰八年神宗驾崩，司马光入相，用"以母改子"的名义力改"国是"，主行"更化"，且以少有的宠遇起用了苏轼。在此情势之下，苏轼虽为维护某些"新法"而奋斗，却总体上要赞助"更化"，最多说到"校量利害，参用所长"，至少不能再把"新法"置于"国是"之地位。所以，元祐阶段的苏轼政见，不免又回头走了一步。然而，如比照熙丰阶段，则变化依然是明显的。我们相信，元丰七年—八年间的苏轼，曾经走向神宗、王安石更近。

4. 元祐阶段

苏轼于元丰八年底进京（次年即元祐元年），自此直到元祐八年，是北宋历史上的"元祐更化"时期，也是苏轼作为"元祐大臣"发表其政见的阶段。他在此阶段内所写的奏议，数量很多，严格地说，其绍圣元年被贬惠州前所上奏状，亦属此阶段政见的表述，所以，从元丰八年十二月的《登州召还议水军状》，直至元祐八年、绍圣元年间在定州任上所写，总计超过一百五十封（《赴英州乞舟行状》写于被贬途中，此后便再无奏状）①。其中，除了论述具体的行政事务的以外，对朝廷施政的大节目提出意见，或对自己的基本政见有所申明的，也不下数十封。可见，这个阶段的苏轼，确是政坛上的活跃人物。几乎凡朝廷的每一重大决策，他都参与提供意见，即或不在奏章上正式提出，也会在书信或别的文字中反映出他的态度。今将其奏状大致排比一通，所涉及的问题约有下列几个方面比较重要：首先是对"新法"或"更化"的态度，其次是对新党人物的态度，三是关于旧党内部的党争，四是有关边备外交、科举取士、冗官冗费与黄河的治理等朝廷大事的，五是为百姓向朝廷请命的，如要求放免积欠、赈济灾伤或地方上兴利除害之事宜等。此五方面

---

① 《苏轼文集》卷二十六—卷三十七。

虽不能包罗苏轼此阶段奏状的全部内容，但余下的也就比较琐细，不在这里一一陈述了。

第一，对"新法"或"更化"的态度。论及这方面的奏状，以《辩试馆职策问札子二首》最为集中明确，与此相关的是《论给田募役状》《乞不给散青苗钱状》《大雪论差役不便札子》《乞郡札子》《论役法差雇利害起请画一状》《应诏论四事状》及《朝辞赴定州论事状》等。

元祐元年十二月，苏轼为学士院起草策题，曰《师仁祖之忠厚，法神考之励精》①，经高后点定后被采用。但这个策题马上遭到台谏官朱光庭、傅尧俞、王岩叟等人的攻击，谓其诽谤先朝。苏轼于此月十八日及次年正月十七日，两次上章自辩，即《辩试馆职策问札子二首》。在第二封自辩状中，他不但申明了所出策题的含义，并详细地交代了自己入仕以来的政治经历与政治态度，明确地表达了对当前"更化"政局所持的意见，原原本本，绝无丝毫含糊。故此封自辩状，是我们了解苏轼元祐阶段政见的最好材料。

他在策题中说："今朝廷欲师仁祖之忠厚，而患百官有司不举其职，或至于媮；欲法神考之励精，而恐监司守令不识其意，流入于刻。"② 这里虽然有谓仁宗为"媮"，神宗为"刻"的嫌疑，招来台谏的攻击，但其本意，盖在于综合前朝治术，探索"忠厚而不媮，励精而不刻"之途径。应当说，这个策题是超越了党争的。鉴于神宗的"励精"之道就是"新法"，而"更化"的宗旨不过是废弃"新法"，恢复仁宗时的状态，则此策题也就意味着并不以"更化"为满足，也意味着对"新法"仍可适当吸取。如苏轼在自辩状中云："臣昔于仁宗朝举制科，所进策论及所答圣问，大抵皆劝仁宗励精庶政，督察百官，果断而力行也；及事神宗，蒙召对访问，退而上书数万言，大抵皆劝神宗忠恕仁厚，含垢纳污，屈己以裕人也。"他自谓这是想实现君臣之间"可否相济"的目的，也与策题的精神相一

---

① 《苏轼文集》卷七。
② 《苏轼文集》卷七。

致。然而，在当时的情况下，朝廷"大率多行仁宗故事"，而台谏也正站在"更化"的立场上攻击他，所以，其自辩便更多地强调继承神宗"励精"的方面："臣私忧过计，常恐百官有司矫枉过直，或至于媮，而神宗励精核实之政，渐致惰坏。深虑数年之后，驭吏之法渐宽，备边之计渐弛，则意外之忧，有不可胜言者。"他在这里承认了熙丰之政在吏治、财政、边备诸方面的成就，认为必须继承，这也就等于肯定了"新法"的收效，同时，他对"台谏所击不过先朝之人，所非不过先朝之法"表示不满，这也就等于说"更化"的不是。然后，苏轼追述了他与司马光等人在"免役法"问题上争议的全过程：从元丰八年底自登州回朝，即建议保留此法，至元祐元年在"详议役法局"，跟局中官吏"论难反复"，并在政事堂与执政公开争论，又"上疏极言衙前可雇不可差，先帝此法可守不可变之意"，直至"今者"差役已成天下之患，而台谏犹"累疏力争"。苏轼由此得出总结："是其意专欲变熙宁之法，不复校量利害，参用所长也。"可见，这"校量利害，参用所长"八字，正是苏轼自己对于"新法"的态度，而他对于"免役法"的维护，也正是这种态度的典型表现，不可轻视。

苏轼在熙宁时也曾反对过"免役法"，尤其对收取"免役钱""免役宽剩钱"深致不满。但他在密州任上亲自推行"给田募役法"，却发现百姓甚以为便，效果良好。然则，只要真正将"役钱"全部用于雇役，而不是移作他用，则"免役法"在理论上是完全讲得通的，如他在自辩状中追忆他对司马光说的话："昔三代之法，兵农为一，至秦始分为二，及唐中叶，尽变府兵为长征之卒，自尔以来，民不知兵，兵不知农，农出谷帛以养兵，兵出性命以卫农，天下便之，虽圣人复起，不能易也。今免役之法，实大类此……使民户率出钱，专力于农……而以其钱雇募衙前，民不知有仓库纲运破家之祸。此万世之利也，决不可变。"他用类比的方法证明了"免役法"的合理性，便极力维护之。按：所谓差役、雇役，是直接征发民户服役，与征收役钱以雇人代役，理论上原是等值的，但实践上，役钱总值必然超过差役总值，政府才可藉此增加一笔收入，故司马光视"免役法"为聚敛之术，必欲废之。然而，对于一个社会来说，征钱雇役有利于社会分工的明确，使人民能各守其业，较之征发差役，其方式是进步的，正如苏轼用来与之类比的兵农分工一样。对于具有一定经济水平的民户，出钱免役，即便多出一点，也是高兴的。尤其是某些令承担差役者损害特大的役项，如"衙前"一役，职掌官物押运和供应，应差者倘无这方面的专门训练，则差失必然极多，那被责赔偿的数目竟是一个无底洞，往往能令其破产；而如出钱代雇，则再多也有个定数，不至于有破产之虞。应雇者若为专门的人才，则差失必会减小，又可领受贴补，等于社会上多了一个行当，较之轮流应差，实为公私两便。问题在于，朝廷收来的役钱，必须用于役事，将此钱返回民间，才能保证此社会分工设想的实现，否则，等于巧取钱财，且易引起通货紧张。鉴于熙丰时期的役钱实际上未全返回民间，在仓库中堆积如山，常移作他用，而民间因此大患"钱荒"，故苏轼又建议施行"给田募役法"以救此弊。此法将所有役钱用来买田，不以钱雇役，而用租与官田的方式招募无产业者应役。如此可保证役钱用于役事，且据他设想，到官置田产足够募齐一应人役时，可从此不再向人民收取役钱。但这等于以官田招来佃农，又从而奴役之，行于一时一地或甚有效，若长久、广泛地推行，则将在宋代社会里养出一个公家农奴的阶层，其利弊就不能简单预测了。要之，苏轼认为雇役法与兵农分工相类，可以维护，这是对的；他强调役钱必须用于役事，返回民间，这也正确；至于"给田募役"一策的利弊，则仍可商榷，以前吕惠卿行此法时，王安石就曾极力反对。

苏轼的奏状，大致皆于首句列出年月，依此年月，则《论给田募役法》作于元丰八年十二月初回朝时。但因与司马光议论不合，故此状没有正式上呈，至元祐二年二月才重录奏上的①。这是在与司马光争论无效，差役法已行，司马光已死，苏轼的策题也已引来台谏攻击之后，复又提出"给田募役法"，欲"卓然立一大事"。此

---

① 事见《缴进给田募役札子》，《苏轼文集》卷二十七。

议立刻就被王岩叟、朱光庭等攻罢。但到元祐三年二月，苏轼又上《大雪论差役不便札子》，重申前议，并指责台谏官是"希合（司马）光意"，而自己屡遭台谏攻击的原因也就在于役法问题上的异议。此后，十月份上《乞郡札子》，再次申明自己因议役法与司马光不合，而被"希合光意"的台谏所仇，致使"给田募役"之议被攻罢；又指责台谏官"结党横身，以排异议，有言不便，约共攻之"，根本违背了司马光"至诚为民"的本意；请求离朝外任，以避"台谏气焰"。在他这样屡次"乞郡"之下，朝廷同意他外任杭州知州。可见，苏轼于元祐间离朝，乃旧党内部党争的结果，而争论的焦点就在于"免役法"的存废。我们也可以说，苏轼是因了他维护"免役法"的政见，而被排挤出朝的。当然，他并未屈服，元祐四年十一月在杭州任上作《论役法差雇利害起请画一状》，通过对施行效果的统计，辨别差、雇二法的利弊，认为差法虽稍利于上户、下户，却有大害于数量最多的中户，而雇法则利于中户，要求朝廷妥善处置。其意仍在于维护"免役法"。

所以，元祐期间的苏轼，在许多场合成了神宗、王安石政策的辩护人，和某些"新法"（尤其是"免役法"）的坚决维护者。不过，其所言都以继承神宗的名义，对王安石仍常有贬词，说神宗"圣意"是好的，只是被王安石、吕惠卿的"阴谋"弄坏了①。采取这样的表述，也许是"更化"形势下不得不然，但是，苏轼笔下对"二圣""更化"的颂词确也俯拾皆是，对司马光也常予赞美，这就表明他对"更化"总体上是不反的。他自己本来也就是在"更化"政策下被起用的，在历史舞台上仍要担任"元祐大臣"的角色，这倒未必是由于他缺乏自拔于旧党的勇气，而是他显然认为维护某些"新法"不等于就成了新党。他对"新法"的态度，并未变得一概赞同，在元祐元年八月所上《乞不给散青苗钱斛状》中就以激烈的言辞攻击"青苗法"："臣伏见熙宁以来，行青苗、免役二法，至今二十余年，法日益弊，民日益贫，刑日益烦，盗日益炽，

---

① 《辩试馆职策问札子二首》之二。

田日益贱，谷帛日益轻，细数其害，有不可胜言者。"此状为了贬斥"青苗法"，还拿了"免役法"陪绑，甚至承认朝廷废罢"免役法"为善举。这固然意在攻"青苗法"，却也不免造成前后持论矛盾，虽不足深责，亦不为无咎。可见，身处"更化"政局中，即便他敢于冒犯众议为"免役法"辩护，有时候也不免要闪烁其词。元祐五年在杭州作《应诏论四事状》，对熙丰"新法"将"民间生财自养之道一切收之公上"仍持否定态度，对"更化"政策中放免积欠市易钱、积欠盐钱、酒钱和买绢钱等，则不但肯定，且要求认真落实。这是因为诏令放免后，有司却不愿放弃这笔收入，依旧催逼，造成"黄纸放了，白纸却收"① 的现状，令"更化"成为一句空话。苏轼要求将这些利民的"更化"措施认真落实，乃是出于爱民之心。到了元祐八年九月呈哲宗的《朝辞赴定州论事状》，则是努力想挽回哲宗的改用新党之意图，认为"今天下虽未大治，实无大病"，不需要更易法制。这等于肯定"元祐更化"的成效还不错，目的在于维护元祐之政了。

　　以故，总体上讲，苏轼在元祐阶段的态度，是基本上赞同"更化"的；但他的引人注目的政见，则在维护某些"新法"，尤其是"免役法"，实为他与旧党中另一些人分裂的起因。这两个方面，造成他某些言论有前后矛盾，但也促成了一种对其政见的最好表达："校量利害，参用所长。"倘没有新、旧党争的牵掣，这种政见应该有更好的前途。实际上，无论"新法"还是"更化"，在苏轼看来都不能居于不可动摇、唯一正确的"国是"地位，这在他的私人书信中表达得更明确些。

　　　　昔之君子，惟荆（荆公王安石）是师；今之君子，惟温（温公司马光）是随。所随不同，其为随一也。老弟与温相知至深，始终无间，然多不随耳。②

---

① "黄纸"指以皇帝名义下达的诏书，"白纸"是政府部门所行文件。
② 苏轼《与杨元素十七首》之十七，《苏轼文集》卷五十五。

> 王（安石）氏之文未必不善也，而患在于好使人同己。自
> 孔子不能使人同，颜渊之仁、子路之勇，不能以相移，而王氏
> 欲以其学同天下！①

可见，无论就政见、就学术而言，他都反对独断。司马光的"更化"
与王安石的"新法"一样不能是确定不移的"国是"：这才是苏轼
政见的深层内涵。根本没有什么"国是"，凡事皆较利害而断，实事
求是地处置之，不必受"新法"或"更化"两种指导原则的支配。
从政治学上说，这大概属于功利主义的政治观。

第二，对新党人物的态度。

苏轼是贬斥新党人物的许多"责词"的作者，尤以贬吕惠卿的
"责词"最为著名，那几乎是深恶痛绝的口吻②。在奏状中，如《缴
进吴荀词头状》《缴进沈起词头状》《缴进李定词头状》及《参定叶
祖洽廷试策状二首》等，都是针对新党或新党所荐人物的，或反对
朝廷任以重要职务，或以为处治太轻，或欲根究其罪责。吴荀是吕
惠卿所荐，而吕乃"穷奸积恶"之人，故苏轼拒绝起草吴的委任状。
沈起在神宗时向南方用兵，已被神宗废罢，元祐初朝议叙复，苏轼
乃封还词头，谓"熙宁以来王安石用事，始求边功"，沈起承其意，
"结怨交蛮，兵连祸结，死者数十万人"，因"王安石等曲加庇护"，
而未被神宗处决，若叙复沈起，会令"四方群小阴相庆幸，吕惠卿、
沈括之流亦有可起之渐，为害不细"。李定是王安石提拔的官员，也
是炮制"乌台诗案"的元凶之一，苏轼不肯撰他的处治状，认为处
罚太轻，要求"于流二千里以下定断"。叶祖洽是熙宁时对策支持变
法而被擢用的，元祐时被追究罪责，苏轼也参与指摘其对策中用语
的"乖谬"，不过，他也不同意定之为"讥讪宗庙"之罪。与此相
似的是元祐四年作的《论行遣蔡确札子》，也反对用文字狱罗织罪

---

① 苏轼《答张文潜县丞书》，《苏轼文集》卷四十九。
② 苏轼《吕惠卿责授建宁军节度副使本州安置不得签书公事》，《苏轼文
集》卷三十九。

294

名。看来，这是"乌台诗案"给他的教训，使他不用此法对付新党。但对新党人物的贬斥态度，是很鲜明的，凡对新党人物的任何擢用、宽免，都会引起他的警觉，极力反对之。这方面最突出的，莫过于《论周穜擅议配享自劾札子二首》。

周穜本是苏轼自己荐用的人，后来却上书请求以王安石配享神宗庙廷。按说，神宗庙廷的配臣当然应以王安石最为合适，但元祐大臣们却定用富弼配享，这自然是"更化"政策下任意涂写历史。周穜的请求原甚正当，而苏轼却大加挞伐，说富弼配享乃"天下翕然以为至当"，周穜此议乃欲"尝试朝廷，渐进邪说，阴唱群小"，为了自己曾推荐此人，他还自劾待罪。苏轼之所以对这事如此重视，是因为怕渐开新党进用之门：

> 臣观二圣嗣位以来，斥逐小人，如吕惠卿、李定、蔡确、张诚一、吴居厚……之流，或首开边隙，使兵连祸结，或渔财榷利，为国敛怨，或倡起大狱，以倾陷善良，其为奸恶，未易悉数，而王安石实为之首。今其人死亡之外，虽已退处闲散，而其腹心羽翼，布在中外，怀其私恩，冀其复用，为之经营游说者甚众，皆矫情匿迹，有同鬼蜮，其党甚坚，其心甚一……朝廷日近稍宽此等，如李宪乞于近地居住，王安礼抗拒恩诏，蔡确乞放还其弟，皆即听许，崔台符、王孝先之流，不旋踵进用，杨汲亦渐牵复，吕惠卿窥见此意，故敢乞居苏州。此等皆民之大贼，国之巨蠹……今既稍宽之后，必渐用之，如此不已，则吕惠卿、蔡确之流必有时而用，青苗、市易等法，必有时而复……今周穜草芥之微，而敢建此议，盖有以启之矣。

照此看来，苏轼实欲借此事发端，杜绝新党人物的进用之门，但由此也就不惜丑诋王安石"在仁宗、英宗朝，狡诈百端，妄窃大名"，攻击周穜"蚍虱小臣，而敢为大奸，愚弄朝廷，若无人然"，以为其背后"必有人居中阴主其事"。苏轼的防微杜渐，亦可谓极致。

与他一样，苏辙在谏官任上，也是坚决弹击新党人物的主力。

元祐五年，"宰相吕大防、中书侍郎刘挚建言，欲引用元丰党人，以平旧怨，谓之调停。苏辙为中丞，极论其事，以为邪正难并处……辙凡一再言之，太皇太后感悟，其说遂衰"①。他们兄弟俩都对新党人物持严厉打击的态度。

苏轼对"新法"虽持"校量""参用"的见解，但对新党人物却一无容忍，这当然是政治斗争的需要。当他从这个角度发议论时，便会累及他对于王安石和"新法"的公正评价，变得非常片面了。参用"新法"而坚斥新党人物，是其元祐阶段政治态度中都不可忽视的两方面。

第三，关于旧党内部的党争。

传统上，北宋元祐年间的旧党内部党争被概括为"洛蜀党争"一语，指程颐为首的"洛党"与苏轼为首的"蜀党"之间的矛盾，但相关史料一般也会指出，另外还有刘挚为首的"朔党"，人数更为众多。这样，实际上至少有三个党派，而名之为"洛蜀党争"，只因苏轼与程颐的矛盾比较表面化而已。但苏轼奏议中自己谈到"党派"的话题时，说法其实有所不同，如元祐三年十月所上《乞郡札子》云：

> 刑部侍郎范百禄，与门下侍郎韩维争议刑名，欲守祖宗故事，不敢以疑法杀人，而谏官吕陶又论维专权用事。臣本蜀人，与此两人实是知旧，因此，韩氏之党一例疾臣，指为川党。

这里所谓"川党"，也就是通常说的"蜀党"了，范百禄、吕陶都是蜀人，不过这二人都比苏轼年纪大、资历深，应该说不上是苏轼的党羽。清代学者钱大昕专门写过一篇《洛蜀党争》，认为"树党以攻苏者，程氏门人为之，蜀党之名，亦贾易辈加之也"②。这贾易

---

① 施宿《东坡先生年谱下》"元祐五年"条。
② 钱大昕《洛蜀党争》，《潜研堂集·文集》卷二，上海古籍出版社，1989年。

就是程颐的门人，元祐二年五月担任右司谏①，与同为谏官的吕陶互相攻击，乃至数月之间先后罢职②。贾易攻击吕陶的奏折，《续资治通鉴长编》所录已有节略，不得其详，但苏辙《乞外任札子》有云："臣窃闻右司谏贾易言文彦博、吕陶党助臣及臣兄轼。"③ 由此可以猜测贾易曾指责对方为党。反过来，吕陶攻击贾易的奏折中，则明斥对方为"韩维之上客，程颐之死党"④。据此，确是双方互指为党。那么，他们为何互相攻击呢？事情似乎起因于元祐元年十二月朝廷举行的一次选拔馆阁人才的考试，担任翰林学士的苏轼被委托起草策题，而时任谏官的程氏另一门人朱光庭密奏这策题的内容诽谤先朝。此事一度闹得很大，因苏轼于十二月十八日及次年正月十七日，两次上章自辩，使太皇太后有了驱逐朱光庭之意，引起御史中丞傅尧俞、侍御史王岩叟等人对驱逐谏官的反感，都起来支持朱光庭，认为苏轼策题确有措辞不当之处，而吕陶则为苏轼辩护⑤，双方已经公开对立。在此对立争论之中，好像连太皇太后也相信了一个说法：朱光庭之所以要跟苏轼为难，就是因为苏轼经常嘲弄他的老师程颐，他要为老师出一口气⑥。所以，如果把此年五月以后贾易、吕陶互指对方为党，视为有关策题之争议的延续，则因事情被追溯到苏轼、程颐之间的矛盾，故其局面被梳理成"洛蜀党争"，似亦有理。

但是，无论苏轼还是吕陶，都已指出对方的核心人物是韩维。在他们看来，程颐及其门人并无与苏氏兄弟对抗的资历和势力，只

---

① 见《续资治通鉴长编》卷四〇一，"元祐二年五月戊辰"条。

② 吕陶罢左司谏在七月，见上书卷四〇三，"元祐二年七月乙丑"条。贾易罢右司谏在八月，见上书卷四〇四，"元祐二年八月辛巳"条。

③ 苏辙《乞外任札子》，《苏辙集·栾城集》卷四十一。

④ 见《续资治通鉴长编》卷四〇三，"元祐二年七月乙丑"条。

⑤ 朱光庭、吕陶奏章俱载《续资治通鉴长编》卷三九三，"元祐元年十二月壬寅"条。

⑥ 《续资治通鉴长编》卷三九三，"元祐元年十二月壬寅"条注文引王岩叟《朝论》，载太皇太后对此事的看法，认为"朱光庭有私"。

是被另一种更大的势力支配着的工具。韩维是当时的执政之一，其兄弟韩绛、韩缜都是"新党"的宰相，权倾朝野。苏辙于元祐元年上任谏官以来，曾连续八章弹罢韩缜①，而苏轼在"同定役法"期间也与韩维意见不合②，吕陶更是攻击韩维的主力③，另一个四川人范百禄则与韩维在刑法方面产生争议④，并导致韩维于元祐二年七月罢去执政⑤。反过来，程颐则与韩家关系密切，在程颢去世时，程颐请求韩维为其兄作墓志，谓"家兄素出门下，受知最深"⑥；无科举功名的程颐得以赴朝廷当官，推荐人中有韩绛；而韩维罢执政出知邓州时，程颐又送至国门之外⑦。那么所谓"洛党"，此时确是依附着韩维的，故苏轼称之为"韩氏之党"，不叫做"洛党"。

然而，再仔细审察苏轼作于元祐三年的一些论及党争的奏状，如《大雪论差役不便札子》《乞罢学士除闲慢差遣札子》及上引《乞郡札子》等，又可发现苏轼的对立面还不仅仅是一个韩党。被苏轼所指责为党的，乃是所谓"台谏"；而他与台谏官傅尧俞、王岩叟、朱光庭、孙升等人的矛盾，乃起于役法问题上的异议。元祐四年苏轼出知杭州，临行上《乞将台谏官章疏降付有司根治札子》，又将逼迫他出京的势力说成为蔡确、吕惠卿之余党。这可能有些臆度，但也说明他的对手来自多方面，而主要是"台谏"。朱光庭、贾易恰在台谏，挟私为程颐报怨，故与苏轼为敌，但若不假御史中丞傅尧俞领导下的整个"台谏"之力，亦不能迫苏轼出京。实际上，首先攻击苏轼的还并非朱光庭，早在元祐元年九月，监察御史孙升就上奏，说苏轼只配当到翰林学士为止，若要用他"辅佐经纶，则愿陛

---

① 《苏辙集·栾城集》卷三十六、三十七载其弹韩缜状凡八封之多。

② 苏轼《杭州召还乞郡状》，《苏轼文集》卷三十二。

③ 见《长编》卷四〇三，"元祐二年七月甲子"条。

④ 见苏轼《乞郡札子》，《苏轼文集》卷二十九。亦见《长编》卷三九六，"元祐二年三月庚辰"条；卷四〇三，"元祐二年七月壬戌"条。

⑤ 见《长编》卷四〇三，"元祐二年七月甲子"条。

⑥ 程颐《上韩持国资政书》，《二程文集》卷八，《丛书集成》本。

⑦ 参卢连章《二程学谱》"元丰八年"条，"元祐二年"条，中州古籍出版社，1988 年。

下以王安石为戒"①。是时宰相司马光刚死，执政张璪被逐，辅臣缺人，孙升突发此议，当非无的放矢，必是见苏轼被高后信任重用，恐其入相，而预坏其事。不久，吕公著即推荐刘挚任了执政②。刘挚曾任御史中丞，台官王岩叟等多为其所荐用③。到十二月，朱光庭便弹奏苏轼的策题为诽谤先朝了。因了吕陶的辩护和苏轼的自辩，高后认为没有诽谤，于是傅尧俞、王岩叟等入对帘前，竟面斥"太皇太后主张苏轼"，令高后大怒道："太皇太后主张苏轼则甚？又不是太皇太后亲戚也。"④ 范纯仁也说苏轼无诽谤之意，指责台谏多事，但孙升却说苏轼的自辩是文过饰非，至元祐二年正月，当高后发脾气，声言要将双方都逐出朝廷时，此事竟由吕公著主持平息了⑤。此后，便是苏轼建议"给田募役"，被王岩叟、孙升、朱光庭等攻罢。到了五月，台谏又与老臣文彦博发生了矛盾，结果傅尧俞、王岩叟、孙升、朱光庭等都被解职外任⑥；故新任右司谏的贾易便与吕陶互攻，指斥文彦博、范纯仁、吕陶与苏氏兄弟为党，又引得高后大怒，欲贬责贾易，却被吕公著力阻，曰："不先责臣，易责命亦不可行。"招得了刘挚的称叹，说是"仁者之勇"⑦。而吕陶则攻击对方为"韩维之上客，程颐之死党"，但韩维被攻罢相时，吕公著又一再为韩维说话⑧。大致与此同时，孔文仲弹劾程颐，将程赶回洛阳，而苏轼在此形势下亦不得不开始上章乞求外任⑨。吕公著说

① 《续资治通鉴长编》卷三八八，"元祐元年九月癸未"条。

② 《续资治通鉴长编》卷三九一，"元祐元年十一月丙辰"条。

③ 《宋史·王岩叟传》。

④ 《续资治通鉴长编》卷三九三，"元祐元年十二月壬寅"条注文引王岩叟《朝论》。

⑤ 同上，卷三九四，元祐二年"正月乙亥、丙子"条。

⑥ 同上，卷四〇〇、卷四〇一所记事。

⑦ 同上，卷四〇四，"元祐二年八月辛巳"条。

⑧ 《续资治通鉴长编》，卷四〇三，元祐二年"七月壬戌"条、"癸亥"条。

⑨ 施宿《东坡先生年谱下》"元祐二年"条。

孔文仲是被"苏轼所诱胁，论事皆用轼意"①。孔文仲又欲阻止朱光庭升迁，被吕公著、刘挚所驳②。刘挚又力主召回傅尧俞、王岩叟、贾易等，并云曾同吕公著商议，意见一致③。在他们的主持下，这些人也就陆续回朝了。苏轼则出知杭州，不久后范纯仁亦被罢相。——苏轼知杭前在朝的"党争"情况约略如上。除去错综，其党争双方大致是：一方为吕公著、刘挚支持下的"台谏"，牵连着与新党相关的韩维，内中夹杂几个洛党做先锋；另一方是范纯仁支持下的蜀党，牵连着一个"德高望重"的老人文彦博。然则，归根到底是吕夷简的儿子与范仲淹的儿子之间的矛盾，所谓"洛蜀党争"不过是其中细流，史书用了这个不合事实的名目，来掩盖了更高层的斗争。其实，即便苏轼与程颐非常和好，党争也会以另一种方式展开。吕公著、范纯仁在史书上都有很好的声誉，恶名由他们各自支持的人承受。与王安石领导的新党相比，旧党本来就是乌合之众，失去了司马光这面大旗后，他们根本就不是一个统一体，只有等新党再度崛起，倒给了他们共同的晚年境遇。

苏轼不能容纳程颐，当然是一个性格上的缺点，元祐六年《杭州召还乞郡状》，还在攻击"程颐之奸"。但他毕竟比没有政治经验的程颐更了解党争的实情，因此，在他的论及党争的奏状中，指责的主要对象一直是"台谏"。除了许多人事意气之争以外，苏轼与"台谏"的矛盾才是真正的政见冲突。苏轼主张维护"免役法"，范纯仁支持，其弟范纯粹还与苏轼同建"给田募役"议④。"台谏"则反对，主张司马光的差役法，吕公著、刘挚支持"台谏"，吕又是司

---

① 李心传《道命录》卷一录《孔文仲劾伊川先生书》，注文中引《哲宗旧录》附《孔文仲传》载吕公著语。

② 《续资治通鉴长编》卷四〇七，"元祐二年十一月乙卯"条。

③ 刘挚《上哲宗乞召用傅尧俞等以销奸党疏》，《忠肃集·拾遗》，《丛书集成》本。按此文附注"元祐元年十一月上"，显误，考其情事当在元祐二年后。所谓"奸党"，虽未斥名，必指苏轼等"蜀党"无疑。

④ 苏轼《缴进给田募役议札子》，《苏轼文集》卷二十七。

马光托付国事之人①，所以他们扛着司马光的大旗。苏轼的有关奏状，几乎每一次都要追溯到他与司马光在役法问题上的异议。这才是将混乱的党争澄清为真正的政见冲突，在这一点上，其奏状比其他人的任何言论都具有政治内涵。处在元祐前期党争中的苏轼，没有留下一篇纯粹的攻讦文字，他的自辩和指责，都是有关政见的。

至于元祐后期仿佛仍在继续的"洛蜀党争"，则更是大臣利用小臣而有意制造的一个转移人视线的战场。当复任谏官的贾易无休无止地纠缠着苏轼时，更接近权力核心的苏辙显然感受到真正的威胁来自刘挚，故其自述生平的《颍滨遗老传》，并无一言涉及所谓"洛蜀党争"，对于他升任执政（元祐六年）以后的经历，是这样说的：

> 时吕微仲与刘莘老为左右相。微仲直而暗，莘老曲意事之，事皆决于微仲，惟进退士大夫，莘老阴窃其柄，微仲不悟也。辙居其间，迹甚危。莘老昔为中司，台中旧僚多为之用，前后非意见攻。宣仁后觉之，莘老既以罪去，微仲知辙无他，有相安之意，然其为人则如故，天下事卒不能大有所正，至今愧之。②

按"微仲"为吕大防，"莘老"即刘挚，"昔为中司"指刘入相前曾任御史中丞，故"（御史）台中旧僚多为之用"，贾易等几个洛党就是刘挚招回来置于言路的，"前后非意见攻"即指刘挚利用贾易等攻击苏氏兄弟。但此时所谓"朋党"，真正的核心人物无疑是吕大防与刘挚。吕、刘的矛盾，在刘党（即所谓"朔党"）刘安世为刘挚的文集所作的序言中，亦有交代，谓："吕丞相专权狠愎……自此忌公（指刘挚）益甚，阴谋去之，遂引杨畏在言路……士大夫趋利者，汹汹交讧其事，于是朋党之论起矣……明年公继为丞相，不满岁，前日汹汹者在言路诋公，竟去位，朋党之论遂不可破。其本末如此。"③ 观其所述，措辞

---

① 《宋史·司马光传》。

② 苏辙《颍滨遗老传（下）》，《苏辙集·栾城后集》卷十三。

③ 刘挚《忠肃集》卷首刘安世《原序》，《丛书集成》本。

的倾向性与苏辙不同，但事情的"本末"完全一致。刘安世笔下的"汹汹者"，无疑是指蜀党，因为苏辙入相前也当过御史中丞，言路上也有他的人，吕大防恰好利用蜀党排去刘挚。被利用的人里有一个杨畏，始依附苏辙，后来却为"绍述"开路，人称"杨三变"，据其后来自述："畏前日度势力之轻重，遂因吕大防、苏辙以逐刘挚、梁焘。"① 说得再明白不过。刘安世前引文又谓刘挚用人"先器识后才艺"，故"才名之士或多怨公"，盖亦指蜀党。而洛党则为刘挚效命，朱光庭"封还刘挚免相制"②，贾易也十分起劲地弹劾苏轼、秦观等，所用办法又无非是李定的故技，从诗文中去挑毛病。这样的"洛蜀党争"，乃是自己不动手的神仙们抛出去的几件法宝之间的较量。

面对那个被利用而不自知的咬牙切齿的贾易，了解内情的苏轼显然没有争斗的兴趣，从杭州回朝后，连续上《杭州召还乞郡状》《再乞郡札子》《乞补外回避贾易札子》《辨贾易弹奏待罪札子》《辨诗题札子》《奏诗题状》等，除了辨明自己的诗文本意之外，一再坚求外任，离开朝堂是非交讧之地，并获得允准。他对于这种"党争"的厌倦，很自然地流露于言语间："臣平生冒涉患难危险如此，今余年无几，不免有远祸全身之意。"③ "臣多难早衰，无心进取，岂复有意记忆小怨？"④ 苏轼只为自己的政见而作战，却经常被权力倾轧弄得筋疲力尽。

苏轼在元祐阶段有关党争的最后一封奏状是元祐八年五月的《辨黄庆基弹劾札子》，时御史董敦逸、黄庆基欲为新党复起开路，故弹击苏轼所作文字诽谤先朝，苏轼以此状自辩。其中说：

> 自熙宁、元丰间，为李定、舒亶辈所谮，及元祐以来，朱光庭、赵挺之、贾易之流，皆以诽谤之罪诬臣。前后相传，专

① 《宋史·杨畏传》。
② 《宋史·朱景传附子光庭传》。
③ 苏轼《杭州召还乞郡状》，《苏轼文集》卷三十二。
④ 苏轼《再乞郡札子》，《苏轼文集》卷三十三。

用此术……今者又闻台官黄庆基复祖述李定、朱光庭、贾易等旧说，亦以此诬臣。

这是他对从政以来所受攻击的总结，对方无一例外地采用了文字狱的手段。在他作此总结的时候，元祐之政已奏尾声了。

据上所述，苏轼在此阶段所作关于党争的奏状，阐述的主题有两个：一是对文字狱的憎恶；二是揭明真正的政见冲突起源于他与司马光在役法问题上的异议。其间曾有数语诋及程颐，但实无关宏旨。所以，"洛蜀党争"不过是表象，就政见冲突的角度说，应改称"朔蜀党争"才稍近实质。蜀党政见以苏轼的政见为代表，朔党政见则大致是司马光政见的延续，而洛党只是一再被时相利用，并不曾提出过任何独立的政见①。那种逼迫苏轼屡次出朝的力量，实来自

① 依《续资治通鉴长编》所载，苏轼维护"免役法"，司马光力主恢复差役，台谏官朱光庭、王岩叟等皆主光议，并以击轼，事实彰著。苏轼建"给田募役"议，朱光庭等攻罢之，认为差役法是应天顺人，奏疏俱在，无可怀疑。但差役法实行的效果不好，却也是史所公认，故在元祐之政成为历史后，旧党的所有人物都要与重行差役一事脱离干系。程颐学生谢良佐记："温公欲变法，伊川使人语之曰：'切未可动著役法，动著即三五年不能得定叠去。'未几变之，果纷纷不能定。"（《程氏外书》卷十二引《上蔡语录》）仿佛程颐也曾维护"免役法"。这真是事后自作聪明，而不顾洛党依附司马光攻斥苏轼，所言皆载史籍，怎能抵赖？尤有甚者，程颐另一门生尹焞记："王介甫与曾子固巩善，役法之变，皆曾参酌之，晚年亦相睽。伊川常言：'今日之祸，亦是元祐做成。以子瞻定役法，凡曰元丰者皆用意更改。当时若使子固定，必无损益者。'"（《程氏外书》卷十二引《和靖语录》）若据此说，重行差役的责任倒在苏轼头上！如此肆无忌惮地篡改历史，殊觉滑稽。"免役法"由曾巩参酌，史不曾载；元祐初曾巩已死了好几年，何处再去唤一个子固来定役法？差役复行，明明是洛党附和朔党攻罢苏轼的结果，岂是子瞻"用意更改"？此段诬曲不通，骇人听闻，故朱熹用小字注曰："此段可疑。"冯友兰《中国哲学史新编》第52章却辩其无疑，并据以讨论程氏的政见。实则，此条如果不是尹焞误记师说，就是程颐瞒哄弟子，而以前者的可能性较大，因为参酌"免役法"的实是曾布，而《宋史·贾易传》也载"陈次升论其为曾布客"，洛党大概与曾布有交往，故上引程颐话里的"子固"，当作"子宣"才对，只因曾布名声不好，就被尹焞误记为曾巩了。至于将恢复差役的事诬赖在苏轼头上，则不知何故。要之，元祐年间的洛党，只是依附司马光及朔党，并不曾提出独立的政见。

司马光意志的守灵人，这要到苏轼去世后，苏辙在墓志铭中才透露出来："君实（司马光）始怒，有逐公意矣，会其病卒，乃已。"①如果司马光不死，苏轼也会被逐，他死了以后，由继承其遗志的朔党来完成这"逐公意"。元祐阶段的苏轼，很多时候是在跟司马光的幽灵作战。

第四，有关边备外交、科举取士、冗官冗费及黄河的治理等朝廷大事。

议及边备外交的奏议，约有三组。一组是元祐二年八月至十月的《论擒获鬼章称贺太速札子》《因擒鬼章论西羌夏人事宜札子》《乞诏边吏无进取及论鬼章事宜札子》《乞约鬼章讨阿里骨札子》四篇，而以第二篇最为重要，其内容是讲对付西夏与处理熙丰间王韶开熙河所遗留后果的策略。大致新党当政时，宋朝的态度比较强硬，王安石用王韶之议，攻占熙河路，胁迫西羌臣服，目的在图西夏，而神宗亦两次兴兵进攻西夏。开熙河的战果不错，但那里的许多部落时服时叛，很难安静；进攻西夏更以失败告终。到了元祐旧党执政时，司马光等务欲边境安静，甚至不惜放弃攻占的地盘以求和。苏轼认为这是失策，是"以畏事为无事"，不懂"待敌之要"。他主张采取羁縻政策，不在其地设立郡县。在这个问题上，他与司马光那一派也是异议的。另一组是元祐四年的《论高丽进奉状》《论高丽进奉第二状》《乞令高丽僧从泉州归国状》，元祐五年的《乞禁商旅过外国状》和元祐八年的《论高丽买书利害札子三首》，皆是讲对待高丽的外交方针。宋神宗曾想联络高丽对付契丹（辽），所以对高丽持招徕的态度。苏轼认为这是不现实的，故主张冷却此种国事来往，不过，对于一般的文化交流，也不反对。最后一组是他在定州任上写的《乞降度牒修定州禁军营房状》《乞增修弓箭社条约状二首》等，讲宋辽边境的军事防务。其中关于弓箭社的修整，与他早年政论中对"土兵"的重视是一致的。总起来看，苏轼关于边备外交的政见，基本上是倾向于神宗的积极态度的，但也比较现实，

---

① 苏辙《亡兄子瞻端明墓志铭》。

不像新党那样喜开边衅。

涉及科举取士的奏议，有元祐三年初的《大雪乞省试展限兼乞御试不分初覆考札子》，此年主持贡举时作的《贡院札子四首》《省试放榜后札子三首》《御试札子二首》，不久后作的《转对条上三事状》，元祐四年的《乞诗赋经义各以分数取人将来只许诗赋兼经状》与元祐八年的《奏乞增广贡举出题札子》等。其中所论，大致有三点：一是支持朝廷恢复以诗赋取士，主张诗赋、经义并行，随考生所习而录其优长者；二是在贡举事宜中，力主尊重考生的人格，禁止管理人员侮辱考生；三是在录取方面主张严格选汰，通过省试的考生在殿试时应有所淘汰，对累试不中者予以照顾录用的"特奏名"应该裁减，而正式贡举之外的其他杂科也可取消，以保证科举制度的纯正与尊严，又可省却不少冗官。

针对冗官冗费的奏议，除论科举取士时兼及的外，主要是元祐三年五月入对时作的《转对条上三事状》。此三事，一是要求高后、哲宗经常接见臣下，以使时弊能得到及时的上达，而其所指时弊中，即有"民老官冗，将骄卒惰，财用匮乏之弊"。二是要求削冗官，严法治。他指出："每一次科场放进士诸科及特奏名约八九百人，一次郊礼奏补子弟约两三百人，而军职转补、杂色入流、皇族外戚之荐不与。自近世以来，取人之多，得官之易，未有如本朝者。今吏部一官阙，率常五七人守之，争夺纷纭……自本朝以来，官冗之弊未有如今日者也。"这是说冗官之弊已达历史最高点。他主张在取士时严格把关，裁减人数，而在吏治上则依法处置，不加姑息。三是要求减"任子"之恩，节制财用。这一点，在元祐元年十月的《论冗官札子》中已详论，并提出了具体的措施，大致是用考试的办法来选汰"任子"（即以父祖官荫入仕的子孙）。在这里，我们可以看出，苏轼没有对"新法"废罢后重新出现的财政困难闭上眼睛，但也不拟设法增加收入，而主张节省开支，其办法是削冗官、减"任子"、严吏治。这大致符合他早年政论的思路。

治理黄河的问题，是贯穿北宋一朝的大事。几乎没有哪一年的河水涨期不造成灾难，而水官们也始终没能把河水控制在稳固的河堤内，甚至当年的河水会顺着哪条道走，也没有把握。在仁宗时，几次决口使黄河下游有了两条道：一为北流，从澶州商胡埽（今濮阳东昌湖集）决出，经今滏阳河与南运河之间，下合南运河、大清河，在今天津市区入海；一为东流，在魏县（今河北大名东）决出，东北经今马颊河入海。大致来说，北流危害当时的河北路，水势较顺；东流害及当时的京东路，随着泥沙堆积，变成由低向高走，水势越趋不顺。但时人也忧虑北流可能会流入辽的辖区，则辽人可以在自己的境内渡过黄河，对宋形成威胁，所以，从宋神宗当政后，司马光、王安石等皆主张导河东流，逐渐闭塞北流。朝廷在导河东流上花了大量的人力物力，却依然没有阻止河水决口北流。到元祐初，北流已较成常态。但文彦博、安焘、吕大防等力主兴役，强制河水东流。同时，也可能由于导河东流原是司马光的主张，故王岩叟等朔党的台谏官也赞同此议，吕公著虽不表态，亦未反对兴役。反对的是范纯仁、苏轼、苏辙、范百禄等，他们主张让河水顺地势入北流。这样，在河流问题上，主北流的蜀党也与当时的宰相、台谏发生了矛盾。苏轼的有关奏章，主要是元祐三年的《述灾沴论赏罚及修河事缴进欧阳修议状札子》，论证了强河东流"功必无成"，因为"故道高仰，势若登屋"，违反了水的"就下"之性，主张马上"罢役"，让河北流。但此说未被采纳，虽经苏辙等反复地与吕大防等争执，强河东流的工程仍在进行，并且过早地将北流闭塞。元符三年（1100年），贬谪在海南岛的苏轼听到黄河终于再次决口，重复北流的消息，感慨万分，写下了《庚辰岁人日作，时闻黄河已复北流，老臣旧数论此，今斯言乃验，二首》[①]。事实证明了苏轼主张的正确性。

从苏轼对于以上朝廷大事的见解来看，他的持论确实没有受"新法"或"更化"两种"国是"中哪一种的制约，既不沿袭神宗、

---

① 《苏轼诗集》卷四十三。苏氏兄弟关于河事的见解，参阅苏辙《颍滨遗老传（下）》。又，放河北流，原是欧阳修的治河主张，见《宋史·欧阳修传》；回河东注，后来成为新党指责元祐之政的一大罪状。

王安石的成说，也不全盘抛弃，事事反之而行。他确实是在做"校量利害"的工作，凭其认识到的实际情况，来实事求是地对待问题。虽所论未必皆确，但这种态度无疑是值得肯定的。

第五，为民请命的方面。

有关这方面的奏章，是苏轼在元祐阶段写得最多的，尤其是在元祐四年出朝任地方官后，由于更为贴近民众，了解民情，故讲求民瘼的奏状特别丰富。这里仅陈述几个要点。

一是要求放免积欠，主要是元祐五年的《应诏论四事状》《乞检会应诏所论四事行下状》，元祐七年的《论积欠六事并乞检会应诏所论四事一处行下状》《再论积欠六事四事札子》等。元丰、元祐时期的"积欠"问题，可算当时最大的社会问题之一。王安石的经济政策为朝廷增加了收入，此种收入主要以"取息"的方式得自人民，如青苗法先以借贷，半年后增二分利息收回。这当然属于经济手段，但农业生产对天时气候依赖甚大，贷本未必生息，万一罹灾，则连本付水，于是农民便对政府负下一大笔债，经年累月还不出来，谓之"积欠"。自然，即便不行"新法"，仅两税正赋也会造成"积欠"，但"新法"行施十几年，几乎每一法都产生"积欠"，成为农民的极大负担，荒年流离自不必说，幸遇丰年，官府即来催逼偿还，令农民惧丰年倒甚于荒年，再无积极性投入生产。早在元祐元年二月，刚回朝任右司谏的苏辙，便奏请放免民间"积欠"①，这是他任职后所上谏疏的第二封，可见此事关系至重，要首加论列。但元祐政府既无法解决财政困难，便不肯放弃这笔潜在的收入。苏轼反复开陈：这笔收入的"潜在"性实际上并不成立，如不放免，便无法鼓励生产，将连赋税也收不到；而且，熙丰间所贷出的钱物，大致已带利收回，剩下未收的"积欠"部分理可放免。

二是请求赈济灾伤。此点可以苏轼在杭州时请求赈济浙西灾伤为例。元祐四、五、六年，浙西连年水旱相继，灾情惨重。四年十一月，刚到杭州的苏轼就奏上《乞赈济浙西七州状》，指出本年春天

——————————
① 苏辙《久旱乞放民间积欠状》，《苏辙集·栾城集》卷三十六。

积水，不种早稻，水退后方插晚稻，又遭干旱，两季无收，"民之艰食无甚今岁"，回顾熙宁中两浙饥馑，"人死大半，至今城市寂寥"，官私逋欠"十人而九，若不痛加赈恤，则一方余民必在沟壑"。次年初，为了争取较多的赈济数额，他又上《乞降度牒召人入中斛豆出粜济饥等状》，还与转运使叶温叟争执，上《论叶温叟分擘度牒不公状》，又上《奏户部拘收度牒状》，指责户部赈济不力。可见他为此不惜得罪一些同僚。元祐五年浙西又遭"淫雨风涛"，"民之穷苦实倍去岁"，苏轼赶紧于七月上《奏浙西灾伤第一状》《第二状》，八月上《申明户部符节略赈济状》，此后又连续奏上《相度准备赈济第一状》《第二状》《第三状》《第四状》。元祐六年春，苏轼奉调回京前，仍因亲见"积水占压"，"春晚并未下种"，上《再乞发运司应副浙西米状》。回京后，他依然关心浙西灾情，写了《乞将上供封椿斛豆应副浙西诸郡接续粜米札子》，希望赈济之事不至于半途而废。不料他这样为民请命，却招来洛党贾易的诬蔑，说他虚报灾情，眩惑朝廷，要求加以考验处治。因此，苏轼不得不在《乞外补回避贾易札子》《辨贾易弹奏待罪札子》中一再申明灾情属实，乃是自己亲见，若照贾易所言，则现任地方官"更不敢以实言灾伤，致朝廷不复尽力救济，则亿万生齿便有沟壑之忧"。我们在这里看到的是苏轼的拳拳爱民之心，和洛党无理取闹而忍抛生民于饥馑之中的丑恶心态，果真让贾易得逞，则其罪万死莫赎，岂是理学家"观天地生气"的空话所能抵消的？可贵的是苏轼毅然不顾此类诬蔑，外补颍扬任上，又进《奏淮南闭籴状二首》《乞赐度牒籴斛豆准备赈济淮浙流民状》等。刚刚为浙西人民请命，调任后马上转为淮河流域的人民请命，凡其所到之处，总是奋不顾身，勇于向上争请，务求生灵受济，此不由人不感叹"善人为邦"之效。

三是努力争取朝廷的支援，以开展地方上兴利除害的工程建设或其他事宜，并亲自主持之。这也可以他在杭州任上为开西湖所上的《杭州乞度牒开西湖状》《申三省起请开湖六条状》为代表。还有一封他写给王巩的信也可一提，信中讲到为开湖事请求朝廷支援，"近说与子由，令为老兄力言，而此人懒慢谬悠，恐不尽力"，故又托王巩去恳求其亲戚刘挚，"痛致此意"①。我们知道刘挚与二苏的关系紧张，而苏轼却为杭州人民的利益，去争取党争对立面的支持，这说明他是把生民的利益看得远重于党派利益的。苏轼为各地的利民事宜所上的章疏还有不少，无法一一罗举，需要补充的是，他也并非每到一地都务求生事兴工的，如在颍州就连续上《申省论八丈沟利害状二首》《奏论八丈沟不可开状》，反对兴"无益于事"之役。

苏轼奏议内容的为民请命方面，是研究其元祐阶段政见时必须重视的。他在熙丰时反对"新法"，但一旦亲临民政，就会发展到"因法以便民"；同样，他元祐时在朝也始终陷于党争中，但一旦到地方官任上，便勤勤讲求民瘼，并为此而发展到可以超越党见。我们在他的这类奏状中，能够体会到一种强烈的责任感，而且，这种责任感，是从对皇帝、朝廷负责而逐渐转移为对百姓吏民负责。尤其在哲宗亲政后，在哲宗明显对他不怀善意的时候，他依然在定州写了《乞减价粜常平米赈济状》《乞将损弱米贷与上户令赈济佃客状》，为一方饥民呼吁。很显然，促使他这样做的动机，已不能说是上报君恩知遇了，不能说是食君之禄为君分忧了，而是食民之俸为民请命了。

总之，在"国是"上持否定态度，不自囿于"新法"或"更化"的基本原则，而主张实事求是地对待问题，并在有关朝政国事的讨论上贯彻这一主张；既严厉拒斥新党的复起，又与墨守司马光政见的朔、洛党人激烈相争，提出和坚持自己的独立政见；最终，逐步走出党争的阴影，使自己的政治责任感更多地面向黎民百姓，以为民请命为其政见的最终归结：这就是元祐阶段苏轼政治态度的发展。绍圣以后的贬谪，不过把这种发展趋向更推进到全新的境界：当他从庙堂被流放到大地上时，他就从一个"臣"转变为一个"人"，不但在政见上，而且在生存状态上融入黎民百姓之中。

---

① 苏轼《与王定国七首》之五，《苏轼佚文汇编》卷二。

以上，我们分析了苏轼在熙宁二年与元丰七八年间发生的两次政见转变，并评述了他在熙丰阶段与元祐阶段的政见内容。在本节的最后部分，要说一下他在绍圣以后的政治态度。前面的论述都有直接陈述政见的奏疏可据，贬谪以后的苏轼则不再有奏疏，不再有机会正式提出朝政的处理意见，故只能从他别的言行中了解其态度。

在遭贬的前夕，苏轼在定州写的《鹤叹》一诗极堪玩味：

> 园中有鹤驯可呼，我欲呼之立坐隅。鹤有难色侧睨予，岂欲臆对如鹏乎？"我生如寄良畸孤，三尺长胫阁瘦躯。俯啄少许便有余，何至以身为子娱！"驱之上堂立斯须，投以饼饵视若无。戛然长鸣乃下趋，难进易退我不如！①

这首很明显的"比"体诗，将"我"与鹤之间的关系来比拟君臣关系，更明确地说，是赵家皇帝与苏轼之间的关系。"我欲呼之立坐隅"，且"驱之上堂""投以饼饵"，是赵家皇帝对苏轼所做的；"鹤有难色"，在堂上"立斯须"，却对投来的饼饵"视若无"，此是苏轼的自况。他确在朝堂上立了斯须，却并不是为求饼饵而愿被玩娱的。诗中鹤叹四句，便是苏轼的自省：人生如寄，偶然在世间过一段寄寓的生活，本非归宿于此，则人生对于世间的希求本甚微薄，完全可以自断此生，何至于被饼饵禄利所困，失身堂上，落得被人玩弄呢？"戛然长鸣乃下趋"，鹤的本色正该如此：从堂上下趋，回到大地的怀抱。最后一句感叹："难进易退我不如！"这里的"我"已不再是作为君主比拟体的"我"，而是苏轼自己真正的"我"了。真"我"在结尾处的突然绽放，是诗人艺术匠心的斡运所致，既符合"卒章见志"的传统诗法，而"我"从喻义向本义的回归，又暗示着中间的鹤叹四句乃是促成回归的动力，此动力来自对政治生涯的反思和对于人生的根本觉悟。不夸张地说，这种觉悟的意义，是比他前两次转变的意义更大的。只是因它超出了"政治态度"这个

---

① 《苏轼诗集》卷三十七。

310

范畴，所以我们不在这儿多加申述。

　　需要说明的是，"鹤"是一个传统的诗歌意象，前人多用来比拟超脱世外的隐士。但《鹤叹》却改变了这个喻义，诗里的鹤不是飞出云霄之外而去，乃是长鸣着"下趋"于大地了。既然"我生如寄"，就要负责地过完这段寄寓于人世的生活，而不是过早地"乘风归去"。然则，既然不愿被玩娱于堂上，不愿再在赵家皇朝的庙堂中厮混，那又将何从呢？我们发现，为民请命已成为定州时期的苏轼留在仕途的唯一理由，除了那些亟待赈济的百姓，还有什么东西能维系他的政治热情呢？正因此，当他被贬谪，被政敌剥夺政治权利的时候，他以一句"实无负吏民"① 来作为自己仕途生涯的最后交代。而屡改谪命，不断贬窜的打击过程，对他来说，分明便是"戛然长鸣乃下趋"的过程，他将到岭南的春色中感受大地的生机，到"天荒"的海岛上感受从大陆延伸出去的"地脉"，到百姓中间感受一个人的生活。

　　在中国，有两个苏东坡，一个被写在各种史册上，一个活在民间故事、传说中。我们这本书的任务是追索出前一个苏东坡，但如不是因为他确有走向民间的历程，又怎能产生那第二个苏东坡呢？在绍圣以后，苏轼是作为一个"元祐党人"被迫害的，而他也无丝毫屈服，勇敢地承受了一个元祐大臣的历史命运。然而，那种使他不屈服于政敌的力量，已不是来自反对"新法"、赞同"更化"的政见，也不来自与新党相拒斥的党派立场，当然更不是因为他逃遁于佛老，放弃了责任，而是他确信自己"实无负吏民"。

　　明白了这一点，贬居岭海的苏轼就不会再忧谗畏讥，像别的逐臣或者当初贬居黄州时那样怕人捃摭，而是壁立千仞，生气凛然，毫不犹豫地"勇于为义"。只要于民有利，即使干涉官政，他也"奋然行之不疑"，通过各种途径，做了大量利民之事（此在第一章第八节中已有详述）。这在一般逐臣的生平中是极少看到的：在被迫放弃政治权力之后，却重新焕发出政治热情，使政治责任感跃进到

---

① 苏轼《过汤阴市得豌豆大麦粥示三儿子》，《苏轼诗集》卷三十七。

新的高度。当他从海岛北归的时候，也就是他的生命将要结束的时候，他所关心的黎民百姓已经对他作出了评价：

> 东坡自海外归毗陵，病暑，着小冠，披半臂，坐船中。夹运河岸，千万人随观之。东坡顾坐客曰："莫看杀轼否？"其为人爱慕如此！①

还有什么比这更说明问题的呢？

三、政治人格

虽然我们认为，苏轼曾在其晚年进入他的政治思想的全新境界，即从是否有负于吏民来判决政治生活的价值，其价值标准似已不在庙堂，而转向民间；但作为那个时代的士大夫，这种转向也不可能彻底，他可以向民间寻求精神支柱，寻求自信的凭藉，却不会将君主与百姓对立起来看待，而更愿意统一起来看待，就在他勉力"济民"的时候，他会认为这也就是"尊主"，"尊主"是"忠"，"济民"是"义"，而"忠义"则本是一体。如果从他一生的政治经历讲，则主要仍是作为一个赵宋皇朝的大臣，来树立其政治人格的。所以，我们讨论苏轼的政治人格，主要讲他的"立朝大节"。

苏轼是以"立朝大节"为当世的政治家所首肯的，刘安世曾对学生说：

> 士大夫只看立朝大节如何，若大节一亏，则虽有细行，不足赎也。东坡立朝大节极可观，才高意广，惟己之是信。在元丰则不容于元丰，人欲杀之；在元祐则虽与老先生议论，亦有

---

① 邵博《邵氏闻见后录》卷二十。

不合处，非随时上下人也。①

　　刘安世是朔党人物，元祐时与苏轼政见不一，后被新党迫害，"凡投荒七年，甲令所载远恶地无不历之"②，建中靖国元年（1101年）获赦北归，与苏轼遇于虔州（今江西赣州），两位艰难备尝的老人才握手言欢。他是司马光的门生，立志"欲为元祐全人，见司马光于地下"③的，又终生服膺"不妄言"的师训，所以他对苏轼的以上评价颇为客观，经常被人引述。其所谓"立朝大节"，就是坚持独立政见，不"随时上下"。表现在苏轼身上就是既不附和熙丰新党，也不迎合司马光。

　　我们经常认为，苏轼不迎合司马光应予肯定评价，他反对王安石却不够"进步"。其实，按当时的政治道德观念，一个人臣正不该附和任何一位执政的大臣（无论其为贤不肖），而应以独立的政见直接向皇帝陈述，以个人的名义直接对君主负责，这叫"孤忠"。具此品格，才被承认有"立朝大节"。当然，此种政治道德观念，与北宋一代的"尊王"观念密切相关，而与传统的贤者"同气相求，同声相应"之说稍有矛盾（一般也以"和而不同"来解释其间矛盾）。在此观念下，"朋党"成为最需避忌的现象，但士人的党争却又以北宋一代为最烈，这是历史发展中的矛盾统一：正是"朋党"实际上不可避免的时代里，意识形态方面最强调"孤忠"的"立朝大节"。如果苏轼的心灵足以像古往今来许多人的心灵那样应和着"高尚"的感召，那么他就必然要追求那个时代里被认为"高尚"的东西，他与身任执政大臣的王安石、司马光异议，也就体现出一种"高尚"的政治人格：具有"孤忠"的"立朝大节"。刘安世正是在这个高度上肯定了苏轼。我们看待历史，固可从政见的进步与否来批判苏轼对王安石的反对态度，但若观其人格，今天的高尚的人们难道不

　　① 马永卿《元城语录》卷上述刘安世语。"老先生"指司马光。《元城语录》称刘安世为"先生"，司马光是刘安世的老师，故称"老先生"。
　　② 《宋史·刘安世传》。
　　③ 《宋史·刘安世传》。

应同情那些在另一个历史时代里追求着高尚的人吗？从这个角度说，苏轼以微位小臣而敢于反对宰执大臣王安石，即便所论全为保守落后，也仍有可以肯定的一面。

如果苏轼能亲耳听到刘安世对他的这番推许，他一定不会感到意外，因为这本是他自觉的追求，类似的话也曾由他自己向哲宗、高后坦陈出来：

> 臣昔于治平中，自凤翔职官得替入朝，首被英宗皇帝知遇，欲骤用臣……及服阕入觐，便蒙神宗皇帝召对，面赐奖激，许臣职外言事……是时王安石新得政，变易法度。臣若少加附会，进用可必。自惟远人，蒙二帝非常之知，不忍欺天负心，欲具论安石所为不可施行状，以裨万一……及陛下即位，起臣于贬所，不及一年，备位禁林，遭遇之异，古今无比。臣每自惟昆虫草木之微，无以仰报天地生成之德，惟有独立不倚，知无不言，可以少报万一……因亦与司马光异论。①

这里追述他前后两次与宰执权臣（王安石、司马光）异议，以坚持独立的"大节"，正与刘安世所评相同。不过这里也更明确地表达了树此"大节"的动机就在于要以"孤忠"来仰报君恩知遇。所以，以文章著称的苏轼，其"忠义"的一面也为人称道：

> 徐积《苏子瞻挽词》："直道谋身少，孤忠为国多。"②
>
> 范祖禹《荐士札子》："臣窃观轼，忠义许国，遇事敢言，一心不回，无所顾望。"③
>
> 李之仪《跋东坡先生书〈圆觉经〉十一偈后》："东坡老人

---

① 苏轼《杭州召还乞郡状》，《苏轼文集》卷三十二。

② 徐积《节孝集补钞》，《宋诗钞补》本，收入《宋诗钞》，中华书局，1986年校点整理版。

③ 范祖禹《范太史集》卷十九，《四库全书》本。

314

以文学议论，师表一代，忠孝强固，独立不惧，盖其尊主爱民之心，笃于诚悫。"①

李廌祭苏轼文："皇天后土，鉴平生忠义之心；名山大川，还千古英灵之气。"②

《汝阴唱和集后序》："先生文章忠义为当世准的。"③

黄庭坚《跋东坡墨迹》："文章妙天下，忠义贯日月。"④

陆游《跋东坡帖》："公不以一身祸福，易其忧国之心，千载之下，生气凛然，忠臣烈士所当取法也。"⑤

以上评论者皆苏轼知交、门生或后学，对其生平颇为了解，他们的评论也符合苏轼的自期：

吾侪虽老且穷，而道理贯心肝，忠义填骨髓，直须谈笑于死生之际。⑥

文章工点黯，忠义老研磨。⑦

因此，南宋的孝宗皇帝，也一再肯定和表彰苏轼的"忠义""大节"，谓其"不可夺者，嵘然之节"，称他"忠言谠论，立朝大节，一时廷臣，无出其右。负其豪气，志在行其所学"⑧，等等。

"忠义"当然是儒家学说所倡导的政治人格，在近代以前，士人对于君臣大义的恪守，一直毫无疑问地获得正面的价值评判。到近代以后，许多人才更欣赏那些造反的英雄，认为"忠义"是奴性人

① 李之仪《姑溪居士全集·文集》卷三十八，《丛书集成》本。
② 朱弁《曲洧旧闻》卷五引，《丛书集成》本。
③ 李廌《济南集》卷六，《四库全书》本。
④ 黄庭坚《山谷题跋》卷五，《丛书集成》本。
⑤ 陆游《渭南文集》卷二十九，收入《陆游集》，中华书局，1976年。
⑥ 苏轼《与李公择十七首》之十一，《苏轼文集》卷五十一。
⑦ 苏轼《龙尾石砚寄犹子远》，《苏轼诗集》卷三十九。
⑧ 宋孝宗《苏文忠公赠太师制》《御制文集序》，见郎晔《经进东坡文集事略》卷首，《四部丛刊》本。

格。但我们评论古人时，应当把现代的标准与历史人物所处时代的社会价值观念联系起来考虑，对古代史上的"忠义"有所批判地加以肯定。在苏轼的时代，所谓"忠义"还有一个特殊的内涵，即苏轼对欧阳修所表彰的："自欧阳子出，天下争自濯磨，以通经学古为高，以救时行道为贤，以犯颜纳说为忠。"① 或如《宋史》刻画的范仲淹形象："感激论天下事，奋不顾身。"② 这说明"忠义"不是愚忠于君主，而是以天下为己任，怀儒道以正君心，而常以诤臣的面目出现于朝堂。苏轼受范、欧人格的影响极深，"奋厉有当世志""志在行其所学"，其精神一脉相承。当我们观察他前后与之争执的王安石、司马光时，也能看到"志在行其所学"的精神，绝不曲学苟合以图进取，也绝不因任何压力而动摇其观点，只要政见得以施行，便不顾个人的祸福。这是一个政治家的"立朝大节"，在这一点上，政见不同的三个人却具有完全一致的人格。可以肯定地说，这是他们那个时代的精神。

不过，如仅从"忠义"一端来理解苏轼的"大节"，仍不免狭隘。按苏轼自己的"大节"观，那具有更宽广的内涵。这需要联系他的哲学观点来阐说。

苏轼把"道"理解为自然整体的"大全"，理解为万物各得其所。他理想的政治图景也是这样（即"道"实现的境界）。同时，他把"善"理解为：不存私见地遵循自然之理，保证自然之"全"的无损。因了对"道"和"善"的这种独特理解，他就反对任何一家依据着某原则、教条而规定的唯一的善恶标准，如王安石的"新学"，本也成其一家之学，但若定为"国是"，将这一家的标准强加于天下，他便反对。同样，对司马光、程颐等人的学说，他也持这个态度。宋人通经学古，思悟真理，其求知欲的强烈令人钦佩，但也多有独断倾向，认为只有自己理解的东西才是"道"的真谛，别人都不懂。在那种风气下，唯有苏轼却一直在倡导多元化，并为之

① 苏轼《六一居士集叙》，《苏轼文集》卷十。
② 《宋史·范仲淹传》。

提供理论根据。他认为，若执定某一家的善恶标准，就必然会片面行事，伤害自然的"全"，故谓："君子之于正，亦全其大而已矣。"① 所谓"全其大"，就是要顾到全面，顾到整体，顺应万物的自然理势，使天下同安。在这样的"顺"里，可以推导出"直""方""大"等美德：

> 君子之顺，岂有他哉？循理无私而已。故其动也为直，居中而推其直为方，既直且方，非大而何？夫顺生直，直生方，方生大。君子非有意为之也，循理无私，而三者自生焉。故曰："不习无不利。"夫有所习而利，则利止于所习者矣。②

倘若偏顾某些方面而行其所善，则利益仅止于所顾的方面，其他方面或被损害。只有顺从自然全体，放弃片面之善，才能得到真正的大善。"全"才是"善"，其本身就意味着"大"。这是苏轼"大节"观中"大"字的含义。

但这样的"大"，似无所执守，便没有了"节"。故苏轼还要论证"大"就是一种"大节"。从"全其大"的思路出发，一个士人必须胸怀整个天下，心底无私、无偏见偏善才行，这就要求士人有一种大器。他说：

> 呜呼！士不以天下之重自任久矣。言语非不工也，政事文学非不敏且博也，然至于临大事，鲜不忘其故、失其守者，其器小也。③

用今天的话说，"器"就是"胸怀"④，胸怀小的人，装不了天下之

---

① 《苏氏易传》卷三。
② 《苏氏易传》卷一。
③ 苏轼《乐全先生文集叙》，《苏轼文集》卷十。
④ "器"是能容之物，一个人的所容，就是"胸怀"，或谓之"器量"。

大，是不能临大事，不能守"大节"的。反之则是：

> 天下有大勇者，卒然临之而不惊，无故加之而不怒，此其
> 所挟持者甚大，而其志甚远也。①

这里的"所挟持者"也指胸怀，胸怀装得整个天下，谓之"甚大"，此种人即是有"大器"者，"其志"当即"志在行其所学"之"志"。器大志远，是有"大勇"。苏轼说，这才能"立天下之大节"：

> 办天下之大事者，有天下之大节者也。立天下之大节，狭
> 天下者也。夫以天下之大，而不足以动其心，则天下之大节有
> 不足立，而大事有不足办者矣……夫天下不能动其心，是故其
> 才全。以其全才而制天下，是故临大事而不乱。②

"狭天下"，即以天下为狭，盖言其胸怀之大，装着天下之"全"。有此大器，才能立"大节"，才能有"全才"去面临大事。因为胸中所挟者甚大，故能不为外物所动，保持真正的操守。这操守非一般的小节，其内涵极大，故谓之"天下之大节"。此从苏轼的哲学观点可以顺理推出。

然则，以"忠义"精神为核心的"立朝大节"，也只是苏轼所言"天下之大节"的一个方面之表现。而且，后者是前者的基础，政治人格的凸现，建立在那种不惜超越政治，即"以天下之大而不足以动其心"的大人格（"大节"）的基础上。此大人格来自"全其大"的器量，来自对"道"之"大全"的理解和遵循。在苏轼看来，遵循于"道"并不是坚守一家的偏善，而是顺应万物之理，因此，一个懂得"道"的人，平时应该顺于物理，而不作独异之行以

---

① 苏轼《留侯论》，《苏轼文集》卷四。
② 苏轼《伊尹论》，《苏轼文集》卷三。

骇人听闻（像石介、王安石、程颐那样），但因为所挟甚大，故能不为好恶利害所夺，立起"大节"来。黄庭坚的《东坡先生真赞》中，对此有极准确的把握：

> 东坡之在天下，如太仓之一稊米；至于临大节而不可夺，则与天地相终始。①

按太仓稊米，出《庄子·秋水篇》，又见苏轼诗："茫茫太仓中，一米谁雌雄。"② 谓一身至微，且平居无所异于常人。黄庭坚亦尝自谓："计鲁直之在万化，何翅太仓之一稊米？"③ "临大节而不可夺"，则出《论语·泰伯》，谓于大是大非之间，能卓然有所立，不随时上下。这一种"大节"，是与天地相始终的，因为它来自对自然全体的终极关怀。因了这种深刻的理解，黄庭坚否定"东坡师纵横说"④。以利害为转移的纵横家，与不拘细行却全"大节"的苏轼，完全不一样。

与"大节"相关的是，苏轼身上总带有一种"豪气"，宋孝宗所谓"负其豪气，志在行其所学"。"大节"本身就意味着以天下之重自任的远大之志，志向坚定，即生气凝聚，凛然可畏，如苏轼所云："以志一气，清明在躬，志气如神。"⑤ 在屡受打击的晚年，这种生气显得特别可贵，苏辙说，读其过海后诗，觉"精深华妙，不见老人衰惫之气"⑥，后来王十朋亦称其"万里南迁，而气不衰"⑦。宋代评论家对他处于患难之中而越发勇于为义、生气凛然，都表示

---

① 黄庭坚《东坡先生真赞三首》之二，《豫章黄先生文集》卷十四，《四部丛刊》本。

② 苏轼《行琼儋间……戏作此数句》，《苏轼诗集》卷四十一。

③ 黄庭坚《写真自赞六首》之四，《豫章黄先生文集》卷十四。

④ 黄庭坚《跋刘敞侍读帖》，《山谷题跋》卷八。

⑤ 《苏氏易传》卷七。

⑥ 苏辙《子瞻和陶渊明诗集引》，《苏辙集·栾城后集》卷二十一。

⑦ 王十朋《国朝名臣赞·苏东坡》，《梅溪前集》卷十一，《四部丛刊》本。

了由衷的钦佩。有的人认为，苏轼能把一切磨难等闲视之，是得益于释老。实际上，以释老自慰只是次要的，关键在于他重视"大节"，以此而能"狭天下"，胸中所挟甚大，才能藐视逆境。这与释老之说回避现实、解脱苦难的态度，有着根本的不同，这是以巨大的人格力量唤起生生不息的浩然之气，来达成对于苦难的超越。

因此，苏轼的人格可以概括为一个字："大"。"立朝大节"无非是这种人格在政治上的表现。而且，也正因为"大"人格关怀的是整个天下，故其晚年的政治关怀才能走出庙堂，迈向黎民百姓的生存状态，以一个完整的人去感受大地，游戏人间。

第五章　文艺成就与美学思想

前文论述了作为思想家、学者、政治家的苏轼，但我们最熟悉的，还是作为文学家的苏轼。我们很难谈论司马相如、枚乘、李白、杜甫的学术思想，也很难谈论戴震、惠栋、钱大昕的文学造诣，但我们却能谈论嵇康、陶渊明与王安石、苏轼、叶适等人的这两个方面。大致魏晋和两宋时期，比较多地产生学者型的文学家。在这个系列中，苏轼无疑是将学术底蕴与艺术感悟结合得最好的一位，堪称中国古代"文"与"学"融为一体的代表性作家。而他之所以能够如此，乃是因为其身处从中唐延续至北宋的文化运动之中，这个文化运动本身就是以提倡新的学术思想和新的文学创作的结合为目标的。

自中唐韩愈发起儒学复古运动暨古文运动以来，所谓"道"与"文"经常被认为密不可分，学者的终极关怀与作家的艺术创造未尝背离，至欧阳修犹是如此。欧阳修身后，道学家与文学家乃裂为二途。在两宋期间占过意识形态之统治地位的"新学"、洛学，皆鄙薄文学。洛学家程颐的态度最为典型，连杜甫的诗也被他指责，他自己就不写诗。不过，他的影响在北宋中后期至南宋前期并不太大。北宋中后期统治学界的是荆公"新学"。王安石自己虽也是杰出的文学家，很少有人能够企及他那种独特的艺术感悟和高超的写作技巧，但他那一派的思想，却是鄙薄文学的。北宋后期的朝廷上，有一个学术权威，就是王安石的女婿和学生、权相蔡京之弟蔡卞，"止缘为王安石之婿，妄谓尽传安石之学"①，"痛斥流俗，力主国是，以不

---

① 《续资治通鉴长编拾补》卷十五，"元符三年五月"条龚夬弹劾蔡卞语。

仕元祐为高节，以不习诗赋为贤士，自谓身之出处可以追配安石"①。在他们这派的主持下，一再严禁"元祐学术"，包括史学和文学，销毁三苏及苏门学士的文集。蔡京又倡"丰亨豫大"之说，粉饰太平，大兴所谓"礼乐"，搞许多假文物，音乐、书画、技艺等倒也被提倡，却又禁止写诗，比程颐可谓有过之而无不及，其目的亦不过要提防苏门后学向朝廷渗透。在欧阳修身后，坚持把"道"与"文"融为一体，学术与文艺冶于一炉的，就是苏轼的一派，即"蜀学"。也只有苏轼，曾在《议学校贡举状》中公开为文学取士辩护。所以，在北宋后期，苏学被诋为"曲学""邪说"②，朝野上下习诗赋者都有通"曲学"的嫌疑，例加排斥。据说这是继述王安石之学，重"经术"。在蔡卞之流以"经术"权威自居的同时，他们把文学家苏轼看作意识形态方面最大的敌人。于是，所谓严禁"元祐学术"，主要是压制苏学。到靖康元年，庙谟因国祸而逆转，洛学家杨时攻击"新学"为"邪说"，要求朝廷明诏取缔，其目的是想树立洛学，但其结果是令太学里习"新学"的一派与崇苏学的一派打起架来③。可见，取缔"新学"的统治地位后，首先被解放的也是苏学，其在南渡之初的影响之显赫要胜于洛学。当时不但"江西诗派"被标举，还使整个社会风气直到孝宗淳熙（1174—1189）中犹"尚苏氏，文多宏放"④，如陈亮在光宗绍熙元年（1190年）回忆说："往三十年时，亮初有识知，犹记为士者必以文章行义自名。"⑤ 所谓"往三十年"，盖在高宗绍兴（1131—1162）之末，"以

---

① 《续资治通鉴长编拾补》卷十五，"元符三年五月"条陈瓘弹劾蔡卞语。

② 陆游《家世旧闻下》："何文缜桌、苏在庭元老，皆以宗东坡，为中丞击罢，谓之曲学。"中华书局，1993年标点本。又《续资治通鉴长编拾补》卷五十四，"靖康元年五月"条载陈过庭奏疏："自蔡京擅权，专向王氏之学，凡苏氏之学，悉以为邪说而禁之。"

③ 《续资治通鉴长编拾补》卷五十四，"靖康元年五月"条杨时奏疏、陈过庭奏疏。

④ 赵彦卫《云麓漫钞》卷八，中华书局，1996年。

⑤ 陈亮《送吴允成运干序》，《陈亮集》卷二十四，中华书局，1987年增订版。

文章行义自名"，则皆因文见道，就事论理，不裂"文""道"为二途。此是苏学倡行之效。但随后便是濂洛关闽之学大盛，如陈亮所说："道德性命之说一兴……为士者耻言文章行义，而曰尽心知性。"① 从此"文""道"复裂为二，相互抵排。然南宋中后期，叶适据功利之说，"欲合周程、欧苏之裂"②；魏了翁以蜀人而为理学后劲，人称"会同蜀、洛"③，可见两者也不无汇合的趋势。洎乎宋之晚节，家铉翁以苏轼乡人，上承其学，复推崇南轩张栻，而总汇于陆九渊心学④；文天祥以欧阳修乡人，幼慕其贤⑤，在私淑伊洛之学的同时推崇欧苏文章行义⑥，而总汇于"临大节而不可夺"的"天地刚大之气"⑦。至此，在民族大义、"浩然正气"的鼓动之下，蜀、洛，文、道之裂才重新弥合，于宋室崩溃之际放出最后一道瑰丽的光彩，"收国家三百年养士之报"⑧。——在这样曲折的裂合过程中，苏轼的名字几乎具有文学保护神的意味，而且，他所表征着的那种以"大节""豪气"担当文、道于一体的文化模式，在宋代可以说是一种主流模式。

明乎此，则知苏轼文学的价值，不仅是对文学史而言的，乃是对整部文化史而言的。所以，我们研究苏轼的文学，须时时带着审视文化史的眼光。以下先划分苏轼创作的发展阶段，再概述其文艺

---

① 陈亮《送吴允成运干序》，《陈亮集》卷二十四，中华书局，1987 年增订版。

② 刘埙《隐居通议》卷二，《四库全书》本。

③ 陈元晋《上魏左史了翁启》，《渔墅类稿》卷三，《四库全书》本。

④ 此据《四库全书总目·家铉翁〈则堂集〉提要》，中华书局，1965 年。

⑤ 《宋史·文天祥传》。

⑥ 文天祥私淑伊洛之学，于《何晞程名说》《徐应明恕斋说》等文可见；推崇欧苏文章行义，则见于《瑞州三圣堂记》《雷州十贤堂记》《跋王元高词科拟稿》等。他在中状元那年的《对御试策》中，申述张载"为天地立心"之语，及"人心惟危"等十六字心法，于理学濡染极深，且又爱好杜诗，追求诗歌艺术，确实做到了"文""道"兼学。以上皆见《文文山文集》，《丛书集成》本。

⑦ 张伯行《文文山文集序》，《文文山文集》卷首。

⑧ 张伯行《文文山文集序》，《文文山文集》卷首。

成就，然后探讨他的文艺美学思想，及他对于中国审美文化的发展作出的贡献。

一、苏轼创作的发展阶段

自唐以文学用人，到北宋王安石变法后虽称改用经术，其实仍以擅词章者易获进用。宋代的文官虽常被奸猾胥吏阴夺事权，但社会的崇文风尚是居历朝之首的。在此风尚之下，又加以苏洵的精心指导，幼年苏轼所受的文学熏陶是可想而知的。不过，就其现存集子来看：最早的一组文章是至和二年（1055 年）所作的《后正统论三首》①，时年二十岁；最早的一批诗是嘉祐四年（1059 年）江行赴京途中父子三人合编《南行前集》里的四十二首作品②，时年二十四岁；最早的编年词则写于熙宁五年（1072 年）杭倅任上③，时年已三十七岁。可见他创作的起时也不甚早，比当时的某些"神童"要晚了许多。这保证了他的创作从一开始就是文中有其人的，就是可以成为知人论世的研究对象的。

在以文学用人之世，有许多年轻时擅长文学的人，当了官后就不再以大量的精力从事文学创作。为大官僚做列传的正史中，多少传主被称为"有文学""擅辞章"，却不见其有佳作传于文学史。这种情形甚至在古文大家韩愈的古文创作中也有反映，优秀的作品多是年轻时用于干谒行卷的，仕途一顺，他的写作精力便都被墓志碑铭等吹捧死人的文字占去了。然而苏轼却不是这样，他是不作谀墓

① 《苏轼文集》卷四，题中缺"后"字。题下注"至和二年作"。
② 即《苏轼诗集》卷一的四十首，与卷四十七"补编诗"的头两首。苏轼有《南行前集叙》见《苏轼文集》卷十。或谓苏轼最早的诗是嘉祐四年出蜀前的《送宋君用游辇下》《咏怪石》两首（见《苏轼诗集》卷四十八），但也有人疑是伪作。
③ 苏轼《与子明兄》（《苏轼文集》卷六十）："记得应举时，见兄能讴歌，甚妙。弟虽不会，然常令人唱，为作词。"是知苏轼于嘉祐初或已作词。《彊邨丛书》本《东坡乐府》卷一，以熙宁五年的《浪淘沙》（昨日出东城）为编年之始，今暂依其说，待进一步研究。

文字的，其集中此类文字特少，墓主乃是亲属或关系至密，提携自己的长辈，有的还是奉朝命而作。他的官也当得不小，政治上投入精力甚巨，却仍不懈地从事文学创作，为我们留下了2700多首诗，300多首词和4800多篇散文作品，数量之巨为北宋著名作家之冠，质量之优为有宋一代文学最高成就的代表。他去世时六十六岁，其创作生涯长达四十余年，总体来看，创作欲是极旺盛的。当然，创作精力有集中的时候，也有不能集中的时候，一个非常明显的现象是：贬居时期的文学作品为多，任地方官时次之，在朝时则较少。更重要的是，作品的艺术质量也呈现出这样的阶段性：贬居时为高，外任时次之，在朝时较逊。这就提示我们，时间跨度如此之长、内容如此丰富的苏轼创作历程，是要按其必然呈现的阶段性，来进行分期研究的。

我们用来分期的方法，就是按照苏轼作品中明确呈现着的上述阶段性，与其生活经历一样，分成初入仕途及两次在朝——外任——贬居，共七段。如按其思想和艺术的特点，则更可不拘于自然年序，而概括为任职与贬居两种时期。

嘉祐、治平间的初入仕途时期，是苏轼创作的发轫期。这个时期的主要作品，是《南行前集》与凤翔任上的诗歌，《进策》《进论》等政论和史评①。这些诗文表达了他的宏大的政治抱负，也初步展示了他的学识与才情。从艺术上说，虽然不免带有一般早期作品幼稚粗率和刻意锻炼的痕迹，但也已日趋于成熟，显示出论辩滔滔、汪洋恣肆的文风，与才情奔放、曲折尽意的诗风，其个性化的印记已比较鲜明。同时，也因为这段时期内的苏轼连续地遭受丧母、丧妻、丧父的哀痛，与金榜题名、制科高中、声名日盛的顺利境况相交织，使他的作品中的人生感叹亦日益丰富。后人对苏轼的早期作品，是不吝给予高度评价的，如王士禛认为《凤翔八观》诗是

---

① 诗即《苏轼诗集》卷一至卷五中的作品；文即七集本中的《应诏集》十卷，前五卷为《进策》25篇，后五卷为《进论》25篇，《进策》在《苏轼文集》卷八、卷九，《进论》在《苏轼文集》卷二、卷三、卷四。

"古今奇作,与杜子美、韩退之鼎峙"①,而《和子由渑池怀旧》中的"雪泥鸿爪"之句,更是抒写人生感受的绝唱,被纪昀评为"东坡本色"②。《进论》中的《贾谊论》《留侯论》与《进策》中的《教战守》等篇,也是历代古文选本里必收的文字。总的来看,苏轼早期诗文的情感基调是积极奋发的,风格是豪健清雄的。他以后整个任职时期的创作风格亦大致如此。

两次在朝任职时期是苏轼文学创作的相对歉收期。熙宁时与王安石变法派矛盾,元祐时又与司马光等论争,激烈动荡的政治斗争占据了他的注意中心。今存熙宁初二、三年间所作诗歌不足二十首,为苏诗编年的最低数字(前在凤翔任职的三年内,写诗共一百三十多首);元祐初所作固然不少(两百首左右),但除题画诗外,名篇佳作不多,且题材较狭,以应酬诗为主,虽不能一笔抹杀,但毕竟视野受限,未能注视更重要的生活领域。散文方面可称述的主要是奏章,其中有几篇是传诵的名作,但其得名另有艺术造诣之外的原因。元祐在朝时的苏轼,其创作精力大量地花在制诰上面,七集本中的《外制集》三卷、《内制集》十卷,数量也是很庞大的。这在当时自是一个词臣最需尽心结撰的文字,若专就此一文体而论,内中倒也不乏杰出的构思和令人钦服的遣词,但我们把苏轼当作一个文学大家来看时,总觉得在这上面耗费才思很不值得。总之,文学创作上的相对歉收,对于在朝任职的苏轼来说,是必然的,也是实然的。不过,作为一个不可多得的文学天才,他的才华自也时有表露。其诗歌既保持着豪健清雄的风格,体现着狂放不羁的抒情个性,其议事之文也驰骋善辩,给人精明能干的印象。至于元祐中与"苏门"诸学士一起醉酒谈艺,题画品书,相互唱和的景象,则是尤为引人神往的。

熙宁、元丰和元祐、绍圣的两次外任时期是苏轼创作的发展期,

---

① 王士禛《池北偶谈》卷十一"岐梁唱和集"条,《四库全书》本。
② 纪批《苏文忠公诗集》卷三,《苏轼资料汇编(下编)》录其批语,中华书局,1994年。

不仅作品数量比在朝时明显增多，名篇佳作亦美不胜收。先后两次外任都是苏轼自己请求的，他企图离开党争的旋涡，一则避开是非，保全自身，二则希望在地方民政上有所作为，以践初衷。虽然他没有王安石、司马光的"相业"，但宋人多认为那两位宰相都不达"吏治"，而欧阳修、苏轼那样的文学家倒都是能吏。确实，外任时期的苏轼尽管时露消沉的意绪，仍以"勇于任事"的精神为主导，其在地方民政上的建树，厕于历代能吏之列，并无愧色。因此，政敌的诬陷、打击不能摧扼他对自己的政治才干的自信，这种自信只会在实践中增强。自信的人才有创造力，才能在各方面获得发展，他这期间在文学创作上的发展也得力于这种自信，所以其文字能以一泻千里的气势给人强烈的艺术感染力。

因为自信，加之实际生活扩大了他的政治视野，丰富了他的社会阅历，故其为数不多的社会政治诗大都产生于此时。其中有抨击"新法"推行之弊的，也有他杭州赈灾疏湖、密州收捡弃婴、徐州抗洪开矿、颍州纾民饥寒的真实记录，还有一批描述各地风土民俗的作品。这都说明他具有反映重大题材的思想基础和艺术才能，只是由于生活巨变等原因，未能继续新的开拓，在贬谪时期的创作重心转到了个人抒怀，题材趋向日常生活化。政治社会性较强是苏轼整个外任时期（包括初入仕途时期）诗歌内容的共同特点，与此相应的是，艺术风格上也益见其豪健清雄。于前代诗歌，他对李白、杜甫、韩愈汲取较多。七言诗的超迈豪横之气直逼李白，如《送张嘉州》一诗，起句"少年不愿万户侯，亦不愿识韩荆州"，反用李白《与韩荆州书》语；后文"峨眉山月半轮秋，影入平羌江水流。谪仙此语谁解道，请君见月时登楼"，则是句用李诗《峨眉山月歌》，格从李诗《金陵城西楼月下吟》"解道澄江静如练，令人长忆谢玄晖"化出①。他的《荆州十首》之于杜甫《秦州杂诗》，《真兴寺

---

① 苏轼《送张嘉州》，见《苏轼诗集》卷三十二。李白《与韩荆州书》，见王琦《李太白集注》卷二十六；《峨眉山月歌》，见卷八；《金陵城西楼月下吟》，见卷七。

阁》之于《同诸公登慈恩寺塔》等①，前人常有"句句似杜"②之类的评论。他的《石鼓歌》，奇横排奡，泼墨淋漓，也堪与韩愈的同名作比肩③。至于由杜、韩肇端的议论化、散文化倾向，对于苏诗结构、选字、用韵以至宏放风格的形成，更发生了直接的重大影响。赵翼云："以文为诗，自昌黎始，至东坡益大放厥词，别开生面，成一代之大观。"④ 所言大致不错。

这时期的苏轼也正式开始了词的创作，虽然比之于诗起时较晚，但一开始即以有别于传统婉约词的面貌登上词坛，打破了"诗庄词媚"的旧套，运用诗的意境、题材、笔法、语言入词，初步显示出"以诗为词"的倾向。密州任上作的《江城子·密州出猎》与《水调歌头·丙辰中秋欢饮达旦大醉作此篇兼怀子由》⑤，是此期豪放词的代表作。对于这样的词风，他是明知与以前柳永等词家异趣，而自信能"自是一家"⑥ 的。

在散文创作上，除了奏议以外，有了一些可喜的亭台楼阁记。"记"虽然也是一种应用文，但唐宋古文家的"记"多具极高的文艺价值。苏轼在密州作的《超然台记》，在徐州作的《放鹤亭记》，与前在凤翔时写的《喜雨亭记》《凌虚台记》等⑦，皆是传诵一时的名文。

以上是苏轼前后三十多年任职时期的主要思想面貌和艺术面貌。

元丰黄州和绍圣、元符岭海的两次长达十多年的谪居时期，则是苏轼创作的变化期、丰收期。

---

① 苏轼《荆州十首》，见《苏轼诗集》卷二；《真兴寺阁》，见卷三。杜甫《秦州杂诗》，见仇兆鳌《杜诗详注》卷七；《同诸公登慈恩寺塔》，见卷二。

② 纪昀批《苏文忠公诗集》卷六，《次韵张安道读杜诗》下批语。

③ 苏轼《石鼓歌》，见《苏轼诗集》卷三。韩愈《石鼓歌》，见《韩昌黎集》卷五。

④ 《瓯北诗话》卷五，《清诗话续编》本。

⑤ 二篇见《东坡乐府》卷一。

⑥ 苏轼《与鲜于子骏三首》之二，《苏轼文集》卷五十三。

⑦ 《苏轼文集》卷十一。

"乌台诗案"是苏轼生活史的转折点，自此开始了他生平中第一次贬居生涯。来自庙堂的沉重的政治打击，使他的人生思考发生变化，他必须经过痛苦的反思，来为自己重新寻求安身立命之计。作为那个时代的人物，其价值观念中的庙堂意识不可能消除殆尽，但当自身处在被庙堂否定的境遇时，如果不甘沉沦于屈原那种抱恨终天的悲愤之中，则必要寻求另一种精神支柱，必要去创造另一种可以实现于庙堂之外的价值，比如自托于学术，寻味哲理，研究历史，并著述立言；或放浪于山水，寄情文艺；或解脱于佛老，以调养心灵，等等。凡此种种，谪居时期的苏轼都一一去做，既撰写经学著作，也创作大量诗词散文，又常常参禅悟道，炼气养身。相对于任职时期来说，佛老思想在这时要浓厚得多，甚至占据了思想的主导地位，因为以庙堂为价值旨归的儒家思想在这时无所用，而传统能够提供的另外的思想滋养就不能不在佛老中了。但是，苏轼在文化史上的意义之大在于，他不曾遁入佛老的出世之路，而寻求到了另一种入世的价值。儒家思想是入世的，却以庙堂为价值旨归，佛老思想在理论上是肥遁于庙堂之外的，却又走向出世。苏轼受佛老思想滋养而得以超越庙堂，但不由此从其出世，却仍保持了对人生、对世间美好事物的执着与追求，他为自己的精神寻找到了真正足以栖居的大地。"大地"的意义就是：一种入世的，却不指向庙堂的价值所寄。具体来说，它包含了苏轼在黄州的所有行为（学术研究、文艺创作、参禅悟道以及对政治民瘼的依然关怀等）的价值；总体上说，则它承载起一种充满诗意的生存境况，就是一个人在天地间的"如寄"的生存。"莫听穿林打叶声，何妨吟啸且徐行，竹杖芒鞋轻胜马。谁怕，一蓑烟雨任平生。"① 这样一个不卑屈于庙堂，又不离弃人世，安然若素，充满诗意地寓居于大地上的苏轼，正是我们最为熟悉的。学术传统没有为这样的生存价值归结出一个名词，所以我们从前谈论苏轼的人生哲学时，不得不离析成种种分属于儒、释、道各思想体系的词汇，显得杂糅不圆满，实际上，如果撇开哲

---

① 苏轼《定风波》（莫听穿林打叶声），《东坡乐府》卷二。

学学说的构建和表述方面的问题，仅就生命价值的寻求来说，苏轼找到的确实是一种自足的圆满的生存价值，而其依托之地，恰恰与三教都不相同，它不在世外，也不在庙堂，而在包括庙堂与庙堂之外的广阔世界的世内，我们用"大地"来指称之，相信是比较恰当的。传统思想的三教互补体系包含着一个"出庙堂即出世"的逻辑错误，但苏轼所寻求的个体生命的价值，刚好弥补了这个错误，对于后世文化人的生存模式的陶铸，对于国人生命灵性的启沃，是至深至巨的。

苏轼精神寻求大地的过程，也是文学创作上诗意展现的过程。黄州时期的创作有以下几个特点：

第一，抒写复杂矛盾的人生感慨是其主要题材。比之任职时期，政治社会诗减少，个人抒情诗增多。他在赴黄州途中与苏辙会于陈州，有诗云："别来未一年，落尽骄气浮。嗟我晚闻道，款启如孙休。"[1] 虽然平生豪气未必销尽，受谗之恨、被谪之怨未必泯灭，但其整体心态已由从前的矜尚气节、迈往进取转向旷达超俗、随遇而安，那种不可一世的自负感和勃勃雄心，既因磨难而变得深沉，也因对佛老哲理的体悟而转入超逸清空的精神境界。如他的《卜算子·黄州定惠院寓居作》一词，就被黄庭坚评为"非吃烟火食人语"[2]。此时的词中常有"万事到头都是梦""笑劳生一梦""人生如梦"[3] 这样的慨叹，但更有"水晶宫里，一声吹断横笛""归去，也无风雨也无晴""小舟从此逝，江海寄余生"[4] 等绝响远韵，表达了作者对于捐尽诸缘的旷达心灵的直接呼唤。王国维云："东坡之词

---

① 苏轼《子由自南都来陈三日而别》，《苏轼诗集》卷二十。

② 《东坡乐府》卷二，黄庭坚评语见胡仔《苕溪渔隐丛话》前集卷三十九引。

③ 苏轼《南乡子·重九涵辉楼呈徐君猷》《醉蓬莱》（笑劳生一梦）、《念奴娇·赤壁怀古》，《东坡乐府》卷二。

④ 苏轼《念奴娇·中秋》《定风波》（莫听穿林打叶声）、《临江仙》（夜饮东坡醒复醉），《东坡乐府》卷二。

旷，稼轩之词豪。"① 相比之下，"旷"更显出对人生的生存境况的了达，从功业境界走向天地境界。

第二，与此相应的是，其创作风格除了豪健清雄外，又发展了清旷简远的一面，透露出向以后岭南时期平淡自然过渡的消息。《念奴娇·赤壁怀古》是著名的豪放词，但词中的低回怅叹之情与自我解脱之语也给人深刻印象，使此词豪中带旷，并最后归向于旷。上面引的一些词句也能说明这一点。就诗歌来说，这时期的一些名篇亦常被前人评为"清真""清峭"②。尤其是篇幅固定、格律限制较大的近体诗，一般总要讲究人工，因难见巧，蟠曲出奇，但苏轼此时的近体诗也追求一气呵成的浑然自然之趣。元丰四年、五年、六年的正月二十日所作"魂"字韵三诗③，可为代表。"稍闻决决流冰谷，尽放青青没烧痕""人似秋鸿来有信，事如春梦了无痕""五亩渐成终老计，九重新扫旧巢痕"，设景、抒慨、叙事，无所不可，清幽新颖熨帖，毫无为韵牵拘之迹，皆成名联。这说明他的诗笔比前更为娴熟，渐入化境了。又如《东坡》《南堂》《海棠》等小诗④，更是精致流利，坦率地表达了洒脱的胸襟和盎然的生活情趣。对于前代诗人，苏轼心仪的对象也从李韩杜转为白居易、陶渊明。"东坡"的命名来源于白氏忠州东坡⑤，苏轼又以躬耕其地而"欣欣欲自号鏖糟陂里陶靖节"⑥。他对白、陶的仰慕此时偏重在人生态度方面，"梦中了了醉中醒，只渊明，是前生"⑦；但也影响到创作，不仅隐括《归去来兮辞》为《哨遍》⑧一再吟唱，且其有关劳动的诗

① 王国维《人间词话》卷上，《词话丛编》本。
② 查慎行《初白庵诗评》与纪昀批《苏文忠公诗集》，评苏轼《定惠院寓居月夜偶出》《次韵前篇》诗。
③ 《苏轼诗集》卷二十一、卷二十二。
④ 《苏轼诗集》卷二十二。
⑤ 洪迈《容斋随笔》卷五"东坡慕乐天"条。
⑥ 苏轼《与王定国四十一首》之十三，《苏轼文集》卷五十二。
⑦ 苏轼《江城子》(梦中了了醉中醒)，《东坡乐府》卷二。
⑧ 《东坡乐府》卷二。

如《东坡八首》① 等也有陶诗淳朴浑厚的风味。此种淡远风格在黄州只是初露端倪，要到过岭以后才趋于明显。因为他一离黄州，随着政治风云和个人境遇的变化，又唱起豪健清雄的歌声了："愿为穿云鹘，莫作将雏鸭""空肠得酒芒角出，肝肺槎牙生竹石，森然欲作不可回，吐向君家雪色壁"②，似乎又找回了当初的勃勃雄心，恢复了狂放的面目。苏轼在任职时期和贬居时期确有两副笔墨，我们宜把他在黄州的创作与他以后的岭海之作齐观，若拘于自然年序，将此与前之熙宁或后之元祐时期的创作归在同一发展阶段，则显然是不类的。

第三，在散文方面，抒情性大大加强，注重于抒情与叙事、写景、说理的高度融合。与在职时期以政论、史评和记叙文为主相异趣，此时出现了带有自觉创作意识的文艺性散文，其中尤以散文赋、随笔、题跋、书简等成就为高。赤壁二赋，光照文坛。这两篇题名为赋，文体为散文，实质乃是诗情、画意、理趣的融会一体，以其巨大的艺术魅力脍炙人口九百年，历久弥新。随笔、题跋、书简等，被后世称为"小品文"，其活泼、自由、新颖可喜的基本风貌就是由苏轼奠定的。观其所作，真是性情之外别无文字，字里行间都有一个活脱脱的坡公在。行文又极不经意，似是信手拈来，信口道出，而皆"天然地别是风流标格"③。这种追求最大的表达自由的倾向，也在贬居岭海时期得到进一步发展。黄州作的《记承天夜游》中说："何夜无月，何处无竹柏，但少闲人如吾两人者耳。"④ 这里揭出了"闲"之一字，为东坡小品文写作的必要心境，在"闲"中才能随时随处体味到天地人世间跃动着闪现着的美，小品文正是这种美的自由绽放。离开黄州后，东坡便长期地得不到"闲"了，当然要待

---

① 《苏轼诗集》卷二十一。

② 苏轼《岐亭五首》之五、《郭祥正家醉画竹石壁上，郭作诗为谢，且遗二古铜剑》，《苏轼诗集》卷二十三。

③ 苏轼《荷花媚》（霞苞电荷）中语，《东坡乐府》卷三。

④ 苏轼《记承天夜游》，《苏轼文集》卷七十一。

第二轮贬居生活的开始，"闲"才来归。

惠州、儋州的贬居，是黄州贬居生活的继续，苏轼的思想和创作也是黄州时期的发展。元祐仕途上的苏轼虽也偶尔怀念黄州的东坡①，但他毕竟是一个有责任心的政治家，对国计民生的真切关怀占据了他的心灵，使他的生活和思想、创作都与黄州时期有很大的不同。到了元祐的晚期，尤其是出守定州后，才越来越表现出对官场政争的厌倦，而远贬岭南就等于还了他黄州东坡之身，俾其能继续发展。黄庭坚云："岌岌堂堂，如山如河，其爱之也，引之上西掖銮坡，是亦一东坡，非亦一东坡；槁项黄馘，触时干戈，其恶之也，投之于鲲鲸之波，是亦一东坡，非亦一东坡。"② 这段话很精妙地写出了一而二、二而一的两个东坡，他们当然是同一个东坡，但任职与贬居中的东坡有两种表现，所以也不妨看作两个东坡，而惠州、儋州的东坡当然是黄州东坡的发展。

对佛老思想的濡染，是比前更深了。黄州时期尚不免豪气偶现，迁谪之怨时有流露，此时则表现出胸无芥蒂、因任自然的精神境界，如苏辙所云："东坡先生谪居儋耳，置家罗浮之下，独与幼子过负担渡海，葺茅竹而居之，日啖薯芋，而华屋玉食之志不存于胸中。"③后来北归途中遇刘安世，刘亦云："浮华豪习尽去，非昔日子瞻也。"④ 说明晚年苏轼确实进入了思想的澄明安适之境。这离不开佛老的影响，但应该说，此境界亦非遁于世外而得，乃是在对人生价值的透彻、圆满之了悟中获得的。也就是说，他获知并实现了一种非出世的，却又不由君主来衡量的人生价值。其《二疏图赞》云："孝宣中兴，以法驭人，杀盖、韩、杨，盖三良臣，先生怜之，振袂脱屣，使知区区，不足骄士。"⑤ 他认为，汉代二疏的辞官归去，是为了证明士人有自己的生存价值，为帝王服务不过是实现价值的一

---

①　苏轼《如梦令》（为向东坡传语），《东坡乐府》卷三。

②　黄庭坚《东坡先生真赞》，《豫章黄先生文集》卷十四。

③　苏辙《子瞻和陶渊明诗集引》，《苏辙集·栾城后集》卷二十一。

④　邵博《邵氏闻见后录》卷二十。

⑤　苏轼《二疏图赞》，《苏轼文集》卷二十一。

条途径，但其价值本身是不由区区爵禄来衡量的。因此，在《和陶咏三良》中毅然曰："我岂犬马哉，从君求盖帷!"这是开篇二句，即表明主旨。以下批判"三良"为秦穆公殉葬的愚忠行为，认为"君为社稷死，我则同其归。顾命有治乱，臣子得从违"，因为士人出仕固然是学得王佐术卖与帝王家，但根本上是"事君不以私"，为实现人生的价值而来的，所以，当事与愿违之日，可以而且应当超越君臣关系。结句云："所以靖节翁，服此黔娄衣。"揭出不依于君主之然否的士人自身之生存价值。作为一个人臣，自当禀守臣节，但更根本的是作为一个人的生存，以人格而立于天地间，寓居于人世。以故，仕途中的东坡义无反顾地践履臣节，贬居中的东坡则进入更宽广的"人"的境界。"人"比"臣"大，是为"大节"。——有了这种人生彻悟，当然可以壮浪纵恣于三教内外，而以"坡仙"之姿态游戏人间。如果没有两轮贬谪一再剥夺他的"臣"爵，他是不能脱身归向"人"的天爵的。

这时期的创作，也具有和黄州时期相同的许多特点。抒写复杂深沉的人生感慨是其主要内容，而从中反映出的精神境界已趋于炉火纯青。他虽处逆境而仍热爱生活，并在司空见惯的生活中敏锐地发现诗意，体会到日常生活的深长滋味。观其诗歌题材，比黄州时期更加日常生活化，并在我国诗歌史上第一次摄入岭海地区旖旎多姿的南国风光。前者如写"旦起理发""午窗坐睡""夜卧濯足"的《谪居三适》，写月夜汲水煮茶的《汲江煎茶》，写黎明前偶然兴感的《倦夜》等，都能取凡俗题材开创新境界，从习见的琐细处显出新情致，化纤芥涓滴为意趣无穷，是生活的艺术化和艺术的生活化；后者如《舟行至清远县见顾秀才极谈惠州风物之美》《江涨用过韵》《食荔枝二首》《食槟榔》《儋耳》《丙子重九二首》等，皆新颖可喜[1]。散文也以杂记和书简等文学散文为主，如《记游松风亭》《题合江楼》《书海南风土》《书上元夜游》[2] 及一些抒写谪居生活的书

---

① 以上诗见《苏轼诗集》卷三十八至卷四十三。
② 俱见《苏轼文集》卷七十一。

简，也写了不少有关佛教的文字。词的写作较少，今可考知者不足十首。

　　黄州时期初露端倪的诗风转变，到这时日益明显。苏轼任职时期豪健清雄的诗风，同时带来伤奇伤快伤直的疵病和斗难斗巧斗新的习气，虽如西子之颦，病中也见其美[1]，毕竟欠于圆满。他自己也有所察觉，故其诗论越来越推崇自然平淡的风格，标举陶渊明、韦应物、柳宗元诗[2]，体会"淡泊"中的"至味"[3]。苏轼谪居时期的诗歌，乃向这种风格发展。黄庭坚将惠州苏轼形容为："饱吃惠州饭，细和渊明诗。"[4] 其"饱"字写出安处自适的生活态度，"细"字写出对陶诗艺术境界的追企。陶、柳二集成为苏轼的南迁"二友"[5]，一百多首和陶诗作于此时。才华横溢的苏轼之于朴茂清癯的陶诗，正如诗风流易的白居易之于精深含蓄的刘禹锡诗，皆因自鉴其不及处，因而歆慕倾倒于对方。但白居易似未因此而令晚年诗风更升一格，苏轼则因认真"细和"的学习融会功夫，而有了绚烂至极化为平淡的岭南诗。学陶是很易至于枯槁的[6]，虽然苏轼对陶诗"外枯而中膏"[7] 的评价多为陶诗研究者所接受，但陶渊明之前的诗歌还未经过李白、杜甫尽发其蕴以使万法具备的历程，艺术积累并

---

　　① 黄庭坚《跋东坡水陆赞》，谓世人讥议东坡书法的缺点，"殊不知西施捧心而颦，虽其病处，乃自成妍"，见《豫章黄先生文集》卷二十九。这可能是一种很有启发性的鉴赏体会，读苏、黄诗，亦不妨参考此言。

　　② 苏轼《评韩柳诗》，《苏轼文集》卷六十七。

　　③ 苏轼《送参寥诗》，《苏轼诗集》卷十七。

　　④ 黄庭坚《跋子瞻和陶诗》，《豫章黄先生文集》卷七。

　　⑤ 苏轼《与程全父十二首》之十一，《苏轼文集》卷五十五。

　　⑥ 通常认为，杜甫对陶诗本身就有"枯槁"的评价。根据是杜甫《遣兴五首》之三："陶潜避俗翁，未必能达道。观其著诗集，颇亦恨枯槁。"（《杜诗详注》卷七）今按：陶潜《饮酒二十首》之十一："颜生称为仁，荣公言有道。屡空不获年，长饥至于老。虽留身后名，一生亦枯槁。"（《陶渊明集》，53 页，人民文学出版社，1956 年）此谓颜子虽有仁名，生活却不免枯槁，陶潜似不甘之，故杜甫指责他不"达道"，并非言其诗风枯槁。但学陶易成枯槁，也是事实。

　　⑦ 苏轼《评韩柳诗》，《苏轼文集》卷六十七。

不丰厚，所以其"中膏"不能过高估计。凡不取唐诗，专学魏晋作诗者，例有枯槁之病，亦非仅学陶为然。曾经学杜、学韩甚力的苏轼去学陶诗，将其平生种种奇巧的人工运熟至于摆落痕迹，以其富赡饱满之才力作设色素淡的诗歌，才能真正做到"外枯而中膏"。他的"中膏"当然更见丰富。此时为数不多的词作，也具此种风格，如《蝶恋花》（花褪残红青杏小）、《减字木兰花》（春牛春杖）等①，都洗尽铅华，却朴而愈厚，淡而弥丽，无限情思感人肺腑。

风格是作家是否成熟的可靠标尺，而任何大作家又总是既有一种基本或主要的风格，又有在此基础上的风格多样化。苏轼在岭南时期表现出向自然平淡风格转化的明显倾向，这并不否认其时仍有豪健清雄之作。其平淡之所以可贵，是因为含味深厚，前人已指出，"和陶诗"的平淡是"以绮而学质，以腴而学癯"②的结果，没有内在的丰富性，内在的不息生气，是无法做到"外枯而中膏"的。所以，苏轼的平淡既是他谪居时期有别于任职时期的特色，也是他一生的诗艺走向成熟的结果。他在晚年教侄儿作文，说："凡文字少小时须令气象峥嵘，采色绚烂，渐老渐熟，乃造平淡，其实不是平淡，绚烂之极也。汝只见爷、伯而今平淡，一向只学此样，何不取旧日应举时文字看，高下抑扬，如龙蛇捉不住，当且学此。"③ 可见，他认为只有充分展尽豪健富丽之后，才能造就平淡，这样的平淡才不会偏枯，而如苏辙所评："精深华妙，不见老人衰惫之气。"④ 黄庭坚尝云，读东坡"岭外文字""使人耳目聪明，如清风自外来也"⑤。可知东坡岭外诗的平淡中有着精深的思力。

值得注意的是，宋人对苏轼过海后的文字尤为推重，如朱弁说："东坡文章，至黄州以后，人莫能及，惟鲁直诗时可以抗衡；晚年过

---

① 《东坡乐府》卷二、卷三。

② 杨绍和《楹书隅录》卷五"宋本注东坡先生诗"条下引周锡瓒语，光绪二十年刻本。

③ 苏轼《与二郎侄一首》，《苏轼文集》附《苏轼佚文汇编》卷四。

④ 苏辙《子瞻和陶渊明诗集引》，《苏辙集·栾城后集》卷二十一。

⑤ 黄庭坚《与欧阳元老书》，《豫章黄先生文集》卷十九。

海，则虽鲁直亦瞠若乎其后矣。"① 总体上说，惠州之作与儋州之作同属晚年贬居时期的风格；分别来看，过海以后的作品确实更见端严深厚，骨力苍老。诗歌中一再以圣人自喻，散文则有令人感到"此老风力可畏"的《志林》十三篇，他的最后一首豪放词《千秋岁·次韵少游》② 亦作于海岛，其间多作不屈于世的自我肯定之声，表达了圆满透彻的生存之悟后的充分自信。他交代儿辈云："春秋古史乃家法，诗笔离骚亦时用。但令文字还照世，粪土腐余安足梦。"③ 生命本是寓居于人世，一切身外之物都如粪土腐余，不足留恋，任其消失可也，然而作品却光照千古，生存的价值在此，留与后代的家法也在此。

"秀句出寒饿，身穷诗乃亨"④，在四十多年的创作生涯中，苏轼贬居时期的十多年比之任职时期的三十多年，无疑取得了更大的成就。在走向生命旅程终点的时候，他曾自述："问汝平生功业，黄州惠州儋州。"⑤ 他分明自觉其真正的价值是在贬居中创造的。当然，"是亦一东坡，非亦一东坡"，为"臣"的东坡与为"人"的东坡本是同一个，为"臣"的东坡也并非没有成就，但最终的意义归向于为"人"，且"人"本可兼摄"臣"义。志在济世利民的"臣"节，是为了完成"人"对同类的博爱与责任；超越"臣"节而归向"人"的价值，则见为"人"的本色。而文学，则是寓居大地上的"人"的诗意的自然展现。所以，无论在职为臣的苏轼，还是贬居为人的苏轼，其创作都是在展放着人生的诗意，体现着生存的价值。但两种时期境遇的不同，身份和责任的不同，生活和思想状态的不同，其创作风貌的呈现阶段性，也是必然的，而艺术价值的高下，也并非不可评说的。

---

① 朱弁《风月堂诗话》卷上，《四库全书》本。
② 吴曾《能改斋漫录》卷十七，上海古籍出版社，1979 年。
③ 苏轼《过于海舶得迈寄书酒……并寄诸子侄》，《苏轼诗集》卷四十二。
④ 苏轼《次韵仲殊雪中游西湖二首》之一，《苏轼诗集》卷三十三。
⑤ 苏轼《自题金山画像》，《苏轼诗集》卷四十八。

二、光照千古的文艺成就

苏轼是历史上罕见的全才型作家，在当时主要的文艺体裁诗、词、文、书、画诸方面，都取得了杰出的成就。诗与黄庭坚并称"苏黄"，标志着宋诗艺术的巅峰；词开豪放一体，与南宋的辛弃疾并称"苏辛"；古文与欧阳修并称"欧苏"，又是唐宋古文八大家之一，其骈文艺术也被欧阳修叹为绝无仅有①；书法与黄庭坚等并称"宋四家"；绘画是以文同为首的"湖州派"的重要人物。要对他的文艺成就作出详尽的论述，并非本书的一个章节所能胜任，这里只能对他留下的作品稍作梳理，略述其内容、特点。

1. 诗

在文学史家的笔下，陶渊明、杜甫、苏轼的诗作常被称为"陶诗""杜诗""苏诗"，其他作家的诗作则不常被这样称呼。如果我们说，此三家诗在中国诗歌史上各自代表了一种艺术范式，那大致也不错。苏轼的别集以"七集"本最为原始，诗作被分散在几个集子中，但历代也曾产生过不少汇总苏诗的专集和注本，编年的和分类的都有。今天我们用的《苏轼诗集》，即孔凡礼先生整理校点本，是以清人王文诰《苏文忠公诗编注集成》为底本，参校存世的各种本子而成的。此属编年本，从这里我们可以看出，诗歌创作贯穿了苏轼的一生，自熙宁以后便没有间断，他的生平中的每一步曲折，都给诗歌创作提供了丰富的内容。《四部丛刊》所收的《百家注分类东坡先生诗》，署名王十朋编，人称"王注苏诗"，是一个分类本，所分的类别近八十类。大体上说，这种类别相当于今人说的"题材"，那么我们从这里就可以看出苏诗的题材之广了。内容丰富、

---

① 欧阳修《苏氏四六》："苏氏父子以四六叙述，委曲精尽，不减古人。自学者变体为文，迄今三十年，始得斯人，不惟迟久而后获，实恐此后未有能继者尔。"《欧阳文忠公集》卷一百三十。

题材广阔，是我们展读苏诗时很易获得的直接感受。

（1）政治诗。对社会政治的深切关怀，在苏诗中有很多反映，但直接的、专门的以政治为内容的诗，在其集中所占比例不大。不过，这些政治诗毕竟表达了诗人的政治态度和对于社会重大问题所持的观点，仍是苏诗的一个重要内容。

他的诗敢于揭露社会矛盾和政治弊病，有的写得很大胆，而下层民众的苦难生活，也在其中得到反映。这当然是因为苏轼愿意继承《诗经》以来的诗歌传统，认为一个诗人至少应以他的一部分作品来针砭时世。对于诗歌的这种信念，贯穿了他的一生。从青年时代起，苏轼就注意诗歌对社会问题的关注，写了《荆州十首》《和子由蚕市》① 等作品。熙宁以后，他在地方官任上用诗歌来讽刺"新法"实施过程中的许多弊病，虽然有些不免带上他的政治偏见，但就诗歌方面说，那样大胆的写作精神也是可以赞赏的，而且，也正因为政见不同，所以揭露得才淋漓，讽刺得才入骨。尽管这些诗不但令新党的一些人很恼怒，用"乌台诗案"来构陷他，且连旧党的一些人也认为不够安分，自取其咎，但苏轼后来却一再坚持说，这不过是遵循了儒家《诗》义的教导而已。就在"诗案"后，他到黄州又写了《五禽言五首》，因布谷鸟的啼声像"脱却破裤"，便发挥道："不辞脱裤溪水寒，水中照见催租瘢。"② 这是对横征暴敛的谴责。即便到了颠沛流离的晚年，他依然用诗干预政治，直斥时弊。如在惠州写的《荔枝叹》③ 一首，就从唐朝进贡荔枝，弄得"惊尘溅血流千载"，联想到本朝风行一时的贡茶和贡花，便指名道姓地斥责了丁谓、蔡襄、钱惟演等"名臣"。尽管蔡、钱二位是他尊敬的前辈，在此也不留情。

政治诗的写作既贯穿苏轼的一生，而诗中指及的问题也甚多，除了上引两诗批判暴敛与贡物以外，对于土地兼并、天灾流行、农

---

① 《苏轼诗集》卷二、卷四。
② 苏轼《五禽言五首》之二，《苏轼诗集》卷二十。
③ 《苏轼诗集》卷三十九。

村破产、官吏凶恶等现状，苏诗都有所反映①。还有一些诗写到边地的少数民族、宋与西夏之间的战争、宋朝的官制改革及黄河治理等②，可见其视野也较广阔。

若论艺术成就，则仍以熙宁时讽刺"新法"之作为高。这些作品在"乌台诗案"中被指为罪状，其所含政治观点之然否也须作分析，但艺术价值是无可怀疑的。如他《赠孙莘老七绝》中的两首，历来脍炙人口：

> 嗟予与子久离群，耳冷心灰百不闻。若对青山谈世事，当须举白便浮君。
>
> 天目山前绿浸裾，碧澜堂上看衔舻。作堤捍水非吾事，闲送苕溪入太湖。③

此二诗在"乌台诗案"中被纠举，据苏轼自述：

> 因任杭州通判日，蒙运司差往湖州，相度堤堰利害，因与湖州知州孙觉相见，轼作诗与孙觉云……轼是时约孙觉并坐客，如有言及时事者，罚一大盏。虽不指时事，是亦轼意言时事多不便，更不可说，说亦不尽。
>
> 轼为先曾言水利不便，却被转运司差相度堤埠。本非兴水

---

① 如《李氏园》(《苏轼诗集》卷三)写到土地兼并，《和子由闻子瞻将如终南太平官溪堂读书》(《苏轼诗集》卷四)写到民夫在灾情中的苦况，《除夜大雪留潍州，元日早晴遂行，中途雪复作》(《苏轼诗集》卷十五)写到连年旱灾使得农村破产，《陈季常所蓄朱陈村嫁娶图二首》之二(《苏轼诗集》卷二十)写到催租官吏的凶恶等。

② 如《戎州》(《苏轼诗集》卷一)写到边地民族，《闻洮西捷报》(《苏轼诗集》卷二十一)写到宋军与西夏战争，《庚辰岁人日作，时闻黄河已复北流，老臣旧数论此，今斯言乃验，二首》写到河事，陆游《施司谏注东坡诗序》(《苏轼诗集》附录二)又谓苏诗暗及元丰官制等。

③ 苏轼《赠孙莘老七绝》之一、之二，《苏轼诗集》卷八。

利之人，以讥时世与昔不同，而水利不便也。①

可见，第一首是对专制独断的抗议，第二首是拒绝执行"凿空寻访水利"②的任务。其中青山白酒、绿水衔舻，与世事、堤岸形成了比照，象征着自然、自由、合理发展与人为、专断、强兴工役之间的对立，内含怨刺甚深，而写作手法又极高超。所谓"耳冷心灰百不闻"者，并非真的不管事，就像此前不久写下的"居官不任事，萧散羡长卿"③，检寻史册可知，"时惟杭、越、湖三州格新法不行"④，然则"不任事"者，即是"格新法不行"。熙宁初曾巩在越州罢收役钱⑤，苏轼与孙觉也分别在杭、湖二州拒行"新法"之不便者，故"耳冷心灰百不闻"之语，二人当自有会心处。必须指出，这样做是有丢官被责的危险的。"闲送苕溪入太湖"，则更见出苏轼的勇于担当，坚持实行自己的主张，不去希合上意。"若对青山谈世事，当须举白便浮君"，字面上是说回避不谈，实际上，读者都能感觉到，那字里行间透着一股迈往之气，掩抑不住地发为抗争之音。这就是力度。故此二首可谓"怨刺"精神、比兴手法与勇于担当之气概的结合，其艺术水准之高，在历代政治诗中也是难得一遇的。

（2）写景咏物诗。苏轼的足迹遍及各地，从峨眉之巅到钱塘之滨，从宋辽边境到岭南、海南，在他的诗集中留下了许多名山大川及城乡风光的画卷。那自然不是简单地再现景物，而是体现了他的人生思考与审美趣味的。对乡土的眷恋和对祖国大地的热爱，使他几乎把居留过的每个地方看作自己的第二故乡。正是这种处处皆是吾乡的感觉，使他在迁转、流离的生涯中还能不断体会生命寓居人世的快乐，而不愿乘风归去。试举一首：

---

① 朋九万《东坡乌台诗案》，《丛书集成初编》本。
② 苏轼《上神宗皇帝书》中语，《苏轼文集》卷二十五。
③ 苏轼《汤村开运盐河雨中督役》，《苏轼诗集》卷八。
④ 《宋史·食货志下四》。此处"新法"，具体地讲，是指盐法。
⑤ 曾肇《行状》，《曾巩集》附。

> 东风知我欲山行，吹断檐间积雨声。岭上晴云披絮帽，树头初日挂铜钲。野桃含笑竹篱短，溪柳自摇沙水清。西崦人家最应乐，煮芹烧笋饷春耕。①

写的是杭州西南一个普通农村在雨后初晴时生机盎然的风光。只有真正热爱的心灵，才能感受到这种生机的。对于一个寓居的生命来说，这儿的东风、岭树、野桃、溪柳、人家，不都在向他致以挽留的情意吗？

如果说，描写广阔画面的写景诗，是以生气贯注、一气呵成见长的话，那么，以某一小事物为刻画对象的咏物诗，则有曲折细腻的风致，如写红梅：

> 怕愁贪睡独开迟，自恐冰容不入时，故作小红桃杏色，尚余孤瘦雪霜姿。寒心未肯随春态，酒晕无端上玉肌。诗老不知梅格在，更看绿叶与青枝。②

此诗写得极为耐人寻味。说梅花开得晚，是因"怕愁贪睡"，"愁"是春愁，春花不免凋于春晚，便引人春愁，此是梅花所不愿的，宁可贪睡到冬季才开。冬花自应是冰容，却怕此冰容不合时好，故勉为桃杏之小红，却仍掩不住"孤瘦雪霜姿"的本色。二、三两句意脉贯连，与寻常律诗的每联自作一意有点不同。到此为止，读者觉得此花劲节可尚，而其勉作"入时"之色又甚可怜，不由人不感叹其委屈矛盾的心态。但诗的第三联却否定了此种矛盾委屈的心态，谓红梅之作红色，亦非故为悦人入时，其"寒心"原未肯追随"春态"的，无奈因为好酒，晕上玉肌，才自为红色。这就不是孤傲性气与勉强随时的矛盾，而是傲世大节与爱酒醉魂的统一了。作者一片心曲，与红梅的艺术形象交融无间，笔笔入彀，深曲传神。替梅

---

① 苏轼《新城道中二首》之一，《苏轼诗集》卷九。
② 苏轼《红梅三首》之一，《苏轼诗集》卷二十一。

花想透，又实将自己的人生感受写尽，那种风致是引人无限思量的。

（3）抒情诗。中国古典诗歌以抒情诗为主，苏诗亦然。即便是再拘守儒家规范的人，一般也不会否定诗歌表达情感、抒写怀抱的功能。苏轼的一生大起大落，经历曲折，感受也丰富，几乎没有哪一时的内心世界的波动不曾表现在诗里，故读苏诗等于听他一生的诉说。作为一个有杰出才能、有远大理想而又遭遇坎坷的知识分子，那种复杂的精神面貌，是苏轼抒情诗所着重倾诉的内容。"我本不违世，而世与我违"[1]，"哀哉命不偶，每以才得谤"[2]，"我少即多难，邅回一生中。百年不易满，寸寸弯强弓"[3]，这是对人生苦难的直笔抒写。"湖上四时看不足，惟有人生飘若浮……君不见，钱塘游宦客，朝推囚，暮决狱，不因人唤何时休！"[4] 把诗人从美好的自然风光中拉出，牵拘于官场无趣的生涯，这不是人生的失落么？明知失落而又无奈，便难免时时发出慨叹。这样的慨叹本是抒情诗中最能打动赉志入世之人的心灵的，却常被评论者片面而表面地指为"消极"而加以否定。

其实，在看似"消极"的慨叹之中，本包含着对"如寄"身世里真正值得眷恋的东西的珍视，如手足之情、亲友之爱、故乡之思等为苏诗反复吟唱的内容。且看一首怀乡的名作：

我家江水初发源，宦游直送江入海。闻道潮头一丈高，天寒尚有沙痕在。中泠南畔石盘陀，古来出没随涛波。试登绝顶望乡国，江南江北青山多。羁愁畏晚寻归楫，山僧苦留看落日。微风万顷靴文细，断霞半空鱼尾赤。是时江月初生魄，二更月落天深黑。江心似有炬火明，飞焰照山栖乌惊。怅然归卧心莫识，非鬼非人竟何物？江山如此不归山，江神见怪惊我顽。我

---

① 苏轼《送岑著作》，《苏轼诗集》卷七。

② 苏轼《京师哭任遵圣》，《苏轼诗集》卷十五。

③ 苏轼《次前韵寄子由》，《苏轼诗集》卷四十一。

④ 苏轼《和蔡准郎中见邀游西湖三首》之一，《苏轼诗集》卷七。

谢江神岂得已，有田不归如江水。①

此诗慨叹自己归乡不得，就像长江之水不能回流，颇道人生的无奈，似乎也属"消极"一类。然而，谁又能不为诗中深长真挚的乡思所动呢？诗人在镇江的金山寺，俯瞰长江东流入海，其情思却引向江水的发源地家乡四川。回想当年顺流出川，如今又顺流去杭州赴任，等于是以自己的仕宦迁徙来送江入海。听说入海处有涨潮伟观，那是马上可以看到的，但在这时却禁不住回望上游的家乡，只见重重青山遮断了视线。气氛的迷惘烘托出乡愁的深沉，而眼前的暮色降下，从傍晚的落日霞色，一直看到夜间的明月、江火，听到山间被惊的乌啼。怅然归卧，即梦见被江神责怪："为什么不归去呢？"苏轼即以身不由己作答。这分明是日有所思，夜有所梦，思乡之情念念不释。

诗可以"怨"，政治上的不满而又不遇，自然弥漫为人生的失意，于是，在指陈时弊的政治讽喻诗外，有了更多的抒写怨愤怀抱的抒情诗。且看黄州时期的苏轼，如何对着一株海棠花抒其欲吐不吐的怀抱：

> 江城地瘴蕃草木，只有名花苦幽独。嫣然一笑竹篱间，桃李漫山总粗俗。也知造物有深意，故遣佳人在空谷。自然富贵出天姿，不待金盘荐华屋。朱唇得酒晕生脸，翠袖卷纱红映肉。林深雾暗晓光迟，日暖风轻春睡足。雨中有泪亦凄怆，月下无人更清淑。先生食饱无一事，散步逍遥自扪腹。不问人家与僧舍，拄杖敲门看修竹。忽逢绝艳照衰朽，叹息无言揩病目。陋邦何处得此花，无乃好事移西蜀？寸根千里不易致，衔子飞来定鸿鹄。天涯流落俱可念，为饮一樽歌此曲。明朝酒醒还独来，

---

① 苏轼《游金山寺》，《苏轼诗集》卷七。

雪落纷纷那忍触。①

这首七古，笔势虽纵放，情调却幽咽。其中直抒怀抱的不过"忽逢""天涯"数句，所以说是欲吐不吐。但由于诗里已暗示抒情主人公与海棠为同病相怜的情形，所以全诗对海棠的着力刻画，也等于委曲诉其衷肠。作者写海棠之美可谓不遗余力，这样美的海棠却被造物主安排在"空谷"，当粗俗的草木桃李漫山生荣时，只有她却苦于"幽独"。不过她的美是不能掩却的，"竹篱间"的"嫣然一笑"，自出天姿，不待华屋金盘来衬映的。这"陋邦"本不配有此名花，乃是从西蜀移来，西蜀远在千里之外，致之不易，本当珍惜，如今却任其天涯流落！海棠显然是作者自喻，回味起来，此诗句句是"怨"。苏轼在黄州、惠州、儋州所作的抒情诗中，有许多是此类"怨"诗。"怨"的同时也意味着自我肯定，这很重要，本因不被庙堂肯定而有"怨"，则自我肯定的凭据当另外去寻求，所以，"怨"诗的发展过程，也是寻求大地的过程。大抵来说，黄州之作，其自我肯定似还不能完全克服被庙堂所弃之"怨"，故写得风调婉曲；惠州之作，则自我肯定足以胜"怨"，乃能表现出旷达淡泊、简远萧散的风度；而东坡过海后诗，已纯为自我肯定之声，才顿显气骨迥出，精神照人。

除了以上讲到的政治诗、写景咏物诗、抒情诗外，苏轼的其他诗歌，如哲理诗、题画诗等，也颇多佳作。其集中几半为唱和、酬答之作，有的不免出于敷衍应景，但也有很多是出于真情实感的（如与苏辙互相唱和的大量作品）。用"美不胜收"来形容我们读苏诗的感受，大概并不为过。

2. 词

词是一种特殊的诗体。说它特殊，是就现存古代词作的实际情

---

① 苏轼《寓居定惠院之东，杂花满山，有海棠一株，土人不知贵也》，《苏轼诗集》卷二十。

况而言的，至于此特殊性为词体本身所自有，抑或为某种观念指导下的有意识的创作实践所造成，抑或两种因素都有，这是有待研究讨论的。但有一点可以肯定，词是起源于俗而走向雅化的，那情形与其他的几种文体是相似的。若我们承认"雅化"是一种有价值的创作意识，则词的"诗化"也就不难理解，因诗是不妨被认作最高之雅文学的。在我国的词史上，苏轼正是用有意识的"以诗为词"之创作，开创了词的豪放一体，是对词的"雅化"作出了最大贡献的一位作家。王灼《碧鸡漫志》云："东坡先生非心醉于音律者，偶尔作歌，指出向上一路，新天下耳目，弄笔者始知自振。"① 这里既说了他的开创性，也说了他的影响。由于他"新天下耳目"，故有不少词人步武其后，遂形成词史上的豪放派，与强调"本色"、尊崇《花间》作风的婉约派分居词坛。"新天下耳目"之效当然出于革新，今据《东坡乐府》所收苏轼词作，概述其对于唐五代宋初之词的革新。

（1）内容、题材的扩大。最接近词的原生面貌的敦煌曲子，内容、题材本极广阔；其较早的雅化形式即中唐文人创作的词，与"元和体"诗歌的风尚不甚相远；但随后，也许因"元和体"的精神逐渐失落之故，诗走入浅俗与雕琢二途，词则几乎全被男女私生活的内容所占据，成了"小道""艳科"，加以所表现的私生活多是不须负责的那种，故其体格不免卑下，与诗有了高低之分，这就是晚唐五代《花间》词的情形。古人看私生活题材的作品，多能看出它寓有寄兴来，所以有的评论家说五代词具有古风，将它与汉魏乐府相并论，其实那很可能是曲解，且《花间》词亦缺少汉魏乐府的风力，最恰当的比拟对象应是南朝的"玉台"诗体。宣泄私情与描写细腻的感受是其特长，故后世标此为词的"本色"，发展出婉约一派；但它表现的情感毕竟伤于纤弱，缺少风力，其发展的前景殊非广阔。"雅化"的进一步，必须扩大内容，开拓题材，吸收诗歌创作中积累起来的艺术创造力，"以诗为词"，打破诗词界限。苏轼开创

---

① 王灼《碧鸡漫志》卷二"东坡指出向上一路"条，《词话丛编》本。

的豪放派，正是顺应了这一要求。在他的词中，记游、怀古、赠答、送别、说理、论政，"无意不可入，无事不可言"①，"一洗绮罗香泽之态，摆脱绸缪婉转之度"②，表现出全新的面貌。

（2）意境、风格的创新。晚唐五代宋初之文人词，专写男欢女爱、闲愁别恨，其优者清丽婉约、含蓄深曲，但境界狭小，风格纤弱。苏轼则另辟蹊径，创造出高远清雄的意境和豪迈奔放的风格，又多以直抒胸臆见长。最能体现苏轼这方面革新成果的，就是《念奴娇·赤壁怀古》与《水调歌头·丙辰中秋》二首代表作。关于前者，南宋俞文豹曾记载一个故事：

> 东坡居士在玉堂日，有幕士善歌，因问："我词何如柳七?"对曰："柳郎中词，只合十七八女郎，执红牙板，歌'杨柳岸、晓风残月'；学士词，须关西大汉，铜琵琶，铁绰板，唱'大江东去'。"东坡为之绝倒。③

这个故事生动地说明了苏轼、柳永词风格的不同，也正可说明豪放、婉约二派词风的区别，如明人张綖所谓："婉约者欲其辞情蕴藉，豪放者欲其气象恢宏。"④ 苏轼对此有明确的自觉，且自豪地说自己的词"亦自是一家"。这证明他是有意识地提高意境和风格，有意识地创新的。

（3）形式、音律的突破。词原是配合音乐歌唱的，其格律经常比律诗更严更细。婉约派的词论总是强调合乐可歌，如李清照的《词论》就要求词"协音律"，不仅分平仄，还要分"五音""五声""六律""清浊轻重"，因而她批评苏轼词"皆句读不葺之诗尔，又

① 刘熙载《词概》，《词话丛编》本。
② 胡寅《向芗林酒边集后序》，《斐然集》卷十九，中华书局，1993 年。
③ 俞文豹《吹剑续录》，见《吹剑录全编》，古典文学出版社，1958 年。
④ 张綖《诗余图谱·凡例》按语，北京图书馆藏明刊本。又见上海图书馆藏万历二十九年游元泾校刊《增正诗余图谱》本。

往往不协音律者"①。不少人对苏词突破格律表示不满②。我们应从词的发展史来考察这个问题。词的发展有两个相互联系的趋势：一是打破五代词在题材、内容、境界上的限制，显出诗化倾向；二是词成长为一种独立的抒情文学，显出与音乐分离的倾向。这两种趋势是统一的，若死守音律，即妨碍内容方面的充实；若大力革新内容，则亦必导致形式上的突破。然则，苏轼突破格律的词作，乃是适应发展趋势的，其意义应予充分估计。需要说明的是，苏词是对词律作必要的突破，而不是任意的败坏。陆游有两段话讲得很全面，一则说，苏轼"非不能歌，但豪放，不喜裁剪以就声律耳"③；一则说，取苏词"歌之，曲终，觉天风海雨逼人"④。前者说明苏轼并非不懂音律，但不愿作品内容与艺术表现因迁就音律而受损害；后者证明苏词并非不可歌，且音乐效果还很好。《水调歌头·丙辰中秋》一词，据传由当时的歌手袁绹演唱过⑤，今天读来仍能感受到它的音乐美。当然，革新也会付出一定的代价，诗化乃至散文化的词作，有时亦带上议论过多、句子太散或粗率浅陋的特点。苏轼曾批评秦观的词句"小楼连苑横空，下窥绣毂雕鞍骤"，曰："十三个字只说得一个人骑马楼前过。"⑥ 其实，语多意少的现象，苏词尤甚于秦词，因其笔势放得开，有时数句才出一意，故读东坡的慢词常不觉得长。

以上三点，都表现了豪放词的特点。但是，苏轼对婉约词亦非完全排斥。当他写爱情题材时，仍能以婉约见长。他吸取了婉约派

---

① 胡仔《苕溪渔隐丛话》后集卷三十三引李清照《词论》。

② 不满的议论首先来自苏轼的门下，参考王水照《论"苏门"的词评和词作》，《苏轼论稿》，河北教育出版社，1999年。

③ 陆游《老学庵笔记》卷五，中华书局，1979年。

④ 陆游《跋东坡七夕词后》，《陆游集·渭南文集》卷二十八，中华书局，1976年。

⑤ 蔡絛《铁围山丛谈》卷四，中华书局，1983年。

⑥ 俞文豹《吹剑录全编·吹剑三录》。所论秦词为《水龙吟》的首二句，见《淮海居士长短句》卷上，上海古籍出版社，1985年。

词人抒情的真挚和细腻，又显示出富于跳跃性、收放自如的自家功夫。如《江城子·乙卯正月二十日夜记梦》：

> 十年生死两茫茫。不思量，自难忘。千里孤坟，无处话凄凉。纵使相逢应不识，尘满面，鬓如霜。　夜来幽梦忽还乡。小轩窗，正梳妆。相顾无言，唯有泪千行。料得年年肠断处，明月夜，短松冈。①

这是一首著名的悼念亡妻的词。但依一般的读法，全词都解作苏轼自抒其相思之情，其亡妻只有一个小窗梳妆的剪影。细味之始觉不然。乙卯为熙宁八年（1075年），当时的苏轼绝无可能每年回乡扫墓，怎能"料得"自己将"年年肠断处，明月夜，短松冈"？按唐孟棨《本事诗》中，载幽州一个已亡妇人，从墓中出来赠其夫一诗曰："欲知肠断处，明月照孤坟。"②苏词显用其语。诗中所谓"肠断"者，是指死后孤处坟中的妇人，非指其夫；苏词中"千里孤坟，无处话凄凉。纵使相逢应不识"及"年年肠断处，明月夜，短松冈"等句，无论就用典言，就上下文语意言，也都指亡妻，而不指自己。因为"尘满面，鬓如霜"的是自己，那么"不识"者当指亡妻不识自己；而"料得"的主语是自己，则所料者当是亡妻的情形。以故，此词意脉如下：上阕从自己的难忘，说到亡妻独处墓中之凄凉无诉；然后假设相逢，从亡妻"应不识"，说到自己的状貌处境。下阕从自己做梦还乡，说到亡妻的梳妆；然后达到全词的高潮，即二人相会，无言流泪；最后又从自己梦醒思量，料得亡妻在彼处肠断。全词情意深沉，婉约多思，而笔势一来一往（自己、对方；聚、散；生、死），场景不断变换跳跃，却又萦回不断。尤其是以死者的凄凉、肠断，来反衬抒情主人公的铭心刻骨的思念，其艺术效果是极强烈的，这是用豪放的笔力、思力默运于婉约的情境，所以感人

---

① 《东坡乐府》卷一。
② 《本事诗·征异第五》的第一则，《历代诗话》本。

至深。就情境言，我们可以说这是一首婉约词；就笔力、思力言，我们也可以说这是一首豪放词。

3. 文

苏文的声誉比苏诗、苏词尤大。文有众体，最重要的是古文；苏轼作文是众体兼擅的，除了其古文艺术被称为"苏海"外，他的赋与骈体四六的成就也很高。唐人应试的律赋，运思、谋篇、构句、造语及用韵都颇为精工，但格式过于典重，不免呆板，体势蟠曲，故气脉不畅。宋人易为文赋，使之散文化，既便于自由表达，也能够高下抑扬，伸缩离合，有一唱三叹之致，清通可喜，且使诗情画意更易于展现，创作上更趋于个性化，创作风格日见丰富。北宋的文赋以欧阳修、苏轼的成就为最高，苏轼的赤壁二赋就是文赋的代表作品。至于其四六，不但如欧阳修所赞誉的，善于"委曲精尽"的"叙述"①，也以立意之深与遣词足以达意，而为人所叹服。杨万里《诚斋诗话》记：

> 神宗徽猷阁成，告庙祝文，东坡当笔。时黄鲁直、张文潜、晁无咎、陈无己诸人毕集，观坡落笔云："惟我神考，如日在天。"忽外有白事者，坡放笔而出。诸人拟续下句，皆莫测其意所向。顷之，坡入，再落笔云："虽光辉无所不充，而躔次必有所舍。"诸人大服。②

这一则故事，可以说明苏轼四六文的立意遣词之精。"神考"就是宋

---

① 欧阳修《苏氏四六》，《欧阳文忠公集》卷一百三十。
② 杨万里《诚斋诗话》，《历代诗话》本。按：此段记事有较多错误。徽猷阁为哲宗之阁，建于徽宗大观二年；神宗阁名显谟，建于哲宗元符元年，告庙文都不可能由苏轼来写。今检所引文句在苏轼《沿路赐奉安神宗御容礼仪使吕大防银合茶药诏》，见《苏轼文集》卷四十，作于元祐二年，原文为："於赫神考，如日在天。虽光明无所不照，而躔次必有所舍。"又，王明清《挥麈录余话》卷一"东坡入翰林被旨"条亦记此事。

神宗，把他比为太阳，当然是要歌颂他；但神宗的变法主张与"更化"时代的庙议不合，难为措辞，故诸人见其首句后，都不能代下转语。苏轼的后续转折之句，却取太阳运行于天必有一定轨辙，来寓神宗虽革新庶政而不背离祖宗之法的意思，可谓精妙能辩，简直如有神助。此种制诰之文，文学意义一般不大，但当时却倾注了苏轼的大量才思精神，论文学史者仍当略有所取。这个故事还可以与王勃撰《滕王阁序》的那个传闻比观，两者都讲旁人观其行文而为之折服，但《滕王阁序》令人折服的是句义自完的一联，苏文却是以承接上文翻出别意的转语；王勃一联以境界、声色胜，苏轼转语以思理、筋脉胜。唐宋两代文学的艺术特点的差异，于此亦可窥见一斑。除此之外，苏轼也写了许多铭、赞、颂、祝文、祭文等句式大致整齐的韵文。其中如《九成台铭》《文与可飞白赞》《告文宣王祝文》《祭欧阳文忠公文》《祭文与可文》等①，运以古文之气，句法错综伸缩，笔力纵恣，义旨鲜明，情感深长；即便全为四言句的两篇《祭欧阳文忠公夫人文》②，也流畅尽意，辞情并茂；洪迈在《容斋随笔》中还称扬他的《二疏图赞》"立意超卓"③。总之，苏文是诸体兼长的，但其艺术的优胜处，全受古文的气格、意脉的影响而来，不妨说是散文化的结果；而苏轼在古文上取得的成就，当然更为重要。

古文是我国古代文言文的正宗，虽然我们不否定六朝隋唐的骈文成就，但以古文的艺术成就为高。古文有两种，一是秦汉以上之古文，二是唐宋以下之新古文④。苏轼曾经把韩文、杜诗、颜（真

---

① 《苏轼文集》卷十九、卷二十一、卷六十二、卷六十三。

② 《苏轼文集》卷六十三。

③ 洪迈《容斋随笔》卷四"二疏赞"条。《二疏图赞》见《苏轼文集》卷二十一。

④ "新古文"之说，见陈寅恪《论韩愈》："退之发起光大唐代古文运动，卒开赵宋新儒学、新古文之文化运动。"《金明馆丛稿初编》，上海古籍出版社，1980年，296页。

卿）书推崇为"集大成"的艺术极境①，但我们若以唐诗来衡新古文，则韩愈古文与杜诗并不处在同一发展阶段，它应相当于开风气的陈子昂诗，而苏轼自己的古文才相当于杜诗，"集大成"。从这个意义上说，苏轼古文乃是我国古代文言文发展的最高峰。新古文之所以"新"，一方面在于，它是自觉创造的产物，与骈文流行以前浑然无觉、随言短长的秦汉古文不同，它是承韩愈打破骈体，有意伸缩离合的创作方法而来的；另一方面在于，新古文的基本文风不同于高古雅重、郁勃奥衍的汉文章，它是以平易畅达、婉转多情的风格为主导的。由于它是有意伸缩离合的产物，所以早期新古文颇见奇崛；又不能不以秦汉古文为学习对象，所以八大家中的韩柳曾王都还追逐锻炼着某种"汉"味；平易畅达的基本风格是由欧阳修倡导起来，随后逐渐奠定的。以故，欧阳修领导宋代的古文运动，变了宋朝的文格，使古文再次取代骈体，而他的古文创作实践却进一步改变了整部文言文发展史，使新古文的平易流畅的文风正式形成，不但古文从"仿汉"的唐体成长为成熟的宋体，即便骈文也变得辞气显露、叙述平畅，与六朝潜气内转之骈文风格不同了。苏轼正是继承着欧阳修的文风，把新古文推上了艺术顶峰。他的创作既是唐宋古文运动的成功结果，也与欧阳修的作品一起成为此后文言文的典范。清人蒋湘南说："宋代诸公变峭厉而为平畅。永叔情致纡徐，故虚字多；子瞻才气廉悍，故间架阔。后世功令文之法，大半出于两家，即作古文者亦以两家为初桄。"②

苏轼古文作品的数量甚巨，依《苏轼文集》所收，分为论、策、序、说、记、传、墓志、行状、碑、表状、奏议、启、书、尺牍、杂著、史评、题跋、杂记等多种类别。这样的分类不适合文学研究，还需简汰一下：论、策的数量较大，就内容说主要是政论和史评，

---

① 陈师道《后山诗话》："苏子瞻云：'子美之诗、退之之文、鲁公之书，皆集大成者也。'"《历代诗话》本。

② 蒋湘南《与田叔子论古文第二书》，《七经楼文钞》卷四，资益馆，1920年排印本。

这是唐宋古文中最郑重的体制；记、传和书序以叙事为主，间厕议论，是含有较高艺术性的几种文体；尺牍、题跋、杂记等篇幅短小的随笔性文字，后世称为"小品"，抒情性较强，艺术价值甚高。以下简说此三类古文的成就。

一是政论和史评。政论主要是《进策》，史评主要是《进论》和《志林》。这些文章是研究苏轼政治思想、史学思想的重要材料，不是纯粹的文学散文，但因为论策乃是最郑重的古文体制，所以古文家撰作此类文章时往往全力以赴，欲以此自见于世，故而很见艺术功力。苏轼的政论和史评是用很成熟的新古文写作的①，文从字顺，条理分明。在语言上，它不像韩文那样致力于锤炼功夫，选择或熔铸色泽强烈的过于高古抑或尖新的词语，而是追求明晰、准确；在结构上，它也不像韩文那样有意纵横开阖，突起突落，而是曲折条畅，洋洋洒洒，层层深入，首尾照应。这正是新古文从"仿汉"的唐体发展成自身成熟的宋体的最好说明。

除了具备成熟的新古文的基本风格外，苏轼的政论、史评也有他个人的特色。其展开铺叙，辨析周密，论辩滔滔，一泻千里之势，体现着他泉源涌出、行云流水般的创作个性。韩柳的政论一般在千字以内，较少繁譬博引，史评更是判断短截，不枝不蔓。苏轼的论说文就较多长篇力作，《进策》更是一组完整、系统的策论。文中广征史事，议论风发，还着力于形象化的说理。如《策别》中《教战守》一篇，为了论证"知安而不知危，能逸而不能劳"的危险性，除了引述唐代"安史之乱"等历史教训外，还用人体的养生保健为喻：

---

① 就苏轼本人的艺术造诣讲，早期所作的论、策未必是成熟的；但就历史上新古文的形成过程看，则其早年的论、策作为新古文已是成熟的了。为什么苏轼一起笔就能写出成熟的新古文？一是因为他的创作起点不甚早，写作《进论》《进策》时已经成年；二是因为欧阳修变文格、倡导新文风在前，又有老苏的家教；三是蜀中自具的古文传统，也能被他继承发展。种种因素，使苏轼的古文创作不必经历"仿汉"的阶段。

天下之势譬如一身。王公贵人，所以养其生者，岂不至哉？而其平居常苦于多疾。至于农夫小民，终岁勤苦，而未尝告病。此其故何也？夫风雨、霜露、寒暑之变，此疾之所由生也。农夫小民，盛夏力作而穷冬暴露，其筋骸之所冲犯，肌肤之所浸渍，轻霜露而狎风雨，是故寒暑不能为之毒。今王公贵人，处于重屋之下，出则乘舆，风则袭裘，雨则御盖，凡所以虑患之具，莫不备至。畏之太甚，而养之太过，小不如意则寒暑入之矣。是故善养身者，使之能逸而能劳，步趋动作，使其四体狃于寒暑之变，然后可以刚健强力，涉险而不伤……

这里用王公贵人与农夫小民作对比，一路滚滚对照写出，用喻生动贴切，把切勿"畏之太甚，而养之太过"的道理讲得既透彻易懂，又生动亲切，也使全篇文采斐然，笔意充沛，对读者不仅晓之以理，而且动之以情。

　　平易的文风需有欧阳修那种婉转的情致，或者苏轼这种奔涌的才思相助，否则会流于平弱冗长，后世学欧苏者易犯此病。欧苏集中的许多论事之文（奏议等），也有不少是如此的，文字只成了表达的工具，将事理说得很明白，文章本身却平衍泛滥。这是新古文平易流畅文风的负面影响，读两汉之文，即或韩柳之文，就绝不如此。所以，明清以下之学唐宋古文者，必须同时标举班、马之法，甚或三代经典之文，是自有其道理的，并非全出于"退化"的历史观。但由此又或认为自欧苏出而古文之法亡，则昧于文言文发展之大势了。

　　二是记、传和书序。这类以叙事为主的文章，比政论、史评更能体现文艺匠心。苏轼的亭台堂阁记，打破了一般先叙事、次描写、后议论的格局，三种成分按主题展开的需要而错综使用，变化莫测。如《超然台记》把议论放在开头，先说一番道理，造成飘忽的意绪，然后进入叙事，最后才点出命名"超然"的原因，以照应开头的议论。《放鹤亭记》则将议论置于中段，在叙完亭的建造缘起和景色以后，用苏轼与亭主对话的方式来发议论，最后以一首歌词作结。《凌虚台记》的写法又不同，大段的议论虽依一般常规放在最后，但开头便将议论与叙事交织写来，通篇以议带叙。至如《石钟山记》《李太白碑阴记》，更可看作特殊性质的议论文，前者是辨误，后者是辨诬。前者以考求石钟山命名原因为线索，偏重于议论，但中间一大段却是神采飞动的记叙描写，又与前后议论融为一体；后者从"气""识"两端为李白随从永王李璘之史案作辩白，却多用引证之法，丰富了"记"这种文体的表现手段。晚年所作的《南安军学记》复别具一格，引述经传，辨析字义，阐释经旨，再作议论、叙事，而他不厌其烦地辨析、阐释《尚书·益稷》中一段话的字义，乃是暗批王安石《虔州学记》对同一段经文的误释，可谓别有用心。可见，他的记体古文的运思谋篇是非常多样化的。其传记类作品，如《方山子传》，也突破了文体的局限，撇开对传主生平的介绍，只抓住传主的几个细节来展示其狂放的性格特征，笔墨省净而形象生动，达到很高的文字功力，也体现出苏轼灵活多变的创作个性。《郭忠恕画赞》有一篇较长的序文，内容也是人物传记，写法与《方山子传》相近。此篇序文乃是《宋史·郭忠恕传》的蓝本，但将二者对读，便见史传详于履历而略其细节，苏文略其履历而集中笔墨来写其狂放不羁之情事，于此可悟史传与艺术性古文的根本差异。书序中如《范文正公集叙》《六一居士集叙》《王定国诗集叙》等，皆是为世传诵的名文，而都不拘一般书序先介绍作者，再介绍或评议其书的格套。《范文正公集叙》的主体部分是写自己对范仲淹从仰慕到了解到为其文集作序的漫长过程，《六一居士集叙》是从学术思想发展的大势来标举欧公学术的历史价值与现实意义，《王定国诗集叙》则以苏轼与王巩的交游及他们共同的人生志趣、艺术追求，来表达他们的文学主张。无论就文章的立意，还是就作法来讲，都是精彩超卓的。

三是随笔小品。这几乎是纯粹的艺术散文，具有特殊的美学意义，在提高我国古代散文的文学性和个性化程度上有着重要的作用。苏轼的随笔小品大都作于贬居黄州、惠州、儋州时期，其体式有杂记、题跋、尺牍等，其构成的因素有议论、叙事、抒情，其写作特点是信手拈来，信口说出，自然为文，绝少藻饰，而其总的内容是凸现一个历经磨难而胸襟豁达、富有生活情趣的智者形象，是苏轼性格的升华、思想的结晶，或者说，用自然无华的小品，写出了真率无饰的人品。他的游记文字，如黄州时期的《书清泉寺词》《记承天夜游》《记游定惠院》，惠州时期的《记游松风亭》《游白水岩》，儋州时期的《书上元夜游》等，都善于表现对自然景物的赏会和对人生哲理的领悟之间的融合。他的书简尺牍，如《答秦太虚七首》之四、《与谢民师推官书》《与侄孙元老四首》等，或叙身边琐事，或抒人生感叹，或述艺术见解，娓娓写来，亲切有味，文中有人。其题跋如《画水记》《书临皋亭》《书〈归去来词〉赠契顺》等，内容丰富，都是散文中的精品。苏轼随笔的另一个特点是多雅谑。读他的这类文字，总会感受到谐语戏言层出不穷，迎面而来，处处闪耀智慧的光彩。他的谐趣有着思想、哲理、感情的深度，不同于一般的幽默，更区别于浅薄的油滑。有时，他把谐趣当作迎战厄运的武器，使得他在困境中履险如夷，保持乐观的人生态度。《与参寥子二十一首》之十七中关于惠州杭州居处不殊、或贬地京都无不有病的议论，《试笔自书》中关于天地、大九州、中国皆在"岛"中的奇想，蚂蚁附芥的妙喻，《记游松风亭》中"就林止息"的感触，《书上元夜游》中对于"游""睡"得失的探讨，都在满纸谐趣之中显得意绪超越，表现出他思考人生问题的独特视角，从而深刻地阐发了随遇而安的旷达的人生态度。有时，他也能用谐语戏言来烘托出真实强烈的感情，如《文与可画筼筜谷偃竹记》，大半篇幅写了他和文同之间的戏谑趣事，最后还用了曹操与桥公戏语誓约的典故，但读完全篇，则觉有一种真挚无间的情感和悼念逝者的悲哀流荡其间，动人至深。

这种体制短小，言简意赅，而笔法极其灵活生动，其效果又颇能耐人寻味的小品文，是新古文中完全摆脱了"汉"味的新文体，它继承了欧阳修为新古文奠定的平易畅达、婉转多姿的基本风格，而由苏轼发展出自由活泼、著处生春的面貌，为后世的艺术散文的创作提供了新的典范。此种新的创作范型的建立，与我们下文要论述的中国古代审美文化的一大转折有着密切的关系，其意义是划时代的。明人极喜写作的"性灵"小品，就是承苏轼而来，文学史家虽然经常追源至晚唐罗隐、刘蜕或皮日休等人的作品，但应该说，明清小品文与晚唐小品的关系不甚密切，其意境、笔法无不是直接得自苏轼的。

考虑到唐宋古文运动原与儒学复古运动融为一体的历史事实，应该说唐宋新古文的正体是"文以载道"的那种，即兼具艺术性与学理内涵的，同时也由于要兼具这两方面，故而也必然伴随着体制上的严格要求。宋代有不少教人作文方法的书籍，就对论、策、记、序、传等各种古文体制的写作规范进行探讨。所以，"文以载道"的新古文理论，包含着学理内核、体制规范与艺术表现力三个方面的统一，这样才是"集大成"的"成体之文"①。在历史上，新古文的这个正体虽然一直存在，且由清代的桐城派以"义理、考据、辞章"的口号加以发扬，但作家的自由创造力经常突破这种正体。首先是体制规范被打散，唐宋八大家中既有维护体制规范的②，也有放笔"破体"的③，如苏轼的记、序、传文，就经常别出心裁，不守常规。随后，自由表达的要求也打破了"文"与"道"的统一，道学家不耐作古文，语录大兴，古文家则抛开"道"，写作大量的艺术小品。所以，"文以载道"的新古文流出两种变体：语录和小品，都有自由松散的特点，但语录抛弃了艺术性，纯归谈理，小品则实现了

---

① 秦观《韩愈论》，《淮海集笺注》卷二十二，上海古籍出版社，1994年。

② 如王安石。黄庭坚《书王元之〈竹楼记〉后》："荆公评文章，常先体制，而后文之工拙。盖尝观苏子瞻《醉白堂记》，戏曰：'文词虽极工，然不是《醉白堂记》，乃是《韩白优劣论》耳。'"见《豫章黄先生文集》卷二十六。

③ "破体"，见李商隐《韩碑》诗称韩愈"文成破体书在纸"，此为唐人常语，参钱锺书《管锥编》，中华书局，1986年，890页。南宋曾季狸称苏轼："东坡之文妙天下，然皆非本色，与其他文人之文、诗人之诗不同……然皆自极其妙。"见《艇斋诗话》，《历代诗话续编》本。这是肯定苏轼的"破体"为文。关于宋代尊体、破体之议论与创作的情况，详王水照《文体丕变与宋代文学新貌》，《中国文学研究》，1996年第四期。

较纯粹的艺术性。论文学史，当然只取小品这种变体，不必取语录。在这样的发展过程中考察苏轼古文的历史意义，便可以归结为两个方面：新古文的集大成者，和其变体（小品文）的开启者。这恰恰就如杜诗在中国古代诗史上的地位一样。

4. 书画

苏辙《亡兄子瞻端明墓志铭》云："幼而好书，老而不倦，自言不及晋人，至唐褚、薛、颜、柳，仿佛近之。"① 又《龙川略志》云："予兄子瞻尝从事扶风，开元寺多古画，而子瞻少好画，往往匹马入寺，循壁终日。"② 按苏氏兄弟生平出处略同，思想观点相近，学术文章亦相埒，要说两人之间最大的不同，可能是在对待书画艺术的态度上。苏辙对书画只有观赏的兴趣，没有创作上的追求，其书帖偶有传世者，似不足以名家，又"未尝画也"③。苏轼却不但从小就喜好书画，其创作上亦有度越前人的艺术追求，卓然名家。苏辙晚年卜居许州，买卞氏旧宅，筑起东斋、南斋（包括遗老斋、待月轩、藏书室）、西轩④，杜门读书。其西轩中屏风上张挂苏轼生前所作《枯木怪石》画，为作诗云："老人读书眼病昏，一看落笔生精神。"⑤ 此语最妙，苏轼绘画艺术的最大特色，就是"英风劲气逼人"⑥，故惊俗眼，起精神。

正如苏辙所记，苏轼自幼好画，而凤翔的经历对他的画艺影响甚大。凤翔地处陕西，唐时为长安西边重镇，一度建为西京，其寺庙壁画多出名家巨匠之手，北宋时尚不难寻访。据南宋邵博记：

---

① 苏辙《亡兄子瞻端明墓志铭》，《苏辙集·栾城后集》卷二十二。

② 苏辙《龙川略志》卷一"烧金方术不可授人"条，上海书店，1990 年影印《宋人小说》本。

③ 苏轼《文与可画篔筜谷偃竹记》，《苏轼文集》卷十一。

④ 苏辙《闻诸子欲再质卞氏宅》《葺东斋》，《苏辙集·栾城后集》卷三。又《初筑南斋》《初成遗老斋待月轩藏书室三首》《方筑西轩穿地得怪石》，《苏辙集·栾城三集》卷一。

⑤ 苏辙《西轩画枯木怪石》，《苏辙集·栾城三集》卷三。

⑥ 邓椿《画继》卷三"苏轼"条。

> 凤翔府开元寺，大殿九间，后壁吴道玄画，自佛始生、修
> 行、说法至灭度，山林、宫室、人物、禽兽数千万种，极古今
> 天下之妙……今凤翔为敌所擅，前之邑屋皆丘墟矣，予故表
> 出之。①

是知开元寺吴道子壁画，毁于宋金战争之时。观邵氏所述，其画盖
近似于今敦煌壁画中常见的"四相"图，用连环画的形式画出佛始
生、修行、说法、灭度四个阶段。苏轼在凤翔时，曾以诗句描写，
寄给留在京城的苏辙②。但他在开元寺还有更大的收获，其诗云：

> 何处访吴画，普门与开元。开元有东塔，摩诘留手痕。③

普门寺和开元寺都有吴道子画，但开元寺的东塔上还有王维的画。
苏轼在那里"循壁终日"，将吴道子的"说法"图与王维画的"丛
竹"进行比较。据今人谢稚柳先生所考，吴画是双勾敷彩的，而王
维的竹则是用墨笔撒出的写意形体④。这是两种不同的画法，苏轼
的题跋中有《书黄鲁直画跋后三首》⑤，其第二首所跋为《北齐校书
图》，黄庭坚跋云：

> 往在都下，驸马都尉王晋卿时时送书画来作题品，辄贬剥
> 令一钱不值。晋卿以为言，庭坚曰："书画以韵为主，足下囊中

---

① 邵博《邵氏闻见后录》卷二十八。

② 苏轼《记所见开元寺吴道子画佛灭度，以答子由题画文殊、普贤》，
《苏轼诗集》卷四。按题中只云"灭度"，诗中所写则兼有"修行""说法"。

③ 苏轼《凤翔八观·王维吴道子画》，《苏轼诗集》卷三。按诗中所写，
是吴道子的"说法"图与王维画的"丛竹"。

④ 谢稚柳《唐代墨竹》，见《鉴余杂稿》，上海人民美术出版社，1989
年。

⑤ 《苏轼文集》卷七十。

物，非不以千钱购取，所病者韵耳。"收此画者，观予此语，三
十年后当少识书画矣。元祐九年四月戊辰永思堂书。

苏轼跋云：

> 画有六法，赋彩拂淡一也，工尤难之。此画本出国手，止
> 用墨笔，盖唐人所谓粉本。而近岁画师乃为赋彩，使此六君子
> 者皆涓然作何郎傅粉面，故不为鲁直所取，然其实善本也。绍
> 圣二年正月十二日思无邪斋书。

由此可见苏轼并非不取墨笔勾勒、敷采拂淡之画，但看起来北宋人
对这样的画法比较反感，黄庭坚就觉得这样画不出"韵"。苏轼把吴
道子和王维的画进行比较，也认为吴道子犹属画工，而更赞赏王维
的画法，即用墨笔直接撇出形体。这就是所谓"墨竹"，画法至此才
与书法相通。宋以后的"国画"，直接用水墨造形，与唐画的勾勒敷
彩判然两途。大概这个技法上的突破，是从画竹开始的（因为竹的
节干枝叶最接近于书法形象），以后逐渐推广至别的题材，随之发展
出丰富的表现方法如皴、点等。然而，这也不仅仅是绘画技法上的
革新，还联带着绘画艺术观念上的革新，即从写真转向写意，也就
是"文人画"的观念在此形势下产生。苏轼正是在理论上提出"士
人画"（即后来所谓"文人画"）的第一人。他的绘画创作也贴合
着这样的发展方向。在凤翔开元寺"循壁终日"的经历，无论如何
是重要的，因为他在这里发现了师法的对象：王维的墨竹。自从苏
轼表彰王维以后，王维就成了"文人画"的祖师。

米芾《画史》云："以墨深为面，淡为背，自（文）与可始
也。"[1] 这是说文同的"墨竹"，用墨的深浅来表现立体感，米芾认
为此法乃文同所首创。稍后有花光和尚依照地上的影子来作"墨

---

[1]　米芾《画史》，《画品丛书》，上海人民美术出版社，1982 年，200 页。

梅"①，此法也被后人继承。在北宋时代，画家们都在探索用墨写形的办法，各自有所创获。文同的"墨竹"对苏轼影响很大，苏轼有关绘画艺术的许多真知灼见，是在文同的启发下，或在评论其作品时提出的。他自己的绘画创作，也属于"文湖州竹派"。据米芾记载：

> 苏轼子瞻作墨竹，从地一直起至顶。余问："何不逐节分？"曰："竹生时何尝逐节生？"运思清拔，出于文同与可，自谓"与文拈一瓣香"。

从这里可见苏轼继承文同的画法，而更发展了写意的风格。

不过苏轼的画作传世的绝少，我们只好从历史记载中看他所画的内容。南宋邓椿《画继》云：

> 苏轼字子瞻，眉山人，高名大节照映今古，据德依仁之余，游心兹艺。所作枯木，枝干虬屈无端倪，石皴亦奇怪，如其胸中盘郁也。作墨竹，从地一直起到顶，或问何不逐节分，曰："竹生时何尝逐节生耶？"虽文与可自谓"吾墨竹一派在徐州"，而先生亦自谓"吾为墨竹尽得与可之法"，然先生运思清拔，其英风劲气来逼人，使人应接不暇，恐非与可所能拘制也。又作寒林，尝以书告王定国曰："予近画得寒林已入神品。"虽然，先生平日胸臆宏放如此，而兰陵胡世将家收所画蟹，琐屑毛介，曲畏芒缕，无不具备，是亦得从心所欲不逾矩之道也。②

这里评述了苏轼的四个作品，一是"枯木怪石"，一是"墨竹"，一是"寒林"（可能也是墨竹），一是"蟹"。但我们怀疑邓椿是否见到过这四个作品，因为他的评语都是抄来的，前两个是从米芾的

---

① 汤垕《画鉴》"花光长老"条，《画品丛书》，423页。
② 邓椿《画继》卷三。

《画史》转录，"寒林"见于苏轼尺牍①，"蟹"见于晁补之《跋翰林东坡公画》一文②，邓椿只是将几段评语串联起来而已。不过苏轼画的内容，大致就是这一些，其中"寒林"或即"墨竹"，"蟹"似是工笔，今亦未见，唯"枯木怪石"今存一幅，谈艺者皆推为绝无仅有的苏轼真迹，抑或就是米芾所见、邓椿所录、苏辙西轩屏风上张挂的那一幅？

苏轼确实爱画枯木、怪石，孔武宗曾作《东坡居士画怪石赋》《子瞻画枯木》诗③，可见一斑。为什么石要怪，木要枯呢？一方面是便于以墨来造其形，这是将"墨竹"之法用于别的题材时所作的创造。后世的"国画"，画石都有些怪，画木也多作老干枯枝，盖亦与画法有关，大概欲画端方平正、翁郁润泽者则不免于勾描，此为苏轼所不喜。另一方面，也是更重要的方面，是为了增强写意性、抒情性。孔武宗记苏轼画怪石时，感到"吾之胸中若有嵬峨突兀，欲出而未肆"④，米芾、邓椿也认为"如其胸中盘郁也"。其枯木"枝干虬屈"，充满张力，也是为了表现画者的内在力量。这与他画"墨竹"时"从地一直起至顶"颇为同趣。无论是所画的形象还是用笔的方法，都成为主体情怀的表现。对于苏轼来说，画枯木、怪石、墨竹，乃是特别的抒情手段，而且其抒情风格是豪迈的，故观者觉其"英风劲气来逼人"。从现存的《枯木怪石图》，也很容易看出这种鲜明的风格。在苏轼的诗歌创作中，此种风格属于他任职的时期，而见于记载的苏轼绘画，也主要作于翰林学士任上。

相比于绘画，苏轼的书法艺术不但名声更大，作品数量也多得多，而且得到了较好的编集、整理、刻印。早在南宋时，汪应辰即编集他收罗到的东坡法帖，刻于成都西楼，世称《西楼帖》，陆游还

---

① 苏轼《与王定国四十一首》之八："画得寒林墨竹，已入神品。"《苏轼文集》卷五十二。
② 晁补之《济北晁先生鸡肋集》卷三十三，《四部丛刊》本。
③ 孔武宗《宗伯集》卷一、卷三，《豫章丛书》本。
④ 孔武宗《东坡居士画怪石赋》，《宗伯集》卷一。

择取其中尤为奇逸者编为《东坡书髓》①。《西楼帖》在后代被重刻过，流传不绝，而今台北"故宫"、北京故宫、上海图书馆等单位及日本、中国台湾的一些收藏者，犹保存着不少纸本真迹或宋拓法帖，尤以台北"故宫"收藏为多。1991年北京荣宝斋出版《中国书法全集》，其中有《苏轼》两卷，是二十世纪编印苏轼书法作品最为全备者，其将《西楼帖》打散，与各种纸本、拓本皆依创作时间编年印出，共一百六十四种，并加考释，可以反映苏轼书法艺术的发展过程。

从苏轼一生的书迹，不难看出发展的阶段性。虽未易以年月分断，但大致早年追模晋人，字体妍丽，风神俊爽，笔画也细致流畅；中年遍参唐人笔法，掣笔甚为有力，用墨也较丰，点画肥厚，劲锋溢出，而字体也变得稍扁，虽不失妍丽，但可以观察到字体与笔法间的张力，如黄庭坚所谓"间觉褊浅，亦甚似石压虾蟆"②，唯醉后之作有顺笔而行，痛快淋漓者；至其晚年作品，则笔力能沉着于字画形体之中，颇见雄劲洒脱，而字体亦从有意构巧转为渐近自然，盖已臻得心应手之境，有"一篇神行"之妙。其于书法创作，可谓功随年进，老而弥笃，以唐人笔法造晋人风韵，为行书艺术提供了一种典范。

对于苏轼书艺之进展，始终以行家眼光热情关注的，就是并世的大书家黄庭坚。他是苏轼书法的最早一批评论者中留下批评文字最多的，其批评也最具权威性。他经常分早、中、晚三期评论苏轼书法，如：

> 东坡道人少时学《兰亭》，故其书姿媚似徐季海（浩）。至酒酣放浪，意忘工拙，字特瘦劲，乃似柳诚悬（公权）。中岁喜学颜鲁公（真卿）、杨风子（凝式）书，其合处不减李北海（邕）。至于笔圆而韵胜，挟以文章妙天下、忠义贯日月之气，

---

① 陆游《跋东坡帖》《跋东坡书髓》，《渭南文集》卷二十九。
② 曾敏行《独醒杂志》卷三，记黄庭坚评苏轼书法之语，《丛书集成初编》本。

本朝善书，自当推为第一。数百年后，必有知余此论者。①

东坡书如华岳三峰，卓立参昂，虽造物之炉锤，不自知其妙也。中年书圆劲而有韵，大似徐会稽（浩）；晚年沉著痛快，乃似李北海（邕）。②

东坡先生晚年书尤豪壮，挟海上风涛之气，尤非他人所到也。③

东坡少时观摹徐会稽（浩），笔圆而姿媚有余。中年喜临写颜尚书（真卿）真、行，造次为之，便欲穷本。晚乃喜李北海（邕）书，其毫劲多似之。④

东坡晚年书，与李北海（邕）不同师而同妙。⑤

由于书法艺术强调作者用笔的功力，故书法批评中例将一个作者分前后期或早中晚期来作评论，又由于黄庭坚作评论的时间不同，故他对苏轼书法创作的分期有些参差，如学《兰亭》在"少时"，似徐浩则或说在"少时"，或说在"中年"，似李邕也或说在"中岁"，或说在"晚年"。造成这种参差的原因，也在于"少时""中岁""晚年"皆为模糊概念。但大致整理一下，可以归纳为三个阶段：学《兰亭》最早，似李邕为晚，中间则遍学唐代诸家如徐浩、颜真卿、柳公权及五代的杨凝式等，但也有一个从似徐浩到学颜真卿的过程，因为徐浩的"姿媚"与《兰亭》有联系，颜真卿又与李邕同为"豪壮"，而徐浩又有"圆劲"的一面，与颜真卿有联系。《兰亭》——徐浩——颜真卿——李邕，这大概就是黄庭坚勾画的苏轼书法艺术发展的过程。

在此过程中，显然有两种要素的作用，一是字体的妍丽姿媚，

---

① 黄庭坚《跋东坡墨迹》，《山谷题跋》卷五，《丛书集成初编》本。
② 黄庭坚《跋东坡书》，同上。
③ 黄庭坚《跋伪作东坡书简》，同上。
④ 黄庭坚《跋东坡自书所赋诗》，《山谷题跋》卷九。
⑤ 黄庭坚《跋东坡与李商老帖》，《山谷题跋》卷五。

一是笔法的豪壮劲健，就是所谓"字"和"笔"。黄庭坚认为："盖字中无笔，如禅句中无眼。"①"句中眼"是他对诗歌的要求，即谓句语中须有思理贯行的意脉，使一个语句体现出一种独特的构思，犹如张开了一只洞穿事物的眼目②。"字中笔"则是他对书法的要求，"字"谓字体，要有形式的美，"笔"谓笔法，即写字时笔毫的运动要传达出力量，才能使线条有精神。在古代史籍中，关于"笔法"的授受经常讲得很神秘，不过其要点在于中锋用笔，但表现在各种点画形式上，自然会有许多具体的法则，要在不断学习中体会、把握。至于运用此笔法来造字体时，则也有一番"意在笔先"的"意造"功夫，但无论怎样"意造"，皆不可违拗笔毫运动的规律，不可使线条无力，也即"字"中不可无"笔"。苏轼说过："草书只要有笔。"③草书几无字形可讲，唯看其笔法。楷书呢？当然也有"字"的问题，但楷书字形稳定，变化不太多，主要还是"笔"的问题。行书就不同了，其字体既不像草书那样简省近于纯粹的线条，又不像楷书一般稳固，随意所造，变化丰富，故对于行书来说，"字"几乎与"笔"同样重要。所以，"字中有笔"确是行书艺术的要领。以"意"造"字"，以"学"进"笔"：晋人的字体潇洒清丽，可以摹写，但主要仍在自出新意，自成一体；晋人的笔法难以窥测，唐人讲究法度，易于从中学习笔法，故广学唐代诸家，是增进运"笔"功力的途径。苏轼云："学即不是，不学亦不可。"④此"学"是指学习笔法。笔法不可不学，而以笔法造字体，却还要自出新意。"我书意造本无法"⑤，这是他早年的话，强调造"字"，而忽

---

① 黄庭坚《论写字法》，《山谷题跋》卷七。

② 按：今人多将"句中眼"理解为一句诗中有一两字着力处，观惠洪《冷斋夜话》卷五"句中眼"条所引诗例，即可知其不然。"句中眼"是讲句法，非讲字法。"眼"的意思犹谓对于事物独具只眼，即今所谓"思想"，句中有"眼"也就是诗句有理趣，通过某种独特的句格表现出来。

③ 苏轼《跋黄鲁直草书》，《苏轼文集》卷六十九。

④ 苏轼《跋黄鲁直草书》，《苏轼文集》卷六十九。

⑤ 苏轼《石苍舒醉墨堂》，《苏轼文集》卷六。

视笔法，后来纠正了。在黄庭坚看来，苏轼早年追求"字"的妍丽，中年加强了"笔"力，晚年达到"字""笔"的统一，故以《兰亭》、颜真卿、李邕分别比拟之。（《兰亭》并非无"笔"，颜书亦非无"字"，比拟时只取其一面，此从黄庭坚语意中可以推知。）这是他分三个阶段评论苏轼书法的总体思路，我们认为是符合实际的。

问题在于，苏轼本人对黄庭坚的评论有所异议。说他学《兰亭》、学颜、似李邕，他都接受，但他拒绝承认自己的书法与徐浩有关。《自评字》云：

> 昨日见欧阳叔弼，云："子书大似李北海。"予亦自觉其如此。世或以谓似徐（浩）书者，非也。[1]

后来其子苏过也说，他父亲"少年喜二王书，晚乃喜颜平原，故时有二家风气。俗子初不知，妄谓学徐浩，陋矣！"[2] 简直把黄庭坚也归在"俗子"之列了。可是，关于苏轼的书法有似于徐浩的观点，黄庭坚却是一直坚持的。在这个问题上，我们认为，不能简单地凭苏轼的自述来否定黄庭坚的说法。黄庭坚曾这样评价徐浩：

> 书家论徐会稽笔法："怒猊抉石，渴骥奔泉。"以余观之，诚不虚语。如季海笔，少令韵胜，则与稚恭并驱争先可也。季海长处，正是用笔劲正而心圆。[3]

可见他所取于徐浩的，在于其笔法豪劲有力。"稚恭"是晋人庾翼，徐浩所乏的是晋人的风韵。黄庭坚以徐浩比拟苏轼，主要也是就笔法而论，《跋东坡水陆赞》云：

---

① 苏轼《自评字》，《苏轼文集》卷六十九。
② 苏过《书先公字后》，《斜川集》卷六，《丛书集成初编》本。
③ 黄庭坚《书徐浩题经后》，《山谷题跋》卷四。按："怒猊"二句，见《新唐书·徐浩传》。

东坡此书，圆劲成就，所谓"怒猊抉石，渴骥奔泉"，恐不在会稽之笔，而在东坡之手矣。①

这也是夸奖苏轼在笔力上的进步。不过，若单就笔法而言，颜真卿、柳公权、杨凝式等当然更值得学习，但徐浩还有另一长处，就是他也追求字体的姿媚，而且其字形较肥，将以比拟苏字，并非太不合适。黄庭坚正是看到了苏轼在书法上是"字""笔"兼重的，所以屡次比作徐浩。当然，李邕也被认为是"字""笔"兼重的，苏轼更喜欢人家把他比作李邕，而在黄庭坚看来，徐浩、李邕、苏轼在这一点上是相通的，《题东坡小字两轴卷尾》云：

此一卷多东坡平时得意语，又是醉困已过后书，用李北海、徐季海法，虽有笔不到处，亦韵胜也。②

所谓"韵"，是就字体而言的。徐浩之"韵"虽不及晋人，但毕竟也试图运用笔法来创造妍丽的字体，与李邕、苏轼同辙。可以注意的是，黄庭坚也批评他们有"笔不到处"，即在追求字体时妨碍了笔法。这也不错，"字"与"笔"是有一定矛盾的。黄庭坚自己学习唐人笔法甚力，但其字欹侧取妍，也是为了"字中有笔"，两不偏废，所以他对两者之间的矛盾，是有深刻体会的。苏轼尝批评其字如"树梢挂蛇"，黄庭坚反讥苏字如"石压虾蟆"③，说明无论作瘦字、肥字，皆有"字""笔"矛盾造成的困境。比较而言，黄庭坚是更强调"笔"的，他说：

余尝评东坡善书乃其天性。往尝于东坡见手泽二囊，中有似柳公权、褚遂良者数纸，绝胜平时所作徐浩体字，又尝为余

---

① 黄庭坚《跋东坡水陆赞》，《山谷题跋》卷五。
② 黄庭坚《题东坡小字两轴卷尾》，《山谷题跋》卷五。
③ 曾敏行《独醒杂志》卷三。

临一卷鲁公帖，凡二十许纸，皆得六七，殆非学所能到。①

他对苏轼遍学唐人笔法，给予积极肯定，同时，他认为苏轼是天生能解笔法的，一学就善。对于苏轼因"字"而妨"笔"，"作徐浩体字"，实际上有所不满。所以，他喜欢赞扬苏轼醉后写的字，此时作"字"之意略松，笔力天挺，如《黄州寒食帖》，便突破了"石压虾蟆"的扁字体，一任笔力所至，清雄豪放，沉着痛快，而又不坏字体，自然成妍，具有超逸的韵味，他认为"诚使东坡复为之，未必及此"②。后世亦多将此帖推为东坡行书第一。苏轼自己也说过："仆书，尽意作之似蔡君谟，稍得意似杨风子，更放似言法华。"③按蔡襄字体妍丽，杨凝式有颜鲁公笔法，"言法华"即释志言，史称其"居东京景德寺，为人卜休咎，书纸挥翰甚疾，字体遒劲"④，可见苏轼所谓"放"，盖指笔力超迈足以摆脱字形束缚的境界。没有"笔"的"字"不过是一番做作的媚态，有"笔"才有精神，有生气，将"字"写活。"笔"确实是更重要的。然而，如此强调"笔"，是有一种自信为基础的：即相信自己在以"笔"造"字"时，无论怎样"意造"都不会太无风韵。倘若一味只讲笔法，没有字体的风韵，那是要被苏、黄贬为"书工"的，因为笔毫的运动规律是一个熟能生巧的工匠足以把握的，但运用笔法以创造具有艺术风韵的字体，却必须是具有审美修养的文人才能做到的。故苏、黄虽然在"字""笔"矛盾时强调"笔"更为重要，但总体上仍追求两者的统一。苏轼自云："东坡平时作字，骨撑肉，肉没骨。"⑤ 此处"骨"即指"笔"，"肉"即指字。他评欧阳修书，曰"笔势险

---

① 黄庭坚《跋东坡叙英皇事帖》，《山谷题跋》卷五。
② 黄庭坚《跋东坡书寒食诗》，《山谷题跋》卷八。
③ 苏轼《跋王荆公书》，《苏轼文集》卷六十九。
④ 明河《补续高僧传》卷十九引《河南志》，又见《宋史·方技下·僧志言传》。
⑤ 苏轼《题自作字》，《苏轼文集》卷六十九。

劲，字体新丽，自成一家"①，也是从"笔""字"两方面来作出肯定。可见，"字中有笔"确实是他的自觉追求，就此而言，黄庭坚将他比为徐浩、李邕，是并不错的。

同是"字""笔"并重，为什么比作李邕就欣然接受，说学徐浩就不肯承认呢？原因在于苏轼认为徐浩的字体媚俗。书法固应追求笔力雄劲、字体妍丽，但笔力是对书写工具的掌握，不依人品分高下，字体却是随意所造的，同是妍丽的字体，随创作主体人品、学养、意趣的不同，有着雅俗之分，故可以人品定其高下。这就已经不是"字"与"笔"的问题，而是作者的性情和文化修养的问题了，也是更高层次的问题。在这个层次上，黄庭坚是一再地赞美苏轼的：

> （东坡大字）虽时有遣笔不工处，要是无丝毫流俗。②
>
> 翰林苏子瞻书法娟秀，虽用墨太丰，而韵有余，于今为天下第一。③
>
> 东坡简札，字形温润，无一点俗气。④
>
> 余谓东坡书，学问文章之气，郁郁芊芊，发于笔墨之间，此所以他人终莫能及尔。⑤
>
> 余尝论右军父子翰墨中逸气，破坏于欧、虞、褚、薛，及徐浩、沈传师，几于扫地，惟颜尚书、杨少师尚有仿佛。比来苏子瞻独近颜、杨气骨。⑥

类似的话不一而足，明显地将体现于创作中的主体的精神气质、审美趣味看得高于笔法、字体。黄庭坚以此肯定苏轼书法得晋人风韵，

---

① 苏轼《题欧阳帖》，《苏轼文集》卷六十九。
② 黄庭坚《题东坡大字》，《山谷题跋》卷八。
③ 黄庭坚《跋自所书与宗室景道》，《山谷题跋》卷五。
④ 黄庭坚《题东坡字后》，《山谷题跋》卷五。
⑤ 黄庭坚《跋东坡书远景楼赋后》，同上。
⑥ 黄庭坚《跋东坡帖后》，同上。

近颜、杨笔意，无俗气，为当代第一。而且，在这一点上他也贬低了徐浩。在他看来，就"字中有笔"而言，苏轼是学徐浩的，但精神气质不同，所以，对于其晚年的艺术境界，他用李邕来作比。

三、苏轼的文艺美学思想

尽管苏轼通常给人一个天才的印象：万斛泉源，随地涌出，嬉笑怒骂，皆成文章，可是，当我们对他的生平、思想和创作进行一番比较详尽的考察后，即会发现：苏轼创作的每一步发展，都伴随着理论、批评方面的新的思考，也就是说，他是在自觉的文艺美学思想的指导下进行创作的。我们不怀疑苏轼可能具有常人难以比拟的一分天才，但可以断言：苏轼取得了如此巨大的文艺成就，其所凭依的主要不是天才，而是思想，即高度自觉的理性的思考。

因此，苏轼写作的实际情形，颇与我们平常想象的那种随兴而作、一挥而就的情形相异，据他的学生李之仪的记载："东坡每属辞，研墨几如糊，方染笔，又握笔近下，而行之迟；然未尝停辍，涣涣如流水，逡巡盈纸，或思未尽，有续至十余纸不已。议者或以其喜浓墨、行笔迟为同异，盖不知谛思乃在其间也。"① 这是说，苏轼的写作并非提笔立成的，而是研墨甚久，行笔迟慢；但一旦浓墨上纸，其文思决不滞涩，能够不停地写下去，甚或一写就是十余纸。此两方面看似矛盾，却正如李之仪所说，"谛思乃在其间"，是精心运思的结果。与此相关的另一个现象是，苏轼"作文不惮屡改"，对于自己的诗文，不以一时快笔为定，而是勤于修改，见于宋人笔记《春渚纪闻》的记载②。可与这个记载相印证的是现存苏轼的纸本行书《定惠院月夜偶出诗稿》③，涂改得简直满纸狼藉；即如

---

① 李之仪《庄居阻雨邻人以纸求书因而信笔》，《姑溪居士全集·文集》卷十七，《丛书集成初编》本。

② 何薳《春渚纪闻》卷七"作文不惮屡改"条，中华书局，1983年。

③ 《中国书法全集·苏轼》图版第48种，荣宝斋，1991年。

370

其最著名的《黄州寒食诗帖》，书法方面向称纯乎天机之作，甚至被黄庭坚认为东坡自己亦不能复作的，但观其行文的内容，也仍有点窜改定之处①。此二件皆作于黄州，正值他的思想和创作发展中的最重要时期之一，向称才思敏捷的苏轼，竟会令人难以置信地将诗稿改得满纸狼藉，也许是心情悒郁或避忌困扰的缘故。但《黄州寒食诗帖》的沉着痛快的书法风格，和文字内容上的点窜相并观，则可见沉着痛快乃是一种理性力量节制下的宣泄：这宣泄是痛快的，故一无雕琢，重笔写出，却又有着强健刚劲的理性节律，故笔笔沉着，略无虚浮。实际上，这里看不到飘飘然的"坡仙"，这乃是一种痛苦的艺术，或者说是一种冲决痛苦的艺术。冲决的力量来自理性思考，来自理性的律动。在《后赤壁赋》中，作者的心路历程，从人间的幽昧之地，朝向不可捉摸的世外之境，在迷离恍惚的幻觉中进行了一场人天（仙）对话，最后又复返人间。所谓"幽则为鬼神，而明则复为人"②，以交通人天的巨大思力来击穿和滤却了种种人生的痛苦，还得生命的澄澈。秦观曰："苏氏之道，最深于性命自得之际。"③ 对人的本性与天命作出统一把握、透彻了达的，正是对"道"的理性思考，而这种思考的结果即"苏氏之道"，分明是苏轼文艺作品的灵魂。

宋人讲的"道"，并不仅仅是一个哲学概念，当然最终可以归结到哲理上，但论其人生和文艺创作，也离不开"道"。或以为"道"局限了文艺，那恐怕是将"道"仅仅理解为政治意识形态，没有想到它的丰富的超越性内涵给予宋人的心灵激动和精神提升。对于宋人来说，"道"也是他们凭借着向艺术境界的深广处拓展的根本力量，也用来总结和指导实际的创作，并使得他们的文艺批评颇成体系，从模糊笼统的印象批评向精密的文艺美学思想发展。如果说，程朱之"道"主要想把人生的气质欲望净化为性理昭晰的话，那么，

---

① 《中国书法全集·苏轼》图版第 57 种。
② 苏轼《潮州韩文公庙碑》，《苏轼文集》卷十七。
③ 秦观《答傅彬老简》，《淮海集笺注》卷三十。

"苏氏之道"显然还有另一层丰富的内涵,即把写作冲动斡运为真正的艺术创造,将人生感受超升为审美的体认。因此,我们这里要探讨"苏氏之道"的美学内涵,然后便可据以钩沉散见于他许多具体的文艺批评中的文艺美学观点,且使埋藏其间的理路呈露出来。

1. "苏氏之道"的美学内涵

在本书关于苏轼哲学思想的部分,我们已经论证他的"道"乃是指自然的"大全"。自然的"大全"是无所不包的,大致说来,基本的原料是"气",在变化中呈现出来的是种种"象",主宰其间的是所谓"造化"。自古以来,哲人们运用这些概念来解释自然过程,力图揭示其真相,也有许多人力图从中推导出儒家人伦、社会规范(即礼教)的合理性,其所得虽有深浅,但都是想对"真"和"善"作出哲学的说明,则无疑义。同时,在思考"真"和"善"时,他们也对"美"有所感知。比如讲"气"的时候,除了讲阴阳外,也常有"天地之秀气""山水之灵气"之类的说法,在一气陶甄万有的宇宙论中,特意用了"秀气""灵气"来解释美好事物或聪明人的来历。至于这特殊的"气"属阳属阴抑或是阴阳的和谐,倒也难以深究。又比如讲"象"的时候,《易》的"四象"虽用以通摄实在事物的器用,但也可以脱离器用而发挥为对事物的一种审美把握,如后来被引入诗歌理论的"兴象""意象"之类。《文心雕龙·原道》云:"日月叠璧,以垂丽天之象;山川焕绮,以铺理地之形。"[1] 这里的"形""象"显然是从审美方面讲的,而不指事物的器用。并且,对自然美的这种感悟,被认为是文艺的源泉。李白《秋于敬亭送从侄耑游庐山序》:"长山横蹙,九江却转,瀑布天落,半与银河争流,腾虹奔电,潒射万壑,此宇宙之奇诡也。"[2] 自然美在他的笔下被说成"宇宙之奇诡"。进一步讲,这样的"奇诡"应

---

① 刘勰《文心雕龙·原道第一》,见范文澜《文心雕龙注》卷一,人民文学出版社,1958年。

② 《李白集校注》卷二十七,上海古籍出版社,1980年。

有造成它的原因，如独孤及《仙掌铭》所云："阴阳开合，元气变化，泄为百川，凝为崇山。山川之作与天地并，疑有真宰而未知尸其功者。"① "真宰"也就是"造化"，独孤及用形象化的方法来描述："夫以手执大象，力持化权，指挥太极，蹴踏颢气，立乎无间，行乎无穷，则掖长河如措杯，擘太华若破块，不足骇也。"好像有个"巨灵"在创造着宇宙间的种种奇观，其实，那是"万化之一工"，也就是说，宇宙万象的创生运行过程本身具有美的规律。《仙掌铭》是唐代古文家对"造化真宰之工"的一篇礼赞，反映出唐宋时代的审美观念经历了一个飞跃，从对自然现象的赏会（在《世说新语》中几乎俯拾即是）深入到探索美的创造规律，即从"象"到"理"的飞跃。于是，晋、唐以来"耻一物之不知"的"博物君子"的爱好，到宋代成了知识分子的普遍习尚，所谓"探造化之秘"，其成果有两个方面，一是使《梦溪笔谈》那样的科学巨著得以产生，二是对文艺尤其是诗歌的表现力提出了要求：要能够揭示"造化之秘"，尽发其蕴。欧阳修诗云："大哉天地间，万怪难悉谈。嗟余不度量，每事思穷探。欲将两耳目所及，而与造化争毫纤。"② 他对梅尧臣、苏舜钦诗歌艺术的肯定，也是出于同样的旨趣："二子精思极搜抉，天地鬼神无遁情。及其放笔骋豪俊，笔下万物生光荣。古人谓此觑天巧，命短疑为天公憎。"③ 说二人的诗笔揭示了"天巧"，即造化的秘密，而他将造化形容得"怪""巧"，则分明已认知到造化之"理"中蕴含了美的规律。万事讲"理"自是宋人的思维特点，不满足于现象而欲穷究其"理"，有具体的物理、事理和概括的天理。在今人看来，这"天理"一说有着浓重的伦理色彩，科学性不强，但在当时，它也被当作万物的总规律来论述，故我们不能忽视数百年来知识分子对造化之理的积极探索和知识积累在宋明理学创建过程中所起的作用，那使得宋人的本体论在追求"真""善""美"的

---

① 独孤及《仙掌铭》，《毗陵集》卷七，《四部丛刊》本。
② 欧阳修《紫石屏歌》，《欧阳文忠公集》卷四。
③ 欧阳修《感二子》，《欧阳文忠公集》卷九。

结合上超越了前人。不过，欧阳修对"天巧"的探求，本包含审美方面的认知，到了程氏的"天理"，却似乎更注重"真"与"善"的结合，而把"美"驱除了。如果说，程颢的"天理流行"境界还有点过于笼统的审美境界的味道，则程颐似是天性善于辨析抽象义理，而缺乏艺术感知力。与他相反，北宋道学的另一流派"蜀学"，却注重发展包含在欧阳修学说中的审美认知的一方面，并将其提升到"道"的层次上进行思悟，使"苏氏之道"更侧重于"真"与"美"的结合（将"善"降低）。所以，我们不妨说苏轼是一个美学家。

作为自然万物之理的总体，苏轼的"道"是包罗万象之世界的根据，那当然也是艺术创造的根据。在《净因院画记》中，苏轼认为：物虽无"常形"，却必有"常理"，画物是不妨失其"常形"的，但不可以违背这"常理"①。在《文与可画墨竹屏风赞》中，他又说："与可之文，其德之糟粕；与可之诗，其文之毫末；诗不能尽，溢而为书，变而为画，皆诗之余。"② 此谓文艺创作皆以"德"为根本。我们明白，所谓"道"，其在物为客观的"理"，其在人为主体的"德"。当苏轼说文艺创造是发乎"德"合乎"理"时，也就等于说艺术是"道"的表现。那创造着世界万物的"道"的运作，也创生着艺术，或者说，"道"本身就是依艺术规律运作的。《赤壁赋》对此有最好的阐述：

> 且夫天地之间，物各有主，苟非吾之所有，虽一毫而莫取；惟江上之清风，与山间之明月，耳得之而为声，目遇之而成色，取之无禁，用之不竭，是造物者之无尽藏也，而吾与子之所共食。③

---

① 苏轼《净因院画记》，《苏轼文集》卷十一。
② 苏轼《文与可画墨竹屏风赞》，《苏轼文集》卷二十一。
③ 苏轼《赤壁赋》，《苏轼文集》卷一。

这里最后一个"食"字，诸版本或作"适""乐"，南宋的朱熹说他曾见东坡手写本作"食"，又解释"食"之义为"享也"①，今从之。"食"的含义既是"享"，则犹今所谓"艺术享受""美的享受"，其内容为声色，声色是耳目之所得于风月者，此风月乃是"造物者之无尽藏"，意谓："造物"给人们源源不绝地提供着无穷无尽的"美"。而所谓"造物"，不过是"道"的形象化的说法。然则，苏轼的"道"实在是"美"的渊薮，"道"与"美"是一非二。

当然，苏轼没有提出现代意义上的"美"的概念，而是采取了另一种表述：

> 凡物皆有英华，轶于形器之外。为人所喜者，皆其华也；形自若也，而不见可喜，其华亡也。故凡作而为声，发而为光，流而为味，蓄而为力，浮而为膏者，皆其华也。吾有了然常知者存乎其内，而不物于物，则此六华者，苟与吾接，必为吾所取。非取之也，此了然常知者与是六华者盖尝合而生我矣。我生之初，其所安在？此了然常知者苟存乎中，则必与是六华者皆处于此矣。其凡与吾接者，又安得不赴其类，而归其根乎？②

这一段话是讲道教丹诀的，内丹理论与两宋道学简直是孪生兄弟，血脉相通，苏轼的哲学思想受道教的影响便极大。但这段话吸引我们的地方在于，作者几乎是苦于没有"美"这个概念来把他的思想表述得更清楚些。所谓"轶于形器之外"的"英华"，实在就是"美"的表现，作者说了六种：声、光、味、力、膏，以及"可喜"的色，称为"六华"。《赤壁赋》说"造物者之无尽藏"时，只略举声色，这里就更加丰富了，有"六华"。它们当然是自然之"道"的内涵的发露，也就是"美"的显现。至于人所"存乎中"的"了

---

① 《朱子语类》卷一百三十。又《中国书法全集·苏轼》图版59《前赤壁赋卷》，据云是苏轼手书赠傅尧俞者，亦作"食"字，可见朱熹所云不虚。

② 苏轼《大还丹诀》，《苏轼文集》卷七十三。

然常知者"，在苏轼的哲学体系中，无疑就是"性"。相对于"六华"来说，"性"也就是审美判断力，在审美活动中，人的天赋的审美判断力与对象的审美表象自然融会，所以，"必为吾所取"。苏轼进一步说，"我"（审美主体）本身也是由"性"与"六华"合而生成的。此语较为费解一些。大致说来，人有性灵、有形质，缺一不成，按照现代的说法是灵与肉，按照程朱理学的说法是天命与气质，很多哲人视后者为恶的来源，认为它的存在是对前者的遮蔽。苏轼却似是说到了两者的统一性，既然"美"是在形质中发露出来的（"六华"从形器轶出），则合乎理想的形质应该是"美"的形质，原初的人就应当是审美主体性（"了然常知者"）与"美"的形质的结合。而且，只要审美主体性"存乎中""则必与此六华者皆处于此"，那么，自然界中的"六华"，也就"安得不赴其类"，而为人所汲取？这段话的本意是在构想一种"内丹"的生成过程：性灵与"六华"生成人，再不断汲取"六华"养成丹。然而，这里包含着对"美"的觉悟，很容易被我们置换为另一种表述：审美主体性与它的对象（美的形质）融合，生成了审美主体，在审美活动中，主体又能不断地扩展这种融合，"食""造物者之无尽藏"（美）以充实主体。显然，关键在于"性"，"性"是能取，"六华"是所取。"性"如何才能取到"六华"呢？要"存乎中"，要"不物于物"。也即是说，要自觉存省，要不迷失于对象。可是，怎样的一种主客体的融合，才能令主体性长存而不迷失呢？

还是要讲到"道"。从人类理性所探索的"造化之秘"，到享之不尽的"美"的宝藏，苏轼显然赋予了"道"以"美"的内涵。这令我们想起苏轼论"道"时非常强调的"全"这一观念。"道"之所以与"美"不二，是可以从"全"找到理解的钥匙的。"全"是存在的完整性，包括时间上的永恒性和空间上的无限性。"道"是"全"的，即永恒的、无限的、完整的，所以是"美"。那么，把握"美"也等于要把握"全"，这种把握才合乎"道"。审美活动中的主客体融合，就是主体对对象的彻底认识，完整把握，达自由之境界。这种自由境界是可以代替化工的境界，苏轼有个比喻："犹器之用于手，不如手之自用，莫知其所以然而然。性至于是，则谓之命。"① "命"是天命，但人若穷理尽性而达自由之境，则知天命，而且就是天命，因为实际并无"天"下的命令，天命不过是造化自然之理。天命呈现的境界也就是人对造化自然之理进行完整把握，顺理而行的境界。苏轼将此境界表述为：主体"与造物者游"。这"与造物者游"一语乃是苏轼全部文艺创作论的关键，我们留待下文再征引资料展开论述。这里只要指出："与造物者游"乃是穷理尽性以至于命的境界，是对对象完整把握的境界，是得"全"合"道"审"美"的境界，即主客体融合的最高境界。在这样的融合中，主体性才能长存而不迷失，因为"道"与"性"是统一的，"道"在人为"性"，人之所为合乎"道"，即是"存性"。

拥抱全部自然万物，穷尽其理而得自由，这当然只是一个理想，人怎能穷尽全部"理"呢？如果说，要待穷尽全部的"理"，才是审美境界，则审美境界岂非永不可得？实际上，这只是一个人生态度的问题，就是一个人能否不固执私见，不胶着物欲，而循理行事。苏轼说："循万物之理，无往而不自得，谓之顺。"② 又曰："君子之顺，岂有他哉？循理无私而已。"③ 晁补之《七述》叙苏轼对他的教导："吾以乐而未尝无以乐者，顺也。"④ 所以，无私顺理的人生态度，就是一种"道心"，坚持这样的态度，"道"便不求而自致。在苏轼看来，这也是审美的态度，它伴随着"乐"，即审美的愉悦，而所谓"无往而不自得"者，就是自由，就是"性命自得"。

审美的人生态度，是循理无私的态度，是放弃对物的占有欲而观其存在的整体性，俾其内在的合理性充分展现，穷其生机，条达畅茂至于完美，英华发露，乃得所享，其间切不可横加摧残取用，夭其生理，那会得小而失大，得不到"与造物者游"的快乐。所以，

---

① 《苏氏易传》卷一。
② 《苏氏易传》卷九。
③ 《苏氏易传》卷一。
④ 晁补之《七述》，《济北晁先生鸡肋集》卷二十八，《四部丛刊》本。

苏轼阐述了人对于物的两种态度，一是"寓意"，一是"留意"：

> 君子可以寓意于物，而不可以留意于物。寓意于物，虽微物足以为乐，虽尤物不足以为病；留意于物，虽微物足以为病，虽尤物不足以为乐。①

"乐"的关键在于"寓意于物"而不"留意于物"，这是什么意思呢？苏轼举书画为例：

> 凡物之可喜，足以悦人而不足以移人者，莫若书与画。然至其留意而不释，则其祸有不可胜言者。钟繇至以此呕血发冢，宋孝武、王僧虔至以此相忌，桓玄之走舸，王涯之复壁，皆以儿戏害其国、凶其身，此留意之祸也。始吾少时，尝好此二者，家之所有惟恐其失之，人之所有惟恐其不吾予也。既而自笑曰："吾薄富贵而厚于书，轻死生而重于画，岂不颠倒错谬，失其本心也哉！"自是不复好。见可喜者，虽时复蓄之，然为人取去，亦不复惜也。譬之烟云之过眼，百鸟之感耳，岂不欣然接之？然去而不复念也。于是乎二物者，常为吾乐而不能为吾病。②

由此看来，"留意于物"是指精神被对象所占据，"寓意于物"则是精神自由，自得其乐的，一"留"一"寓"，其义分明。精神被对象"留"住的原因，是本想占有对象；若以非功利的审美观赏的态度对待之，则能自由地出入于物，所谓"寓"了。苏轼说，"留意于物"是"失其本心"的，反过来，"寓意于物"的"乐"正是"存"此"本心"了。《苏氏易传》云："性所以成道而存存也。尧舜不能加，桀纣不能亡，此真存也。"③ 这"真存"与"本心"一

---

① 苏轼《宝绘堂记》，《苏轼文集》卷十一。
② 苏轼《宝绘堂记》，《苏轼文集》卷十一。
③ 《苏氏易传》卷七。

378

样，是"性"的别称，"存性"就是"体道"，主体性不迷失于对象而得存省，正是因为对"道"的体悟后"寓意于物"的审美态度，伴随着"与造物者游"的"乐"，即审美愉悦。

这样，概括上面的意思，就是"物"有"六华"轶于形器之外，而"道"乃是其"无尽藏"，主体"寓意于物"，则能"存性"，"性"的存省而不迷失，便能吸取"六华"，整个过程又充满了"乐"。毫无疑问，这里包含了关于美、审美、审美主体性及审美愉悦的一系列认识。故"苏氏之道"实有着丰富的美学内涵，或者说，根本上是一种美学理论。在两宋时期的诸家"道学"中，苏学的这个特色是极鲜明的，它总结了古代哲学中的美学思想观念，提高到"道"与"性"的层次进行论述，建立了一个比较完整的美学理论体系。苏轼实在是我国古代不可多得的一位严格意义上的美学家。

有两点需要补充说明。一是关于审美主体吸取"六华"的说法，原是带有比喻意义的一种说法。此说脱胎于丹诀，讲真"性"长存且不断吸收万物之精华，可养成内丹。从理论上看，这丹诀似兼有形上、形下两方面的含义：从形而下方面说，是保存生命活力且不断吸收滋养，以期长生不老；从形而上方面说，是保存根本的领悟力且以领悟万理的理味自悦，以求悟性圆满。然则，"六华"的形而下意义，差不多是指如食物的营养等，吸取它可以健身，推而至于长生；它的形而上意义，则接近于我们说的"美"，而吸取"六华"，实指获得审美愉悦，美的享受。所以，"寓意于物"的非功利之观赏态度，与吸取"六华"的说法并不矛盾。正如《赤壁赋》所谓，对物丝毫不取，唯取风月之声色以"共食"。"食"是比喻的说法，实指审美享受。苏轼的意思是：以非功利的审美态度对待物，物的"美"便显现出来，而"造化"也就成了"美"的"无尽藏"。此"藏"自然是取之不尽的，但"取"仍是比喻的说法，《超然台记》中讲的是"观"：

凡物皆有可观。苟有可观，皆有可乐，非必怪奇玮丽者也。

铺糟啜醨皆可以醉，果蔬草木皆可以饱，推此类也，吾安往而不乐？①

一切事物都可以令人愉悦，都有其可观处。亦即：只要以非功利的态度去观照，则一切事物上都可以发现"美"。但古人所谓"观"，不仅仅是现代所谓"观看"之义，它的含义与"游"相近，故秦观字少游，陆游字务观，名字互释，而苏轼的"观"物，也就是"与造物者游"的意思。这只要看《超然台记》的下文就可以明白。文中说，"观"物则无往而不乐，若有欲于物，便不见可乐，"物有以盖之矣。彼游于物之内，而不游于物之外。物非有大小也，自其内而观之，未有不高且大者也。彼挟其高大以临我，则我常眩乱反复，如隙中之观斗，又乌知胜负之所在？"这里的"游"与"观"可以互易。凡对物持功利的态度，必被物所牢笼，失其本心，陷入"物之内"，犹如"身在此山中"便"不识庐山真面目"②。只有以审美的态度去游观，才能在"物之外"见其整体，才能把握到事物的"全"，也才能获得美的享受。"全"是真，也是美，真与美就是这样结合的，所以，《赤壁赋》中的"食"，《大还丹诀》所谓主体吸取"六华"，实是游观之意。

另一点要补充的是，在苏氏学说中，"留意""寓意"之上应更有"独存"境界。苏辙告黄庭坚云：

盖古之君子不用于世，必寄于物以自遣，阮籍以酒，嵇康以琴。阮无酒，嵇无琴，则其食草木而友麋鹿，有不安者矣。独颜氏子饮水啜菽，居于陋巷，无假于外，而不改其乐，此孔子所以叹其不可及也。③

---

① 苏轼《超然台记》，《苏轼文集》卷十一。
② 苏轼《题西林壁》，《苏轼诗集》卷二十三。
③ 苏辙《答黄庭坚书》，《苏辙集·栾城集》卷二十二。

这是说，"留意"于物会失去本心，固不足取；而"寓意"（"寄于物"）虽能"存性"，但仍有假于外物；若真正高明的人，应能不假于外物，无所"寓"而保存其性灵的。晁补之云："宅道之奥，妙在独存。"① 此"独存"二字正指这种不"寓"而自"存"的境界。苏辙认为，一般贤者只能做到"寓意于物"，依仁游艺，只有颜子达到了"独存"境界。此是苏氏的"颜子学"。宋学在义理上虽继述孟子，但在人生境界上仍追企颜子，故"颜子所好何学"实宋学之重要命题，此待下章论苏轼人生思想时再详论。苏辙以颜子为"独存"的典范，并夸奖黄庭坚的人格修养已接近这种境界，实则也传达出他自己在修养方面的心得。所以，苏轼常说苏辙的修养高于他，就是因为苏辙能够"独存"，而他自己则不耐"独存"的枯槁，不免于"寓"。他说：

> 笔墨之迹，托于有形，有形则有弊。苟不至于无，而自乐于一时，聊寓其心，忘忧晚岁，则犹贤于博弈也。虽然，不假外物而有守于内者，圣贤之高致也，惟颜子得之。②

他也承认颜子式的"独存"境界是更高的，但不否定以文艺创作"聊寓其心"。他又说：

> 张长史草书，必俟醉。或以为奇，醒即天真不全。此乃长史未妙，犹有醉醒之辨，若逸少何尝寄于酒乎？仆亦未免此事。③

酒当然也是一种外物，张旭要假酒来催发草书艺术，即未免有待于外物，若王羲之就不需要"寄于酒"，所以境界更高。然而，书法创

---

① 晁补之《祭端明苏公文》，《济北晁先生鸡肋集》卷六十一。
② 苏轼《题笔阵图》，《苏轼文集》卷六十九。
③ 苏轼《书张长史草书》，《苏轼文集》卷六十五。

作本身也还是一种寄寓行为，若能不作而独存性灵，岂不更高？程门弟子吕大临作诗曰："独立孔门无一事，只输颜子得心斋。"连素不喜诗的程颐也大加赞赏①。其实，这正如陶渊明说颜子，"一生枯槁"，意味不多。观苏轼"仆亦未免此事"一句，可见他实在也是不耐"独存"之"枯槁"的。他把身世说成"吾生如寄"，把文艺创作说成"聊寓其心"，就隐然于"独存"之外更强调寄寓。晁补之说了"妙在独存"后又云："有不得已，文乃其藩。"这"藩"原是篱笆之意，引申为边沿之意，亦可更引申为边沿之内的领域之全体。《庄子·大宗师》云："吾愿游于其藩。"文艺正是真存之"性"不耐"独存"时遨游其中的领域。苏轼赞黄庭坚的书法是："以平等观作欹侧字，以真实相出游戏法，以磊落人书细碎事。"② 此是对"寓意"的最好说明。正如晁补之所云，这是"不得已"的。文艺创作对于苏轼来说，毕竟是不可少的。他没有去做"独立孔门无一事"的颜子，而是将他的创造力都"寓"于学术、政事，尤其是文艺中了。

2. 苏轼的文艺创作论

苏轼有关文艺创作的论述，散见于他的记、序、题跋、书信等多种体式的文字之中，其内容有两方面，一是关于具体某种文体之创作方法的，二是关于一般创作原理的。前者如《谢欧阳内翰书》③支持欧阳修所倡导的平易流畅的古文风格，《题柳子厚诗二首》之二④主张诗歌写作要"以故为新，以俗为雅"，《与鲜于子骏三首》之二⑤对突破柳永词风的自喜，和《与陈季常十六首》之十三⑥称赞陈词是"诗人之雄，非小词也"，等等。这些言论对于宋代古文运动

① 《二程集》，239 页。
② 苏轼《跋鲁直为王晋卿小书尔雅》，《苏轼文集》卷六十九。
③ 《苏轼文集》卷四十九。
④ 《苏轼文集》卷六十七。
⑤ 《苏轼文集》卷五十三。
⑥ 《苏轼文集》卷五十三。

的发展、宋诗"以文为诗"的走向，与宋词豪放派的崛起，都曾产生过积极的影响。他一再地赞美蔡襄、文同的书画艺术，也有借批评以指导创作的意思。但我们这里要重点阐明的，是苏轼关于一般创作原理的论述。

所谓"创作原理"，无非是要解决一个基本的矛盾，就是文艺本体与创作主体之间的矛盾。作为人类文化的一个特定的门类以及社会存在的特定形式，文艺必然有其内在的合理性，有它的界限，并不是随意造作可以成就的；但是，如果没有创作主体的自由意志来突破创新，作品就失去创造性，文艺就不会发展。因此，作家在创作时就面临一个必须解决的问题，是为了一定目的、遵循一定规范进行创作呢，还是自由地抒写性情，不受拘限？我们看苏轼有关创作的言论，对这两方面都加以肯定，如：

> 文章以华采为末，而以体用为本。国之将兴也，贵其本而贱其末。①
>
> 先生之诗文，皆有为而作，精悍确苦，言必中当世之故，凿凿乎如五谷必可以疗饥，断断乎如药石必可以伐病。其游谈以为高，枝词以为观美者，先生无一言焉。②

这是说创作应有一定目的，"有为而作"。苏轼自己"有为而作"甚至到了"好骂"的程度，受到黄庭坚的批评，意谓写作乃是吟咏情性的，不是用来针砭谏诤的③。其实，苏轼也并不否认写作乃是吟咏情性的，他自述其创作云：

> 吾文如万斛泉源，不择地皆可出。④

---

① 苏轼《答乔舍人启》，《苏轼文集》卷四十七。
② 苏轼《凫绎先生诗集叙》，《苏轼文集》卷十。
③ 黄庭坚《答洪驹父书》，《豫章黄先生文集》卷十九。
④ 苏轼《自评文》，《苏轼文集》卷六十六。

> 某平生无快意事，惟作文章，意之所到，则笔力曲折无不
> 达意，自谓世间乐事无逾此者。①

这是肯定自由抒写、随意兴发的创作态度的，后人也称"自东坡一
出，情性之外不知有文字"②，比他的"有为而作"的主张更为人们
所传诵。同样，对于文艺创作是否遵循一定规范的问题，他也是既
承认其有"法"，又肯定不受"法"拘限的自由创造力的。他在颍
州曾同赵令畤、陈师道共访欧阳棐、欧阳辩兄弟，有诗云："梦回闻
剥啄，谁乎赵、陈、予。"③ 赵令畤以为"句法甚新，前此未有此
法"，欧阳辩说："有之。长官请客，吏请客目，曰：'主簿、少府、
我。'即此语也。"④ 这固是一时笑谈，但苏轼确实是在探寻某种句
法，《泛颍》诗云："赵、陈、两欧阳，同参天人师。"⑤ 与"谁乎
赵、陈、予"是同样的句法，不过这两例都算不得佳句，其《点绛
唇》（闲倚胡床）词云："与谁同坐，明月、清风、我。"⑥ 也是同样
的句法，却虚实相映，顿成佳句。这一通过反复试验终获成功的经
验，对于诗词句法的丰富，无疑有着积极的建设意义。可见，苏轼
对"法"是很重视的，在《书吴道子画后》与《盐官大悲阁记》⑦
等文中，他还用了"数"的概念，认为成功的作品是合乎一定的
"数"，"美"是可以从"数"上总结出来的。这几乎是接近于自然
科学的观念了。可是，苏轼又有另一种言论：

> 我书意造本无法，点画信手烦推求。⑧

---

① 苏籀《栾城遗言》记苏轼语，又见何薳《春渚纪闻》卷六。
② 元好问《新轩乐府引》，《遗山先生文集》卷三十六。
③ 苏轼《与赵、陈同过欧阳叔弼新治小斋戏作》，《苏轼诗集》卷三十
四。
④ 苏轼《书颍州祷雨诗》，《苏轼文集》卷六十八。
⑤ 苏轼《泛颍》，《苏轼诗集》卷三十四。
⑥ 《东坡乐府》卷三。
⑦ 《苏轼文集》卷七十、卷十二。
⑧ 苏轼《石苍舒醉墨堂》，《苏轼诗集》卷六。

此数十纸，皆文忠公冲口而出，纵手而成，初不加意者也。
其文采字画，皆有自然绝人之姿，信天下之奇迹也。①

　　此又否定了"法"，而歌唱自由的创造了。那么，创作究竟是为了一定目的、遵循一定规范的，还是抒写情性、自由无拘的呢？苏轼究竟如何解决文艺本体与创作主体之间的矛盾呢？

　　应当承认，就创作实践来说，这个矛盾肯定是永远存在的，作家经验的积累和修养的不断提高，可以使这个矛盾得到统一，对于这种统一的把握，几乎是靠了许多甚至无法言传的心得，以许多不同的创作风格呈现在作品中的。但是，从理论上说，这个矛盾却也不难统一，虽然这种统一可能仅具理论意义，但若它是建立在丰富的创作经验、心得之基础上的，则对创作实践也肯定会有指导或启发作用。古今中外，凡是可称作文艺理论家的，都会提供某一种说法来解决这个基本的矛盾，问题在于他的说法能否对作家有些切实的帮助。宋人有他们的"道学"，只要讲到"道"上，什么问题都不难在理论上解决。文艺的特定本体肯定出自"道"，作家的创作主体性肯定出自"性"，而"道"与"性"完全是一回事，这就可以顺理成章地将两者统一起来，毫不费力。然而，那毕竟太过抽象，于实践未必有多少帮助。苏轼的说法，基本上也出于这样的思路，但他的论述要具体得多，将他的许多心得包含进去。

　　首先也是要将文艺创作提到"道"的高度来讲。苏轼转述欧阳修对他的教导："我所谓文，必与道俱。"② 那意思是说，写文章的人必要懂得"道"。观其下文紧接着说，"见利而迁，则非我徒"，就可见其着眼点在于创作主体，要求作家将守"道"与学"文"相结合。严格地说，这并非论述"文"与"道"的关系问题。从主体着眼，讨论其守"道"与学"文"的关系，并不完全等同于从本体论上讨论"文"与"道"的关系。但后来的朱熹显然对"我所谓

---

① 苏轼《跋刘景文欧公帖》，《苏轼文集》卷六十九。
② 苏轼《祭欧阳文忠公夫人文（颍州）》，《苏轼文集》卷六十三。

文，必与道俱”一语作了错误的理解，认为此处“文自文而道自道，待作文时，旋去讨个道来入放里面”，终究“是二本，非一本矣”①。其实，“文与道俱”的论点，是讲学文与守道，即学写文章的人也要在思想道德上有所操守，才能取得真正的进步，那意思与我们常说的“功夫在诗外”之论相近，而并不是说写出来的文章里面既讲了些道理，又有些与道理无关的文辞，更不是在本体论上离“道”与“文”为二物。所以，这里谈不上“一本”“二本”的问题。但从朱熹的错误批评里，我们却发现，从创作论的角度讲主体学“文”守“道”之关系，比从本体论上讲“文”“道”关系要优越得多。且看朱熹关于“文”“道”关系的正面论述：“道者，文之根本；文者，道之枝叶。唯其根本乎道，所以发之于文，皆道也。三代圣贤文章，皆从此心写出，文便是道。”② 不知是有意还是无意，这位以“尽精微”著称的哲学家在这儿居然偷换概念，将客观真理的“道”与某个人理解的“道”混为一谈，“发之于文，皆道也”，只能是“发”其人对“道”的理解，与“道者，文之根本”的“道”有严重的区别，岂能由此便直接推出“文便是道”的结论？可能是朱子惯常将他理解的“道”直视为客观真理的“道”，故偷换了概念而不自知。倘说朱子的创作主张是：一个作者把他对“道”的理解或他的道德修养体现在文章里，则此主张与欧、苏并无什么不同。苏轼说：“有德者必有言，非有言也，德之发于口者也。”③ 表述的就是这个意思。此“德”只能是“有德者”自己的“德”。“与可之文，其德之糟粕”④，这是文与可的“德”。古人一般将“德”训为“得”，即人所得于“道”者。苏轼关于文道一致的言论，大抵是将特定的个人写的文章与他本人所领悟的“道”相联系，“文与道俱”的主张乃是就创作而言的，不是就文艺作品与客观真理的关系而言的。说

---

① 《朱子语类》卷一百三十九。
② 《朱子语类》卷一百三十九。
③ 苏轼《范文正公文集叙》，《苏轼文集》卷十。
④ 苏轼《文与可画墨竹屏风赞》，《苏轼文集》卷二十一。

"文便是道"是过于简单化的，但说一个人的文艺创作应该表达出他对真理的领悟，是不错的。当然，鉴于苏轼的"道"是自然之大全，且与"美"并无二致，故我们认为苏轼肯定也不会拒绝"文便是道"的结论，但他的可贵之处，却更在关注于创作主体、创作实践，当他要求在创作过程中把握作文与体道之关系，而不是简单地从"道"演绎出"文"的时候，他的理论更有价值。我们之所以斤斤于辨析朱熹对苏轼指责之不当，就是为了强调这一点。把苏轼要求展现于文艺创作中的"道"正确地阐释为某一个特定的个人对"道"的领悟，这是十分重要的，因为这就使创作主体成为全部问题的枢纽，主体应如何体"道"，如何深入体察对象以提高自己的认识，又如何将之付诸创作，在作品中艺术地表现出来，等等。虽然其理论框架也不外乎"道""性""文"三者两两相等，然后循环统一，但他使这个框架尽量地包容自己丰富的艺术感悟。

主体对"道"的认识和把握，依苏轼所说，应是无私顺理，观事物之全体，而到达的自由之境界；也只有以非功利的"寓意"之态度去游观，才能做到这一点，并且使性灵不迷失。苏轼将此境界表述为"与造物者游"，如他称赞韩琦：

> 方其寓形于一醉也，齐得丧，忘祸福，混贵贱，等贤愚，同乎万物，而与造物者游。①

又如他称赞黄庭坚：

> 观其文以求其为人，必轻外物而自重者……见足下之诗文愈多，而得其为人益详，意其超逸绝尘，独立万物之表，驭风骑气，以与造物者游。②

---

① 苏轼《醉白堂记》，《苏轼文集》卷十一。
② 苏轼《答黄鲁直五首》之一，《苏轼文集》卷五十二。

他称赞黄庭坚能够"轻外物而自重",与苏辙称赞黄庭坚近乎颜子之"独存",理无二致。不过,他更重视"寄""寓",所以标举"同乎万物""驭风骑气"的"与造物者游"之境界。所谓"与造物者游",就是与"道"一致,对"化工"的全过程了达透彻,随其斡运,穷其变态,而与"性"无碍。相比于"独存"来说,虽不免于外物有所寄寓,但一则本性仍不迷失,二则境界不枯,包罗丰富,姿态万方,行果圆满,更重要的是,在"与造物者游"的过程中,能够体会到一种根本的创造力的斡运,体会到这种斡运中发露出的美。他早年写巫山:

> 瞿塘迤逦尽,巫峡峥嵘起。连峰稍可怪,石室变苍翠。天工运神巧,渐欲作奇伟。块轧势方深,结搆意未遂。旁观不暇瞬,步步造幽邃。①

又晚年写惠州东北的白水山佛迹岩:

> 何人守蓬莱,夜半失左股。浮山若鹏蹲,忽展垂天羽。根株互连络,崖峤争吞吐。神工自炉鞴,融液相缀补。至今余隙罅,流出千斛乳。方其欲合时,天匠挥月斧。帝觞分余沥,山骨醉后土……我来方醉后,濯足聊戏侮。②

这两篇都是劲笔力作,在奇伟的自然景物中体会到"造物者"的"化工"。诗中说的"天工""神工""天匠"与"帝"等,皆指"造物者"而言;所谓"运神巧""自炉鞴""挥月斧""分余沥"等,就是对根本的创造力的形象描述。相比之下,前诗中的主体似是惊愕于这种"神巧",故曰"旁观不暇瞬,步步造幽邃",他被伟大的创造力所震动、吸引,一步步走进去领略;后诗中的主体却是

---

① 苏轼《巫山》,《苏轼诗集》卷一。
② 苏轼《白水山佛迹岩》,《苏轼诗集》卷三十八。

另一副面貌，"我来方醉后，濯足聊戏侮"，他以自由游观的姿态鉴赏"造物者"的"化工"，并敢于"戏侮"它，这才是真正的"与造物者游"的境界。

主体"与造物者游"，乘坐"造化"的航船游观了自然创造的全过程，此是体"道"。体"道"如此，发而为文艺，也能传达出这种天工。苏轼对优秀作品的称道，多从此立说，如"含风偃蹇得真态，刻画始信天有工"①，"诗画本一律，天工与清新"② 等。文艺作品的美，被认为是造化自然之美的延伸，或说是造化之美通过它被作者所领会而得以发露于作品中。从这个角度说，创作被理解为一种自然过程，这就是苏轼的"自然为文"说：

> 大略如行云流水，初无定质，但常行于所当行，常止于不可不止，文理自然，姿态横生。③
>
> 辩才作此诗时，年八十一矣。平生不学作诗，如风吹水，自成文理。而参寥与吾辈诗，乃如巧人织绣耳。④

依此说，人是天地之传舍，"造化"假手于人而发其美的蕴藏。然而，事情没有那么简单。苏轼看到高邮人陈直躬画雁栩栩如生，徐行自在，就发问云："野雁见人时，未起意先改。君从何处看，得此无人态？"⑤ 这真是富有理趣的一个问题。鸟类有敏锐的觉察力，出于自我保护的本能，一见人时，意其或来捕捉，随时准备飞走，《论语》所谓"色斯举矣，翔而后集"，夫子尝用以自喻其明哲保身。苏轼进一步说，即便人未有颜色表露，鸟儿也先已有预防之意了。

---

① 苏轼《欧阳少师令赋所蓄石屏》，《苏轼诗集》卷六。
② 苏轼《书鄢陵王主簿所画折枝二首》之一，《苏轼诗集》卷二十九。
③ 苏轼《与谢民师推官书》，《苏轼文集》卷四十九。
④ 苏轼《书辩才次韵参寥诗》，同上，卷六十八。按："风行水上，自成文理"之说，承自苏洵《仲兄字文甫说》，见《嘉祐集笺注》卷十五。这种自然为文的思想，也见于苏轼的《南行前集叙》，《苏轼文集》卷十。
⑤ 苏轼《高邮陈直躬处士画雁二首》之一，《苏轼诗集》卷二十四。

如此，则鸟的自在的真态，只在无人的场合才有，而画家竟从何处看得到这"无人态"？难道是出于想象吗？若出想象，则非是真态。是出于写真吗？只要存在写真的人，则所写者必不真！这真是令人悲伤的事：人想了解真实，但人所见的一定非真，因为人的存在妨碍了真的自然显现。人是累赘，是痈瘤，是美的障蔽，是丑的渊薮，"大患分明有此身"，所以如此者，人之私欲不除的缘故。这个"人"的问题不解决，"自然为文"之说便理路不畅。

在早于苏轼千余年的时代里，庄子就思考过这个问题，提出了他的"齐物"说。所谓"齐物"，就是放弃我执，形如槁木，心如死灰，"吾丧我"，然后，人才可与万物齐观，不遮蔽真理①。苏轼受庄子思想的影响至深，故在提出了"君从何处看，得此无人态"的问题后，又自作答："无乃槁木形，人禽两自在。"② 毫无疑问，这是用"吾丧我"的"齐物"论来解决"人"的问题。一个人只有"丧我"，才能与雁鸟两不相妨，各得自在，从而也才能看到雁鸟的真态，令自然之美显现无阻。

主张作家"丧我""齐物"以实现"自然为文"，是不是主体性的失落？从苏轼的其他文字里，我们很容易找出一些强调作家主观努力的言论，如：

> 君之诗清厚静深，如其为人，而每篇辄出新意奇语，宜为人所共爱。③
>
> 永禅师书，骨气深稳，体兼众妙，精能之至，反造疏淡……柳少师书，本出于颜，而能自出新意。④
>
> （王献之）用意精至，猝然掩之，而意未始不在笔。⑤

---

① 《庄子·齐物论》，王先谦《庄子集解》卷一，中华书局，1987年。
② 苏轼《高邮陈直躬处士画雁二首》之一，《苏轼诗集》卷二十四。
③ 苏轼《晁君成诗集引》，《苏轼文集》卷十。
④ 苏轼《书唐氏六家书后》，《苏轼文集》卷六十九。
⑤ 苏轼《书所作字后》，同上。

吾书虽不甚佳，然自出新意，不践古人，是一快也。①

以上都是强调作家用意之精，追求独出新意的言论。这种说法，与"丧我"之说是否矛盾呢？在苏轼的理论体系中，两者并不矛盾，恰是相成。苏轼给《庄子·在宥》篇的一段文字作过注解，曰《广成子解》，对"丧我"之说有进一步的阐发：

> 夫挟人以往固非也，人、我皆丧亦非也。故学道能尽死其人、独存其我者，寡矣！可见、可言、可取、可去者，皆人也，非我也；不可见、不可言、不可取、不可去者，是真我也。近是则智，远是则愚，得是则得道矣！故人其尽死而我独存者，此之谓也。②

这里用的概念与《齐物论》有异，"吾丧我"的"我"是私欲，相当于这里的"人"；这里的"我"却是"真我"，亦即"性"。死其"人"而存其"我"，意谓涤除私欲，发见真性。用"人""我"对举，易生歧义，用字未妥，但基本意思还是明白的。此是对《齐物论》"吾丧我"之说的发挥，其意义在于破后有立，"丧我"（"人"）以后有"真我"（"性"）的确立。这样一来，我们就容易领会苏轼的意思了，他是说，涤除了障蔽真理的物欲之"我"后，人才能保持公正清明的理性，可以认识万物的真相，故谓"近是则智"，进一步就是"得是则得道矣"。《读道藏》诗云："道集由中虚。"③ 这也是承《庄子·人间世》"惟道集虚"的说法，谓心无物欲，虚怀若谷，才能获取真知，体认到"道"。然则，"丧我"恰恰意味着真正主体性的建立，是"与造物者游"的前提；反过来，主体用意精至，也恰是要令创作成为一种自然过程，实现自然为文的

---

① 苏轼《评草书》，《苏轼文集》卷六十九。
② 苏轼《广成子解》，《苏轼文集》卷六。
③ 苏轼《读道藏》，《苏轼诗集》卷四。

理想。

风行水上、自然成文，与用意精至、自出新意，两者的统一见于苏轼对文同绘画创作的描述：

> 与可画竹时，见竹不见人。岂独不见人，嗒然遗其身。其身与竹化，无穷出清新。①

此所谓"嗒然遗其身"者，是用《齐物论》"荅焉似丧其耦"的语典，也就是"吾丧我"的意思。"丧我"而"与造物者游"，又专注于竹，乃能"与竹化"。既"与竹化"，就能领略竹的全部生意，领略竹的整个生长过程，再现于绘画作品中。由于竹的生长过程是日新月异的，是随地随遇而有所不同的，所以说是"无穷出清新"，那么，再现这个生长状态的作品也就必具新意。在这里，嗒然遗身，"与造物者游"，使创作成为自然过程的延伸；而专注于竹，至于"与竹化"，又见其用意的精至。同时，自然过程就是新意迭出的过程，故自然为文必然是自出新意的。

通过对文同绘画艺术的理解，苏轼提出了他的创作论中最重要的一个命题：

> 竹之始生，一寸之萌耳，而节叶具焉。自蜩腹蛇蚹以至于剑拔十寻者，生而有之也。今画者乃节节而为之，叶叶而累之，岂复有竹乎！故画竹必先得成竹于胸中。②

这就是几乎尽人皆知的"胸有成竹"的创作命题。怎样叫"胸有成竹"呢？苏轼说：

> 与可之于竹石枯木，真可谓得其理者矣。如是而生，如是

---

① 苏轼《书晁补之所藏与可画竹三首》之一，《苏轼文集》卷二十九。
② 苏轼《文与可画筼筜谷偃竹记》，《苏轼文集》卷十一。

而死，如是而挛拳瘠蹙，如是而条达畅茂，根茎节叶、牙角脉缕，千变万化，未始相袭，而各当其处，合于天造，厌于人意。盖达士之所寓也欤![1]

很清楚，"成竹在胸"就是把握、穷尽了竹的全部生长过程，得其生理，重演于画幅，故能"合于天造"。这当然是嗒然遗身而"与竹化"的结果，也是"达士之所寓"，即真性寄寓于竹的结果。画竹如此，画别物亦如此，推而广之，文艺创作皆依此原理，就是主体涤除私我，"与造物者游"，得其理之全，自然地发露于创作。"物有畛而理无方，穷天下之辩，不足以尽一物之理。达者寓物以发其辩，则一物之变可以尽南山之竹；学者观物之极，而游于物之表，则何求而不得?"[2] 这里的关键是主体要无私循理，与万物同化，"其神与万物变，其智与百工通"[3]，才能达此境界。一句话，要"与造物者游"。故此语实是苏轼全部创作论的关键。

"与造物者游"，这一语把"性""道""文"都统一了起来：主体摒弃私我，以旷达的态度寓意于对象，是保存真"性"；彻底把握自然的全过程，是对"道"的体认，与"道"合一；由于"道"乃是"美"的"无尽藏"，所以自然为"文"，就能新意无穷。如此看来，苏轼的创作论也明显地带有宋人的思维特点，即从形而上方面获得"道""性""文"三者的统一，以此来解答创作主体与文学本体如何统一的问题。不过，"与造物者游"一语的意义远不止此，其更有价值的方面，乃在于从此可以推出像"成竹在胸"这样的真正杰出的艺术命题，对于创作实践有着切实的指导意义。我们之所以用"与造物者游"一语来概括苏轼的文艺创作论，就是因为它既在形而上方面提供了"道""性""文"统一的某种模式，又包含了"成竹在胸"的具体艺术命题，如果只有前一方面而没有后一方面，

---

① 苏轼《净因院画记》，《苏轼文集》卷十一。
② 苏轼《书黄道辅〈品茶要录〉后》，《苏轼文集》卷六十六。
③ 苏轼《书李伯时〈山庄图〉后》，《苏轼文集》卷七十。

那就不免空洞。如上所说，"成竹在胸"也是自然为文与用意精至的统一，它是用意精至的结果，是自然为文的前提。

苏轼描述"成竹在胸"以后自然为文的情形，是颇令人神往的："先得成竹于胸中，执笔熟视，乃见其所欲画者，急起从之，振笔直遂，以追其所见，如兔起鹘落，少纵则逝矣。"① 他认为文同画竹已达这样的艺术境界。苏辙的说法更具体些，讲文同画竹能够"窃造物之潜思，赋生意于崇朝"，是因为文同懂得"道"，全面地理解了"竹之所以为竹"，然后"忽乎忘笔之在手与纸之在前，勃然而兴，而修竹森然。虽天造之无朕，亦何以异于兹"。在苏辙看来，文同画竹正与庖丁解牛、轮扁斫轮的境界相当②。苏轼也说过："轮扁行年七十而老于斫轮，庖丁自技而进乎道，由此其选也。"③ 出自《庄子》而被苏氏兄弟所重视的这两个寓言，可以帮助我们理解"成竹在胸"命题的深层含义，就是主张艺术家必须是"有道"者，即必须能洞达造化的原理并了解其全过程。不过，到此为止，似乎还仅属"腹稿"的范围，与艺术成品尚隔一间。苏轼毕竟更重视创作的实践，所以他批评苏辙："子由未尝画也，故得其意而已。若予者，岂独得其意，并得其法。"④ 确实，不经绘画实践者，即便懂得"成竹在胸"的道理，也不能把"在胸"者传达到纸上来。一入纸，就不能不有个"法"的问题，简单地说，就是技巧问题。没有高明的技巧，再好的意思也不能表达出来。苏轼在阐述了"成竹在胸"的道理后，又如实地交代："与可之教予如此，予不能然也，而心识其所以然。夫既心识其所以然，而不能然者，内外不一，心手不相应，不学之过也。"⑤ 心里懂得创作的原理，手上的功夫却跟不上，"得心"而不能"应手"，是"不学之过也"，实践不够，经验、技巧不够。以故，真正的文艺创作不仅仅是个"道"的问题，还有个技艺

---

① 苏轼《文与可画筼筜谷偃竹记》，《苏轼文集》卷十一。
② 苏辙《墨竹赋》，《苏辙集·栾城集》卷十七。
③ 苏轼《书黄道辅〈品茶要录〉后》，《苏轼文集》卷六十六。
④ 苏轼《文与可画筼筜谷偃竹记》，《苏轼文集》卷十一。
⑤ 苏轼《文与可画筼筜谷偃竹记》，《苏轼文集》卷十一。

的问题，苏轼屡次强调作家要"有道有艺"：

> 有道有艺。有道而不艺，则物虽形于心，不形于手。①
>
> 少游近日草书，便有东晋风味，作诗增奇丽。乃知此人不可使闲，遂兼百技矣。技进而道不进，则不可，少游乃技道两进也。②
>
> 技与道相半，习与空相会，非无挟而径造者也。③

这几段话，都强调了技艺与"道"有着同样的重要性，可见，苏轼绝非空谈理论的人，而他的创作论也并不是只到"成竹在胸"为止的。"有道有艺"是对"成竹在胸"的一个重要补充。

那么，所谓"有道有艺""技与道相半"，是不是就成了朱熹所指责的"二本"的情形了呢？字面上是这样，但我们不可以辞害意。实际上，有作文、绘画与书法创作经验的人都知道，"有道有艺"只是理论上归为两个方面，在实践中并无切割之理。"与造物者游"固是指心灵体会自然创造的本身，但若说到"胸有成竹"的境界，那也就离不开把握世界的艺术方式，故"与造物者游"一语作为文艺创作的原理，也含有以艺术的方式感知和把握世界的含义。而要获得这种把握，离开各种具体的艺术创作的技法、规律，是绝不可能的。也就是说，不掌握绘画的技法，本来也就谈不上"胸有成竹"。艺术家在自然中体会竹的生长过程时，必然随时用他所掌握的所有技法来追摄这个过程，当然也会因此而把技法的运用提升到新的境界，或在某种启发下创生新的技法。此原是相互交融的一个结果，分而言之，固然"有道有艺"，合而言之，乃"道、术未裂"。所以，当苏轼说"技进乎道"或"技道两进"时，他的表述更为恰当一些。如果不是因为他对创作实践的重视，在理论上，本不难作出

---

① 苏轼《书李伯时〈山庄图〉后》，《苏轼文集》卷七十。
② 苏轼《跋秦少游书》，《苏轼文集》卷六十九。
③ 苏轼《众妙堂记》，《苏轼文集》卷十一。

有如朱熹所谓"一本"的那种表述。

从时间上看，"成竹在胸"论提出较早，在元丰二年作的《文与可画筼筜谷偃竹记》中；《跋秦少游书》讲"技道两进"，《书李伯时〈山庄图〉后》讲"有道有艺"，此二文不署年月，但必在元祐年间无疑；《众妙堂记》讲"技与道相半"，署"戊寅三月十五日"，则已迟至元符元年。我们相信，这是苏轼随着其创作实践经验的积累而不断深入思考的结果。可以证明这一点的是，到了他的晚年，他显然获得了更成熟的领悟，这便是"辞达"说。他在惠州作《答王庠书》云：

> 孔子曰："辞达而已矣。"辞至于达，止矣，不可以有加矣。①

这里还没有说明什么叫"辞达"。至北归时《与谢民师推官书》则云：

> 求物之妙，如系风捕影，能使是物了然于心者，盖千万人而不一遇也。而况能使了然于口与手者乎？是之谓辞达。辞至于能达，则文不可胜用矣。②

可见，"辞达"的意思是既了然于心，又了然于口与手。不用说，了然于心就是"胸有成竹"，就是"有道"，而了然于口与手就是"有艺"，两者的统一，即"辞达"。从"成竹在胸"到"有道有艺"，再到"辞达"说，苏轼终于获得了最好的表述，且与他的"自然为文"说更是密合无间，而其全部创作论，也无疑都跟主体"与造物

---

① 苏轼《与王庠书》，《苏轼文集》卷四十九。按：此书提到王庠（苏辙婿）派两人远去看望贬居中的苏轼，在《苏轼文集》卷六十《与王庠五首》之一中也提到此事，当时轼"与幼子过一人来，余分寓许下、浙中，散就衣食"，此必在绍圣四年苏迈携家到惠州之前。
② 苏轼《与谢民师推官书》，《苏轼文集》卷四十九。

者游"的哲学美学思想相合。苏轼就是这样从创作主体的心、手相应的角度，来论述创作主体与文艺本体之间的融合的。创作论中的基本矛盾，实际上不是由理论来解决，而是由创作实践来解决的。在我们看来，这无疑是正确的思路，我们在这里谈苏轼的创作论而不谈他的"文艺理论"，原因也即在此。

苏轼的创作论既如上述，他本人的创作成就也曾获得黄庭坚的如此评价：

> 东坡先生……其于文事，补衮则华虫黼黻，医国则雷扁和秦……尤以酒而能神，故其觞次滴沥，醉余颦中，取诸造物之炉锤，尽用文章之斧斤。寒烟淡墨，权奇轮囷，挟风霜而不栗，听万物之皆春。①

这一段评价，可谓无一语不与苏轼的创作论相印证。自古及今，最深刻地理解东坡的人，非山谷莫属。倘若联想起苏轼曾以"与造物者游"来赞誉黄庭坚，我们便不禁要为这两位并世的大家如此心心相印而感到无限神往。后人对苏、黄艺术追求上的同一性，也有印可，南宋吴泳称赞黄庭坚的一个后代写的诗：

> 唐人漫自说金华，山谷云孙自当家。玄色酿成真一酒，别机织出象生花……②

按"真一酒"乃苏轼自酿酒名，"米麦水，三一而已，此东坡先生真一酒也"③。以"真一"为名，乃取"天造之真"的意思，故此酒象征着造化自然的色味④。"真一酒"与"象生花"，正堪作为对苏

---

① 黄庭坚《苏李画枯木道士赋》，《豫章黄先生文集》卷一。
② 吴泳《读黄子实诗卷》，《鹤林集》卷三，《四库全书》本。"云孙"谓第九代孙，其人待考。
③ 苏轼《真一酒·引》，《苏轼诗集》卷三十九。
④ 详参苏轼《真一酒歌·引》，《苏轼诗集》卷四十三。

轼文艺创作论的形象总结，而以此赞誉"山谷云孙"的诗作，则表明那也是山谷家法。

3. 苏轼的文艺鉴赏与批评

一般来说，一个人的鉴赏、批评观点，与他的创作论应大体一致，他有怎样的创作主张，自然就会根据这个主张去鉴赏、批评。然而，事实也不是绝对如此。一方面，胸襟博大的批评家也会欣赏与自己的意见和趣味相左的作品，另一方面，更重要的是，创作与批评虽可说是相逆的，但非彻底的可逆。批评者即便努力作"知人论世"的研究，也未必就敢宣称他确切地知道作家如何创作出眼前的作品。如果说，一个批评家必须通过作品鉴赏来完全逆知作家创作的情形，然后以自己的创作论来批评其高下，那才会令其鉴赏、批评观点完全地与创作论一致，那么，由于创作与批评的关系并不完全可逆，故亦不完全一致。这是很容易理解的。

苏轼当然会从他的创作论出发，去进行批评，上文探求他的创作论时，所引的材料也有一部分是属于文艺批评的文字，而他的"成竹在胸"说，也主要通过对文同绘画艺术的鉴赏来提出的。不过他与文同有特殊的关系，对文同的一切都很了解，且文同本人也会如实将创作体会告诉他，因此，在这个特殊的场合，创作与批评几乎已完全可逆。事实上，"成竹在胸"论虽见于苏轼的文字，其真正的论主应是文同，苏轼乃是转述其说，融会到自己的创作论中。当苏轼去批评另外的作家时，那情形就不一样了。

以"合于天造"的标准来衡量前代的绘画作品，当然要以吴道子的画最合乎理想了。苏轼赞其画艺："细观手面分转侧，妙算毫厘得天契。"① 这也就是说吴道子的画合乎"天工"。他又猜想："当其下手风雨快，笔所未到气已吞。"② 此亦颇与"成竹在胸"之论相近。那么，吴道子应该是苏轼说的那种"与造物者游"的"有道"

---

① 苏轼《子由新修汝州龙兴寺吴画壁》，《苏轼诗集》卷三十七。
② 苏轼《凤翔八观·王维吴道子画》，《苏轼诗集》卷三。

者了，观苏轼云：

> 道子画人物，如以灯取影，逆来顺往，旁见侧出，横斜平直，各相乘除，得自然之数，不差毫末。出新意于法度之中，寄妙理于豪放之外，所谓游刃余地，运斤成风，盖古今一人而已。余于他画，或不能必其主名，至于道子，望而知其真伪也。①

用庖丁与郢人（出《庄子》）来比拟吴道子，说明苏轼心目中的吴道子是"有道"的，至于称为"古今一人"，并谓自己能立刻分辨吴道子画的真伪，则可见吴道子的绘画艺术是近于苏轼的理想的，而所谓"寄妙理于豪放之外"，也已近于"与造物者游"的境界了。然而，事实上苏轼不可能像他了解文同那样地了解吴道子，他只能从作品和有关的记载来判断：作品中的形象如此逼真，记载中画家创作的情形常是一气呵成的，以此来推断画家是"胸有成竹"的。这样的推断，对后人研究吴道子不无启发作用，但也明显地把苏轼本人的创作思想赋予了吴道子。在这里，吴画的艺术造诣是具有客观性的，对其创作情形的记载也或许可信，但由此便能逆知吴道子的创作心理、精神境界与文同一样吗？当苏轼把吴画与王维的画进行比较时，就绘画技艺的本身，他无法硬分高下，但王维能诗，诗境与画境相通，而吴道子则不闻其能诗，故两人的精神境界、文化修养又不能不有差别。王维、文同、苏轼皆能诗而兼长绘事，心灵更易相通，就此而言，苏轼曾觉得自己对王维的理解可以达到"无间然"的程度，而吴道子则"犹以画工论"②。虽然吴画绝妙，但还是画工之画，不是那种"有道"的士人之画。——苏轼的这个说法产生于早年任官凤翔时期，他后来似乎改变了看法，把吴推崇为"古今一人"，认为像庖丁、郢人那样"有道"了。其实，前后两次

---

① 苏轼《书吴道子画后》，《苏轼文集》卷七十。
② 苏轼《凤翔八观·王维吴道子画》，《苏轼诗集》卷三。

399

从作品造诣逆推其精神境界，同样地具有悬揣的成分。看来，用这样的方式进行文艺批评，结论并不很可靠。将"作品"还原到"创作"，又追问出"作者"，然后以批评者自己的创作观来衡量其优劣，这其实是在批评"创作"，而非批评"作品"了。对"创作"进行批评，尽管结论不一定可靠，毕竟还与苏轼的创作观保持了一致。但文艺批评恐怕主要应针对"作品"。针对"作品"时，情况要具体一些：必须是什么样的作品，才能让苏轼从中看出其"创作"合乎他的理想？

　　创作时"胸有成竹"，则作品中的形象"合乎天造"，由此逆推，"合乎天造"的作品形象，会被苏轼认作"胸有成竹"的产物，和"有道"者的所"寓"。然则，"合乎天造"是作品批评的标准。怎样才算"合乎天造"呢？以画水为例：

> 　　古今画水，多作平远细皱，其善者不过能为波头起伏，使人至以手扪之，谓有洼隆，以为至妙矣。然其品格，特与印板水纸争工拙于毫厘间耳。唐广明中，处士孙位始出新意，画奔湍巨浪，与山石曲折，随物赋形，尽水之变，号称神逸。其后蜀人黄筌、孙知微，皆得其笔法。始，知微欲于大慈寺寿宁院壁作湖滩水石四堵，营度经岁，终不肯下笔。一日仓皇入寺，索笔墨甚急，奋袂如风，须臾而成。作轮泻跳蹙之势，汹汹欲崩屋也。知微既死，笔法中绝五十余年。近岁成都人蒲永升，嗜酒放浪，性与画会，始作活水，得二孙本意。……如往时董羽，近日常州戚氏画水，世或传宝之。如董、戚之流，可谓死水，未可与永升同年而语也。①

由这一段褒贬，可以了解苏轼所谓"合乎天造"的意思：不但要像，还要活。画水像而不活，与"印板水纸"相去无几；"活水"才是苏轼所肯定的。在他的笔下，画"活水"的孙知微的创作情形与文

---

　　① 苏轼《画水记》，《苏轼文集》卷十二。

400

同画竹无以异，当已达"胸有成竹"之境界。如此，刻模形似只能画出"死水"，"胸有成竹"的人才画得出"活水"。很显然，这里讲的是"形似"与"神似"的关系——而这，正是苏轼文艺批评的核心问题。

从苏轼的创作论出发，他无疑是要求作品"形""神"兼备的，如云：

> 与可论画竹木，于形既不可失，而理更当知。生死新老，烟云风雨，必曲尽真态，合于天造，厌于人意，而形理两全，然后可言晓画。①
>
> 写真奇绝，见者皆言十分形神，甚夺真也。②

所谓"形理两全""十分形神"，便是要求"形神"兼备。然而，就创作方面说，固应两不偏废，而就作品鉴赏、批评方面立说，则不得不回答一个"形似"与"神似"何者更重要、更有价值的问题。如果苏轼一意要使其批评与创作论保持统一，则他应该始终如一地强调"形神"兼备，缺一不可。然而，苏轼却大胆地肯定："神似"是更重要、更有价值的。这便是苏轼文艺批评的一个重要论点，即"传神"论：

> 传神之难在目。顾虎头云："传神写影，都在阿睹中。"其次在颧颊。吾尝于灯下顾自见颊影，使人就壁模之，不作眉目，见者皆失笑，知其为吾也。目与颧颊似，余无不似者，眉与鼻、口，可以增减取似也。……凡人意思各有所在，或在眉目，或在鼻口，虎头云"颊上加三毛，觉精采殊胜"，则此人意思盖在须颊间也。优孟学孙叔敖抵掌谈笑，至使人谓死者复生，此岂举体皆似，亦得其意思所在而已。使画者悟此理，则人人可以

---

① 李日华《六研斋笔记·三笔》卷一录苏轼佚文，《四库全书》本。
② 苏轼《与何浩然一首》，《苏轼文集》卷五十九。

为顾、陆。①

> 论画以形似，见与儿童邻。赋诗必此诗，定非知诗人。诗画本一律，天工与清新。边鸾雀写生，赵昌花传神。何如此两幅，疏淡含精匀。谁言一点红，解寄无边春。②

这一文一诗，前倡"传神"，后贬"形似"。对于他的"传神"之说，后人都无异议，皆推为高论；但对于他贬低"形似"的说法，后人却议论蜂起，持异议者甚众③。其实，文中已明言"传神"者不必"举体皆似"，关键在于"得其意思所在"，则诗中贬低"形似"，甚至认为"写生""传神"（形神兼备）的边赵花鸟画，还不如所咏的两幅"折枝"能以局部之似传出整体神采，此与"得其意思所在"的说法实为密合无间，如一纸之正、反两页，岂可一则推为高论，一则责其失言？如果贬低"形似"为不当，那么"传神"论也有问题。

应该说，"论画以形似"的准确意思是"论画仅以形似"，观后

---

① 苏轼《传神记》，《苏轼文集》卷十二。按：此段首引顾恺之语，《世说新语·巧艺》本作："传神写照，正在阿堵中。"（见余嘉锡《世说新语笺疏》中华书局，1983年，722页。）苏轼的传神论，正是承顾恺之而来。

② 苏轼《书鄢陵王主簿所画折枝二首》之一，《苏轼诗集》卷二十九。

③ 杨慎《升庵诗话》卷十三"论诗画"条云："东坡先生诗曰……其言有偏，非至论也。晁以道和公诗云：'画写物外形，要物形不改。诗传画外意，贵有画中态。'其论始为定，盖欲以补坡公之未备也。"（《历代诗话续编》897页）其后，李贽《焚书》卷五《诗画》反驳晁、杨之说，为东坡辩护。清代邹一桂《小山画谱》卷下以东坡此论为"门外人"论画，盛大士《溪山卧游录》卷一却认为"善于论画"。方薰《山静居画论》卷上斥东坡说误，范玑《过云庐画论》却赞同。可见，无论是评诗的，还是论画的人，对此都无统一的意见。今按，杨慎所引晁以道（名说之）诗，不见于《景迂生集》，此诗实晁补之所作，在《鸡肋集》卷八，题为《和苏翰林题李甲画雁二首》，次苏轼《高邮陈直躬处士画雁二首》韵。大概杨慎记忆偶误，李贽等疏于检核，以致以讹传讹，不可不正。南宋葛立方《韵语阳秋》卷十四、金代王若虚《滹南诗话》卷中，亦有相关议论，并未否定苏说。参看王水照《苏轼选集》189页此诗注释，上海古籍出版社，1984年。

面"赋诗必此诗"的"必"字可以推知，因为此种句格，大抵皆应看作"互文见意"的。只要我们在理解时加入一"仅"字，恐怕就可以为苏轼解去后人对此句的所有指责。而且，完全可以举出他重视"形似"的一些言论，如批评黄筌画飞鸟"头足皆展"①、戴嵩画斗牛"掉尾而斗"② 等，就是反对脱离真实的形貌去想当然地夸张"飞""斗"之神情。所以，上面这首诗的问题倒不在于"论画以形似"一句，而在于"边鸾"以下数句，即认为"写生""传神"的边赵花鸟画，还不如以"一点红""寄无边春"的两幅"折枝"高明。这里很值得仔细分析。大概"传神"有两种，一种是建立在"形似"基础上的，从全部具体、真实的形状中跳跃出生动的神情来；另一种则不必"举体皆似"，唯要传达出"意思所在"。前一种，当然是苏轼所赞美的，没有问题；更令人注意的是他对后一种的态度，在上诗中他是认之为比前一种更高明些的。即便我们可以认为那不过是在特殊的场合说说而已，但多少也暗示着：为了强调"传神"，苏轼是愿意认可一些在"形似"方面有所脱略的作品的。

由此，我们不难发现，苏轼的文艺批评常在"全形传神"与"略形传神"之间徘徊。"始知真放本精微，不比狂花生客慧"③，此谓真正的神似应建立在精微的形似的基础上；"已离画工之度数，而得诗人之清丽"④，此又贬低了刻模形似的"画工"，赞赏某种"离""度数"的诗意。从苏轼思想的整体来看，我们认为前一种议论是代表他的基本态度的，因为它与苏轼的哲学、美学观及创作论相一致；但也应该承认，在文艺批评的范围内，他的后一种议论是更为突出的。这后一种议论，有个鲜明的特色，就是屡次把拘于形似的作品认作没有诗意的工匠之作，与此相应的是，他在文艺批评史上第一次提出了"士人画"的概念：

---

① 苏轼《书黄筌画雀》，《苏轼文集》卷七十。
② 苏轼《书戴嵩画牛》，同上。
③ 苏轼《子由新修汝州龙兴寺吴画壁》，《苏轼诗集》卷三十七。
④ 苏轼《跋蒲传正燕公山水》，《苏轼文集》卷七十。

> 观士人画，如阅天下马，取其意气所到。乃若画工，往往只取鞭策、皮毛、槽枥、刍秣，无一点俊发，看数尺许便倦。①

"士人画"的"取其意气所到"，正犹"得其意思所在而已"的"略形传神"之境，也就是后世所称"写意"的"文人画"，与刻模形似的"画工"异趣。苏轼在绘画方面贬低"画工"，在书法方面也贬低"书工"：

> 颠张醉素两秃翁，追逐世好称书工。何曾梦见王与钟，妄自粉饰欺盲聋。有如市娼抹清红，妖歌漫舞眩儿童。谢家夫人淡风容，萧然自有林下风……②

这一首柏梁体，褒贬得淋漓痛快，用了如此流利的口吻说出惊世骇俗的议论，真是批评文字中少见的佳构。与晋人的高妙书风相比，唐人草书的两大代表竟都沦为"书工"，就像冶容妖态的低级妓女一样，何曾梦见淡扫蛾眉的贵族妇女那种自然高雅的风姿。且不论这样的评价是否公允，我们从这里可以知道：在苏轼看来，士人的书画之所以高于工匠，就是因为它能见出士人的性情志趣。于是，我们得到了"略形传神"的根据，那就是创作的主体性，如果主体的性情志趣得以表现出来，脱略形似是允许的，甚至是应当的。

到此为止，"传神"论的立足点已经明白，就是强调主体性。文艺乃是主体的真"性"所"寓"，就创作言，苏轼要求作家"与造物者游"而"成竹在胸"，令作品形神兼备；就批评、鉴赏而言，则贵在见其真"性"，不必拘求形似。这便是他的鉴赏、批评与其创作论相异的地方。他赞赏王献之的书法：

> 子敬虽无过人事业，然谢安欲使书宫殿榜，竟不敢发口，

---

① 苏轼《又跋汉杰画山二首》之二，《苏轼文集》卷七十。
② 苏轼《题王逸少帖》，《苏轼诗集》卷二十五。

其气节高逸，有足嘉者。此书一卷，尤可爱。①

此分明将人品与书品等观。如他所说，"人貌有好丑，而君子小人之态不可掩也；言有辩讷，而君子小人之气不可欺也；书有工拙，而君子小人之心不可乱也"②，即我们常说的"书如其人"。关于此点，苏轼曾借评论颜真卿书法来加以阐述：

观其书，有以得其为人，则君子小人必见于书。是殆不然。以貌取人，且犹不可，而况书乎？吾观颜公书，未尝不想见其风采，非徒得其为人而已，凛乎若见其诮卢杞而叱希烈，何也？其理与韩非窃斧之说无异。然人之字画，工拙之外，盖皆有趣，亦有以见其为人邪正之粗云。③

他似乎否定了"书如其人"的说法，认为把书品与人品简单地等同起来，是不足取的，因为这原本只是疑似之见，不可据为定论。然而，他又从更深的层次上指出了"书如其人"的合理性，就是一个人的书法中必然反映出其审美情趣，而审美情趣多少具有个性化的特征，从这个角度说，书品与人品总是有所关联的。这里提出了"趣"的概念，即具有个体特征的审美趣味。苏轼据以判断一件作品是否"传神"的根据，就是看它是否传达出作者独特的审美趣味。如他评智永的书法云：

永禅师书，骨气深稳，体兼众妙，精能之至，反造疏淡。如观陶彭泽诗，初若散缓不收，反覆不已，乃识其奇趣。④

① 苏轼《题子敬书》，《苏轼文集》卷六十九。
② 苏轼《跋钱君倚书遗教经》，《苏轼文集》卷六十九。
③ 苏轼《题鲁公帖》，《苏轼文集》卷六十九。
④ 苏轼《书唐氏六家书后》，同上。

智永的书法与陶渊明的诗歌一样，其好处在于有某种"奇趣"。从"趣"又进为"奇趣"，苏轼的鉴赏、批评的眼光渐渐凝视在文艺的审美本性上了。可以说，他的批评观比创作论更切中文艺的审美本性。他的创作论要求作家"与造物者游"而令作品形象"合乎天造"，虽也包含着丰富的审美因素，毕竟主要着眼在"真"而不是"美"；但他的批评观，却强调作品要"传神"，要有"奇趣"，无疑是将审美特性提炼出来，作为批评的标准了。我们之所以要辨析苏轼创作论与批评观的同异，原因就在于，作为苏轼美学思想的表现，其批评观是更为精粹的。

这样说，是不是略微贬低了他的创作论呢？当然不是。在我们看来，文艺的鉴赏、批评固应持审美的标准，而文艺创作，固不当以个体审美趣味的表现为唯一的追求，作家固应将视野扩展至生活的全方位，以自然、社会、人情的全部内容为表现对象，否则，创作就成了无源之水。反过来，批评的标准却应该在多样化中突出审美标准，否则也不能称为文艺批评了。所以，我们认为，苏轼创作论和批评观的同异，是合理的，而且正是苏轼的高明之处。广阔的视野、开放的心态、渊博的知识和丰富的生活历练，使他成为一个大作家；而精微敏锐的艺术鉴赏力，使他成为一个对我国古代审美文化的发展具有突出作用的批评家，他的"略形传神"论、"士人画"概念以及"奇趣"说，都是影响深远的。下文再将"奇趣"说略作展述。

苏轼后半生极喜柳宗元诗，将柳诗与陶诗并提。柳宗元有一首《渔翁》诗云：

> 渔翁夜傍西岩宿，晓汲清湘燃楚竹。烟销日出不见人，欸乃一声山水绿。回看天际下中流，岩上无心云相逐。①

惠洪《冷斋夜话》记苏轼评此诗：

---

① 柳宗元《渔翁》，《柳河东集》卷四十三，上海人民出版社，1974 年。

东坡云：“诗以奇趣为宗，反常合道为趣。熟味此诗有奇趣，然其尾两句，虽不必亦可。”①

惠洪记下的这段评论，影响至为深远，不但《苕溪渔隐丛话》前集卷十九转引其说，且被南宋人取以注释柳集②。其主张删去诗末二句，严羽《沧浪诗话》从之，以为“使子厚复生，亦必心服”，而刘辰翁则提出异议，以为当存，后来李东阳、王世贞、章士钊皆主存，胡应麟、王士禛、宋长白、沈德潜皆主删，议论可谓纷纭不一③。至于“奇趣”说，则有清人吴乔的阐发：

子瞻云：“诗以奇趣为宗，反常合道为趣。”此语最善。无奇趣何以为诗？反常而不合道，是谓乱谈；不反常而合道，则文章也。④

吴乔将诗与文章异观，未必符合苏轼的原意，但他对“反常合道为趣”的理解，甚有可取之处。所谓“不反常而合道，则文章也”，实指没有诗意，而“反常合道”，就是以审美的方式把握世界，直达本原。以故，苏轼讲“诗以奇趣为宗”，实是抓住了诗的“诗性”，即审美本性。他认为陶、柳之诗就有这种“奇趣”。

南宋人吴沆撰《环溪诗话》，把柳宗元这首《渔翁》诗称为“赋中之兴”，理由是：“渔家诗要写得似渔家……又要不犯正位。”⑤

---

① 惠洪《冷斋夜话》卷五，《丛书集成初编》本。

② 《柳河东集》（上海人民出版社，1974年）乃据南宋廖莹中校注的世采堂本排印，诗题下的注文中即引了苏轼评语。

③ 王国安《柳宗元诗笺释》卷二《渔翁》诗注四，上海古籍出版社，1993年。

④ 吴乔《围炉诗话》卷一，《清诗话续编》，上海古籍出版社，1983年，475页。

⑤ 吴沆《环溪诗话》，《丛书集成初编》本。

即谓其既写出了渔家的真面目，故是赋，又"不犯正位"，不直说义旨，故是兴。照此说来，柳诗最后两句直说"无心"义旨，犯了正位，固可删去。令人关注的是，"不犯正位"一语正是注陈师道诗的任渊对陈诗的评价：

> 读后山诗，大似参曹洞禅，不犯正位，切忌死语。[①]

陈师道是江西诗派的代表人物，也是受苏轼影响很深的作家，其作诗"不犯正位"，其实就相当于苏轼说的"以奇趣为宗""反常合道为趣"。如此作诗，当然"切忌死语"。所以，我们认为苏轼的"奇趣"说也是江西派"活法"说的先声[②]。至于严羽《沧浪诗话》所标榜的诗有"别趣"说，不过就是"奇趣"说的翻版。就揭示诗的审美特性这一点说，"奇趣""活法""别趣"并无多大的差异。不过，苏轼是以此为批评的标准，严羽却以此为创作主张，就显得取径太窄了。严羽的说法在明清批评界的影响非常大，苏轼删柳诗一事也常被讨论，却似乎没有人把两者联系起来。

与"奇趣"相关的，还有"至味"一说。苏轼以"趣"评柳诗，也以"味"品柳诗：

> 柳子厚诗在陶渊明下，韦苏州上……所贵乎枯淡者，谓其外枯而中膏，似淡而实美，渊明、子厚之流是也。若中边皆枯淡，亦何足道。佛云："如人食蜜，中边皆甜。"人食五味，知

---

① 任渊《后山诗注目录序》，《后山诗注》卷首，《四部丛刊》本。
② "活法"说是南北宋之交的吕本中提出的，他作了《江西宗派图》，标举江西诗派。论者多谓吕氏后来不满于江西派的诗法，故在《夏均父集序》（见刘克庄《江西诗派小序》引，《历代诗话续编》本）中另倡"活法"之说。其实，依俞成《萤雪丛说》卷一"文章活法"条的记载，此说原在《江西宗派图序》中。此《序》全文已不可得，须将《苕溪渔隐丛话》前集卷四十八、赵彦卫《云麓漫钞》卷十四及俞成所节引的三段汇合，才能见其意旨。既然"活法"说就写在《宗派图序》中，那么可见吕本中讲的江西诗法本来就是"活法"，吕氏立论并无前后之异。

其甘苦者皆是，能分别其中边者，百无一二也。①

按此所谓"中边"，参照"外枯而中膏"一句，可知"中边"就是"中"与"外"，即诗歌的审美趣味与语言风格。苏轼语意原较明白，似不必另参龙树的"中观"佛学，那反又说不到切实处。唯其所引佛说，《苕溪渔隐丛话》前集卷十九转引之，何异题《环溪诗话》卷首也以"譬如食蜜，中边皆甜"论诗，所以必须加以阐释。此二语见《四十二章经》第三十九章：

> 佛言：人为道，犹若食蜜，中边皆甜。吾经亦尔，其义皆快，行者得道矣。②

此盖以蜜味的"中边"，比喻经文和经文讲的"义"，与苏轼将以比喻诗歌的语言风格和审美趣味，义理正同。

那么，"味"何以有"中"有"边"呢？兹引苏轼说"味"的几段文字于下：

> 达与不达者语，譬如与无舌人说味。问蜜何如，可云蜜甜。问甜何如，甜不可说。我说蜜甜，而无舌人终身不晓。为其不可晓，以为达者语皆应如是，问东说西……更相欺谩。③
>
> 我观大宝藏，如以蜜说甜。众生未谕故，复以甜说蜜。甜蜜更相说，千劫无穷尽。自蜜及甘蔗，查梨与橘柚。说甜而得酸，以及咸辛苦。忽然反自味，舌根有甜相。我尔默自知，不烦更相说。④
>
> 欲令诗语妙，无厌空且静。静故了群动，空故纳万境。阅

---

① 苏轼《评韩柳诗》，《苏轼文集》卷六十七。
② 《佛藏要籍选刊》第四册，上海古籍出版社，1994年。
③ 苏轼《跋赤溪山主颂》，《苏轼文集》卷六十六。
④ 苏轼《胜相院经藏记》，《苏轼文集》卷十二。

世走人间，观身卧云岭。咸酸杂众好，中有至味永。①

　　李杜之后，诗人继作，虽间有远韵，而才不逮意，独韦应物、柳宗元发纤秾于简古，寄至味于淡泊，非余子所及也。唐末司空图……论诗曰："梅止于酸，盐止于咸，饮食不可无盐梅，而其美常在咸酸之外。"……信乎表圣之言，美在咸酸之外，可以一唱而三叹也。②

　　恰似饮茶甘苦杂，不如食蜜中边甜。③

观此数段，苏轼之意可以了然。他是用蜜的甜，来喻诗的"至味"。甜不可说，喻之以蜜仍不晓，须广举甘蔗、查梨、橘柚等甜物，甚至其他非甜之物，令有舌者尝尽众味，酸咸苦辛都尝过了，默然自悟甜为何等之味。诗也是如此，其"至味"无法抽象地写出来，须令作者以空静之心，"了群动""纳万境""走人间"，诗笔无所不到，咸酸等味无所不具，才能传达出"中有至味永"。这"至味"当然并非咸酸苦辛，而在"咸酸之外"，却也非尝尽咸酸不可得。以故，就"味"而言，"咸酸杂众好"乃是"边"，"中有至味永"就是"中"。苏轼说"人食五味，知其甘苦者皆是，能分别其中边者，百无一二也"，即谓众人仅知味之"边"，而不能品知其"中"的"至味"。此又就鉴赏而论。创作时，不能离盐梅之咸酸而空说"至味"，问东说西，更相欺谩；但鉴赏之要，却贵在品得"咸酸之外"的"至味"。柳诗"发纤秾于简古，寄至味于淡泊"，其诗"味"之边虽是枯淡，其"中"却有"至味"，其语言风格虽是简古，却因具有"至味"而品之愈觉纤秾。这就是读柳诗必须"分辨其中边"的道理。然则"中边皆甜"者又如何？诗之无"至味"者，犹如茶，徒然杂有苦辛，此"中

---

　　① 苏轼《送参寥诗》，《苏轼诗集》卷十七。
　　② 苏轼《书黄子思诗集后》（《苏轼文集》卷六十七）所引司空图语见其《与李生论诗书》，《司空表圣文集》卷二，《四部丛刊》本。
　　③ 苏轼《安州老人食蜜歌》，《苏轼诗集》卷三十二。安州老人为僧仲殊，其人辟谷，唯食蜜，故东坡又称他为"蜜殊"。据说仲殊招待客人，所食皆蜜，别人都难以与之共食，只有东坡性亦嗜蜜，能与他共饱。

边"皆不甜者；诗之有"至味"者，如柳诗，要从枯淡中品出来，如其他的诗，可能要从"咸酸杂众好"中品出来，此皆"中"甜而"边"不甜，有待于读者分辨其"中边"者；若"中边皆甜"，则"至味"彻及全诗，尽善尽美，那恐怕只有"佛说"的境界可以当之。所以，"中边皆甜"之境，实只空标其理，可以存而不论的。真正的要点在于读诗应由"边"而至"中"，识其"至味"。

不用说，柳诗的"至味"，就是柳诗的"奇趣"。以"趣""味"说诗，虽不始自苏轼，但标举陶、柳以论"趣""味"，却是他的特识。与其"略形传神"论及对于"士人画"的标举一样，皆是在文艺的审美本性上独具只眼，而为后人所乐于继述。

从体现在"苏氏之道"中的美学内涵，到强调创作主体"与造物者游"以创造真与美自然结合的饱满形象，再到文艺的审美本性的揭示，在苏轼的哲学美学、文艺创作论与鉴赏、批评中，可以看到一种关于"美"具有独立价值的观念，在他的思想中已逐渐形成，并占据崇高的位置。在苏轼之前的历史上，不曾有过如此丰富而系统的文艺美学思想，在他的同时代，其他批评家的言论也没有如此全面、深刻、明确者，因此，他无疑是那个时代里我国审美文化发展的导航人。他提出了许多杰出的艺术创作命题，确立了一系列前世未有或虽有而不够明确的批评概念，并与其哲学思想融为一体。他重新评价了一系列前代的文艺名家，又以他的特识表彰了一批本不被人重视的作家作品，为此后的文艺发展树立了新的学习典范。他的这些具有极大创新意义的成果，大都为后人继承，影响广泛而深远。这种创新，使中国审美文化在此后呈现出明显不同于前代的面貌，造成了审美文化的一次历史转折。

四、中国审美文化的历史转折

在欧阳修之后，苏轼以他卓荦的诗文和深刻的思想，指导着当代文艺事业的发展。释惠洪曰：

秦少游、张文潜、晁无咎，元祐间俱在馆中，与黄鲁直居四学士，而东坡方为翰林，一时文物之盛，自汉唐以来未有也。①

这是指元祐间苏轼和他的苏门学士集聚汴京，相与倡导应和的斯文盛况。惠洪本人也私淑苏门，在北宋后期"苏学"被禁的境况下追忆着当年的盛事。南宋的叶适，则从文学史的角度作过总结：

初，欧阳氏以文起，从之者虽众，而尹洙、李觏、王令诸人，各自名家。其后王（安石）氏尤众，而文学大坏矣。独黄庭坚、秦观、张耒、晁补之始终苏氏，陈师道出于曾（巩）而客于苏。苏氏极力援此数人者，以为可及古人，世或未能尽信。然聚群作而验之，自欧曾三苏外非无文人，而其卓然可以名家者，不过此数人而已。②

这段话是符合历史实情的。苏轼不但完成了欧阳修倡导的诗文革新运动，与其门下一道创造了文艺史在元祐间的鼎盛局面，也为他身后的文坛树立了范式。当王氏新学的继承人"尊经术"而取缔诗文的时候，正是苏门后学在支撑着文学事业。

到苏轼兄弟为止，宋代的文化史结束了那种集思想家、文学家、政治家于一身的巨匠相继崛起于朝堂的景象，而由苏门后学开启了在庙堂之外的文人学者间继续其文学事业的历史，如四学士中最晚死的张耒，就担当着这样的职责，其晚年居陈州，"时二苏及黄庭坚、晁补之辈相继没，耒独存，士人就学者众，分日载酒肴饮食之"③。此后南宋文学史上的江西派、晚唐派、江湖派直至遗民派，都托根于民间意义上的"文坛"，与庙堂关系不深。据此，我们可以苏轼为界，将宋代的文学史划分为前后两个阶段。前一个阶段是杜

① 惠洪《跋三学士帖》，《石门文字禅》卷二十七，《四库全书》本。
② 叶适《习学记言序目》卷四十七。
③ 《宋史·张耒传》。

诗韩文的继承者从民间兴起，逐步取得它在庙堂上之成功的时期；后一个阶段，则是欧苏文和苏黄诗的范式在民间的延续和反响。造成两个阶段之间的转折的原因，大致有两个方面。一是时局所迫，不得不然，"元祐党籍"把苏门后学赶出了庙堂，他们当然只好在民间存立了；二是从文学自身的发展来说，前一个阶段的全面总结者苏轼已为这种转折准备了充分的条件，苏轼思想寻求"大地"的艰苦历程，已确立了一种不依托于庙堂的士人生存价值，和文学作品在庙堂之外的另一种衡量标准，而其晚年长期的流放生活，又使真正热爱文学的青年不再心恋魏阙，而以东坡所在为斯文不丧之处，他们以绝海往见东坡为荣，以得其一言传授为立身治学作文之本。稍后，又有追随黄庭坚于蛮荒僻地直至终其葬事者，而士人一皆仰其高风。这是中华民族的文化史上十分动人的一页，名公巨卿从此黯然失色，师友渊源成为文化的命脉所在，文学事业也就通过师友渊源而延续，与当局可以分庭抗礼。更重要的是，苏轼以他巨大的创作业绩为此后延续于民间的文学建树了范式。对于这种范式的意义，在北宋后期朝廷严令禁毁三苏、四学士文集的高压下，已由当时最重要的批评家吕本中明确地指出来。政和三年（1113 年）四月，流落楚州的吕本中为问学于他的青年写下这样几段文字：

> 作文必要悟入处，悟入必自功夫中来。
>
> 学文须熟看韩、柳、欧、苏，先见文字体式，然后更考古人用意下句处。
>
> 学诗须熟看老杜、苏、黄，亦先见体式，然后遍考他诗，自然功夫度越过人。
>
> 自古以来，语文章之妙，广备众体，出奇无穷者，惟东坡一人；极风雅之交，尽比兴之体，包括众作，本以新意者，惟豫章一人。此二者，当永以为法。①

---

① 陈鹄《西塘集耆旧续闻》卷二录吕本中政和三年书帖，上海古籍出版社，1993 年。

按"悟入"之说，就是"活法"说，也就是后来严羽的"妙悟""别趣"说，其本源便是苏轼的"奇趣"说，即对文学审美本性的揭示。吕本中认为，"悟入"要凭借功夫，所谓功夫，就是文学韩柳欧苏，诗学老杜苏黄，再进一步说，可以归结到以苏轼、黄庭坚"为法"。吕本中说，这是"予之闻于先生长者本末"①。后来周必大获读吕氏手书此帖，叹息为"师友渊源，固有所自"②。史称吕氏得"中原文献之传"，将北宋文化传入南宋，而其"师友渊源"的内容，已在政和三年的帖子中条列出来。这是一个具有文化发展纲领之性质的重要文件，总结前代的成就，指导后学的方向，上面所录仅为文学方面的四条，确实揭示出北宋文学的主流，也开启了南宋文学的轨辙。吕本中对于批评史的贡献，绝不仅仅是画了一卷《江西宗派图》，而更有其荦荦大者，继往开来，厥功甚伟。上述四条文字，可视为宋代文学史的一大转折在理论方面被明确揭示的标志，而苏轼的文学，被视为前一阶段的总结，后一阶段的范式。

当然，这个总结前人成就，树立后学之范式的工作，也不是苏轼独自完成的，而是苏氏兄弟和苏门文人一起完成的，苏轼显然居于领袖的地位。吕本中只说了诗、文的方面，其实，别的文艺领域也是如此。苏轼开创了宋词的豪放派，其门人秦观又是婉约派的代表人物，且词学批评中的"本色"论，就是由苏门学士酝酿起来，后被李清照等人所继承的。③ 南宋词坛虽盛于北宋，要亦不出豪放、婉约两派，而苏、秦词风虽然不同，其范式意义却相仿。书画方面，

---

① 陈鹄《西塘集耆旧续闻》卷二录吕本中政和三年书帖，上海古籍出版社，1993年。

② 周必大《跋吕居仁帖》，《文忠集·省斋文稿》卷十八，《四库全书》本。按：吕本中政和三年帖中有"当更求充之考人印证也"之语，而周必大此《跋》云："充之老人姓唐，讳广仁……"可见周氏所跋就是此帖。今本《耆旧续闻》所录"充之考人"下有按语，谓"考人"或"古人"之讹，据周必大《跋》，应作"老人"。

③ 王水照《论"苏门"的词评和词作》，《第一届词学国际研讨会论文集》，台北南港，1994年。

情形要复杂些，因为书画离政治较远，宋徽宗、蔡京的书画成就完全可以在苏门之外别立一帜，而米芾、米友仁父子可能算不得"元祐党家"。不过，就影响方面来说，苏门仍为主流。书法从唐人强调的法度转向宋以下文人追求的笔墨趣味，仍以苏轼、黄庭坚为关键。徽宗一朝明禁苏黄文字，却也暗暗学习其书艺。同样，在绘画领域，徽宗组织的画院虽盛极一时，但明代董其昌概述"文人画"的历史时，于北宋中后期取李公麟、王诜、米芾、米友仁，为王维的正传，而认为李唐、刘松年、马远、夏圭等"院画"名家乃是"大李将军（李思训）之派，非吾曹当学也"①。董氏如此剖别派流，从技法传承的角度说未必有据，但他将与苏门关系密切的几位画家列入"文人画"的正传，与"院画"区别开来，是很有史识的。"文人画"无疑是宋以后"国画"的主流，它虽被溯源到王维，实际上却是苏轼提倡起来的，标榜王维以促使绘画从"画工"画转向"士人画"，正是苏轼的创见。所以，苏门的绘画成就未必高于徽宗及其画院，但对绘画史的影响是远远高于后者的。这样看来，苏轼及其门人确实完成了宋代文艺各领域的全面转折。

从更大的历史视野来看，这个转折的意义并不局限于两宋时段，而更可对整部的古代文艺史而言。苏文是唐宋古文运动的完成，是新古文的集大成和小品文的开山，从此以后，散体取代骈体而成为文言文的正宗。南宋以后的诗歌，虽然经常被描述为"宗唐"派与"宗宋"派交替占据骚坛的历史，其实，那不过是严羽诗论的宗奉者或江西诗法的继承者，与真正的唐、宋诗相去甚远。而无论严羽的"妙悟""别趣"，或江西派的"悟入""活法"，皆自苏轼的"奇趣"说而来，都是把苏轼的批评观当作了创作方法。真正的唐、宋诗的创作方法，是由苏轼的创作论作了总结的，他的批评观则开启了其后的诗歌创作。晚清沈曾植论诗，有元祐、元和、元嘉"三

---

① 董其昌《画禅室随笔》卷二，《笔记小说大观》本。

关"①，这第一关就是元祐，说明元祐以下就没有什么"关"了。所谓的"关"，其实就指一种创作范式，元祐以下皆在此范式中。论词，则苏、秦词的豪放、婉约之分，及苏门学士对词的"本色"的讨论，乃是词产生以来不断"雅化"而至于"词体"自觉的标志。词从娱宾遣兴的"小道"到成为一种正式的文艺体裁，其转变的过程就在此时完成。苏轼的大力创新和其门人的标举"本色"，是其后词创作中两种相辅相成的因素，自南宋直至晚清，都不出豪放、婉约二途。就书画论，则情形更为明显，在宏观视野中论定苏轼书画及其批评对于书画艺术史的转折意义，似乎比限在两宋时段内论证时，更容易得多。这种转折的本质，可以三字概括之，曰"文人化"，或以二字，曰"诗化"。苏轼关于诗画相通的论述，"士人画"概念的提出，评诗论书时同标"奇趣"为宗，等等，都促成了书画艺术史的这个转折。

综上所述，中国审美文化的各领域，都在苏轼身上体现出一种转折。在各具体领域，这样的转折是有一个历史过程的，并非一人一时可以独就，比如唐宋古文运动、"词体"自觉等，便都经历了一个较长的过程。但历史的各种机缘，恰使各领域转折的完成都在苏轼身上集中地体现出来，这是叹为壮观的。所以，我们认为苏轼体现了中国审美文化发展中的一大转折，其实质是文艺的审美特性的自觉，这种自觉，将审美文化带入了一个新的阶段。

明乎此，我们就可以进一步论证，苏轼及其门下对这样的大转折，是有着高度自觉的。它并非无意而成，而是深刻的理性思考的结果，是自觉地总结历史、探索新出路所取得的成就。

苏轼对历史的总结，有著名的"集大成"之说。《后山诗话》载：

> 苏子瞻云："子美之诗、退之之文、鲁公之书，皆集大成者也。"

---

① 沈曾植《与金甸丞太守论诗书》，《学术集林》第三辑，上海远东出版社，1995 年。

按"集大成"一词出《孟子·万章下》，以孔子为儒家思想之"集大成"。唐宋人把它引入文艺评论的领域。唐代元稹评杜诗，已谓其"上薄风骚，下该沈宋，古傍苏李，气夺曹刘，掩颜谢之孤高，杂徐庾之流丽，尽得古今之体势，而兼人人之所独专"[1]，意谓杜诗兼综众美，已有"集大成"的初步含义。苏轼使这个概念明确了起来。秦观则进一步申说，认为杜诗"穷（苏武、李陵）高妙之格，集（曹植、刘桢）豪逸之气，包（陶潜、阮籍）冲淡之趣，兼（谢灵运、鲍照）峻洁之姿，备（徐陵、庾信）藻丽之态"，韩愈古文则是"钩列、庄之微，挟苏、张之辩，摭班、马之实，猎屈、宋之英，本之以《诗》《书》，折之以孔氏"的"成体之文"，因而，"杜氏、韩氏，亦集诗文之大成者欤！"[2] 此对"集大成"的意思作了较具体的解释。苏轼将此概念更广泛地运用于文艺批评的各领域，认为颜真卿的书法也是"集大成"者。与此相同的还有吴道子的画，苏轼说：

> 诗至于杜子美，文至于韩退之，书至于颜鲁公，画至于吴道子，而古今之变、天下之能事毕矣。[3]

显然以杜诗、韩文、颜书、吴画为各文艺领域的"集大成"者。在本书中，我们认为新古文的"集大成"者应当是苏轼而不是韩愈，但苏、秦二人对唐代文艺的这个总体评价，大致已成为后世谈艺者的定论，它既是对各家艺术造诣的充分肯定，也有从整部文艺史的角度作出宏观概括的意思，总体上是可以接受的。

更重要的是，对唐代文艺"集大成"之盛的认识，还要引出极

---

① 元稹《唐故工部员外郎杜君墓系铭并序》，《元稹集》卷五十六，中华书局，1982年。
② 秦观《韩愈论》，《淮海集笺注》卷二十二。
③ 苏轼《书吴道子画后》，《苏轼文集》卷七十。

盛以后如何求变的自觉思考。如苏轼所云：

　　　颜鲁公书雄秀独出，一变古法，如杜子美诗，格力天纵，
奄有汉魏晋宋以来风流，后之作者，殆难复措手。①

在"集大成"之后继续开拓前进是很困难的，才华横溢的苏轼，也
承认"难复措手"。但即便如此，也应该勇敢地探索新路。苏轼从
"集大成"的负面意义开始思索：

　　　予尝论书，以谓钟、王之迹，萧散简远，妙在笔墨之外；
至唐颜、柳，始集古今笔法而尽发之，极书之变，天下翕然以
为宗师，而钟、王之法益微。至于诗亦然，苏、李之天成，曹、
刘之自得，陶、谢之超然，盖亦至矣；而李太白、杜子美以英
玮绝世之姿，凌跨百代，古今诗人尽废，然魏晋以来高风绝尘，
亦少衰矣。②

这是一个很重要的见解，曾季狸《艇斋诗话》评"此说最妙"③。其
妙处在于，从"集大成"的这种负面意义，正可发现开拓创新的途
径。苏轼推崇王羲之书法，表彰智永书的"奇趣"，不惜贬低唐代张
旭、怀素，揭示五代杨凝式书法在颜、柳之后"不为时势所汩没"
的独创性④，又肯定蔡襄书为本朝第一以取代世俗崇尚的李建中书，
理由是李书"俗"，而蔡有天资、学问，其书"神气完实而有余
韵"⑤。这就将后世的书法艺术引向了讲求文人趣味的方向。他将吴

---

　　①　苏轼《书唐氏六家书后》，《苏轼文集》卷六十九。
　　②　苏轼《书黄子思诗集后》，《苏轼文集》卷六十七。
　　③　《历代诗话续编》，292 页。
　　④　苏轼《评杨氏所藏欧蔡书》《杂评》《王文甫达轩评书》等，《苏轼文集》卷六十九。
　　⑤　苏轼《论君谟书》《跋君谟书》《评杨氏所藏欧蔡书》《杂评》《王文甫达轩评书》《记与君谟论书》等，同上。

道子画与王维画作比较，推崇王画，又提出"士人画"概念，也为后世宗奉。在诗歌方面，他标举陶渊明，又看出韦应物、柳宗元诗风追美陶渊明的意义①，也是独到的见解②。当然他也会看到欧阳修古文一改韩愈的"万怪惶惑"而为"容与闲易"的具有示范性的成功典例，这是早就由他的父亲总结过的③。而他本人，则不但把新古文发展到成熟，也大力写作纯为文艺散文的小品文，开启后来的新路。他在总结唐人文艺"集大成"的成就后，又通过这些独特的思考，指引了继续开拓的新方向。这当然也不是完全恢复"魏晋以来高风绝尘"，而是在此启发下强调文艺的审美特性和文人趣味。自然，他并不是主张不向"集大成"者学习，实际上，如颜真卿在书法史上的如此崇高的地位，本来就是经苏轼的批评后确立起来的，而他对杨凝式的赞赏，一方面也是因为杨能继承颜真卿的笔法。按照苏轼的创作论，应当全面地吸收"集大成"者的创作方法，来进一步开掘文艺的审美内涵。但后世的文艺，是照着他的文艺批评中强调的文人趣味的方向发展的。

所以，由苏轼体现着的中国审美文化的一大转折，是由苏轼的文艺批评指引的，此毋庸置疑。然而，这也只是在雅文艺的范围内进行讨论，宋代审美文化的历史转折还包括由雅转俗的方面，如闻一多先生指出的：

我们只觉得明清两代关于诗的那许多运动和争论，都是无谓的挣扎。每一度挣扎的失败，无非重新证实一遍那挣扎的徒劳无益而已。本来从西周唱到北宋，足足二千年的工夫也够长的了，可能的调子都已唱完了。到此，中国文学史可能不必再写，假如不是两种外来的文艺形式——小说与戏剧，早在旁边

①　苏轼《评韩柳诗》《书黄子思诗集后》等，《苏轼文集》卷六十七。
②　曾季狸《艇斋诗话》云："前人论诗，初不知有韦苏州、柳子厚，论字亦不知有杨凝式。二者自东坡而后发此秘，遂以韦、柳配渊明，凝式配颜鲁公。东坡真有德于三子也。"见《历代诗话续编》292页。
③　苏洵《上欧阳内翰第一书》，《嘉祐集笺注》卷十二。

静候着，准备届时上前来"接力"。是的，中国文学史的路线南宋起便转向了，从此以后是小说戏剧的时代。①

"五四"以来以新文学家而研究古代文学的人，总有着在古代文学中为新文学寻找源流从而肯定之的普遍倾向，闻一多先生似亦不能例外，所以会有"中国文学史的路线南宋起便转向了，从此以后是小说戏剧的时代"这样疏阔的大判断。从实际历史情形看，元明清时代的小说、戏曲并不曾取代古文诗词的地位，而且，一定要说前者的艺术成就高于后者（姑且不论文人画），也是困难的，正如说宋词的艺术成就一定高于宋诗，今天的西洋画一定高于国画，影视艺术一定高于舞台艺术一样的困难。不过，宋代开始繁荣起来的俗文学，确实是有着更大发展前途的新的领域，由于它新，当然比雅文学的发展前途更为宽广。所以，闻一多先生的这个大判断又具有一定的合理性。我们认为，这个大判断应该被表述为：文学家的创造力越来越多地表现在戏曲、小说的方面。我们不认为"从此以后是小说戏剧的时代"，但要说宋代文学的发展中包含了由雅向俗的一种转折，是可以承认的。不过必须看到另一种同时存在的转折，即雅文艺本身转向对文人趣味的追求，变得更"雅"了。一是从雅转俗，一是雅而更雅，这也许是同一转折的两个方面，文人画、学人诗等雅文艺，是与戏曲、小说等通俗文艺并立发展的，其间也并非不相协调，而显然有着一种共生的机制。这种共生机制的根源在于：对现实的世俗生活的关怀，和对超越性的审美趣味的追寻，是真正的文艺家不能忽略的两个方面，也是健康的文艺界不能偏废的两种领域。

苏轼当然不曾写作小说、戏曲等俗文学作品，但他与黄庭坚等人对于"雅俗之辨"的探讨，却为雅俗文艺的这种共生机制提供了理论基础。他们探讨这样的问题，其本身便是对雅俗转折的敏锐

---

① 闻一多《文学的历史动向》，《闻一多全集》第一册，开明书店，1948年。

反应。

苏、黄对"雅俗之辨"的思考，具有多层次。之所以要辨别雅俗，是因为"雅"不仅仅是语言风格，而是从精神气质一直贯穿到生活、创作的审美追求。大抵从先秦时候起，诸子即纷纷诋"俗"，如孔子之诋"乡愿"，《老子》之诋"俗人"，《孟子》之诋"世俗""流俗"，等。诋"俗"当然就意味着以"雅"自命，屈子《离骚》中处处感到自己被"俗"所迫害，所不理解，他的"雅"很孤独。这个时候"雅"与"俗"的尖锐对立，标志着士人的崛起，是士人自我意识、独立精神的反映。但此时的庄子并以礼法为"俗"，影响及于魏晋南朝士人，以勤于世务为"俗"，脱略拘检、清谈游艺为"雅"，这样，雅俗之分渐渐走向以哲学思考和审美趣味为标准。晋人王徽之爱竹爱到"何可一日无此君"的地步，王戎以瘦为美至于命令儿子吃糠减肥，都是比较极端的表现。苏轼歆慕魏晋风度，提倡文人趣味，有意地继述王徽之云："可使食无肉，不可使居无竹。无肉令人瘦，无竹令人俗。人瘦尚可肥，士俗不可医。"① 黄庭坚亦云："士大夫处世，可以百为，唯不可俗，俗便不可医也。"② 二人桴鼓相应，一齐主张忌俗尚雅，这是其"雅俗之辨"的第一个层次。在这里，"雅"是审美趣味，是精神气质，也是艺术的本质。

然而，宋人之尚雅，与晋人大不相同。晋人有高风绝尘，脱略世务，远追老庄之姿，宋人则不离世务，而要求在日常生活中，在俗事俗物中体验和发掘雅趣。上引苏、黄的两段尚雅文字，我们倘从古诗、古文的体格来作审视，便大有"俗"的味道。实际上，苏轼很擅长于化用俗字俚语，如朱弁《风月堂诗话》所评："唯东坡全不拣择，入手便用。如街谈巷说，鄙俚之言，一经坡手，似神仙点瓦砾为黄金，自有妙处。"③ 苏轼自己也曾说过，作诗要"以故为

---

① 苏轼《于潜僧绿筠轩》，《苏轼诗集》卷九。
② 黄庭坚《书缯卷后》，《豫章黄先生文集》卷二十九。
③ 朱弁《风月堂诗话》卷上，中华书局，1988 年。

新，以俗为雅"①。这以俗为雅，正是其"雅俗之辨"的第二个层次。它反映出宋人审美情趣的深刻变化，也是使艺术之"雅"不丧失现实生活（"俗"）之源的保证。

再进一步，苏、黄便要参照佛学"即色即空"的法门，来悟得"雅俗之辨"的第三个层次：即俗即雅，雅俗互摄。如苏轼所谓"即世之所乐，而得超然"②，黄庭坚所谓"若以法眼观，无俗不真；若以俗眼观，无真不俗"③，等等。在实际创作中，雅俗互摄的表现，几乎是无所不在的。苏轼既写正宗的新古文，也写文艺小品，这本是"雅"的表现，但小品文的语言，却又经常是接近世俗口语的。黄庭坚可算得一个"雅"人，却爱写俗词；他的诗讲究用典和句格，"雅"得让人难以读懂，但其论诗法，却比为"作杂剧，初时布置，临了须打诨，方是出场"④。在他以前，尹洙评《岳阳楼记》，称为"传奇体"⑤。这表现出诗文等雅文学与戏曲、小说等俗文学有着相通之处。其实，早在中唐时，张祜、白居易就曾以"款头诗""目连变"互相打趣对方的诗作。⑥ 说明雅、俗文体并非不相容，也并非一个作家不能兼擅的。苏、黄的即俗即雅、雅俗互摄的思想，显然贴合着文艺史的雅俗转折。

不过，即俗即雅，带有较浓厚的思辨色彩，有点像参禅悟道，雅俗间的转换纯粹是心灵的一个"转语"而已。对于生活实践和创作实践的关注，使苏、黄的"雅俗之辨"更进到第四个层次，就是尽俗成雅的思想，即以全部世俗生活的丰富性来体现"雅"的内涵。苏轼在《水调歌头》（明月几时有）词中，始以谪仙自居，"欲乘风归去"，脱弃世俗以返仙境；但那太虚幻境一般的境界，缺乏真实内

---

① 苏轼《题柳子厚诗二首》之二，《苏轼文集》卷六十七。又见黄庭坚《再次韵（杨明叔）·引》，《山谷诗集注·内集诗注》，《四部备要》本。
② 苏轼《书李邦直超然台赋后》，《苏轼文集》卷六十六。
③ 黄庭坚《题意可诗后》，《豫章黄先生文集》卷二十六。
④ 《王直方诗话》引黄庭坚语，《宋诗话辑佚》本。
⑤ 陈师道《后山诗话》引，《历代诗话》本。
⑥ 孟启《本事诗·嘲戏第七》，《历代诗话续编》本。

容，其实不是真正的雅，故他又说"琼楼玉宇"乃是"高处不胜寒"之处，"起舞弄清影，何似在人间"，不如世俗生活更富情味；在词的最后，终于发出对人世间的生命的美好祝愿："但愿人长久，千里共婵娟。"世俗的生活的圆满完成，才是真正的雅。这与苏轼关于生命寄寓于人世的思想相关，也和他"与造物者游"的创作论相关。他与苏辙讨论人生问题，主张"任性逍遥，随缘放旷，但尽凡心，无别胜解"①。随世俗之缘，尽凡心之全，即是真"性"的逍遥自由之境，故晁补之称他"怀道含光，陆沉于俗"②。包含了全部俗世经历的丰富内容，才愈益显出雅的人格力量，犹如黄庭坚所说："平居无以异于俗人，临大节而不可夺，此不俗人也。"③ 在这里，即俗即雅的抽象"转语"，落实到了具体的生活实践中，以俗的总和来体现雅的人生境界，尽俗而成雅，若诠考其理，当与车尔尼雪夫斯基"美是生活"的著名观点属同一种感悟。很明显，对"雅俗之辨"的这个层次的领悟，已经达到了对于文艺与生活之关系的正确认识，是理性思考与实践精神相结合的产物。雅来自全部世俗生活，则文人趣味也就寓于日常之中，雅文学与俗文学的共生机制亦便有了理论基础。

总结起来说，中国审美文化在宋代实现了一大历史转折，这个转折包括雅文艺走向文人趣味的追求和俗文学逐渐兴盛两个方面，雅俗文艺并构成合理的共生机制。在苏轼的创作和思想中，这一大转折得到了集中的体现。

---

① 苏轼《与子由弟十首》之三，《苏轼文集》卷六十。
② 晁补之《七述》，《济北晁先生鸡肋集》卷二十八。
③ 黄庭坚《书缯卷后》，《豫章黄先生文集》卷二十九。

第六章　人生思考与文化性格

　　为了给一个文化巨人作传，我们十分费力地追踪苏轼的思想在哲学、史学、政治、文艺各领域的行进轨迹。尽管这样的追踪已令我们收获不浅，却远未穷尽苏轼的世界。是的，苏轼留下的全部文字，确实展现着一个远为广阔的世界，展现着整个生活着、思索着的真实人生的丰富性。分科述学是研究活动得以展开的方式，其合理性还在于，被这类科目所区界的许多领域，本来就是社会文化为人生提供的各种事业舞台，离开了这样的舞台，人生的内涵也就无从表现。然而，分科述学毕竟有支离的倾向，如果不在其人生的整体上特著一眼，就会影响总体的判断。苏轼在以上各领域所取得的成绩都是引人注目的，但均不能独领风骚：论哲学，要推程朱理学的体系更为完备；论史学，司马光、李焘毕竟以其皇皇巨著居于首席；论政治，我们更应该同情王安石的改革主张和实践，即便在元祐党人的心目中，苏轼的地位之崇高也决比不上司马光；论文艺，他在宋代自是首屈一指，并且体现了中国历史上审美文化的一大转折，可是，有那些迫使转折出现的"集大成"者在前，他们确也更受推崇，比如在诗歌王国里，苏轼怎么也得屈居于杜甫之下。可以说，在中国古代文化的各专门领域，人们都容易找到更具代表性的典范。然而，若就整体成就而论，像苏轼这样的"全才"恐怕是极少见的，其人生内涵的丰富性几乎无与伦比。尤其重要的是，通过其文字传达出的人生体验、人生思考、人生境界，影响了一代又一代后继者的人生模式的选择和文化性格的自我设计，其深刻、鲜明的程度远非以上各领域的代表人物所能比拟。人生问题是最大的问题，苏轼处理人生的方式，比它的结果（即他在各领域的成就）更具有久远的影响。后世中国文化人的心灵世界里，无不有一个苏东坡在。即此而言，苏轼的意义可以与我们民族的文化性格的铸造者孔子和庄生相匹敌，而且，由于苏轼的出现，才基本上完成了民族文化性格的铸造：用更超拔的人生领悟，将孔、庄两种人生态度统一于一种人生模式。毫无疑问，苏轼的人生模式是体现我们民族文化性格的最典型之模式。

因此，在分科述学之后，我们有必要回到人生的大问题上，研究苏轼的人生思考。历史上每一位思想家都曾思考人生，自觉设计其人生模式，但只有到了宋代，即中国传统文化的发展达到成熟阶段的时代，这种思考和设计才能最典型地体现民族文化性格。是时代把典型性和成熟性带给了苏轼的人生思考，因为他的思考不能空无依傍地进行，而必要针对一个时代里的人们集中思考着的命题来提出自己的见解，这命题本身就是文化发展的结果。在宋代，人生问题被提到这样的高度：如何才能在人格上企及圣人？这个问题的求解包含着互相联系的两个方面：一是在义理上求得彻底的明白，一是在修身上达到内圣的境界。在北宋时期，前者主要体现为对孔孟学说的探讨，后者则体现为对孔颜人格的领会。如果说孔子是不可企及的，那么孟子、颜子被认为是可以企及的。中唐以来的儒学复古运动已经解决了两个问题：一是孔子贤于尧舜，一是孟子之功不在禹下，这说明时人已把思想看得高于功业。那么，箪食瓢饮、居于陋巷而不改其乐的颜子，其高于钟鸣鼎食的王公贵族的人格魅力，究竟何在呢？——这便是宋人的颜子学，也是他们的人生哲学中极重要的内容，甚至可以说是核心的内容。我们探讨苏轼的人生思想，也要从他的颜子学讲起。

一、颜子学与"寄寓"思想

颜子——孔子最中意的学生颜回，在孔子之前结束了年轻的生命，除了《论语》记录的一些问答和孔子对他的赞许外，既无功业彪炳于世，也无著作供后人学习。但他却长期被尊为"亚圣""先师"，令后世的儒者有说不尽的颜子。宋明道学抬高孟子，取代了颜子的"亚圣"地位，但颜子依然是"先师"，"颜子所好何学"依然是宋学的一个关键问题。距我们两千多年的这个青年，仅仅以他的穷居自乐，就如此深刻地影响了我们的民族文化，这本身就是一个发人深省的历史现象，它表明一个人内在的洞达和坚定是高于一切的，著述与功业固然可以不朽，但人格更其重要。

唐宋儒学复古运动的发起者韩愈，曾视颜子的穷居自乐为"哲人之细事"①，不甚重视，盖其心目中仍是钦羡于大事业大功劳甚至大官的。北宋人纷纷批判韩愈，而对颜子的"乐"进行探讨。尹洙《送浮图回光序》②开始以颜"乐"对抗趋心浮图者，暗示了颜子之"乐"是儒学内圣功夫的理想境界。我们知道，宋代儒学大致有"向内转"的倾向，那曾经给一些不太安分的和尚、道士提供了机会，声称儒学只能治外事，只有释道之学才能治内心，两者理当结合起来。然而，援释、道以入儒虽是道学的无可否认的特点，但道学作为儒学的新阶段，其建立心性之学时仍应通过对儒学自身的命题的探讨。宋代儒学"向内转"的时候，是以探讨颜"乐"所乐何事为命题的。胡瑗在太学里出的试题就有《颜子所好何学论》，程颐就因为答得好，受到了赏识；周敦颐对程颢的启发，也是教他去寻思颜子究竟凭什么"乐"，怎样才能体达此种人生境界；孔宗翰造了一个颜乐亭，李清臣为他写《颜乐亭铭》，司马光写《颜乐亭颂》，苏轼写《颜乐亭诗》③。这一系列活动，使颜"乐"的问题成了哲学的问题，从一般的读书人的处穷之道，上升到了心性层次或人格的高度上来论述之。如果说，从前的儒者大多把儒学阐述为一种"名教"，使之在内圣方面有所缺乏，令佛道得以乘虚而入的话，那么，宋人则已发现儒家本来自有内圣的典范，就是颜子。只要把颜子学

① 韩愈《闵己赋》，《韩昌黎集》卷一。
② 尹洙《河南先生文集》卷五，《四部丛刊》本。
③ 司马光《颜乐亭颂》见《温国文正司马公文集》卷六十八；苏轼《颜乐亭诗》见《苏轼诗集》卷十五；李清臣《颜乐亭铭》未见，但程颢有《颜乐亭铭》，亦为孔宗翰作，见《二程文集》卷一、熊节《性理群书句解》卷三，《四库全书》本。

很好地阐发出来，就不必再在治心的方面求助于佛道了。当然，在颜子学上仍不免暗暗援入佛道，但它毕竟可以明白地被宣称为一种儒家的学问了。

大概程颢对颜子的"乐"境体悟得最深，他不但解释此"乐"乃是"仁者浑然与万物同体"的圣贤气象，而且确实获得了一种心理体验：由感觉天理流行，万物生机充满，而有胸襟洒落之趣。后来李侗就教朱熹要努力静坐，默悟天机，去获得此种心理体验。应该说，这是濂溪、明道的独得之秘，虽然不难理解，却并不容易真正获得这样的身心快乐的体验。因为这不是认识的问题，而是修养的功夫，若到达了这一境界，便真是一派温润粹和，所有的鄙事都不愿去计较了的。看起来，程颐、朱熹可能并未获得此种心理体验，他们用艰深的推理来论证天命，严格地辨析概念，不可抑制地与别人争论，花毕生的气力来格物致知，但看来并不感到快乐，他们只是从义理上阐说得更确切明白，心理体验上则距明道尚有一间。问题就在这里：为什么义理上的深入阐发，反而使这种心理体验几乎不再可能？实际上，程颢所至之境，虽是儒者的"乐"境，但并非只有儒者能够独到的。庄子就有过"独与天地精神相往来"而超越俗世的体验，而且，道家哲学通向此境的路径似乎更为便捷一些。就程颢的心理体验来说，实已汇通了儒、道，走到了这两种哲学的最终交汇之处。但因为是讲体验而不讲义理，所以一下子看不出有援道入儒的痕迹，只说是追企颜子的"乐"境。而一旦企图从义理上加以阐说，就必须摒落庄子哲学的成分，远离庄子提供的直觉之路，从而就陷入困境：要是必须穷尽万事万物的义理才能造此"乐"境，则它便成为空标的理想之境，只能不断接近而永不可能达到了。朱熹当然明白这一层道理，不过他宁愿背弃李侗的教导，走上程颐的格物致知之路，认为这样更实在一些。他不止一次地指责程门弟子有濡染禅学、庄老的倾向，只不好对程颢说什么。当论及颜子之时，他一再强调："颜子生平，只是受用'克己复礼'四个字。""克己亦别无巧法，譬如孤军猝遇强敌，只得尽力舍死向前而已，尚何问哉！"①《论语》讲颜子"不迁怒，不贰过"，朱熹就说："不迁不贰，非言用功处，言颜子到此地位，有是效验耳。若夫所以不迁不贰之功，不出于非礼勿视、勿听、勿言、勿动四句耳。"② 有人问："颜子乐处，恐是功夫做到这地位，则私意脱落，天理洞然，有个乐处否？"朱熹答："未到他地位，则如何便能知得他乐处？且要得就他实下功夫处做。"③ 很显然，他想把颜子学落实到"克己复礼"上，对于奢谈"乐"境是不以为然的。当然，他也未免要谈一下这个"圣人之乐"，讲："圣人之心，直是表里精粗无不昭彻，方其有所思，都是这里流出，所谓德盛仁熟，'从心所欲不逾矩'，庄子所谓'人貌而天'，盖形骸虽是人，其实是一块天理，又焉得而不乐？"④ 他不许常人谈论颜"乐"，要他们去做实在功夫，认为只有圣人才谈得上这"乐"。有趣的是，一旦谈及此"乐"，就牵引出一个庄子来。可见，朱熹其实很明白：如果将颜"乐"描述为天人合一之境，则儒、道两家都通向此境，在此境地上，孔颜与庄子是相通的。

颜子学当中不可避免地被援入庄子思想，其实是非常自然的，因为儒家典籍里找不到对颜子人生境界的哲理说明，而《庄子》书中却有。在《庄子·人间世》里，有一大段孔、颜对话，讲"心斋"的道理。所谓"心斋"，就是颜回将颜回忘掉，即"丧我"，然后就像一个童子那样，"是之谓与天为徒"，宅心不动，静观万物之化⑤。——很显然，"心斋"可以成为颜"乐"的哲学阐释。程门弟子吕大临作诗云："独立孔门无一事，只输颜子得心斋。"这是程颐也称赏的诗句⑥。"心斋"明明是庄子的说法，程颐也不以为非。可见濂溪、明道的那种心理体验，与"心斋"颇有近同之处。

不过，用"心斋"之法去体验颜子之"乐"，以为人生的最高

---

① 《朱子语类》卷四十一。
② 同上，卷三十。
③ 同上，卷三十一。
④ 《朱子语类》，卷三十一。
⑤ 王先谦《庄子集解》卷一《人间世第四》。
⑥ 《二程集》239页。

境界，也确有取消实践的倾向，故朱熹情愿放弃对这种心理体验的追求，而去做格物致知的实在功夫。后来的叶适更奋起批判之，认为这是"玩物为道"，乃隐士山人所为，不足以言儒者事业①。这是从道学理论上提出异议。早在南北宋之交，感受着国破家亡之痛的诗人陈与义已经大声疾呼："中兴天子要人才，当使生擒颉利来。正待吾曹红抹额，不须辛苦学颜回！"② 诗人是时代的喉舌，来自理论界的对颜"乐"哲学的清算，比诗人要晚许多。朱熹只敢说邵雍的"乐"是"乐得大段巅蹶"③，不敢显斥濂溪、明道的"吾与点也"之意④。但"颜子之乐，亦如曾点之乐"⑤，颜子的箪食瓢饮、曾子的"风乎舞雩"、程颢的"云淡风轻"，与邵雍的击壤而歌，又有多大区别呢？叶适斥之为"隐士山人所以自乐"⑥，才是真正的理论上的清算。

话说回来，北宋人论颜子，倒也并非都如程颢、吕大临那样只追求心理体验。王安石曰：

> 能尽仁之道，则圣人矣，然不曰仁而目之以圣者，言其化也。盖能尽仁道则能化矣，如不能化，吾未见其能尽仁道也。颜回，次孔子者也，而孔子称之曰"三月不违仁"而已，然则能尽仁道者非若孔子者谁乎？⑦

他就不以颜子的穷居自乐为止境，认为颜子未"尽仁道"，因为颜子

---

① 参看叶适《习学记言序目》卷四十七对"邵雍诗以玩物为道"及程颢"云淡风轻"诗的批判，并谓此乃曲解《论语》"吾与点也"之意。
② 陈与义《题继祖蟠室三首》之三，白敦仁《陈与义集校笺》卷十七，上海古籍出版社，1990年。
③ 《朱子语类》卷三十一。
④ 程颢自言："自再见周茂叔后，吟风弄月以归，有吾与点也之意。"见《伊洛渊源录》卷一，《丛书集成》本。
⑤ 《朱子语类》卷三十一。
⑥ 叶适《习学记言序目》卷四十七。
⑦ 王安石《仁智》，《王文公文集》卷二十八。

只能自乐而不能"化",即对世道人心不能有所作用。这倒并不是说颜子应该去做官莅民,而是说一个真正的仁者胸中应不忘生民之病,而不以个人修养为满足。确实,若对照范仲淹的"后天下之乐而乐",则颜"乐"岂足道?北宋的儒者中,原有思想更为崇高,心胸更为博大者。"先忧后乐"的深刻忧患意识,使颜"乐"亦相形见其渺小。我们在讨论宋儒的人生境界时,范仲淹自应是第一值得肯定的思想家。所谓颜"乐",只有作为这种巨大责任感的补充,即在穷居不得志的时候仍能以道义自乐,保持节操的坚定与精神上的豁达乐观,从而使人格走向完整,这才具有积极的意义。司马光《颜乐亭颂》即称此"乐"是"德之所以完"①,将平居自乐与临大事时奋不顾身相结合,才是完整的理想人格。

以上简略交代了宋朝具有代表性的几位思想家对颜"乐"问题发表的见解,他们借此表达了不同的人生思想。苏轼的《颜乐亭诗》,也是借此以表达人生思想的,但相比于上面的几位,他的人生思想更丰富、复杂一些。先把《颜乐亭诗》②抄在下面:

> 天生烝民,为之鼻口。美者可嚼,芬者可嗅。美必有恶,芬必有臭。我无天游,六凿交斗。骛而不返,跬步商受。伟哉先师,安此微陋。孟贲股栗,虎豹却走。眇然其身,中亦何有。我求至乐,千载无偶。执瓢从之,忽焉在后。

这首诗赞美的虽是"先师"颜子的"至乐",观其义理,却出于庄子、孟子。《孟子·公孙丑上》曾讲到"不动心",即心志的坚定,这种内在的坚定是超过古之勇士孟贲的血气之勇的。苏轼所谓"孟贲股栗,虎豹却走"便是窥得孟子此意而形容之。然而,内在的坚定又何以是"至乐"呢?"至乐"是庄子的说法,《庄子·至乐》篇说,世人追求的乐并非真正的乐,"至乐无乐",只有"无为"才是

---

① 司马光《颜乐亭颂》,《温国文正司马公文集》卷五十八。
② 《苏轼诗集》卷十五。

"至乐"。什么叫"无为"？"请尝试言之，天无为以之清，地无为以之宁，故两无为相合，万物皆化……故曰：天地无为也，而无不为也。"① 可见"无为"就是不以私意去干扰天地万物的自然化育。这正是《苏氏易传》讲的"无私"，"无为"其实就是"无私"②。人而"无私"，则其内在的坚定是不可战胜的；人而"无私"，则能感到超越于私欲满足之"乐"以上的"至乐"。把颜"乐"理解为"无私"的"至乐"，分明是与庄子所谓"丧我"之"心斋"同理的。如有私欲，即要追求感官的满足，分别美恶、芬臭，弄得"六凿交斗"。与"六凿交斗"相反的是"天游"境界。"天游"亦见于《庄子·外物》："胞有重阆，心有天游。室无空虚，则妇姑勃谿；心无天游，则六凿相攘。"③ 这是说，要有内在的精神空间，足以宅其心，使之不随感官欲求而外骛不返。然则"天游"与"心斋"，义无不同。"眇然其身，中亦何有"，此即庄子所谓"虚"，"唯道集虚，虚者，心斋也。"④ 心中没有私欲，才能感知天道。按苏轼的逻辑，这也就是"存性"。省存本性以随顺天道，就是"性命自得"，这便是"乐"之所在。由此看来，苏轼亦采用"心斋"之说以解释颜"乐"，而"心斋"被理解为去私欲以存真性。

从字面上看，"心斋"意谓宅心于一个内在的精神空间，也即"心有天游"之意。不过"心斋""天游"都是比喻的说法，实际意思是《人间世》中孔子教颜子的一句话："一若志。"即心志的坚一自守。所以，"心斋"与孟子的"不动心"之说，委实有着相通之处，即便庄、孟二子所执之志有所不同，但执志自守的心理状态是近同的；而且，由于所执之志都建立在对于天道、人性之真理的认知上，故亦足以自乐，不被私欲、外物所动。这就为人类的心灵开辟了广阔、明朗的内在天地，可以容纳丰富的精神景观。我们认为，

---

① 《庄子集解》卷五。
② "无为"的意思，不是说什么事都不做，而是说，不做满足私欲的事。
③ 《庄子集解》卷七《外物第二十六》。
④ 《庄子集解》卷一《人间世第四》。

这确实是儒、道相通之处。对于宋儒来说，内在精神天地的问题，无非是一个"性"的问题。苏轼的颜子学，当然也归结到"性"。但"性"是一个抽象的哲学概念，如何"存性"才是人生问题。像朱熹就认为，颜子之"乐"固是见其本性的，但已是修养的成就，不是修养的用功处，所以仍要从"克己复礼"做起，才是实在功夫。常人之"性"已被私欲蒙蔽，须克去私欲，才能见性，才有可乐。这样，不断地"克"去，最后的境界应该是"乐"的，可在"克"的过程中，我们只见其苦。在陆九渊看来，朱熹指出的恐怕是一条南辕北辙的路。与朱熹这条艰苦的路异趣的是，苏轼的"存性"之路却被他描述得充满快乐，无往而不乐，而且其思考也超越了颜子学的范围——这便是他的"寄寓"思想。

在本书论述苏轼文艺美学思想的部分，我们已经提到过"寄寓"思想。大致"存性"有两种方式，一是"独存"，一是"寄寓"。颜子的不借外物而自得其乐，被认为已达"独存"境界，此惟颜子为能，其他人则未免于有所"寄寓"。所谓的"寄寓"，就是与外物相接，但不陷入物欲，只是以非功利的审美态度游观之，聊寓其意。相比之下，"独存"是不假于外物的，"寄寓"则未免假于外物，相同之处在于都不被物欲所夺，都不迷失真性。打个比方说，张旭要借酒劲催发他的草书艺术，王羲之则不必借酒劲，前者有所"寄寓"，后者仿佛"独存"，但两者都不是恶俗的酒徒，张旭喝酒也不是为了满足口腹之欲。从修养方面讲，似乎"独存"是更高的境界，"寄寓"只是做不到"独存"而又不甘陷于物欲时的不得已之举。庄子在论述颜子的"心斋"时说："一宅而寓于不得已。"① 此"宅"是指心的居处，心居于一宅而不动，谓之"心斋"。虽然庄子也肯定"不得已"时的"寓"，但仍以宅心不动为本，忘我无待为高。这"一宅"就相当于"独存"，晁补之曰"宅道之奥，妙在独存；有不得已，文乃其藩"②，分明就是"一宅而寓于不得已"一句

① 《庄子集解》卷一《人间世第四》。
② 晁补之《祭端明苏公文》，《济北晁先生鸡肋集》卷六十一。

的化用。不过，苏轼虽然把颜子推崇为"独存"的典范，却也积极地肯定"寄寓"。从理论上说，由"寄寓"走向"独存"，是修养提高的过程，是苏轼指出的通向颜"乐"之路。这是一条审美的人生之路，一路上是充满快乐的，与朱熹那条艰苦的"克己复礼"之路截然异趣。把颜"乐"理解为一种最高的审美愉悦，这正是苏氏颜子学的特点。

在我们看来，"独存"未免过于枯槁，那境界虽高，却不发诸事业、见诸文章，没有付诸创造的活动。所以，"寄寓"是更值得重视的，更有价值的思想。从苏轼的真实的人生态度来看，他也是更赞赏"寄寓"的。而且，"寄寓"思想还有更为深刻和宽广的内容，不能被颜子学所囿。"寄寓"不仅仅是一种审美的人生态度，由此态度走向颜子的"独存"境界。在苏轼看来，它还是人生的真实的生存境况。也就是说，生命本来就是一段"寄寓"于人世的或短或长之过程，人生的本质就是"寄寓"。

这个思想，当然也与庄子有关。庄子就把人看作造化自然的产品之一，在造化的无始无终的运作当中，它只存在于一个有限的时段。"夫大块载我以形，劳我以生，佚我以老，息我以死。"[1] 人生不过是自然过程中的一点小插曲。苏轼诗云："有生寓大块。"[2] 即承庄子此说而来。生命来自自然，又解散还归于自然，生命的本质确实是一小段"寄寓"生活而已。在苏轼的诗集中，共有九处用了"吾生如寄耳"一句，按作年排列如下：

（一）熙宁十年《过云龙山人张天骥》："吾生如寄耳，归计失不蚤。故山岂敢忘，但恐迫华皓。"[3]

（二）元丰二年《罢徐州往南京马上走笔寄子由五首》之

---

① 《庄子集解》卷二《大宗师第六》。
② 苏轼《李宪仲哀词》，《苏轼诗集》卷二十五。
③ 《苏轼诗集》卷十五。

一：“吾生如寄耳，宁独为此别？别离随处有，悲恼缘爱结。”①

（三）元丰三年《过淮》：“吾生如寄耳，初不择所适。但有鱼与稻，生理已自毕。”②

（四）元祐元年《和王晋卿》：“吾生如寄耳，何者为祸福？不如两相忘，昨梦那可逐？”③

（五）元祐五年《次韵刘景文登介亭》：“吾生如寄耳，寸晷轻尺玉。”④

（六）元祐七年《送芝上人游庐山》：“吾生如寄耳，出处谁能必？”⑤

（七）元祐八年《谢运使仲适座上送王敏仲北使》：“聚散一梦中，人北雁南翔。吾生如寄耳，送老天一方。”⑥

（八）绍圣四年《和陶拟古九首》之三：“吾生如寄耳，何者为吾庐？”⑦

（九）建中靖国元年《郁孤台》：“吾生如寄耳，岭海亦闲游。”⑧

这九例，作年从壮（42岁）到老（66岁），境遇有顺有逆，而一再咏歌，不避重复。倘加上他其余诗词中类似“人生如寄”的语句，则足以断其为苏轼文字中一再复现的主题句。早在宋末，就有人注意到这一点。文天祥的朋友陈贯道，就摘苏诗中的“如寄”二字以为自己的雅号，文天祥还为之赋《浩浩歌》一首⑨。不难领会

---

① 《苏轼诗集》，卷十八。
② 同上，卷二十。
③ 同上，卷二十七。
④ 同上，卷三十二。
⑤ 同上，卷三十五。
⑥ 同上，卷三十七。
⑦ 同上，卷四十一。
⑧ 《苏轼诗集》，卷四十五。
⑨ 文天祥《陈贯道摘坡诗“如寄”以自号，达者之流也，为赋浩浩歌一首》，《文山先生全集》卷二，《四部丛刊》本。

的是，这种人生"如寄"的思想，与苏轼的"寄寓"哲学相表里。他的"寄寓"哲学，是一种时刻伴随着审美愉悦的审美的人生态度，是他对于人生的独特了悟，并由此推出了苏氏之颜子学。那么，他以何种思路，从悲哀的境遇中解脱，转悲为喜的呢？还需要从哲学上解释一下"吾生如寄"。

《庄子·齐物论》云："南郭子綦隐机而坐，仰天而嘘，苔焉似丧其耦。"陆德明《经典释文》云"耦"一作"偶"，俞樾云："偶当读为寓，寄也，即下文所谓'吾丧我'也。"① 这是说一个人的性灵遗弃其所寄寓之身形。苏轼诗云："与可画竹时，见竹不见人。岂独不见人，嗒然遗其身。"② 此用《齐物论》语，而将"丧其耦"理解作"遗其身"，与俞樾所解庄子义合。以故，"寄寓"思想包含有把人身看作性灵"寄寓"之所的意思。由于人身存在的时间有限，所以性灵在此不能长住，只是"寄寓"而已；性灵，即与"形"对立的"神"，在苏轼的概念中指"性"，与"道"本一，有本体意

① 王先谦《庄子集解》卷一《齐物论第二》。此释"耦（偶）"为"寓"，刘武《庄子集解内篇补正·齐物论第二》驳之："'耦'与《列子·仲尼篇》'顾视列子形神不相偶'之'偶'同……当玩一'似'字，言人见其苔然解体之状，似丧其匹偶者然，即下文'行如槁木'也。'吾丧我'，则子綦自明之辞，人固无从知之，因丧我存于内，而丧耦则形于外。俞氏混而一之，殊欠分晓。故'耦'字当从《释文》训'匹'。下文'彼是莫得其偶，谓之道枢'，谓无彼是对偶则好恶之情不生，是非之辩不起，故丧耦而物论自齐，即佛书之'无人相'也。此句与'彼是莫得其偶'句互相发明，义颇重要……俞说非。"今按，刘武将"苔焉似丧其耦"与"彼是莫得其偶"两句意义混而一之，才真叫"殊欠分晓"，前者是讲人，后者讲是非彼此，《庄子》文义本甚明晓。《淮南子·原道训》："经营四隅，还反于枢。"此将"隅""枢"对举，可知"彼是莫得其偶"之"偶"当与"隅"通，义为是非彼此之各有一端也。"彼是莫得其偶，谓之道枢"，约同于释氏所谓离二边而得中道。二边当然是对立的，但"偶"指对立的两边，非指"对立"而言。至于"苔焉似丧其耦"，更不是指"对立"了。刘武引《列子》"形神不相偶"为说，按形与神二者，各执一端言之，固可视为对偶，合而言之，岂不是神"寓"于形中？俞氏释"耦"为"寓"，本甚精辟，下文"形如槁木"，正谓神形不相寓，即"吾丧我"的意思，神不再需要其所寓之形，"顾视列子形神不相偶"，也是此意。

② 苏轼《书晁补之所藏与可画竹二首》之一，《苏轼诗集》卷二十九。

义，故是长存的。这倒不是一般讲的"灵魂"，也与轮回观念无关，而确实是一个严格的哲学概念。盖人身虽不长存，但人的存在是有其合理性的，即有天道表现在其中，就是人的"性"，那是人的本体，也是人有可能认知天道的根据。作为本体，"性"当然是永恒的，在此背景下，才把有限的人身视作"性"的"寄寓"之所，而人生被阐述为一种"寄寓"过程。这是"吾生如寄"的哲学含义。"吾生如寄"将人生解析为短暂、虚幻的人身和永恒、实在的人"性"，正是这后一方面的觉悟，引导苏轼走出悲哀，迈向快乐和自由之境。

这里有个如何看待人身的问题。有身即有私欲，私欲是背道的。如执着于人身，为其短暂而悲哀，此是不达道之故；若追求及时行乐，也是私欲满足之乐，非是真乐，同样不达道。大患分明有此身，除去私欲才能显见天道。那么，"寄寓"是没有价值的了。庄子就把人身看作没有意义，没有价值的，它是"大块"运作中偶然的产物，还要返回"大块"中去的，"人"只是短暂的存在形式，所以没有意义，人应该放弃属"人"的一切，还归于属"天"的本性。但另一方面，他似乎又认为人而合于"天"，即成"真人"，可以长生，永远地保持其形体不坏。苏轼也曾有炼气养生方面的追求，但他还不至于真的相信长生之可能性，"吾生如寄"的思想表明他清楚地认知了人身存在的有限性。不过，他决不把人身的存在看得没有价值，因为有"性""寄寓"在此中，怎能说没有价值呢？他也不否定"寄寓"而要求"性"返归天道。严格地说，"性"虽与"道"为一，毕竟有区别，"性"是人性，在各种人情的总体上显现出来，其理为"道"，其迹为"人"。也就是说，"性"必然地"寄寓"在人身。苏轼与庄子的不同在于，庄子以否定"寄寓"来肯定天道，苏轼却以肯定"寄寓"来肯定"性"与天道。而一旦肯定"寄寓"，也就不会放弃儒家的人生追求了。故苏轼的"寄寓"思想，正可以统一儒、道两家的人生态度。

肯定"寄寓"当然不是执着身欲，而是在把人生的本质理解为"寄寓"的同时，要求把"寄寓"作为人生态度。这种人生态度，

436

就是将真正的人"性"体现于人所能做的各种事情中，不本着私欲来做事。那也就是，人和各种事物之间，不是功利的关系，而是审美的关系，合道合理，自由快乐，毫无扭曲牵强的状态。所以，"寄寓"思想的深层含义，乃是审美的人生态度。有此态度，便处处有可乐，"如寄"的人生于是转悲为喜。在上面列举的苏诗"吾生如寄耳"的九例中，也可以看出诗人从悲哀中解脱的过程。

这是一种洋溢着诗意的人生哲学。"寄寓"的人生，实是人"性"的审美游历，即所谓"游戏人间"。"寄寓"一词的更富诗意的表达，就是"游"。这从苏轼对唐代大诗人李白的人生礼赞中可以看到：

> 天人几何同一沤，谪仙非谪乃其游。挥斥八极隘九州，化为两鸟鸣相酬。一鸣一止三千秋，开元有道为少留，縻之不可翱肯求！西望太白横峨岷，眼高四海空无人。大儿汾阳中令君，小儿天台坐忘身。平生不识高将军，手污吾足乃敢瞋。作诗一笑君应闻。①

此诗前后七句各用一韵，稍变柏梁之体，故既有一气呵成之感，而又见其层次。前七句，在无穷无尽的时空背景上，把李白的人生描写为一种"寄寓"，也就是"游"。生命本属于大时空（"三千秋""八极"），稍留于开元时期，也不过短暂的寓居，既无求于世，当然也不能为世所束缚。后七句，是写李白的人生态度。因为本属于大时空而暂寄于世，所以睥睨一世，以诗自明，无论是功业卓著的大臣，抑或是相传得道的高士，统不过以其"大儿""小儿"视之，更不知依仗人主之势的宦官为何物了。苏轼在此诗中，通过赞美李白，而表达了他的人生理想，即他对人生的"寄寓"本质的领悟，和对"寄寓"之人生应持何种态度的思考。"大儿汾阳中令君，小儿天台坐忘身"（按：分指郭子仪与司马承祯）一联值得深味，即儒家的入世功业与道家的出世坐忘，都不过"寄寓"人生之一境，

---

① 苏轼《书丹元子所示李太白真》，《苏轼诗集》卷三十七。

这两种人生态度的意义都被"寄寓"所包笼。这在逻辑上也讲得通：由于人生不过是"寄寓"于世，故出世之思当为觉醒了"寄寓"本质的人生所固有；又由于苏轼积极地肯定"寄寓"的价值，要求将真正的人"性"体现于人所能做的各种事业中，所以入世的功业也是"寄寓"人生所应创造的。一句话说，"寄寓"的人生态度，就是觉悟本质而付诸创造性的活动。进一步说，由于"寄寓"的人生是审美的人生，所以其创造性活动的完整体现，就是诗。苏轼把大臣、道士视作诗人的"大儿""小儿"，即谓诗人乃是"寄寓"人生的最完美的体现，其意义包拢了大臣和道士的价值。以更为超拔的人生了悟，苏轼将儒、道两家人生态度统一于诗人的形象上了。在我国古代的人生哲学中，如此拔高诗人的意义，可能是绝无仅有的。

　　"寄寓"思想，在庄子那儿，是对人生有限性的消极体认，是一种无可奈何的叹息；在苏轼这儿，便转化为对于人生的诗意的深刻阐发，对创造性活动的积极肯定，对世间利害得失的本质超越。苏轼的"寄寓"哲学，融合了儒家的创造精神与道家的超越精神，将创造性与超越性推阐为"寄寓"意义的两个方面，在"寄寓"上统一起来。这个思想方法，是否受中国大乘佛学"一心开二门""不变随缘"（集中体现于《大乘起信论》中）之思想方法的影响，当可继续探讨①。但无论如何可以肯定是苏轼在人生思想方面的重要心得。

　　这样的人生思考，当然已大大地突破了颜子学的范围，而给人生下了一个大判断：生命是如此富有诗意地寓居于人世，带着与生俱来的超越之思，而不断地在创造活动中体现自身，故人生的理想状态就是诗人。人生确实是短暂的有限的，确实是寓居于人世而已，但这种寓居是快乐的，充满诗意的。那么，人世又如何呢？它能给这样诗意的寓居者提供居所吗？苏轼的思想显然还要为"寄寓"的人生寻求可以安身立命的大地。

----

　　① 中国大乘佛学，变印度佛学的涅槃性寂之旨，而开菩提性觉之门，其改造的方式与苏轼对庄子哲学的改造方式非常相似。

二、生死、出处、大地

　　人生的问题，当然是哲学所关怀的最大问题之一，然而，它却更是一个现实的问题。把人生看作"寄寓"的过程又从而积极肯定之，固然足以在理论上统一儒、道两家的人生态度，然而，这种审美的态度在面临现实时，不能不接受现实的严峻考验。审美的精神是自由的，现实却限制自由。限制来自两个方面：来自自然的是生命的有限性，即生死的问题；来自社会的是对个体创造性活动的制约，就政治上说，是议政、施政的权力得失要取决于朝廷，然则从政既是创造性活动的重要内容，却也可能因此而失去自由，这就有了一个出处的问题。生死和出处，是自古以来中国文人面临的两大人生课题。依"寄寓"思想本身的逻辑，视生为寓，固应视死如归，似不当再有生死的问题，但实际上，生了病的人都会积极寻求治疗，出于人情，对亲友的死亡不能不悲伤，出于礼数，对长辈的去世也不能不哀悼，出于政治责任，对生民的存活也要负责，即就自身而言，死有自然寿终，也有为节操而杀身，为事业而忧劳致死等可能的情形，则也存在各种选择的困境。"寄寓"思想把政治活动也看作人生的寓意达志的创造性活动，似乎投身政治并不违碍人生的审美情操，但一个社会的政界有它自身的运作规律，是现实中各种矛盾的冲突交汇之处，它既需要政治家的创造力的投入，也必然要打击这种创造力，若坚持寓意达志而不与世沉浮，便必然大受痛苦，若引身退出，不涉此途，又失却"寄寓"之一义。因此，出处和生死两大现实问题，形成对"寄寓"思想的挑战。尽管苏轼把"寄寓"论述为充满诗意和快乐，但他的实际人生却不可避免地遭受痛苦。也正要在不断的痛苦经历和持续的反思中，苏轼才能为"寄寓"的人生找到安身立命的大地。

　　看苏轼的文字，一方面见他处处自道寓意之乐，一方面也能感受他浓重的人生虚幻意识和苦难意识。他以"寄寓"思想来理解自己对政治活动的投入，对社会政治的责任，比一般儒家的忠君报国之说更为深刻；但他因生死和出处的困境而引发的人生虚幻意识和苦难意识，较前人也更为沉重和深微。以"寄寓"之乐来克服虚幻、苦难之感受，并不容易，他的"乐"实在得之不易。

翻开苏轼的集子，一种人生空漠虚幻的感觉便扑面而来。"人生如梦"，便是他的诗词中经常咏叹的。应该说，"寄寓"的人生当然犹如梦境，但这种对于个体生命实在性的怀疑甚至否定，势必给对于生命之意义、价值的探寻造成困难。是的，一个人若时时想着我终究是要死的，那么还来做什么事呢？但死又确实无可避免，故即便有"寄寓"思想以自解，苏轼仍不断发出"人生如梦"的感叹。仅从苏词取证，如"世事一场大梦，人生几度新凉"[①] "笑劳生一梦，羁旅三年，又还重九"[②] "一梦江湖费五年"[③] "十五年间真梦里"[④] "万事到头都是梦，休休，明日黄花蝶也愁"[⑤] 等，皆属此类。虽然"人生如梦"是中国文人的常规慨叹，但随着生命的进程，逐年累月地体会梦境般的生存感受，把过去的三年、五年、十五年都断之为梦，却可见出虚幻意识的沉重有加。不但如此，苏轼还对白居易的"百年随手过，万事转头空"[⑥] 下了一个转语，曰"休言万事转头空，未转头时皆梦"[⑦]，意谓不但过去之经历如梦般虚幻，即当前的一切也虚幻如梦，较白诗更进一层，可见其人生虚幻意识的深化。从个人说，梦做到死为止，死被认作梦醒；但从人类历史说，则生命不断延续，历史成为一个永无觉醒之期的大梦，如他所说："古今如梦，何曾梦觉，但有旧欢新怨。"[⑧] 这是将人生虚幻意识推广至历史虚幻意识，也可视为一种深化。他还在诗中说："物生

---

① 苏轼《西江月·黄州中秋》，《东坡乐府》卷一。

② 苏轼《醉蓬莱》（笑劳生一梦），《东坡乐府》卷二。

③ 苏轼《浣溪沙》（一梦江湖费五年），《东坡乐府》卷二。

④ 苏轼《定风波》（月满苕溪照夜堂），《东坡乐府》卷二。

⑤ 苏轼《南乡子·重九涵辉楼呈徐君猷》，《东坡乐府》卷二。

⑥ 白居易《自咏》，《白居易集》卷三十四。

⑦ 苏轼《西江月·平山堂》，《东坡乐府》卷一。

⑧ 苏轼《永遇乐·彭城夜宿燕子楼梦盼盼因作此词》，《东坡乐府》卷一。

有象象乃滋，梦幻无根成斯须。方其梦时了非无，泡影一失俯仰殊。"① 这又是将一切存在之物的存在都认作梦境了。总之，过去、现在、将来，宇宙、历史、人生无不如梦，无不虚幻。

人生虚幻意识确实给苏轼带来痛苦。佛学的平等观、道家的齐物论，看来并不足以真正克服之。"寄寓"思想要冲破虚幻意识的困扰，必须寻求到生命的意义、价值，那也就必须确立人的真正主体性，来担当这意义、价值。人生的一切内容既皆虚幻不实，主体性又何在呢？苏轼人生思考在这里顿现一个亮点。他将"梦"境描述为"几度新凉""旧欢新怨"，则剥离了炎凉升沉、欢怨祸福等内容之后，人还剩下什么呢？这剩下的一点，正是人的本"性"，是超越梦境的根据，也是生命现象的深处唯一真实的存在。苏轼说："此灭灭尽乃真吾。"② 梦境幻灭尽净后，有"真吾"存在。"身外傥来都是梦"③，炎凉升沉、欢怨祸福之梦境，其实是"身外"来的，人生还有内在的"真吾"。这是真正的主体性，虽常因牵拘于外物，奔逐营营而至于失落，却应该在对于失落的痛苦中重新寻求回来。"长恨此身非我有，何时忘却营营？"④ 意味着"忘却营营"后即有"真吾"的来归。"但应此心无所住，造物虽驶如吾何？"⑤ 只要坚持清醒的"寄寓"态度，而不心住外物迷恋执着，则"真吾"不会沉溺，梦境可以超越。因为这种"真吾"（即"性"）乃是人所本于天道、合于天道者，是永恒的、不灭的，具有本体意义，它不为造化之所玩弄，而是与造化相统一的。所以，"寄寓"的过程虽如一梦，但"寄寓"者是自由出入于梦境的，"梦中了了醉中醒"⑥，在醉梦之中，"寄寓"者仍有清醒的主体性。人的身上有着与天道相通的"性"，对于"性"的存省，即是对生命永恒的感悟，足以超越

---

① 苏轼《六观堂老人草书》，《苏轼诗集》卷三十四。
② 苏轼《六观堂老人草书》，《苏轼诗集》卷三十四。
③ 苏轼《十拍子》（白酒新开九酝），《东坡乐府》卷二。
④ 苏轼《临江仙》（夜饮东坡醒复醉），《东坡乐府》卷二。
⑤ 苏轼《百步洪二首》之一，《苏轼诗集》卷十七。
⑥ 苏轼《江城子》（梦中了了醉中醒），《东坡乐府》卷二。

人世短暂之梦境。这是一个背负青天的人，"浩然天地间，唯我独也正"①，苏轼以此真正的主体性来克服人生虚幻意识，转悲为喜。对于一个背负青天的人来说，世间荣辱得失生死之梦，又何足道？

相比于虚幻意识，人生苦难意识就更加深重。虽然说，作为一个诗人，其审美的人生应伴随着审美的愉悦，但"人生识字忧患始"②，诗人的敏锐感知力，加上智者的超常省察力，使苏轼对人生苦难体味极深。老子说："吾所以有大患者，为吾有身。"③ 佛教也认为生命的本质就是苦，苏轼的人生苦难意识中，不难发现有受此诱发的因素，但苦难主要来自现实的人生，苏轼一生所处的环境和生活的经历，是苦难意识产生的现实基础，也促使其"寄寓"思想不断走向成熟。

造成苏轼人生苦难意识的，首先是西蜀乡土之恋的文化背景。本书前文已经提到，西蜀在五代战乱中保持了经济的发展和文化的传承，但宋廷在平蜀时对战俘的大量杀戮，后来对西蜀财富的近于掠夺式的追求，引起该地民众的普遍不满，那里的士子也因其崇古自立的文化性格与宋初意识形态不合，而长期不愿出仕。偶有出仕者如田锡，即使直声风节盖一世，而生平仕途常受挫折。其后有志用世者如苏洵，也因思想、文风不合于朝廷的取士标准，而屡试不第，一生不遇。要等到范仲淹、欧阳修等力纠承平粉饰势利之风，标举人格，隆兴道义，一改士大夫的论卑气弱之态而倡导儒者以天下为己任，宋代的文化才有了精神。那给苏洵带来他晚年的名动京师，也给苏轼兄弟带来早年的一举成名，顺利登上仕途。从此以后，蜀人渐成宋代文官队伍的重要组成部分。然而，宋初的这段不愉快的历史，仍然给西蜀的出仕文人带来特殊的心理面貌，即大都有浓重的乡土之恋，并且关注着中央政权对待西蜀的地方政策上可能出现的不公平现象，甚至因强调蜀地民风的特点而表现出主张以蜀人

---

① 苏轼《过大庾岭》，《苏轼诗集》卷三十八。
② 苏轼《石苍舒醉墨堂》，《苏轼诗集》卷六。
③ 《老子》上篇第十四章。

442

治蜀的思想倾向，令其他地方的士人常觉得蜀士"腹中有虫"。我们在前代蜀人如扬雄、李白的身上，是看不到这种表现的，"仗剑去国，辞亲远游"①，那心态极为开放。但时至宋代，即便像苏轼这样的旷达者，也不断在诗中表达乡土之恋。虽说"人情同于怀土兮，岂穷达而异心"②，宋代诗人也普遍比唐代诗人更多地表现乡土之恋，但蜀人又自不同，他们的乡土概念经常是整个"蜀"地，而不仅仅是父母坟冢所在，与其说他们怀恋乡土，还不如说是怀恋着一种文化。在这方面，原属五代吴越、南唐、闽国之地的士人也有相仿之处，但蜀人尤甚。嘉祐六年才入仕途不久的苏轼，就提醒弟弟不要忘了同返故里对床听夜雨的盟誓，不要去追求高官③。在以后宦游或贬谪生活中，他的怀乡之情始终不泯。而且，他为江南农女犹保持着吴越时候的装束，而感到"至今遗民悲故主"④，平生少作碑志之文的苏轼，却为吴越王钱氏的坟祠撰作《表忠观碑》一篇大文字，这也可以看作他那种地方文化情结的投射。

与文化归依心态结合在一起的乡土之恋，对苏轼的影响是深刻的，它促成了苏轼人生思考的早熟。从熙宁初出川以后，他就没有机会重返故乡，后来被人指为"蜀党"，又迫使他多少要有所避忌，但他临终遗命葬于汝州郏城县的小峨眉山，则无疑是出于对西蜀岷峨的依恋之情。不过，事情还有另一方面。苏轼毕竟没有归葬西蜀，那也未必真的因为经济困难，而是另有缘故的。苏洵曾说："余尝有意于嵩山之下，洛水之上，买地筑室，以为休息之馆。"⑤ 他有一个

---

① 李白《上安州裴长史书》，《李太白集注》卷二十六。

② 王粲《登楼赋》，《全上古三代秦汉三国六朝文·全后汉文》卷九十，中华书局，1958 年。

③ 苏轼《辛丑十一月十九日，既与子由别于郑州西门之外，马上赋诗一篇寄之》，《苏轼诗集》卷三。

④ 苏轼《于潜女》，《苏轼诗集》卷九。

⑤ 苏洵《丙申岁余在京师，乡人陈景回自南来，弃其官，得太子中允。景回旧有地在蔡，今将治园圃于其间以自老。余尝有意于嵩山之下，洛水之上，买地筑室，以为休息之馆，而未果。今景回欲余诗，遂道此意。景回志余言，异日可以知余之非戏云尔》，《嘉祐集笺注》卷十六。

从西蜀移居到中原的想法，见于其诗："岷山之阳土如腴，江水清滑多鲤鱼。古人居之富者众，我独厌倦思移居。平川如手山水矗，恐我后世鄙且愚。经行天下爱嵩岳，遂欲买地居妻孥。"① 意思很明白，他认为西蜀是个好地方，但毕竟苦于闭塞，长居此地，恐其子孙不见世面，夜郎自大，志向不远，知识难开，故欲迁居到中原去。由此可见，苏轼葬于嵩阳之小峨眉，倒是继承了其先君遗志的，而三苏的子孙，也确实不作归乡之计。那原因也很易知，就是苏洵说过的："恐我后世鄙且愚。"蜀中的乡土文化是令苏轼怀念的，但他毕竟志在天下，要以传承和发扬整个华夏文化的"道"作为人生使命，不愿自锢于当时看来颇为僻远的盆地中。情牵乡土而志在中华，正是他在人生出处问题上的一个矛盾表现。对于一般的中国士人来说，故乡是人生旅程的起点，也是其终点，少年时代从此出发，晚年叶落归根。但对于苏轼来说却不是如此，感情上既不免怀恋，理智上却不认为它是个合适的起点和终点，这就使他的人生旅程变为一条不归之路，真的成了永远的"寄寓"。如此长寄不归的人生，是飘忽的，当然也是苦难的。

其次是他一生坎坷曲折的经历，更令他体验了人生的大起大落，而在出处问题上陷入更深的矛盾。他既经顺境，复历逆境，得意时是誉满京师的新科进士，独当一面的封疆大吏，赤绂银章的帝王之师；失意时是柏台肃森的狱中重犯，躬耕东坡的陋邦迁客，啖芋饮水的南荒流人。荣辱、祸福、穷达、得失之间反差的巨大和鲜明，使他咀嚼尽种种人生况味。希望和失望、亢奋和凄冷、轩冕荣华和踽踽独处，长时间的交替更迭，如环无端，不知所终，也促使他反思这种"涉世多艰"的生活的意义何在，促使他从现实的苦难中，而不是从纯粹思辨的角度，去寻求人生的意义。

---

① 苏洵《丙申岁余在京师，乡人陈景回自南来，弃其官，得太子中允。景回旧有地在蔡，今将治园圃于其间以自老。余尝有意于嵩山之下，洛水之上，买地筑室，以为休息之馆，而未果。今景回欲余诗，遂道此意。景回志余言，异日可以知余之非戏云尔》，《嘉祐集笺注》卷十六。

"人生多艰"也是苏轼诗歌反复吟叹的主题，它实际上比人生虚幻意识更深刻，因为其中的现实容量更为沉重。严酷的社会现实、政界风波不仅摧残他的身体，也摧残他的理想，引起精神上的苦痛。苏轼是有志于世的人物，他的"寄寓"思想中统一着儒家的济世利民的责任感和事业心，并且一贯以"忠义"自许，准备献身给帝王、社稷和苍生的。在很大程度上，"忠义"的信念和事业上的成就感，是那个时代的士人能够忍受思乡之苦和抵御人生虚幻意识之冲击的精神支柱，但苏轼的政治经历却处处显示这精神支柱的不可靠。"问汝平生功业，黄州、惠州、儋州。"① 这是自嘲，奋斗和苦难的一生换来的是这样的"功业"，事业上的成就感是得不到了。那么"忠义"的信念呢？这信念曾使他与宋代许多知识分子一样，把历史看作"君子"与"小人"的斗争史，把现实中的矛盾也看作"君子"与"小人"的斗争。果真如此，则无论如何失败、受难，都是有价值的。然而，能够在北宋党争中寻求到此种价值的，只有那些确信自己掌握着世间唯一真理的理学家，对于一向主张多元化的苏轼，这样的寻求毋宁说是极大的不幸。他从骂王安石为"小人"，到表彰王安石而改骂吕惠卿；从钦佩司马光为"君子"，到不满于司马光的顽固，又转而骂支持司马光的"小人"，甚至斥程颐为"奸"。这种种举动，今人看来不免有荒唐之处，而在当时，苏轼本人亦未必不能意识到其中的荒唐。实际生活中那么多具体的同僚甚至朋友，与互相攻击的奏疏中抽象的"小人"，究竟有多少共同之处？"小人"是一种何等抽象微茫而又确凿无疑的存在！北宋时代成熟的专制政体与意识形态，就这样玩弄着士人的"忠义"之心。为"真理"而受难的程颐，肯定比苏轼更少精神上的痛苦，程颐可以为自己曾坚持与"小人"斗争而自豪，苏轼却要为"君子""小人"斗争史观的瓦解而痛苦。这无疑是价值体系的崩溃，如果政敌并不真的是"小人"，那么自己的受难也就缺乏"忠义"之值，"忠义"作为精神支柱变得可疑。然后，人生苦难的意义又何在呢？当那个社会里

---

① 苏轼《自题金山画像》，《苏轼诗集》卷四十八。

的政治伦理观念无法真正赋予这种苦难以价值的时候，价值就要另外去寻找。其实，寻求苦难的价值，才是精神上的更艰苦的历程。这已经不是出、处二者间的选择困境，而是究竟在什么意义上理解出、处的问题了。

人在异乡的漂泊感和苦难的生活经历，使苏轼在人生的出、处问题上经常发出矛盾的言论。他的用世之志是真切的，嫉恶的刚肠也不加掩饰，忧国忧民的情怀以及忠义之心都在其创作中表露无遗；但他的思乡之情，归隐的愿望，以及对佛、老哲学的会心叹服之处，对官场政争的厌倦之感，也并不是做作的。我们在分析他的文学创作时，已经发现，他在职的时期与贬居的时期有着不同的创作风格，出于同样真诚的情感与显得矛盾的思想倾向，似乎是随着境遇的变化而在儒佛道各家的出处思想中变易其所取。我们认为，必须承认苏轼的思想经历着如此这般的矛盾变化，不过也不难看出，就在反复不定之中，在不断的咀嚼和反思过程之中，苏轼的人生观也体现出一种内在的坚韧，一种不曾被摧垮的自主力，这正是苏轼吸引人的地方。"寄寓"观念受到了苦难现实的挑战，没有走向退缩，也没有变得与世沉浮，而是顽强地追求一个"寄寓"者的精神家园。那就是生命所"寄寓"的大地，无论出与处，都在这大地上，而所有经历的苦难，也就为了在大地上实现人生"寄寓"一世的意义。

漂泊异乡的苦难感受，首先使苏轼把对于家乡的文化依恋扩展为对于大地的感情。一个突出的表现是：他几乎把生平居留之处都认同为自己的故乡，如谓"居杭积五岁，自意本杭人"①，"譬如元是惠州秀才，累举不第，有何不可？知之免忧"②，"我本海南民，寄生西蜀州"③ 等。这种处处皆是吾乡的感情归依，也意味着对斯民的责任感，当苏轼不便于像其他蜀籍官员那样为家乡父老向中央争取权益的时候，他积极地为杭州、颍州等所莅境内的人民争取中

---

① 苏轼《送襄阳从事李友谅归钱塘》，《苏轼诗集》卷三十六。
② 苏轼《与程正辅七十一首》之十三，《苏轼文集》卷五十四。
③ 苏轼《别海南黎民表》，《苏轼诗集》卷四十三。

央政府的济助，积极地创设地方公益事业，甚至在贬居惠州之时，也通过特别的途径为当地人民谋益。自然，这实际上是把"家乡"的观念从西蜀扩展为整个大地，把他对于家乡人民的责任扩展为对于一切生民的责任。在扬州竹西寺，他惊喜地发现那里的一座山冈名为"蜀冈"，又品尝了蜀冈的井水，觉得与西蜀的水味不异，便作诗云："十年归梦寄西风，此去真为田舍翁。剩觅蜀冈新井水，要携乡味过江东。"① 按：《扬州府志》《仪征县志》所记山川中皆有蜀冈："相传地脉通蜀，故名。"② 这"地脉"之说必相传甚早，苏轼晚年在《书传》中通释《禹贡》山川时，大谈"地脉"之说③，未必不受了他品水蜀冈之经历的影响。"地脉"就是大地的脉络，它将西蜀与祖国的其他地方联成一体，苏轼在海南岛赠人诗中，就有"沧海何曾断地脉"之句④，琼州海峡并没有割断海南岛与大陆相连的"地脉"。就因为"地脉"相连，所以，对家乡的眷恋可以而且应当扩充为对于大地的依托。

由于以整个大地为依托，以大地上所有生民的祸福为政治责任，苏轼便能从中领悟他的人生苦难的意义。作为"寄寓"者所依托的"大地"，其深层的含义就是作为一个"人"的生存价值，它引导苏轼从更为宏远的意义上思考出处问题。以"忠义"为核心的儒家政治伦理观念，是把一般人都当作"臣"来要求的，君臣之义无所逃于天地之间，生命活动的价值旨归在庙堂。在这种观念的影响下，所谓"出"无非是为君王效忠尽力，而所谓"处"也就是忍受被君王误解的痛苦，等待君王的幡悟。佛老哲学对这种政治伦理观念的补充是：一个人还可以放弃"臣"的身份和责任，心灵或者身体一种超脱世外的宗教生活。这样，三教互补实际上是以"臣"和"僧"的互补，取消了"人"的生存方式。所以，身为大臣的苏轼

---

① 苏轼《归宜兴留题竹西寺三首》之一，《苏轼诗集》卷二十五。
② 《嘉庆重修扬州府志》卷八、《道光重修仪征县志》卷四，《中国地方志集成》本。
③ 苏轼《东坡书传》卷五《禹贡》"道岍及岐至于荆山"句下释。
④ 苏辙《补子瞻赠姜唐佐秀才引》，《苏辙集·栾城后集》卷三。

固然可以积极奋发，一旦被剥夺大臣身份，就只好处在漫长的等待之中，或者游心于佛老。但经过反复的徘徊出入于三教之间的思想困惑，人生的苦难终于迫使他思考作为"人"的意义，从而形成了出为"臣"、处为"人"，并且最终归结到"人"的出处思想。在"忠义"之心一再被朝廷玩弄之后，他终于意识到自己作为一个"寄寓"者本可以无求于君主，"何至以身为子娱"①，只要自己在作"臣"时"实无负吏民"②，便可以问心无愧，藐视朝廷的打击和否定，断然超越政治，还归于"人"的生存境界，食芋饮水，视曾经拥有的富贵为浮云春梦，而啸遨于岭云海日间。另一方面，苏轼也终于未被仙山佛国所诱惑，而是脚踏实地做"人"。在非"臣"即"僧"的互补模式中，原也有着"穷则独善其身"或所谓"居士"的中间状态，但东坡居士却将这种中间状态的意义放大，将处于此种状态的人生之内涵体现得无比丰富：躬耕田亩、开圃种药、酿酒制羹、赏玩山水、著书立说、吟诗作文、评艺论史、广交朋友、参禅养身，以及通过各种途径"勇于为义"，等等。不为"臣"不为"僧"的苏轼，其作为"人"的生存境界本甚广阔，而且，这才是一个"寄寓"者的本色。"但愿人长久，千里共婵娟"，是对人世生活的肯定，到晚年，贬居海岛的苏轼常以圣人自比，就因为他确信领悟了"人"的生存价值。欲作有为之"臣"而不得的苏轼，就在反思中寻找到了比"臣"与"僧"更为根本的"人"的意义，从而也就为"寄寓"的人生找到了可以依托的坚实的大地。在大地上吟啸徐行的东坡居士，是我们最为熟悉的苏轼形象。

综上所言，生死和出处两大人生课题，既引发了苏轼的人生虚幻意识和苦难感受，也由于对此两大问题的思考，促成了苏轼"寄寓"思想的深化和丰富，以他的整个生活经历，在我国文化史上写下一个背负青天、依托大地的"寄寓"者的形象，也就是一个"人"的形象。这确实是综合了儒释道各种思想成分，经过融汇提升

---

① 苏轼《鹤叹》，《苏轼诗集》卷三十七。
② 苏轼《过汤阴市得豌豆大麦粥示三儿子》，同上。

而得到的一种极为成熟的人生思想。它标志着我国古代知识分子的处世哲学达到了一个新的高度，具有典型与范式的意义。这一成熟的范式所发生的影响，即便对于今天的中国知识分子来说，也依然是深刻的。

三、"寄寓"者的文化性格

背负青天、依托大地的"寄寓"者，是超越之思与创造精神的一体化，故既具"縻之不可觌肯求"的独立人格，又有"一洗万古凡马空"的卓越创造，而沧海鲸波与西掖銮坡皆所不辞。世俗羡称"坡仙"，但苏轼的人生哲学实是要堂堂地做个"人"，展示"人"的创造力的丰富性。南宋词人宋自逊曾对此表示不解，其《贺新郎·题雪堂》词云："唤起东坡老。问雪堂、几番兴废，斜阳衰草。一月有钱三十块，何苦抽身不早？又底用、北门摛藻？儋雨蛮烟添老色，和陶诗、翻被渊明恼。到底是，忘言好。"[①] 他的意思是，东坡既已获黄州之谴，应该就有了超脱的了悟，又何必还要有此后的一番作为呢？此正未解"寄寓"思想的积极创造一面，以枯槁为达道，算不得高见。以超尘脱俗的气质，寓意于各种形式的文化创造活动，从而展示其文化性格内涵的丰富性，这才是苏轼的动人之处。千百年来，他的性格魅力倾倒过无数的中国文人，人们不仅歆羡他在事业世界中的刚直不屈的风节、民胞物与的灼热同情心，也景仰其心灵世界中洒脱飘逸的气度，睿智的理性风范，笑对人间厄运的超旷。中国文人的内心里大都有属于自己的精神绿洲，正是苏轼那种成熟的人生态度和完整的文化性格，使他与一代又一代的读者建立了异乎寻常的亲切关系，对于后世文化人的性格塑造起到巨大的作用。在中国文化的发展达到成熟阶段的时候，产生了苏轼这样的文化性格，对其整体内涵作出探讨，是一件饶有趣味的事。以下仅

---

① 宋自逊《贺新郎·题雪堂》，《全宋词》第 4 册，中华书局，1965 年，2688 页。

从狂、旷、谐、适四个方面略寻端绪。

中国文人中不乏狂放怪诞之士，除了生理或病理的因素外，从文化性格来看，大致有避世和傲世两类。前者佯狂颠倒以求免祸，是保护独立人格的曲折方式，如阮籍；后者则张扬个性，不惜与世俗尖锐对抗，宁折不弯，如嵇康。其超拔平庸的性格力度和个性色彩，不但对于具有诗人气质的文士颇具吸引力，即便一些温文尔雅的学者，内心里也会因其见识超卓而有狂的一面。

苏轼早年从蜀地进京，原也心怀惴惴，颇有"盆地"意识；作为这种意识的反拨，他又具有狂放不羁的性格特征。岳珂《桯史》云："蜀士尚流品，不以势诎。"① 木强刚直、蔑视权贵的地方性格显然也对苏轼早期的狂傲起过作用。涉世渐深以后，随着人生阅历的丰富，他意识到狂的代价，其狂放中于是增加了傲世、忤世、抗世的成分。在《次韵子由初到陈州》② 诗里，他要求弟弟像东晋周谟那样"阿奴须碌碌，门户要全生"，因为他自己已像周谟之兄周颛、周嵩那样刚直不为世俗所容。他在此诗中所说的"疏狂托圣明"，是愤激的反话，其《怀西湖寄晁美叔同年》③ 诗就以"嗟我本狂直，早为世所捐"直述其意了。细品他此时的傲世，也夹杂畏世、惧世的心情。《颍州初别子由》④ 说"嗟我久病狂，意行无坎井"，嗟叹悔疚应是有几分真情；《送岑著作》⑤ 说"人皆笑其狂，子独怜其愚"，并说"我本不违世，而世与我殊"，似也表达了与世谐和的一份追求。

"乌台诗案"促成了苏轼人生思想的成熟。巨大的打击使他深切认识和体会到外部存在残酷而又捉摸不定的力量，使"寄寓"者的处境越来越变得艰难，如果缺乏内在的坚定和洞达，狂士也很容易被打垮的。从此时起，他的"狂"由抗世傲世转为保持自我真率本

---

① 岳珂《桯史》卷八"鹦鹉谕"条，《丛书集成》本。
② 《苏轼诗集》卷六。
③ 《苏轼诗集》卷十三。
④ 《苏轼诗集》卷六。
⑤ 《苏轼诗集》卷七。

性的追求。其词中有云："事皆前定，谁弱又谁强？且趁闲身未老，须放我些子疏狂。百年里，浑教是醉，三万六千场。"① 以疏狂有理为思考命运的结论，以酣饮沉醉为率见本性，所谓"醉里微言却近真"②。唐代的贺知章也曾自号"四明狂客"，向皇帝奏乞为道士，归乡隐居，舍宅为道观，得皇帝赐名"千秋"。此是历史上相传的一件美事，苏轼却讥之："狂客思归便归去，更求敕赐枉天真。"③ 以为既斫伤"天真"就配不上"狂客"的称号了。可见其所谓狂，要义在于保"天真"。经过这样一番沉思反省后，苏轼便高声唱出："莫道狂夫不解狂，狂夫老更狂。"④

由此看来，苏轼狂中所追求的任真，也是一种深思了悟基础上的任真。同时人晏几道有"殷勤理旧狂"的奇句，颇为词家称赏："狂已旧矣，而理之，而殷勤理之，其狂若有甚不得已者。"⑤ 这个狂也是任真，但小晏的任真，像黄庭坚在《小山词序》⑥ 中所描述的"四痴"那样，更近乎一种天性和本能，与苏轼经过反省和权衡的自觉之狂有别。据说苏轼曾欲结识小晏而遭拒绝，事虽非可尽信，但其间的吸引和排拒也暗示出两狂的同异。

旷和狂是相互涵摄的两环。前者是内省式的，主要是对是非、荣辱、得失的超越；后者是外铄式的，主要是真率个性的张扬。两者都出于主体自觉的肯定和珍爱，相比之下，旷更能体现苏轼文化性格的成熟性，故实为其主要的内涵。

苏轼的旷，形成于几次生活挫折之后的痛苦思索。他一生贬居黄、惠、儋三州，每次都经过激烈的感情冲突和心绪跌宕，都经过

---

① 苏轼《满庭芳》（蜗角虚名），《东坡乐府》卷三。

② 苏轼《赠善相程杰》，《苏轼诗集》卷三十二。

③ 苏轼《又书王晋卿画四首·四明狂客》，《苏轼诗集》卷三十三。

④ 苏轼《十拍子》（白酒新开九酝），《东坡乐府》卷二。

⑤ 况周颐《蕙风词话》卷二"小山阮郎归"条，《词话丛编》，中华书局，1986 年，4426 页。按"殷勤理旧狂"出晏几道《阮郎归》（天边金掌露成霜）词，见《全宋词》，238 页。

⑥ 《小山词》卷首，《彊邨丛书》本。

喜——悲——喜（旷）的变化过程。元丰时贬往黄州，他的《初到黄州》① 诗云："自笑平生为口忙，老来事业转荒唐。长江绕郭知鱼美，好竹连山觉笋香。逐客不妨员外置，诗人例作水曹郎。只惭无补丝毫事，尚费官家压酒囊。"他似乎很快地忘却了"诟辱通宵"的狱中生活的熬煎，津津乐道于黄州的鱼美笋香。然而贬居生活毕竟是个严酷的现实，不久又不免悲从中来：他写孤鸿，是"有恨无人省""拣尽寒枝不肯栖"②；写海棠，是"名花苦幽独""天涯流落俱可念"③，都是他心灵的外化。随后，在元丰五年出现了一批名作：前后《赤壁赋》《定风波》（莫听穿林打叶声）、《浣溪沙》（山下兰芽短浸溪）、《西江月》（照野弥弥浅浪）、《临江仙》（夜饮东坡醒复醉)④ 等，都共同抒写了翛然旷远、超尘绝世的情调，表现出旷达文化性格的初步稳固化。绍圣初贬往惠州，他的《十月二日初到惠州》⑤ 诗云："仿佛曾游岂梦中，欣然鸡犬识新丰。吏民惊怪坐何事，父老相携迎此翁。苏武岂知还漠北，管宁自欲老辽东。岭南万户皆春色，会有幽人客寓公。"这似是《初到黄州》诗在十几年后的历史回响，他又以欣然的心情面对一个新到的地方。"苏武"一联明云甘心老于惠州，实寓像苏武、管宁那样最终回归中原之望，基调是平静的。但不久他又跌入悲哀：《十一月二十六日松风亭下梅花盛开》⑥ 诗，思绪首先牵向昔年贬黄途中，"春风岭上淮南村，昔年梅花曾断魂"，继而感叹于"岂知流落复相见，蛮风蜑雨愁黄昏"。经过一段时期悲哀的沉浸，他又扬弃了悲哀：他的几首荔枝诗，"人间何者非梦幻，南来万里真良图"⑦ "日啖荔支三百颗，不

---

① 《苏轼诗集》卷二十。

② 苏轼《卜算子·黄州定惠院寓居作》，《东坡乐府》卷二。

③ 苏轼《寓居定惠院之东，杂花满山，有海棠一株，土人不知贵也》，《苏轼诗集》卷二十。

④ 《苏轼文集》卷一，《东坡乐府》卷二。

⑤ 《苏轼诗集》卷三十八。

⑥ 《苏轼诗集》卷三十八。

⑦ 苏轼《四月十一日初食荔枝》，《苏轼诗集》卷三十九。

辞长作岭南人"①，借对岭南风物的赏爱以抒其旷达之怀。绍圣四年（1097 年）贬往儋州，登岛第一首诗《行琼儋间，肩舆坐睡，梦中得句云："千山动鳞甲，万谷酣笙钟。"觉而遇清风急雨，戏作此数句》②，以其神采飞扬、联想奇妙而成为苏诗五古名篇："应怪东坡老，颜衰语徒工。久矣此妙声，不闻蓬莱宫。"自赏自得之情溢于言表。但不久，在《上元夜过赴儋守召，独坐有感》③ 等作中，又不禁勾起天涯沦落的悲哀："搔首凄凉十年事，传柑归遗满朝衣。"但以后的《桄榔庵铭》《书海南风土》《书上元夜游》④ 等文，又把旷达的思想发挥到极致。

苏轼三贬，贬地越来越远，生活越来越苦，年龄越来越老，然而这"喜——悲——旷"的三部曲过程却越来越短，导向旷的心境越来越快；同时，第一步"喜"中，旷的成分越来越浓，第二步的"悲"，其程度越来越轻，而第三步"旷"的内涵也越来越深刻。苏轼初到贬地的"喜"，实际上是有意提高"旷"的自我暗示，借以挣脱苦闷心情的包围，颇有强作的意味；只有经过实在的贬谪之"悲"的浸泡和过滤，也就是历经人生大喜大悲反复交替的体验，才领悟到人生的底蕴和真相，他的旷达性格才日趋稳定和深刻，才经得起外力的任何打击，而始终以审美的姿态"寄寓"于世，转悲为喜。

世称"东坡多雅谑"⑤，这是与旷相联系的。谐谑也是其文化性格的突出内涵。他的谐，在人生思想的意义上是淡化苦难意识，用解嘲来摆脱困苦，以轻松来化解悲哀。作为内心的自我调节机制，在他的性格结构中发挥着润滑剂、平衡器的作用。

他的谐首先具有对抗挫折、迎战命运的意义。他在惠州作《纵

---

① 苏轼《食荔支二首》之二，《苏轼诗集》卷四十。

② 《苏轼诗集》卷四十一。

③ 《苏轼文集》卷四十二。

④ 《苏轼文集》卷十九、卷七十一。

⑤ 曾敏行《独醒杂志》卷五，《丛书集成》本。

笔》① 诗，以"白头萧散满霜风"的衰病之身，却发出"报道先生春睡美，道人轻打五更钟"的趣语，岂料不久便被再贬海南；到海南后又作《纵笔》② 诗："寂寂东坡一病翁，白须萧散满霜风。小儿误喜朱颜在，一笑那知是酒红。"同题同句，表现了他对抗迫害的倔强意志，而满纸谐趣更透露出他的蔑视。晚年北返经廉州，吃到了龙眼，他又发出一通"龙眼与荔枝，异出同父祖"③ 的议论，到虔州碰上了刘安世，还邀他"同参玉版长老"，实是骗他进山中去吃竹笋④。在九死一生之后仍保持童真一般的戏谑之趣，实是向飘忽无常的命运开玩笑，含有对命运的征服。连对苏轼颇有微词的朱熹，也在《跋张以道家藏东坡枯木怪石》⑤ 中说："苏公此纸出于一时滑稽诙笑之余，初不经意，而其傲风霆、阅古今之气，犹足以想见其人也。"将苏轼的"滑稽诙笑"与"傲风霆、阅古今之气"看作互为表里，是颇具见识的。

苏轼的谐又是他真率个性的外化和实现，与狂、旷植根于同一性格追求，同时又表现了他对自己的智慧的优越感，增添了其文化性格的光彩。近人林纾论文，有"风趣"一说，谓"风趣者，见文字之天真……风趣之妙悉本天然"，并谓"东坡诗文咸有风趣，而题跋尤佳"⑥，盖言风趣是从苏轼的性格内涵自然流溢于创作风格中的。苏轼自云"逢场作戏三昧俱"⑦，这"三昧"也不妨理解成自然真率之性。南宋黄彻《䂬溪诗话》云：

> 子建称孔北海文章多杂以嘲谑，子美亦戏效俳谐体，退之

---

① 《苏轼诗集》卷四十。
② 苏轼《纵笔三首》之一，《苏轼诗集》卷四十二。
③ 苏轼《廉州龙眼质味殊绝可敌荔支》，《苏轼诗集》卷四十三。
④ 见苏轼《器之好谈禅，不喜游山，山中笋出，戏语器之可同参玉版长老，作此诗》，《苏轼诗集》卷四十五。
⑤ 朱熹《晦庵先生朱文公文集》卷八十四，《四部丛刊》本。
⑥ 林纾《春觉斋论文·应知八则·风趣》，人民文学出版社，1962 年。
⑦ 苏轼《六观堂老人草书》，《苏轼诗集》卷三十四。

亦有寄诗杂诙俳，不独文举为然。自东方生而下，祢处士、张长史、颜延年辈，往往多滑稽语。大体材力豪迈有余，而用之不尽，自然如此……坡集类此不可胜数，《寄蕲簟与蒲传正》云："东坡病叟长羁旅，冻卧饥吟似饥鼠。倚赖东风洗破裘，一夜雪寒披故絮。"《黄州》云："自惭无补丝毫事，尚费官家压酒囊。"《将之湖州》云："吴儿脍缕薄欲飞，未去先说馋涎垂。"又："寻花不论命，爱雪长忍冻。天公非不怜，听饱即喧哄。"《食笋》云："纷然生喜怒，似被狙公卖。"《种茶》云："饥寒未知免，已作太饱计。""平生五千卷，一字不救饥。""饥来凭空案，一字不可煮。"皆斡旋其章而弄之，信恢刃有余，与血指汗颜者异矣。①

黄彻追溯了文人谐谑的渊源发展，至苏轼笔下蔚成大观。其所举苏诗数例，写的多为生活困顿时期的日常琐事，但生活的苦涩却伴随着谐趣盎然的人生愉悦，它是从纯真自然而敏捷跃动的心灵发出的微笑。杜甫曾以"敏捷诗千首，飘零酒一杯"② 一联刻画诗人李白的形象，将此联转赠苏轼，也是很传神的。苏轼的"敏捷"也只有李白堪与并比，相较而言，李白的敏捷多发为清新的诗句，苏轼的敏捷则更见诸趣语谐论，两人的统一之处，正在于自然真率。

适，是中国士人倾心追求的精神境界，包含多方面的内容：充分实现个体生命价值的人生哲学，平和恬适的文化性格，宁静隽永、淡泊清空的审美情趣等。苏轼人生思想的落脚点和性格结构的枢纽点即在于此，并以此实现从现实人生向艺术人生的转化。

王维晚年所写的《与魏居士书》是他后半生人生哲学的总结，他说："孔宣父云：'我则异于是，无可无不可。'可者适意，不可

---

① 黄彻《䂬溪诗话》卷十，《历代诗话续编》本。
② 杜甫《不见》，《杜诗详注》卷十。

者不适意也……苟身心相离，理事俱如，则何往而不适？"① 王维借助孔子的话头，以禅宗的理论来阐发"适"的意义。他认为一个人只要明心见性，精神上超脱世俗羁绊，悟得"理事俱如"即抽象原理与具体事物无所分别，即色即空的法门，就可以做到"无往而不适"了。王维当然也不放弃尘世的享受，但他的禅学思辨主要帮助他从精神上达到自适，因此他的生活和创作更多地呈现出远离人间烟火味的高人雅士之特征，并以体验和表现空无寂静、虚灵纯明之境，作为最大的人生乐趣和最高的艺术精神。白居易《隐几》诗云："身适忘四支，心适忘是非。既适又忘适，不知我是谁。百体如槁木，兀然无所知。方寸如死灰，寂然无所思。"② 这是一种庄、禅会通，泯灭一切，忘却自我的闲适观。苏轼与他们并不完全相同。他的适，主要反映了个人主体展向现实世界的亲和性，从凡夫俗子的普通日常生活中发现愉悦自身的美。他在黄州时期所写的四则短文反复地叙说这一点。《记承天夜游》在简练地写出月夜清景后说："何夜无月，何处无竹柏，但少闲人如吾两人者耳。"③ 《临皋闲题》说："江山风月，本无常主，闲者便是主人。"④ 这是讲，只有自由闲适的心境才能感受美。闲人才是江山胜景的真正主人，那些为功利而奔竞的忙人，是放着江山主人不做，却去做名利客。《书临皋亭》写出江山主人的适意："东坡居士酒醉饭饱，倚于几上。白云左绕，清江右洄，重门洞开，林峦坌入。当是时，若有思而无所思，以受万物之备，惭愧惭愧！"⑤ 在寓意于物而不受制于物的精神状态下，领受大千世界的无穷之美，达到主体的完全自适和充分肯定。他在《雪堂问潘邠老》中，更自称追求"性之便，意之适"的极

---

① 王维《与魏居士书》，赵殿成《王右丞集笺注》卷十八，上海古籍出版社，1984 年。
② 白居易《隐几》，《白居易集》卷六。
③ 苏轼《记承天夜游》，《苏轼文集》卷七十一。
④ 苏轼《临皋闲题》，《东坡志林》卷四，中华书局，1981 年。
⑤ 苏轼《书临皋亭》，《苏轼文集》卷七十一。

境，并云"吾非逃世之事，而逃世之机"①。在这样的思想支配下，他的文学创作展示了"微物足以为乐"②的充盈诱人的世界。他在海南写《谪居三适》，一是《旦起理发》："老栉从我久，齿疏含清风。一洗耳目明，习习万窍通。"二是《午窗坐睡》："神凝疑夜禅，体适剧卯酒……谓我此为觉，物至了不受。谓我今方梦，此心初不垢。"三是《夜卧濯足》："况有松风声，釜鬲鸣飕飕。瓦盎深及膝，时复冷暖投。明灯一爪剪，快若鹰辞鞲。"③或写安适之趣，或写禅悦之味，于平庸烦琐中最大限度地发掘诗意。《六月十二日酒醒步月理发而寝》④云："千梳冷快肌骨醒，风露气入霜蓬根。"《真一酒》⑤云："晓日著颜红有晕，春风入髓散无声。"此写闲适心情下才能体会到的梳发舒体、酒气上脸并周流全身的幽趣，而《汲江煎茶》⑥更是于静默中见清丽醇美的名篇。化俗为雅，雅俗相生，本是苏轼思想性格和文艺创作的显著特色，也是宋代整个人文思潮的共同趋向，苏轼就是这个趋向的代表人物。他的尽俗以成雅的人生态度，使他能以超越高洁之思而与人情世俗相安，真正做到无往而不适。

不过，苏轼也认为，闲适是不能刻意追求的。黄州知州之弟徐得之建造"闲轩"，秦观撰《闲轩记》⑦，认为徐还年轻有为，投"闲"不免太早了点，苏轼作《徐大正闲轩》诗云："冰蚕不知寒，火鼠不知暑。知闲见闲地，已觉非闲侣……五年黄州城，不蹋黄州鼓。人言我闲客，置此闲处所。问闲作何味，如眼不自睹。颇讶徐

① 苏轼《雪堂问潘邠老》，《东坡志林》卷四。《苏轼文集》卷十一题为《雪堂记》。
② 苏轼《宝绘堂记》，《苏轼文集》卷十一。
③ 苏轼《谪居三适三首》，《苏轼诗集》卷四十一。
④ 《苏轼诗集》卷三十九。
⑤ 《苏轼诗集》卷三十九。
⑥ 《苏轼诗集》卷四十三。
⑦ 《淮海集笺注》卷三十八。

孝廉，得闲能几许？"① 他不满于徐得之对闲适的自我标榜和刻意追求，认为真正的闲适是性灵自然状态的不自觉的获得，是不能用语言说出、思维认知的。这是高层次的自在境界。从这种意义上说，他的作品，特别是后期创作，都是真性情的自然流露，既是闲适的表现，又是自适的手段。文艺创作使无可忍受的世界变得生趣盎然，使他体认到人生创造的乐趣，主体自由的享受。他说："某平生无快意事，惟作文章，意之所到，则笔力曲折，无不尽意。自谓世间乐事无逾此者。"② 坎坷的境遇因此而化为充满艺术审美情趣的人生"寄寓"过程，艺术创造是苏轼的真正生命。

从苏轼的狂、旷、谐、适，可以约略窥见一个完整的性格系统，统一于他的人生思考的结果之上。正是因为把人生看作"寄寓"过程，故无所畏，从而有了狂；"寄寓"的生命不患得患失，从而有了旷；"寄寓"有可乐，故谐；乐于"寄寓"，故适。这些性格因子随着生活经历的起伏，发生变化、嬗递、冲突，但他都能取得动态的平衡。这一性格系统具有很强的调节、自控和制约的机制，使他对生活中遇到的每一个难题，都有自己的一套理论答案和适应办法。尽管我们也不难看出他的思想性格有着驳杂骚动的特点，内中也不免会产生矛盾，而被各类人取其所喜，引为知己和楷模，但总的来看，苏轼毕生为之讴歌的，毕竟是一种人生之恋，是可以无尽地延伸、扩展的创造力的欢舞，是天空和大地之间瑰丽多姿的人文风景。——"寄寓"者这样展现他的文化性格内涵。

四、"寄寓"与"存性"

《苏氏易传》卷七云："性，所以成道而存存也。尧舜不能加，桀纣不能亡，此真存也。"尽管朱熹把苏轼"性非善"的观点视为异端，但对这句话却很欣赏，因为程朱理学讲"性"，也是"不为

---

① 苏轼《徐大正闲轩》，《苏轼诗集》卷二十四。
② 苏籀《栾城遗言》引苏轼语，《丛书集成》本。

尧存，不为桀亡"的。此在本书第二章中已有阐论，这里重提，是为了说明，宋人都将"性"视为人的生命本体（尽管对"性"的理解有种种不同），也都将保存这种本性视为人生的终极价值。周、程（颢）一派正是以此作为"颜子之乐"的哲学根据。但依苏氏的学说，"存性"的方式有"独存"与"寄寓"两种，"独存"为颜子所至之境，苏轼本人则更提倡"寄寓"一义。"寄寓"于入世的各种创造活动，而同时能反省和保存超越本体"性"，这才使"寄寓"者既依托于大地，又背负着青天。所以，"存性"不但在理论上是"寄寓"的逻辑前提（不"存性"就谈不上"寄寓"，而是陷溺于世俗了），在现实的人生过程中，它也是"寄寓"的目的，即通过丰富的人生实践来证悟、了解"性"的真谛。我们谈论苏轼的人生哲学，最终还是要讲到"性"的。

如果说，"性"是一个哲学课题，那么"存性"则是一个人生课题，两者之间有理论与实践、抽象与具体之别，程颢的失误在于把两者等同，取消了人生实践的重要性，他认为，只要懂得了"性"的道理，获得了"仁者浑然与万物同体"的心理体验，就没有什么事还需要再做了，其著名的《识仁篇》云："识得此理，以诚敬存之而已，不须防检，不须穷索。""从此意存之，更有何事？"① 没有别的什么事了。后来李侗就这样指教朱熹，但朱熹大概没有能够获得如此光风霁月的体验，所以转向了小程的"格物致知"一途。依大程的思路，"存性"就是"识仁"，"识仁"就是自觉"浑然与万物同体"，更何来"格物致知"之事？倘说必须先"格物致知"才能"浑然与万物同体"，则"格物致知"岂有穷尽之日，"识仁"便

---

① 《二程遗书》卷二上"学者须先识仁"以下一段，讲人生哲学，被后人名为《识仁篇》（如《宋元学案》）。此是吕大临所记，末尾注一"明"字，是大程（明道）说，另有注"正"字的是小程（正叔）说。见《二程集》第16页。按："明""正"当是吕大临原注，而不是编集《遗书》的朱熹所注，因为卷四是游酢所记二程语，也有注"明道"或"侍讲"的，当亦是游氏原注，如果是朱熹注，不会这样不统一。

永不可得。这里显然是有矛盾的①。如果朱熹不是那样立志要排斥苏学，他应该能看到，苏轼的"寄寓"之说正可取来解决这个矛盾，但朱熹不肯这样做②。反过来，苏轼用"寄寓"联结了抽象思辨与具体的人生实践，但他又不能吸取二程学说中辨析概念、构架体系的高度精密性与条理化，反而把对方视为"奸"人，不与同途。程朱的心性之学与苏轼的人生感悟不能融合，是很令我们感到遗憾的。虽然我们在本书中也曾努力探求苏轼的"性"论，并认为其哲学意义可以与程朱的心性学分庭抗礼，但客观地讲，它在理论形态上远未达到完备，作为哲学学说是不能与程朱心性学的精深邃密相匹敌的。苏轼的"存性"，主要的价值还不在理论认知，而在人生感悟。这样的感悟，是在整个人生"寄寓"过程中不断深化和明亮的，是程朱的理论思辨所不能替代的。故而，下面要简单地叙述一下"寄寓"者的"存性"历程。

苏轼早年签书凤翔府节度判官厅公事，尝作著名的《和子由渑池怀旧》诗，首四句为：

　　　人生到处知何似，应似飞鸿踏雪泥。泥上偶然留指爪，鸿飞那复计东西。③

---

① 朱子强调"格物致知"，但又据《大学》之说，标举一个"知之至"的境界，谓"用力之久，而一旦豁然贯通，则众物之表里精粗无不到，而吾心之全体大用无不明矣"（《大学章句》释"传之五章"）。这"一旦"之境界，周程从直觉体会说，朱子却要从认知角度说，则岂有此理？世上哪有"众物之表里精粗无不到"之人？明末清初的陈确写《大学辨》，就抓住朱子的这个矛盾狠加攻击，认为"一旦"之说类同禅宗，"道无尽，知亦无尽"，"夫学，何尽之有"（见《陈确集》554 页，560—561 页，中华书局，1979 年），知识的进展永无穷尽。这样一来，逻辑矛盾是没有了，但周程境界也就永远达不到了。陈确谓朱说同禅，亦较笼统，此非南禅宗"本来无一物"之禅，而近乎竺道生"渐修顿悟"之禅。

② 朱子从"格物致知"的认知之途，欲通向"一旦"之境，当然自相矛盾；苏轼的"寄寓"之说，指出了一条审美的途径，西方哲匠多以此走出朱子的困境，惜乎朱子欲排苏，使他没有真正做到道学的"集大成"。

③ 苏轼《和子由渑池怀旧》，《苏轼诗集》卷三。

此以雪泥鸿爪喻人生，历代注家有不同的理解，或从禅宗语录里找出处，或以为是性灵所发，不须出处。我们认为最好是用苏轼自己的作品来印证。按前引《谢运使仲适座上送王敏仲北使》云："聚散一梦中，人北雁南翔。吾生如寄耳，送老天一方。"看来鸿雁之喻与"寄寓"思想有联系。苏辙《祭亡兄端明文》："涉世多艰，竟奚所为？如鸿风飞，流落四维。"① 这很可以移注雪泥鸿爪一喻，盖以身世飘忽不定，一切境遇皆为偶值，无处可以长守，其意颇以不能安定为苦。不能安定之原因，在于不能自主，一生随朝廷差遣而转徙，竟不知将来之于何地，则此身犹如寄于天地间，随风飘荡，而前途也如梦境一般不可预计。正是这种人生被动的感受，引发了苏轼把人生看作"寄寓"过程的思想。在前文列出的九例"吾生如寄耳"中，有不少是对人生被动的感叹，如《送芝上人游庐山》："吾生如寄耳，出处谁能必？"《和陶拟古九首》之三："吾生如寄耳，何者为吾庐？"即谓前途不测，居处不定，与雪泥鸿爪的喻义正同。另如《卜算子·黄州定惠院寓居作》词，也以孤鸿自比：

> 缺月挂疏桐，漏断人初静。谁见幽人独往来，缥缈孤鸿影。
> 惊起却回头，有恨无人省。拣尽寒枝不肯栖，寂寞沙洲冷。②

这是谪居黄州时所作。以鸿雁喻"吾生如寄"，本以身随朝廷差遣而不能自主，感到被动不安，但此时被朝廷抛弃，不再迁转了，却又觉孤怀寂寞，有不被理解之苦，这孤鸿仍是精神上遭流落的象喻。不过，"拣尽寒枝不肯栖"的孤鸿，虽然还没有找到"寄寓"之所，但已经有了对于"寄寓"主体的意识，与被动的随风飘荡的鸿雁有所不同了。从人生被动引发的"如寄"之感，到"寄寓"者主动寻

---

① 苏辙《祭亡兄端明文》，《苏辙集·栾城后集》卷二十。
② 苏轼《卜算子·黄州定惠院寓居作》，《东坡乐府》卷二。

求"寄寓"之所，这已使"寄寓"的含义得到质的改观——那不能不说是贬谪的打击唤醒了苏轼对主体性的自觉。

但苏轼又被起用了，又随朝廷的差遣而迁转了。在这中间，他渐渐争取解脱人生被动、所至偶然所带来的痛苦。当他第二次任职杭州时，有诗云："到处相逢亦偶然，梦中相对各华巅。还来一醉西湖雨，不见跳珠十五年。"① 在迁转偶然之中，亦偶有"重见"之喜悦，这"重见"可真是值得喜悦的。人生如梦，倘能随缘放旷，则不难于雪泥鸿爪般的偶然境遇中享受"重见"带来的喜悦。

可是，"重见"的喜悦马上被另一种痛苦所打消。在元祐七年所作《送芝上人游庐山》中，除了再次慨叹"吾生如寄耳"外，还有一个比喻也颇堪玩味：

> 二年阅三州，我老不自惜。团团如磨牛，步步踏陈迹。

按"二年阅三州"，谓元祐六七年间，从知杭州被召回，又出知颍州，移扬州。此时东坡五十六七岁，过了中年，渐入老境。数州皆其早年游宦经历之地，临老出守复又至此，初时虽有"重见"的喜悦，但"重见"得多了，却犹如转磨之牛，"步步踏陈迹"了。钱锺书先生对这个磨牛之喻有一番分析，他引了古诗中所咏的盆中之虫、拉磨之驴、磨上之蚁，及西方艺林中的有关比喻，进行参释，谓："生涯落套刻板，沿而不革，因而长循，亦被圆转之目。""守故蹈常，依样照例，陈陈相袭，沉沉欲死，心生厌怠，摆脱无从。圆之可恶，本缘善于变易，此则反恶其不可变易焉。"② 这个分析甚为透彻精辟。与雪泥鸿爪之喻相比，磨牛之喻更觉意味深厚。盖前者苦于身世不定，后者则苦于人生的重复无趣了。从少年时感叹人境相值的偶然性，到中年后历经宦途的转徙，改为感叹人境相值的重复性，这一转变中，积累着厚重的人生阅历和久长的人生思考。

---

① 苏轼《与莫同年雨中饮湖上》，《苏轼诗集》卷三十一。
② 钱锺书《管锥编》第三册，中华书局，1986年，928页。

雪泥鸿爪之喻中暗示的那个太大的空间，在磨牛之喻中变得太小，随着空间的缩小，短暂的人生却变得十分漫长，"百年不易满，寸寸弯强弓"①，在这样"寸寸弯强弓"般的艰难漫长的时间里度过"步步踏陈迹"的磨牛生涯，这苦况该怎样想象呢？

　　从这个意义上看，苏轼遭受的第二次贬谪，是应该欢庆的。正因为中年后感觉空间局促为人生的真正苦况，故晚年万里南迁，真成了大解脱，值得大欢喜。在苏轼渡海后诗中，又出现牛的比喻，是写给儿子的：

　　　　我似老牛鞭不动，雨滑泥深四蹄重。汝如黄犊走却来，海阔山高百程送。②

虽仍自比为路途艰难中的老牛，但与磨牛已不可同日而语，尤其是把儿子比作跨越"海阔山高"的黄犊，正见其精神上的欢快。如果不是因为身体衰老，他也能够像黄犊般不惧"雨滑泥深"的，他的精神已经是黄犊，不是磨牛了。建中靖国元年北归时作《郁孤台》诗曰："吾生如寄耳，岭海亦闲游。"这是上文所列九例"吾生如寄耳"中的最后一例，已从慨叹变为咏唱，将"如寄"释为"闲游"。所谓"闲游"者，分明是有一个主体已经升起。"流落四维"的鸿雁与"步步踏陈迹"的磨牛都是被动的，而"闲游"者却是主动的，这使得"寄寓"的含义彻底改观，从被动转向主动。

　　转变的力量在哪里？"闲游"的"闲"字很具启发性，我们在苏轼作于黄州的《记承天夜游》中已看到过这"闲"字，但此后的宦途迁转使他不得"闲"，要到再遭贬谪，"闲"才来归。"闲"是摆脱功利态度的人生境界，是体"道"存"性"的结果。对人生的反思使"性"显现出来，达成对不能自主之身世的超越，确立主体，

---

①　苏轼《次前韵寄子由》，《苏轼诗集》卷四十一。
②　苏轼《过于海舶得迈寄书酒，作诗，远和之，皆粲然可观，子由有书相庆也，因用其韵赋一篇，并寄诸子侄》，《苏轼诗集》卷四十二。

而使被动转为主动。这种超越确实经历了一个不断反思、体悟的"存性"之过程。先是因雪泥鸿爪般的迁转不定而感到"吾生如寄",到黄州时体会到"闲"的重要性,使其孤鸿之喻带有"拣尽寒枝不肯栖"的主体意识,但仍因不被理解而感到痛苦;再因磨牛般的重复盘旋而揭示更深沉的被动之苦,这样才进一步反省寻求真正的主体性。元祐末在定州作的《鹤叹》一诗,是对"寄寓"主体的肯定:

> 我生如寄良畸孤,三尺长胫阁瘦躯。俯啄少许便有余,何至以身为子娱!①

这个"寄寓"主体不再因为不被朝廷肯定而痛苦,而是"何至以身为子娱",不愿再被当权者玩弄,积极地自我肯定了。"以身为子娱"的反思是深刻的,因为这正是造成雪泥鸿爪、团团磨牛般的人生遭遇的原因,主体性正是在这里丧失的,而所谓"存性",也就是不再"以身为子娱"。我们不可将此错解为对于政治的离弃,应该准确地理解为对于专制政治的离弃,因为与此同时,苏轼获得了"无负吏民""勇于为义""志在行其所学"的真正政治人格的觉醒。远贬惠州,恰好把他从"步步踏陈迹"中推挽出来,进入了海阔天空的境界。赴惠路上作《过大庾岭》诗,便高声唱出:"浩然天地间,唯我独也正!今日岭上行,身世永相忘。"② 那得失祸福、荣辱升沉、迁转不定、团团回旋的身世,已经永远地被超越了,一个背负青天、依托大地的"寄寓"主体"我"脱颖而出。到惠州后,再一次用鹤自喻:"先生索居江海上,悄如病鹤栖荒园。"③ 这已经是依托大地的"寄寓"者形象了,说"病鹤"犹如说"老牛"一样,是老年贬居的写照,但精神毕竟是自由的,本"性"已不再失陷,真

① 苏轼《鹤叹》,《苏轼诗集》卷三十七。
② 苏轼《过大庾岭》,《苏轼诗集》卷三十八。
③ 苏轼《再用前韵》,《苏轼诗集》卷三十九。

正的"我"已经确立。

有了真正的"我"才有真正的"闲",在惠州作和陶诗曰"我适物自闲"①,就是明证。同时,"我"的确立也使迁徙不定或团团回旋的苦恼消失了,代之而起的是另一幅景象:"江山互隐见,出没为我役。"② 这个"我"并没有流落和团转,而是各地的江山在"我"面前出没隐现,有时是杭州在"我"面前,有时是黄州,有时是惠州,什么时候也会是汴州。这个"我"是如此清晰和宁静安详,役使万物,而不为万物所夺。这当然是一个"存性"的"我",即在反思中被本"性"点亮了的"我"。于是,整个人生过程,呈现为人在饱经风霜之后找回主体性("性"),使自身成为真正的"寄寓"主体("我")的过程。而此"寄寓"主体,其实就是审美主体。

审美主体的确立,是对身世的超越,对本"性"的觉悟,渡海北归的苏轼,在虔州作诗云:"浮云时事改,孤月此心明。"③ 回归本"性"的心灵就像浮云散尽以后显露的明月,无论时事如何变化,都可以等闲视之。这无疑是"存性"的最后结果。胡仔对这句诗颇加赞赏:"语意高妙,如参禅悟道之人,吐露胸襟,无一毫窒碍也。"④ 其实,这"月"喻不单是写出他"参禅悟道"的觉悟,也被他自己看作人生的圆满完成。当他继续北行,在金陵重遇法芝和尚时,作《次韵法芝举旧诗一首》云:

> 春来何处不归鸿,非复赢牛踏旧踪。但愿老师真似月,谁家瓮里不相逢。⑤

---

① 苏轼《和陶归园田居六首》之一,《苏轼诗集》卷三十九。
② 苏轼《和陶归园田居六首》之六。
③ 苏轼《次韵江晦叔二首》之二,《苏轼诗集》卷四十五。
④ 胡仔《苕溪渔隐丛话》后集卷二六。
⑤《苏轼诗集》卷四十五。诗中"真似月",孔凡礼先生据施顾注本校改为"心似月"。今按苏轼《送芝上人游庐山》有"老芝如云月"之句,苏过复用此喻赠法芝云"从此期师真似月"(见苏轼《书过送昙秀诗后》,《苏轼文集》卷六十八。昙秀即法芝),苏轼此诗又复用苏过语,当以作"真"为是。

此是东坡留下的最后几首诗之一，其诗意颇堪看作他对"存性"过程的总结。首句归鸿，是早年雪泥鸿爪之喻的再现，但喻义已大不相同，这次是毕竟总会归来的鸿雁了。其北归经海康时，与秦观见了最后一面，秦作词有"南来飞燕北归鸿"之句①，盖以归鸿喻苏轼。苏轼此诗中的归鸿也有自喻之意，近承秦观词句，远翻早年雪泥鸿爪之案，身世的飘忽不定和人境相值的偶然性，被这"归"字化解去了。次句"赢牛踏旧踪"，又是复现磨牛之喻，但这次经了"奇绝冠平生"②的海外一游，便在这个比喻的前面加了"非复"二字，意谓已摆脱"步步踏陈迹"之痛苦，空间的局促和身世迁徙的重复循环也被超越了。后二句既是对法芝的期望，也是自述人生思考的心得，即谓人生的真实、本来之面目，原如皓天中的明月，永恒存在，并且能为人人所理解，因为那原是一切人类的共同底蕴。与"孤月此心明"相比，这个"谁家瓮里不相逢"的"月"似乎多了一层普遍性的含义。人生的最终的意义，归结到此"月"喻，它比喻的是"存性"的心灵。人而"存性"，人即成为真正的审美主体，人生的"寄寓"过程圆满地归结到这里。鸿、牛、月，这三个比喻写出了苏轼人生思考的历程，而在这首诗中完全重现，仿佛生命就是这样一首诗。

这样一首诗，曾经写在我们民族的文化史上，写在人类的历史上。它的作者虽已死去很久，但诗却永生。因为生命犹如水逝，而逝水终在海；死去犹如月落，而落月不离天。

---

① 秦观《江城子》（南来飞燕北归鸿），《淮海居士长短句》卷上，上海古籍出版社，1985年。

② 苏轼《六月二十日夜渡海》，《苏轼诗集》卷四十三。

附　录

苏轼年表

宋仁宗景祐三年（1036 年）丙子　生

十二月十九日（西历 1037 年 1 月 8 日），苏轼生于眉山。

此年父苏洵二十八岁，母程氏二十七岁。范仲淹四十八岁，梅尧臣三十五岁，欧阳修三十岁，司马光十八岁，曾巩十八岁，王安石十六岁，程颢五岁，程颐四岁。范仲淹因反对宰相吕夷简，贬知饶州，欧阳修亦坐贬夷陵。

宝元元年（1038 年）戊寅　三岁

苏轼兄景先卒。

元昊称帝，国号夏，史称西夏。

宝元二年（1039 年）己卯　四岁

弟苏辙生于二月二十日。

庆历三年（1043 年）癸未　八岁

始入乡校，从道士张易简读书，闻欧阳修等名。

此年范仲淹参知政事，主持庆历新政。

庆历五年（1045 年）乙酉　十岁

苏洵东游京师，拟应次年的"茂才异等"科考试。苏轼从母程夫人读书，"奋厉有当世志"。此年因苏舜钦进奏院事件，范仲淹等离朝出任地方官，庆历新政中断。

庆历七年（1047 年）丁亥　十二岁

苏洵因制科落第，南游庐山等地。五月苏轼祖父苏序卒，苏洵闻讯返家，自此居丧读书，并教养二子。

皇祐四年（1052年）壬辰 十七岁

幼姊八娘嫁表兄程之才后，郁郁不乐，此年去世。

范仲淹卒。

至和元年（1054年）甲午 十九岁

娶妻王弗。张方平镇蜀，访知苏洵之名。

至和二年（1055年）乙未 二十岁

以诸生谒张方平于成都，张一见待以国士。

嘉祐元年（1056年）丙申 二十一岁

张方平致书欧阳修推荐苏洵，苏轼、苏辙随父进京，兄弟俱获开封府解，拟应次年的进士试。欧阳修任翰林学士，荐苏洵于朝，洵文名大盛。

嘉祐二年（1057年）丁酉 二十二岁

欧阳修知贡举，苏轼、苏辙同科进士登第，大获欧阳修、梅尧臣等赏识。母程氏卒于家，父子三人回蜀治丧。

嘉祐四年（1059年）己亥 二十四岁

母丧服除，十月与父、弟携眷赴京，沿岷江、长江东下，岁末至江陵，将三人一路唱和诗歌编成《南行前集》，苏轼作序。

嘉祐五年（1060年）庚子 二十五岁

回朝，授河南府福昌县主簿。苏洵试秘书省校书郎。

梅尧臣卒。

嘉祐六年（1061年）辛丑 二十六岁

与弟苏辙同举"贤良方正能直言极谏"科制策，苏轼入三等，除大理评事凤翔府签判，十二月赴任，苏辙送至郑州西门。苏洵授霸州文安县主簿，在京编撰礼书；苏辙制策入四等，除商州军事推官，知制诰王安石封还词头，辙遂辞官不赴，居家侍父。

嘉祐八年（1063年）癸卯 二十八岁

三月仁宗皇帝崩，英宗即位。苏轼在凤翔任，转官大理寺丞。秋，考试永兴军。王安石丧母，苏洵不赴吊，作《辨奸论》刺之。

宋英宗治平二年（1065年）乙巳 三十岁

凤翔签判任满代还，转殿中丞判登闻鼓院。召试馆职，除直史馆。妻王弗卒。

此年宋廷议英宗本生父濮安懿王称号，宰相韩琦、参知政事欧阳修，与天章阁待制司马光、御史吕诲、范纯仁、吕大防等激烈相争，史称"濮议"。

治平三年（1066 年）丙午 三十一岁

苏洵卒于京师，苏轼、苏辙兄弟护丧返蜀。

治平四年（1067 年）丁未 三十二岁

在家乡眉山居父丧。

宋英宗崩，神宗即位。欧阳修罢参政，知亳州。

宋神宗熙宁元年（1068 年）戊申 三十三岁

除父丧，离蜀赴京。

神宗召见翰林学士王安石，酝酿变法。

熙宁二年（1069 年）己酉 三十四岁

二月，王安石参知政事，设立"制置三司条例司"，主持变法。苏轼至京，除判官告院。苏辙除条例司检详文字。四月，诏议改贡举法。五月，苏轼上《议学校贡举状》，认为不当轻改，得神宗召对。御史中丞吕诲弹劾王安石，出知邓州。秋，苏轼为国子监考试官，策题讽刺王安石。神宗数次欲用苏轼，被王安石阻止。冬，苏轼权开封府推官，作《上神宗皇帝书》，全面驳斥"新法"。

熙宁三年（1070 年）庚戌 三十五岁

判大名府韩琦言青苗法害民，苏轼《再上皇帝书》，要求罢免王安石。神宗贬黜群官，扶持安石。苏辙在条例司议事不合，出为河南府判官。御史谢景温诬奏苏轼，查无实据。王安石拜相。

熙宁四年（1071 年）辛亥 三十六岁

六月，得通判杭州差遣，离京赴任。途经陈州，时张方平守陈州，苏辙为州学教授。九月离陈州，苏辙送至颍州，同谒欧阳修。十一月至杭。此年司马光因反对"新法"，罢归洛阳。

熙宁五年（1072 年）壬子 三十七岁

在杭州通判任。七月循行属县，八月监试进士。时卢秉提举两浙盐事，改革盐法，十二月，苏轼被命监视开运盐河，至湖州考察堤岸，又至秀州。

欧阳修卒。

熙宁六年（1073年）癸丑　三十八岁

在杭州通判任。冬，往常、润、苏、秀等州赈济饥民。

朝廷设立"经义局"，修《诗》《书》《周礼》三经义，命王安石提举。

熙宁七年（1074年）甲寅　三十九岁

在杭州通判任。纳侍妾朝云。九月，差知密州。离杭赴任，十一月至密。

此年大旱，流民多入京，郑侠上《流民图》，坐编管。王安石罢相知江宁府，吕惠卿参知政事，继续施行"新法"。

熙宁八年（1075年）乙卯　四十岁

在密州知州任。

此年王安石复相，吕惠卿罢。颁行《三经新义》。

熙宁九年（1076年）丙辰　四十一岁

在密州知州任，九月移知河中府，十一月离密赴任。

此年王安石罢相知江宁府，神宗亲自主持续行"新法"。

熙宁十年（1077年）丁巳　四十二岁

二月，于道中改知徐州。至京师，有旨不许入国门。五月至徐州。七月，黄河决堤，水汇徐州城下，苏轼亲率军民筑堤抗灾。

元丰元年（1078年）戊午　四十三岁

在徐州知州任，筑黄楼。

元丰二年（1079年）己未　四十四岁

二月移知湖州。七月，因御史中丞李定、御史舒亶、何正臣等弹劾苏轼诗语讥讽朝廷，自湖州任上被拘捕入京。八月至京，系于御史台狱，十二月结案出狱，诏贬检校水部员外郎、黄州团练副使，本州安置。史称"乌台诗案"。苏辙被牵连，责监筠州盐酒税。司马光等被罚金。此年苏轼表兄画家文同卒。轼任地方官数年，相继与晁补之、秦观、黄庭坚、张耒结识，四人后来被称为"苏门四学士"。

元丰三年（1080 年）庚申 四十五岁

二月，至黄州，寓居定惠院，撰作《易传》《论语解》。五月，苏辙送兄长家眷至黄，留伴十日后别去，赴筠州任。黄州士人多与苏轼交往。

宋廷议改官制。王安石封荆国公。

元丰四年（1081 年）辛酉 四十六岁

贬居黄州。开始经营东坡。

此年神宗决策以五路兵进攻西夏。曾巩被召为史馆修撰，专典国史。

元丰五年（1082 年）壬戌 四十七岁

贬居黄州。筑成东坡雪堂，居之，自号东坡居士。于秋、冬两次游赤壁，作前、后《赤壁赋》。此年宋与西夏交战，宋兵大败于永乐城。新官制施行。

元丰六年（1083 年）癸亥 四十八岁

贬居黄州。苏辙权筠州州学教授，所作策题违反《三经义》旨，被劾罢。

此年西夏攻宋，宋兵败求和。曾巩卒。

元丰七年（1084 年）甲子 四十九岁

正月，神宗出御札，苏轼量移汝州团练副使，本州安置。四月离黄州，自九江至筠州，访苏辙。游庐山。七月，回舟当涂，过金陵，见王安石，相谈甚欢，留一月别去。岁晚在泗州，上表请常州居住。此年司马光等修《资治通鉴》成。

元丰八年（1085 年）乙丑 五十岁

正月离泗至南京（商丘），得请常州居住。三月，宋神宗崩，哲宗即位，太皇太后高氏垂帘听政，起用司马光、吕公著。苏轼在南京闻讯，赴常州。五月过扬州，游竹西寺。有旨复朝奉郎知登州，又除尚书礼部郎中。十一月至登州任，迅即被召进京，十二月除起居舍人。苏辙亦被召为右司谏。

程颢卒。

宋哲宗元祐元年（1086 年）丙寅 五十一岁

在京师，三月除中书舍人，四月差同详定役法。时司马光主持政事，尽废"新法"，史称"元祐更化"。苏轼以为免役法不当废，遂与司马光议论不合，然深受太皇太后高氏器重。九月除翰林学士，值司马光卒，御史孙升恐苏轼入相，始上章论之。苏轼与崇政殿说书程颐以戏笑失和，轼于十二月策试馆职，颐门人谏官朱光庭指摘策题中语，以为讥讽，轼亦抗章自辩。此年苏辙迁中书舍人，王安石卒。

元祐二年（1087年）丁卯　五十二岁

在翰林学士任，八月兼侍读。

朝臣分裂为朔、蜀、洛三党，迭相攻轧，史称"洛蜀党争"。苏轼为蜀党之首。此年程颐罢经筵，苏辙迁户部侍郎。

元祐三年（1088年）戊辰　五十三岁

以翰林学士差知贡举。因台谏攻击，上章乞郡。

宋廷以吕公著年老，拜司空、平章军国重事，吕大防、范纯仁为相。

元祐四年（1089年）己巳　五十四岁

三月，除龙图阁学士知杭州，四月出京，七月至杭。十一月，以浙西七州旱灾，乞赈济。

此年吕公著卒，范纯仁罢相，苏辙迁翰林学士，进吏部尚书，出使契丹。

元祐五年（1090年）庚午　五十五岁

在杭州知州任，疏浚西湖，筑长堤，杭人称为"苏堤"。因浙西灾伤，连章请求赈济。

苏辙使契丹归，为御史中丞。宰相吕大防、中书侍郎刘挚欲引用新党人士，以为调停，因苏辙激烈反对而罢。

元祐六年（1091年）辛未　五十六岁

正月，自杭州内调为吏部尚书。二月，因苏辙为尚书右丞执政，避亲嫌改翰林学士承旨。三月离杭州，沿途具辞免状，至京后仍上章乞郡。五月，兼侍读。程颐门人贾易等弹奏不已，朝廷两罢之，八月以龙图阁学士知颍州，闰八月到任。

此年刘挚为右相，与左相吕大防不和，朋党之论复起，挚遂罢相。

元祐七年（1092 年）壬申 五十七岁

正月自颍州移知郓州，寻改扬州，三月到任。七月，内调为兵部尚书，充南郊卤簿使。八月兼侍读。九月至京。十一月除端明殿学士、翰林侍读学士，充礼部尚书。

此年苏颂为右相，苏辙进门下侍郎。

元祐八年（1093 年）癸酉 五十八岁

在礼部尚书任。三月苏颂罢相。御史黄庆基、董敦逸等连奏川党太盛，苏轼亦自请外任，六月，除知定州。七月，范纯仁为右相。八月，继室王闰之卒。九月，太皇太后高氏崩，宋哲宗亲政。苏轼将赴定州，请面辞，不允。十月至定州。

绍圣元年（1094 年）甲戌 五十九岁

在定州知州任。宋哲宗行"绍述"之政，恢复神宗"新法"，罢免吕大防、苏辙、范纯仁，召回章惇、曾布等新党人物。苏轼于四月落二学士，以本官知和州，又改英州，旋降左承议郎。闰四月离定州，六月责授宁远军节度副使，惠州安置。十月，至惠州，初居合江楼，不久迁嘉祐寺。苏辙于三月出知汝州，六月降官知袁州，七月贬筠州居住。

绍圣二年（1095 年）乙亥 六十岁

贬居惠州。表兄程之才任广东提刑，巡行至惠州，苏轼得以再住合江楼。游罗浮、白水山等地。

绍圣三年（1096 年）丙子 六十一岁

贬居惠州。四月，始营白鹤峰新居。又迁于嘉祐寺。惠州造东、西二新桥，出资赞助。七月，侍妾朝云卒。

绍圣四年（1097 年）丁丑 六十二岁

贬居惠州。二月，白鹤峰新居建成，自嘉祐寺迁入。朝廷重贬"元祐党人"，苏辙贬雷州。闰二月，苏轼再贬琼州别驾、昌化军安置。四月离惠州，至藤州，与苏辙相遇，同行至雷州。六月，别弟渡海。七月至昌化军，军使张中以官舍居之。

元符元年（1098 年）戊寅 六十三岁

贬居海南。朝廷遣董必察访两广，将苏轼逐出官舍。苏轼于城南买地，筑室五间，当地士人多助之。苏辙自雷州移循州。

元符二年（1099 年）己卯 六十四岁

贬居海南，与当地书生、黎民游。琼州人姜唐佐来从苏轼学。

元符三年（1100 年）庚辰 六十五岁

正月，宋哲宗崩，弟徽宗即位，向太后同听政。二月，诏苏轼移廉州安置，苏辙移永州。四月，苏轼授舒州团练副使、永州居住，苏辙岳州居住。六月，苏轼离海南，渡海，与秦观别于海康，秦观寻卒。十一月，诏苏轼复朝奉郎、提举成都府玉局观，在外州军任便居住；苏辙授太中大夫、提举凤翔府上清宫，在外州军任便居住。苏辙即往颍昌府，居焉；苏轼犹在北归途中。

宋徽宗建中靖国元年（1101 年）辛巳 六十六岁

朝廷欲调和党争，兼用新旧，故以"建中靖国"为年号。正月，苏轼度南岭，北上，五月至当涂、金陵、真州，病作。六月至常州，上表乞致仕。七月二十八日卒于常州，次年葬汝州郏城县小峨眉山，苏辙作墓志铭。